遼史紀事本末

上册

卷一至卷一九

〔清〕李有棠撰

中華書局

鑑長編》云，仁宗天聖八年十二月，有「王詢遺御事民宫侍郎元顥等來貢方物」的記載，李有棠在攷異中對此加按語云：「天聖八年係遼太平十年，而詢於太平二年十二月薨，見《聖宗紀》，《長編》誤也。」這些考訂，無疑對研究遼史是頗有裨益的。

本書的不足，也和《金史紀事本末》一樣，首先在於截取史文失之粗疏，間有時序之誤。如卷九云，會同「二年春三月丁巳，封皇子舒嚕爲壽安王、雅斯哈爲太平王，加王郜檢校太尉」。考《遼史》卷四《太宗紀》，王郜加檢校太尉在二月丁酉。再如卷六，太平「十五年春二月丙寅，博羅滿達勒海蘭河百八十户來附」。據《遼史》卷一九《興宗紀》，此事在夏四月甲戌。加上版刻之誤，本書這類情況就相當不少了。其次就是攷異徵引過繁，不少與史文關涉不大或根本無關的資料，均全文收録，顯得十分臃腫。但本書畢竟搜輯了不少材料，並附在了有關的事件之下，其參攷價值還是顯然的。本書和《金史紀事本末》一樣，亦没有有關典章制度的專題，是其突出的缺欠。

本書版本亦和《金史紀事本末》相同，有光緒十九年（一八九三）初刻本和光緒二十九年（一九〇三）經作者修訂後的重刻本。這次整理，即以重刻本爲底本，正文校以《遼史》，（凡未注版本者，皆爲我局一九七四年出版的點校本）間參《契丹國志》，攷異部分的可疑之處，則校核了所徵引的原書。凡删字皆用圓括弧括起，凡增補皆用方括弧括起。本書前原有兩個關於本書的奏摺，今移置書後作爲附録，以資參攷。

本書早在一九六六年前就已由孟默聞同志初點完畢，我局崔文印同志在舊稿基礎上，對標點進行了復核，並作了分段、校勘，同時還編了《遼史人名清元異譯對照表》附於書後，以便檢核。

中華書局編輯部

一九八一年七月

遼史紀事本末凡例

一、紀事本末一體，肇自有宋袁氏機仲，實爲紀傳、編年之亞。嗣後沿作者多，歷史俱備，惟遼、金尚覺闕如。查遼史原太簡略，良由俗少記載；雖太宗會同初，詔編始祖奇善汗事迹，所載甚寡。歷朝向置史官，僅修日歷。迨興宗時，因耶律孟簡言，命編赫嚕、烏哲、休格三傳進，始置局編修。時則耶律古雲、耶律庶成、蕭罕嘉努實任其事，嘗上實録二十卷。道宗大安中，史臣復進七帝實録。至天祚帝乾統三年，詔耶律儼纂修諸帝實録，共七十卷，始得勒爲成書。金代熙宗、章宗兩次續修遼史，逮黨懷英致仕，陳大任續成之。元宰相托克托等奉詔纂輯，均本儼、大任二書，但紀載簡略。參之五代與宋、金諸史及各傳記，間多牴牾。爰不揣謭陋，謹編遼史紀事本末一書，區別條流，各從其類，均以正史爲主。間與他史及各傳記，事有異同，詞有詳畧，兼倣裴世期補注三國志，及胡身之注通鑑，取温公所著攷異三十卷散入各條例，小注雙行，分載每條之下，名曰〔攷異〕，以便觀覽，而資質證。

一、通鑑之例，諸帝卽位後皆書「上」，間有書「帝」者，又有甫卽位而書其謚號者，此沿舊史傳寫，未及改正。今紀遼各帝事，惟太祖仍舊，餘皆卽位後書「帝」；至崩，則「某宗」「某帝」，隨事書之，以歸畫一。將、相以下，皆書其官，連事類記者，或但書其名，省文，無義例也。綱目於列朝臣工，其間號、官、爵、謚之具否，用筆謹嚴。茲於遼諸臣，因事則書，不具載，義不主褒貶也。

一、通鑑彙正史之紀傳，會而成書。綱目則取法春秋；其所謂「綱」者，大都筆削紀傳之書法；其「目」則傳志中語也。通鑑因事著之，而綱、目並見，然其編年之例甚嚴。而攷異一書，辨年月之訛舛，尤爲詳核。綱目以書法爲主，於其事之不甚相遠者，多彙著之「目」中，中間繫以「先是」、「至是」、「初」字、「尋」字之類；其又遠者，則遞著其年月，而統繫之一「綱」下，故其書法嚴而年月稍寬矣。今撰遼史紀事本末，主於記事彙敍，多倣綱目。而年月之或舛，附見之〔攷異〕中，又通鑑之例也。

一、遼史本紀，多據實録；列傳，間採家傳。所記攻取戰伐及聘問諸事，或有近者差數十日，遠者差至數月，大抵皆以本國之月日爲主。奏報不時，間由傳聞之誤。至兵事勝敗，彼此歧異，今爲參互攷訂，亦附之〔攷異〕中，以紀實也。

一、遼史於征戰諸事，間稱「大軍」，多由本國史臣之自尊其君；或稱「遼師」、「遼兵」、「遼軍」者，則係後世史臣追敍之詞。然作本國之史，紀本國之事，尚稱爲遼，似乎未妥，今一概改爲「國兵」。至「大軍」則惟中國得稱之，遼本偏閏之國，未便僭也。又遼史於行軍概曰「征討」，亦宜稍示區別：玆於屬國部族，書「征」、書「討」；與中國交綏，曰「侵」、曰「攻」、曰「擊」。至石晉則或稱「伐」，蓋彼係遼國所立，而復背盟搆怨，則咎由自取，似不能一例論也。

一、契丹國志諸書，多本稗官野史。即如所紀承天后臨朝，隆運擅辟陽之寵，遼史不書，但於其寵眷非常，恩賜稠疊，則備載之，亦爲尊者諱之意也。至齊天后善琵琶，元妃誣其與樂工通；王偁事畧乃信爲實事。懿德后好音樂，爲叛婢單登所告，實由伊遜姦謀；而王鼎焚椒録且載其懷古諸詩。此豈足備正史之採擇？今均於〔攷異〕中辨明之。

一、劉漢稱臣，即爲藩屬，其與周、宋交綏，遼每出師援應，史紀戰事，語甚寥寥。今撰紀事本末，蒐採羣書，附見之〔攷異〕中，以昭詳核。

一、北宋和戰，最爲大局所關，遼史紀載，語歸簡易，其他或見之列傳中。今撰紀事本末，博采各書，攷證同異：即如楊太尉、陳家谷殉難，大節凜然；而色珍傳有「口稱死罪」之語，殊失之誣。其失援被陷，罪在王侁，而潘美不得辭其咎，史未詳載。況重熙增幣，富鄭公力争「獻納」二字，史云「文書稱貢」，究非紀實。至蕭禧争河東地界，宋用王介甫言，失地七百里，史亦未書。今皆參攷互稽，附載之〔攷異〕中，以擴聞見。

一、宋、金圖燕，信使往來，爲謀甚久，史但於天祚帝保大四年載「歸地塞盟」之語。至魏王之立，天祚紀謂爲蕭斡，而紀北遼事，又以爲和勒博，無怪續綱目於稱奚帝分爲二人。李處温援立魏王，自爲宰相，嗣懼禍通宋，天祚紀所書甚明；而於北遼紀又謂宰相李純潛納宋兵，彼此歧異。今撰紀事本末，於宋、金之交，備載原委。蕭斡之卽和勒博，謹遵通鑑輯覽詳爲辨證。若李處温之與李純，是否一人，均附載〔攷異〕中，以昭徵信。

一、遼國之郡邑沿革，山川分隸，以及關隘、堡鎮之建置，地里志所未詳者，今皆博采諸史及方輿紀要諸書，逐一分注，以清眉目。而臣工之名字、里居，亦爲參考詳載。而於一人數名及數人同名者，縷晰條分，以資攷證。至通鑑綱目及各史傳所載遼國地名、人名，音譯互歧，間有訛謬，惟國朝重訂遼史，悉遵國語解，用三合音改正；而御批通鑑輯覽亦命將滿洲、蒙古文字互爲參攷，詳加譯改，最爲明晰。今謹遵新譯，仍注舊作某字於其下，以便省覽。

一、史家之例，敍而不斷，惟直書其事，而得失勸懲寓焉；若必欲臧否而短長之，非史事也。史評自有專書，四庫書别爲一類。班、范論次，皆入贊中，通鑑諸論，繫之本事下，間採他人評論。參之唐劉知幾史通，謂史論之煩，萌於司馬，後世作者，本無疑事，輙設論以裁之。豈知史書之大體，載削之指歸者哉？今撰紀事本末，詳爲敍次，末議不參，以歸簡潔。

一、史記、漢書皆有後序，自明其著書之義例。温公通鑑無序，以宋神宗御製序在前也。其釋例凡三十六事，見四庫書提要中。錢大昕答馮集梧書，謂古來紀傳、編年之書，祇有本人自序，未有他人代爲之序者。蓋史以寓襃貶，其用意所在，惟著書人可以自言之。雖各種紀事本末，俱載他人代作之序，究非古也。惟高士奇有凡例四則，觀劉知幾謂史之有例，猶國之有法，國無法則上下靡定，史無例則是非莫準。今撰紀事本末，不列序而立例，亦猶行古之道耳。

遼史紀事本末目録

卷首

帝系考……一

紀年表……五

卷一

太祖肇興……二七

卷二

埒克等之叛　察克事附……七九

卷三

東丹建國……八九

卷四

赫嚕佐命　蕭達魯等附……九九

卷五

韓延徽輔政　韓知古等附……一〇九

卷六

西北部族屬國叛服……一一九

卷七

征撫高麗……一六七

卷八

舒嚕太后稱制……一九九

卷九

太宗嗣立……二〇九

卷十

太宗克唐……二四一

卷十一

石晉背盟……二五三
卷十二
趙德鈞父子搆亂……二八三
卷十三
魯呼争立　喜隱事附……二九一
卷十四
世宗之立……二九五
卷十五
蕭翰謀逆……三〇七
卷十六
烏哲定變　室昉賢適等附……三一一
卷十七
劉漢之立……三一七
卷十八
穆宗之暴……三四五
卷十九
宋初和戰……三六一
卷二十
承天太后攝政……三九三
卷二十一
耶律隆運柄用　張儉事附……四一一
卷二十二
色珍戰績……四二五
卷二十三
休格將略……四三一
卷二十四
澶淵之盟……四三九
卷二十五
西夏封貢……四七五
卷二十六

目錄

齊天蕭后之誣 法天后事附……五二三
卷二十七
渤海延琳之叛 高永昌附……五二九
卷二十八
重元父子之亂 叛黨附 蕭阿拉等附……五三七
卷二十九
重熙增幣之議……五四七
卷三十
昭懷太子之誣……五九三
卷三十一
耶律伊遜之姦 姦黨附……六〇五
卷三十二
金人兵起……六一三
卷三十三
天祚播遷……六三三
卷三十四
蕭奉先悞國 塔喇台附……六五七
卷三十五
耶律伊都之叛……六六三
卷三十六
北遼魏王之變 雅里附……六六七
卷三十七
李處温父子稔禍……六七九
卷三十八
奚酋僭號……六八三
卷三十九
張𣪍歸宋……六八七
卷四十

耶律達實之立……六九一
卷末
引用書目……七〇一
附録
有關遼、金史紀事本末的兩個奏摺……七三五

遼史紀事本末卷首

帝系考

太祖皇帝姓耶律氏。諱億，字安巴堅，原作阿保機，小字阿爾濟，一作啜里只。契丹德呼部人。德祖子。母曰宣簡蕭后。唐咸通十三年生。初爲塔瑪噶賽特，累擢大德呼府額爾奇木，拜裕悅，總知軍國事。梁開平元年丁卯，哈陶津汗殂，始稱帝紀元。丙子建元神册，七年改天贊。五年改天顯，七月崩於扶餘府行宮。在位二十年，年五十五，葬祖陵，追謚昇天皇帝，加謚神烈。后舒嚕氏，謚淳欽。子四：義宗貝、太宗、章肅帝魯呼、特哩袞雅爾噶。

太宗皇帝諱德光，字德謹，小字耀庫濟，原作堯骨。太祖次子。母淳欽蕭后。唐天復二年生。天贊元年授大元帥。天顯元年七月，太祖崩，太后攝政。二年十一月始卽位，不改元。十三年改會同。十年改大同，建國號大遼。是年四月崩於欒城。在位二十一年，年四十六，葬懷陵，追謚孝武惠文皇帝。后蕭氏，謚靖安。子五：穆宗、齊王雅斯哈、天德、冀王迪里、越王必舒。

世宗皇帝諱阮，小字烏雲，原作兀欲。義宗貝長子。母柔貞蕭后。大同元年封永康王。太宗崩，梓宮次鎮陽，王卽位，自號天授皇帝。改是年爲天禄元年，尊父爲讓國皇帝。五年九月，察克叛，被弑於火神淀，在位四年，年三十四，葬顯陵，追謚孝和莊憲皇帝。后蕭氏同遇害，謚懷節。子三：莊聖太子哈勒布、景宗、甯王扎穆，穆宗皇帝諱璟，小字舒嚕，原作述律。太宗長子，母靖安蕭后。會同二年封壽安王，天祿五年九月卽位，自號天順皇帝，是年改元應曆。十九年三月如懷州，爲近侍霄格等所弒。在位十八年，年三十九，祔葬懷陵，追謚孝安敬正皇帝。后蕭氏，無子。

景宗皇帝諱賢，字賢甯，小字明扆。世宗第二子。母懷節蕭后。甫六歲，遇察克亂，穆宗養之永興宮。穆宗被弒，卽位，號天贊皇帝，改應曆十九年爲保甯元年，十一年改乾亨四年，九月，崩於焦山行宮。在位十三年，年三十五，葬乾陵，追謚孝成康靖皇帝。后蕭氏，謚睿知。子四：聖宗、秦晉王隆慶、齊王隆祐、藥師努，早卒。

聖宗皇帝諱隆緒，小字文殊努。景宗長子。乾亨二年封梁王，四年景宗崩，卽位，時年十二，母睿知太后攝政。明年改元統和，號昭聖天輔皇帝。三十年改開泰。十年改太平。十一年六月崩於大福河之北。在位四十九年，年六十一，葬慶陵，追謚文武大孝宣皇帝。齊天后蕭氏，謚仁德。子五：興宗、秦王重元、柳城郡王布古德、燕王烏格、南府宰相格爾、混同郡王海古勒。

興宗皇帝諱宗真，字雅布濟，原作夷不堇，小字濟古爾，原作只骨。聖宗長子。母欽哀法天后。生，齊天后養爲子。三歲封梁王，太平元年册爲皇太子。十一年六月，聖宗崩，卽位。改是年爲景福元年，明年改重熙。法天后誣廢齊天后，尋弒之。二十四年八月，崩於南崖之北峪。在位二十四年，年四十。葬慶陵，追謚神聖孝章皇帝。后蕭氏，謚仁懿。子三：道宗、宋魏王和囉噶、秦趙王阿林。

道宗皇帝諱洪基，字納琳，原作涅隣，小字察喇，原作查剌。興宗長子。母仁懿蕭后。六歲封梁王，重熙十一年進王燕，十二年總北、南樞院事，進王燕、趙，二十一年授大元帥，預朝政。二十四年八月興宗崩，卽位，改是年爲清甯元年。十一年改咸雍，正月，立子濬爲太子。十一年改〔大康〕。（據遼史卷二三道宗紀補）壽隆（按，當作壽昌）七年正月崩於混同江。在位四十六年，年七十。葬慶陵，追謚仁聖大孝文皇帝。前后蕭氏，謚宣懿；次后蕭氏降惠妃。子一：太子濬。

天祚皇帝諱延禧，字延甯，小字阿果。道宗孫。昭懷太子濬之子。母貞順蕭后。太康元年生。六歲封梁王，進封燕，總北南樞院事，爲大元帥。壽隆（按，當作壽昌）七年正月道宗崩，即位，改是年爲乾統元年。謚皇考爲順聖皇帝，號順宗。十一年改天慶。十一年改保大，五年二月走應州新城東六十里，爲金將羅索所獲。時宋徽宗宣和七年乙巳也。降封海濱王，以疾終。在位二十四年，年五十四。改封豫王，葬廣甯府閭陽縣乾陵傍。后蕭氏，從帝西狩，以疾崩。子六：晉王額嚕溫、神曆帝雅里、燕王塔魯、趙王實訥埒、秦王定、許王甯。

遼史紀事本末卷首

紀年表

干支	梁	遼
丁卯	梁太祖開平元年	遼太祖元年
戊辰	二年	二年
己巳	三年	三年
庚午	四年	四年
辛未	乾化元年 五月，改元。	五年
壬申	二年 六月，子友珪弑晃自立。	六年
癸酉	末帝乾化三年 二月，友珪伏誅，均王瑱立。	七年
甲戌	四年	八年
乙亥	梁末帝貞明元年	
丙子	二年	
丁丑	三年	
戊寅	四年	
己卯	五年	
庚辰	六年	
辛巳	龍德元年	
壬午	二年	

九年	癸未	梁末帝龍德三年　十月，爲唐所滅。 唐莊宗同光元年　閏四月，稱帝。	天贊二年　契丹國志三年
神册元年　按：史，是年二月建元。	甲申	唐莊宗同光二年	三年　契丹國志四年
二年	乙酉	三年	四年　契丹國志五年
三年	丙戌	四年　是年四月被弑，克用養子嗣源立，改天成元年。	天顯元年　契丹國志天贊六年　按：史，是年二
四年	丁亥	明宗天成二年	太宗天顯二年　契丹國志天顯元年
五年	戊子	三年	三年　契丹國志二年
六年　契丹國志天贊元年	己丑	四年	四年　契丹國志三年
天贊元年　契丹國志二年　按：史，是年二月改元。	庚寅	長興元年	五年　契丹國志四年

	辛卯	唐明宗長興二年	天顯六年 契丹國志五年	己亥	晉高祖天福
	壬辰	三年	七年 契丹國志六年	庚子	五年
	癸巳	四年 十一月，嗣源殂，子從厚立。	八年 契丹國志七年	辛丑	六年
月改元，七月，太祖崩。	甲午	愍帝應順元年 四月，嗣源養子從珂廢帝自立，改清泰元年。	九年 契丹國志八年	壬寅	七年
	乙未	廢帝清泰二年	十年 契丹國志九年	癸卯	出帝天福八
	丙申	三年 十一月，爲晉所滅。 晉高祖天福元年	十一年 契丹國志十年	甲辰	開運元年
	丁酉	晉高祖天福二年	十二年 契丹國志會同元年 是年國號大遼。	乙巳	二年
	戊戌	三年	會同元年 契丹國志二年 按：史，是年十一月改元。	丙午	三年

四年	會同二年 契丹國志三年	丁未	漢高祖天福十二年 二月，稱帝。		大同元年 契丹國志會同十一年。
	三年 契丹國志四年	戊申	乾祐元年 正月，暠殂，子承祐立。		世宗天祿二年 契丹國志天祿元年
	四年 契丹國志五年	己酉	隱帝乾祐二年		三年 契丹國志二年
六月，殂，兄子重貴立。	五年 契丹國志六年	庚戌	三年 十一月，郭威篡位，漢亡。		四年 契丹國志三年
年	六年 契丹國志七年	辛亥	周太祖廣順元年 正月，稱帝。	北漢劉崇乾祐四年 正月，稱帝晉陽。	五年 契丹國志四年
七月改元。	七年 契丹國志八年	壬子	二年	五年	穆宗應曆二年
	八年 契丹國志九年	癸丑	三年	六年	三年
十二月，爲契丹所滅。	九年 契丹國志十年	甲寅	四年 正月，威殂，養子柴榮立，改顯德元年。	七年 十一月，崇殂，子鈞立。	四年

按：史，是年二月，改元建國，號大遼。四月，太宗崩，兄子兀欲立。九月，改天祿元年，契丹國志無改元大同事。	乙卯	周世宗顯德二年	北漢劉鈞乾祐八年	應曆五年	癸亥
	丙辰	三年	九年	六年	甲子
	丁巳	四年	天會元年	七年	乙丑
	戊午	五年	二年	八年	丙寅
按：史，是年九月，世宗被弒，太宗子述律立，改應曆元年，契丹國志同。	己未	六年 六月，榮殂，子宗訓立，明年正月，禪位於宋，國亡。	三年	九年	丁卯
	庚申	宋太祖建隆元年	四年	十年	戊辰
	辛酉	二年	五年	十一年	己巳
	壬戌	三年	六年	十二年	庚午

宋太祖建隆四年 十一月改乾德元年。	北漢劉鈞天會七年	應曆十三年	辛未
乾德二年	八年	十四年	壬申
三年	九年	十五年	癸酉
四年	十年	十六年	甲戌
五年	十一年	十七年	乙亥
六年 十一月改開寶元年。	十二年 鈞卒，養子繼恩立，被弒。弟繼元立，改廣運元年。	十八年 契丹國志，是年，穆宗被弒，景宗立，改保甯元年。	丙子
開寶二年	北漢劉繼元廣運二年 十國春秋天會十三年。	十九年 契丹國志保甯二年 按：史，是年三月，穆宗被弒，世宗子賢立，改保甯元年。	丁丑
三年	三年 十國春秋天會十四年	景宗保甯二年 契丹國志三年	戊寅

宋太祖開寶四年	北漢劉繼元廣運四年	十國春秋天會十五年	保甯三年	契丹國志四年	己卯	宋太宗太平興國四年	北漢劉繼元
五年	五年	十國春秋天會十六年	四年	契丹國志五年	庚辰	五年	
六年	六年	十國春秋天會十七年	五年	契丹國志六年	辛巳	六年	
七年	七年	十國春秋廣運元年	六年	契丹國志乾亨元年	壬午	七年	
八年	八年	十國春秋二年	七年	契丹國志乾亨二年	癸未	八年	
九年 十月，太祖崩，弟炅立，十二月，改太平興國元年。	九年	十國春秋三年	八年	契丹國志乾亨三年	甲申	九年 十一月，改雍熙元年。	
太宗太平興國二年	十年	十國春秋四年	九年	契丹國志乾亨四年	乙酉	雍熙二年	
三年	十一年	十國春秋五年	十年	契丹國志乾亨五年	丙戌	三年	

廣運十二年	十國春秋六年。是年五月爲宋所滅。	乾亨元年	契丹國志六年	丁亥	宋太宗雍熙四年	統和五年	乙未	宋太宗至道
		二年	契丹國志七年	戊子	端拱元年	六年	丙申	二年
		三年	契丹國志八年	己丑	二年	七年	丁酉	三年
		四年	契丹國志九年 按：史，是年九月景宗崩，子隆緒立，契丹國志同。	庚寅	淳化元年	八年	戊戌	真宗咸平元
		聖宗統和元年	契丹國志，是年復號大契丹。	辛卯	二年	九年	己亥	二年
		二年		壬辰	三年	十年	庚子	三年
		三年		癸巳	四年	十一年	辛丑	四年
		四年		甲午	五年	十二年	壬寅	五年

元年	統和十三年	癸卯	宋真宗咸平六年	統和二十一年
	十四年	甲辰	景德元年	二十二年
三月，太宗崩，子恒立。	十五年	乙巳	二年	二十三年
年	十六年	丙午	三年	二十四年
	十七年	丁未	四年	二十五年
	十八年	戊申	太中祥符元年	二十六年
	十九年	己酉	二年	二十七年
	二十年	庚戌	三年	二十八年

辛亥	宋真宗祥符四年	統和二十九年	
壬子	五年	開泰元年	契丹國志統和三十年
癸丑	六年	二年	契丹國志開泰元年
甲寅	七年	三年	契丹國志二年
乙卯	八年	四年	契丹國志三年
丙辰	九年	五年	契丹國志四年
丁巳	天禧元年	六年	契丹國志五年
戊午	二年	七年	契丹國志六年

干支	宋	遼	
己未	宋真宗天禧三年	開泰八年 契丹國志七年	
庚申	四年	九年 契丹國志八年	按：史，是年十一月改元。
辛酉	五年	太平元年 契丹國志開泰九年 按：史，是年十一月改元。	
壬戌	乾興元年 二月，真宗崩，子禎立。	二年 契丹國志太平元年	
癸亥	仁宗天聖元年	三年 契丹國志二年	
甲子	二年	四年 契丹國志三年	
乙丑	三年	五年 契丹國志四年	
丙寅	四年	六年 契丹國志五年	

干支	宋	遼
丁卯	宋仁宗天聖五年	太平七年
戊辰	六年	八年
己巳	七年	九年
庚午	八年	十年
辛未	九年	十一年
壬申	十年 十一月，改明道元年。	興宗景福二
癸酉	明道二年	重熙二年
甲戌	景祐元年	三年

		契丹國志六年
		契丹國志七年
		契丹國志八年
		契丹國志九年
		契丹國志十年 按：史，是年六月聖宗崩，子宗真立，改景福元年。
		年 契丹國志景福元年 按：史，是年十一月改元重熙。
		契丹國志重熙元年
		契丹國志二年

乙亥	宋仁宗景祐二年	重熙四年 契丹國志三年
丙子	三年	五年 契丹國志四年
丁丑	四年	六年 契丹國志五年
戊寅	五年 十一月，改寶元元年。	七年 契丹國志六年
己卯	寶元二年	八年 契丹國志七年
庚辰	三年 二月，改康定元年。	九年 契丹國志八年
辛巳	康定二年 十一月，改慶曆元年。	十年 契丹國志九年
壬午	慶曆二年	十一年 契丹國志十年

癸未	宋仁宗慶曆三年	重熙十二年
甲申	四年	十三年
乙酉	五年	十四年
丙戌	六年	十五年
丁亥	七年	十六年
戊子	八年	十七年
己丑	皇祐元年	十八年
庚寅	二年	十九年

契丹國志十一年
契丹國志十二年
契丹國志十三年
契丹國志十四年
契丹國志十五年
契丹國志十六年
契丹國志十七年
契丹國志十八年

辛卯	宋仁宗皇祐三年	重熙二十年	契丹國志十九年
壬辰	四年	二十一年	契丹國志二十年
癸巳	五年	二十二年	契丹國志二十一年
甲午	六年 三月，改至和元年。	二十三年	契丹國志二十二年
乙未	至和二年	二十四年	契丹國志二十三年 按：史，是年八月興宗崩，子洪基立，改清甯元年，志同。
丙申	三年 九月，改嘉祐元年。	道宗清甯二年	
丁酉	嘉祐二年	三年	
戊戌	三年	四年	

己亥	宋仁宗嘉祐四年
庚子	五年
辛丑	六年
壬寅	七年
癸卯	八年
甲辰	英宗治平元年
乙巳	二年
丙午	三年

道宗清甯五年	丁未	宋英宗治平四年 正月，英宗崩，子頊立。	咸雍三年	乙卯	宋神宗熙甯八年	太康元年 契丹國志咸雍十一年無改元
六年	戊申	神宗熙甯元年	四年	丙辰	九年	二年 契丹國志咸雍十二年
七年	己酉	二年	五年	丁巳	十年	三年 契丹國志咸雍十三年
八年	庚戌	三年	六年	戊午	元豐元年	四年 契丹國志咸雍十四年
九年 三月，仁宗崩，子曙立。	辛亥	四年	七年	己未	二年	五年 契丹國志咸雍十五年
十年	壬子	五年	八年	庚申	三年	六年 契丹國志咸雍十六年
咸雍元年 按：史，是年正月改元。	癸丑	六年	九年	辛酉	四年	七年 契丹國志咸雍十七年
二年 契丹國志，是年復號遼。	甲寅	七年	十年	壬戌	五年	八年 契丹國志咸雍十八年

太康事 按史，是年十月改元太康。

癸亥	宋神宗元豐六年	太康九年 契丹國志咸雍十九年	辛未	宋哲宗元祐六年
甲子	七年	十年 契丹國志咸雍二十年	壬申	七年
乙丑	八年 三月，神宗崩，子煦立。	大安元年 契丹國志咸雍二十一年無改元大安事 按史，是年改元大安。	癸酉	八年
丙寅	哲宗元祐元年	二年 契丹國志咸雍二十二年	甲戌	九年 四月，改紹聖元年。
丁卯	二年	三年 契丹國志咸雍二十三年	乙亥	紹聖二年
戊辰	三年	四年 契丹國志咸雍二十四年	丙子	三年
己巳	四年	五年 契丹國志咸雍二十五年	丁丑	四年
庚午	五年	六年 契丹國志咸雍二十六年	戊寅	五年 六月，改元符元年。

大安七年（契丹國志咸雍二十七年）	己卯	宋哲宗元符二年	壽隆（按，當作壽昌）五年
八年（契丹國志咸雍二十八年）	庚辰	三年　正月，哲宗崩，弟佶立。	六年
九年（契丹國志咸雍二十九年）	辛巳	徽宗建中靖國元年	七年　按：史，是年正月，道宗崩，孫延禧立，改乾統元年。
十年（契丹國志咸雍三十年）	壬午	崇甯元年	天祚帝乾統二年
壽隆元年（契丹國志作壽昌）	癸未	二年	三年
二年	甲申	三年	四年
三年	乙酉	四年	五年
四年	丙戌	五年	六年

丁亥	宋徽宗大觀元年
戊子	二年
己丑	三年
庚寅	四年
辛卯	政和元年
壬辰	二年
癸巳	三年
甲午	四年

乾統七年	乙未	宋徽宗政和五年	天慶五年	
八年	丙申	六年	六年	
九年	丁酉	七年	七年	金太祖天輔元年 正月稱帝
十年	戊戌	八年 十一月，改重和元年。	八年	二年 大金國志天輔元年。
天慶元年	己亥	重和二年 二月，改宣和元年。	九年	三年 大金國志二年
二年	庚子	宣和二年	十年	四年 大金國志三年
三年	辛丑	三年	保大元年	五年 大金國志四年
四年	壬寅	四年	二年 正月，金克遼，天祚出奔，魏王淳立，改元建福，六月没。	六年 大金國志五年

癸卯	宋徽宗宣和
甲辰	六年
乙巳	七年
丙午	欽宗靖康元
丁未	二年
戊申	高宗建炎二
己酉	三年
庚戌	四年

辛亥	五年	保大三年 五月，敵烈立，天祚子雅里改元神曆，十月卒。	金太祖天輔七年 八月，太祖殂，弟太宗立，改天會，嗣後另見金史表。	
壬子		四年		西遼德宗大石延慶元年
癸丑	十二月，傳位子桓。	五年 按：史，是年二月，天祚爲金擒，遼亡。		二年
甲寅	年			三年
乙卯	四月，二帝北狩，五月，康王構即位南京，改建炎元年。			四年
丙辰	年			五年
丁巳				六年
戊午				七年

宋高宗紹興元年	延慶八年	己未	
二年	九年	庚申	
三年	十年	辛酉	
四年	康國元年	壬戌	
五年	二年	癸亥	
六年	三年	甲子	
七年	四年	乙丑	
八年	五年	丙寅	
宋高宗紹興九年	康國六年	丁卯	
十年	七年	戊辰	
十一年	八年	己巳	
十二年	九年	庚午	
十三年	十年	辛未	是年，大石殁，子夷列幼，遺命，皇后權國。
十四年	感天后咸清元年	壬申	
十五年	二年	癸酉	
十六年	三年	甲戌	
宋高宗紹興十七年	咸清四年		
十八年	五年		
十九年	六年		
二十年	七年		
二十一年	仁宗紹興元年		
二十二年	二年		
二十三年	三年		
二十四年	四年		

乙亥	宋高宗紹興二十五年	紹興五年	
丙子	二十六年	六年	
丁丑	二十七年	七年	
戊寅	二十八年	八年	是年，后卒，子夷列立。
己卯	二十九年	九年	
庚辰	三十年	十年	
辛巳	三十一年	十一年	
壬午	三十二年 六月，禪位太子昚。	十二年	

癸未	宋孝宗隆興元年	紹興十三年	是年，夷列殁，子幼，遺命，以妹普速完權國。
甲申	二年	承天后崇福元年	
乙酉	乾道元年	二年	
丙戌	二年	三年	
丁亥	三年	四年	
戊子	四年	五年	
己丑	五年	六年	
庚寅	六年	七年	

辛卯	宋孝宗乾道七年	承天后崇禄八年	
壬辰	八年	九年	
癸巳	九年	十年	
甲午	淳熙元年	十一年	
乙未	二年	十二年	
丙申	三年	十三年	
丁酉	四年	十四年	是年，后被弑，夷列次子直魯古立。
戊戌	五年	直魯古天禧元年	

己亥	宋孝宗淳熙六年	天禧二年
庚子	七年	三年
辛丑	八年	四年
壬寅	九年	五年
癸卯	十年	六年
甲辰	十一年	七年
乙巳	十二年	八年
丙午	十三年	九年

丁未	宋孝宗淳熙十四年	
戊申	十五年	
己酉	十六年	二月，禪位太
庚戌	光宗紹熙元年	
辛亥	二年	
壬子	三年	
癸丑	四年	
甲寅	五年	七月，禪位太子

天禧十年	
十一年	
十二年	子惇。
十三年	
十四年	
十五年	
十六年	
十七年	擴。

乙卯	宋甯宗慶元元年	天禧十八年
丙辰	二年	十九年
丁巳	三年	二十年
戊午	四年	二十一年
己未	五年	二十二年
庚申	六年	二十三年
辛酉	嘉泰元年	二十四年
壬戌	二年	二十五年

癸亥	宋甯宗嘉泰三年	天禧二十六年
甲子	四年	二十七年
乙丑	開禧元年	二十八年
丙寅	二年	二十九年
丁卯	三年	三十年
戊辰	嘉定元年	三十一年
己巳	二年	三十二年
庚午	三年	三十三年

辛未	宋甯宗嘉定四年	天禧三十四

年

是年秋出獵，乃蠻王屈出律伏兵擒之，西遼亡。

按，錢塘汪君遠孫作遼史紀年表，自太祖迄天祚九主，凡二百一十九年，而以契丹國志與史異者，附註於後。別爲西遼紀年表，始宣和甲辰，迄嘉定辛未，三主二后，幾九十年。據錢氏大昕十駕齋養新録以駁正萬氏斯同紀元彙攷之誤。源委秩然，暸如指掌。第揆諸綱目大書分注之例，稍有未符。爰不揣譾陋，合爲一表。其間正、閏敍次，略爲變通，庶不失先河後海之義云爾。

萍鄉李有棠芾生甫謹識。

遼史紀事本末卷一

太祖肇興

後梁太祖開平元年（丁卯九〇七）春正月庚寅，遼太祖自稱天皇帝。

太祖之先，出自炎帝，〔攷異〕後周書嘗稱遼爲炎帝後，而耶律儼，謂係軒轅之裔。儼志晚出，當從周書。世爲森濟原作審吉國。有葛烏（兔）〔菟〕（據遼史卷六三世表改）者，世雄朔陲，號「東胡」，漢時爲冒頓汗所滅，保鮮卑山，稱鮮卑氏。

魏青龍中，部長（軻）（據遼史卷六三世表刪）比能爲幽州刺史王雄所害，散徙潢水之南，〔攷異〕顧祖禹方輿紀要云，潢河，在克什克騰界，蒙古名錫喇穆稜，東北流，會諸水，逕巴林及科爾沁等境入於遼，即遼河之西一源也。齊召南水道提綱云，大遼水，即潢水，古稱饒樂水、濫真水、托紇臣水、吐護真水，皆即此河。今蒙古稱西喇木倫，猶漢言黃河也。按，富鄭公行程録云，自中京正北行四百八十里，度潢水石橋，旁有饒州，蓋唐朝嘗於此置饒樂州。黃龍之北。

晉時普回子莫那自陰山歐陽忞輿地廣記云，陰山，古北戎地。東西千餘里，爲匈奴苑囿。戰國屬趙，武靈築長城，自代並陰山下至高闕爲塞。秦逐匈奴，自榆中并河以東屬陰山，爲三十四縣。漢初，復爲匈奴據，武帝收復置陰山縣，屬西河郡。匈奴失之，每過此，未嘗不哭。東漢省入西安陽，屬五原郡。唐因之，與逦濟縣均隸安北大都護府。南徙，始居遼西。方輿紀要云，古順州，隋置，以處粟末靺鞨，尋改爲遼西郡。唐爲遼西縣。遼廢縣，仍號順州，在柳城燕郡之北。九世爲慕容晃所滅，復竄松漠之間。〔攷異〕楊慎丹鉛録云，晉書，慕容氏邑於紫濛之野，遼嘗取以名館，蓋以慕容自比也。韓魏公奉使過紫濛，遇風，詩云：「草白岡長暮驛賒，朔風終日起平沙，寒鞭易促障泥躍，冷袖難勝便面遮。迴嶺卷回雲族破，遠天吹入雁行斜。土囊微乞緘餘怒，留送歸程任擺花。」見安陽集。又，王珪詩亦有「雷急紫濛催玉勒，日長青瑣聽薰絃」之句。潘永因宋稗類鈔云，宋人送人使遼詩，多以青瑣對紫濛，即指此。按：地理志，永平府有紫蒙縣，本漢鏤芳縣地。後漢書，鏤芳作鏤方。祝穆元混一方輿勝覽載入大興府。今莫詳其處矣。

魏時始號契丹。有奇善汗原作奇首可汗。者，生都庵山，其八子，後分爲八部。〔攷異〕營衛志云，一、錫萬丹，原作悉萬丹；二、赫特赫，原作何大何；三、佛佛頁，原作伏（佛）〔弗〕郁（據遼史卷三二營衛志改）；四、裕嚕，原作羽陵；五、錫琳，原作日連；六、博恰，原作匹絜；七、理，原作黎；八、圖嚕，原作吐六于。

地理志云，今永州木葉山有始祖奇善汗廟在南，克敦廟在北，并八子像在焉。每行軍必祭之。魏書，何大何作阿大何，伏佛郁作具伏郁，匹絜作匹黎爾，吐六于作叱六手。世表，錫萬丹作欣服萬丹，（按遼史卷六三世表云，獻文時……始班諸國末，欣服。萬丹部……以名馬文皮來貢。考魏書卷一〇〇契丹傳，亦云得班饗於諸國之末，「莫不忻服」。則「欣服萬丹」顯係斷句有誤。）佛佛頁作伏弗郁，錫琳作日速。又謂：若奇善汗、和拉汗、蘇汗、兆古汗，皆遼之先，而世次不可考。太祖紀贊云：可知者，自奇善汗始。所載各異。魏末，美佛赫原作莫弗賀。〔攷異〕世表作莫弗紇，係一官。烏雲原作勿于畏高麗蠕蠕魏書，東胡苗裔也，姓郁久閭氏，神元末，掠得一奴，字之曰「木骨閭」。「木骨閭」者，首秃也，與郁久閭聲相近，故子孫因以爲姓。初依純突隣部，得百餘人，死，子車鹿會雄健，有部衆，自號柔然。世祖以其無知，狀類蟲，故號爲蠕蠕。侵逼，帥衆萬餘口內附，居白狼水東。〔攷異〕隋書作白貔河。

北齊時，嘗犯塞，軍敗，復爲突厥所逼，附高麗。

隋開皇間，欵塞內附，部落漸衆，依赫辰原作紇臣水在遼西正北二百里。見營衛志。而居。地亘數百里，分爲十部。史逸其名。〔攷異〕邵經邦宏簡録云，與庫莫奚同類異種。其居曰梟羅箇没里，乃鮮卑故地。隋書云，大業初入寇，韶韋雲起護突厥兵討敗之。世表祇云大業七年入貢，未言入寇事。稍異。

唐武德初，其君達呼爾原作大賀氏〔攷異〕王偁東都事略云，契丹之先，有一男子乘白馬，一女子駕灰牛，相遇於遼水上，遂爲夫婦，卽大賀氏也。世表未載。阻冷陘山方輿紀要云，在福餘衛境，潢水之南，黄龍府之北。〔攷異〕欽定日下舊聞考引問次齋稿云，居庸亦謂之冷陘。稼堂雜鈔云，居庸亦曰冷陘。陘又作硎。新唐書，孫佺爲幽州都督，率兵十二萬討奚李大酺，分三屯，以副將李楷洛、周以悌領之。次冷陘，楷洛與大酺戰，不勝是也。述征記，太行，首始河內，至幽凡八陘：一、軹關陘；二、太行陘；三、白陘；四、滏口陘；五、井陘；六、飛狐陘；七、蒲陰陘；八、軍都陘。軍都，卽居庸也。太行山，山海經作五行山。列子作大形山。張鷟朝野僉載云，佺出軍日，白虹垂頭於軍門，大星落營內。軍行後，幽州界内烏鵶、鴟鳶並隨軍去。經二旬，軍没，烏、鳶食其肉焉。李處郁諫，薛訥寓書，皆不聽。張庚通鑑地理通釋糾繆云，通鑑注，陘北，冷陘山之北。按，冷陘山在今兀良哈境。以自固，臣於突厥，爲俟斤。其帥孫敖曹等嘗來朝。貞觀中，和卓原作紇主〔攷異〕唐書作辱紇主，下文有辱和卓，世表此處漏「辱」字。珠奇原作據曲。〔攷異〕唐書作曲據。來歸，置元州，以珠奇爲刺史。酋長庫克原作窟哥。〔攷異〕徐夢莘北盟會編作摩會。舉部内屬，置松漠都督，封無極男，賜姓李，仍分爲八部。〔攷異〕營衞志云，唐太宗以德濟部爲峭落州，赫伯部爲彈汗州，都（呀）〔呼〕部（據道光四年殿本遼史卷三二營衞志改，下同）爲無逢州，芳阿部爲羽陵州，圖勒彬部爲日連州，（芮）〔芮〕奚部（據道光四年殿本遼史卷三二營衞志改）爲徒河州，卓津部爲萬丹州，富部爲匹黎、赤山二州，並元州及松漠府爲十州。唐書地理志，德濟作達稽，赫伯作紇便，都（呀）〔呼〕作獨活，芳阿作芬阿，圖勒彬作突便，卓津作墜斤，富作伏。又，日連作白連，徒河作徒何。世表，芳阿作芬問。此唐初八部也。至約尼氏八部，則一、達爾札；二、伊斯琿；三、舍琿；四、諾爾威；五、頗摩；六、訥古濟；七、濟勒勤；八、實袞。合始祖聶呼別統（塔喇）〔德呼〕部（據道光四年殿本遼史卷三二營衞志改）並約尼氏，共爲十部。亦見營衞志。而歐陽修五代史云，八部：一、但（利）皆〔利〕（據新五代史卷七二四夷傳改）；二、乙室活；三、實活；四、納（尼）〔尾〕（據新五代史卷七二四夷傳改）；五、頻没；六、内會雞；七、集解；八、奚嗢。葉隆禮契丹國志，但利皆作祖皆利，乙室活作乙室語，頻没作類没。（按，據契丹國志卷首契丹國初興本末，乙室活、頻没皆未誤。）路振九國志，納尼作納尾，云，地方三千里，屬縣四十有一。御批通鑑輯覽云，一、達爾節；二、伊斯緷；三、舍緷；四、納斡；五、丕勒牟尼；六、訥古濟；七、濟勒錦；八、希斡。紀載各殊。至太祖析九帳三房，族列二十部，聖宗增爲（五）〔三〕十四部（據遼史卷三三營衞志改），天下莫强矣。顯慶中，以辱和卓爲刺史，庫克死，與奚叛命，行軍總管阿實達原作阿史（那）〔德〕（據遼史卷六三世表改）樞賓出沙磚道，擒松漠都督鄂博庫，原作阿不固。〔攷異〕新唐書作阿卜固。獻東都。庫克孫盡忠與敖曹曾孫萬榮爲歸誠州刺史者，〔攷異〕庫克孫曰（金）〔奎〕瑪里（據道光四年殿本遼史卷六三世表改），彈汗州刺史；曰盡忠，松漠都督。馬端臨文獻通考及舊唐書均以盡忠爲庫克曾孫。敖曹曾孫，新唐書作孫。歸誠州係羈縻州，綱目作媯州，馮智舒直作誠州，且譯爲湖南之靖州，謬甚。殺趙文翽以叛，武后遣曹仁師等伐之，屢敗唐兵。嗣盡忠死，萬榮復熾，尋爲張九節所殺，達呼爾氏微。別部長果珍原作過折。代之。果珍尋滅。〔攷異〕世表云，開元二年，盡忠從父弟失活歸唐，拜都督，封松漠郡王，置靜析軍，爲經略大使。尋死，諸弟繼立，均爲衙官格圖肯所弑。降突厥，張守珪破走之。果珍斬格圖肯以降，封北平郡王，復爲其下聶呼所弑，契丹中衰。唐書，永樂公主爲東平王外孫楊元嗣女，下嫁失活。明年，失活死，贈特進。又，新、舊唐書，格圖肯作可突于。陳桱五代史補編云，盡忠死，傳從弟失活。失活傳沙固，爲可突于殺。弟鬱于嗣。鬱于死，弟咄于嗣，可突于復逐之。弟邵固立，可突于殺之，立屈列以附于突厥。張守珪討殺可突于，詔封過折爲北平王。王應麟玉海云，開元五年，失活死，弟娑固襲封。有可突干者，勇悍得衆。娑固欲去之，反爲所攻。娑固死，可突干遣使謝罪，詔赦之，許邵固襲王。明年，可突干入朝，不爲宰相李元紘所禮，觖觖去。後二年，遂殺邵固，立屈烈，降突厥。忠王浚率節度趙含章擊破之，可突干走奚，衆降。明年盜邊，爲守珪破滅。所載各異。

德呼原作迭剌。部長聶呼原作涅里。〔攷異〕汪輝祖遼史同名録云，卷十六聖宗紀，開泰九年奚王都監；卷二十五道宗紀大安五年知北院大王事，遷遼興節度；卷三十天祚紀，北遼宣帝小字；卷六十二刑法志，天祚時行軍將軍，五人同名涅里。又，世表作泥禮，亦作泥里，陳大任作雅里，係一人。立達年札里原作迪輦(糺)〔祖〕里(據遼史卷三二營衞志改)。〔攷異〕世表作俎里，亦作祖里。陳呼五代史補編作組里。爲蘇爾威汗，原作阻午可汗。更號約尼亦作要尼，原作遥輦。氏。天寶四年降唐，賜姓名李懷秀。尋叛唐，〔攷異〕唐書，天寶四載，李懷秀降，拜松漠都督，封崇順王。以宗室出女獨孤氏爲静樂公主妻之，是歲殺公主，叛。通考略同。遣將珠勒格、科里原作只里姑、括里。拒安禄山兵潢水，大敗之。唐更封且樂原作楷落。〔攷異〕唐書作楷洛，爲恭仁王，楷洛子，卽光弼，營州柳城人。而聶呼輔之，立制度，置官屬，勢益强。〔攷異〕世表云，契丹王齊蘇，號伊蘭汗，（亦）〔原〕（據道光四年殿本遼史卷六三世表改，下同）作耶瀾可汗。會昌中授雲麾將軍。又，實呼號巴拉汗，（亦）〔原〕作巴拉可汗。咸通中兩入貢，時河北道隔，世次不可考。王溥五代會要云，唐會昌中，幽州張仲武表其王屈戌，請賜印篆爲「奉國契丹之印」。按，屈戍卽齊蘇，亦見高麗古今注。李燾續通鑑長編云，溥，榆次人，宋史本傳作并州祁人。蕭罕嘉努〔傳〕（據遼史卷一〇三蕭韓家奴傳補）云，先世約尼氏温之後，温亦作涅，國祚中絶。自聶呼立蘇爾威汗，大位始定。今以唐史、遼史參考，達呼爾氏絶於實古，亦作邵固。聶呼所立，則懷秀也。其間唯庫哩、果珍二世。庫哩乃格圖肯所立，不知其世系，爲果珍殺。果珍以別部長爲聶呼殺。唐史稱聶呼爲格圖肯餘黨，則温汗者，殆爲庫哩耶？按，庫哩原作屈列，唐書及通考均作屈烈。所載各異。

聶呼生必塔。原作毗牒。必塔生海蘭。原作頦領。海蘭生努爾蘇。原作耨里思。〔攷異〕世表云，爲太祖四代祖。官德哷部額爾奇木，曾敗安禄山兵，適當懷秀之世。所載又異。大度寡欲，令不嚴而人化，國勢復振，是爲肅祖。后蕭氏，小字卓沁，原作卓真，生四子。乾統三年，追尊昭烈皇后，與肅祖同謚。見王圻續文獻通考謚法考。肅祖生薩剌達，原作薩刺德。是爲懿祖。后蕭氏，小字伊勒希，原作牙里辛，生男女七人。乾統三年，追尊莊敬皇后，與懿祖同謚。懿祖生伊德實，原作匀德實。〔攷異〕卷五十八儀衞志，太祖弟，同名匀德實。教稼善牧，國益殷富，是爲玄祖。后蕭氏，小字鄂爾多，原作月里朶。玄祖爲朗德所害，后嫠居，恐不免，命四子往依隣家塔雅克，乃獲安。太祖生，后檑有陰圖害者，命鞠之別帳。重熙中追尊簡獻皇后，與玄祖同謚。玄祖生色勒達，原作撒刺的。〔攷異〕蕭罕嘉努傳作的魯，葉隆禮契丹國志作斡里，趙志忠北庭雜記作斡里。今從紀。仁民愛物，始置鐵冶，是爲德祖，卽太祖父也。世爲約尼部額爾奇木，原作夷离菫。〔攷異〕通鑑輯覽作額勒金。續通考云，遼初諸帝各有廟。又有蕭罕嘉努傳，重熙十三年，疏請依唐典追崇四祖，許之，始行追崇玄、德二祖之禮。原廟，如凝神殿之類。儀制簡樸，有太古之風焉。統和十三年，始奉安景宗及太后石像於延芳淀。十四年二月，復奉安二像於乾州。開泰元年十二月，奉遷南京諸帝石像於中京觀德殿；景宗及昭德后石像於上京五鸞殿。八年正月，建景宗廟於中京。九年十二月，詔中外建太祖廟，皆從古制。重熙十三年，用蕭韓家奴言，追尊四祖爲皇帝。太康二年八月，修乾陵廟。其一代廟制，可考者如此。執其政柄。弟蘇呼，原作述瀾。〔攷異〕皇族表，實魯字述瀾，係一人，惟作兄，稍異。皇子表，德祖兄三人：長、瑪魯，早卒；次、揚珠，爲德呼部額爾奇木；三、實嚕，爲裕悦。考百官志，裕悦班百僚之上，非有大功德者不授。太祖紀云，伯父當國，疑卽咨焉。當卽實嚕也。北征西討，已有廣土衆民之意，至太祖受哈陶津汗之禪，約尼原作遙輦。〔攷異〕新唐書作沁丹。氏遂亡。〔攷異〕世表，名欽德，原作痕德壓可汗，實呼之族，是爲哈陶津汗。光啟中，抄掠奚、室韋諸部落，皆役服之。數與劉仁恭相攻。晚年政衰，安巴堅代立。

太祖姓耶律氏，〔攷異〕世表作錫里氏，與達呼爾、約尼號「三耶律」。宏簡録，謂遼始興之地名世里，譯爲耶律，故以爲姓。與歐史同。陳桱五代史補編號審吉氏。按，耶律亦作移剌，譯音之轉也。世與耶，聲不相近，疑爲「也」字，「也」與「耶」正相轉。見錢大昕潛研堂集。周春遼詩話云，迭烈部長雅里分三耶律爲七：一、遙輦；二、大賀；三、世里。三者之名尚已，蓋本當時部族之號。至阿保機始以爲姓，後又總稱耶律也。契丹世系，本不足信，大約由鮮卑而宇文，由宇文而契丹。隋、唐之際，號大賀氏，遥輦爲大賀之更號。世里即遥輦之别支，三者同原，非蕭氏比也。契丹字書爲「移剌」，漢字書爲「耶律」。國語解云，無考。就金人「移剌」爲「劉」觀之，知本契丹語，而金人沿之也。太祖命耶律族姓劉氏，則耶律特契丹語改爲「劉」字，後人附會爲一耳。迭烈作移剌，正所謂因部族爲姓也。葉志曰，以所居之地，名世里，著姓。世里者，上京東百里地名也，今名世里没里。以漢語譯之，謂之「耶律」。亦與歐史同。而元許衡遺書，亦謂遼主一姓劉。太祖紀及葉志未載。爲契丹德呼部轄塔哩原作霞瀨益，亦作錫喇伊色哩。錫林原作石烈鄉，耶律穆嚕原作彌里，亦作密拉。人。諱億，字安巴堅，亦作按巴堅，原作阿保機。〔攷異〕趙志忠陰山雜録云，番名阿保謹。而李琪金門集有賜契丹詔，乃稱阿保機，當時書詔，不應有悞。見厲鶚遼史拾遺。按，安巴堅，滿州語「大理」也，舊作阿保機，今譯改；而金門集賜詔作阿布機。詳歸田録。小字多爾濟。原作啜里只唐咸通十三年生。母曰宣簡蕭后，小字伊木沁，原作巖母斤。約尼氏宰相剔剌女。生男女六人，長子太祖。重熙中追尊宣簡皇后與德祖同謚。夢日墮懷中，有娠。及生，室有神光異香，祖母簡獻皇后異之，鞠爲己子。既長，身長九尺，闊弓三百斤。爲塔瑪噶賽特。原作撻馬(狨)〔狘〕沙里(據遼史卷一太祖紀改)。陳桱五代史補編云，猶中國扈從官。數立功，國人服之，號爲阿主沙里。〔攷異〕皇族表，楚國王揚珠孫珊蘇庫亦爲是官，但上多一「捕」字，疑衍。時小黃室韋不附，以計降之。攻克裕爾庫原作越兀及烏爾古、原作烏古六奚、畢沙敍原作比沙(狨)〔狘〕(據遼史卷一太祖紀改)。諸部。

唐天復元年，歲辛酉，哈陶津汗立，以爲本部額爾奇木，專征討；連破室韋、伊濟原作于厥及奚帥錫爾格，原作轄剌哥俘獲甚衆。

明年秋七月，以兵四十萬伐河東、貞觀中，分天下爲十道。河東領蒲、晉、絳、汾、隰、并、南汾、箕、沁、嵐、石、忻、代、朔、蔚、澤、潞等州。方輿紀要云，河東太原府，一名并州，唐爲北都，後唐爲西京，又改北京。〔攷異〕尚書集注云，舜以冀、青地廣，始分冀東恒山之地爲并州。周禮全解云，冀在商離而爲二，故有冀而有幽；在周離而爲三，故有冀，又有幽、并，故周之冀州小於禹貢。爾雅疏云，禹別九州，有青、徐、梁，而無幽、并、營，是夏制也；周禮有青、并、幽而無徐、梁、營，是周制也；此有徐、幽、營而無青、梁、并，是殷制也。見日下舊聞考。輿地廣記云，河東路領太原、潞、晉、麟、府、絳、代、慈、隰、忻、汾、澤、憲、嵐、石、遼、豐、威勝、平定、岢嵐、甯化、火山、保德、晉寧。太原府，秦置，漢因之，兼置并州。魏、晉爲太原國，後復舊。唐初爲北都，改太原府，領河東節度。後爲劉崇據。宋因唐舊。縣九：陽曲、太谷、榆次、盂、壽陽、交城、文水、祁、清源。(河)〔代〕北(據遼史卷一太祖紀改)，〔攷異〕永樂大典作代北。兵衞志云，太祖伐代北，克郡縣九，俘九萬五千口。是河北卽代北之訛。方輿紀要云，代州在太原府北三百五十里。輿地廣記云，代州，趙武靈置雁門郡，後魏爲繁畤郡，後周爲肆州，隋改代州，唐因之。縣四：雁門、崞、五臺、繁畤。攻下九郡。九月，城龍化州於潢河之南。地理志云，龍化州爲興國軍，太祖於此建東樓。十三年，於城東金鈴岡受尊號，改元神册。太宗升觀察爲節度，隸彰愍宮，治龍化縣。〔攷異〕陳桱五代史補編云，龍化州爲始祖奇善汗故地，稱龍庭，古漢安平縣。

明年春，下女直，復攻克河東懷遠等軍。冬十月，引軍略薊北，方輿紀要云，薊州在順天府東二百里。秦置漁陽郡，晉爲燕國及北平郡地，後魏仍置漁陽郡，隋廢，立元州，大業初復故。唐廢郡，屬幽州，開元十八年置薊州。遼爲尚武軍。〔攷異〕王應麟通鑑地理通釋云，武王封黃帝之後於薊，又封召公於北燕。或曰黃帝之後封於薊者已絕，成王更封召公奭於薊爲燕。通典釋文云，黃帝姓姬，君奭卽其後。朱彝尊主之。帝王世紀云，召公爲文王庶子。蘇轍古史考云，係周之支族。未知孰是。沈括夢溪筆談云，予使遼，入界，見大薊芟如車蓋，中國無此大者，其地名薊，恐因此，如揚州宜楊，荆州宜荆之類。釋智樸盤山志云，獨樂寺在薊州治西南，遼時重修，有翰林承旨劉成碑，統和四年孟夏立石。其文略曰：「故尚父秦王請談真大師入獨樂寺，修觀音閣，以統和二年冬十月，再建上下兩級，東西五間，南北八架，大閣一所，重塑十一面觀世音菩薩像。」元好問中州集云，晉行軍司馬韓繼甯從出帝北遷，居析津。曾孫知白仕遼爲中書令，孚爲平章事。賜田盤山，遂爲漁陽人。郭造卿碣石叢談云，薊鎮三屯，城東北二十五里爲芹菜山，遼進士馮唐卿於山前結廬種芹，自結三屯營，居中，爲本道重鎮。東至山海關三百五十里，西至黃花鎮四百里。紀要又云，石門鎮，在薊州東六十里。其中洞門，俗呼石門口。宋宣和五年，遼蕭斡敗宋兵於石門鎮，遂陷薊州。俘獲以還。先是俘奚七千户，徙饒樂之清河，方輿紀要云，唐置饒樂都督府，以饒樂水爲名，古營州地，明大甯衞也。遼統和中始城其地，卽中京大定府。至是創爲奚德呼部，分十三縣。拜太祖裕悅，原作于越 總知軍國事。

明年春三月，廣龍化州之東城。〔攷異〕趙志忠北庭雜記云，太祖於所居大部置西樓，卽上京。於其南木葉山置南樓，於其東置東樓，於其北三百里置北樓，四季常游獵於四樓之間。陳桱五代史補編云，建東樓以紀功。方輿紀要云，東樓爲龍化州；西樓爲祖州；復於永州建南樓，在臨潢南，亦曰永昌軍，木葉山在焉。其北樓未載。九月，討黑車子室韋，唐盧龍節度使卽幽州節度使，唐亦稱盧龍。攷見下。劉仁恭，深州樂壽人。〔攷異〕孫光憲北夢瑣言云，仁恭嘗夢佛旛於手指飛出。占者曰：「君年四十九，必有旌幢之貴。」後果爲幽帥。遣養子趙霸率兵數萬來救。霸至武州，攷詳後。太祖諜知之，伏勁兵桃山下，遣室韋人摩哩原作牟里詐稱其酋長所遺，約霸兵會平原；既至，伏發，擒霸，殲其衆，乘勝大討室韋。〔攷異〕司馬光資治通鑑云，唐天復三年十一月，唐盧龍節度使劉仁恭習知契丹情僞，常選將練兵，乘秋深入，踰摘星嶺擊之，契丹畏懼。每霜降，仁恭輒遣人焚塞下野草，契丹馬多饑死，常以良馬賂仁恭買牧地。阿保機遣其妻兄阿鉢將萬騎寇榆關，仁恭遣子守光戍平州，僞和，設宴，犒賞於城外；酒酣，執之以入，虜衆大哭，後以重賂贖還。按，此事在去年，附載於此。

明年秋七月，唐河東節度使李克用沙陀部人，國昌子，平黃巢亂，封晉王。〔攷異〕孫光憲北夢瑣言云，克用生時，紅光燭室，白氣充庭，井水暴溢。及年十二三，能連射雙鳧，至樹葉、針鋒、馬鞭皆能中之。曾於新城北以酒酬毗沙門塑像，請交談，天王披甲持矛，隱隱出壁間。或所居帳內，時如火聚及龍形，人咸異之。嘗隨父國昌征龐勛軍，陣出沒如神，呼爲飛虎子。眇一目，號「獨眼龍」。或云睛斜，非眇也。使來乞盟。冬十月，會克用於雲州，輿地廣記云，雲州，本戎狄地，戰國屬趙。秦、漢、晉屬鴈門、定襄、代三郡。後魏徙都平城，立司州。唐置北常州，後改雲州，復爲雲中郡，升大同軍。縣一。雲中，本平城縣，後魏改太平，隋亦曰雲內，唐改定襄。〔攷異〕方輿紀要云，唐爲大同軍。遼建爲西京大同府。府南六十里懷仁縣，唐雲中縣地，遼置。因阿保機與克用會東城，取懷想仁人之意，因名。約爲兄弟；宴酣，克用借兵以報劉仁恭木瓜澗之役，〔攷異〕歐史云，仁恭叛晉，克用以兵五萬擊仁恭，戰於安塞，克用大敗。薛居正五代史亦云，攻安塞，大敗於木瓜澗。許之。遂進兵擊仁恭，拔數州，徙其民而歸。〔攷異〕歐史及綱目、通鑑，均云約共擊梁。此云擊仁恭，異；惟宏簡錄同。陳桱五代史補編云，克用遣康令德通好，會雲中，進擊仁恭，拔數州，期共擊梁，許之。或勸克用於會拘之，不允。嗣阿保機知之，乃背盟，更附梁，克用恨之。通鑑目錄擊於梁開平元年後。唐太祖紀年錄云，太祖以阿保機族黨稍盛，召之。天祐二年五月，阿保機領其族衆三十萬到東城帳中言事，握手甚歡，約爲兄弟。旬日去，留男骨都舍利首領沮稟梅爲質。見遼史拾遺。按，雲中之會，遼史在天祐二年乙丑，薛史在天祐四年丁卯，所載互異。見楊復吉遼史拾遺補。

明年春二月，復擊仁恭，還擊山北奚，破之。汴州方輿紀要云，古豫州境，唐號汴州，亦曰宋州宣武軍。朱梁升爲東京開封府。〔攷異〕吴處厚青箱雜記載詔，略云：「興王之地，受命之邦，集大勳有異，庶方沾慶澤，所宜加厚，故豐、沛著啟祚之美，襄、鄧有建都之榮；用壯鴻基，且旌故里。」輿地廣記云，汴州，春秋爲衛、陳、鄭三國境。東魏置開封郡，兼立梁州，後周改汴州，唐因之，領宣武節度。縣十四：開封、祥符、尉氏、陳留、雍邱、封邱、中牟、陽武、酸棗、長垣、東明、扶溝、鄢陵、咸平。于慎行穀城山房筆塵云，五代及宋以洛陽爲西京，汴梁爲東京。王鳴盛十七史商榷云，晉、漢、周皆都此，惟後唐都洛陽。朱全忠，宋州碭山人，初名温，唐賜今名。父誠，生子三，全忠居季。遣人浮海奉書幣來聘。〔攷異〕耶律都沁傳，梁遣使求轅軸材，太祖難之。都沁曰：「梁名求材，實覘吾輕重。宜答曰：『材之所生，必深山窮谷，有神司之，須白鼻赤驢禱祠，然後可伐。』如此，必語塞。」果然。紀未載。都沁字敵輦，六院部人。祖巴古濟，約尼氏，時再爲額爾奇木。耶律朗德等既害玄祖，暴横益肆，巴古濟以計誘其黨，悉誅之。都沁幼有志節，太祖爲裕悦，常居左右，天顯二年卒。十一月，遣兵討奚、霫諸部及東北女直之未附者，悉破降之。十二月，哈陶津汗殂，遺命禪位於帝。嚇嚕等勸進，太祖三讓，從之。遂於明年歲丁卯春正月，設壇於舒伊旺尼珠琿温，原作如迂王集會堝。即位改元。〔攷異〕歐史云，遥輦次立，爲劉仁恭所攻，八部謂其不任事，選於衆，得安巴堅代之。然則立由公議，非遺命。又謂，安巴堅既立，值中國多故，漢人歸者衆，告以中國之主無代立者。因立九年，更不求代。諸部責之，乃請自爲一部，帥種落居古漢城灤河上，築城種田。以計誘八部大人來會，盡殺之，并爲一部。與唐書、通鑑、葉志合。世表，欽德政衰，八部大人，法(當)〔常〕(據遼史卷六三世表改)三歲代。安巴堅自爲一部，不受代，自稱王，亦未言遺命及誘殺八部大人事。賈緯備史云，後唐武皇會阿保機於雲中，阿保機曰：「我蕃中酋長，舊法三年則罷。若他日見公，復相禮否？」武皇曰：「我受朝命鎮太原，亦有遷移，但不受代，何憂罷乎？」阿保機用其教，不受代。趙志忠北庭雜記云，時有韓知古、韓穎、康枚、王奏事、王郁，皆中國人，共勸太祖不受代。

薛史云，阿保機於漢北作西樓邑，屋門皆東向，如車帳法。城南別作一城以實漢人，名漢城。城中有佛寺三，僧尼千人。宋白續通典云，契丹居遼澤之中，潢水南岸。其地東南接海，東際遼河，西包冷陘，北界松陘山。東西三千里，地多松柳，澤多蒲葦。漢城在檀州西北五百五十里，城北有龍門山，山北有炭山，山西界連室韋。其地灤河上源，西有鹽泊之利，則後魏滑鹽縣也。滑鹽本漢縣，故城在今熱河西南。炭山，在今宣化府獨石口外。續通考云，太祖元年正月己未，白氣貫日。

尊母蕭氏爲皇太后，立皇后蕭氏。北宰相蕭實喇、原作轄剌南宰相耶律烏魯斯原作歐里思，亦作漚里思。六院額爾奇木，巴古濟後。〔攷異〕陳浩遼史攷證云，卷八十五薩哈勒傳，父，南宰相歐里斯，係一人；卷八十一歐里思傳，西南招討；卷十九興宗紀，重熙十三年知黃龍府事，亦作歐里斯，均另一人。按，太祖朝爲北宰相者，實喇外，尚有蕭敵魯、耶律迪里古、耶律迪輦、蕭實魯、蕭阿古只、蕭霞的，惟實魯以謀反誅。均見太祖紀。又，蕭痕篤見本傳。爲南宰相者，烏魯斯外，尚有耶律蘇，亦見太祖紀。率羣臣上尊號曰天皇帝，后曰地皇后。

二月，征黑車子室韋，降其八部。

夏四月丁未朔，唐朱全忠廢其主，尋弑之，而自立，國號梁，遣使來告。〔攷異〕歐史，梁王卽位在四月，其明年正月弑濟陰王。此繫之四月，係傳聞之誤（按，據舊唐書卷二〇哀帝紀，朱弑濟陰王在天祐五年二月二十一日，與歐史異）。濟陰王，梁諡爲哀帝，後唐明宗追諡昭宣光烈皇帝。

秋七月乙酉，（幽）〔平〕州（據遼史卷一太祖紀改）〔攷異〕杜佑通典云，顓頊都帝邱，其地北至幽陵。楚辭注云，幽陵，猶幽州也。堯典云，宅朔方，曰幽都。山海經云，北荒有幽都之山。淮南鴻烈解云，西方有不周之山，曰幽都之門。舜典曰，流共工於幽州，州名始此。通典注云，幽州，因幽都山以爲名。尚書集注云，卽東北醫無閭之地。梁載十道志云，殷省幽併冀。周禮總義云，殷復舊。周以幽州兼殷之營州。樂史太平寰宇記云，漢初爲燕國，武帝置十三州，改爲幽州。唐初設總管府，管幽、易、平、檀、燕、北燕、營、遼八州，領縣八。天寶初改范陽軍，寶應中李懷仙降，稱盧龍軍。輿地廣記云，幽州爲燕國。秦立上谷郡，漢號廣陽郡，東漢兼立幽州，前燕慕容儁都此。隋立涿郡，唐爲幽州。縣九：薊縣、幽都、廣平、潞、武清、永清、安次、良鄉、昌平。續通考云，遼爲南京幽都府盧龍軍，開泰中改永安析津府，領順、檀、涿、易、薊、景六州；析津、宛平、昌平、良鄉、潞、安次、永清、武清、香河、玉河、漷陰十一縣。紀載各殊。劉守光兄守奇率衆來降，置之平盧城。時守光囚其父仁恭，自稱節度使。〔攷異〕通鑑云，仁恭築館大安山上，怒其子守光烝其妾羅氏，逐之。會梁兵攻城，拒却之，令部將李小喜攻大安山，虜仁恭，因之別室。弟守奇奔河東。未言降契丹，且作弟，異。方輿紀要云，大安山在房山縣北八十里，山高險。薛居正曰大安，幽州西名山也。史稱仁恭於此創宮觀，師鍊丹羽化之術於方士王若訥，因割薊縣分置玉河縣以供給之。唐書云，仁恭築館大安山，擄子女以充之。招浮屠講法，禁南方茶，自擷山爲茶，號山爲大恩以邀利。

冬十月乙巳，討黑車子室韋，破之。

二年（戊辰九〇八）春正月癸酉朔，御正殿，受百官及諸國使朝。辛巳，始置特哩袞，原作惕隱與族屬，以皇弟薩喇原作撒剌。〔攷異〕皇子表無名撒剌者。皇族表，赫嚕子撒剌，未仕。惟呼克字錫蘭，原作率瀨，太祖即位，爲特里袞，或音近致訛。汪輝祖遼史同名錄云，卷七穆宗應曆十七年鹿人，被殺；卷十五聖宗開泰四年，侍御；卷六十五公主表，世宗女；卷七十三赫嚕傳，赫嚕子；卷九十九耶律薩喇傳，始平節度，六人同名撒剌。爲之。河東李克用卒，子存勗嗣，遣使弔慰。存勗，克用長子，即後唐莊宗。母曹氏。〔攷異〕薛史云，莊宗襲位，遣使告哀於契丹，賂以金繒，求騎兵救潞州。答曰：「我與先王爲兄弟，兒即吾兒也。豈有父不救子耶？」許出師，會潞平而止。紀未載。孫光憲北夢瑣言云，莊宗年十一，從晉王平王行瑜，獻捷，昭宗一見異之，謂有奇表，撫其背曰：「我兒將來之國棟，勿忘忠孝。」賜鸂鶒酒卮、翡翠盤。十三讀春秋，略知大義。騎射絕倫，殆劉聰比。昭宗謂此子可亞其父，時因號亞子。

夏五月癸酉，遣薩喇討烏丸、黑車子室韋。

冬十月己亥朔，建明王樓。築長城於鎮東海口，遣輕兵取托歡原作吐渾叛入室韋者。〔攷異〕續通考，是年八月，幽州進合歡瓜。通鑑目錄，是年梁賜阿保機詔，欲與共滅沙陀，然後封册。王欽若册府元龜云，梁建國，阿保機遣使貢名馬、女口、貂皮，求封册。梁與書曰：「朕今天下太平，惟太原未服，卿能長驅兵甲，徑至新莊，爲我翦彼仇讐，便行封册。」紀均未載。

三年（己巳九〇九）春二月丁酉朔，梁遣郎公遠來聘。〔攷異〕通鑑，梁開平元年五月，契丹遣袍笏梅老來通好；帝遣太府少卿高頎報之。二年五月，契丹遣使隨高頎入貢，且求册命。帝復遣司農卿渾特賜以手詔。是契丹聘梁，二年中連有兩使，而紀未書，但書郎公遠，是梁之專使，非報使也。修史者，各尊其本國如此。按，薛史於是年二月書契丹貢良馬。歐史於袍笏梅老來，繫之元年四月；而五月戊寅書契丹遣使者來。二年二月、五月兩書遣使者來。王溥五代會要，二年五月之使名解里。貢細馬、貂裘，男口一，名蘇；女口一，名譬述律。后貢朝霞錦。前國王欽德及大臣皆有貢獻。紀載各殊。

三月，滄州輿地廣記云，春秋爲趙、齊二國境，宋置樂陵郡，元、魏爲滄水郡，尋立滄州，隋改棣州，後復舊，唐號景城郡。縣五：清池、無棣、鹽山、樂陵、南皮。〔攷異〕方輿紀要云，在河間府東百五十里，漢、晉爲渤海郡地，即横海軍。節度使劉守文爲弟守光所攻，乞兵討之。命皇弟錫里原作舍利〔攷異〕錫里，滿州語「選拔」也，舊作（赦例）〔舍利〕（據遼史卷一太祖紀改）。今譯改。素、〔攷異〕皇子皇族表，太祖弟無名素者，惟蘇於神册三年爲特里袞，或是年先爲錫里。汪輝祖遼史同名録云，卷二太祖紀，皇弟，南宰相；卷四太宗會同四年，吐谷渾夷离堇；卷二十二道宗清甯九年護衛；卷六十三世表，遼先世遥輦；卷十二聖宗統和五年，遥郡刺史；卷九十六耶律良傳，良小字，道宗時中京留守，六人同名蘇。陳士元諸史夷語云，太祖有從兄名鐸骨札，以本帳下蛇鳴，命知蛇語者神速姑解之。知蛇謂穴旁下有金，鐸骨札掘之，乃得金，以爲帶，名龍錫金。紀未載。額爾奇木蕭達魯原作敵魯。率師會守文於北淖口。進至横海軍近淀，一鼓破之，守光潰去。因名北淖口爲會盟口。〔攷異〕歐史云，時守文討守光，敗於蘆水及玉田，乃乞兵契丹。明年，守文將吐渾、契丹兵四萬戰於雞蘇砦，守光兵敗。守文呼曰：「毋殺吾弟。」遂爲守光將元行欽所擒。薛史但言率滄、德之師討之，未言契丹兵。雞蘇砦在薊州西。册府元龜云，守光擒守文，復縶之別室，進攻滄州。賓佐呂兗、孫鶴推守文子延祚爲帥。守光攜守文於城下，攻圍累月，城中乏食，人相屠殺以供軍，號「宰殺務」。危酷之狀，遠古未聞，未幾降。守光以子繼威爲滄帥，張萬進佐之。所載較詳。

冬十月己巳，遣鷹軍討黑車子室韋，破之。是年閏八月，契丹遣首領葛鹿等使梁，貢甲、馬、鞍、轡等物。見册府元龜。

四年（庚午九一〇）秋七月戊子朔，以后兄蕭達魯原作敵魯，卷七十三有傳。〔攷異〕汪輝祖遼史同名録云「卷七穆宗應曆十七年鷹人被殺，卷十五聖宗統和二十八年右皮室詳衮，卷六十二刑法志，興宗時，烏爾古德呼部詳衮，卷一百一蕭呼敦傳曾祖，卷一百八〔有〕（據文義，參遼史同名録卷五補）傳，〔姓耶律〕，（同上）統和時節度，六人同名敵魯。爲北府宰相。冬十月，烏滿〔原作烏馬〕山奚（依例，據道光四年殿本遼史卷一太祖紀補）庫濟原作庫支。及札魯特、原作查剌底超默特原作鋤勃德等叛，討平之。〔攷異〕王溥五代會要，是年四月，契丹遣實柳梅老使梁朝貢。紀未載。

五年（辛未九一一）春正月丙申，親征西部奚。奚阻險，叛服不常，數招諭弗聽。是役所向輒下，遂分兵討東部奚，亦平之。於是盡有奚、霫之地。〔攷異〕營衞志云，太祖滅奚，置奚王府，分六部：曰約囉；曰伯特；曰敖拉；曰瑪展；曰綽囉；曰托輝。設官主之，曰奚六部大王。趙志忠北庭雜記云，太祖一舉併吞奚國，仍立奚人爲奚王，命契丹監押兵甲。舊唐書云，霫爲匈奴別種，在京師東北五千里。東接靺鞨，西至突厥，南至契丹，北與烏羅渾接地。周二千里，四面皆山環繞。善射獵，好以赤皮爲衣緣。婦人貴銅釧，衣襟上下懸小銅鈴。有都倫紇斤部落四萬户，勝兵萬餘人。志云，東胡別種，曰霫，唐時居鮮卑故地，一名白霫，尋內附，號居延州。東際海，南暨白檀，方輿紀要云，白檀廢縣在密雲縣南，遼號武威軍。〔攷異〕顧炎武昌平山水記云，密雲山一名横山，郡所以名也。縣南二十里爲白檀山，漢所以名縣也。高士奇塞北小鈔云，潮河，在密雲山東南，自古北口流入縣界，西南流至順義，合於白河。西踰松漠，北抵潢水。方輿紀要云，奥支水出冷陘山南，下流入於潢水。凡五部，咸入版圖。

三月，次灤河，方輿紀要云，源出宣府衞西二十里之炭山，流經雲州，入舊開平衞境及古北口邊外，由薊州遵化縣入内地。經永平府遷安縣東至府西，合漆河，經灤州東，至樂亭縣入海。〔攷異〕吴曾能改齋漫録云，竇苹新唐書音訓，本紀，灤河曰「灤，力官切。灤水出奚國都山」，諸書、山海經並無此字，惟見於切韻。又，忠義列傳灤河曰，音欒。今大遼平州，東臨灤河，是也。按北鄙須知，大遼有灤州，西至燕京五百里，有灤河縣，至灤州四十里，平州西，至燕京八百里。以此見灤河縣在平州西，竇以爲在東，非也。厲鶚云，灤州所統，遼史止義豐、馬城、石城三縣，並無灤河，北鄙須知誤也。高士奇松亭行紀云，灤水，前皆無名。漢書地理志，遼西郡肥如縣注，元水東入濡水，濡水南入海陽。顔師古曰，濡音乃官反。遼史黄洛水，北出盧龍山南，流入於濡水。而五音集韻云，濡水名，一作渜，在遼西肥如、海陽。濡，奴官切，蓋音灤也。方以智通雅云，濡，乃官反。今字書、韻書失此音。據此，則今水有灤而無濡，且渜、灤字形相似，豈古或通用而然耶？按遷安本漢令支縣，遼爲安喜縣，金改今名。白夏遷安縣志云，龍紀城在縣北二十里，遼蕭后所築。潘敦復樂亭縣志云，唐開元中置馬城縣，在今治西北。遼於今治置樂安鎮，乃屬馬城。金於樂安鎮置樂亭縣。刻石紀功。復略地薊州。

夏五月，皇弟埒克原作剌葛。〔攷異〕儀衞志作剌哥，係一人。等謀反，赦不誅，出埒克爲德哷部額爾奇木。

秋八月甲子，劉守光僭號幽州，稱燕。〔攷異〕通鑑云，守光改元應天。受册之日，契丹陷平州，燕人驚擾。洪遵泉志云，守光時鑄錢，其面文曰應元天寶，背曰萬。薛史云，守光僭號，莊宗遣太原少尹李承勳往，使强行朝禮，不屈，會王師至，竟殁於燕中。史記世家，武王封召公於北燕。漢書地理志注，薊故燕國，召公所封。史記正義云，召公始封，蓋在北平無終縣，以燕山爲名，後强盛，併薊，徙居之。索隱云，北燕在今幽州薊縣故城是也。鄭樵通志都邑略，北燕都薊，幽州治。羅泌路史，國名紀，南燕爲伯儵國。后稷妃，南燕姞氏也。又，東燕亦伯爵，至召公始封。地逼近山戎。六國時寖大，併漁陽、上谷、右北平、遼東、西諸郡地爲北燕。蓋別於南燕、東燕而名之也。薛大訓神仙通鑑云，劉元英，字宗城，號海蟾子，初名操，字昭遠，後得道，改稱焉。燕地廣陵人。明經擢第，仕守光爲相，崇黃、老教。有道人來謁，自稱正陽子，爲演清淨無爲之宗，金液還丹之要。既竟，索雞卵十枚，金錢十文，以一文置几上，累十卵於錢，若浮圖狀。海蟾驚曰：「危哉！」道人曰：「人居榮祿之場，履憂患之地，其危有甚於此者！」盡以錢擘爲二，置之去。因大悟。翌早，解印從道。詩曰：「抛離火宅三千指，屏去門兵十萬家。」紀實也。後遇呂洞賓，得金丹秘旨，往來終南、太華間。結張無夢、种放，訪陳希夷爲方外交。有詩集及還丹篇行世。按，都卬三餘贅筆云，道家有南、北二宗。南宗自東萊少陽君得老聃之道，授漢鍾離權，權授唐進士呂巖，巖授遼進士劉操。

六年（壬申九一二）春二月戊午，親征劉守光於幽州。

夏四月，梁郢王友珪弑父自立。〔攷異〕五代史載在六月。

秋七月丙午，親征珠巴克，原作朮不姑。降之，俘獲數萬計。〔攷異〕兵衛志云，是年秋，親征巴延國，俘獲數萬。按，巴延原作背陰，或作朮不姑。命弟埒克分兵攻平州，輿地廣記云，商爲孤竹國，秦、漢爲遼西、古北平二郡地，元魏兼立平州，隋爲北平郡，唐因之。縣三：盧龍、石城、馬城。〔攷異〕方輿紀要云，後魏置，古遼西郡地。北齊爲北平郡。唐同光初陷於契丹，號遼興軍。金建爲南京，即今永平府。還，與諸弟復謀叛，稱兵阻道。尋遣人謝罪，釋之。〔攷異〕册府元龜云，乾化二年十月，契丹蜀括梅老等朝貢，紀未載。通鑑云，是年，晉遣周德威會鎮定兵攻燕，守光遣將單廷珪出戰，遇於龍頭岡。德威奮撾擊廷珪墜馬，生擒，置於軍門。

七年（癸酉九一三）春正月甲辰朔，晉王李存勗拔幽州，擒劉守光。〔攷異〕通鑑云，乾化三年，晉周德威攻幽州，守光求援契丹，以其無信，竟不救。三月，晉將劉光濬克古北口。燕居庸關使胡令圭等奔晉。十一月，晉王自將圍燕，李小喜踰城出降，遂克其城，擒仁恭及其妻妾。十二月，守光奔燕樂，爲田父張師造所擒，及其妻祝氏與三子。事在梁均王嗣立後，紀繫之正月，在嗣立前，與薛史并異。紀誤。張昭周太祖實録云，時燕城危蹙，守光召元行欽部下諸將謂其必敗，赴召無益，乃推爲留後。行欽曰：「我爲帥，亦須歸幽州。」衆然之。寰宇分合志云，盧龍藩鎮，二十八易帥，歷一百四十八年。宋白續通典云，燕樂，漢厗奚縣地。五代時廢爲燕莊，地平曠可屯。舊唐書，燕樂縣，初治白檀城，長壽二年移治新興城。所載較詳。甲寅，太祖師次赤水城，方輿紀要云，在西甯鎮西南，吐谷渾所築。隋屬河源郡，唐爲赤水道。管下别有曼頭城。弟埒克等乞降，遣使撫諭。

三月癸丑，次蘆水，弟埒克等犯行宮。

夏四月，親帥師追埒克等至昭圖原作札（渚）〔堵〕河（據遼史卷一太祖紀改）。

五月癸丑，北宰相迪輦悉擒之，黨與皆伏誅。語詳埒克事中。

是年二月甲戌朔，梁均王友貞討殺其兄友珪，嗣立。〔攷異〕太祖紀載十一月祠木葉山。還，省風俗，召高年，議朝政，定吉、凶儀則。禮志所載諸儀實昉自太祖也。禮志於喪葬儀，第詳書葬聖宗及道宗儀，太祖所定之儀不載。或其儀雖定自太祖，而詳盡委曲至葬聖宗、道宗時而始備耳。

八年（甲戌九一四）春正月甲辰，以赫嚕原作曷魯爲德哷部額爾奇木，呼哩原作忽烈。〔攷異〕卷六十五公主表，忽烈尚聖宗女秦哥，另一人。爲特哩袞。

冬十月甲子朔，建開皇殿於明王樓基。

九年（乙亥九一五）春正月，烏爾古部叛，討平之。

夏六月，幽州軍校齊行本率其族及其部曲男女三千人叛晉來降，詔授檢校〔尚書〕（據遼史卷一太祖紀補）、左僕射，賜名烏雲。原作兀欲尋亡去，幽帥周德威字鎮遠，小字陽五。朔州馬邑人。納之。詔索不遺，乃議攻晉。〔攷異〕續通考云：是年君基太乙神數見，詔圖其像，至神册三年，詔建道觀。

神册元年（丙子九一六）春二月丙戌朔，太祖在龍化州，羣臣上尊號曰大聖大明天皇帝，后曰應天大明地皇后。大赦，改元神册。時梁末帝名友貞，更名瑱。貞明二年也。〔攷異〕綱目繫於是年十二月，想據遺告之辭。薛史不載建元事，至太宗方紀天顯之名，疑當時未得其傳故也。

三月，以赫嚕爲阿勒達爾原作阿盧朶里。〔攷異〕赫嚕傳作阿魯敦。裕悦，百僚進秩有差，立子貝原作倍爲皇太子。

夏四月乙酉朔，幽州節度使盧國用叛晉來降，授留後。（按，考舊五代史卷九七盧文進傳，文進字國用。本卷下文云，「二年二月，晉新州裨將盧文進叛晉……來降。」則此處云「叛晉」似誤。）

秋七月壬申，親征突厥、托歡、（党）項、小蕃、沙陀攷均詳卷六。諸部，悉平之，俘其酋長及户萬〔五〕（據遼史卷一太祖紀補）千六百，鎧仗、牲畜無算。

八月，拔晉朔州，在大同府西南二百八十里。通鑑地理通釋云，朔州馬邑郡，魏武帝置新興郡，晉改晉昌，後魏置懷朔鎮及朔州，隋爲馬邑郡。領善陽、馬邑二縣。〔攷異〕欒史太平寰宇記引搜神記云，昔有人築城於武周塞內以備胡。城屢崩，忽有馬馳走反覆，父老異之，因依走跡以築城，乃不崩，遂號馬邑。祝穆輿地要覽云，統萬城，赫連勃勃於無定河北、黑水之南築。李吉甫元和郡縣志云，句注山，在鄯陽縣東八十里。許爾忠朔州志云，句注塞，趙襄子以其姊爲代王夫人，欲併代，約代王遇於此。潘自牧記纂淵海云，雁門關在馬邑縣東南七十里。夏之璜塞外橐中集云，新高山城對岸山有寺，踞其巔。一塔凌虛，巖巒特異。其寺云是遼后所建，遺跡猶存。作造經樓詩曰，「山巔一塔傍溪流，殿閣遥疑小十州。是否當年蕭后建，紅酥猶膩造經樓。」擒節度使李嗣本。〔攷異〕通鑑云，自麟勝攻晉蔚州，破之。注，麟勝至蔚州，中間懸隔雲、朔。蔚州恐當作朔州，則此作朔州，可正通鑑之誤。薛史云，晉王北征，至代州北，聞蔚州陷，班師。嗣本傳謂，契丹三十萬攻振武，嗣本拒戰累日，力竭，城陷，舉族陷虜，八子唯四子存。歐史云，契丹寇蔚州，執嗣本。本傳謂本姓張，雁門人，爲振武節度，號威信可汗。契丹克蔚州，嗣本戰没。二史均作蔚州。歐史引本傳又謂戰没。所載各異。

冬十一月，攻蔚、新、武、嬀、儒五州，方輿紀要云，蔚州在大同府東南三百五十里。新州本北燕州，今宣化府保安州。武州，唐置，一曰毅州，今宣化府。嬀州、儒州，古上谷郡地。唐置嬀州，後改嬀川郡，今懷來衛，是即延慶州。又析置儒州，遼號縉陽軍，治縉山縣。〔攷異〕通鑑地理通釋云，蔚州，後魏置懷荒、禦夷二鎮及靈邱郡。後周置蔚州。隋屬雁門、上谷二郡。唐貞觀五年，破突厥，復故地，天寶曰安邊郡，至德曰興唐郡，領靈邱、飛狐、興唐三縣。新州，唐置，領縣四：永興、礬山、龍門、懷安。輿地廣記云，唐末置，後唐升威（塞）〔勝〕軍（據輿地廣記卷一九改，下同）。武州，唐末置，領文德一縣，後唐改毅州。嬀州，嬀川郡，北齊立北燕州，後周曰燕州，唐更名，治懷戎。儒州，唐末置。王存元豐九域志云，領晉德一縣，李心傳朝野雜記作晉山縣。石麟山西通志云，金河十寺，在蔚州東南八十里五臺山下，寺俱遼統和間建。劉生和蔚州志云，漢文帝廟在蔚州南關，遼穆宗建，石碣存焉。李吉甫元和郡縣志云，天池在靜樂縣北燕京山上，周回八里。玉海云，嘉祐元年，遼蕭扈來賀正，言陽武廟天池塞侵北界，詔館伴王洙指圖道本末。陳師道後山談叢云，潘美爲并帥，代之北都山有天池焉，歲遣通判祭之，其後憚遠而罷。久之，契丹遣祭焉，又易其屋記，至熙甯中始有其地。凡數歲，使傳往來，卒不能辨而與之。劉必紹保安州志云，燕尾河在州東南三十里，桑乾與渾河合流如燕尾然，下流入蘆溝橋。見遼志。孫世芳宣府鎮志云，西望山在宣府城北三十五里，上有遼國西望山舍利碑。姜南蓉塘詩話云，統幕之地，（有）〔在〕（據文義改）隆慶州西南八十里，遼主遊幸，嘗建大幕於此，因名。今訛爲上木，正統北狩，卽此地。謝庭珪隆慶州志云，縉陽山，在永甯縣城北。有縉陽觀，遼時所建，今遺跡尚存。按新州，金爲德興府，明爲保安州。嬀州，明爲隆慶州。儒州，明爲永甯縣。斬首萬餘級。自代北至河曲，踰陰山，盡有其地。遂改武州爲歸化州，嬀州爲汗原作可汗州。置西南招討司，選有功者領之。其圍蔚州，敵樓無故自壞，衆軍大譟，乘之，不踰時而破。時梁及吴、越二使皆在焉，詔引環城觀之。〔攷異〕薛史云，晉以張溫爲武州刺史。同光初，契丹陷嬀、儒、檀、順、平、薊六州。武州獨全，改刺蔚州。與史不合。

十二月，收山北八軍。〔攷異〕通鑑目録，是歲，契丹攻晉李存璋於雲州，晉主自將救之，尋引去。紀未載。方輿紀要云，存勗置團練於新州，總山後八軍，升爲威(塞)〔勝〕軍，兼領媯、儒、武三州。遼克新州，改爲奉聖州武定軍，領州三，縣四。

二年(丁丑九一七)春二月，晉新州裨將盧文進范陽人。叛晉，殺節度使李存矩克用子。〔攷異〕通鑑目録作李矩。來降。進攻其城，拔之。刺史安金全代北人。遁，以文進部將劉殷爲刺史。〔攷異〕薛史云，存矩爲晉帝諸弟。治兵失政，御下無恩，故及於禍。帝以契丹主納叛背盟，馳書讓之。歐史云，文進爲劉守光騎將，降莊宗，授壽州刺史，屬其弟存矩。存矩募兵出馬，求文進幼女爲側室，因與亂兵殺之，反攻新州，不克。攻武州，又不克，遂奔契丹。所載較詳。按文進殺存矩始末，通鑑與馬令南唐書小異。壽州屬吴，文進無遥領刺史之理，從馬令作蔚州爲是。見遼史拾遺。

三月辛亥，攻幽州，節度使周德威以幽、并、鎮、定、魏五州兵拒於居庸關之西，合戰於新州東，大破之，斬首三萬餘級，殺李嗣(本)〔恩〕(據遼史卷一太祖紀改)之子武八。

夏四月〔攷異〕薛史四月辛卯，梁以右千牛衛大將軍劉璩充契丹宣諭使。歐史同。紀未載。壬午，圍幽州，不克。

六月乙巳，望城中有氣如烟火狀，太祖曰：「未可攻也。」以大暑霖潦，引師還。留赫嚕、盧國用守之。〔攷異〕歐史云，初，幽州北七百里有榆關，下有榆水，通海。自關東北循海有道二，狹處纔數尺，旁皆亂山，高峻不可越。舊置八防禦軍，募士兵守之。田租皆供軍食，歲致繒纊以供衣。每歲早穫，清野堅壁以待契丹，至則閉壁不戰，俟其去，選驍勇據險要之，契丹常失利走，由是不敢輕入寇。及周德威鎮盧龍，恃勇不設備，遂失渝關之險，契丹每歲牧於營、平間。至是盧文進教之爲土山地道以攻城，日殺千計。　新唐書云：唐置東、西硤石、緑疇、米磚、長楊、黄花、紫蒙、白狼、温溝、白望、昌黎、遼西十二戍以扼之。　方輿紀要云：幽、平之間，以金坡、居庸、古北、松亭、榆關等五關爲形勝，而榆關爲最。　唐天復三年，契丹將阿鉢寇榆關，時劉守光戍平州，誘執之。　梁乾化中，榆關遂爲契丹所取。　宋白續通典云：榆關東臨海，北有兔耳山、覆舟山，山皆斗峻，山下尋海岸，東北行，狹處纔通一軌，三面皆海，北連陸關，西亂山至進牛栅，凡六口，栅戍相接。此天所以限戎狄也。

秋八月，李存勗遣李嗣源本名邈佶烈，父霓，無姓氏，後爲明宗。等救幽州，赫嚕等以兵少而還。

〔攷異〕通鑑云：李嗣源與從珂等距幽州數十里，與契丹力戰，大敗之，俘斬萬計，嗣源入幽州。　薛史明宗紀云：帝請突騎五千爲前鋒，會軍易州，銜枚前行。八月發上谷，陰晦而雨，仰天祈祝，即時晴霽。循大房嶺而進，與從珂奮擊，大敗敵衆，挾其酋帥還。歐史以請騎五千爲符存審事，且有閻寶名。　契丹國志云：時文進與契丹攻幽州且二百日，城中危困，晉王親將兵救之始解去。　述律后兄述魯，官統軍使，從圍幽州，機巧善智，城垂克，會救至，退師，改授奚王府監軍，軍於屈烈，尚奥哥公主。　公主表，名質古，下嫁后弟蕭室魯。幼爲奥姑。　遼俗，凡婚、燕禮，推女子可尊者坐於奥，曰奥姑。　未封，卒。

樂史太平寰宇記云：大防山在良鄉縣西北三十五里，山下有石穴。　史恒德涿鹿記云：房山在涿郡西北五十里，北接居庸，東抵漁陽，西連紫荆，所謂幽、燕奥室也。　曹學佺名勝志云：大房山南，晉霍原隱處。　黄榜房山縣志云：孔水洞，在房山東北，其上懸巖千尺，其下石竇如門，流水湧出，深不可測。　時有白龍出遊，人聞絲竹之音。　開元間，旱，投以金龍玉璧，禱之即應。　劉侗帝京景物略云：房山縣西南有白帶山，生芯題草，又曰芯題山，藏石經者千年矣。　故曰石經山　亦曰小西天，即涿鹿山也。　按漢書地理志，清河郡有芯題縣。　顔師古注：芯，古莎字。　又，六聘山在房山縣西三十里。　見明一統志。　按六聘山，其地甚廣，天開寺其下院，孤山則下中院，兜率寺爲上方院，而總名之曰六聘山天開寺。

見朱彝尊日下舊聞。

三年（戊寅九一八）春正月丙申，以皇弟安圖原作安端爲大內特哩袞，命攻雲州〔攷異〕册府元龜云，李存璋爲大同防禦使，時契丹陷蔚州，營於魚池，阿保機遣人馳木書求賂於存璋，斬使不報，遂攻雲州。存璋悉力拒戰。城中舊有鐵車，鎔爲兵器授軍士。賊乃退。所載較詳。及西南諸部。

二月癸亥，城皇都，以禮部尚書康默記充版築使。〔攷異〕陳桱五代史補編云，梁貞明四年，契丹城臨潢以爲都，卽龍眉宮。地沃壤，負山扼海。地理志云，上京臨潢府，本漢遼東郡西安平之地，太祖取天梯、〔蒙國〕、〔據遼史卷三七地理志補〕博囉等三山之勢於葦甸，射金齪箭以識之，曰龍眉宮。淶流河繞京三面，東入於曲江，其北東流爲按春河。故城在今巴林東北，以臨潢水，故名。轄軍府州城二十五，統縣十：臨潢縣，太祖以燕、薊俘户置；長泰縣，以渤海國長平縣民置，定霸縣，以扶餘府强師縣民置；保和縣，以渤海國富利縣民置；潞縣，以幽州潞縣俘户置；渤海縣，本東京人因叛徙置；興仁縣，開泰二年置；宣化縣，本遼東神化縣民，太祖破鴨淥府徙置。餘詳卷二十七。胡嶠陷北記云，上京西樓有邑屋，市肆，交易無錢而用布，有綾錦諸工作。宦者、翰林、伎術、教坊、角觝、儒、僧、尼、道士，中國人并、汾、幽、薊爲多。元遺山文集，費縣令郭明府墓碑云：「公諱嶠，字子崇。族郭氏，世家臨潢之長泰。曾大父英，潛德勿耀。大父顧誠，遼因進士擢由左班殿直，仕至侍御史。」史未載

夏四月乙巳，皇弟特爾格原作迭烈哥謀叛，赦之，誅其弟伊德實原作寅底石妻納爾琿。原作湼里袞

五月乙亥，詔建孔子廟、佛寺、道觀。

四年（己卯九一九）春二月丙寅，修遼陽故城，以漢民及渤海户實之，改爲東平郡，置防禦使。史稱本朝鮮地，後爲渤海大氏所有，號中京顯德府。〔攷異〕劉效祖四鎮三關志云，太祖并渤海，盡有遼東，置東平郡，修復故城，鑄鐵鳳鎮之，因號鐵鳳城。天顯三年，升爲南京，復立中書省，號大遼，改東京遼陽府。轄軍府州城八十七，統縣九。遼陽縣，本渤海常樂縣，仙鄉縣，本渤海永豐縣，仙人白仲理，鍊丹點金救百姓。鶴野縣，渤海爲雞山縣，昔丁令威化鶴來歸，即此。析木縣，〔本漢望平縣地，渤海爲花山縣。紫蒙縣，〕（據遼史卷三八地理志補）本漢鏤芳縣，渤海爲紫蒙縣。興遼縣，本漢平郭縣，唐元和中，渤海王仁秀更今名。又肅慎、歸仁、順化共九縣。見方輿紀要。（按，上述引文均見遼史卷三八地理志，非引自紀要）地理志云，一名天福城，幅員三十里，有八門，外城曰漢城。又，遼州始平軍，本佛甯國城，渤海爲東平府，督伊、蒙、陀、黑、北五州。太祖伐渤海，先克東平府，改號遼州東平軍。太宗更爲始平軍。治遼濱縣，故城在瀋陽中衛西北百八十里，此唐書所謂新城，非故城也。又伊、蒙、陀、黑、比，唐書北作比。林本裕遼載云，始平軍界内有蛇山、狼山、黑山、巾子山。高士奇扈從東巡日録云，始平軍有羊腸河，源出白蛋山。

秋八月丁酉，謁孔子廟，命皇后、皇太子分謁寺觀。

九月，征烏爾古部。道聞太后不豫，日馳六百里還，侍疾愈，復還軍中。

冬十月丙午，次烏爾古部，天大風雪，不能進，禱於天，俄頃霽。命皇太子將先鋒軍進擊，破之，俘生口萬四千二百，器甲、牲畜無算。自是舉部内附。〔攷異〕營衛志云，太祖取于骨里户六千，神册六年析爲烏爾古納喇及圖魯二部。屬國表，亦於是年載師次骨里國，分路擊之，舉國内附。是骨里即于骨里之誤。兵衛志云，神册四年，親征裕庫哷國原作于骨里。俘獲萬四千二百口，與征烏爾古事合。是于骨里又即烏爾古矣。

所載各異，未知孰是。　王禕大事記續編云，梁貞明五年十二月，契丹陷唐營州，時遼神册四年也。紀未載。　秦再思洛中紀異云，盧文進説契丹徼諸路甲馬寇幽州，設圍攻之。莊宗赴救，契丹退，以趙思温爲營州團練使。未期契丹圍營州。踰年，朝廷未暇救，糧草俱盡，思温欲自殺，左右諫止。阿保機誓不殺，乃投戈。　按思温之獲，史繫之天贊二年克平州時。稍異。

五年（庚辰九二〇）春正月乙丑，始制契丹大字，未幾成，頒行之。〔攷異〕陶宗儀書史會要云，遼太祖用漢人，以隸書之半增損之，制契丹字數千，以代刻木之約。其字如姘朕也敕友走用馬厍急之類，是也。　又，王易燕北錄，載長牌七十二道，上國書勅走馬字□□□；銀牌三道，上國書朕字□；木刻子牌十二道，上國書急字□；旗上國書畫，乃軍字也。　契丹字可考見者如此。　永樂大典引紀異錄云，渤海既平，乃制契丹大字三千餘言，在天顯元年。與紀異。　按耶律圖魯卜傳，幼聰敏嗜學，太祖器重之。及製契丹大字，圖魯卜贊成爲多。時羅卜科亦以佐助功，俱授林牙。紀均未載。　儀衛志云，銀牌二百面，長尺，刻以國字，文曰宣速。又曰勅走馬牌國有重事，帝以牌親授使者，手劄給驛馬若干；驛馬闕，取他馬代。法：晝夜馳七百里，次五百里。所至如天子親臨，須索更易無敢違者。使回，帝親受之，手封牌印郎君收掌。

夏五月庚辰，有龍見於伊喇原作拽刺山陽水上，太祖親射獲之，藏其骨内府。〔攷異〕沈括夢溪筆談云，太祖所射龍，一角，尾長，足短，身長五丈，舌二尺有半，形如劍。　洪皓鬆漠紀聞作長十餘丈，云其骸尚在金國内庫，悟室長子源嘗見之。　尾鬣支體皆全，雙角爲人截，與余所藏董羽畫出水龍相似，　蓋其背上鬣不作魚鬣也。　洪邁夷堅志云射龍於西樓，長（千）〔十〕（據夷堅志甲卷一阿保機射龍條改）餘丈，即騰空，迸墜於黃龍府西，相去千五百里，長纔數尺。　元好問續夷堅志作身長五尺，舌二寸有半　南渡貞祐初尚存。　鄭造卿碣石叢談云，太祖極長大，　其耛可納城臺僧頂。富鄭公行程録云，祖州有祖山阿保機廟，所服靴尚在，長四五尺許。游幸表亦云長五尺。

秋八月辛未，親征党項諸部。

秋九月己丑朔，梁遣郎公遠來聘。薛史，是歲，梁以供奉官郎公遠爲契丹歡好使。壬寅，太子率額爾奇木裕勒沁原作（汗）〔汙〕里軫（據遼史卷二太祖紀改）。〔攷異〕卷七十五耶里迪里傳字兀里軫。神册三年，赫嚕卒，命迪里爲德呼部額爾奇木。汙兀音同。此之裕勒沁，係稱迪里字。等畧地雲内、天德。

冬十月辛未，攻天德。地理志云，天德軍隸豐州，本中受降城。唐開元中廢横塞軍，置天安軍於大同川。乾元中改天德，移永濟栅，今治是也。遼置招討司，以國族爲節度。〔攷異〕張欽大同志云，官山在府城西北五百餘里，古豐州境，山上有九十九泉，流爲黑河。牟那山，在朔州城三百里，隋大同舊墟在此。山近有鉗耳觜城及秦長城。明一統志云，王昭君墓在古豐州西六十里，名青冢。振武縣北七十里有黑沙磧。又，天德山在朔州北，漢李陵自居延行至天德山，即此。張鵬翮漢北日記云，距青冢十里有振武城廢址，曾出一碑，曰唐振武節度使墓誌，亦漢字。癸酉，節度使宋瑶降。復叛，攻拔其城，擒瑶及家屬，徙其民於陰山南。師還。（按，據遼史卷二太祖紀師還在十二月）

六年（辛巳九二一）夏五月丙戌朔，詔定法律，刑法志云，遼制，刑凡四：死、流、徒、杖，及籍没、黥刺之法。重熙五年新定條制成，頒行諸道。本太祖以來法令，參考古制，凡五百四十七條。咸雍六年，命伊遜更定，續增既繁，犯者日衆。大安五年，詔復舊法。又，開泰八年，以竊盜贓十貫者死爲太重（按，據遼史卷六一刑法志，爲「以竊盜贓滿十貫，爲首者處死」則此處所敘不確），增至二十五貫，後增至五十貫。三犯黥額，徒三年；四黥面，徒五年；五則處死。吴曾能改齋漫録云：遼法，爲盜者，一犯黥其腕，爲賊字，再犯文其臂，三犯文其肘，四犯文其肩，五犯則斬。不須按籍，而事不可掩。武珪燕北雜記云，正月十三日，放契丹人做賊三日，盜及十貫上者，依法行遣。洪皓松漠紀聞云，金治盜最嚴，每捕獲治罪外，皆十倍責償，唯正月十六日，則縱偷以爲戲。亦有與室女私約，至期竊去，女願留則聽之。自契丹以來皆然，今燕亦如此。所載較詳。

正班爵。遼官制，視前代爲簡。百官志，分六等，以尊卑爲次，品秩不可辨；黜陟之法亦未詳，除、授、遷、調又參差不齊。然儀衞志有一品至九品服飾，則品秩原昭然。至勳臣之加上柱國及開府儀同三司者，亦間或一見。至官員犯罪，又有追奪告身之罰，特與章闕佚，作史者無從攷訂。見陳浩遼史攷證。

畫前代直臣爲招諫圖。詔長吏四孟月詢民利病。

冬十月癸丑朔，晉新州防禦使王郁以所部山北兵馬內附。〔攷異〕通鑑，郁爲處直孽子，無寵，奔晉，爲新州團練使。葉志同。薛史云，新州刺史王郁叛入契丹，李嗣肱進兵定嬀、武、儒三州，授山北都團練使，紀載各判。姚顗唐明宗實録云，莊宗未即位，郁與盧文進相繼入遼，皆驅率數州士女，爲虜南藩，教其織絍工作，中國所爲，虜中悉備。契丹所以强盛，侵凌中國者，以得文進、郁，故同光之世，爲患尤深。

丙子，太祖率諸軍入居庸關。〔攷異〕樂史太平寰宇記云，居庸關，北齊改爲納款。有軍都山，一名居庸山，在縣西北十里。淮南子云，天下九塞，居庸是其一。程大昌北邊備對云，太行山，南自河陽、懷縣迤邐北出，直至燕北，無有間斷。自麓至脊，皆陡峻不可登，獨有八處，粗通微徑，名曰陘。居庸卽其最北之第八陘，東西横亘五十里，中間通行之地，才濶五步。輿地廣記云，昌平北十五里有軍都陘，西北三十五里有納款關，卽居庸故關，亦曰軍都關。方輿紀要云，在昌平西北三十里，去關十七里有八達嶺，爲往來衝要，此中國控扼契丹之險，卽石門關也。

十一月癸卯，下古北口。方輿紀要云，在密雲縣東北百二十里，亦曰虎北口，兩崖壁立，凡四十五里，爲險絶之道。〔攷異〕羅壁識遺云，關外虎北口，即漢上谷郡。其山西連太行，東通遼海，狼居胥山爲襟帶。南北路繞兩崖間，彭文子謂隘如綫，側如傾，其峻絶天，其降趨井，下有澗，巨石磊塊，凡四十五里，艱折萬狀。山外寒氣，先山南兩月。燕東百里曰榆關，循海方有狹徑，實遼東諸州之障。沈括云，檀州東北五十里有金溝館。自館少東北三十餘里至中頓，折北行峽中，濟灤水，通三十餘里，鈎折，投山隙以度，所謂古北口也。韓琦安陽集過虎北口詩云：「東西層巘鬱嵯峨，關口纔容數騎過。天意本將南北限，即今天意又如何。」古北口蕭寺刻蘇轍道中詩云：「亂山環合疑無路，小徑縈迴長傍谿。髣髴夢中尋蜀道，興州東谷鳳州西。」轍於元祐間使遼，館伴侍讀學士文師儒，能誦洵、軾文及轍茯苓賦，此蓋奉使時作。見高士奇塞北小鈔。轍欒城集又載古北口寺詩云：「獨卧繩床已七年，往來殊復少情緣。魂歸故國烏飛處，身在中原山盡邊。梁市朝回塵滿馬，蜀江春近水浮天。枉將眼界疑心界，誰信逍遥物外篇。」按，金溝館即金溝淀，遼主嘗於此過冬。自此無里堠，但以馬行記日，約其里數。見王文正上遼事。丁未，分兵略檀、順、安遠、三河、良鄉、望都、潞、滿城、遂城等十餘城，俘其民徙内地。地理志云，檀州武威軍，本燕漁陽郡地，漢爲白檀縣，統密雲、行唐二縣。順州歸化軍，秦上谷、漢范陽境，治懷柔縣。安遠城，在薊州城西北，唐末置安遠軍。三河，本漢臨朐縣地，唐析潞縣置。良鄉，燕爲中都縣，漢改望都，太祖置，屬平州。潞，唐爲元州，貞觀中仍今名。方輿紀要云，望都，阿保機掠定州望都縣民置，即古海陽城，今慶都縣。潞，今通州。滿城，本後周永樂縣，隋改。遂城，宋爲威虜軍，爲沿邊要地。〔攷異〕劉敞公是集檀州詩云：「窮谷回看盡，孤城平望遥。市聲衙日集，海蓋午時消。冠帶才通漢，山川更入遼。春風解冰雪，最覺馬蹄驕。」每旦，海氣如霧，至午消盡，時謂「海蓋」。通鑑地理通釋云，順州，順義郡，在范陽城。唐天寶中治賓義縣。王存元豐九域志云，化外順州，領賓義。唐置突厥州，順州，貞觀四年平突厥，以其部落置幽、璽之境，後僑治幽州。史稱州南有齊長城，東北有華林、天柱二莊。遼建涼殿，春賞花，夏納涼。樂史太平寰宇志謂順州順義郡領賓義一縣，乃指范陽城，卽今順州。歸順州、歸化州領懷柔一縣，卽今順義縣。明一統志云，黍谷山在懷柔縣東四十里，跨密雲縣界，亦名燕谷山。畿輔山川志云，遼嘗建避暑殿於黍谷山上。龐元英文昌雜錄云，余使北，過順州，有黍谷坊，接判王仲淵指謂副使文供備曰：觀此可知其寒也。劉向別傳曰，燕地谷美而寒，不生五谷。鄒子吹律，召溫氣至，五谷生，名黍谷。遼士多燕人，頗知問學也。潞沙筆綴云，通州至京中途有高米店，或呼高碑店。按洪皓松漠紀聞云，潞縣三十里至高亭，三十里至燕京之高米店。或卽高亭。「高」「交」音訛。（按，此處引文與松漠紀聞殊不相類。紀聞卷下云：由三河縣「三十里至潞縣，三十里至交亭，三十里至燕。」無「高亭」、「高米店」之稱。）

十二月癸丑，王郁率衆來朝，太祖呼郁爲子，賞賚甚厚，徙其衆於潢水南。太子率郁畧地定州，〔攷異〕輿地廣記云，中山府，堯始封地。春秋爲鮮虞，戰國爲中山國，爲魏并。漢置中山郡，改爲國。後燕慕容垂都此。唐立定州，升義武軍，今爲定武軍。縣七：安喜、無極、曲陽 唐縣、望都、新樂、北平。朱彝尊日下舊聞云，太祖畧定州，破行唐，盡驅其民，北至檀州，擇曠土居之，凡置十砦，仍名行唐縣。所載較詳。康默記攻長蘆。（晉）〔唐〕（據遼史卷二太祖紀改）義武節度使王處直養子都因其父，自稱留後。歐史，處直，京兆萬年人。處存弟。處存卒，逐其姪郜而代之。都卽劉雲郎妖人李應得之遺。處直官副大使。聞處直使郁賂契丹，令犯塞解鎮州圍，遂作亂，處直見殺。〔攷異〕通鑑云，都時典新軍，慮郁奪其處，陰與書吏和昭訓謀刼處直。會處直與張文禮宴城東，暮歸，都以新軍數百伏於府第，大譟，刼之，曰：將士不欲以城召契丹，請令公歸西第。乃并其妻妾幽之。都自稱留後。所載較詳。癸亥，圍涿州，續通考云，古上谷郡地、唐爲范陽，改涿州，宋因之，遼置永泰軍。〔攷異〕通鑑地理通釋云，涿州、涿郡，唐大曆四年，節度朱希彩析幽州之范陽、歸義、固安置，治范陽。許亢宗奉使行程録云，黄帝與蚩尤戰於涿鹿之野，即此。欒史太平寰宇記云，涿水源出縣西土山下，東北流，經縣北五里，又東北流注聖水。應劭注漢書云，涿水出上谷涿鹿縣，水西入海。十三州志云，涿郡南有涿水北至上谷爲涿鹿河，其支流入匈奴，中曰涿邪水。酈道元水經注云，樓桑里，漢昭烈舊里也。唐舜卿涿州志云，獨鹿山即涿鹿山，在州城西十五里。于奕正天下金石志云，涿鹿山雲居寺續鐫石經記，趙遵仁撰。清甯四年碑記，畧曰 燕郡之有五郡，民最饒者，涿郡首焉。涿郡之有七寺，境最勝者，雲居占焉。寺〔自〕(據遼文匯卷七補)隋朝所建，號自唐代所賜。山在郡之西北五十里，寺在山之陽。寺之東〔望〕(同上書補)，有峰最高，(顏)〔故〕(同上書改)曰東峰。峰頂上有石室七焉，經貯是室。先(是)〔自我朝〕(同上書改)太平七年，會故樞密直學士韓公〔諱〕(同上書補)紹芳牧是州，因從政之暇，命從者遊是山，詣是寺，陟是峰；暨觀遊間，乃(是)〔見〕(同上書改)石室，內經碑且多，依然藏貯。遂召當寺耆秀，詢以初迹，代去時移，(詢)〔細〕(同上書改)無知者。既而於石室間取出經碑，驗(石)〔名〕(同上書改)對數，得正法念經壹部，全七十卷，計碑二百一十條；大涅槃經一部，全四十卷，計碑一百二十條；大華〔嚴〕經(同上書補)一部，全八十卷，碑二百四十條；大般若經五百二十卷，碑一千五百六十條。又於左右，別得石，記曰，幽州沙門釋靜琬，精有學識，於隋大業中，發心造石經一藏，以備法(減)〔滅〕(同上書改)。遂於幽州西南白帶山上，鑿爲石室，以石勒(金)〔經〕(同上書改)，藏諸室內，滿即用石塞户，以鐵錮之。其後，雖成其志，未滿其願，以唐貞觀十三年奄化歸真，門人導公繼焉；導公没，有儀公繼焉；儀公没，有暹公繼焉；暹公没，有法公繼焉。自琬至法，凡五代，不絕其志。乃知自唐以降，不聞繼造，佛之言教，將見其廢耶？〔公〕(同上書補)一省其事，喟然有興復之嘆，以具上事，奏於天朝。我聖宗皇帝，鋭志武功，留心釋典，暨聞來奏，深快宸衷。乃(命)〔委〕(同上書改)故瑜珈大(法)師〔法〕(同上書乙正)諱可玄，提點鐫修，勘譌刊謬，補缺續新，琬師之志，因此繼焉。迨我興宗皇帝之紹位也，孝敬恒專，真空夙悟，常念經碑數廣，匠役程遥，藉檀施則歲久難爲，費常住則力乏焉辦。重熙七年，於是出御府錢委官吏貯之，歲析輕利，〔俾〕（同上書補）供書經鐫碑之價，仍委郡牧提點，以時繫年，不暇鐫勒。自太平七年至清甯三年，中間續鐫，造到大般若經八十卷，計碑二百四十條，以全其部也。又鐫到大寶積經一部，全一百二十卷，計碑三百六十條，以成四大部數也。都總合經碑二千七百三十條。清甯三年五月十二日，大寶積初成，郡守蕭公諱惟平召余謂曰：四大部經，今續鐫畢，見聞之下，幸會攸難，願製好詞，以爲刊記。余罔愧孱蕪，直以爲記。清甯四年三月一日記。沙門志才雲居寺續祕藏石經塔記云：古之碑者，用木爲之，乃葬祭饗聘之際，所植一大木，而字從石者，取其堅久也。秦漢已降，凡有功德政事亦碑之。欲圖不朽，易之以石，雖失其本，從來所尚，不可廢焉。浮圖經教，來自西國，梵文貝葉，此譯法言，盡書竹帛，或邪見而毀（壞）〔滅〕（據遼文滙卷八改），或兵火而焚爇，或時久而蠹爛，孰更印度求諸與？有隋沙門靜琬，深慮此事，厲志發願，於大業年中至涿鹿山，以大藏經刻於貞珉，藏諸山竇。大願不終而奄化，門人（道）〔導〕公（同上書改）、儀公、暹公、法公，師資相踵，五代造經，亦未滿師願。至遼，劉公法師，奏聞聖宗皇帝，賜普度壇利錢續造，次興宗皇帝賜錢又造。相國楊公遵勗、梁公顥，奏道宗皇帝，賜錢，造經四十七帙，通前上石，共計一百八十七帙，已厝東峰七石室內。見今大藏仍未及半，有通理大師，（淄）〔緇〕（同上書改）林拔秀，名實俱高，教風一扇，草偃八紘。其餘德業，具載寶峰本寺遺行碑中。師（於）〔因遊〕（同上書補）茲山，寓宿〔其寺〕，（同上書補）有續造念，與無緣慈，爲不請友，至大安九年正月一日，遂於茲寺（放）開〔放〕（同上書乙正）戒壇，士庶道俗，入山受戒，巨以數知〔海會之衆〕（同上書補），方盡暮春，始得終罷。所獲錢施乃萬鏹，付門人右街僧録通慧圓照大師善定校勘刻石。石類印版，背面俱用，鐫經兩紙。至大（定）〔安〕（同上書改）十年，錢已盡，功且止，碑四千八十片，經四十四帙。題名目録刻如左，未知後代誰更繼之。又有門人講經沙門善鋭，念先〔師〕（同上書補）遺風，不能續扇，經碑未藏，或有殘壞，與定師共議募功，至天慶七年，於寺内西南隅，穿地爲穴，道宗皇帝所辦石經大碑一百八十片，通理大師所辦石經四千八十片，皆藏瘞地穴之内。上築臺砌甎，建塔一座，刻文，標記石經所在。刺史李嗣弼昭義節度使克修子。以城降（按，據遼史卷二太祖紀，李降在癸酉）。乙亥，晉王存勗至定州，都迎之。存勗引兵趨望都，遇托諾原作（妥）〔禿〕餒，（據遼史卷二太祖紀改）一作托輝，係奚酋。軍五千騎，圍之，存勗力戰，不解。李嗣昭本姓韓，字進通，汾州太谷人。領騎三百來救，國兵少却，存勗乃得出。〔攷異〕薛史云，時莊宗討張文禮於鎮州，契丹三十萬奄至，莊宗擊之，被圍數十重，不解；嗣昭引三百騎橫擊，出入數四，翼莊宗出。所載畧異。尋與大戰，不利，引還。存勗至幽州，遣二百騎躡國兵後，〔國兵〕（據遼史卷二太祖紀，依文例補）反擊，悉擒之。己卯，還次檀州，幽人來襲，擊走之，擒其裨將。詔徙檀、順民於東平、瀋州。薛延龍全遼志云，瀋陽中衞在遼陽城北百二十里，唐時渤海置瀋州，遼置興遼軍，後改昭德軍。〔攷異〕歐史云，阿保機攻中山，渡沙河，都告急，莊宗來救，相遇於新城。晉兵自桑林馳出，人馬甲兵，光明燭目，虜騎愕然，稍却，晉軍乘之，遂大敗。值沙河冰薄，皆陷没，退保望都。會大雪，人馬饑寒，多死。顧盧文進曰：「天未使我至此。」乃引去。然自此有輕中國心。通鑑云，晉王至新州，聞契丹前軍涉沙河，將士皆失色，請還師，郭崇韜、李嗣昭不可，遂引五千騎出桑林，契丹驚走，分兵逐之，獲其子。趣望都，追擊，大敗之。逐北至易州，值大雪，人馬多死。責王郁，縶之。自是不聽其謀。薛史謂，獲氊幕、羊、馬無算，晉帝追襲至幽州乃還。綱目繫於明年正月，與史異。郁本傳，後官至政事令。許亢宗奉使行程録云，離雄州三十里至白溝巨馬河，過河三十里到新城。阿保機敗於新城，卽此。舊爲契丹邊面，自結好後，樓壁猶存，在無極縣西二十八里。

天贊元年（壬午九二二）〔攷異〕契丹國志，神册五年後卽天贊元年。紀書於六年後。今從紀。春二月庚申，復徇幽、薊地。癸酉，改元，赦軍前殊死以下。

夏四月甲寅，攻薊州。戊午，拔之，擒刺史胡瓊，以盧國用、尼嚕古原作涅魯古。典軍民事。壬戌，大饗軍士。癸亥，晉王存勗圍鎮州。輿地廣記云，真定府，春秋屬晉，秦屬鉅鹿郡，漢立恒山郡，避文帝諱，改常山，東漢爲常山國，後周並立恒州，唐升成德軍，避穆宗諱，改鎮州，五代爲真定府，晉曰順德，漢曰成德，今因之。縣九：真定、藁城、欒城、元氏、井陘、獲鹿、平山、行唐、靈壽。〔攷異〕方輿紀要云，漢、魏爲常山郡，唐曰恒山郡，亦曰恒州，改今名，卽真定府，亦爲成德軍。時晉王渡滹沱河，決漕渠以灌城，未下。通鑑目録，王自攻鎮州，殺韓正時。紀均未載。張文禮燕人，趙王鎔養爲子，號王德明，殺鎔自立。求援，命郎君德呼、原作迭烈將軍康末怛往擊，敗之，殺其將李嗣昭。〔攷異〕通鑑云，嗣昭爲鎮兵射矢中腦而卒，非契丹所殺。辛未，拔石城縣。〔攷異〕樂史太平寰宇記云，石城，漢舊縣，取碣石立如城以名之。秦始皇使燕人盧生求羨門，刻碣石，漢武帝登之望海，當山有大石如柱，號天橋柱，立巨海中，狀如人造，然非人力所能成。李昉太平御覽云，大碣石山，王莽改碣石，漢昭帝嘗登之望海，勒名於此。宛轉有石，如甬道數十里。當山頂望之，大石如柱形，往往而見立海中，潮水大至及退，不動，不没，不知深淺，名天橋柱，豈昭帝亦指此以爲碣石耶？閻若璩潛邱劄記云，前漢志，右北平郡驪成縣有大碣石山，後漢志遼西郡臨榆縣有碣石山，文穎漢書注，碣石山在遼西絫縣；魏收地形志，肥如縣有碣石山；隋志，盧龍縣有碣石山；唐志，平州石城縣有碣石山；明一統志，碣石山在昌黎縣西北二十里。諸書不同，然縣跨各地，故班固云大碣石山。今人第因天橋柱屬諸昌黎，隘矣。郭造卿永平府志云，元張昂灤州石城姜將軍斬蛟廟碑曰：「後唐潞王清泰間，將軍鎮榆關碣石之石城縣，坤方，山曰唐麓，趾曰唐溪。臨溪形勢幽阻，林壑疏迤，將軍卜城居之。溪有蛟，歲爲害，奔雷走電，激波溢涯，將軍領衆斬蛟於溪上，民乃安。後葬南山，冢若高山，至今民念功建廟。將軍夫人有二，男女各七，配享，以上巳誕日致祭。元至元丙子繕祠，壬午畢。爲記。按天寶之元，破石城，次年陷平州，置灤州以領之。後唐天成之元，平州歸唐，三年復歸遼。至清泰建元，則歷七年，安有唐將軍鎮此地？儻有之，遼事也。

五月丁未，張文禮卒，子處瑾遣使來謝。〔攷異〕歐史云，天祐十八年正月，張文禮弑其君鎔來請命，授留後。八月，遣符習、閻寶、史建塘討之，取趙州，文禮死，子處瑾拒守。九月，建塘戰死。十九年三月，寶兵敗，嗣昭代；四月，戰死。十月，李存審克鎮州。薛史云，時李再豐送款於存審，中夜登城，獲處球、處瑾、處琪并其母、及高濛、李翥、齊儉等，磔文禮尸於市。紀未書。且文禮卒在去年，紀作是年，又異。

六月，遣鷹軍擊西南諸部，以所獲賜貧民。

冬十月甲子，分德哷部爲二院。實納齊原作斜涅赤爲北院額爾奇木；烏蘇原作綰思爲南院額爾奇木。以户口滋繁，統轄疏遠，分北達甯額原作大濃兀爲二部，續通考云，據地理志所載，上京道，户八萬七千一百。中京道，户一萬九千外，不可計者尚多。南京道，户二十五萬七千。西京道，户十五萬九千。嗣後歷朝征討，所俘民户，多置郡縣以領之。太宗天顯四年二月，閱遥輦民户籍。大同元年，籍上京户丁，以定賦税。聖宗統和九年七月，通括户口。十五年三月，通括宫分人户。道宗咸雍時，遣使括三京隱户，不得，以耶律引吉代之，得三千餘户。馬人望爲三司度支判官，會搜括户口，未兩旬而畢，同知留守蕭保先怪而問之。曰：「民户若括之無遺，他日必長厚斂之弊，十得六七足矣。」保先曰：「君慮遠，吾不及也。」太康九年六月，詔諸路檢括逃户，罪至死者原之。大安三年二月，以民多流亡，除安泊逃户徵償法。〔攷異〕元好問中州集云，遼掠中國人及奚、渤海諸國生口，分賜貴近或有功者，大至一、二州，少亦數百，皆爲奴婢，輸租於官，且納課給其主，曰二税户。范鎮東齋紀事云，遼使有馮見善者，予接（判）〔伴〕（據東齋紀事補遺改）勸酒，見善曰：「勸酒當以其量，否則，如徭役而不〔分〕（同上書補）户等高下也。」以此知遼徭役亦以户等，中國可不量户等役人耶？立兩節度使以統之。續通考云，遼外官：南面五京留守司，設正副官及知事、少尹、同知、同簽之屬；其按察刑獄使，分決刑獄使，採訪使，不常設。各京設處置使，錢穀，設轉運使，西南、西北諸夷，東京設安撫使，南面邊防，設建、霸、宜、泉、錦五州制置使，南面各州軍，設節度使，其北面著帳郎君，有節度使，所掌非軍民事。至諸路將官：北面上京路，控制諸奚，設諸軍都虞候司；遼陽路諸司控制高麗，設都部署司，及契丹、奚、渤海四軍都指揮司；南京諸司備宋，有都元帥府、都總管府；西京都司禦夏，有西南安撫使司、都招討司、大詳穩司；西北諸司控制西北諸國，有西北招討司，各處詳穩司，總領司、部署司、都統司；東北諸司控制東北諸國，有兵馬詳穩司。諸路均設兵馬都總管及指揮、都監諸官。

十一月壬寅，命皇次子耀庫濟原作堯骨爲大元帥，畧地薊北。〔攷異〕余靖武溪集契丹官儀云，遼掌兵者，燕中有元帥府，雜掌番、漢兵，太弟總判之。有南北二王府，分掌契丹兵。乙室王府次之。奚王府掌奚兵，在中京之南。元帥府守山前，有府官、統軍，掌契丹、渤海之兵；馬步軍司掌漢兵。乙室王府守山後，又有雲、應、蔚、朔、奉聖等五節度營兵，逐州置鄉兵。西南招討掌河西邊事；西北招討掌撻、笪等邊事；東北則撻領相公掌黑水等邊事；正東則注展相公掌女真等邊事。部族大小各有節度使。從（征）〔行〕（據武溪集卷一八契丹官儀改）兵則行宫都部署主之，宿衛兵則大内有點檢正副官，及左右等五北室。遼謂金剛爲北室，取其堅利也。漢人又有控鶴等六軍。按北室即皮室，御帳親軍也。又十院宫使，阿保機以下，每主嗣位，則立宫置使，領臣僚；每歲所獻生口及所得外國物，每宫户口錢、帛，供人主私費，猶中國内藏，閒亦從征。續通考云，北面有大將軍府，曰大將軍、上將軍、將軍、小將軍。外設大詳穩司與之並，所屬護軍司，有護軍、司徒等官。又，諸路兵馬統署司，有都統、副統等官。其分主軍政：有東都省太師；西都省太師之官。紀載各殊。

二年（癸未九二三）春正月丙申，耀庫濟克平州，獲刺史趙思温（本傳，字文美，盧龍人。仕劉仁恭，爲周德威擒，授平州刺史。二年來降，從征渤海，爲漢軍都團練使。後事太宗，歷南京留守。卒，贈太師、魏國公。子延昭、延靖，官至使相。〔攷異〕王惲秋澗集題遼太師趙思温族系後云，遼氏開國二百載，跨有燕、雲，雄長東夏。雖其創業之君，規模宏遠，守成之主，善於繼述；亦由一時謀臣猛將，與夫子孫蕃衍衆多，克肖肯構，有以維持藩翰。趙公早以驍勇善戰受知太祖，烜赫貴顯。生子十有二人，其後支分派别，官三事使相、宣徽、節度、團練、觀察、刺史，下逮州、縣職二百餘人，迄今燕故老談勳閥富盛，照映前後者，必曰韓、劉、馬、趙四大族焉。嗚呼！盛哉。孟子稱故國，非謂喬木而有世臣者，其是之謂與？裨將張崇（按，新五代史卷四七、舊五代史卷八八皆有傳，并作張希崇。蓋「希」與天祚帝延禧之「禧」同音，避諱而去之）。

二月，如平州。甲子，改平州爲盧龍軍，置節度使。〔攷異〕歐史云，契丹以盧文進爲盧龍節度使，居平州，歲引契丹入寇，殺掠吏民，盧龍巡屬爲之殘弊。陳桱五代史補編云，契丹授盧國用爲節度。國用即文進也。按文進字大用，疑即國用。見錢大昕潛研堂集。徐鉉稽神録云，文進嘗於絶塞射獵，方正晝，忽陰晦，衆星粲然，衆皆懼，問蕃人，所謂「笪却日」也，此地以爲常，尋當復矣。頃之，乃明，日猶午也。又於無定河見一人腦骨一條，大如柱，長七尺。見錢易南部新書。馬令南唐書云，初，文進攻新州，不克，夜走，墜塹，一躍而出；明日視之，乃郡之黑龍潭，絶岸數丈，深不可測。嘗有大蛇至座間，引首及膝，文進取食，飼之而去。因自負，反復南北，終無挫衂焉。所載甚異。

三月，軍次箭笴山，攷詳卷三十八。討叛奚呼遜，原作胡損。〔攷異〕太宗紀作胡遜，係一人。獲之，射以鬼箭，誅其黨三百人。置奚托輝原作墮瑰〔攷異〕聖宗紀作墮隗，係一部。部，以布掄原作勃魯恩權總其事。

夏四月癸丑，命耀庫濟攻幽州，迪里原作（迭）〔覿〕烈（據遼史卷二太祖紀改），字裕勒沁，六院部巴古濟後。辨見上。徇山西地，所至城堡皆下；太祖嘉其功，錫賚甚厚。庚申，耀庫濟軍幽州東，節度使符存審宛邱人，克用養子，改姓李，字德詳。戰，敗之，擒其將裴信父子，遂抵鎮州，拔曲陽，下北平。

五月戊午，師還。癸亥，大饗軍士，賞賚有差。

秋七月，前北府宰相蕭阿古齊〔原作蕭阿古只〕（依例據遼史卷二太祖紀補）徇地燕、趙，王郁從攻，下磁窰務。

是年閏四月，晉王存勗稱皇帝，國號唐。十月己卯，滅梁。〔攷異〕葉夢得石林燕語云，梁莊肅公，景祐中監在京倉。南郊赦，録朱全忠後，莊肅上疏罷之，曰：「全忠、叛臣也，何以爲勸？」仁宗善之，擢審刑院詳議官。記其姓名，遂見進用。　通鑑云，契丹入唐幽州。　王溥五代會要云，梁滅之後，契丹主率兵直抵涿州。時幽州、安次、潞、三河、漁陽、懷柔、密雲等縣皆陷。十二月進次嵐州。　此後侵晉無虚月。　紀均未載。　方輿紀要云，安次縣有石梁城，在舊州頭東南三十里。崧州城，相傳遼古剌王置。常道城在舊州頭西五里，魏主璜封常道鄉公，北魏主宏封宇文英常道鄉公，皆此。元爲東安州，明降縣。　張文皐東安縣志云，桃水，首受涞水，分流至安次入河。見漢志。定覺寺在縣西北七十里，遼天慶間張銑重建。遼中丞韓澤墓在縣西北五十里，乾統八年葬。地理志云，漁陽，漢舊縣，今屬薊州。　桑欽水經云，漁陽縣有鮑邱水，從塞外來，南過縣東及潞縣西，雍奴縣北，屈東入海。　黃圖雜志云，遼時漁陽有獨樂道院，沙門圓新居之。見盤山感化寺窣堵坡記。靜安寺在漁山西，舊名醴泉院，遼道宗賜額淨名寺，金改今名。見盤山志。又，會同九年九月，閱諸道兵於漁陽棗林淀。見本紀。周仲士懷柔縣志云，縣東南三十里有呼奴山，漢鄧訓、任興屯兵，防匈奴烏桓於此。宋白續通典云，密雲縣卽漢厗奚縣舊治。「厗」音「蹏」。劉效祖密雲縣志云，縣東北八十里普濟寺，遼統和五年建，淸甯二年重修，內有顯公和尚祠、冶山上寺、冶山下寺，遼重熙八年建。又，劉存規字守範，遼檢校司空、御史大夫，卒於應曆五年，葬密雲縣嘉禾鄉，有墓志。徐昌祚燕山叢録云，密雲有大古墓，圍十餘里，高與山等，昔人欲發之，將及墓門，有犀蜂飛出螫人，遂不敢發。相傳以爲遼太后所葬。

三年（甲申九二四）春正月，遣兵畧地燕南。

夏五月，徙薊州民實遼州地。

六月乙酉，詔曰：「上天降監，惠及烝民。聖主明王，萬載一遇。朕既上承天命，下統羣（臣）〔生〕（據遼史卷二太祖紀改），每有征行，皆奉天意。是以機謀在己，取舍如神，國令既行，人情大附。舛訛歸正，遐邇無愆。可謂大含溟海，安納泰山矣！自我國之經營，爲羣方之父母。憲章斯在，（元）〔胤〕（據遼史卷二太祖紀改）嗣何憂？升降有期，去來在我。良籌聖會，自有契於天人；衆國羣王，豈可化其凡骨？三（月）〔年〕（據遼史卷二太祖紀改）之後，歲在丙戌，時值初秋，必有歸處。然未終兩事，豈負親誠？日月非遥，戒嚴是速。」聞者驚懼，莫識其意。是日，大舉親征托歡、党項、準布原作阻卜等部。命太子監國，耀庫濟從行。〔攷異〕耶律都沁傳，時將伐渤海，諫曰：「陛下先事渤海，則西夏必躡吾後，請先西討，庶無後顧憂！」太祖從之。紀未載。

秋七月辛亥，哈喇原作曷刺。〔攷異〕卷四，會同九年，準布部額爾奇木曷刺，另一人。等擊索歡納原作素昆那。山東部族，破之。

八月乙酉，至烏爾古原作烏孤山。甲午，次古單于國，登阿勒坦音德爾原作阿里典壓得斯山。

九月丙申朔，次古回鶻城，勒石紀功。丙午，遣騎攻準布。南府宰相蘇季父房，太祖弟，字伊勒都堪。等畧地西南，未幾獻俘。丁巳，鑿金河水，取烏山石，輦致潢河、木葉山，以示山川朝海宗嶽之意。甲子，詔確丕勒汗原作闢遏可汗。故碑，以契丹、突厥、漢字紀其功。是月，破呼穆蘇原作胡母思山諸蕃部。次伊德實原作業得思山，以赤牛、白馬祭天地。〔攷異〕禮〔記〕〔志〕（據遼史卷四九禮志改）載祭山儀甚詳。續通考云，遼祠木葉山，本所以祀天地。然外又有獨祀天者，有並祭天地者，諸帝紀可考也。然祭天地，亦不專於木葉山，如太祖天贊三年七月至烏爾固山以鵝祭天；四年閏十二月，以青牛、白馬祭天地於烏山是也。有不至木葉山而望以祭之者，如聖宗開泰元年正月望祠木葉山是也。有不親祭，遣官代者，如聖宗統和五年七月將伐宋，遣使祭木葉山是也。至祭天地之物，青牛、白馬及赤、白羊，或酒脯，或鵝物，自不一。又或因物爲吉徵而祀者，如聖宗統和四年以自落鵠及馴狐祭天地是也。又，禮志：有拜日儀，聖宗統和元年十二月千齡節祭日月。四年十二月祭日月，爲駙馬蕭勤德祈福。兵衛志，凡舉兵，祭告天地日神。則拜日之儀，有獨拜日者，有兼拜月者。拜月儀，志雖未載，其儀當與拜日等。見陳浩遼史攷證。王易燕北錄云，契丹如見月蝕，各備酒饌相賀，戎主次日亦有宴會。如日食，即盡望而唾之，仍背日坐。禮志未載冬十月丁卯，軍於巴爾斯原作霸离思山，遣兵踰流沙，拔浮圖城，盡取西鄙諸部。

十一月乙未朔，獲甘州回鶻輿地廣記云，甘州本戎狄地，秦、漢爲匈奴據，昆邪王居之，漢武時來降，置張掖郡，北涼沮渠蒙遜都此，西魏爲西涼州，改甘州，因州東甘峻山爲名。縣二：張掖、删丹。五代時爲回鶻牙帳。都督必里克，原作畢离遏因遣使諭其主烏穆珠汗。原作烏母主可汗軍抵巴克實原作霸室山。〔攷異〕歐史云，契丹患女真、渤海在其後，欲擊渤海，懼中國乘其虛，乃遣使聘唐以通好。同光間，使者再至。而於明宗紀書是冬契丹侵漁陽，李嗣源敗之於涿州。李瓊傳謂是年契丹犯塞，明宗出涿州與戰，不勝，引去，晉高祖獨戰不已，被圍；瓊引高祖衣遁，至劉李河，瓊先至南岸，以長矛援出之，獲免。所載互異。薛史云，二年五月，幽州言契丹營於州東南，渤海遣使貢方物。七月，契丹東攻渤海；九月，回軍。王溥五代會要云，是年三月，契丹寇新城。七月，攻渤海。九月，爲室韋、女真、回鶻所侵。十二月，寇嵐州。契丹國志云，契丹就唐求幽州處盧文進，不許。謀南侵，恐渤海掎其後，先遣兵擊遼東。命禿餒及盧文進據平、營等州擾燕地。師攻渤海，無功，還。紀均未載。

四年(乙酉九二五)春二月丙寅，耀庫濟畧党項，未幾獻俘。乙(未)〔亥〕(據遼史卷二太祖紀改)，蕭阿古齊畧燕、趙還，進牙旗兵仗。

三月丙申，太祖饗軍於水精山。南攻小蕃，下之。皇后、皇太子迎謁於扎里河。秋，還宮。

冬十一月丁酉，幸安國寺，飯僧，赦京師囚，縱五坊鷹鶻。

十二月乙亥，詔曰：「所謂兩事，一事已畢，惟渤海世讐未雪，豈宜安駐？」乃舉兵親征渤海，后及太子皆從。

〔閏月〕（據遼史卷二太祖紀補）己酉，次色克原作撒葛山。丁巳，次商嶺，夜圍扶餘府。〔攷異〕新唐書，夫餘故地爲夫餘府，常屯勁兵扞契丹，領扶、仙二州。　按夫餘，國名，在漢元菟郡北，爲今海城、蓋平、復州，自開元以北千餘里皆夫餘之境。南、北朝爲慕容氏所侵，走保沃沮；又爲百濟侵，徙近燕，尋被高句驪據。唐滅高麗，入於渤海。遼併渤海以爲東京王都。通州，金爲隆州，屬上京路，有東西二金山，亘三百餘里，與烏梁海接境。隋、唐伐高麗，所謂出夫餘道者，蓋嘗由此。又，夫餘本濊地，故魏畧云，王印文曰：「濊王之印。」謂本濊地，而夫餘居之。其舊國爲豆莫婁，在勿吉北千里。　契丹國志云，正月，攻幽州。十二月，攻蔚州，唐遣李嗣源擊之。　薛史云，二月，嗣源奏涿州東南殺敗契丹，生擒首領三十人。六月，雲州上言，去年契丹從磧北歸帳達靼，因相掩擊。其首領裕悦族帳，自磧北以部族、羊、馬三萬來歸。　王溥五代會要云，二月，寇幽州，爲王師所敗，俘其首領衙多等。五月，遣使拽鹿孟等來貢方物。　綱目云，五月，寇幽州。　陳桱五代史補編云，十一月，蕭阿古只寇幽、蔚州。　册府元龜云，同光三年十月甲子，差壽州刺史米海金押國信賜契丹王及回使梅老禿里等辭，賜物有差。均與紀異。　孫光憲北夢瑣言云，明宗微時，隨蕃將李存信宿雁門逆旅，媪方娠，不時具食，腹中兒語曰：「天子至，宜速具食。」媪遽起，奉庖爨甚謹，帝詰之，以實對。後果如其言。

天顯元年（丙戌九二六）〔攷異〕契丹國志於天贊四年後，尚有五年、六年。太宗卽位，猶稱天贊六年，卽是年。史載天顯元年太祖崩，后攝政。二年十一月太宗卽位，不改元，仍稱天顯。　歐史云，德光立三年，改元天顯，當明宗天成三年。　沈炳震廿一史四譜云，德光元年丁亥爲天顯二年，當明宗天成二年，在位二十年。　按遼紀干支，與五代史注悉合。唯遼史以太祖丙戌爲天顯元年，五代史則以戊子爲天顯元年，故史稱天顯十一年改元會同，而五代史則謂十三年改元會同。所載各異。至唐明宗之立，在天顯元年四月，計遼太宗之立，實後一年餘七月。而契丹附録謂德光與明宗同年而立，爲三年改元之證，故與史不符。未知孰是。春正月己未，白氣貫日。庚申，拔扶餘城，誅其守將。〔攷異〕王溥五代會要繫之九月。耶律迪里傳，扶餘城既拔，留迪里與伊德實守之。紀未載。丙寅，命特哩衮安圖、前北府宰相蕭阿古齊等將萬騎爲先鋒，遇諲譔老相兵，破之。是夜圍輝罕城。原作忽汗城，即故平壤城，號中京顯德府，渤海王所都，因河得名。以地理及音譯考之，當在今呼爾哈河。河源出吉林烏拉界，會畢爾騰湖，東流經故會甯城北，又九十餘里，繞甯古塔城南，北流七百里入混同江。舊唐書云，渤海上京在忽汗河之東，爲肅愼故地。新唐書志云，自安東都護府經蓋牟城及渤海長嶺府，千五百里至渤海王城。城臨忽汗海，其西南三十里有古肅愼城。明一統志言金滅遼，設都於渤海上京，是忽汗城實與古肅愼城、金會甯城相近，均在今甯古塔境。其北即黑水境。遼史以遼陽當之，失之遠矣。耶律哈里傳，原作海里，字弥爾琨，從征渤海，將約尼糺破輝罕城，班師，卒。紀未載。庚午，駐軍城南。辛未，諲譔素服，稾索牽羊，率僚屬三百餘人出降，太祖優禮釋之。甲戌，詔諭渤海郡縣。丙子，遣近侍康末怛等十三人入城索兵器，爲邏卒所害。丁丑，諲譔復叛，進攻，拔其城，遂獲諲譔及其族屬。

二月壬辰，以青牛、白馬祭天地。大赦，改元天顯。丙午，改渤海爲東丹國，輝罕爲天福城。地理志云，本朝鮮地，唐滅高麗，置安東都護府。後爲大氏所據，保挹婁之東牟山。武后時，爲契丹盡忠所逼。有乞乞仲象者，渡遼水自固，封震國公。子祚榮稱王，併吞海北地方五千里；兵數十萬，傳十二世，至彝震僭位改元。有五京、十五府、六十二州。遼改東丹國。〔攷異〕文獻通考云，渤海本粟末靺鞨，俗謂王曰「可毒失」，對面呼聖主，箋、表呼基下。洪皓松漠紀聞云，渤海去燕京千五百里，以石累城足，東並海。右姓曰高、張、楊、竇、烏、李。部曲、奴婢皆無姓，從其主(按松漠紀聞卷上渤海國條云：「部曲、奴婢無姓者皆從其主。」這裏轉述顯系有誤)。婦人最悍妬，不容其夫有側室及他遊。男子多智謀，驍勇出他國右，至有「三人渤海當一虎」之語。契丹戰，則用爲前驅。續通考云，祚榮，開元七年歿，私謚高；子武藝謚武；子欽茂謚文；子嵩璘謚康；孫華璵謚成；子元瑜謚定；弟言藝謚僖；弟明忠謚簡；從父仁秀謚宣。此渤海私謚，歷代沿襲可考者如此。詳謚法考。按，唐書及通考，自祚榮已謚高，王子武藝改元，仁安，欽茂，元〔義〕(據唐書卷二一九渤海傳補)徙上京，又徙東京。自祚榮至彝震，無不稱號改元。史未得其實。方輿紀要云，挹婁城，鐵嶺衛南六十五里，本挹婁國地，渤海置興州，遼號(中)興〔中〕軍(據讀史方輿紀要卷三七挹樓城條乙正)。東牟山在瀋陽中衛東二十里。輿地廣記云，遼東，秦立，二漢因之，後爲公孫度據，魏、晉亦曰遼東郡，後慕容廆居之，元、魏時，高麗郡焉，唐李勣滅之，得城百七十六，置都護府於平壤以統之，上元三年徙遼郡故城，儀鳳二年又徙新城，開元二年徙平州，尋徙遼西故郡城，至德後廢。領羈縻州十四。新城、遼城、哥勿、建安，皆設都督府。又，南蘇、(本)〔木〕底(據輿地廣記卷十二改)、蓋牟、代那、倉巖、磨米、積利、(黍)〔黎〕山(據輿地廣記卷一二改)、延津、安市。明一統志云，遼河，源出塞外，自三萬衛西北入境，南經鐵嶺、瀋陽之西境，廣甯之東境，南至海州衛西南入海，行千三百五十里。唐太宗征高麗至遼澤，泥淖二百餘里，布土作橋；既濟，撤之，以堅士心。即此。薛延寵全遼志云，遼河，城西北百里，源出靺鞨北、建州城東諸山，經塗山至洪州傍崖頭、牛家莊，出梁房口入海。元遺山文集王黃華墓碑云，王樂德居渤海，遼太祖平渤海，封其子爲東丹王，都遼陽。樂德之曾孫繼遠，仕爲翰林學士，因遷家遼陽。繼遠孫〔中作〕(原缺，據金文最卷九二王黃華墓碑補)使咸飾，避大延琳之難，遷漁陽。咸飾孫六宅使、恩州刺史叔甯遷白霫。六宅生永壽，居韓州，遼天慶中遷蓋州之熊岳縣。按，縣西至海十五里，傍海有熊岳山，今望海山，在蓋平縣西南三十五里，其山傍海，遼史熊岳，疑卽此。冊太子貝爲人皇王以主之。以皇弟特爾格爲左大相，渤海老相爲右大相，渤海司徒大素賢爲左次相，耶律伊濟原作羽之爲右次相。本傳，迪里弟。時人心未安，特爾格不逾月，卒。伊濟莅事，勤恪，威信大行。赦其國內殊死以下。

三月戊午，遣伊勒希巴原作夷离畢康默記、左僕射韓延徽攻長嶺府。〔攷異〕新唐書云，長嶺府，營州道也。渤海時，領瑕、河二州。瑕州無考，當爲附郭之州，遼廢。河州，遼爲德化軍，在黃龍府北，有軍器坊。己巳，安圖等攻安邊、鄚頡、定理三府，〔攷異〕新唐書云，安邊府領安、瓊二州。瓊州，遼廢，無攷。安州刺史隸北女直兵馬司，其地應在開原邊外。地理志云，韓州本果嚗國，高麗置鄚頡府，督鄚、頡二州。渤海因之，今廢。唐太宗置三河、榆河二州。聖宗併二州置，隸延昌宮使，治柳河縣。又鄚頡，唐書作鄚高。定理府，本挹婁國地。元一統志云，渤海建定理府，督瀋、定二州。領定理、平邱、巖城、慕美、安夷、瀋水、安定、保山、能利九縣。後罹契丹兵火，其定州與縣並廢，卽瀋州，爲興遼軍，又更昭德。按挹婁疆域與肅愼同。史云處長白山北，東濱大海，不知其北所極，則今東三省皆挹婁地。奉天之承德、鐵嶺亦挹婁界。其與肅愼稍異者，惟今開原縣，周、秦以前屬肅愼，漢屬扶餘國界。其故地之見於史傳者，若渤海之定理府安定郡，遼、金之瀋州、雙州、興州皆是。而瀋州，挹婁縣之遺，今猶有挹婁城，在鐵嶺縣南六十里，明爲懿路城，設左右千户府。均平之。甲申，幸天福城。乙酉，班師，以大諲譔舉族行。〔攷異〕歐史明宗紀，天成元年卽位，爲同光四年，乃天顯元年。紀於四月書渤海大諲譔使大陳琳來；七月使大昭佐來。王溥五代會要亦同。又於四年五月書高正詞入朝，拜洗馬。長興以後，屢使朝貢，至周顯德元年七月止。時渤海久亡，猶書朝聘，未詳所指。東國通鑑云，高麗太祖九年春，契丹滅渤海，大諲譔降。於是渤海世子大光顯及將軍申德、禮部卿大和鈞、均老司政大元鈞、工部卿大福謨、左右衛將軍大審理、小將冒豆干、檢校開國男朴漁、工部卿吴興等，率其餘衆奔高麗者數百户。王賜光顯姓名王繼，附宗籍使奉其祀，僚佐皆賜爵。欽定滿洲源流考云，遼紀稱天顯元年破忽汗城，獲王大諲譔，遂併其地，改渤海爲東丹國。而諸書皆云取夫餘一城，以封托雲。太祖既崩，渤海王復攻夫餘，不克，似諲譔尚在。而宋太宗時有賜渤海琰府王之詔。徽宗時，登州有置戍巡防渤海之奏，似其國至北宋末猶存。考之薛史及册府元龜，諲譔既俘，統兵攻夫餘城者爲王之弟，即遼紀所載渤海諸州爲遼攻得者，惟忽汗城及西、南二京。南京止南海一府；西京未得者，尚有東平、安遠等六府。其東北之境，并未屬遼。即長嶺、南海、鄚頡、定理諸府，亦屢平屢叛。聖宗十四年，紀云，渤海侵鐵驪，遣奚王討之，不能克。二十一年，紀云，渤海來貢。是忽汗破後，境地與遼接者雖已入遼，而國人收合餘燼，則自立王。故五代史、宋史、宋會要、通鑑、通考，皆謂止取夫餘一城也。册府元龜又有後唐遣人送渤海王憲歸國之文，必王之子弟留中國者。長興、清泰間，使命往來，則仍世君其國可知。第爲遼所隔，石晉又臣遼，遂不復至耳。

夏四月，唐李嗣源反，郭從謙弒其主存勗，嗣源遂稱帝。

五月辛酉，南海、〔攷異〕新唐書，沃沮故地爲南京，曰南海府，領沃、睛、椒三州。南海，新羅道也，本沃沮國地。故縣六：沃沮、鷲巖、龍山、濱海、昇平、靈泉，皆廢。金改爲海州，後爲澄州。唐李勣攻卑沙城，即此。治臨溟縣。按，後漢書、魏志、通考，俱有東沃沮、南沃沮、北沃沮之文，無大君長，邑落各自有地，或在挹婁南北，或屬元菟，或屬樂浪，或屬句驪，東濱海，南接濊。其地當在今吉林烏拉之南，近長白山，殆納沁庫、呼訥、納嚕諸寓集之地歟？定理二府復叛，耀庫濟討平之。

六月丙午，次慎州，唐遣姚坤以國哀來告。〔攷異〕綱目云，唐明宗立，遣供奉官姚坤告哀於契丹主，欲求河北，不得，復求鎮定、幽州，給坤紙筆，令爲狀，不可。遂囚之。太宗立乃放歸。陳桱五代史補編云，時主聞莊宗弑，對坤慟哭，曰：「我朝定兒也。」「朝定」猶華言朋友也，謂其聲色遊畋宜及此。楊伯巖臆乘作朝定真冷。「真冷」，遺命也。出莊子山木篇。按莊子山木篇，舜之將死，真冷禹曰。注云，「真冷」二字，乃其命之誤。又異。薛史云，阿保機問姚坤：「漢收得西川，信否？」曰：「然。」曰：「聞西有劍閣，兵馬從何過得？」坤曰：「川路雖險，然先朝收復河南，有精兵四十萬，良馬十萬，但通行處便去得，視劍閣如平地耳。」阿保機善漢語，謂坤曰：「吾解漢語，歷口不能言，懼部人效我，令軍士怯弱故也。」王溥五代會要云，正月，契丹使梅老鞋里來，共三十七人，貢馬三十四，詐修和好。歐史亦書美楞錫里來。紀均未載。

秋七月丙辰，鐵州地理志云，本漢安市縣。薛仁貴從征高麗，白衣登城。即此。〔攷異〕方輿紀要云，在蓋州衛東北七十里。唐攻安市城，不克，引還。咸亨三年，高麗復叛，遣高侃敗之於安市城，即此。渤海改鐵州，領仁城、河瑞、倉山、龍珍四縣。遼治湯池縣故城，在今奉天府蓋平縣東北六十里。鴨江行部志云，湯池縣本遼時鐵州，以其東有鐵嶺，故名。今廢鐵州，以湯池縣屬蓋州。刺史衛鈞反，耀庫濟攻拔之。辛未，衛送大諲譔於皇都西，築城以居之。賜諲譔名曰烏勒呼，原作烏魯古，妻曰阿勒札。原作阿里只。〔攷異〕卷二十一道宗紀，淸甯七年南院大王同名。盧龍行軍司馬張崇叛，奔唐（按考舊五代史卷三九明宗紀，張崇奔唐在天成三年，即遼天顯三年閏八月，與通鑑卷二七六合，疑此處誤。又薛史與通鑑張崇皆作張希崇）。甲戌，次扶餘府，不豫。是夕，大星隕於幄前。辛巳，黃龍見，入於行宮，有紫黑氣蔽天，〔攷異〕續通考云，太宗會同二年，趙思温家有星隕於庭，思温卒。九年五月，大星晝隕。九月庚子，西京星隕如雨。景宗保寧五年四月丙申，白氣晝見。道宗壽隆七年正月壬戌朔，夜，白氣如練，自天而降，黑雲起於西北，疾飛有聲，時有青、赤、黑、白氣相雜而落。是日遂崩，年五十五。〔攷異〕地理志云，太祖崩於東樓龍化州。疑誤。王溥五代會要云，九月二十七日，阿保機殂。薛史作七月二十七日。所載各判。皇后稱制決事。

八月辛卯，康默記攻下長嶺府。甲午，后奉梓宮西還。耀庫濟討平諸州，奔赴行在。乙巳，人皇王貝繼至。

九月丁卯，梓宮至皇都，上謚昇天皇帝，廟號太祖。加謚神烈。〔攷異〕歐史明宗紀云，七月，契丹使梅老迷骨來。十月，使没骨餒來告哀，廢朝三日。王溥五代會要，告哀使名設骨餒。薛史云，八月，幽州奏契丹寇邊。十一月，青州奏契丹先攻過渤海。自安巴堅死，雖退師，尚留兵馬在扶餘城。今渤海王弟領兵攻圍，想係傳聞之誤。册府元龜云，天成元年七月，契丹遣梅老里述骨之進内官一人，馬二匹，地衣、真珠裝，金釧、金釵等。九月，趙德鈞奏，先羌軍將陳繼威使契丹還，稱阿保機死。八月三日，靈柩發扶餘城。十三日至烏州，始見其妻。二十七日至龍州，其妻令繼威歸本道；仍遣捺括梅老押馬三匹，充答信問使來。所載較詳。以明年八月葬祖陵，置祖州天城軍節度使以奉陵寢。〔攷異〕永樂大典云，本年九月葬於木葉山，置祖州。一統志云，木葉山在克什克騰旗北。太祖陵在巴林旗北，廢祖州界。是太祖葬祖州，不葬木葉山也。地理志云，祖州本遼右八部紳穆哩地。太祖置西樓，建城，號祖州，以昭烈、莊敬、簡獻、宣簡四祖所生之地，故名。内城有殿曰兩明，奉安祖考御容。曰二儀，以白金鑄太祖像。曰黑龍，曰清祕，各有太祖微時兵仗服物。太祖陵鑿山爲殿，曰明殿。殿南嶺有膳堂，門曰黑龍。東偏有聖蹤殿，立碑，述游獵事。殿東有樓，立碑，紀創業功。皆在州西五里，太宗建，隸宏義宫。統縣二、城一：長霸縣以龍州長平縣民置；咸甯縣本長甯縣，以遼陽俘户置。越王城，裕悦實嚕西伐托歡、党項俘户置。方輿紀要云，在臨潢西南四十里，亦曰天城。越王城在州東南二十里。實嚕作述魯，太祖伯父紳穆哩作世没里。富鄭公行程録云，祖州亦有祖山，山中有阿保機廟，御靴尚存。又四十里至上京臨潢府。自過崇信館卽契丹舊地，蓋其南皆奚地也。所載均較詳。建昇天殿於所崩行宫，在扶餘城西南兩河之間，以扶餘府爲黄龍府。

遼史紀事本末卷二

埒克等之叛 察克事附

太祖卽位之五年（辛未九一一）夏五月，皇弟埒克、原作剌葛，字綴蘭，原作率懶。〔攷異〕陳浩遼史攷證云，卷五十五儀衞志又作剌哥，係一人。卷三太宗紀天顯十二年郎君剌哥，另一人。特爾格、原作迭剌，字伊勒都堪，原作雲獨昆。〔攷異〕陳浩遼史攷證云，卷一，太祖七年、八年又作迭剌哥；神册三年又作迭烈哥，均係一人。卷一百十，伊遜父迭剌；卷六，穆宗應曆十年，罪人迭剌哥；卷四，太宗會同元年，迭烈哥，均另一人。伊德實、原作寅底石，字愛新，亦作阿辛。〔攷異〕陳浩遼史攷證云，卷五十八儀衞志又作匀德實，係一人。安圖原作安端，字隈隱。〔攷異〕陳浩遼史攷證云，卷三，太宗天顯十二年，國舅安端，另一人。謀反。安圖妻訥默庫原作粘睦姑知之，以告，得實。太祖不忍加誅，乃與諸弟登山刑牲，告天地爲誓，赦其罪，出埒克爲德埒原作迭剌部額爾奇木，原作夷离堇封訥默庫爲晉國夫人。

六年（壬申九一二）秋七月丙午，親征珠巴克，原作朮不姑降之。命弟埒克分兵攻平州。冬十月戊寅，埒克破平州，還，復與安圖等反。壬辰，太祖還，次北阿嚕原作阿魯山，聞叛兵阻道，引兵南出十七濼。翼日，次七渡河，諸弟各遣人謝罪。仍許以自新。〔攷異〕耶律古傳，嘗從太祖畧地山右。會李克用於雲州，古侍，克用曰：「是兒骨相非常，不宜使在左右。」以故太祖頗忌之。時方西討，諸弟亂作，太祖聞變，問古與否？曰無。喜曰：「吾無憂矣！」趣召古議。古陳殄滅之策，後皆如言。紀未載。古爲巴古濟孫，字鼐爾琨，初名實默克，仕終右皮室詳衮。

七年（癸酉九一三）春正月甲寅，王師次赤水城。弟埒克等乞降。太祖素服，乘赭白馬，肅侍衞以受之。埒克等引退，數遣使撫諭之。

三月癸丑，次蘆水，弟特爾格圖爲奚王，與安圖擁千餘騎至，紿稱入覲。太祖怒曰：「爾曹始謀逆亂，朕特恕之，使改過自新，尚爾反覆，將不利於朕！」遂拘之。以所部分隸諸軍。而埒克引其衆至伊蘇濟勒原作乙室堇淀，具天子旗鼓，將自立，宣簡太后陰遣人諭令避去。會瑪古納、古爾原作弭姑乃、懷里陽言車駕且至，衆潰，北走，太祖以兵追之。埒克遣伊德實徑趨行宮，焚輜重、廬帳，縱兵大掠。舒嚕原作述律后急遣舒古魯原作蜀古魯〔攷異〕陳浩遼史攷證云，卷五十八，儀衞志又作曷古魯，係一人。救之，僅得天子旗鼓而已。〔攷異〕儀衞志云，遼自達呼爾氏摩歡受唐鼓纛之賜，是爲國仗。其制甚簡，太宗伐唐、晉以前，所用皆是物也。凡十二神纛；十二旗；十二鼓；曲柄華蓋；直柄華蓋。約尼末之遺制：迎十二神纛，天子旗鼓，置太子帳前。諸弟埒克等叛後，僅得天子旗鼓。太宗立，置旗鼓、神纛於殿前。聖宗以輕車（都尉）〔儀衞〕（據遼史卷五八儀衞志改）拜帝山。蓋遼自失活入朝於唐，爍古兄弟繼之，尚主封王，飫觀上國。開元東封，賓古扈從，目覩耳簡，歆羨帝王之（輝）容〔輝〕（據遼史卷五八儀衞志乙正）有年矣。至太宗入汴，席捲法物，輦致(上)〔中〕京（據遼史卷五八儀衞志改），然後累世之所欲者，一舉而得之。於是秦、漢以來帝王法物，盡入於遼。至鹵簿儀仗，人數馬匹，載於太常卿徐世隆家藏遼朝雜禮者，不具述焉。若天顯四年，太宗幸遼陽府，人皇王備乘輿羽衞以迎；乾亨五年，聖宗東巡，東京留守具儀衞迎車駕，此故渤海儀衞也。其黨珊蘇庫原作神速姑。〔攷異〕陳浩遼史攷證云，卷六十四皇子表，卷六十六皇族表，均訛作神速。係一人。復劫西樓，焚明王樓。太祖至土河，秣馬休兵，若不爲意。諸將請急追之，太祖曰：「俟其遠遁，人各懷土；懷土既切，其心必離，引軍乘之，破之必矣！」盡以所俘獲分賞將士。

夏四月戊寅，北追埒克。次穆嚕，原作彌里聞諸弟面木葉山射鬼箭厭禳，乃執叛人嘉哩原作解里〔攷異〕汪輝祖遼史同名録云，卷一，太祖八年哈達拉子；卷三，天顯九年伊喇；卷十，聖宗統和九年渤海塔瑪；卷十一，統和四年黄皮室詳袞；卷十二，統和五年御盞郎君班袛候；卷十三，統和十三年長甯節度；卷三十九地理志，榆州，太宗時横帳人，卷六十一刑法志，會同四年通事；卷七十六，傳，圖魯卜部令公，十人同名解里。又，開泰八年西南招討；太平四年彰德節度；耶律韓留傳，重熙時樞密，三人同呼蕭解里，疑即與長甯節度係一人。向彼，亦以其法厭之。〔攷異〕汪邵韓韓門綴學云，遼有射鬼箭之刑。按他書亦稱攢矢、叢矢，而鬼箭之名，乃遼所獨也。至達掄原作達里淀，選輕騎追及布札爾原作培只河，盡獲其黨輜重、牲口。先遣兵伏其前路，命北宰相達魯即敵魯，原作迪里古。〔攷異〕陳浩遼史攷證云，卷一，太祖四年，以蕭敵魯爲北府宰相；卷七十三敵魯傳，拜北宰相，率輕騎追埒克等。是迪里古乃敵魯聲近之轉，係一人。又，本年伊實府人迪里古以從逆誅，另一人。爲先鋒，進擊之。埒克等衆潰至柴河，伏發，合擊，大敗走之。其黨庫克克濟、原作庫古只〔攷異〕陳浩遼史攷證云，卷七，穆宗應曆十五年，庫古只奏室韋亡入德呼，另一人。摩多原作磨朶皆面縛請罪。師次昭圖原作札堵河，大雨暴漲。

五月癸丑，遣北宰相迪輦〔攷異〕敵魯傳，字迪輦，此特稱其字耳。汪輝祖遼史同名録云，卷三，太宗天顯八年特哩袞；卷五十九食貨志，乾亨時伊實威部下婦人，三人同名迪輦。率驍騎先渡，遂擒埒克等於榆河。前北宰相蕭實嚕、原作實魯〔攷異〕汪輝祖遼史同名録云，卷一，太祖神册二年，后弟；卷三，太宗天顯八年，冠；十二年，侍衛，四人同名實魯。按后弟實魯原作室魯，尚濟古爾公主，嘗將兵討裕庫埒；卷四十五百官志著帳郎君約尼裕悦；卷六十六皇族表，太祖系雅爾噶子；卷八十一，傳，聖宗北樞密韓王，四人同名室魯。伊德實自剄不殊。〔攷異〕陳桱五代史補編云，涅里衮、阿缽被獲，寅底石自剄不殊。稍異。壬戌，埒克等至行在，太祖還，至大嶺。時軍久出，輜重不相屬，士卒煮馬駒爲食，孳畜道斃者什七八，物價十倍，資械委棄，狼藉數百里。因更埒克名巴爾。原作暴里

六月壬辰，次狼河，獲逆黨伊埒、穆爾，原作雅里、彌里。生埋之銅河南軌下。放所俘還，多爲裕庫呼原作于骨里所掠。遣兵馳擊，奪還之。庚子，次阿敦濼，以養子納喇蘇原作涅里思附諸弟叛，以鬼箭射殺之。其餘黨六千，各以輕重論刑。以額爾奇木納爾琿原作涅里衮。〔攷異〕汪輝祖遼史同名録云，卷一百十二布達傳，字涅烈衮，即涅里衮；卷一，伊德實妻；卷三，太宗天顯三年，特哩衮；十

年，宰相；卷十五，聖宗開泰四年，平章，五人同名涅里袞。誘諸弟爲亂，不忍顯戮，命自投崖而死。納爾琿名希達，原作轄底肅祖曾孫，太祖之叔父。黠而辨，險佞者多附之。其子達勒達原作迭里特，字海蘭。亦從死。〔攷異〕希達傳，字納爾琿，初與實嚕同知國政。及實嚕遇害，奔渤海，歸國，益爲姦惡。太祖將即位，讓希達，辭，命爲裕悦。乃自將伐西南諸部，與埒克作亂，北走至榆河被獲。與此合。惟傳作縊死，稍異。按太祖紀，即位元年以從弟達勒達爲德哷部額爾奇木。達勒達原作迭栗底。考皇子表無名迭栗底者，惟希達子名迭里特；卷一百十二希達傳，太祖稱爲叔父，其子乃太祖從弟。又迭里特傳，太祖即位，拜德哷部額爾奇木，是迭栗底即係迭里特。

秋八月己卯，幸龍眉宮，轘逆黨二十九人，以其妻女賜有功將校。所掠珍寶、孳畜，還主；亡其本物者，命責償其家；不能償者，賜以其部曲。〔攷異〕刑法志云，籍没之法，始自太祖爲塔馬噶賚特時，奉哈陶津汗命，按裕悦實嚕遇害事，以其首惡家屬没入斡里。及舒嚕后析出，以爲著帳郎君，世宗詔免之。其後内外戚屬及世官之家，犯反逆等罪，復没入焉；餘人則没爲著帳户；其没入宫分、分賜臣下者亦有之。按續通考，實嚕作室魯，害之者爲蒲古只三族。斡里作瓦里。太后、太妃皆有著帳諸局。叛逆家屬，執事禁衛，故遼多變起肘腋也。官制：北面有著帳郎君院，官曰著帳郎君。節度使曰司徒。又有祗候郎君詳穩司，及左右詳穩司等官，而南面又設殿中監，惟少府監不設，事寄於殿中司。

〔九〕〔十〕（據遼史卷一太祖紀改）月癸未，伊實原作乙室府人達魯、原作迪里古穆呼爾原作迷骨离。部人托里原作特里〔攷異〕汪輝祖遼史同名録云，卷十八，興宗重熙六年，都部署；卷六十五公主表，道宗女，三人同名特里。以從逆誅。

八年（甲戌九一四）春正月甲辰，裕庫呼部人塔勒滿原作特离敏執逆黨布呼、原作怖胡伊拉齊原作亞里只等十七人來獻，太祖親鞫之。辭多連宗室，乃杖殺首惡布呼，餘並原釋。裕悦綏蘭原作率懶之子華格，原作化哥〔攷異〕陳浩遼史攷證云，卷三，太宗，天顯十年，伊喇；卷四，會同五年，客省使；卷七，穆宗，應曆十九年太尉；卷十一，聖宗統和四年雲州節度；又御盞郎君；卷十五，開泰二年北樞密，幽王；卷十七，太平六年林牙；卷二十四，太康八年，金吾衛大將軍，九人同名化哥，又作猾哥。見蕭阿古只傳。至興宗末逆黨蕭格，小字猾哥，另一人。屢蓄姦謀，太祖每優容之，而反覆不悛，召羣臣正其罪，并其子罕札俱凌遲死，分其財以給衞士。〔攷異〕宏簡録云，隋國王實嚕，字蘇呼，原作述蘭，其子猾哥，即華格，嘗教安端謀逆；性陰險，初烝父妾，懼事彰，與剋蕭、臺哂等共害其父，歸咎臺哂，獲免。太祖即位，姑示含容，拜惕隱，復預諸弟亂，與子痕只俱伏誅。按臺哂一作特依順。痕只即罕札。續通考云，實嚕，一作釋魯。元祖子。驍勇多力，賢而有智，爲遙輦氏于越，始教民種植桑麻。被弑，年五十七。重熙時追封隋國王。孫休哥封宋王，曾孫陳留封宿國王；其後又有仙童封許國公。見封建考。有司所鞫逆黨三百餘人，獄既具，太祖以人命至重，死不復生，命賜宴一日。酒酣，歌舞，或戲射、角觝，盡歡。明日，乃以輕重行刑。首惡埒克，其次特爾格，太祖猶弟之，不忍實法，杖而釋之。以伊德實、安圖性本庸弱，爲埒克所使，悉貰其罪。前裕悦哈達拉原作赫底里子嘉哩、埒克妻實喇勒濟原作轄剌已實預逆謀，命皆絞殺之。伊德實妻聶呼，原作涅离。〔攷異〕陳浩遼史攷證卷云，一，神册三年，伊德實妻納爾琿，原作涅里袞，係一人。又卷一，太祖紀獄官，伏誅，亦名涅里，另一人。脅從，安圖妻訥默庫，嘗有忠告，並免。因謂左右曰：諸弟性雖敏黠，而蓄姦稔惡。嘗自矜有出人之智，安忍兇狠，谿壑可塞而貪黷無厭。昵比羣小，謀及婦人，同惡相濟，以危國祚。雖欲不敗，其可得乎？北宰相實嚕妻伊埒達賚原作餘盧覩姑於國至親，一旦負朕，從逆病死，此天誅也。嘉哩幼與朕同寢食，眷遇之厚，冠於宗屬，亦與其父背大恩而從不軌，茲可恕乎？」

秋七月丙申朔，有司上諸帳族與謀逆者三百餘人罪狀，皆棄市。太祖嘆曰：「致人於死，豈朕所欲！若止負朕躬，尚可容貸。此曹恣行不道，殘害忠良，塗炭生民，剽掠財産，有國以來所未嘗有。實不得已而誅之。」〔攷異〕刑法志云：太祖初年，庶事草創，犯罪者量輕重決之。其後治諸弟逆黨，權宜立法：親王從逆，不磬諸甸人，或投高崖殺之；淫亂不軌者，五車轘裂之；逆父母者視此；訕詈犯上者，以孰鐵錐摏其口殺之。從坐者，量罪輕重杖決。杖有二：大者重錢五百，小者三百。又爲梟磔、生瘞、射鬼箭、砲擲支解之刑。歸於重法，閑民使不爲變耳。歲癸酉，下詔曰：「朕自北征以來，四方獄訟，積滯頗多，今休戰息民，羣臣其副朕意，詳決之，無或冤枉。」乃命北宰相蕭敵魯等分道疏決。有遼欽恤之意，（昭）〔昉〕（據遼史卷六一刑法志改）見於此。神冊六年，克定諸夷，詔大臣定治契丹及諸夷之法，漢人則斷以律令，仍置鍾院，以達民冤。至太宗時，治渤海人，一依漢法，餘無改焉。

神冊二年（丁丑九一七）夏六月乙巳，埒克因太祖南征，與其子薩布、巴里岱原作賽保里。〔攷異〕皇族表，埒克子二：一係賽保，今改薩布；一係中京留守拔里得，今改巴里岱。此之里，疑卽拔里得也。叛入幽州。〔攷異〕宏簡錄云，刺葛，字率懶。是年與子賽保里叛入幽州，爲人所殺。通鑑云，契丹主弟撒刺阿撥，卽刺葛，號北大王。謀亂，兵敗被囚，期年釋之，率其衆奔晉。晉王養爲假子，拜刺史。胡柳之戰，以其妻子奔梁。後唐同光元年，詔敬翔、李振首佐朱温，共傾唐祚；撒剌阿撥叛兄棄母，負恩背國，宜與趙巖等並族誅於市。按巴哩岱傳，字海蘭。太宗卽位，以親愛見任。會同七年，從伐晉，拔德州，擒刺史師居璠等。九年，再舉兵，降杜重威，戰功居多。入汴，授安國節度，總領河北道事。世宗立，遷中京留守，卒。其復國未詳何時。所載均異。

三年（戊寅九一八）春正月丙申，以安圖爲大內特哩袞，原作惕隱命攻雲州及西南諸部。

夏四月乙巳，特爾格謀叛，事覺，知有罪當死，預爲營壙，而諸戚請免。太祖素惡其〔弟〕（據遼史卷一太祖紀補）妻納爾琿，曰：「納爾琿能代其死則從。」納爾琿自縊壙中，乃赦特爾格不誅。

天顯元年（丙戌九二六）春二月丙午，渤海平，改爲東丹國，册太子貝原作倍爲人皇王以主之。命特爾格爲左大相，未幾卒。〔攷異〕宏簡録云，迭剌性敏給，太祖常稱其智。能通回鶻言語，因制契丹小字，數少而該貫。紀未載。又命伊德實爲政事令，輔東丹王，舒嚕后使人於路縊殺之。重熙中追封許國王。〔攷異〕宏簡録云，字阿辛，后遣司徒劃沙殺於路。續通考云，寅底石後有斡特剌，封漆水郡王，乾統中封混同郡王。

三月，安邊、鄚頡、定理三府叛，遣安圖討平之。太宗立，委任如常，至世宗時，出主東丹國，封明王。其子察克，原作察割字烏新，原作歐辛善騎射，太祖自其幼時卽謂有反相。世宗立，安圖陰懷二志，察克勸其歸命，尋封爲泰甯王。會安圖爲西南面大詳袞，〔攷異〕索倫語「理事官」也。舊作詳穩，今譯改。見日下舊聞考。察克佯與父惡，陰遣人白於帝，帝召領釦祜祿原作女石烈軍，出入禁中，數被恩遇。耶律烏哲原作屋質白其姦，帝不信。

天祿五年（辛亥九五一）秋九月庚申朔，世宗自將南征，次歸化州尚和原作祥古山，祭讓國皇帝於行宮。羣臣皆醉，察克與耶律璸都原作盆都，亦作盆哥。等作亂，遂弑之，及太后，因僭號。烏哲以兵圍行宮，察克並弑皇后。倉皇出陣，衆潰，知事不濟，與林牙耶律迪里謀出降。穆宗因遣迪里誘執，臠殺之。本傳，原作敵獵，字烏納，原作烏輦。六院卓巴勒子。少多詐。察克叛，穆宗用其計誘殺之，凡脅從無一被害者，皆其力也。後未顯用，居常怏怏，卒以謀立隆科，凌遲死。諸子皆伏誅。〔攷異〕宏簡録云，察割名麻答（按：考遼史卷一一二察割傳，察割字歐辛，未云其名麻答。）性酷虐。太祖見其目若風駝，面有反相，謂近侍曰：「朕若獨居，勿令入門。」後作亂，夜闖內府，見瑪瑙盤曰：「此希世寶，今爲我有」。其妻曰：「壽安及屋質在，吾屬無噍類，此物何益？」尋被誅。本傳謂爲隆科手刃，升南京留守。赦安圖通謀罪，放歸田里，其黨皆誅死。〔攷異〕蕭塔刺葛傳，字陶哂。六院部人。性剛直。官國舅〔別部〕（據遼史卷九〇蕭塔刺葛傳補）敞史。或曰察克有異志。塔喇噶曰：「彼縱忍行不義，人孰肯從！」他日侍宴，酒酣，提其耳强飲之，曰：「上固知汝傲狠，然以國屬，使在左右，若長惡不悛，自取赤族禍。」察克强笑曰：「何戲之虐也！」及爲北府宰相，察克果作亂，塔喇噶罵曰：「吾悔不殺此逆賊。」尋被害。按傳在卷九十，嘗坐叔祖特依順謀殺實嚕，沒入（宏）〔弘〕（據遼史卷九〇蕭塔刺葛傳改）義宮。累官宰相，死察克難，即是人。而卷八十五，塔列葛傳，重熙間以世選爲北府宰相。八世祖珠魯名見外戚傳。蓋塔列葛係特依順之姪，塔喇噶係特依順姪孫，同爲北宰相，惟外戚表未載塔喇噶名。伊德實子瑠格，原作留哥。〔攷異〕汪輝祖遼史同名錄云，卷一百一蕭陶蘇斡傳，伯父亦名劉哥；卷六十一刑法志，開泰中近侍，三人同名留哥。世宗朝爲特哩袞，瑠格弟瓚都爲皮室詳袞，均與蕭翰謀逆，釋不誅。瑠格後請帝博，欲因進酒弒逆，帝覺之，不果，被囚。一日，召瑠格，鎖項以博，帝問：「汝實反耶？」誓曰：「臣有反心，必生千（項）〔頂〕（據遼史卷一一三劉哥傳改）疽。」貰之，烏哲固爭。命按問，具服。詔免死，流於烏爾古部，果以生千頂疽死。瓚都復預察克之謀，凌遲死。異母弟二人：科科里、原作化葛里希斯，原作奚蹇亦以謀反誅。〔攷異〕蕭（斡）〔幹〕傳（據遼史卷八四蕭幹傳改，下同），察克亂作，其黨和爾郭勒濟與〔幹〕善，使人召之；〔幹〕曰：「吾豈能從逆臣？」縛其人送壽安王。賊平，帝嘉其忠，拜羣牧都林牙。耶律哈里傳，察克之叛，其母達魯與焉。遣人召哈里，拒之。亂平，達魯以子故，獲免。哈里歷南院大王。方伎傳，魏璘善卜，察克謀逆，問之，璘始卜，謂曰：「大王之數，得一日矣，宜慎之！」及亂，果敗。察克傳均未載。按察克叛黨有胡古只，見蕭（斡）〔幹〕傳。又皇族表，元祖系巖朮子迭剌部夷离堇胡古只，另一人。巖朮作巖本，紀、傳均作巖木。安圖傳作元祖長子，皇子表列爲第二。皇子表，揚珠二子，和爾郭勒濟，即胡古只；摩綽原作朮撥，皇族表作末撥。安圖傳，祖春博里，皇族表亦列爲揚珠子，皇子表無其名。所載各異。

遼史紀事本末卷三

東丹建國

太祖神册元年(丙子九一六)春三月丙辰，立子貝原作倍爲皇太子。貝，一名突欲，小字托雲。一作托允。〔攷異〕宏簡録云，字圖欲。太祖長子。母曰舒嚕原作述律后。性聰敏好學，外寬内摯。太祖嘗問祀神何先？羣臣以佛對。太子曰：「孔子大聖，萬世所(宗)〔尊〕(據遼史卷七二義宗倍傳改)宜先。」即立孔子廟，命太子春秋釋奠。〔攷異〕續通考云，史稱遼之義宗，可謂盛矣。其始，慕太伯之賢，而爲讓國之謀；終疾陳恒之惡，而爲請討之舉。志趣之卓，蓋已見於早歲先祀孔子之言。終遼之世，賢聖繼統，皆其子孫，至德之報昭然矣。按，遼自太祖置上京國子監，設祭酒、司業、監丞、主簿。時南京立太學，聖宗統和十三年九月，賜南京太學水磑莊一區。道宗清寧元年十二月，詔諸州設學養士，頒五經及傳疏，置博士、助教各一員，屬縣附焉。六年六月，中京置國子監，命以時祭先聖先師，所載甚詳。

四年(己卯九一九)冬十月丙午，命太子將先鋒軍進擊烏爾古原作烏古部，破之，俘獲萬計。自是舉部來附。

五年（庚辰九二〇）秋九月壬寅，命太子率兵略地雲内，攻天德，拔其城而還。

六年（辛巳九二一）冬十二月庚申，太子率王郁略地定州，師還，至順州，幽州指揮使王千率衆來襲，耶律圖魯卜原作突呂不。本傳，官檢校太傅。〔攷異〕陳浩遼史攷證云，卷九十六蕭樂音奴傳，六世祖奚六部詳穩，另一人。射其馬蹶，擒之。〔攷異〕宏簡録云，六年命經略燕地，至定州，太祖方與李存勗相拒雲碧店，引兵馳赴，擊走之。紀未載。

天贊三年（甲申九二四）夏六月乙酉，太祖親征托歡、原作吐渾党項、準布原作阻卜等部，詔太子監國，次子大元帥耀庫濟原作堯骨從行。

四年（乙酉九二五）冬十二月乙亥，太祖親征渤海，皇后、太子皆從。

天顯元年（丙戌九二六）春正月庚申，攻拔扶餘城。太祖欲括户口，太子諫曰：「今始得地而料民，民必不（堪）〔安〕（據遼史卷七二義宗倍傳改）。若乘破竹勢，徑造輝罕原作忽汗城，破之必矣！」從之。是月丁丑，克其城，渤海大諲譔出降，遂改渤海爲東丹國，輝罕爲天福城。册太子爲人皇王主之，稱制行事，建元甘露。仍賜天子旌旗，置左、右、太、次四相及百官，一用漢法。歲貢布十五萬端，馬千匹。太祖諭曰：「此地瀕海，非可久居，留汝撫治，以見朕愛民之意。」

三月丁卯，幸人皇王宮。癸未，宴東丹國僚佐，頒賜有差。甲申，幸天福城，駕將還，貝作歌以獻，陛辭。太祖曰：「得汝治東土，吾復何憂！」貝號泣而退。遂班師。次扶餘城，太祖崩，舒嚕后稱制，決軍國事。未幾，奉梓宫還。耀庫濟討平諸州，奔赴行在，人皇王貝繼至。元一統志，東丹王故宫在遼陽路。按，本路圖册在府東北隅，有讓國皇帝御容殿。

二年（丁亥九二七）冬十一月壬戌，人皇王貝請立耀庫濟爲帝，后許之。先是，中子耀庫濟，一名德光，爲后所鍾愛。自爲大元帥，戰功屢著，威行萬里。至是行至西樓，命與貝均乘馬立帳前，謂諸將曰：「二子皆吾愛之，莫知所立，汝曹擇可立者，執其轡。」諸將知后意，爭曰：「願事元帥。」后曰：「衆之所欲，吾安敢違！」遂立太宗。時貝亦謂公卿曰：「大元帥功德及人神，中外攸屬，宜主社稷。」乃與羣臣請於太后而讓位焉。〔攷異〕契丹國志云，突欲愠，欲奔唐，后遣歸東丹。歐史云，阿保機死，長子突欲當立，母述律遣其幼子安端少君之扶餘城代之，將立爲嗣。然尤愛德光，諸部希其意，共立德光。薛史，安端作阿敦。史未載。安圖傳，父迪里，爲南院額爾奇木，會后欲以大元帥嗣位，迪里建言帝位宜先嫡長子，東丹王赴朝，宜立。由是忤旨，以黨附下之獄，訊鞫加炮烙，不伏，殺之，籍其家。貝傳未書。

四年（己丑九二九）夏四月甲寅，太宗幸天城軍，謁祖陵。辛酉，人皇王貝來朝。

秋八月癸卯，幸人皇王第。

冬十月壬寅，復幸其第。

五年（庚寅九三〇）春二月丙辰，太宗與人皇王朝太后。

三月辛未，人皇王獻白紵。乙酉，宴其僚屬於便殿。

夏四月乙未，詔人皇王先赴祖陵謁太祖廟。丙辰，太宗與人皇王會祖陵，遣歸國。

秋九月，詔錫里原作舍利布琳原作普甯撫慰人皇王。庚辰，命置儀衞。

冬十月戊戌，遣使賜之胙。甲辰，人皇王進玉笛。

十一月，東丹國奏人皇王浮海赴唐。時太宗既立，見疑，以東平爲南京，徙貝居之，盡遷其民。又置衞士陰伺動靜。貝既歸國，命王繼遠撰建南京碑，起書樓於西宮，作樂田園詩。唐明宗聞之，遣人跨海持書密召貝。貝因畋海上。使再至，貝謂左右曰：「我以天下讓主上，今反見疑，不如適他國，以成吾吳泰伯之名。」立木海上，刻詩曰：「小山壓大山，大山全無力。羞見故〔攷異〕洪皓松漠紀聞作當。鄉人，從此投外國。」攜高美人，載書浮海而去。〔攷異〕耶律伊濟傳，人皇王奔唐，伊濟鎮撫國人，一切如故，加守太傅，遷中臺省左相。嘗劾奏左次相渤海蘇不法事。先是，表奏請徙東丹國民於梁水，使就故鄉，又獲木、鐵、鹽、魚之利，從之。時稱其善。按太祖紀，天顯元年，以渤海司徒大素賢爲左次相，伊濟爲右次相。宏簡錄亦作大素賢。是蘇卽大素賢。紀及貝傳俱未載。

六年（辛卯九三一）春三月丁亥，人皇王貝妃蕭氏率其國僚屬來見。

七年（壬辰九三二）夏四月甲戌，唐遣使來聘，致人皇王貝書。

八年（癸巳九三三）冬十一月辛丑，太皇太后崩，遣使告哀於唐及人皇王貝。

九年（甲午九三四）夏四月，唐李從珂歐史云，母，魏姓，鎮州人。先適王姓，生從珂。嗣源戰河北，掠平山，得魏氏爲妾，以從珂爲養子，初名阿三。後自焚死，稱廢帝。薛史作末帝。弒其主從厚嗣源子，初封宋王，後謚閔帝。歐史作愍帝。而自立，人皇王貝自唐上書請討之。

十一年（丙申九三六）冬〔閏〕（據遼史卷三太宗紀補）十一月庚午，太宗自將援石敬瑭。唐主從珂兵敗，遣人殺人皇王貝遂自焚死。先是，貝越海自登州古東牟郡，今升爲府。〔攷異〕輿地廣記云，春秋爲牟子國。秦屬齊郡，漢、晉屬東萊郡，魏置東牟郡，唐立登州，後仍舊。今縣四：蓬萊、黄縣、牟平、文登。奔唐。唐以天子儀衛迎貝，貝坐船殿，衆官陪列上壽。至汴，見明宗。明宗妻以莊宗后夏氏〔攷異〕契丹國志作莊宗後宫夏氏。王溥五代會要云，莊宗昭容夏氏封虢國夫人。薛史云，明宗入洛，莊宗宫人數百，悉令歸其骨肉，惟夏氏無所歸，後以賜李贊華。均不言其爲莊宗后。孫光憲北夢瑣言云，莊宗嫡夫人韓淑妃、伊德妃。晉末契丹入中原，石氏乞降。契丹主大張宴席，其國母、后、妃列坐同宴，王嬙、蔡姬之比也。歐史云，韓淑妃、伊德妃居太原，晉高祖反時，爲契丹所虜。李昭玘樂静先生集記殘經云，南臺古刹，有佛書數百卷，多唐季五代時所書，字畫精勁。有毗奈耶雜事一卷，伊德妃造。初，劉后以微賤得立，性佞佛，惟寫佛書饋僧、尼。妃爲此經，豈非畏后所逼耶？後有燕國夫人印，蓋未晉封時所書也。賜姓東丹，名贊華。復賜姓李，改瑞州爲懷化軍，拜節度使，兼領瑞、慎等州觀察使。〔攷異〕契丹國志作瑞、鎮。五代志，唐長興二年置懷化軍於慎州，兼領瑞州，尋改昭化軍。時州地半没於契丹，蓋遥領也。王存元豐九域志云：慎州領逢龍一縣，瑞州領遠來一縣，在羈縻十四州之内。」紀載各判。時明宗長興元年也。〔攷異〕契丹國志作二年奏。册府元龜云，長興二年三月，中書門下奏「東丹王突欲遠汎滄波，來歸皇化；既服冠帶，雖無定名，並惕隱等，頃以力助王都，罪同禿餒，爰從必死，並獲再生。每預入朝，各宜授氏，庶使族編姓譜，世荷聖恩；況符前代之規，永慰遠人之望。自突欲以下，請列賜姓名云云。」尋移鎮滑州，輿地廣記云，古豕韋氏國。秦、漢屬東郡，晉爲陳留、濮陽二國，宋曰兗州，後魏置東郡，隋置杞州，後爲滑州，改兗州，唐復舊，更名靈昌郡，升義成軍，改宣義。今爲武成軍。縣三：白馬、韋城、胙城。〔攷異〕册府元龜云，贊華鎮滑州，多不法。久之，入覲，乞留闕下，求移許州。明宗欲允之，因樞密范延光言乃止。促令歸滑。欲自裁。召對，復改言乞削髮爲僧，且言使者之言，如水上畫字，不可據。又云，長興二年五月，青州上言：「有百姓過海北樵採，得東丹王堂兄京尹汚整書，問慕華行止，願修貢。」閏五月，青州進呈東丹國首領耶律羽之書二封。契丹國志云，三年授義成節度使，選朝士爲僚屬輔之。但優游自奉，不預政事，明宗嘉之。所載各判。遥領虔州，輿地廣記云，古百越地，戰國吴起相楚，平百越。秦屬九江郡，二漢屬豫章郡，晉置南康郡，隋置虔州，唐因之，復爲南康郡，後唐升昭信軍。今縣十：贛縣、虔化、興國、信豐、雩都、會昌、瑞金、石城、安遠、龍南。節度

使。貝雖在異國，常思其親，問安之使不絕。〔攷異〕宏簡録云，部曲五人，皆賜姓名。歐史云，賜罕只曰罕友通，穆葛曰穆順義，撒羅曰羅賓德，易密曰易師仁，蓋禮曰蓋來賓，以爲歸化、歸德將軍、郎將。又賜前所獲赫邈曰狄懷惠，湼列曰列知恩，萷刺曰原知感，福郎曰服懷造，竭失訖曰乙懷宥。餘皆賜姓名。所載較詳。嘗市書至萬卷，藏於醫巫閭絕頂之望海堂。地理志云，山南去海百三十里，後世宗於此置顯州。本渤海顯德府地。〔攷異〕方輿紀要云，山在廣甯西五里，巖洞泉壑，種種奇勝，號爲北鎮。明一統志云，舜封十二山，以此爲幽州之鎮。其山掩抱六重，因名六山，一名十三山。見高士奇扈從東巡日録。胡嶠北行記云，十三山去燕二(十)〔千〕(據新五代史卷七三四夷傳引此文改)里，遼史，燕王討武朝彦至乾州十三山，即此。按醫巫閭山在今廣甯縣西四十里，周二百四十里，十三山在

今錦縣東七十五里，周二十里，峯有十三，故名。見滿州源流考。元好問中州集，載金蔡太常珪題醫巫閭詩云：「幽州北鎮高且雄，倚天萬仞蟠天東。祖龍力驅不肯去，至今鞭血餘殷紅。崩崖暗谷森雲樹，蕭寺門橫入山路。誰道營邱筆有神，只得峰巒兩三處。我方萬里來天涯，坡陁繚繞昏風沙。直教眼界增明秀，好在嵐光日夕佳。封龍山邊生處樂，此山之間亦不惡。他年南北兩生涯，不妨世有揚州鶴。」通陰陽，知音律，精醫藥、砭焫之術。工遼、漢文章，嘗譯陰符經。善畫本國人物，如射〔騎〕、（據遼史卷七二義宗倍傳補）獵雪騎、千鹿圖，皆入宋祕府。

〔攷異〕薛史云，長興三年二月，李贊華獻契丹地圖。歐史云，突欲歸中國，載書數千卷，趙延壽每假其異書、醫經，皆中國所無者。蔣一葵堯山堂外紀云，東丹有文才，通古今。習舉子，每通名刺，稱鄉貢進士黃居難，字樂地，以擬白居易字樂天。宣和書畫譜云，東丹王畫，多寫貴人、酋長，不作中國衣冠，亦安於所習也。議者謂馬尚豐肥，筆乏壯氣，其確論歟？今御府所藏十有五：雙騎圖一，獵騎圖一，雪騎圖一，番騎圖六，人騎圖二，千角鹿圖一，吉首並驅圖一，射騎圖一，獵騎圖一。又胡瓌有平遠番部卓歇圖一，毳幕卓歇圖一，史謂之卓帳。周密志雅堂雜鈔云，王介甫有贊華番部行程圖。胡應麟詩藪云，世傳東丹千角鹿圖，李伯時臨之，董北苑有跋，宣和畫譜列其目焉。米芾畫史云，東丹王、胡瓌蕃馬見七、八本，雖好，非齋室清玩。李廌畫品云，祕閣有李贊華畫鹿角，直而岐出，故畫録云千角鹿，實則角上横出者衆也。陶穀清異録云，東丹王買巧石數峰，目爲「空青府」。江少虞宋事類苑云，東丹王能爲五言詩，其子兀欲亦善丹青。郭若虚圖畫見聞志云，范陽胡瓌工畫蕃馬，用筆精勁，至穹廬什物，射獵生死物，靡不精奇。凡畫駝、馬、騣尾、人衣、毛毳，以狼毫縳筆疏渲之，取其纖健也。有陰山、七騎、下程、控馬、射雕等圖。劉道醇五代名畫補遺云，瓌，山後人，善畫蕃馬，不減東丹王。王得馬骨，瓌得馬肉，有射雕、陷鷹等圖傳世。子虔，有父風。參牛戩畫評，蕭瀜官南樞密，亦善畫，道宗清甯中，以義宗千角鹿圖賜焉。見王星聚繪事備考。鄧椿畫繼云，燕人吳九州善畫鹿，窮盡蕃鹿之態：牛鹿、馬鹿養茸、退角、老嫕之別，無不曲肖。夏文彦圖繪寶鑑云，涿郡高益工畫佛、道、鬼、神、蕃、漢人馬。太宗朝潛歸宋，以畫名授待詔。有南國鬬象、衛士騎射、蕃漢出獵等圖傳世。所載較詳。然性殘酷，嗜殺，好飲人血。婢妾微過，常加刲灼。夏氏懼，求削髮爲尼。〔攷異〕孫光憲北夢瑣言云，號國夫人，最承莊宗寵遇，後嫁突欲。少長宫掖，不忍見其凶殘，求離婚，歸河陽節度夏魯奇家，今爲尼也。所載稍殊。至是，從珂爲敬瑭所逼，召貝欲與俱焚，貝不從，遣壯士李彦紳害之，時年三十八。僧爲收瘞之。敬瑭入洛，喪服臨哭，以王禮權厝。後太宗改葬於醫巫閭山，諡曰文武元皇王。〔攷異〕續通考作文武元皇帝。宏簡録、契丹國志均云，害貝者爲宦者秦繼旻、皇城使李彦紳二人。晉贈讚華燕王，送喪歸其國。後太宗破晉，求得繼旻、彦紳殺之，以其家産賜其子兀欲。薛史云，晉天福元年十二月，遣前單州刺史李肅部署歸葬本國。二年正月丙子歸葬，輟朝一日。張齊賢洛陽搢紳舊聞記云，肅奉命出使，憂沮涕泣，妻張氏出金珠，直數十萬，使贈戎王左右，果得歸，并得厚賜。奏進，獲遷官。妻爲全義女也。王溥五代會要云，時契丹王母舒嚕氏以其子托欲喪歸國，遣使朝貢。紀未載。世宗即位，諡讓國皇帝，〔攷異〕續通考云，統和中，更諡文獻皇帝。重熙末，增諡文獻欽義皇帝。詳諡法考。廟號義宗，陵曰顯陵。〔攷異〕遼東志云，世宗以人皇王愛醫巫閭山水奇秀，因葬焉。山形掩抱六重，於中作影殿，制度宏麗。許亢宗奉使行程録云，突欲葬此山在顯州，離州七里別建乾州，以奉陵寢。所載較詳。二后諡曰端順，曰柔貞。

五子：長世宗，次隆科，原作婁國字密遜。原作勉辛。官武定節度使。〔攷異〕册府元龜云，時戎主命兀欲弟留珪爲滑州節度，處東丹舊地。未知即隆科否？察克原作察割作亂，手刃之，改南京留守。應曆中謀逆，事覺，按問不服。穆宗曰：「朕爲壽安王時，卿數以此事說我，今日豈有虛乎？」隆科不能對。及餘黨盡服，遂縊於汗州原作可汗州而谷。詔有司擇絕後之地以葬。次舒。原作稍。封吳王，官上京留守，見景宗紀。次隆先，字團隱。母大氏。封平王，留守東京，薄賦省刑，恤貧，好薦士。與耶律賢嚕原作室魯〔攷異〕續通考云，倍弟牙里果子。統和末，爲北院大王，封韓王，官惕隱。又，北院大王奚底，亦牙里果子。同討高麗有功，師還，卒，葬道隱谷。博學能詩，有閬苑集行世。〔攷異〕續通考作道隆，景宗保甯元年封平王。其子辰格原作陳格，亦作陳哥，見卷九景宗紀保甯十年。〔攷異〕陳浩遼史攷證云，卷十七，聖宗太平八年西北路巡檢另一人。坐事誅。次道隱，母高氏。生於唐，兵亂，僧匿養之。還京，封蜀王。性沈靜，有文武才。留守南京，號令嚴肅，民獲安業。改封荆王，卒，追封晉王。

遼史紀事本末卷四

赫嚕佐命　蕭達魯等附

太祖卽位之元年（丁卯九〇七）春正月，命赫嚕原作曷魯。〔攷異〕滿州語，車輻也。舊作喝魯，今改。任輝祖遼史同名録云，卷一神册元年，德哷部額爾奇木葛魯等率百僚請上尊號，卷六十六皇族表，烏蘇子喝魯因考：卷七十三耶律曷魯傳，烏蘇之長子，會羣臣請立太祖，曷魯勸進，嗣爲德哷部額爾奇木，請建元，率百僚上尊號。所載悉合。是曷魯，葛魯、喝魯，均係一人。又，卷六穆宗應曆二年、阿克蘇錫琳額爾奇木；卷七應曆十七年豖人被殺；卷九景宗乾亨元年準布特里袞；卷十六聖宗太平元年，党項長；卷六十六皇族表，懿祖系北院大王；卷七十屬國表，天祚天慶五年族人，七人同名曷魯。總軍國事。赫嚕字琨，原作控温一字洪隱，德呼原作迭剌部人。祖實默克，原作匣馬葛簡獻皇帝兄。父烏蘇，原作偶思約尼原作遥輦時爲本部額爾奇木。原作夷离菫赫嚕其長子也。〔攷異〕陳浩遼史攷證云，皇族表曰，系出懿祖。考皇子表，懿祖四子：元祖第三，蘇拉早卒，塔拉第二，尼古察第四，並無匣馬葛之名。卷七十三曷魯傳亦未書懿祖後。卷七十五迪里傳，六院部巴古濟後，原作蒲古只。父烏蘇，兄赫嚕，弟伊濟。伊濟子和哩因。考列傳，都沁、烏魯斯、吼、雅里、紐斡哩、哈爾吉、浩善、納延、珠展、德呼等諸人，皆巴古濟後，與赫嚕並無親疏之分。其所别爲簡獻兄者，非嫡兄，不過同族，初非懿祖後也。

性質厚，幼與太祖遊，從父實嚕原作釋魯。〔攷異〕汪輝祖遼史同名録云，卷二十、卷六十四、六十六並同；卷三十七地理志作述魯；卷四十五作室魯。均係一人。特奇之。既長，與太祖易裘馬爲好（按，遼史卷七三曷魯傳云：「太祖既長，相與易裘馬爲好」，則言太祖既長，此處所敍顛倒），然赫嚕事之彌謹。會實嚕爲其子華格原作（猾）〔滑〕哥（據遼史卷七三曷魯傳改）所弒，太祖歸罪特依順爲解。自是赫嚕常佩刀侍後，以備不虞。

無何（按，「無何」，遼史卷七三曷魯傳作「居久之」），其父烏蘇病，謂之曰：「安巴堅原作阿保機神畧天授，汝率諸弟赤心事之。」及太祖視疾，乃執其手曰：「爾命世奇才。吾兒赫嚕者，他日可委任，吾已諭之矣。」

太祖爲塔瑪噶賽特，原作撻馬（鉞）〔狘〕，沙里（同上書改）參預部族事，赫嚕招小黃室韋來附。太祖知其賢，軍國事非赫嚕議不行。會討裕爾庫原作越兀與烏爾古原作烏古部，赫嚕爲前鋒，戰有功。

太祖爲德呼部額爾奇木，將兵討奚部，其酋珠爾原作朮里壘險，莫能下，命赫嚕持一笴往諭，爲所執，因說之曰：「契丹與奚本一國。漢人殺我祖奚首，額爾奇木怨刺骨，日夜思報讐。顧力弱，使我乞援，傳矢示信耳。」〔攷異〕儀衞志云，本箭、內箭爲雄，外箭爲雌，皇帝行幸則用之。禮志勘箭儀，帝乘玉輅，至內門，北（面）〔南〕（據遼史卷五一禮志改）臣僚於輅前對班立。勘箭官執雌箭，門中立。東上閤門使詣車前，執雄箭，在車左（右）〔立〕（同上書改），受箭行勘，勘畢，開門，喚仗御箭一隻，敕付左金吾仗行勘；勘畢，付閤門使進入，閤使轉付宣徽。如勘契之儀。木契正面爲陽，背面爲陰，閤門喚仗則用之。朝賀之禮，宣徽使請陽面木契至殿門，以契授西上閤門使行勘，勘契官執陰木契云，內出喚仗木契一隻，准敕付左右金吾仗行勘；勘畢，還授閤門使上殿納契，宣徽使受契，閤門使下殿奉敕喚仗。沈括夢溪筆談謂勘箭本胡法，宋初用之，至熙甯時始罷。今云傳矢示信亦其國俗。額爾奇木受命於天，撫下以德，故能有此衆。今奚殺我，違天背德，不祥莫大焉。且兵連禍結自此始，豈爾國利乎！」珠爾悅，乃降。

太祖爲裕悅，原作于越秉國政，欲命赫嚕代爲額爾奇木，辭。從討黑車子室韋，幽州劉仁恭遣其將趙霸來援，赫嚕伏兵桃山，俟其半過，與太祖合擊，大破之，室韋遂降。太祖會李克用於雲中，赫嚕侍，克用心壯之，曰：「偉男子爲誰？」太祖曰：「吾族赫嚕也。」

會約尼哈陶津汗原作痕德欽可汗殂，羣臣奉遺命請立太祖，辭曰：「昔吾祖聶呼原作雅里嘗以不當立而辭，今若等復爲是言，何歟？」赫嚕進曰：「曩吾祖時，遺命弗及，符瑞未見，特爲國人所推戴耳。今先君言猶在耳，天人所與，若合符契，不可違也。」太祖曰：「遺命固然，汝焉知天道？」赫嚕曰：「聞裕悅之生，神光屬天，異香盈幄，夢受神誨，龍錫金佩。天道無私，必應有德。我國削弱，齮齕於隣部日久，故生聖人與起之。汗知天意，故有是命。且約尼九營棋布，非無可立者，臣民屬心裕悅，天也。天時人事，幾不可失。」太祖猶未許。是夜，獨召赫嚕責之，對曰：「在昔，聶啰辭位而立蘇爾威原作阻午爲汗，相傳十餘世，紀綱隳壞，委質他國，若綴旒然。興王之運，實在今日。」太祖乃許之。命赫嚕總軍國事焉。

始置行營腹心部，選諸部豪健二千餘充，以赫嚕及蕭達魯原作敵魯總之。時制度未講，用度未充，扈從未備，而諸弟垺克等往往覬非望故也。

五年（辛未九一一）夏五月，皇弟垺克等謀反，命赫嚕總領軍事討平之。

八年（甲戌九一四）春正月甲辰，以赫嚕爲德哷部額爾奇木。時更兵燹，赫嚕撫輯有方，畜牧益滋，國愈富庶。

九年（乙亥九一五）春正月，烏爾古部叛，赫嚕等討破之。自是震懾不敢復叛。

神册元年（丙子九一六）春二月丙戌朔，赫嚕等率百僚請上尊號，三表乃允。拜赫嚕爲阿勒達爾原作阿魯敦，遼言「盛名」也，又作阿盧朶里。裕悦。原作于越。〔考異〕續通考云，遼北面于越府，有大于越，無職掌，班百僚上，非有大軍功者不授。終遼之世，以于越得重名者三人：耶律曷魯、屋質、仁先，謂之三于越。所載較詳。時伐西南諸夷，數爲前鋒。

二年（丁丑九一七）春（二）〔三〕（據遼史卷一太祖紀改）月，從侵幽州。與唐節度使周德威戰汗州西，敗之，遂圍幽州。太祖因暑雨班師，留赫嚕與盧國用守之；俄救兵至，遂退。

三年（戊寅九一八）秋七月己酉，皇都畢工，燕羣臣以落成。赫嚕遘疾卒，年四十七。既葬，賜名其阡諳達，原作宴答山曰裕悦(谷)〔峪〕〔據道光四年殿本遼史卷七三赫嚕傳改〕。詔立石紀功。太祖流涕曰：「斯人若登三五載，吾謀蔑不濟矣！」後太祖二十一功臣，各有擬，以赫嚕爲「心」云。清甯間命立祠上京。子塔拉、原作惕剌薩喇原作撒剌俱不仕。弟廸里，原作覿烈。字裕勒沁。原作兀里軫，一作汙里軫。攷詳卷一。赫嚕卒，爲德哷部額爾奇木，屢從征有功，官終南京留守。弟伊濟，原作羽之小字烏里。原作兀里初爲中臺省右次相，以鎮撫有功，加守太傅，遷左相。子和哩，終東京留守。

同時，蕭達魯，原作敵魯字敵輦。舒嚕原作述律皇后弟。其母爲德祖女弟。達魯性寬厚，膂力絶人。太祖潛藩，日侍左右，凡征討必與行陣。既卽位，與弟阿古齊、原作阿古只，一作遏古只。〔攷異〕汪輝祖遼史同名録云，卷一神册二年及卷六十七外戚表敍作阿骨只；神册三年及卷七十三傳作阿古只，均係一人。卷九十六蕭惟信傳，祖知平州；卷一百四耶律古雲傳，父節度使，三人同名阿古只。耶律實嚕原作釋魯俱總宿衛。達魯拜北府宰相，世與其選。

及征奚與討劉守光，達魯畧地海濱，殺獲甚衆。未幾，埒克等作亂，潰而北走。率輕騎追之，兼晝夜行。至榆河，敗其黨，獲埒克以獻，賞賚甚渥。復討西南夷，論功最。神册三年十二月卒。

達魯有膽畧，臨陣親冒矢石，所向必克。在太祖功臣列，喻以「手」云。

弟阿古齊，字薩巴。原作撒本驍勇善射，臨敵敢前。每射甲楯輒洞貫。太祖立。總腹心部。埒克叛，舒嚕后軍黑山，阻險自固。太祖命阿古齊統兵往衛之。逆黨不敢犯。埒克北走，與達魯追擒於榆河。

從討西南夷有功，又徇下山西諸郡縣，敗周德威軍。神册三年，拜北府宰相，世其職。天贊初，與王郁畧地燕、趙，破磁窰鎮。〔攷異〕册府元龜云：莊宗同光初，滄州奏偵問契丹國舅撒剌宴送羊馬於幽州，申和好。二年八月，幽州進契丹國舅撒剌宴書。按，是時爲遼天贊初，舒嚕后弟蕭阿古只爲北府宰相，畧地燕、趙，所謂撒剌宴疑即阿古只也。本傳云，字撒本。見遼史拾遺。太祖西征，悉委以南面邊事。

攻渤海，拔扶餘城，敗老相兵三萬。復與康默記討平叛黨，會鴨淥府援兵七千至，勢甚張，獨帥麾下擊敗之，斬馘二千（按，遼史卷七三阿古只傳作「三千」）餘，遂克輝發原作回跋城。以病卒。功臣中喻爲「耳」云。

子安團，官右皮室詳衮。原作詳穩

耶律實納齊原作斜涅赤字薩喇。原作撒剌。〔攷異〕遼言酒尊曰「撒剌」，係遼國語，仍舊。六院部人。太祖即位，掌腹心部。天贊初，分德呼爲北、南院，實納齊爲北院額爾奇木。太祖西征，至流沙，軍威大振，諸夷潰散，實納齊奉詔撫輯之。從討渤海，破扶餘城，與大元帥率衆夜圍輝(發)〔罕〕城（據道光四年殿本遼史卷七三實納齊傳改）。大諲譔降。俄復叛，命諸將分地攻之。詰旦，感勵士卒，鼓譟登陴，敵震懾，莫敢禦，遂克之。天顯中卒，居佐命功臣之一。

姪隆科、原作老古。〔攷異〕汪輝祖遼史同名録云，卷六穆宗應曆二年司徒；卷七應曆十六年，樞密使門吏，被殺；卷二十四道宗大安二年裨將，四人同名老古。頗德。隆科，字薩蘭。原作撒懶其母，舒嚕后姊。從平埒克亂，授右皮室詳衮，典宿衛。從侵燕、趙，與唐兵戰雲碧店，被創，卒。佐命功臣其一也。

頗德，字烏庫哩。原作兀古隣天顯初，爲左皮室詳衮，典宿衛，遷南院額爾奇木，治有聲。援石敬瑭，降張敬達。會同初，爲德呼部大王，加採訪使，卒官。〔攷異〕皇族表云，不知世次，北院額爾奇木實納齊，右皮室詳衮隆科，大院佛德，政事令特烈；北院大王赫嚕，原作曷魯；南院大王烏頁。按，六人，本傳均稱尼古察後，表謂不知世次者，但不知爲尼古察幾世孫耳。宏簡録云，統和二年，頗德爲南京統軍使。四年，敗宋人於固安，俘獲甚衆，擢檢校太師。傳未載。又，耶律欲穩傳，圖嚕卜部人。祖塔雅克，約尼時爲北邊伊喇，配享廟庭。太祖始置宮衛，欲穩首附宮籍。及平埒克亂，遷奚德呼部額爾奇木。從征渤海有功，天顯初卒。後諸帝取其子孫爲友，宮分中稱八房，皆其後也。弟轄里，終奚六部圖哩。

康默記，本名照。少爲薊州衙校，太祖得之，隸麾下。一切蕃、漢相涉事，折衷悉合。時諸部新附，文法未備，默記論決輕重，不差毫釐，人咸謂不冤。拜左尚書。神册三年，建皇都，默記董役，百日訖事。五年，爲皇都伊勒希巴。原作夷离畢後太祖師出居庸關，將漢軍進逼長蘆水寨，俘馘甚衆。及征渤海，默記分兵薄東門，先登，克其城。復與韓延徽下長嶺府。軍還，所下城邑復叛，又與阿古齊討平之。太祖崩，命營山陵，畢，卒。爲佐命功臣之一。

孫、延壽，官保大節度使。

高模翰一作高謨翰。〔攷異〕歐史作高牟翰。一名松，渤海人。有膂力，善騎射，好談兵。太祖平渤海，模翰避地高麗，王妻以女，因罪亡歸。坐使酒殺人，下獄，太祖知其才，貰之。天顯十一年（丙申九三六），唐將張敬達等攻太原，石敬瑭告急，命模翰等將兵赴援，大破敬達軍，太原圍解。太宗賜以酒饌，復戰，又敗之，敬達走保晉安寨。尋爲楊光遠殺之以降，諸州悉下。太宗謂之曰：「朕自起兵，百餘戰，卿功第一，雖古名將無以加。」乃授上將軍。會同元年，册禮成，宴百官，指模翰謂曰：「此國之勇將，朕統一天下，斯人力也！」及晉背盟，出師南侵，模翰爲統軍副使兼總左、右鐵鷂子軍，下關南城邑數十。時楊覃赴乾甯軍，被圍，模翰與趙延壽往援。俄有光自模翰目中出，縈繞旗矛，燄燄如流星久之。模翰喜曰：「此天贊之祥也！」遂進兵，殺獲甚衆。以功加侍中，晉太傅。以麾下三百人破晉杜重威軍十萬，殺其將梁漢璋，手詔褒美，比李陵。令守中渡（寨）〔橋〕（據遼史卷七六高模翰傳改），復敗晉兵，重威降。及入汴，加特進，封悊郡開國公。遷鎮中京。應曆中，歷中臺省左相，卒。

遼史紀事本末卷五

韓延徽輔政　韓知古等附

太祖神册元年（丙子九一六）春二月丙甲，太祖稱帝，以韓延徽守政事令、崇文館大學士，中外事悉令參決。延徽，字藏明，幽州安次人。幼英敏，事劉仁恭，爲觀察度支使。後守光爲帥，時與六鎮構怨，延徽力諫，不聽；遣之來聘，不屈，太祖留之，使牧馬於野。舒嚕（原作述律）后言於太祖，乃召與語，引爲謀主。攻党項、室韋諸部，其謀居多。因請樹城郭，分市里，以居漢人之降者。又爲定匹偶，教墾藝，以生養之。（攷異）續通考云：國中官田許人耕種，始聖宗統和七年五月，詔燕樂、密雲二縣荒地，許民耕種，免其賦役。十五年二月，詔品官曠地，令民耕種。三月，募民耕灤州荒地，免其賦稅十年。道宗咸雍十年三月，詔南京：除軍營地，餘皆得耕種。天祚乾統七年五月，諸園場隙地，縱民樵採。所載甚詳。由是逃亡者少。

久之，思歸，賦詩見意，遂奔晉（按「晉」，遼史卷七四韓延徽傳作「唐」）。已而，與他將王緘（攷異）契丹國志及通鑑俱作幕府掌書記。不協，懼及禍，乃省親幽州。匿故人王德明舍。德明問所適，曰：「吾將復走契丹。」德明不以爲然。延徽曰：「彼失我，如失左右手，其見我必喜。」既至，太祖問故。對曰：「忘親非孝，棄君非忠。臣雖挺身逃，臣心在陛下。臣是以復來。」太祖大喜，待之益厚，因賜名實喇。原作(匜)〔匣〕列(據遼史卷七四韓延徽傳改)「實喇」，遼言「復來」也。嗣晉三使來，延徽寓書〔於晉王〕，(據契丹國志卷十六韓延徽傳補)敍所以北去之意，且以老母爲托，并曰：「延徽在北，契丹必不南牧。」故終同光世，兵不深入，延徽力也。

天贊四年(乙酉九二五)冬十二月乙亥，太祖征渤海，韓延徽從行。

天顯元年(丙戌九二六)春正月己巳，渤海大諲譔乞降，復叛，韓延徽與諸將破其城，以功加左僕射。又與康默記攻長嶺府，拔之。師還，值太祖崩，哀動左右。

太宗朝封魯國公。從援石晉，得幽、燕地，兼樞密使同平章事。使晉還，改南京三司使。〔攷異〕食貨志云，賦税之法，自太祖任韓延徽，始制國用。太宗籍五京户丁以定賦税。聖宗初年，以上京「雲威户貲貝實饒，善避徭役，遺害貧民，遂勒各户，凡子錢到本，悉送歸官，與民均差。統和中，耶律昭言，西北之衆，每歲農時，一夫偵候，一夫治公田，二夫給紏官之役。當時(治)〔沿〕(據遼史卷五九食貨志改)邊各置屯田戍兵，易田積穀以給軍餉。故太平七年詔，諸屯田在官斛粟，不得擅貸；其屯者力耕公田，不輸賦税，此公田制也。餘民應募，或治(在官)(同上書刪)閒田，或治私田，則計畝出粟，以賦公上。各部大臣從上征伐，俘掠人户，自置郛郭，爲頭下軍州。凡市井之賦，各歸頭下，惟酒税赴納上京，此分頭下軍州賦爲二等也。先是，遼東新附地不榷酤，而鹽麴之禁亦弛。馮延休、韓紹勳相行繼變法，遂起延琳之亂。南京歲納三司鹽鐵錢折絹，大同歲納三司稅錢折粟。開遠軍故事，民歲輸〔稅〕（同上書補）斗粟折五錢。耶律穆濟守郡，表〔請〕（同上書補）折六錢，亦皆利民善政也。延徽傳未載其制國用事。

世宗天祿（三）〔五〕（據遼史卷五世宗紀、卷七四韓延徽傳改）年（辛亥九五一）夏六月，河東使請行冊禮，帝召延徽定其制。延徽奏一從太宗冊晉帝禮。從之。明年春二月，建政事省，改延徽南府宰相，設張里具，稱盡力吏。

穆宗應曆中致仕。子德樞鎮東平，詔許每歲東歸省。九年卒，贈尚書令，世爲崇文令公。

先是，延徽南奔，太祖夢白鶴自帳中出；比還，復夢入帳中。詰旦，謂侍臣曰：「延徽來矣！」已而果然。太祖初元，庶事草創，延徽爲之營都邑、建宮殿、正君臣、定名分，法度井然，爲佐命功臣之一。

子德樞，由特進太尉，授遼興節度使，威惠大行。入爲南院宣徽使、（同）〔門下〕（據遼史卷七四韓德樞傳改）平章事，封趙國公。

孫紹勳，仕至東京戶部使。會大延琳叛，被執，不屈死。紹芳，重熙間參知政事兼侍中。以諫征元昊，出爲廣德節度使。聞兵敗，嘔血卒。孫資讓，壽隆（中）〔初〕，（據遼史卷七四韓紹芳傳改）拜中書侍郎、（同）（同上刪）平章事，改鎮遼興。〔攷異〕宏簡錄，資讓，大安八年參知政事，改中京留守。稍異。

錢大昕潛研堂金石文跋尾云，右玉石觀音像詩碑。首唱者崇祿大夫，檢校太師、行鴻臚卿英辨大師賜紫沙門智化。和之者兵部尚書兼門下侍郎平章事鄭若愚，左僕射兼中書侍郎平章事韓資讓，兵部尚書、興中尹趙廷睦，諸行宮都部署尚書左僕射梁援，特進禮部尚書參知政事趙長敬，觀書殿學士、翰林學士、行尚書禮部侍郎、知制誥馬元俊，中大夫昭文館直學士、知御史中丞、開國侯劉環，度支使、金紫崇祿大夫、行尚書禮部郎史仲愛，乾文閣待制、史館修撰曲正夫，朝請大夫、守秘書監、開國伯、賜紫金魚袋王執中，南面統行宮都部署□□□尚書、吏部員外郎于復先，前樞密院吏房承旨、行殿中少監王仲華，朝議大夫、知制誥、開國子孟初，朝散大夫、司農少卿、知大定少尹、賜紫金魚袋張識，司農少卿、知度支副使楊滌瑕，守殿中少監、知析津縣事李師範，□□□□□（□）〔行〕（據金石文跋尾卷一七補改）御史中丞、賜紫金魚袋李□□，提點弘法、守將作監張□□，內藏副都監、朝散大夫、尚書虞部郎中借紫寇□□殿中丞、直史館張墧，左承制、閤門祗候韓汝礪，崇祿大夫、檢校司徒辨慧，詮正大師、賜紫沙門善□。凡二十二人。書石并篆額者：門人講華嚴經苾蒭、性煦也。立碑年月，則壽昌五年九月也。遼史韓延徽傳，資讓，壽隆（中）〔初〕（同上書改）拜中書侍郎、平章事。道宗紀，壽隆三年四月，南府宰相趙廷睦出知興中府事；九月，以梁援爲漢人行宮都部署。碑載三人結銜，皆與史合。碑有平章事鄭若愚，參知政事趙長敬，而遼史無之；惟本紀壽隆元年見參知政事趙孝嚴，六年，見宰相鄭顓，官同姓同，而名則互異，不可解也。見楊復吉遼史拾遺補。

同時有韓知古者，薊州玉田〔攷異〕王大智玉田縣志云，燕昭王墓在無終山。九州記，古漁陽北無終山上有昭王墓。熊相薊州志云，徐無山在玉田縣城東北二十里，後漢田疇避難於此。開山圖載，山出不灰之木、生火之石。樂史太平寰宇記云，無終山一名翁同山，又名陰山，在漁陽縣西北四里。神仙傳云，仙人帛仲理，遼東人。隱居無終山，和丹煉金，以救百姓。干寶搜神記云，無終山有陽雍伯玉田。陽雍伯，洛陽人。父母沒，葬此山。上無水，汲水作義漿以飲者。有人遺石子一升，種之，後得五雙白璧，以聘徐氏女，得爲妻。石邦政豐潤縣志云，大天宮寺在城西南，遼清甯元年鹽監張日成建，有塔十三級。初名南塔院，壽昌三年賜額極樂院。至金、宋修好，行府悉寓此。天會五年敕賜今名。豐潤本玉田永濟務，今置永濟縣，大安初改今名。人也。善謀，有識量。幼爲舒嚕后兄欲穩〔攷異〕陳浩遼史攷證云，卷七十三約尼常袞欲穩，另一人。所得。后來嬪，知古從焉。久未得見，因其子匡嗣得親近太祖，因間言之。召見，與語，知其賢，命參謀議。神册初，遥授彰武節度使。〔攷異〕太祖紀，未建元之三年，破劉守光，詔左僕射韓知古建龍化州神德碑。是知古在神册前已官左僕射。與傳異。七年，詔羣臣分決滯訟，以知古總其事。傳未載。久之，信任益篤，總知漢兒司事，兼主諸國禮儀。時儀法疎濶，知古援據故典，參酌國俗，與漢儀雜就之，使國人易知而行。〔攷異〕續通考云，穆宗立，詔朝會用嗣聖皇帝故事，用漢禮。有正旦、冬至、朝賀儀，常朝起居儀，正座儀，帝后及太后生辰朝賀儀，宰相中謝儀，拜表儀，立春、重五、重九儀，再生禮，賀祥瑞儀，平難儀，皇帝受册儀，太后册儀，納后、册后、册太子儀，賀生皇子儀，册王妃、公主儀，公主下嫁儀，宋使見帝及曲宴、朝辭、賀生辰儀，見太后及朝辭儀，高麗使、夏使各儀均詳禮志。巡狩所至，有問聖體儀，車駕還京儀，勘箭儀。又，遼代著禮書者，有耶律庶成、蕭韓家奴。外有遼朝雜禮。均見黄虞稷金陵黄氏書目。進左僕射，與康默記將漢軍征渤海有功，遷中書令。天顯中〔卒〕（據遼史卷七四韓知古傳補），爲佐命功臣之一。

子匡嗣，以善醫直長樂宮，后視之猶子。應曆十年，爲太祖廟詳衮。原作詳穩。景宗在藩邸，與之善。卽位，拜上京留守。封燕王，改南京留守。終西南招討使，贈尚書令。〔攷異〕景宗紀，乾亨元年，匡嗣降封秦王。傳未載。其爲西南招討使，傳載在乾亨二年，紀繫之三年。又異。

子德源，官平章事、節度使。〔攷異〕德源傳（統和）〔保寧〕（據遼史卷七四韓德源傳改）中，官崇義、興國二軍節度。按，德源以乾亨初卒，不應卒在先而仕反在後，則統和當係保甯之誤。

德讓，即隆運。

德威，〔性〕（據遼史卷八二耶律德威傳補）剛介，善馳射。屢歷行陣，仕至開府、平章事，〔卒〕（同上補）贈侍中。子帕克戩，原作劈金終彰國節度使。二孫：色實，原作謝十。〔攷異〕陳浩遼史攷證云，卷十七聖宗太平八年，永興宮都部署色實，另一人。官特哩袞，原作惕隱。達嚕噶原作滌魯。〔攷異〕興宗紀，重熙十二年，特哩袞敵魯古封漆水郡王、西北招討使，十五年，坐贓免官，十七年復封爵。事績悉與傳合，是滌魯即係敵魯古。官南府宰相，封漢王。

德崇，善醫，累官武定節度使。子制心，官南院大王，封燕王，〔卒〕，（據遼史卷八二耶律制心傳補）贈政事令。制心，以皇后外弟，恩遇日隆，每內宴歡洽，輒避之。后不悅。制心曰：「寵貴鮮能長保，以是爲憂耳！」太平中，制心一日沐浴更衣臥，家人聞絲竹之聲，俄而逝矣。追封陳王。守上京時，酒禁方嚴，有捕（送）〔獲〕（同上改）私醞者，一飲而盡，笑而不詰。卒之日，部民若哀父母。

德凝，謙遜廉謹。保甯中，遷護軍司徒。開泰間，累遷護衛太保、都宮使，崇義節度使，

〔攷異〕聖宗紀，統和三年由彰武節度使徙崇義。則開泰當係統和之訛。終大同節度使。子果桒，原作郭三。〔攷異〕汪輝祖遼史同名録云，卷十七興宗重熙十年石硬寨太保，卷二十五道宗大安八年奚六部圖哩，三人同名郭三。官天德節度使。孫高嘉努，原作高家奴。〔攷異〕陳浩遼史攷證云，卷十九興宗重熙十二年延昌宮使，另一人。官南院宣徽使；果實，原作高十官遼興節度使。〔攷異〕宏簡録云，滌魯封隋王，高十官南府宰相。稍異。

張礪，磁州人。仕唐爲翰林學士。從趙德鈞援張敬達，兵敗，來降。〔攷異〕契丹國志云，磁州滏陽人。初從繼岌入蜀，爲掌書記。潞王時以翰林學士爲行營判官。兵敗，隨德鈞入契丹。册府元龜云，初爲舉子，在梁依翰林學士李愚，貞明中，自河陽北歸莊宗，版授太原府掾，出入崇、達之間，揄揚愚之節槩，及愚所爲文仲尼遇顔回讌、夷齊非餓等篇，人望風稱之。通鑑云，天成元年正月，馬彦珪奉劉后教，害郭崇韜并其子廷誨、廷信，左右皆竄匿，獨掌書記張礪詣魏王府慟哭久之。薛史云，礪字夢臣，祖慶，父寳，世爲農。幼嗜學，有文藻。唐魏王班師，礪從副招討任圜東歸。至利州，會康延孝叛，回據漢州，圜奉魏王命討延孝。礪請伏精兵，誘以羸卒，延孝本驍將，覩之殊不介意，及戰酣，發精兵擊之，延孝果敗，被擒。四月五日至鳳翔，内官向延嗣奉莊宗旨，〔令〕（據舊五代史卷九八張礪傳補）誅延孝。監軍李延襲阻之，圜未決。礪曰：「明公血戰擒賊，安得違詔養禍，是破檻放虎，自貽其咎也。公若不決，余自殺此賊！」圜遂誅延孝。天成初，明宗召爲翰林學士，歷禮、兵二部員外郎。未幾，父妾卒，托故歸滏陽，閒居三年。識者譏之。所載較詳。太宗見其剛直，有文彩，授翰林學士。臨事盡言，無所避，益重之。尋謀亡歸，爲追騎獲。太宗責通事高彦英不善遇，杖之，而謝礪。

會同初，升承旨，兼吏部尚書。從入汴，諸將蕭翰、耶律郎五、滿達原作麻答輩肆殺掠，礪奏曰：「今大遼始得中國，宜以中國人治之，不可專用國人及左右近習。苟政令乖失，則人心不服，雖得之，亦必失之。」不聽。改右僕射，兼平章事。〔攷異〕歐史云，德光給趙延壽貂蟬冠，礪三品冠服。礪不肯服，延壽別爲王者冠，礪亦冠貂蟬冠以朝。儀衞志云，太宗定衣冠之制，北班國制，南班漢制，各從其便。國服中有祭服，遼以祭山爲大禮，服飾尤盛。大祀帝服：金文金冠，白綾袍，紅帶。小祀帝服：硬帽，紅緙絲龜文袍。后戴紅帕，服絡縫紅袍。臣僚、命婦服飾，各從本部旗幟之色。朝服：帝服，實膂袞冠，絡縫紅袍，垂飾犀牛帶錯，絡縫韡，謂之國服袞冕，太宗更以錦袍、金帶。公服：謂之「展裹」，著紫。重熙末，詔八房族巾幘。清甯(中)〔初〕(據遼史卷五六儀衞志改)詔非勳戚後及有職事人，不帶巾。皇帝紫皂幅巾，紫窄袍，玉束帶，或衣紅襖。臣僚亦幅巾，紫衣。田獵服：帝幅巾，擐甲戎裝，以貂鼠或鵝項、鴨頭爲扞腰。蕃、漢諸司使以上並戎裝，衣皆左衽，黑綠色。至漢服中，祭服，終遼之世，郊邱不建，大裘冕服不書。衮冕，祭祀宗廟，遣上將出征、飲至、踐祚、加元服、納后若元日朝會則服之。金飾，垂白珠十二旒，以組爲纓，色如其綬，(鞋)〔黈〕(同上改)纊充耳，玉簪導。玄衣、纁裳十二章。朝服：帝服通天冠，加金博山，附蟬十二，首施珠翠，絳紗袍，冬至受朝，元日上壽則服之。皇太子受册，元旦、冬至入朝，服遠游冠，三梁，加金附蟬九，首施珠翠。三品以上進賢冠，三梁，寶飾。五品以上進賢冠，二梁，金飾。公服：帝服翼善冠，朔視朝用之。柘黄袍，九環帶，白練裙襦，六合韡。一品至五品，冠幘纓，簪導，絳紗單衣，白裙襦，革帶(按，遼史卷五六儀衞志云，「帶鉤鰈，假帶方心……」未稱「革帶」)。常服曰「穿執」，言穿韡、執笏也。帝，柘黄袍衫，折上頭巾，九環帶，六合韡，起自宇文氏。太子進德冠，九琪，金飾。五品以上，幞頭，紫袍，牙笏。六品以下，幞頭，緋衣，木笏。八品九品，幞頭，綠袍。契丹國志云，番官戴氈冠，上以金華爲飾，或加珠玉、翠毛，蓋漢魏時遼人步摇冠之遺制。又，丈夫武緣巾，綠花窄袍，中單多紅綠色。貴者被貂裘，以紫黑色爲貴，青爲次。又有銀鼠，尤潔白。賤者被貂毛、羊鼠、沙狐裘。弓以皮爲弦，箭削樺爲簳，韉勒輕快，便於馳走。

孟元老東京夢華録云，正旦大朝會，遼大使頂金冠，後簷尖長如大蓮葉，服紫窄袍、金蹀躞，副使展裹金帶，如漢服。

沈括夢溪筆談云，帶衣所垂蹀躞，蓋欲佩帶弓劍、帉帨、算囊、刀礪之類。江休復嘉祐雜志云，青貂穴死牛腹掩取之，紫貂升木射取之，黃色乃其老者。銀貂最貴，主服之。駝鹿重三百斤，效其聲致之，茸如茄者，切食之。所載各異。

未幾，太宗崩。礪在恒州，蕭翰與滿達以兵圍其第，數之曰：「汝何故言國人不可爲節度使？及留我守汴，汝獨以爲不可。又譖我與嘉哩原作解里好掠人財物、子女。今必殺汝！」趣令鎖之。礪抗聲曰：「此國家大體，安危所繫，吾實言之。欲殺卽殺，何以鎖爲！」滿達以礪大臣，不可專殺，救止之。是夕，礪憤恚卒。〔攷異〕册府元龜云，礪官翰林，開運末，與虜居南松門之（右）〔內〕（據册府元龜卷七九六改），軒轡交織，多繼燭接（語）〔洽〕（同上改），無倦色。因密言曰：「契丹用法如此，豈能久處漢地」，（按，同上書，「契丹」作「胡」，「漢地」作「京師」，此皆係引者妄加改動）及北去，道路有觴酒豆肉，必遺故客屬僚。死之日，橐裝惟酒食器皿而已，識者高之。薛史云，礪平生抱義憐才，急於獎拔，聞人之善，必擁袂以稱之；見人之貧，則倒篋以濟之，故死之日，中朝士大夫皆嘆惜焉。傳均未載。日下舊聞考云，燕京琉璃廠有遼御史大夫李内貞墓，其誌石則乾隆三十六年工部郎中孟澔得之窰廠，文云：「大遼故銀青崇禄大夫、檢校司空、行太子左衞率府率、御史、上柱國、隴西李公諱内貞，字吉美，潙汭人。唐莊宗舉秀才，除授將（作佐）〔仕〕（據遼文滙卷四改）郎，試秘書省校書郎，守雁門縣主簿，次授儒林郎，試大理寺〔丞〕（同上書補），守嬀州懷來縣丞。亂後歸遼，太祖一見器之，加朝散大夫、檢校工部尚書兼御史中丞、賜紫金魚袋，兼屬珊部提舉使。太宗初，改銀青光禄大夫、檢校尚書、右僕射兼御史大夫。世宗加檢校尚書左僕射。故燕京留守南面行營都統燕王達喇，以公才識俱深，委寄權要，補充隨使左都押衙中門使兼知廳勾次、攝薊州刺史，次授都(舉)〔峯〕(同上書改)銀冶都監。景宗改檢校司空兼御史大夫、上柱國、次行太子左衛率府率。保甯十年六月一日，薨於盧龍坊私第，年八十。其年八月八日，葬於京東燕下鄉海王村。按，内貞仕遼，官品甚崇，而國史無傳，附載於此。

陳士元諸史夷語云，應天皇后從太祖征討，所俘人有技藝者，置之帳下爲屬珊部，蓋比珊瑚之寶云。

遼史紀事本末卷六

西北部族屬國叛服

太祖卽位之元年(丁卯九〇七)春二月，黑車子室韋八部降。〔攷異〕部族表作正月。

冬十月，討黑車子室韋，破之。〔攷異〕部族表作十一月。杜佑通典云，室韋有五部，後魏末通焉。并在靺鞨北路，出柳城東北，近者三千五百里，遠者六千二百里，諸部不相統攝。一、南室韋；二、北室韋；三、鉢室韋；四、深末怛室韋；五、大室韋。突厥常以吐屯、潘垤統領之。至唐分爲九部。宋祁云：「室韋爲契丹別種，居東胡北邊，蓋丁甯苗裔。地據黃龍北，傍猺越河，西南去長安七千里，地分七部。宋白續通典云，室韋別種爲黑車子，距漢界千餘里。胡嶠陷北記云，黑車子善作車帳，其人知孝義，地貧無所產。室韋有三：一、室韋；二、黃頭室韋；三、獸室韋。地多銅、鐵、金、銀，人工巧，器皆精好，善織毛錦。地尤寒，馬溺至地成冰堆。在今黑龍江西北。食貨志云，坑冶之制，自太祖併室韋，地產銅、鐵、金、銀，其人善作銅、鐵器。又，曷朮部多鐵，「曷朮」，國語鐵也，一作哈準部。置三冶：曰柳濕河，曰賽音楚古爾蘇，曰手山。神册初，平渤海，得廣州(按，據遼史卷二太祖紀平渤海在天顯元年。此作神册，似誤)，本渤海鐵利府，改爲州，地亦多鐵。東平縣本漢襄平縣故地，產鐵(礦)，(據遼史卷三八地理志刪，下同)置採鍊者三百户，隨賦供納。以諸坑冶多在國東，故東京置户部司，長春州置錢帛司。太祖征幽、薊，師還，次山麓，得銀、鐵(礦)，命置冶。聖宗太平間，於潢河北陰山及遼河之源，各得金、銀礦，興冶採鍊。自此訖天祚，國家皆賴其利。又，興宗重熙二年十二月，禁夏國使沿私市金、鐵。道宗清甯八年十一月，禁南京不得私貨鐵。咸雍六年七月，禁鬻生、熟鐵於回紇、阻卜等界。見續通考。

二年（戊辰九〇八）夏五月癸酉，命皇弟特哩衮原作惕隱薩喇原作撒剌討烏丸及黑車子室韋。

三年（己巳九〇九）冬十月己巳，遣鷹軍討黑車子室韋，破之。西北烏梁海〔攷異〕部族表作嗢娘改，屬國表作幹朗改，未知孰是？部族進牽車人。〔攷異〕張舜民使遼録云，契丹上京，有人見二青衣駕赤犢車出，其中別有天地，花木繁茂，云此是兜元國也。表未載。

四年（庚午九一〇）冬十月，烏滿原作烏馬山奚庫濟原作庫支及札魯特、原作查刺底超默特原作勴勃德等部叛，討平之。

五年（辛未九一一）春正月丙申，太祖親征東、西〔部〕奚（部），（據遼史卷一太祖紀乙正）平之。於是盡有奚、霫之地，五部咸入版圖。〔攷異〕唐書，貞觀末，奚内附，以其地爲饒樂府，而以阿會部爲弱水州，處和部爲祁黎州，奧失部爲洛環州，度稽部爲太魯州，元俟折部爲渴野州，皆統於營州。武后時叛附契丹。開元二年，奚部李大酺來降，授饒樂都督。元和初，奚王海落可入朝，封郡王。唐末徙居陰涼川，地方三千里，爲契丹滅，復徙琵琶川，去幽州數百里，今大甯衞廢利州境。通典云，庫莫奚，其先，東部鮮卑別種，爲慕容晃所滅，竄居松、漠，分五部：一、辱紇主；二、莫賀弗；三、契箇；四、木崑；五、室得理。每部置俟斤一人。後唯阿會氏最盛，唐末受制於契丹。有去諸者，徙嬀州，依北山而居，自別爲西奚；而東奚在琵琶川者亦爲契丹併。詳文獻通考。歐史云，五部奚：一、阿薈；二、啜米；三、粵質；四、怒皆；五、黑紇支。王溥五代會要，啜米作啜末，粵質作奧質，怒皆作奴皆，黑紇支作黑訖支。薛史云，奚之先，爲匈奴破，保烏丸山，分五姓，皆有辱紇主爲統領。金史云，庫莫奚歷元魏、周、隋、唐皆兵强，後契丹破之，西保隆科，留者臣契丹，號東、西奚。有五世族，與契丹世爲婚姻，附姓舒嚕。凡十三部，二十八落，一百一帳，六十二族。所載各異。胡三省通鑑注云，沈括言奚人業伐山種、陸種、斲車。契丹之車皆資於奚。按，輜車之制，如中國後廣前殺而無股，材儉易敗，不能任重而利於行山；長轂廣輪，輪之牙，其厚不能四寸，而軫之材不能五寸。其乘牛，駕之以橐駞，上施旒，惟富者加氊幰文繡之飾。

秋七月壬午朔，錫爾丹原作斜離底。洎諸蕃使來貢。

七年（癸酉九一三）冬十月戊寅，和州回鶻來貢。〔攷異〕王溥唐會要云，貞元五年，回紇使李義進請因咸安公主下降，改紇爲鶻字，蓋欲誇其國俗俊健如鶻也。本匈奴別種，先曰袁紇，曰烏護，曰烏紇，曰韋紇，後爲回紇。居薛延陀北娑陵水上，去長安七千里。初附突厥，唐貞觀末，擊殺薛延陀可汗，內附，九姓，凡十一部。暨滅突厥，勢益强。唐末爲黠戛斯所破，後遂微。其別部在甘州等處者，屢貢中國。見唐史諸書。

九年（乙亥九一五）春正月，烏爾古原作烏古部叛，討平之。

神册元年（丙子九一六）秋七月壬申，太祖親征突厥、〔攷異〕册府元龜云，突厥，本匈奴別種，居金山之陽。金山形似兜鍪，其俗謂兜鍪爲突厥，因以爲號。方輿紀要云，初爲西方小國，姓阿史那氏，世居金山。至土門始强大，嗣滅柔然，漠北皆屬，地方萬里。唐執頡利，遂內附。天寶四載，回紇擊殺白眉可汗，突厥乃滅，今蓋其遺種也。托歡、原作吐渾。〔攷異〕吐渾、吐谷渾，係二國，紀、表屢見。今將吐渾改托歡，吐谷渾仍舊，以示區別。王溥五代會要云，吐渾本吐谷渾也。唐咸通中酋長赫連鐸從平徐方有功，授振武節度。復盜據雲中，後唐武皇逐之。其部族散居蔚州界。有白承福者，依中山地石門爲柵，莊宗賜姓名李紹魯，拜節度。晉割隸契丹，爲安重榮誘歸國；契丹來索，晉高祖命張澄驅還舊地。党項、〔攷異〕册府元龜云，党項種有巖昌白銀狼，東接臨洮，西距葉護，南北數千里，處山谷間。每姓別爲部落，大者五千餘騎，小亦千餘騎。其人喜盜竊而多壽，往往至百五六十歲。王溥五代會要云，古析支地，漢西羌別種。東至松州，南接春桑、述桑諸羌，北連吐谷渾，亘三千餘里。有數姓：爲細封氏、費聽氏、析利氏、野辭氏、房當氏、米禽氏，拓跋氏最爲强。居慶州者號東山部，居夏州者爲平夏部。五代史有折氏、野利氏，而無析利氏、野辭氏。方輿紀要云，又黑党項在赤水西，雪山党項居雪山下，姓破丑氏。按，党項有二：在銀夏以北居川澤者爲平夏党項，在安鹽以南居山谷者爲南山党項。所載各異。小蕃沙陀本西突厥處月別種。地在北庭大磧金娑山之陽，蒲類海之東，姓朱耶氏，其後北徙，遂爲後唐。今巴里坤西北路天山北有大磧，卽其地。諸部，皆平之，俘其酋長及器械無算。

二年（丁丑九一七）春三月己未，裕庫呼原作于骨里叛，命實嚕原作室魯以兵討之。

三年（戊寅九一八）春正月丙申，以皇弟安圖原作安端爲特哩衮，討西南諸部。

四年（己卯九一九）秋九月，征烏爾古部，還，侍太后疾。愈，復還軍中。

冬十月丙午，命太子將先鋒兵擊破之，俘獲無算。自是舉部來附。以烏爾古、奚爲圖嚕、原作圖盧納里、原作涅离阿爾威〔攷異〕續通考作奥畏。三部。師次裕庫呼，原作于骨里分路擊之，舉國內附。

天贊元年（壬午九二二）夏六月，遣鷹軍擊西南諸部，以所獲賜貧民。

冬十月甲子，分德哷原作迭刺部爲二院。

二年（癸未九二三）春三月戊寅，討奚呼遜，原作胡損獲之，置奚托輝原作墮瑰部。〔攷異〕陳士元諸史夷語云，奚酋胡損門名墮瑰，太祖滅奚，因其門名置爲墮瑰部。

夏六月辛丑，波斯國來貢。〔攷異〕王溥唐會要云，國在京師西萬五千三百里。西域諸故事，大祆者皆詣波斯受法焉。以六月一日爲歲首。地多名馬及駿犬，今所謂波斯犬也。册府元龜云，波斯國，其先有波斯匿王者，子孫以王父字爲氏，因爲國號。方輿紀要云，在拂菻之東，漢西域條支國也。紀載各判。

三年（甲申九二四）夏六月乙酉，西討托歡、党項、準布。原作阻卜，一作卓本布。

秋七月辛亥，哈喇原作曷剌等擊索歡納原作（索）〔素〕昆那（據遼史卷二太祖紀改）山東部族，破之。

八月，遣騎攻準布（按，據遼史卷二太祖紀，攻阻卜（卽準布）在九月丙午）。

九月，破呼穆蘇原作胡母思山番部。

冬十月丁卯，遣兵踰流沙，拔浮圖城，盡取西鄙諸部。尋獲甘州回鶻烏穆珠汗。原作烏母主可汗。〔攷異〕太祖紀作遣使諭降，不言「獲」，今從屬國表。

四年（乙酉九二五）春二月丙寅，大元帥耀庫濟原作堯骨畧党項，獻其俘。前後從征萬里，所向有功。

冬十一月，日本國（按，據遼史卷二太祖紀，「日本國來貢」在十月庚辰）。〔攷異〕文獻通考云，倭在韓及帶方郡東南大海中。惡倭音，更號日本。宋雍熙元年，本國僧奝然等浮海獻銅器十餘事，并本國職貢、今年代紀各一卷。國中有五經及佛書、白居易集七十卷。土宜五穀而少麥，交易用銅錢，文曰「乾文大寶」。國王姓王，傳襲至今六十四世、文武僚吏皆世官。東奥州産黄金，西別島出白銀以爲貢。玉海云，奝然言國中多中國典籍，因出孝經一卷，越王正孝經新義一卷。元豐元年閏正月，日本僧仲迴貢方物。乾道九年五月貢方物。所載甚詳。新羅國〔攷異〕王溥五代會要云，漢樂浪郡地。南鄰高麗，西接百濟，東西千里，南北二千里。唐封樂郎郡王，號其國爲雞林州，世以金氏爲都督。文獻通考云，新羅東濱大海，雜有華夏、高麗、百濟之屬，兼有沃沮、不耐、韓濊之地。後唐同光元年，王金樸英遣使朝貢。後漢書濊貊亦屬樂浪，有果下馬，高三尺，乘之可於果樹下行。徐堅初學記，濊國出果下馬，漢時獻之，高三尺。册府元龜云，濊貊南接辰韓，北與高句麗、沃沮接，東窮大海。朝鮮之東，皆其地也。來貢。

天顯元年（丙戌九二六）春正月，太祖親征渤海國，平之。其安邊、鄚頡、定理三府尋叛，復定。

二年（丁亥九二七）冬十二月，女直國遣使來貢。

三年（戊子九二八）太宗不改元。春正月己未，黄龍府羅寧原作羅湼河女直達囉克原作達盧古來貢。

夏五月丁卯，命林牙圖魯卜〔攷異〕蒙古語「形勢」也，舊作突呂不，今譯改。討烏爾古部，尋獻俘。

秋（七）〔八〕（據遼史卷三太宗紀改）月，突厥來貢。

冬十一月丙子，布古德原作鼻骨德。〔攷異〕天祚紀，原作鼻古德，百官志作鼻國德，又作鼻德骨，亦作鼻骨，均係一部。來貢。

五年（庚寅九三〇）夏六月己未，達魯特原作敵烈德。〔攷異〕部族表作德呼，云原作敵烈得。卷十五開泰四年作迪烈得；百官志又作迪烈德，均係一部。畢沅續通鑑作德呼勒，爲遼外十部之一也。來貢。

秋七月壬申，烏爾古來貢。

六年（辛卯九三一）春正月甲子，西南邊將以慕化哈噶斯原作轄戞斯，疑即黠戞斯。在廢庭州北七千里，即古堅昆國。歐史契丹附録，轄戞在嫗厥律之西。胡嶠陷北記云，契丹西則突厥、回紇，西北至嫗厥律。地苦寒，水出大魚，多黑、白、黄貂鼠皮，諸國仰之。其西轄戞，又其北單于、突厥，皆與嫗厥律畧同。所載各異。國人來。乙丑，達魯特來貢。

七年（壬辰九三二）冬十一月丁亥，遣使存問呼哩原作獲里國。丁未，準布貢「海東青」鶻。

八年（癸巳九三三）春正月戊子，女直來貢。庚子，命皇弟魯呼原作李胡率兵伐党項，克之。尋遣使來貢。

夏六月甲寅，準布來貢。甲子，回鶻阿爾斯蘭原作阿薩蘭來貢。

十年（乙未九三五）春三月戊午，党項來貢。

夏四月，吐谷渾酋長推勒伊德原作退欲德率衆內附。〔攷異〕會海薈華云，本遼東鮮卑也。西晉時酋帥徒何涉歸生二子：庶長曰吐谷渾，正嫡曰若洛廆。伐統部落，別爲慕容氏。渾分七百户，因馬鬬，度隴，止枹罕，子孫據有甘、松之南，洮水之西，極於白蘭，在益州西北。有青海，周回千餘里。海中有小山，產馬，號龍種，時稱青海驄焉。宋白續通典云，吐谷渾謂之退渾，蓋語急而然。聖曆中，吐蕃陷安樂州，衆東徙，散在朔方。方輿紀要云，在陝西塞外古析支地，廆庶兄吐谷渾度隴居洮水，保白蘭山，地方數千里，稱河南王。孫葉延，因號其國曰吐谷渾。唐初李靖討之，伏允走死，自是始衰。龍朔三年爲吐蕃滅，此蓋其遺裔也。紫陽綱目云，吐谷渾自號河南王，有子六十人。長子吐延嗣，爲羌酋所殺；子葉延立，孝而好學，以爲禮公孫之子，得以王父字爲氏，乃自號其國曰吐谷渾。又云，鮮卑謂兄爲阿于。吐谷渾西徙，廆追思之，爲之作阿于之歌。

十一年（丙申九三六）夏四月癸酉，女直諸部來貢。

六月戊午朔，布古德來貢。乙酉，吐谷渾來貢。

秋七月壬辰，佛古寧原作蒲割頼公主率三河烏爾古來朝。伊奇理原作于厥里來貢。〔攷異〕太宗紀未載，今從部族表。

十二年（丁酉九三七）冬十一月丁卯，鐵驪來貢。〔攷異〕通典云，鐵勒之先，匈奴苗裔也。自西海之東，依據山谷，並有君長，屬東西兩突厥。性兇惡，善騎射，突厥用以制北荒十六國。慕容垂時北塞，後魏末河西，並云有敕勒部。鐵勒，蓋言訛也。金史云，奚有其地，號稱鐵勒州，亦作鐵驪州。紀載各異。

會同元年（戊戌九三八）春二月壬午，室韋進白麃。戊子，鐵驪來貢。

秋八月戊子，女直來貢。庚子，吐谷渾、烏孫、通典云，國名號大昆彌理。赤谷城去長安八千九百里，內地五千里。行國，隨畜牧，與匈奴同俗。靺鞨歐史云，黑水靺鞨本號勿吉。東至海，南界高麗，西接突厥，北鄰室韋，古肅慎氏地。衆分數十部，黑水靺鞨最處其北，勁悍，無文字之記。皆來貢。

三年（庚子九四〇）春二月庚子，烏爾古遣使獻伏鹿國俘，賜其部額爾奇木原作夷离堇旗鼓以旌其功。

秋八月乙巳，準布及呼里原作賃烈國來貢。

九月壬午，邊將奏破吐谷渾，擒其長。

珠巴克原作朮不姑三部人來貢（按，據遼史卷四太宗紀，是年九月壬午以後，僅記有晉、女直、吴越來貢，未及其它）。

四年（辛丑九四一）春正月，納喇、原作涅剌。〔攷異〕卷二十二作揑剌；卷六十九作尼剌，係一部。威原作烏隗二部，伊實、〔攷異〕唐古特語「智慧」也。舊作乙室，今譯改。丕勒、原作品圖古原作突舉三部均來上党項俘獲。

夏六月，阿勒達原作阿里底來貢。紀未載，今從部族表。

冬十一月庚午，吐谷渾請降，撫諭之。

五年（壬寅九四二）夏六月丁巳，托克托呼、原作徒覩（姑）〔古〕（據遼史卷四太宗紀改）蘇色原作素撒國人來貢。

冬十月己巳，詔徵諸路兵。遣將軍默赫特原作密骨德伐党項。

六年（癸卯九四三）夏六月丁未朔，鐵驪來貢。己未，奚超默特部進白麝。〔攷異〕太宗紀超默特作楚庫勒，原作鋤骨里。考部族表，六年六月鋤勃德部進白麝，恐係一部。

七年（甲辰九四四）夏六月乙巳，紳穆哩、原作紝没里約羅原作要里諸國來貢。

秋八月辛酉，回鶻遣使請婚，不許。

八年（乙巳九四五）夏六月戊辰，回鶻來貢。辛未，吐谷渾、布古德來貢。辛巳，黑車子室韋來貢。

冬十一月戊戌，女直、鐵驪來貢。

十二月乙丑、戊辰，臘，賜諸國貢使衣、馬。

九年（丙午九四六）春正月庚子，回鶻來貢。丁未，女直來貢。

二月戊辰，布古德奏軍籍。

三月己亥，吐谷渾軍校蘇呼原作恤烈獻生口千户，授檢校司空。

夏四月辛酉朔，吐谷渾伯克齊原作白可久來附。

秋七月癸丑，女直來貢。乙卯，以準布酋長哈喇原作曷剌。〔攷異〕太祖紀天贊三年將，另一人。爲本部額爾奇木。

穆宗應曆元年（辛亥九五一）冬十一月壬子，鐵驪、布古德來貢。

二年（壬子九五二）春二月癸卯，女直來貢。

夏四月己亥，鐵驪進鷹鶻。

冬十月戊申，回鶻及哈噶斯來貢。

三年（癸丑九五三）秋（七）〔八〕（據遼史卷六穆宗紀改）月，吐蕃〔攷異〕册府元龜云，在長安西八千里，本漢西羌地，後魏神瑞初，南涼秃髮樊尼率衆西奔，建國羌中，開地千里，以秃髮爲國號，語訛謂之吐蕃。其後寖强，地方萬里。歐史云，五代時吐蕃已微弱，回鶻、党項諸羌、夷分侵其地。續通考云，羌屬，其酋發羌、唐旄等居析支水西樊尼，西濟河，逾積石，居跂布川，或邏娑州。隋開皇中論贊索居祥河西，滅吐谷渾，盡有其地。貞觀時始入中國，後衰，内屬者曰熟户，餘曰生户。又有小蕃、大蕃、胡母思、山吐蕃之别，姓勃萃野氏，今西藏地是。等國皆遣使來貢。

十三年（癸亥九六三）夏五月壬戌，烏梁海國進花鹿、生麝。

十四年（甲子九六四）秋九月，黄室韋叛。

冬十二月，庫克克齊原作庫古只。〔攷異〕畢沅續通鑑作楚固賓。奏，與黄室韋戰，敗之，降其衆。賜詔撫諭。〔攷異〕穆宗紀未載戰事，今從部族表。烏爾古叛，掠民財畜，詳衮僧隱〔攷異〕汪輝祖遼史同名録云，太宗紀，會同六年中書令，姓蕭；卷十六聖宗太平元年西北路金吾爲大將軍；卷三十七地理志，豐州，四人同名僧隱。與戰，敗績，僧隱及伊實原作乙室〔攷異〕畢沅續通鑑僧隱作藏隱，伊實作女實。等死之。

十五年（乙丑九六五）春正月己卯，以樞密使伊勒希原作雅里斯。〔攷異〕畢沅續通鑑作雅哩克斯。爲行軍都統，虎軍詳衮齊蘇原作楚思。〔攷異〕畢沅續通鑑作克蘇，蒙古語血也，舊作曲樞，今譯改。爲都監，合諸部兵討烏爾古部。烏爾古額爾奇木子博勒岱原作勃勒底。〔攷異〕畢沅續通鑑作布達齊，云舊作勃勃齊。獨不叛，詔褒之。

二月，烏爾古殺其酋長蘇爾台原作窣离底降而復叛。〔攷異〕部族表繫於正月。

三月丁丑，大黃室韋酋長伊聶濟〔攷異〕部族表云，原作寅底吉，穆宗紀云，原作寅尼吉。係一人。叛，亡入德呼。

夏四月乙巳，小黃室韋叛，〔攷異〕部族表，大黃室韋之叛繫於二月，小黃室韋之叛繫於三月，較本紀均先一月。今從本紀。伊勒希、齊蘇等擊之，爲所敗，詔以託里原作禿里。〔攷異〕卷六十一刑法志，伊喇禿里，另一人。畢沅續通鑑作圖里。代爲都統，以農古原作女古。〔攷異〕汪輝祖遼史同名錄云，太祖紀，神册三年涅里袞奴；卷九十四蕭阿魯帶傳，父糺，詳穩；卷一百章奴傳，天祚時叛黨，四人同名女古。畢沅續通鑑作尼古。代爲監軍，率輕騎進討，仍遣使持詔撫諭。

五月壬申，詔使錫濟爾原作尋吉里。〔攷異〕畢沅續通鑑作尋支哩。奏，諭之不從。伊勒希以達林、原作撻凜蘇二羣牧兵追至柴河，與戰，不利，室韋酋長伊聶濟亡入德呼。德呼尋來降。

秋七月甲戌，烏爾古至河德濼，尋掠上京北榆林（谷）〔峪〕（據遼史卷七穆宗紀改）居民，遣額爾奇木華喇、原作畫里。〔攷異〕太宗會同四年振武節度耶律畫里，另一人。伊勒希巴原作夷离畢察實原作常思。〔攷異〕部族表訛作「常恩」。擊之，戰不利；復遣林牙蕭斡原作（斡）〔幹〕（同上書改）。卷八十四有傳。〔攷異〕紀、傳，斡、幹互見，今俱改斡。汪輝祖遼史同名録云，卷十八興宗重熙六年使宋；卷二十九天祚保大元年太師；卷九十四耶律納延傳納延父；耶律世良傳小字，五人同名斡。往討。（按，遼史卷七穆宗紀云：「秋七月甲戌，雅里斯奏烏古至河德濼，遣夷离菫畫里、夷离畢常思擊之。丁丑，烏古掠上京北榆林峪，遣林牙蕭斡討之。」這裏綜述顯係有誤）。

冬十月丁未，察實與烏爾古戰，大敗之。

十七年（丁卯九六七）春正月庚寅朔，林牙蕭斡、郎君耶律賢適討烏爾古還，帝執其手，賜卮酒，授賢適右皮室詳衮。伊勒希、齊蘇、轄里原作霞里三人賜醨酒以辱之。伊勒希巴古雲原作骨欲。〔攷異〕汪輝祖遼史同名録云，卷十七聖宗太平八年罪人；卷四十七百官志興宗重熙七年勾管禮信司，三人同名骨欲。獻烏爾古之俘。

景宗保甯三年（辛未九七一）春正月甲寅，右伊勒希巴希達滿州語門簾也。原作奚底，今譯改。乾亨元年爲北院大王。皇族表謂係雅爾噶子，太祖孫也。〔攷異〕隆運、休格、色珍、托果、薩哈勒傳之奚底，均係一人。卷二十一，道宗清甯四年，奚六部大王奚底，另一人。獻德呼俘，詔賜有功將士。

二月壬午，遣多和原作鐸遏使阿爾斯蘭回鶻。

五年（癸酉九七三）春正月甲子，特哩衮休格原作休哥伐党項，破之，獻其俘。

二月壬辰，越王必舒原作必攝。字珍戬，原作箴董，太宗子。復獻党項俘獲之數。

夏(四)〔五〕(據遼史卷八景宗紀改)月辛未，女直侵邊，殺都監達里塔、原作達里迭伊喇、〔攷異〕滿州語「黍」也，舊作拽剌，今譯改。鄂囉羅，原作斡里魯驅掠邊民牛馬。己卯，阿爾斯蘭回鶻來貢。

六月庚寅，女直宰相及額爾奇木來朝。

八年(丙子九七六)秋八月，女直侵貴德州東境。

九月辛未，東京統軍使察喇、原作察隣詳袞古原作涸奏女直襲歸州五寨，地理志云，歸州觀察，太祖平渤海時置，後廢。統和末伐高麗復置，屬南女直湯河司。摽掠而去。

九年(丁丑九七七)春正月丙寅，女直遣使來貢。尋復請宰相額爾奇木之職，以次授之。

冬十月甲子，耶律沙以党項降酋克酬、原作可醜摩約原作(賀)〔買〕友(據遼史卷九景宗紀改)來見，賜官遣歸。

乾亨二年(庚辰九八〇)春三月丁亥，西南招討副使耶律旺禄、原作王六。〔攷異〕汪輝祖遼史同名録云，卷八景宗保甯八年郎君；卷十一聖宗統和四年領國舅軍，又是年太師；卷十七太平九年瀋州節度蕭王六，公主表聖宗女興哥下嫁蕭王六，疑即此人，五人同名王六。太尉華格原作化哥遣人獻党項俘。

聖宗統和元年(癸未九八三)春正月辛巳，耶律蘇色原作速撒，字阿敏，官九部都詳袞，在邊二十年，威信大振，卷九十四有傳。〔攷異〕卷九十九速撒傳上京留守，另一人。獻準布俘。甲申，西南招討使韓德威奏黨項十五部侵邊，以兵擊破之。蘇色遣使來奏〔討〕（據遼史卷一〇聖宗紀補）黨項捷，下詔褒美。

夏五月壬戌，遣北王府耶律普努甯原作蒲奴甯，又作普奴甯。自此至四年冬凡八見，均係一人。〔攷異〕卷十八興宗重熙六年烏爾古達嚕特都詳袞蒲奴甯，另一人。以達巴、原作敵畢德哷二部兵助討西突厥諸部。方輿紀要云，本突厥西部。隋時，部長阿波寖强。至射匱可汗與北突厥爲敵，建牙於龜茲北三彌山，拓地益廣，西域皆屬。唐貞觀中，因亂內附。顯慶二年，其酋爲蘇定方所擒，勢遂衰。而突騎施始强，并有其地，十姓皆屬。天寶後，皆附吐蕃。西南招討使達罕原作大漢遣伊喇伯勒格原作拔剌哥諭黨項諸部，降者甚衆，降詔褒美。

六月乙酉，黨項酋長執額爾奇木子烏延原作隈引等乞內附，詔撫納之，仍令韓德威擊其未服者，尋遣使來獻俘。

冬十月癸巳，蘇色奏德哷部及叛番來降，悉復故地。〔攷異〕耶律托色傳原作題子，官御盞郎君。是年與西邊詳袞蘇色討圖勒舒，大破之，紀、表未載。夏文彦圖繪寶鑑補遺云，題子字勝隱，官西南招討都監。嘗從侵宋，宋將有面傷而仆者，題子繪其像以示，宋將咸嗟神妙。傳未書。

二年（甲申九八四）春二月丙申，宣徽使（蕭）〔耶律〕布琳（據遼史卷一〇聖宗紀改）原作蒲甯奏討女直捷。

夏四月，同平章事耶律布琳、原作普甯都監蕭勤德獻征女直捷，授布琳政事令，勤德神武衛大將軍，并賜金器。

秋八月辛卯，女直宰相哈里原作海里等八族内附。〔攷異〕聖宗紀云，八月，東京留守耶律穆濟奏女直珠卜、薩里等八部乞率衆内附，詔納之。所載較詳。

冬十一月，蘇色等討準布，殺其酋長達爾罕。原作達剌干

三年（乙酉九八五）秋八月癸酉朔，命樞密使耶律色珍原作斜軫爲都統，駙馬都尉蕭懇德爲監軍，討女直。

閏九月丙申，女直宰相哲伯埒〔攷異〕屬國表云，原作朮里補。聖宗紀云，原作朮不里。係一人。來朝。

冬十一月丙申，東征女直，都統蕭達林原作闥覽以行軍所經地里、物産來上。

四年（丙戌九八六）春正月甲戌，林牙耶律穆爾古、原作謀魯姑，一作磨魯姑。〔攷異〕百官志作磨魯古，係一人。道宗太康三年，左衛大將軍謀魯古，另一人。彰德節度使蕭達林原作闥覽上東征俘獲，賜詔奬諭。丙子，樞密使色珍、林牙勤德等上討女直生口十餘萬、馬二十餘萬及諸物。壬午，色珍等克女直，軍還，遣近侍尼勒堅原作泥里吉詔旌其功，仍執手撫諭，賜酒果勞之。

二月甲寅，色珍等族帥（按「族帥」不通，疑是「諸帥」）來朝，行飲至之禮，賞賚有差。

六年（戊子九八八）夏（閏五）〔六〕（據遼史卷一二聖宗紀改）月（癸）〔乙〕（同上）酉，額爾奇木鄂勒博原作阿魯勃送沙州輿地廣記云，沙州古三危之地，後入匈奴。漢武置酒泉郡，後分燉煌郡，西涼李暠據此，元魏兼立瓜州，唐改西沙州，後仍爲沙州，没於吐蕃，大中後，首領張義潮以瓜、沙十一州來歸，後唐升歸義軍。縣二：燉煌、壽

昌。瓜州，晉爲晉昌郡，魏國爲常樂郡，唐改瓜州爲西沙州，析晉昌別立瓜州，後爲晉昌郡。縣二：晉昌、常樂。節度使曹恭順還，授裕悦。〔攷異〕通鑑云，瓜州自後唐同光初曹義金遣使朝貢中國，至晉天福五年義金卒，七年，沙州曹元忠、瓜州曹元深遣使入朝。周世宗時拜元忠歸義節度使，元深爲瓜州團練使。李燾長編云，宋建隆三年正月，加曹元忠兼中書令，元忠子延敬爲瓜州防禦使，賜名延恭。宋史延敬作延繼。咸平五年八月，授宗壽弟宗文知瓜州。文獻通考云，沙州留後曹義金卒，子元忠嗣。太平興國五年元忠卒，咸平四年封子延祿譙郡王；五年，延祿爲從子宗壽殺，權知留後，表求旌節，授節度使。祥符末，宗壽卒，子賢順嗣，爲節度使。玉海云，「建隆二年十一月，瓜州曹延繼貢玉鞍、勒馬。太平興國三年三月，沙州曹延祿貢玉圭。一作玉盌。淳化二年獻良玉。景德二年四月，曹宗壽貢良玉、名馬。四年五月，貢玉印、名馬，賜錦袍、金帶。皇祐二年四月貢玉。均未列恭順名，俟攷。

秋七月己亥，遣韓德威討河、湟諸蕃違命者。

八月，西北路管押詳衮舒僧格原作速撒哥獻哲琳、原作折立珠嚕原作助里俘。東路林牙蕭勤德及統軍實埒原作石老以擊敗女直兵，獻俘。女直宰相薩喇勒原作厮魯里。〔攷異〕屬國表云，原作速魯里，今從聖宗紀。來朝。

七年（己丑九八九）春二月甲寅，回鶻、師子國方輿紀要云，天竺旁國也，居西南海中。及阿思懶、轄里國來貢。是春，于闐國兩次來貢。王溥五代會要云，在京師西九千九百餘里，南接吐蕃，西北連疏勒，西南帶葱嶺，與婆羅門相連。續通考云，在葱嶺北二百里，東抵曲先，北連亦力把力，即瞿薩旦那國也。東西五千里，南北千里。漢設都護治之。今在肅州西南六千三百里。遼統和七年、開泰四年俱入貢。金時遣滿剌、哈撒、木丁等貢玉璞，金遣使答之。歐史云，晉天福三年于闐國王李聖天遣馬繼榮來貢；晉遣張匡鄴、高居誨往册爲大寶國王，行二歲始至。還，記畧曰：「國南千三百里曰玉州，漢張騫所窮河源，而山多玉者，卽此河源所出。至于闐分爲三：東，白玉河；西，綠玉河；又西，烏玉河。每秋水涸，王撈玉於河，國人繼之。」玉海云，建隆元年十二月，于闐國李聖文遣使貢玉圭，盛以玉匣，後屢入貢。周輝清波雜志云，政和間從于闐國求大玉，表至，示譯者，方爲答詔。表云：「日出東方，赫赫大光，照見西方五百國。五百國內條貫主黑汗王表上：日出東方，赫赫大光，照見四天下。四天下條貫主阿舅大官家：你前時要者玉，自家甚是用心，只爲難得似你底尺寸。自家已令人兩河尋訪，纔得似你底，便奉上也。」元豐四年于闐國上表稱：「于闐國僂儸大福力量、知文德黑汗王，書與東方日出處、大世界田地主、漢家阿舅大官家。」潘永因宋稗類鈔云，于闐後果得玉，厚大逾二尺，色如截肪，昔時未有。

夏四月丙辰，以御史大夫烏爾古原作烏骨。〔攷異〕景宗紀保甯元年右皮室詳衮，另一人。領伊實大王。

冬十一月甲申，于闐張文寶進內丹書。〔攷異〕契丹國志云，于闐、高昌、龜茲、大食、小食、甘州、沙州、涼州各國三年一貢，遣使約四百餘人，獻玉、珠、犀、乳香、琥珀、硇砂、瑪瑙器、賓鐵兵器、斜合黑皮、褐黑絲、門得絲、怕里阿、褐黑絲。已上皆細毛織成，以二丈爲匹。契丹回賜，至少不下四十萬貫。

八年（庚寅九九〇）夏四月庚戌，女直遣使來貢。其宰相阿海尋來朝；封順化王。

秋九月乙亥，北女直四部請內附。

九年（辛卯九九一）春正月甲戌，女直遣使來貢。

八月，進喚鹿人。〔攷異〕聖宗紀未載，今從屬國表。畢沅續通鑑云，是年十二月，女直首領野里雉上書於宋，言契丹怒朝貢中國，去海岸四百里，下三栅，絶其貢路，求發兵與三十首領共平三栅。帝但降詔撫諭，不出師，其後遂歸於遼。紀未載。

是年三月庚子朔，振室韋、烏爾古諸部。

十二年（甲午九九四）秋八月庚辰朔，詔皇太妃（按「皇太妃」，陳漢章遼史索引謂當作「王太妃」）領西北路烏爾古等部兵，撫定西邊，以蕭達林原作撻凜，以下同，與前文之作闥覽者，係二人，說見承天后事中。監其軍事。

冬十二月癸巳，女直以宋人由海道賂本國及說烏舍原作兀惹叛，遣使來告。

十三年（乙未九九五）秋七月丁巳，烏舍烏哲圖、原作烏昭度，亦作烏昭慶。渤海雅爾丕勒原作燕頗等侵鐵驪，遣奚王和碩鼐原作和朔奴。〔攷異〕異沅續通鑑作耶律籌甯，係一人。等討之。

冬十月戊子，烏舍歸款。〔攷異〕耶律斡拉傳，字斯甯，奚德哷部人。官行軍都監，從和碩鼐討烏舍烏哲圖，數月至其城。烏哲圖請降，和碩鼐不許，急攻之，不能下。因蕭恒德言，略地東南，至高麗北邊，比還師，士卒多死。詔奪諸將官，斡拉免議。〔尋〕（據遼史卷九四耶律斡臘傳補）加平章事。所載較詳。畢沅續通鑑云，是冬，蕭恒德伐富勒莫多部，人户多内附，恒德還。史未載。

十四年（丙申九九六）春三月甲寅，韓德威奏討黨項捷。

冬十月戊午，烏哲圖乞內附。

十二月甲子，蕭達林誘叛酋阿勒坦原作阿魯敦。〔攷異〕畢沅續通鑑作阿魯端，係一人。等六十餘人斬之，封蘭陵郡王。

十五年(丁酉九九七)春正月丙子，河西黨項叛，詔韓德威討破之。癸未，烏舍長武周來降。

三月甲午，皇太妃獻西邊捷。〔攷異〕畢沅續通鑑云，由是，遼之西路，拓地益遠，然本紀於妃事甚畧，疑後以罪廢，當時没其戰功耳。

夏五月，德呼八部殺詳袞以叛，蕭達林追擊，敗之，殺其部族之半。

秋九月戊子，達林奏討準布捷。〔攷異〕畢沅續通鑑達林作達蘭。云，留意人材。時，耶律昭以事流西北部，達蘭禮致門下，欲召用，以疾辭。上書言邊事，從之，卒能成功。自後諸蕃歲貢方物，往來若一家，因請建三城以絶邊患，詔許之，賜詩嘉奬。命林牙耶律昭作賦以旌其功。表未載。本傳載昭書曰：「竊聞治得其要，則仇敵爲一家，失其術，則部曲爲行路。夫西北諸部，每當農時，一夫爲偵候，一夫治公田，二夫給糺官之役，大率四丁無一室處。芻牧之事，仰給妻孥。一遭寇掠，貧窮立至。春夏振恤，吏多雜以糠粃，重以掊克，不過數月，又復告困。且畜牧者，富國之本。有司防其隱没，聚之一所，不得各就水草便地。兼以逋亡戍卒，隨時補調，不習風土，故日瘠月(削)〔損〕(據遼史卷一〇四耶律昭傳改)，馴致耗竭。爲今計，莫如振窮薄賦，給以牛種，使遂耕穫。置游兵以防盜掠，頒俘獲以助伏臘，散畜牧以就便地。期以數年，富强可望。然後簡練精兵，以備行伍，何守之不固，何動而不克哉？達林從之。

十八年（庚子一〇〇〇）夏六月，準布叛酋呼紐原作鶻展之弟特徹布原作鐵勒不。〔攷異〕屬國表作鐵剌不。率衆來附，呼紐無所歸，降，詔誅之。

十九年（辛丑一〇〇一）春正月，回鶻進梵僧名醫。沈括夢溪筆談云，幽州僧行均集佛書中字爲切韻訓詁，凡十六萬字，分四卷，號龍龕手鑑，甚有詞辨。契丹重熙二年集。契丹書禁甚嚴，傳入中國者法當死。熙甯中有人自虜中得之，入傅欽之家，蒲傳正帥浙西，取以鏤版。其序末舊題，重熙二年五月序十餘字。注一十六萬三千四百餘字。統和十五年丁酉七月一日癸亥，燕臺憫忠寺沙門智光字法炬爲之序。晁公武郡齋讀書志云，紀元通譜，隆緒嘗改元，統和丁酉，至道三年也，沈存中言末題重熙二年五月序，蒲公削去之。今本乃云統和，非重熙字，存中不見舊題，妄記之耶。序曰：「夫聲明著論，迺印度之宏綱，觀迹成書，實支那之令躅。印度則始標天語，厥號梵文，載彼貫線之花，綴以多羅之葉，開之以字緣字界，分之以男聲女聲；支那則創自軒轅，制於沮誦，代結繩於既往，成進牘以相沿，辨之以會意、象形，審之以指事、轉注。洎夫史籀變古文爲大篆，程邈變大篆爲隸書，蔡邕刊定於石經，束皙推詳於竹簡。九流競鶩，若百谷之朝宗；七畧遐分，比衆星之拱極。尋源討本，備載於埤蒼、廣蒼；叶律諧鍾，咸究於韻英、韻譜。專門則字統、說文，開牖則方言、國語，字學於是乎昭矣。矧復釋氏之教，演於印度，譯布支那，轉梵從唐，惟匪差於性相；披教悟理，而必正於名言。名言不正，則性相之義差；性相之義差，則修斷之路阻矣。故祇園高士，探學海洪源；準的先儒，導引後進；輝以寶燭，啓以隨函。郭迻但顯於人名，香巖惟標於字號。流傳歲久，鈔寫時譌。寡聞則莫曉是非，博古則徒懷惋嘆。不逢敏速，誰爲編修！有行均上人，派演青、齊，雲飛燕、晉；善於音韻，閑於字書。覩香巖之不精，寓金河而載緝，九仞功績，五變炎涼，具辨宮、商，細分喉、齒。無勞避席，坐奉師資；詎假擔簦，立袪疑滯。沙門智光，利非切玉，分黍斷金，辱彼告成，見命序引。推讓而甯容擱筆，俛仰而强爲抽毫。矧以新音，偏於龍龕。猶手持於鸞鏡，形容斯鑒，妍醜是分，故目之曰龍龕手鑒。總四卷，以平、上、去、入爲次，隨部復用四聲列之，又撰五音圖式附於後。庶力省功倍，垂益於無窮者矣。時統和十五年丁酉七月一日癸亥序。」按，遼自太祖始建寺觀，至統和中僧尼漸盛，故附録於此。

三月乙酉，西南招討司奏黨項捷。

是秋，復奏討吐谷渾捷。

八月，達囉克部來降。〔攷異〕續通考云，是年達盧骨來貢。太宗三年，達盧古來貢，疑卽達盧骨，今改達囉克，均係一部。

二十一年（癸卯一〇〇三）夏四月戊辰，烏舍、渤海、鄂羅木、原作奥里米。〔攷異〕部族表云，原作奥里，係一部。營衛志云，聖宗合奥里三部爲一，乃奥里之訛。另一部。伊呼圖、原作越里篤伊呼濟原作越里吉，又作越里古。〔攷異〕重熙六年作越棘。是越棘與越里吉音近致訛，「吉」又訛爲「古」。係一部。等五部來貢。

六月乙酉，準布德埒哩原作鐵剌里率諸部來附。尋入朝。

二十二年（甲辰一〇〇四）春三月己丑，罷諸蕃部賀千齡節及冬至、重五進貢。

秋七月，富珠哩、原作蒲奴里。〔攷異〕舊作孛朮魯，今從八旗姓譜改正。博和哩原作剖和阿里等部來貢。

九（年）〔月〕（據遼史卷一四聖宗紀改）丙午，女直遣使獻所獲烏哲圖妻子。

二十三年（乙巳一〇〇五）春二月乙丑，振黨項部。

夏四月己亥，黨項來侵，尋入貢。

六月己亥，達旦國九部來貢。〔攷異〕李心傳朝野雜記云，韃靼之先，與女直同種，皆韃靼後。爲奚、契丹所攻，部族分散：居混同江者曰女直，乃黑水遺種，居陰山者曰韃靼。唐末五代嘗通中國，皆勇悍善戰。近者爲熟，遠者爲生。地不產鐵，自金得河東，廢夾錫錢；執劉豫，廢鐵錢，由是秦、晉鐵錢皆歸焉，遂大作軍器，勢益强。金置東北招討司統之。孟珙蒙達備録云，出沙陀別種，類有三：曰黑；曰白；曰生。江休復嘉祐雜志云，韃靼界上獵圍中獲一野人，披鹿皮，走及奔鹿。續通考云，韃靼國有班朱尼河。飲馬河舊名臚朐河；元冥河舊名斡難河；清塵河舊名古兒扎河；闊闊納浯兒海、蒙山海在速兒溫都兒之地。他人水，突厥可汗以五月中旬聚此祭天地。

二十四年（丙午一〇〇六）秋八月，沙州燉煌王曹壽〔攷異〕文獻通考作曹宗壽，史去「宗」字，避廟諱也。見遼史拾遺。遣使來進大食〔攷異〕册府元龜云，國名，在南海中。男多黑色，鼻長而大，似婆羅門；女白皙。亦有文字，出駝、馬、驢、騾、羖羊等。馬大於中國。兵刃勁利，俗好戰國。玉海云，祥符二年，真宗將封禪，七月，大食航主陂婆黎請以方物陪位泰山，十月，其國蕃官李麻律遣使貢玉圭，長尺二寸，自言五代祖得於西天竺，候中國聖主行封禪禮即馳貢。方輿紀要云，本波斯地。唐貞元時在西域爲最强，東盡葱嶺，西南際海，地方萬餘里。馬及美玉，以對衣、銀器等賜之。

二十五年（丁未一〇〇七）秋九月，西北招討使蕭托雲原作圖玉。討準布，破之。本傳：字兀衍，宰相哈里子。討平準布還，尚金鄉公主，加平章事，因公主殺人，罷使相，卒官詳衮。子雙寬，南京統軍使。孫額圖琿，烏爾古德哷部統軍使，尚固貢公主，以善戰名於世。

二十六年（戊申一〇〇八）冬十二月，蕭托雲奏討甘州回鶻，降其王伊嚕勒，原作耶（勒）〔剌〕里〔據遼史卷一四聖宗紀改〕。〔攷異〕托雲傳作伊蘭，亦作牙懶。畢沅續通鑑作伊拉里克。撫慰而還。

二十八年（庚戌一〇一〇）夏五月乙巳，蕭托雲伐甘州回鶻，破肅州，輿地廣記云，古月氏地，後入匈奴。漢開立酒泉郡，西涼李暠自燉煌徙此，隋立肅州，唐因之，後爲酒泉郡。縣三：酒泉、福祿、玉門。俘其民。詔修托輝原作土隗口故城在今肅州西北以實之。

二十九年（辛亥一〇一一）夏六月丁巳，詔蕭托雲安撫西鄙。置準布諸部節度使。

開泰元年（壬子一〇一二）春正月辛卯，哈斯罕原作曷蘇館大王呼勒希原作曷里喜來朝。

秋八月丙申，鐵驪、納蘇原作那沙等送烏舍百餘户至賓州，賜絲絹。納蘇乞賜佛像、儒書，詔賜護國仁王佛像一，易、詩、書、春秋、禮記各一部。〔攷異〕續通考云，遼一代內府書籍，重熙末始建祕書監收掌之。清甯元年十二月，詔設學，頒五經傳、疏。八年十月，禁民間私刊印文字。十一月，詔求乾文閣所闕經籍，命儒臣校讐。咸雍十年十月，詔有司頒行史記、漢書。大安二年，召翰林學士趙孝嚴、知制誥王命儒等講五經大義。

冬十一月甲辰，蕭托雲奏七部太師阿勒達原作阿里底。〔攷異〕會同二年九月，準布阿勒達來貢。原作阿离底，係準布長。部族表作阿里底，疑與此之阿里底係一人。因部民怨，殺本部節度使巴罕原作霸暗并屠其家以叛，準布執阿勒達來獻，而沿邊諸郡皆叛。〔攷異〕托雲傳，七月（按，遼史卷一五聖宗紀，此事繫於十一月，疑此處誤）錫林太師阿勒達殺節度，西奔鄂爾多城，即龍庭單于城也。俄準布復叛，圍托雲於哈屯城，勢甚張。托雲遣兵射却之。明年，華格來救，托雲誘諸部悉降。畢沅續通鑑云，時都監蕭孝穆進軍哈屯城，準布結五羣牧長扎拉阿都等謀中外相應，孝穆悉誅之，餘黨皆潰。按，孝穆傳，扎拉阿都作扎拉圖。孝穆以功遷九水諸部安撫使。所載互異。

二年（癸丑一〇一三）春正月己未，烏爾古德呼叛，命右皮室詳袞延壽〔攷異〕汪輝祖遼史同名録云，卷十一聖宗統和七年四月，皇女延壽公主；又御史大夫，卷十七太平八年北德呼節度；卷六十五公主表，昭懷太子女，五人同名延壽。討之。

是月，達旦國兵圍鎮州，〔攷異〕方輿紀要云，遼置，一曰建安軍。在臨潢西北三千餘里，本古可敦城，捍禦突厥、室韋，謂之邊防城，其相近者，曰防、維二州，金廢。可敦亦作哈屯。地理志云，統和末，皇太妃奏置。選諸部族二萬餘騎充屯軍，凡有征討，不得抽移。又，静州本泰州金山，天慶六年升置觀察。静邊城本契丹二十部水草地，屯兵千騎，以防伊濟。東南至上京千五百里。招州綏遠軍，開泰三年以女直户置，均隸西北招討司。所載較詳。州軍堅守，尋引去。

三月壬辰朔，樞密使華格原作化哥，字宏隱，孟父房楚國王後，卷九十四有傳。〔攷異〕卷一百十張孝傑傳作化葛，係一人。以西北路畧平，留兵戍鎮州，赴行在。尋復奉命西討。烏爾古德呼部，悉復故疆。

秋七月，色珍奏，黨項諸部叛者皆遁黄河北模赧山，其不叛者哈坦、原作曷黨額勒敏原作烏迷兩部，因據其地。今聞前後叛者多投西夏，不納，遣使就加撫諭，不報；帝怒，欲伐之。遂詔夏合擊，仍命諸軍多市肥馬。己酉，華格等破準布酋長烏巴原作烏八之衆。烏巴尋入朝，封爲王。

冬十一月癸丑，華格以西征有罪，削爵，出爲大同節度使。〔攷異〕華格傳，時奉命經略西境，與邊將深入，聞蕃部逆命居伊濟水，遂進兵。敵望風奔潰，俘獲無數。尋以誤掠回部，削幽王爵，以侍中卒。紀未載誤掠回部事。又，傳載拜上京留守，遷北院大王。侵宋有功，遷南院，改北院。宏簡録謂由特哩袞遷北院大王；聖宗紀，時官樞密。紀載各異。

三年（甲寅一〇一四）夏四月癸亥，烏爾古復叛。

秋九月丁酉，八部德呼殺其詳衮刷，皆叛，詔南府宰相耶律烏拉噶原作吾剌葛。〔攷異〕卷十八重熙六年耶律烏魯斡，疑係一人。招撫之。壬子，耶律世良獻德呼俘。〔攷異〕世良傳，小字斡，六院部人。才敏給，練達國朝典故。官平章事。時邊部拒命，從華格征討，爲都監。師將退，世良力争，追敵至安真河，大破之，邊境以甯。封岐王，擢北樞密。命選馬、駝於烏爾古部，會德呼部伊喇殺酋長叛，攻陷巨穆古城。世良招降，悉復故地。耶律古雲傳，原作古昱，圖魯卜四世孫。以都監從世良討平叛部，以功留鎮撫西北部，教之種樹畜牧，民以富實。宏簡録謂古昱以功遷左千牛衛上將軍，詔鎮西北部，太平七年擢北院大王。子伊遜，於咸雍九年爲中京留守。傳均未載。又，傳載重熙二十一年，古雲改天成節度使。查興宗紀，是年無古雲改官事。卷九十二耶律獨攧傳，父太師古昱，另一人。

是年四月乙亥，沙州回鶻曹順遣使來貢。〔攷異〕文獻通考，曹宗壽子賢順，此去「賢」字，避廟諱。見遼史拾遺。

四年（乙卯一〇一五）春正月丙戌，詔耶律世良討達魯特原作迪烈得。〔攷異〕部族表作敵烈德。又，三年，世良獻德呼俘。原作敵烈，係一國。部，尋大破之。

夏四月丙寅，樞密使固甯原作貫甯。〔攷異〕汪輝祖遼史同名録云，卷十二聖宗統和七年伊實王；卷十九興宗重熙十年北樞密趙國王，三人同名貫甯。奏大破八部達魯特，降。詔獎諭。世良進討叛命烏爾古，殲其衆。復討達魯特，至清泥堝。時伊濟原作于厥既平，朝議内徙其衆，伊濟安土重遷，遂叛。世良懲創，既破達魯特，輒殲其丁壯。勒兵渡哈喇原作曷剌河，進擊餘黨，爲其將綳果〔攷異〕畢沅續通鑑作巴圄，云舊作勃括。所襲，軍小却。翼日，後軍至，綳果誘伊濟之衆皆遁。世良亟掩之，綳果走免，獲其輜重及餘黨，并遷達魯特部民，城臚朐河上居之。〔攷異〕方輿紀要云，塔懶主城在臚朐河上，金廢。臚朐河在臨潢西北，下流今鴨子河，入混同江，注於海。西北有皮被河，出回紇北，東南經伊濟入臚朐河，合沱漉河入海。遼置城其上，以控北邊。去上京千五百里。塔懶主，地理志作塔哩珠。臚朐河，今名克魯倫河，源出喀爾喀肯特山，流至漠北，與黑龍江合。紀載各異。

七年（戊午一〇一八）春三月丙午，烏爾古部節度使蕭布達原作普達，字彈隱。討叛命德呼，滅之。尋（追）〔遣〕（據遼史卷九二蕭普達傳改）德呼騎卒，取北準布名馬以獻，賜詔褒奬。

夏閏四月戊午，吐蕃王巴爾蘇原作并里尊奏，朝貢〔乞〕（據遼史卷一六聖宗紀補）假道夏國，從之。按，遼境四至，契丹國志云，東南至新羅國〔西〕，（據契丹國志卷二二四至鄰國地里遠近補）以鴨淥江東八里黃土嶺爲界，至保州十一里。次東南至五節度熟女真部族。西北至東京五百餘里，係北樞密所轄。次東南至熟女真國，不屬契丹，地方千里。西至東京二百餘里。東北至生女真國，屢爲邊患。契丹於南北二千餘里沿邊創築城隍防守，征討歷三十年。（南界）（同上書刪）西南至東京六百里。東北至屋惹國、阿里眉國、破骨魯國，均屬契丹樞密轄。西至上京四千餘里。（至）〔正〕（同上書改）東北至鐵離國，不屬契丹。西南至上京五千餘里。次東北至靺鞨國，無君長，不進貢，惟通貿易。（至）〔西〕（同上書改）南至上京五千餘里。次北至鐵離喜失牽國，亦無君長，不貢奉。西南至上京四千餘里。正北至蒙古里國，南至上京四千餘里。次北至（於）〔于〕厥國（同上書改），聖宗時入寇，駙馬都尉蕭徒欲擊破之。東南至上京五千餘里。次西北至鼈古里國。次北近西至達打國，男女精騎射，屢敗國兵。東南至上京六千餘里。西近北至生吐蕃國。西（至）〔北〕（同上書補）黨項、突厥等國，不爲患，亦不進貢，蓋爲熟吐渾、突厥、黨項等部族所隔。東南至（雪）〔雲〕州（同上書改）三千里。胡嶠陷北記云，東至海，有鐵甸，人剛勇，地少草木，水濁如血。北牛蹏突厥，人身牛足，地尤寒，水曰瓠𤬰河。東北至襪刧子，髦首，不鞍而騎，善射，遇人輒殺，生食其肉，契丹五騎遇一襪刧子則散走。北狗國，人身狗首，長毛不衣，手搏猛獸，語爲犬嗥。其妻皆人，生男爲狗，女爲人，自相婚嫁，穴居食生。有人自黑車子歷牛蹏國北行一年，歷四十三城，以木皮爲屋，語言不通，至三十三城，得一人，能鐵甸語，云地名頡利烏于邪堰。自此以北，龍蛇猛獸，魑魅羣行，不可往矣，蓋北荒之極也。續通考云，西蕃有可跋海，周七十餘里，東南流至雲南，合西珥河。又，黃河在朶甘衞西，直馬湖蠻部正西三千餘里，去麗江府西北千五百餘里。哈喇河出西蕃白狗嶺北，西北流五百餘里入黃河。龐河源出西傾山。鵬椤河出西蕃鵬椤山。又，析支水，湟水西，甯州東，其宿軍谷東流五百里爲邈水。哈密有畏吾兒河，城東北三十餘里，合羅川衞東南。其西北三百里爲甘露川。火州有蒲類海。土魯番西南二十里爲交河。亦力把力有熱海，周數百里，夷呼亦息渴兒。撒馬兒軍有哈剌卜蘭河，城東在迭里迷，城南爲阿朮河，火站河，沙鹿海牙城西，其東爲哈卜連河。紀載甚詳。

六月丙申，丕勒原作品達囉克原作打魯瑰部節度使博羅哩原作勃魯里至必轍原作鼻洒河，遇微雨，忽天地晦冥，大風飄四十三人飛旋空中，良久乃墮數里外。博囉哩幸獲免。一酒壺在地，反不移。〔攷異〕續通考，六年六月，賜蕭德妃死，葬兔兒山西。數日，大風起塚上，晝晦，大雷電而雨，踰月乃止。見聖宗紀。

秋九月庚申，〔攷異〕朔考，庚申係朔。佛甯原作蒲昵。〔攷異〕百官志作蒲泥，係一國。國奏，〔本國與〕（據遼史卷一六聖宗紀補）烏里國封壤相接，數侵掠不甯。詔諭之。

八年（己未一〇一九）春正月壬戌，封沙州節度使曹順爲燉煌郡王。

三月癸未，輝發原作回跋部太師塔喇噶原作踏剌葛來貢。〔攷異〕續通考云，興宗重熙十二年置回跋部詳穩都監，其部長匹迭臺扎等嘗來朝貢不絕。

九年（庚申一〇二〇）冬十月戊子，西南招討司奏黨項部有宋犀族，輸貢不時，嘗有他志，請遣使督之。詔曰：「邊（部）〔鄙〕（據遼史卷一六聖宗紀改）小族，歲有常貢。邊臣驕縱，徵斂無度，彼懷懼不能自達耳！第遣清慎官將，示以恩信，毋或侵漁，自然效順。」并命進節度使韓留治狀。壬寅，大食國遣使貢象及方物，爲子察克原作册割請婚。明年，遂封王子班郎君和索哩女噶老爲公主，嫁之。

太平六年（丙寅一〇二六）春二月己酉，東京留守巴格原作八哥。〔攷異〕公主表，聖宗女同名八哥。奏黄翩領兵入女直界，俘獲無算，得降户二百七十。詔獎諭之。

三月，準布來侵，西北招討使蕭惠字伯仁，阿固齊五世孫。擊破之。

夏五月癸卯，詔蕭惠將兵討甘州回鶻阿爾斯蘭部，徵兵諸路，獨準布酋長濟喇原作直刺。〔攷異〕畢沅續通鑑作特刺。後期，立斬以徇。進至甘州，攻圍三日，不克而還。時濟喇子聚兵來襲，準布酋長烏八〔攷異〕畢沅續通鑑作烏拜。密（告來信）〔以告，惠未之信〕。（據遼史卷九三蕭惠傳改補）會西準布叛，襲三克軍，都監尼嚕古，原作涅魯古，一作涅里姑。圖吉原作突舉部節度使轄里、原作諸里，字烏庫勒，圖吉部人。額布勒原作曷不吕。〔攷異〕卷九十三訛作阿不吕，係一人。畢沅續通鑑作阿卜魯。卷百十五高麗外紀曷不吕，另改赫伯舍。等將兵三千來救，遇敵於哈屯城西南，地理志云，本回鶻哈屯城，原作可敦，語訛爲河董城，久廢。遼完葺以防邊患。高州界女直，常盜刼行旅，遷其族於此。東南至上京千七百里。蕭罕嘉努傳，重熙初，嘗奏陳自城哈屯，開數千里，西北之民徭役日增，生意日殫。警急既不能救，叛服亦復不恒。空有廣地之名，而無得地之實。今宜結恩諸部，釋罪歸地，内徙戍兵，以增保障，外明約束，以正疆界。每部各置酋長，歲修職貢，叛則討之，服則撫之，諸部既安，必不生釁矣。時不能用。按，罕嘉努原作韓家奴，見卷一百三文學傳，係安圖孫，官歸德節度。嘗與耶律庶成纂實録，有六義集十三卷及五代史譯解。又貞觀政要及通曆皆奉詔譯；策對一卷；太宗功德碑均出金門。詔補三史藝文志。至卷十八重熙六年都部署，卷九十六有傳，則與道宗清甯九年北宣徽荆王降封蘭陵郡王，疑係一人。又，卷二十二清甯九年副宮使；卷二十三太康三年漢人行宮都部署；卷二十八天祚天慶五年北樞密；卷一百十四奚和勒博傳保大時奚人，六人同名韓家奴。見陳浩遼史攷證。宋白續通典云，重熙十五年，詔曰：「古之治天下者，明禮義，正法度。我朝世有明德，雖中外向化，然禮書未作，無以示後世，卿與庶成酌古準今，制爲禮典，或有疑，與南、北院同議。」家奴乃博考經籍，自天子達庶人，情文制度可行於世，不謬於古者，撰成三卷進之。字休堅，涅剌部人。時劉輝官太子洗馬，亦疏言西蕃爲患，士卒遣戍，疲於輓運，然長策請城於鹽濼，實以漢户，使耕田聚糧，以爲邊費。識者韙之。亦見文學傳。轄里、額布勒戰没（按，遼史卷一七聖宗紀，太平六年八月記此事作「監軍涅里姑、國舅帳太保曷不呂死之」，與此異），士卒潰散。惠倉卒列陣，敵出不意來攻營，衆請乘時奮擊，惠以軍疲，未可用，弗聽。烏巴請夜斫營，又不許。準布歸，乃伏兵擊之。前鋒始交，敵敗走。惠連年征討，士馬疲困，坐左遷，尋改南京統軍使。〔攷異〕畢沅續通鑑作都指揮使。詔遣特哩袞耶律鴻觀、原作洪古，字和爾沁，樞密華格弟，官上京留守，加裕悦。〔攷異〕本傳，加裕悦在重熙十三年，而興宗紀十二年八月裕悦鴻觀薨。是鴻觀之加裕悦，當在十三年之前。林牙華格等往討之。

八年（戊辰一〇二八）春正月庚申，黨項侵邊，破之。

秋九月癸丑，準布別部長呼蘭原作胡懶來降。乙卯，準布長吹古原作〔春〕〔春〕古（據遼史卷一七聖宗紀改）來降。

冬十一月丙申，以耶律求翰〔攷異〕汪輝祖遼史同名録云，卷十八興宗重熙元年平章；六年宮中都部署，三人同名求翰。爲北院大王。

興宗重熙六年（丁丑一〇三七）秋八月己卯，北樞密院言伊呼濟部民苦其酋長庫春原作坤長。〔攷異〕部族表作渾敞。不法，多流亡；詔罷伊呼濟等五國酋帥，以契丹一節度領之。營衞志云，五國部：一、博和哩；二、富珠哩；三、鄂羅木；四、伊呼圖；五、伊呼濟。聖宗時來附，合居本土以鎮東北境，屬黃龍府。

冬十一月，準布來貢。明年，其酋長通特古斯原作屯禿古厮。來朝。〔攷異〕蕭孝友傳，時官西北招討使。先是，蕭惠專以威制西羌，諸夷多叛；孝友下車，厚加撫慰，每入貢輒增其賜物，遂成姑息，諸夷轉益桀驁。論者譏其過中。表未載。

九年（庚辰一〇四〇）冬十一月甲子，女直侵邊，發黃龍府鐵驪軍拒之，以所得女直户置肅州。地理志云，肅州信陵軍，隸北女直兵馬司，治德安縣。

十年（辛巳一〇四一）春二月庚辰朔，詔博羅滿達勒原作蒲盧毛朶部歸哈斯罕户之没入者使復業。

冬十月庚寅，以女直太師塔鴉克原作臺押。〔攷異〕卷十八重熙二年女直詳袞，疑即此人。卷七十三欲穩傳，祖臺押，北邊伊喇；卷十九重熙十年女直太師，爲曷蘇館都大王，均另一人。見陳浩遼史考證。爲哈斯罕

(部)〔都〕(據遼史卷一九興宗紀改)大王。

十二年(癸未一〇四三)夏六月辛亥，準布大王通特古斯弟太尉薩哈勒原作撒葛里。〔攷異〕卷十二聖宗統和五年涅剌部節度使，另一人。來朝。

十三年(甲申一〇四四)夏四月己酉，遣東京留守耶律浩善、原作侯哂，字托紐，北院巴古濟後，傳在卷九十三。汪輝祖遼史同名録云：父黃皮室詳穩忽古；又，蕭忽古，道宗時護衛將軍；外戚表龍虎衛上將軍和克亦作忽古，三人同名忽古。知黃龍府事耶律烏魯斯原作歐里斯。〔攷異〕卷四十八百官志作甌里斯，浩善傳誤作蕭歐里斯，均係一人。卷八十一實嚕傳，子歐里斯，另一人。見陳浩遼史攷證。將兵攻博羅滿達勒部。其界內海蘭河户尋來附，招撫之。南院大王果實原作高十奏黨項叛附西夏。西南招討司奏，山西部族節度使屈烈以五部叛入西夏。

五月壬戌，羅漢努奏與黨項戰不利，招討使蕭布達、四捷軍詳衮張佛努没於陣。尋贈布達平章事。〔攷異〕畢沅續通鑑云，時元昊遣兵助叛黨。屬國表未載。

十五年(丙戌一〇四六)(春二月丙寅)〔夏四月甲戌〕(據遼史卷一九興宗紀改)，博羅滿達勒海蘭河百八十户來附。

(夏)(前已補「夏」字，此據文例删)六月甲戌，西北招討使耶律達嚕噶原作敵魯古。〔攷異〕重熙十二年惕隱，封漆水郡王；十四年金吾衛大將軍爲乙室大王，後見十八、十九年，俱不繫姓，均係一人。卷七十五耶律圖魯舒傳，父太宗時爲夷离堇，另一人。 坐贓免官。

秋七月丁未，女直部長札穆原作遮母率衆來附，加太師。

十七年（戊子一〇四八）春二月辛巳，振濟頁穩、原作瑞穩徹木袞原作朝穩部。

秋七月丁未，裕悦瑪摩約原作摩梅欲子布裕原作不葛一及伯哩原作婆離八部和費延原作虎骴等內附。

八月戊子，遣殿前都點檢耶律義先本傳，裕悦仁先弟，由祗候郎君班詳袞，歷南京統軍使，封富春王，追王許。 等伐富珠哩原作蒲奴里。〔攷異〕畢沅續通鑑作富努里。 酋托多羅。 原作陶得里。〔攷異〕畢沅續通鑑作託德勒。

十八年（己丑一〇四九）春正月丙辰，耶律義先奏富珠哩捷，尋執其酋托多羅來獻；手詔褒獎，封武昌郡王。〔攷異〕蕭珠展傳，原作朮哲，時爲興聖宮使。 從征富珠哩，擒托多羅，因與義先不協，誣義先罪，免官，後歷北府宰相。 姪藥師努，官右伊勒希巴，夏爲宋攻，求解，使宋通好，從之，拜南面林牙，終安東軍節度。 按，珠展爲國舅族，孝穆弟，噶濟子。 外戚表誤列，不知世次，而藥師努又未載。

三月丁巳，烏爾古遣使送款。

夏五月甲辰，五國酋長各率所部來附。 擢耶律仙童爲左監門衛上將軍。〔攷異〕仙童傳，富珠哩叛，爲五國節度率師討之，擒托多羅。 又擊威部，降其衆，改彰國節度，進北院大王，封許國公。 而宏簡録授左監門衛上將軍，在改彰國節度之前。又異。畢沅續通鑑仙童作珊圖。

二十一年（壬辰一〇五二）夏六月，遣使詣五國及布古德部捕「海東青」鶻。本紀未載，今從部族表。

冬十一月甲子，回鶻阿爾斯蘭遣使貢名馬、文豹。

道宗清甯三年（丁酉一〇五七）春正月乙未，五國部長來貢方物。〔攷異〕李燾長編云，仁宗嘉祐三年九月，秦鳳經畧司言西番嘉勒斯賚與契丹通姻。先是，嘉勒斯賚納克壘阿匝爾等叛歸夏國，諒祚乘此引兵攻掠境上，嘉勒斯賚與戰，敗之，獲酋豪六人，收橐駞、戰馬頗衆，因降隆博哩、恭瑪、頗克三族。會契丹遣使送女妻其少子董戩，乃罷兵歸。契丹既通姻，數遣使由回鶻路至河、湟間，與嘉勒斯賚約舉兵取河西，謂夏國也。欲徙董戩涼州與相近，嘉勒斯賚以道遠辭，乃止。契丹之妻董戩也，使久留不還，間蠱其妻；董戩知之，殺使者，置其妻不見。母喬氏勸之，不從。此據高永年隴右日録并汪藻青唐録。按，嘉祐三年，卽道宗清甯四年也。紀未載。

八年（壬寅一〇六二）夏五月，武都温原作五獨婉特哩袞圖圖爾噶原作屯秃葛等乞貢駞、馬，許之。

咸雍四年（戊申一〇六八）夏四月戊午，阿爾斯蘭回鶻來貢。

六月壬子，西北路雨穀，方三十里。〔攷異〕食貨志云，道宗初年，西北雨穀三十里，春州斗粟六錢。時西蕃多叛，上欲爲守禦計，命耶律唐古（省）〔督〕（據遼史卷五九食貨志改）耕稼以給西軍。唐古率衆田臚朐河側，歲登上熟；移屯鎮州，凡十四稔，積粟數十萬斛，每斗數錢。遷馬人望爲中京度支使，視事多歲，積粟十五萬斛，遼之農穀於是爲盛。而東京如咸、信、蘇、復、辰、海、同、銀、烏、遂、春、泰等五十餘城內沿邊諸州，各有和糴倉。依祖宗法：出陳易新，許民間自願假貸，收息二分，所在無慮二三十萬石，雖累兵興，未嘗乏用，迨天慶間，金兵大入，盡爲所有。所載甚詳。續通考繫之興宗重熙中。又異。（按，據遼史卷九一耶律唐古傳，唐古於興宗重熙四年致仕；又據同書卷一〇五馬人望傳，人望爲中京度支使在天祚時，此云「道宗初年」，誤）

五年（己酉一〇六九）春正月，準布塔里干叛；詔晉王耶律仁先爲西北招討使，錫鷹紐印及劍，諭以便宜從事。仁先嚴斥堠，扼敵衝，懷柔服從，庶事整飭。進擊塔里干，追殺八十餘里，大軍繼至，大敗之。別部來救，不敢戰而降。未幾，擒其酋長以獻，北邊遂安。

冬十一月丁丑，五國博和哩部叛，命右伊勒希巴蕭素颯字特默，原作特免。五院部人。〔攷異〕畢沅續通鑑作蕭蘇拉。率兵討降之。與其酋長來朝，徙北院林牙，改南院副部署。

十二月甲戌，五國來降，仍獻方物。

六年（庚戌一〇七〇）春二月丙寅，準布來朝，貢方物。

夏四月癸未，西北招討司以所降準布酋長至行在。

冬十月壬申，復擒其酋長來獻。

七年（辛亥一〇七一）春三月己酉，以討五國功，加知黃龍府事蒲延等千牛衛上將軍。

八年（壬子一〇七二）春正月癸未，以討北部功，加詳衮耶律超原作巢知北院大王事（按，據遼史卷二三道宗紀，耶律巢知北院大王事在二月壬戌），都監蕭阿嚕岱烏爾古德埒部詳衮。〔攷異〕宏簡録云，以阿嚕岱曾論耶律巢功，並賞之。紀未載。時以戰多殺人，飯僧南京、中京。〔攷異〕蘇轍欒城集北還上劄子云，虜主好佛法，能自講其書。每夏季輒會諸京僧徒及羣臣，執經親講。所在修蓋寺院，僧徒縱恣，小民苦之。魏坤倚晴閣雜鈔云，燕京歸義寺在善果寺西，遼刹也。天主殿前一碑，無撰書人姓氏，額書彌陀邑特建起院，碑文稱：肇自清甯七年買徐員外地，遂爲歸義寺，備書寺基、牆垣尋尺以及佛像經藏之數。碑陰：首書疏主懺悔師、守司徒、純慧大師、賜紫沙門守臻，本行僧録、檢校司空、精修大師，賜紫沙門智清；次載邑衆姓名：開府、守太尉兼中書令、豳國公劉二玄，開府兼侍中、開國公趙徽，建雄軍節度使、開國公劉霈，諫議馬子詮，尚書張挺，中舍李思□，祕書省校書郎劉文，左班殿直韓允，右班殿直王規，燕遼國妃劉蕭氏，遼國夫人杜鄭氏，其餘邑首、邑長、邑正、押司官、印官、副正、副録、知歷錢物，名號不一，又數十人。按，道宗加僧守志司徒，見於咸雍二年。加圓釋、法鈞二僧守司空，見於咸雍六年。覩此碑，知加司徒、司空者，先有守臻、智清矣。名器之濫，從可知也。游幸表載道宗清甯十年九月幸七金山三學寺。寺在南京城南，但七金山無考。惟兵衛志曰，統和二十三年，城七金山，建大定府，號中京。則七金山在中京。豈另有三學寺耶？抑二事並書耶？耶律楚材湛然居士集，三學寺改名圓明，仍請予爲功德主，因作疏曰：「粤三學之巨刹，冠四海之名藍，今改僧而舍尼，遂從禪而革律，邀印公爲粥飯頭，請湛然爲功德主。」張翥蜕菴集，遊城南三學寺詩曰：「城南多佛刹，結構自遼、金。旁舍遺民在，殘碑好事尋。雨苔塵壁暗，風葉石幢深。一飯蒲團了，蕭蕭鐘磬音。」按，興宗重熙十一年十二月，以宣獻皇后忌日，上與太后素服飯僧於三學寺，至明一統志，已無此刹。

九年（癸丑一〇七三）秋七月戊申，八錫林原作石烈德哷原作敵烈人殺其節度使以叛。己酉，詔威烏爾古原作隗烏古。〔攷異〕聖宗紀作威伊濟，云原作烏隈于厥，與部族表異。部軍分兩道擊之。時都監耶律都木達兵屯臚朐河，不戰。德呼剽掠居民，行軍都監蕭頁魯原作迓魯，字和爾沁，五院部人。擊敗之，盡獲其輜重。又敗其酋長和卓兵，斬數千級，盡得所掠而還。(頁魯)(據遼史卷九三蕭迓魯傳刪)值德呼、準布相繼寇掠，邊人疲弊，援兵不時至，而疆圉帖然，皆其力，擢東北路統軍都監。

太康元年(乙卯一〇七五)冬十月，西北路叛命酋長希斯、原作遐塔吹丹、原作(離)〔雛〕塔(據遼史卷二三道宗紀改)雙寬原作雙古。〔攷異〕汪輝祖遼史同名録云，卷九十三蕭托雲傳，子南京統軍使；卷九十七耶律音濟傳，音濟父；卷一百十四蕭塔喇台傳，父國舅詳袞，四人同名雙寬。等來降。〔攷異〕耶律大悲努傳，字糾堅，王子班轟里古之後，時官右皮室詳袞。會準布叛，奉詔招降之。紀未載。

四年(戊午一〇七八)夏六月甲寅，準布諸酋長進良馬。

秋九月，五國部長來貢。

冬十一月己丑，回鶻遣使來貢。〔攷異〕道宗紀載是年七月甲戌，諸路奏飯僧尼三十六萬人。畢沅續通鑑云，道宗末年，羣邪並進，賊及骨肉，諸部侵叛，用兵無甯歲。唯一歲飯僧三十六萬，一日而祝髮者三千人，崇尚佛教，罔知國卹，亡徵見矣。晁說之嵩山集云，遼主洪基以白金數百兩鑄兩佛像，銘其背曰：「願後世生中國。」按，本紀載，清甯九年十月，幸興王寺；咸雍四年二月，頒行御製華嚴經贊；五年十一月，僧志福加守司徒；六年十二月，加圓釋、法鈞二僧並守司空；七年八月，置佛骨於招仙浮圖，罷獵，禁屠殺；八年七月，以御書華嚴經五頌示羣臣；十二月，賜高麗佛經一藏；大安元年十一月，詔僧尼無故不得赴闕；壽隆六年十一月，召醫巫閭僧志達設壇於內殿。

十年（甲子一〇八四）春二月庚午朔，蒙古原作萌古國遣使來聘。

三月戊申，遠蒙古國遣使來聘。〔攷異〕洪皓松漠紀聞云，盲骨子，契丹事迹謂之朦骨國，即唐書所謂蒙兀部。李心傳朝野雜記云，蒙國在女真東北，亦曰萌骨。人不火食，夜中能視。以鮫魚皮爲甲，可捍流矢。紹興初始叛金，宗弼不能討，但守要害。至亮時，與韃靼共爲邊患。李燾長編云，元豐六年五月，于闐貢方物，見於延和殿，上曰：「離本國幾何時？」曰：「四年。」「在道幾何時？」曰：「二年。」「經涉何國？」曰：「道由黃頭回紇、草頭韃靼、董氊等國。」「留董氊幾何時？」曰：「一年。」「聞韃靼有無頭領部落？」曰：「以乏草粟，故經由其地，皆散居也。」上謂張誠一曰：「韃靼在唐與河西、天德爲隣，今隔在北境。自太祖朝嘗入貢，後道路阻隔，貢奉遂絕，間嘗與夏戰者，豈此韃靼耶？」曰：「韃靼與李氏世仇也。」問：「道由諸國，有無抄掠？」曰：「惟懼契丹耳。」問：「所經由去契丹幾何里？」曰：「千餘里。」所載甚詳。

夏四月，女直貢良馬及犬。嗣後屢次來貢。〔攷異〕耶律納延傳，太康中，西北諸部擾邊，以納延季父北院大王卓克算爲西北招討使兼行軍都統，討平之。又，蕭素颯傳，子穆喇斡，時爲馬羣太保。北部來侵，擊破之，遷統軍，仍許便宜行事。紀、表均未載。商輅續綱目云，是年復改國號爲遼，紀亦未載。

大安二年（丙寅一〇八六）夏六月乙巳，準布酋長余古納原作古赧及阿達原作愛的來朝，詔燕國王延禧相結爲友。

五年（乙巳一〇八九）夏五月巳丑，以準布磨古斯爲諸部長。〔攷異〕畢沅續通鑑作瑪古蘇。云，招討耶律托卜嘉所薦也。自蕭廸嚕爲招討使，政務姑息，諸部漸至跋扈；托卜嘉含容尤甚，邊防益廢，至是復薦瑪古蘇，卒啓邊患。紀未載。　趙翼陔餘叢考引孟珙蒙達備録，謂北有蒙古斯國，雄於北邊，後衰滅。成吉斯起兵，慕蒙古爲雄國，始稱蒙古。按，蒙古斯卽磨古斯，「磨」「蒙」聲相近也。耶律都勒斡傳，原作鐸魯斡，字伊實揚，季父房後，廉約重義。咸雍中官同知南京留守，被召，以部民懇留，賜詔褒奬。大安五年，歷南府宰相，卒。所至有聲，吏民畏愛。子布庫，烏爾古節度，爲盜殺。　汪輝祖遼史同名録云，布庫作普古；卷三十七地理志，松山州横帳王；卷十七聖宗紀，太平五年北樞密，三人同名普古。又，卷一百十蕭十三傳，父節度；卷八十二蕭揚阿傳叛人，均與鐸魯斡同名。

七年（辛未一〇九一）夏六月己亥，倒塌嶺人進古鼎，有文曰：「萬歲永爲寶用。」辛丑，回鶻遣使貢方物，尋獻異物，不納，厚賜遣之。

八年（壬申一〇九二）冬十月辛酉，準布磨古斯殺金吾特古斯原作吐古斯以叛，時耶律和囉木薩噶原作阿魯掃古。本傳，字烏庫哩，孟父房後，卒官，兼侍中。〔攷異〕卷二十六，道宗壽隆六年東京留守何魯掃古，係一人。　宏簡録，壽隆間爲東京留守，乾統三年爲南院大王。傳未載。知西北招討司事。值邊部額特格爾原作耶覩刮，又作耶都刮，係一部。等來侵，誘北準布酋豪磨古斯攻之，俘獲甚衆，以功加左僕射。復討額特格爾等，悞擊磨古斯，北準布由是叛命，坐削官。遣奚六部圖哩、原作吐里，亦作禿里。耶律果桑原作郭三發諸蕃部兵討之。

九年（癸酉一〇九三）春二月，磨古斯來侵，和囉木薩噶率兵追之，還，都監蕭章吉特原作張九遇賊，與戰不利，二室韋、伊喇、原作拽剌北王府、特們、原作特滿羣牧、宮分等軍多陷沒。

冬十月庚戌，有司奏磨古斯僞降，已而乘虛來襲，耶律托卜嘉原作撻不也死之。托卜嘉爲仁先子，時代和囉木薩噶爲西北招討使。磨古斯之爲酋長，托卜嘉所薦，至是誘致之，逆於鎮州西南沙磧間，不設備，遂被害。事聞，贈侍中，謚貞愍。準布烏古察原作烏古札，亦作烏古禮。叛，達勒達、原作達里底博索摩原作拔思母并寇倒塌嶺，命行軍都監耶律辰嘉努原作陳家奴。〔攷異〕宏簡録作鄭家奴。畢沅續通鑑作愼家努，字綿辛，懿祖弟噶拉之裔。按，本傳，兄薩木原作撒鉢。皇族表未載薩木名。率兵往援。統軍使蕭休格原作朽哥奏討準布等部捷。

十一月辛巳，特默原作特末等奏討準布捷。

十年（甲戌一〇九四）春正月癸未，提克德原作惕德來貢。戊子，烏古察等來降。達勒達、博索摩二部來侵，四捷軍都監特默死之。

二月丙午，西南招討司奏討博索摩捷。巴雅爾、布琳、原作排雅、僕里通古、原作同葛和克、原作虎骨布格原作僕果等來降。達勒達來侵，山北副部署蕭阿嚕岱原作阿魯帶。本傳，字伊實揚，威部人。父農古，仕至糺詳袞。阿嚕岱由本部司徒歷官山北副部署，加同平章事，封蘭陵（郡）〔縣〕公（據遼史卷九四蕭阿魯帶傳改），改西北招討使。即前論耶律巢討北部功者。傳未載。擊敗之。

夏四月壬寅朔，提克德、敏達蘇、原作萌得斯魯克都原作老古得等各率所部來附，詔復故地。

辰嘉努奏討察察哩原作茶札剌。〔攷異〕天祚紀又作荼赤剌，係一部。捷。以知北院樞密〔司〕〔使〕（據遼史卷二五道宗紀改）事耶律額時垺原作斡特剌。〔攷異〕卷九十蕭托輝傳，太康時臣斡特剌，另一人。爲都統，伊勒希巴耶律托多〔攷異〕宏簡録作吐朵，卷二十五太康九年又作禿朵，係一人。爲副統，龍虎衛上將軍耶律呼哩原作胡呂，字蘇色，宏義宮分人。爲都監，討磨古斯，積慶宮使蕭札里原作糺里監戰。〔攷異〕宏簡録載在九年。辛亥，休格奏伯哩原作頗里〔八部〕（同上書補）來侵，擊敗之。

閏月庚子，達勒達、博索摩二部來降。

五月戊午，西北招討司奏德呼等部入寇。統軍司與戰，不利，招討司以兵擊敗之，敦睦宮太師愛努原作愛奴及其子死之。時，候者見馬蹤，意寇至，辰嘉努遣報，愛努視之曰：「此野馬也。」將出獵，寇至，愛努戰没。有司案辰嘉努，不伏，詔釋之。由是感激，後諸部復來侵，辰嘉努率兵三往，皆克，邊境遂安。辛酉，以國舅詳衮蕭阿里原作阿烈。〔攷異〕卷八十四蕭討古傳，應曆初臣，另一人。皇族表，德祖裔，寅底石子中書令阿烈，當即此人。同領西北路行軍事。

六月乙酉，統軍使休格有罪，除名。

秋七月，準布來寇倒塌嶺，盡掠牧馬而去，耶律實嚕原作石柳，傳在卷九十九，祖獨攧官南院大王，與卷九十二四捷軍詳衮同名。以兵追及，奪還。

九月甲子，德哷諸酋來降，釋其罪。額特垺奏破磨古斯。

冬十日癸巳，西北統軍司獲準布長博碩和、原作柏撒葛富魯原作蒲魯等來獻。

十一月乙巳，提克德通古、原作銅刮準布迪里原作的烈等來降。達勒達、博索摩二部復來侵，蕭阿嚕岱擊敗之。

十二月戊子，西北統軍司奏討磨古斯捷。

壽隆〔攷異〕洪遵泉志載壽昌元寶錢引李季興諸蕃樞要云，契丹主天祚年號壽昌。北遼通書云，天祚即位，壽昌七年改元乾統。予家藏易州興國寺碑、安德州靈巖寺碑、興中府玉石觀音像唱和詩碑皆壽昌中刻。東都事略、文獻通考亦稱壽昌，則壽隆乃壽昌之訛也。遼人謹於避諱，道宗乃聖宗孫，而以壽隆紀元，此理所必無者。見錢大昕潛研堂集。畢沅續通鑑亦作壽昌，而范成大攬轡錄又有盛昌六年，未知何指？元年（乙亥一〇九五）春正月庚戌，博索摩來侵，蕭阿嚕岱擊敗之。

夏四月丁卯，額特埒奏討額特格爾捷。〔庚寅〕（據遼史卷二六道宗紀補）錄西北路有功將士。

六月己巳，圍場都管薩巴原作撒八以討準布功，加鎮國大將軍。癸巳，準布長約羅岱原作香里底。〔攷異〕屬國表作禿里底，係一人。及塔瑪噶原作圖木葛來貢。

秋七月庚子，準布長敏達蘇原作萌達斯等來貢。癸丑，伯哩八部來附，進方物。甲寅，額特埒奏討磨古斯捷，拜西北招討使，封漆水郡王。

二年（丙子一〇九六）春正月癸卯，西南招討司討博索摩，破之。

二月癸亥，振達木琳巴古原作達麻里別古。部。

秋九月丙午，徙烏爾古德哷部於烏納水，以扼北邊之衝。

冬十二月己未，額特埒討默爾吉，原作梅里吉敗之。

三年（丁丑一〇九七）春正月壬寅，烏爾古部節度使耶律辰嘉努以功加尚書左僕射（按，遼史卷二六道宗紀作「右僕射」）。〔攷異〕宏簡録繫之壽隆元年五月。

閏二月丙午，〔攷異〕原無閏月。考朔考，閏二月丙戌朔，丙午乃閏月二十一日，今增。準布各酋長請復故地，貢方物，從之。

夏五月癸亥，額特埒討準布，破之。

秋八月己亥，博羅滿達勒部長率其民來歸，復來貢。

九月戊寅，額特埒奏討默爾吉捷，擢南府宰相。

冬十一月丁丑，西北統軍司奏討默爾吉捷。

四年（戊寅一〇九八）夏五月癸酉，納延原作那也奏討北邊捷。〔攷異〕本傳，字伊實年，巴古濟後。大安十年冬，磨古斯叛，納延時爲倒塌嶺節度使，與都監耶律呼哩討破之。薦呼哩爲漢人行宫副部署。壽隆四年，復討二部有功，拜統軍使，邊境以甯。道宗紀及表未載十年事。納延後爲中京留守，改北院大王，卒。所至以惠化稱。畢沅續通鑑作諾延。按，納延，蒙古語「八十數」，舊作迺賢，今譯改。

五年(己卯一〇九九)春正月乙丑，原作己丑。(按遼史卷二六道宗紀作乙巳，即正月初二)〔攷異〕朔考，正月甲辰朔，己丑係二月十六日，而屬國表詔伐博索摩列於正月，是係乙丑之訛，今改。詔夏國王李乾順伐博索摩等部。

夏五月戊辰，以額特埒兼西北招討使、禁軍都統。尋奏討額特格爾捷。

六年(庚辰一一〇〇)春正月辛卯，額特埒執磨古斯來獻。〔二月〕(據遼史卷二六道宗紀補)詔磔於市。本傳，字伊實揚。以平寇功，加守太保，累封混同郡王，北院樞密使，加太師，卒，謚(敏)〔敬〕肅。(據遼史卷九七耶律斡特刺傳改)〔攷異〕宏簡錄，大安二年，知樞密院事兼護軍都統。乾統二年，又獻額特格爾等部捷。準布來侵，復戰敗之。傳均未載。皇族表作許國王，伊德實六世孫。續通考列於第七世，史原本又誤列入八世，今改。

夏五月壬午，烏爾古部討察察哩，破之。

秋七月壬申，額特格爾諸部寇西北路，額特埒擊敗之，使來獻捷。

七年(辛巳一一〇一)春正月壬戌朔，帝力疾，御清風殿，受百官及諸國使賀。是夜，白氣如練，自天而降。黑雲起於西北，疾飛有聲。北有青、赤、黑、白氣，相雜而落。

天祚帝乾統二年(壬午一一〇二)夏五月乙丑，額特埒獻額特格爾等部捷。〔攷異〕蕭道拉傳，字綏蘭，約尼温汗宮人。乾統元年，爲西北招討使。額特格爾率隣部來侵，道拉逆擊，追奔數十里。二年，乘其無備，以輕騎襲之，獲馬萬五千，牛羊稱是。紀未載。

秋七月，準布來侵，額特埒等戰敗之。

三年（癸未一一〇三）春正月辛巳朔，女直（梟）〔函〕（據遼史卷二七天祚紀改）蕭哈里原作海里首來獻。嗣後女直事，均詳金人兵起事中。

天慶五年（乙未一一一五）春二月，饒州地理志云，本唐饒樂府地。太祖完葺故壘，有潢河、長水、濼移丹河。縣三：長濼、臨河、安民。〔攷異〕薛映記云，度潢水石橋，旁有饒州，唐於契丹嘗置饒樂府，今渤海人居之。方輿紀要云，在臨潢西南二百三十里，唐貞觀中置松漠府於此。阿保機因建爲饒州匡義軍，治長樂縣，今廢。渤海古欲等反，自稱大王。以蕭色佛留原作謝佛留。〔攷異〕卷十七，天雲軍詳衮，另一人。等討之。兵敗，詔蕭托斯和原作陶蘇斡爲都統，往援，復敗績。

夏六月丙辰，招獲古欲等。時古欲結構頭下城以叛，有步騎三萬餘，招之不下。托斯和帥兵往討，擒其渠魁，斬首數千級，得所掠物，悉還其主。紀所載未詳，今從托斯和傳。字伊實揚，圖魯卜部人，阿爾威部節度哩巴孫。由祇候郎君歷同知南樞密，以太子太傅致仕，卒。〔攷異〕卷一百七耶律努傳，努妻父駙馬都尉陶蘇斡，另一人。

六年（丙申一一一六）秋八月，烏爾古部叛，遣中丞耶律托卜嘉招降之。

冬十一月，東面行軍副統瑪格原作馬哥及伊都原作余覩攻哈斯罕，敗績。詔削瑪格官。

七年（丁酉一一一七）春正月，孟古、原作女古皮室四部及渤海人皆叛降女直。〔攷異〕洪皓松漠紀聞云，渤海値天祚之亂，共聚族立姓，大者於舊國爲王，金討之。軍未至，其貴族高氏棄家來降，言其虛實，城復陷。契丹所遷民益繁，至五千餘户，勝兵可三萬。金人慮其難制，頻年轉戍山東，每徙不過數百家。至辛酉歲，盡驅以行，其人大怨。富室安居踰二百年，多爲園池植牡丹至二三百本，有數十幹叢生者，皆燕地所無，賤賣而去。其居故地者，令歸契丹。舊爲東京置留守，有蘇、扶等州。蘇與中國登州、青州相值，每大風，順，隱隱聞雞犬聲。

九年（己亥一一一九）夏五月，準布博斯齊原作補疎只等叛，執招討使耶律斡里朶，〔攷異〕畢沅續通鑑作鄂爾多。都監蕭錫里岱，原作斜里得。〔攷異〕畢沅續通鑑作色埒德。不屈，死之。

保大二年（壬寅一一二二）夏四月，沙漠以南部族皆降金，帝遁額蘇掄。原作訛莎烈。

秋七月丁巳朔，德呼部皮室叛，烏爾古部節度使耶律唐古原作棠古，字富僧額，六院郎君噶拉後。〔攷異〕卷九十一唐古傳，裕悦烏哲庶子，官黨項部節度；卷二十五重熙十九年北樞密副使，歷南府宰相，封韓王，三人同名唐古。討平之，加太子太保。

九月，都統瑪格討叛命德呼部，克之。

是冬，帝由薩里原作掃闊出居「四部族」詳袞之家。營衛志云，内四部族：曰要尼九帳族，曰橫帳三父房族，曰國舅帳巴哩伊蘇濟勒族，曰國舅部族。〔攷異〕續通考云，肅祖長子洽昚之族在五院司。叔子剌葛、季子洽禮，及懿祖仲子帖剌，季子褭古直之族，皆在六院司。此五房者，謂之二院。皇族：元祖伯麻魯無後。次子巖朮之後曰孟父房；叔子釋魯曰仲父房。季子爲德祖。德祖之元子爲太祖，謂之橫帳。次曰剌葛，曰迭剌，曰寅底石，曰安端，曰蘇，皆爲季父房。此一帳三房謂之四帳。皇族以北、南院治；二院以太内惕隱治；四帳皆統於太内惕隱司。太内惕隱司掌皇族四帳之政教，設惕隱、知事、都監等官。又設四帳都詳隱司，掌四帳軍馬之事，設都詳隱、都監、將軍等官。分横帳、孟父帳、仲父帳、季父帳。四詳隱司外，有舍利司，掌皇族之軍政，亦設詳隱、都監、將軍等官。納牛馬得裹頭巾者曰舍利。又，王子院，掌王子各帳之事，官曰王子太師、太保、司徒、司空、郎君，皆北面官。所載甚詳。

四年（甲辰一一二四）春正月，帝北遁，瑪克實原作謨葛失來迎，防衛盡禮。至烏爾古德呼部，封爲神裕悦〔王〕（據遼史卷二九天祚紀補）。是歲，帝出夾山，趨山陰，納圖魯卜部人額爾克原作訛哥之妻恩克，原作諳葛以額爾克爲本部節度使。

五年（乙巳一一二五）春正月，黨項小呼嚕原作斛祿遣人請帝臨其地，遂趨天德。過沙漠，金兵忽至，徒步出走，徑趨黨項，以小呼嚕爲西南招討使。二月，帝至應州，爲金兵所獲。

遼史紀事本末卷七

征撫高麗

太祖卽位之(元)〔九〕(據遼史卷一太祖紀改)年(乙亥九一五)冬十月戊申，高麗遣使進寶劍。高麗爲古箕子始封地。當唐季，高氏政亂國危，其臣王建以大族承其敝，權知國事，據有三韓。〔考異〕王溥五代會要云，本扶餘別種，國都平壤，卽漢樂浪郡故地。東隣新羅，西至營州，南至百濟，北至靺鞨。東西三千一百里。南北千里。國相號大對盧，外官有傉薩、通使等名。通鑑云，唐滅高麗。天祐初，石窟寺眇僧躬義聚衆據開州，稱王，號大封國。性殘忍。海軍統帥王建殺之自立，復稱高麗王。後梁龍德二年也。徐兢宣和奉使高麗圖經云，王氏之先，蓋高麗大族。當高氏政衰，國人以建賢，立爲君長。後唐長興三年，稱權知國事，請命於明宗，拜元菟州都督，充大義軍使，封高麗王，晉開運二年卒。葉夢得石林燕語云，高麗自三代以來見於史者，句驪其國號，高其姓也。隋去「句」字，唐以來止稱高麗。五代史記後唐同光元年韓申來，其王尚姓高，長興中始稱權知國事王建。王氏代高，當在同光、長興間，而史失其傳。孫穆雞林類事云，建後傳位，不欲與其孫，乃及於弟。生女不與國臣爲婚，令兄弟自妻之，言王姬之貴，不當下嫁也。國人婚嫁無聘財，男女相欲爲夫婦。國城三面負山，北最高峻，有溪曲折貫城中，西南當下流，城周二十餘里，亦堅壯。各官月下朝參，文班百七十二員，六拜舞蹈，國王還禮，稟事膝行而前。癸未年，倣本朝鑄錢交易，以海東重寶、三韓通寶爲記。　中邊圖制考云，朝鮮分其國爲八道：中曰京畿；東曰江原，本濊貊地；西曰黄海，古馬韓舊地，南曰全羅，本卞韓地；東南曰慶尚，乃辰韓地；西南曰忠清，古馬韓之域；東北曰咸鏡，本高句驪地；西北曰平安，本朝鮮故地　東、西、南瀕海，北隣女直，西北抵鴨淥江。東西二千里，南北四千里。所載互異。至是始通使焉。

〔攷異〕高麗外紀，太祖神册間始進寶劍，天贊三年、天顯二年來貢。太祖紀載進寶劍在九年，時尚未建元也。

神册三年（戊寅九一八）春二月，高麗遣使來貢。

天贊四年（乙酉九二五）冬十月辛巳，高麗來貢。

太宗天顯十二年（丁酉九三七）秋九月辛未，遣使高麗。〔攷異〕通鑑云，高麗王建，是時出兵擊破新羅、百濟，於是東夷諸國皆附。以開州爲東京，平壤爲西京，及六府、九節度、百二十部。　隋書：新羅之先，附庸百濟。百濟，其先出自高麗。東明之後有仇台者，始立國於帶方故地，初以百家濟海，故名。　李燾長編云，高麗東南臨海，西北接遼、女直、黑水。自王建并新羅、百濟之地，至王徽，蓋百七十餘年。王居蜀莫郡，曰開州，號開城府；新羅曰東州，號樂浪府，爲東京，王居東北二十日行；百濟曰金州，號金馬郡，南十二日行；扶餘舊地曰公州，號扶餘郡，又南二十日行；平壤曰鎬州，爲西京。鴨淥江爲西北徼，東所臨海，水極清，下視十丈；入登州至千里長沙卽濁。天聖以前，使由登州入；熙甯以後，皆由明州。言登州路有沙磧，不可行。其自明州還，遇順風，四日夜抵黑山，已望其國境。自是山入島嶼，安行。便風七日至京口；陸行，兩驛至開州。所載甚詳。

會同二年（己亥九三九）春正月乙巳，以受晉上尊號册，遣使報高麗。〔攷異〕鄭麟趾高麗史云，太祖二十五年冬十月，契丹遣使來遺橐駝五十四。王以契丹嘗與渤海連和，嗣棄好殄滅，此爲無道之甚，不足結隣，流其使三十人於海島，繫橐駝萬夫橋下，皆餓死。時會同五年也。通鑑目錄，會同八年，契丹攻晉，高麗王建請於晉帝，共擊契丹，助渤海。建卒，子武立，帝遣使諭之，以他爲解。宋白續通典云，晉天福中，有西域僧襪囉來朝，善火卜，俄辭高祖，請游高麗，王建甚禮之。時契丹併渤海之地有年矣。建曰：「渤海本吾親戚之國，其王爲契丹虜，吾欲爲朝廷攻而取之，且欲平其舊怨。師回，爲言於天子，當定期兩襲之。」襪囉還奏高祖，不報。出帝時復奏之，帝遣郭仁遇諭建夾攻。會建卒，武嗣，與大臣不叶，性怯懦，所言皆虛誕耳。王溥五代會要云，晉開運三年，武嗣位，十月，遣廣評侍郎朝立珪、前禮賓卿金廉等十八人來朝，命光祿卿范光政、洗馬張季凝册武爲高麗國王。武卒，子昭立。漢乾祐末年也。高麗圖經云，昭於建隆二年遣使朝宋，加功臣號及食邑。開寶九年，昭卒，子伷立，遣使請命，封爲國王。太平興國七年，伷卒，弟治乞襲封，從之。高麗外紀未載。

聖宗統和元年（癸未九八三）**冬十月，帝將征高麗，親閱東京兵馬。**

三年（乙酉九八五）**秋七月甲辰朔，詔諸路繕甲兵，以備東征高麗。丁卯，遣使閱東京諸軍兵器及道路。尋以遼澤沮洳，罷其役。**〔攷異〕薛應旂通鑑云，太平興國五年六月，高麗遣使來貢。雍熙二年九月，遣使如高麗。時議伐契丹，以高麗與接壤，數爲所侵，命韓國華詔諭發兵西會，高麗遷延，未即奉詔。國華屢檄督催之，得報發兵乃還。時統和三年也。據此，則高麗有發兵會伐之事。外紀未載。

十年（壬辰九九二）**冬十二月，遣東京留守蕭恒德等伐高麗。**〔攷異〕恒德傳，六年，高麗未附，恒德受詔，率兵拔其邊城，王懼，始上表乞降。畢沅續通鑑云，十年冬，高麗遣徐熙、崔亮等軍北界，聞遼師攻蓬山郡，獲先鋒軍使尹庶顏等，兵不得進。時高麗成宗文懿王十二年冬十二月事。見東國通鑑。紀及外紀均未載。

十一年（癸巳九九三）春（三）〔正〕（據遼史卷一三聖宗紀改）月丙午，高麗王治遣朴良柔奉表請罪，詔取鴨渌江東數百里地賜之。江在吉林烏喇南，源出長白山。西南流，與朝鮮分界，至鳳凰城東南入海。〔攷異〕通典云，即古馬訾水也。高麗恃此爲天險。唐書云，出靺鞨之白山，色若鴨頭，號鴨渌水，歷國内城西，與鹽難水合，至安市入海。續通考云，國城西北千四百五十里。其國東、西、南皆瀕海，又西大海。在黄州長州鎮，東流入大通江。大通江在平壤城東，舊名浿水。又，漢江，國城南十里，源出金剛、五臺二山，合流入海。江之南，即古百濟國地。月不唐江，黄州安岳縣東，西流入大海。大江，靈州東，西北入大通江。大定江，在博州城西。清川江，安州西南流入海，舊名薩水。發盧河，平壤城西熊津，國城南，故百濟海口。禮成港，開成府南入海。按，鹽難水疑即佟佳江也。在吉林烏拉城南八百二里，亦名通佳江，南流會鴨渌江。明一統志有大蟲江，當即佟佳江，源出龍鳳山分水嶺，西南流，受哈爾敏諸水，鴨渌江自東來會，南入於海。畢沅續通鑑云，恆德移檄高麗，令具降欵。王治數遣使不得要領，徐熙請往。恆德欲令拜於庭。不可，許升堂行禮。恆德責其侵蝕邊壤、越海事宋。熙謂：「能逐女直，還鴨渌江故地，築城堡，通道路，則敢不修貢？」恆德奏聞，許罷兵。徐乾學通鑑後編并書於前年，今從史。東國通鑑云，初，奉使者爲監察司憲李蒙戩，還奏，會議，久不報，遜甯遂攻安戎鎮，中郎將大道秀，郎將庚方與戰，克之。遜甯不敢復進。益促降，復遣閤門舍人張瑩往，送還，熙乃往。方遜甯之入寇也，恐喝脅降，羣臣或請降，或割地，熙力陳不可。及使契丹，抗禮不屈，終講和親，豈下於富弼乎？見東國史略。

十二年（甲午九九四）春二月己丑，高麗來貢。

三月丁巳，遣使請所俘人畜，詔贖還。丙寅，遣使撫諭之。

冬十二月戊子，高麗進妓樂，郤之。〔攷異〕東國通鑑云，是春二月，蕭遜甯致書曰：「近奉宣命，但以彼國信好早通，境土相接，雖以小事大，固有規儀，而原始要終，須從悠久，若不設於預備，慮中阻於使人。遂與彼國商議，使於要衝路陌，創築城池者。尋準宣命，自便斟酌。擬於鴨淥江西創築五城，取三月初下手修築。伏請大王預先指揮，從安北府至鴨江東，計二百八十里，酌量遠近，并令築城。所貴交通車馬，長開貢覲之途，永奉朝廷，自協安康之計。」三月，遂遣侍中朴良柔如契丹，告行正朔，乞還俘口。六月，遣元郁如宋乞師，不許，優禮遣還，自是與宋絶。契丹遣崇祿卿蕭述管、御史大夫李涴齎詔來撫諭。高麗史同，外紀未載。薛應旂通鑑云，淳化五年七月，高麗苦契丹侵擾，請伐之；太宗不欲開邊隙，詔撫諭之。自是不復入貢。長編載富弼疏，所言亦同。蕭恆德傳云，是年從和碩鼐討烏舍，進擊東南諸部，至高麗北鄙比還，道遠糧絶，士馬死傷甚衆，削功臣號。後坐事賜死，追封蘭陵郡王。外紀未書遼兵至北鄙事。

十三年（乙未九九五）春二月甲辰，高麗遣李周楨來貢。

夏五月壬子，高麗進鷹。

冬十月甲申，復遣李知白來貢。〔攷異〕西夏於統和九年遣李知白來謝封册，是兩國使臣同姓名也。按，聖宗紀，西夏李知白作「杜白」。

十一月辛酉，遣使册王治爲高麗國王。尋遣童子十人來學國語。〔攷異〕高麗史，進鷹之使爲李周楨，即係二月事。復遣左丞宣趙之遴如契丹請婚，以駙馬蕭恆德女許嫁；史繫之十四年，稍異。

十四年（丙申九九六）春三月壬寅，高麗王治表請婚，詔以東京留守蕭恆德女嫁之。〔攷異〕畢沅續通鑑云，高麗請婚，遼以蕭恆德女字之。尋遣韓彦卿納幣。既而王治殂，遼人還其幣。據此，是字非嫁也，紀及外紀恐有誤。

夏六月己丑，高麗遣使來問起居。後至無時。〔攷異〕高麗史云，成宗十五年春三月，契丹遣翰林學士張幹、忠正軍節度蕭熟葛來册王曰：「漢重呼韓，位列侯王之上；周尊熊繹，世開土宇之封。朕法古爲君，推恩及遠；惟東溟之外域，順北極以來王。歲月屢遷，梯航靡倦。宜舉真封之禮，用旌內附之誠。爰采彝章，敬敷寵數。咨爾高麗國王王治，地臨鯷壑，勢壓蕃隅；繼先人之茂勳，理君子之舊國。文而有禮，智以識機；能全事大之儀，盡協酌中之體。鴨江西限，曾無恃强之心；鳳扆北瞻，克備以時之貢。言念忠敬，宜示封崇；升一品之貴階，正獨坐之榮秩。仍疏王爵，益表國恩，册爾爲開府儀同三司、尚書令高麗國王。於戲！海、岱之表，汝惟獨尊；辰、卞之區，汝惟全有。守兹富貴，戒彼滿盈；無庸小人之謀，勿替大君之命。敬修乃事，用合朝經；俾爾國人，同躋壽域。永揚休命，可不美哉！」幹等至，築壇，備禮受册，大赦。蓋統和十四年也。史繫之十三年，稍異。

十五年（丁酉九九七）秋七月丙子，高麗遣韓彦敬奉幣弔越國公主喪，蕭恆德妻也。〔攷異〕聖宗紀統和四年，駙馬都尉懇德以兵討女直。十二月，祭日月，爲駙馬都尉蕭勤德祈福。公主表並無此名，他駙馬都尉亦無名某德者，以其時考之，或卽是恆德。又，統和十年，恆德伐高麗，本紀誤作垣德，均係一人。按，恆德傳，國舅少父房後，巴雅爾之弟，尚越國公主，拜駙馬都尉，遷南面林牙，爲東京留守。

冬十一月，王治薨，其姪誦遣王同穎來告。

十二月甲寅，遣使往致祭，詔其姪誦權知國事。〔攷異〕東國通鑑云，成宗十六年冬十月戊午，王疾大漸，召姪開甯君誦傳位，移御內天王寺，薨。十一月，遣閤門使王同穎告嗣位。十二月，契丹遣千牛衛大將軍耶律迪烈來賀千秋節，王迎命告於成宗梓宮前。史於治薨繫之十一月，想據遣告之辭，又未載賀千秋事。按，高麗圖經，誦爲治之弟。又異。

十六年（戊戌九九八）冬十一月，遣使册高麗國王誦。〔攷異〕東國通鑑云，穆宗宣讓王元年夏四月，契丹以前王薨逝，敕還納幣之物。明年冬十月，復遣右常侍劉績加册王爲尚書令。紀及外紀均未載。

二十年（壬寅一〇〇二）春二月丁丑，高麗遣使來賀伐宋捷。

秋七月辛丑，復遣使來獻本國地理圖。〔攷異〕畢沅續通鑑云，明年，高麗遣其户部侍郎李宣古入貢於宋，且言晉割幽、冀屬契丹，遂直趨元菟，屢來攻伐，求取無厭。乞王師屯境上，爲之牽制，詔書優答。據此，則高麗復有通宋之事，遼均未之知也。

二十二年（甲辰一〇〇四）秋九月己丑，以南伐宋諭高麗。

二十三年（乙巳一〇〇五）夏五月丙寅，高麗遣使來賀與宋和。〔攷異〕東國通鑑云，穆宗宣讓王十年春二月，契丹遣耶律延貴册王爲開府儀同三司、尚書令兼政事令、上柱國加功臣號、食邑七千户。蓋統和二十五年也。紀及外紀均未載。

二十六年（戊申一〇〇八）夏五月丙寅，高麗進龍鬚草蓆及賀建中京成。

二十七年（己酉一〇〇九）冬十二月，承天太后崩，遣使報哀於高麗。

二十八年（庚戌一〇一〇）春二月，高麗遣魏守愚來祭。

三月，遣使來會葬。

夏五月，高麗西京留守康肇〔攷異〕高麗史、東國通鑑，肇作兆。弒其主誦，擅立誦從兄詢。〔攷異〕宋史及高麗圖經、文獻通考均作誦卒，弟詢立。畢沅續通鑑云：王治妃皇甫氏，與外族金致揚通。治杖致揚，配遠地。治薨，誦嗣，皇甫妃攝政，召致揚還，生子，謀立爲王。誦從弟詢，號大良院君，妃忌之，命爲僧，遣人潛害，賴寺僧匿免。誦疾，諭蔡忠順輔立詢，忠順召康肇，未至，其父使趣行，乃入。廢王誦爲讓國公，尋弒之，殺致揚，遷妃於黃州，迎立詢，是康肇之禍，始皇甫妃，且忠順召之也。高麗史云：獻哀王太后皇甫氏，戴宗女，生穆宗，攝政，居千秋殿，世號千秋太后，忌顯宗，令出家，寓三角山神穴，稱神穴小君。太后謀害之，不果。忠臣義士，多以非罪陷之。十二年正月，千秋殿災，移居長生殿。後康兆殺金致揚父子，弒穆宗，遷太后居黃州者二十一年，以顯宗二十年薨於崇德宮，年六十六，葬幽陵。東國通鑑云：致揚，洞州人。詐祝髮，出入千秋宮，有醜聲，成宗杖配遠地，太后召入，貴寵無比，勢傾中外。起第三百餘間，窮極壯麗，日夜與太后游戲無忌。洞州立祠，曰星宿寺宮。城西北隅立十王寺，圖像怪奇，潛懷異志。其鐘銘曰：「當生東國之時，因修善種；後往西方之日，共證菩提。」王欲黜之，不果也。又詢寓崇教時，僧夢大星隕於寺庭，變爲龍，旋變爲人，即大良君也。衆多奇之。當忠順受顧命，出與崔沆議，遣皇甫俞義文演往迎詢，會西北巡檢使康兆來，遂謀廢立。先是，王知致揚謀變，李周楨黨附，出之，召兆入衛。兆與吏部侍郎李鉉雲等領兵至平州，知大良君將至，遣御史金應仁往迎，立之。廢王，弒之於積城縣，火葬恭陵，謚愍宗。紀及外紀均未載。

秋八月，帝欲發兵討高麗，蕭迪里原作敵烈，字尼嚕古，宰相特烈四世孫。〔攷異〕特烈本作撻列，亦作撻烈，名列外戚表，而表又未列迪里名。諫曰：「國家連年征討，士卒(抗)〔抏〕（據遼史卷八八蕭敵烈傳改）敝。況陛下在諒陰，年穀不登，創痍未復；島夷小國，勝之不武，萬一失利，恐貽後悔。不如遣使往問，伏罪則已，否則，俟服除歲豐，討之未晚。」不聽。丁卯，自將伐高麗，詢上表乞罷師，不許。〔攷異〕李燾長編云，高麗王詢權領國事，嘗築六城於境上：曰興化；曰鐵州；曰通州；曰龍州；曰龜州；曰郭州。遼疑貳於己，遣使求六城，詢不許，遂舉兵奄至城下，焚蕩宮室，剽刼居人。詢徙居昇羅州以避之。兵退，乃遣使請和，遼堅以六城爲辭，詢卽調兵守之。按，聖宗伐高麗，實因康肇弒逆，至索還六城，乃是後事。長編牽合爲一，恐係傳聞之誤。昇羅州，遼史拾遺作弁羅州。

冬十一月乙酉，軍渡鴨淥江，康肇拒戰，敗之，退保銅州。〔攷異〕東國通鑑云，十一月辛卯，天兵渡鴨淥江，圍興化鎮，巡檢使揚規、鄭成、李守和拒守。以箭封書諭之曰：「朕以前王誦，服事朝廷，其來久矣。今逆臣康兆，弒君立幼，故親率精兵，已臨國境，汝等擒兆送駕前，便卽回兵；不然，直入開京，殺汝妻孥！」癸巳，又敕曰：「朕以前王誦紹其祖服，爲我藩臣，捍禦封陲，忽被姦凶所害，朕將精銳，來討罪人，其餘脅從，皆與原免。況汝等受前王撫綏之惠，知歷代順逆之由，當體朕懷，毋貽後悔！」是日，李守和等上表陳謝。甲午，賜鎮將等衣物，仍敕曰：「省所上表奏，具悉。朕纂承五聖，臨御萬邦，忠良則必示旌褒，凶逆則須行誅伐。以康兆弒其故主，挾彼幼君，轉恣姦豪，大示威福，故親行誅伐，已臨近境。比頒綸旨，式示招懷。遽覽封章，未聞歸欵。汝等必知逆順，豈可助謀於逆黨，不思雪憤於前王。宜顧安危，預分禍福！」乙未，守和又回表曰：「臣等昨奉詔泥，輒陳心石，望賜泣辜之惠，切祈解網之仁。」主見表知其不降，丁酉解圍，以兵二十萬屯麟州南無老代；以二十萬兵進至通州，移軍銅山下。兆分軍爲三拒之。丹兵屢退，兆遂有輕敵心。與史異。丙戌，肇復出，右皮室〔攷異〕本傳作左皮室，稍異。詳袞原作詳穩耶律達魯原作敵魯擒肇及副將李立，追殺數十里，獲所棄糧餉、鎧仗無算。〔攷異〕達嚕傳，一作達魯，亦作的琭，字伊聶，仲父房之後。李立作李玄藴。鴻觀傳，時官東京留守，爲副先鋒，與博諾擒肇於銅州。博諾傳，率鴻觀等擊破三水營，擒肇。李元藴等軍望風潰，會大軍至，斬三萬餘級。據此，則擒肇非達魯一人之力，而玄藴并未言被擒，所載互異。今從聖宗紀及高麗外紀。鴻觀字巴爾諾延，約尼森濟汗之後。方輿紀要銅州作綱州。未知孰是。東國通鑑云，契丹先鋒耶律盆奴率詳穩敵魯擊破三水砦，兆方與人彈棊，鎮兵告急，兆不信，言使多入則再告。已而不及，恍惚見穆宗立其後，叱曰：「汝奴休矣，天伐詎可逃耶！」肇即脱鍪，長跪請死罪。俄被縛，裹以氈，載之去。李鉉雲、盧戩、盧顗、楊景、李成佐等皆被執；盧頲、徐崧、盧濟皆死。丹兵長驅而進，左右奇軍將軍金訓、金繼夫、李元申、甯漢伏兵緩項嶺，突出，敗之，丹兵小却。史未載。戊子，銅、霍、貴、甯等州皆降，王詢乞歸附，羣臣請納之。耶律揚珠〔攷異〕畢沅續通鑑作瑶珠，云舊作瑶質，字布爾錦，積慶宫人，官四番部詳衮。曰：「一戰而敗，遽求納欵，此詐耳！納之，恐墮其姦計。」已而詢果遁，清野無所獲。〔其衆〕（據遼史卷八八耶律瑶質傳補）阻險而壘，攻之不下，揚珠以計降之。都統蕭巴雅爾原作排押進至努克特原作奴古達嶺，遇敵，率其從子惠，力戰破之。辛卯，詢上表請朝，許之。禁軍士俘掠。以馬保佑爲開京留守，旺巴原作王八。〔攷異〕畢沅續通鑑作昂克巴。聖宗紀，統和四年，太尉旺布原作王八，另一人。副之。遣太子太師伊林原作乙凜。〔攷異〕畢沅續通鑑作伊蘭。將騎兵送赴京。壬辰，守將卓思正殺遼使者韓吉遜原作喜孫。〔攷異〕東國通鑑作韓杞。等十人，領兵出拒，保佑等還。伊林進兵圍其城，思正先遁，遂駐蹕城西。高麗禮部郎中渤海托實原作陀失來降。〔攷異〕東國通鑑云，王遣中郎將智蔡文援西京，與軍容使崔昌進次剛德鎮。甲寅，丹兵陷肅州，盧顗爲鄉導，與丹人劉經入西京諭降；副留守元宗奭與僚佐崔緯、咸質、楊澤、文晏等，修表欲降。蔡文與昌入城，焚表，伏兵殺顗、經，與巡檢使卓思政合兵城守，獨大將軍鄭忠節從之。丹主又使韓杞招降，蔡文使麾下鄭仁殺杞等百餘人，出擊保佑等，敗走之。乙凜來攻，復敗之。丹主次城西佛寺，思政懼，約將軍大道秀夾攻，俄潛遁；道秀遂降。　畢沅續通鑑云，思正殺韓杞等，又圍高正使館；正走，餘卒多死。正第進士，官樞密直學士。見本傳。庚子，遣巴雅爾、博諾原作盆奴。〔攷異〕畢沅續通鑑作敏諾。等圍開京，遇高麗兵，敗之。王詢棄城遁去，遂焚開京，至清江，還。〔攷異〕東國通鑑云，己未，統軍録事趙元隘守，鎮將姜民瞻、郎將洪叶、方休共禱神祠，得吉兆，乃推趙元爲兵馬使，閉城固守。辛未，王南幸。時智蔡文奔還，奏西京敗軍狀，羣臣議降，姜邯贊獨勸南行。賜酒食及銀鞍轡。王夜與后、妃及吏部侍郎蔡忠順等出京城。二年正月乙亥朔，城陷，焚燒宮廟，民居皆盡。王次廣州，失兩王后；蔡文至饒吞驛尋得之。乙酉，丹兵退。又云，顯宗元文王元年秋七月，契丹遣給事中梁炳、大將軍耶律允問前王故。高麗史云，八月，遣內史侍郎平章事陳頔、直中臺尚書右丞尹餘如契丹。九月，遣左司員外郎金延保秋季問候，左司郎中王佐暹、將作丞白日昇如東京修好。冬十月癸丑，契丹遣給事中高正、閤門引進使韓杞來告興師，參政李禮均、右僕射王同穎如契丹請和。十一月丙子朔，遣起居郎姜周戢如契丹賀冬至，契丹遣將軍蕭凝來告親征。續通鑑作耶律甯。又高正、韓杞，畢沅續通鑑作宜問王詢，又繫之九月，紀載各異。

二十九年（辛亥一〇一一）春正月乙亥朔，班師，〔攷異〕徐乾學後編繫於二十八年，誤。所降諸城復叛。至貴德州南嶺谷，〔攷異〕聖宗紀，原作貴州南峻嶺谷。按，地理志有貴德州而無貴州，云，本漢襄平縣，爲公孫度所據。聖宗升爲甯遠軍，後更名。統縣二：貴德、奉德。今據高麗外紀改正。大雨連日，馬駝皆疲，甲仗多所遺棄，天霽，始渡鴨渌江。詔罷諸軍，以所獲頒賜臣工。〔攷異〕高麗史云，顯宗二年四月乙丑，遣工部郎中王瞻如契丹謝班師。十月乙丑，遣都官郎中金崇義如契丹賀冬至。十一月庚午，遣刑部侍郎金殷傳如契丹賀生辰。十二月，契丹殺河拱辰。先是，拱辰見康兆已擒，勸顯宗請和，王筮，得吉卦，乃奉命與高英起同使契丹營，乞班師。往返二次始得報，拱辰被留，甚蒙寵遇。已而謀歸高麗，事泄，被鞫，不屈，遂遇害。李燾長編云，契丹大舉伐高麗，詢與女真合兵拒之，契丹大敗，帳族卒乘罕有還者，官屬戰没大半，乃令幽、薊嘗干仕進及稍知書者以補其乏，歸取甲冑萬副，隆慶疑，不給，拔寨遁歸高麗。又於鴨淥江東築城，與來遠城相望，跨江爲橋，潛兵以固六城。長編繫於祥符三年十一月，卽遼統和二十八年也。而會要載詢表於祥符七年十二月來，上稱庚戌年蕃兵奄至城，詢徙居昇羅州，調兵守六城。又云，祥符三年，契丹大舉來伐。按，庚戌係祥符三年，不知詢表何以如此差誤。今從宋史高麗傳。或契丹是歲兩伐高麗，初勝後敗耶？又，雄州言契丹敗衂之狀，上曰：「戰，危事，蓋不得已，非可好也。」東都事畧云，伐高麗，大敗，將士没者過多。按，東國通鑑云，二年正月乙亥，契丹陷京城，焚燒宮闕，民居殆盡。乙酉兵退。此高麗人所自言，雖日月稍異，而遼兵實以勝歸，特歸途遇雨，多所遺棄耳。今從聖宗紀。

開泰元年（壬子一〇一二）夏四月庚子，高麗遣蔡忠順來，乞稱臣如舊，詔王詢親朝。

秋八月己未，王詢遣田拱之奉表稱病不能朝，詔復取六州地。〔攷異〕高麗史，拱之官刑部侍郎，繫之六月。又云，九月己巳，遣西頭供奉官文儒領如契丹來遠城。冬十月戊午，遣工部尚書參知政事張瑩、禮部侍郎劉徵弼如契丹。癸未，契丹使太尉韓邠來。十二月庚寅，張瑩與契丹引進使李延宏來。史均未載。

二年（癸丑一〇一三）夏六月辛酉朔，遣中丞耶律資忠使高麗，取六州舊地。

秋八月己丑，資忠使還。〔攷異〕高麗史云，顯宗四年春正月丁酉，遣禮賓少卿張洎如契丹。庚寅，遣中樞院使蔡忠順如契丹。三月戊申，契丹使左監門衛大將軍耶律行平來取六城。夏五月丁酉，契丹來告，改統和爲開泰。壬寅，女直引契丹兵將渡鴨淥江，大將軍金承渭等擊卻之。秋七月戊申，契丹復使耶律行平來索六城。所載各異。

冬十月丙寅，詳衮張馬留〔攷異〕畢沅續通鑑作瑪囉。獻女直人知高麗事者。帝問之，曰：「臣三年前爲高麗擄，爲郎官，故知之。自開京東，馬行七日有大砦，廣如開京，旁州所貢珍異皆積此。勝、羅等州南，亦有二大砦，所積如之。若大軍行由前路，取哈斯罕女直北，渡鴨淥江，並大河而上，至郭州，與大路會，高麗可取也。」帝納之。〔攷異〕徐乾學後編繫此事於元年四月。方輿紀要云，郭州在平壤西北，今日郭州府，所載各異。

三年（甲寅一〇一四）春二月甲子，遣上京副留守耶律資忠復使高麗，取六州。〔攷異〕本傳作四年，高麗史作顯宗六年四月，即開泰四年也。又，資忠作行平，亦作行成，今從聖宗紀。

夏六月，詔國舅詳衮蕭虵里原作敵烈及東京留守耶律托實原作（國）〔團〕實。（據遼史卷一五聖宗紀改）〔攷異〕畢沅續通鑑作達實，云舊作團石。等率兵討之，造浮梁於鴨淥江，城宣義、定遠等州。〔攷異〕東國通鑑云，顯宗五年冬十月，遣詳穩蕭敵烈來侵通州，興化鎮將軍鄭神勇、別將周演擊敗之，斬七百餘級，溺江死者甚衆。畢沅續通鑑云，是年十二月，王詢遣奏告使尹證古及女真將軍大千機以下凡七十八人如宋貢方物，言契丹阻其道路，久不得通，請降尊號正朔；許之。帝待之甚厚。證古時官工部侍郎，詔登州置館於海次以待之。按，此時高麗乞和，遼不許，其通宋固宜。長編，大千機作塔沁堅。又載富弼疏，尹證古作丹證古，官工部郎中。東坡志林云，淮東提舉黄實言，見奉使高麗人，言所致贈，作有假金銀錠，夷人皆折壞使露胎素，使者甚不樂。夷云：「非敢慢也，恐北虜有覘者以爲真耳。」由此觀之，高麗所得吾賜物，北虜蓋分之矣。或者不察，謂虜不知高麗朝我，或謂異時可使牽制北虜，豈不誤哉！劉延世孫升談圃云，吕相端使高麗，過洋，祝曰：「回日無虞，當以金書維摩經爲謝。」比回，風濤數作，遂取經沈之；絲竹聲起舟下，音韻清越，非人間比。經沈，隱隱而去。崔伯易在禮部，求奉使高麗故實，得申公事，故楊康國、錢勰皆寫此經往云。方輿紀要云，開泰三年，契丹取保、定二州，仍置保州，治來遠縣，亦曰宣義軍，即今安州也。所載各異。

四年（乙卯一〇一五）春正月壬寅，東京留守善甯、平章納爾琿原作涅里袞奏，已總東征大軍及女直諸部兵，分道進討，遂遣使齎密詔軍前。

夏四月甲寅，蕭迪里等師還。〔攷異〕迪里傳，軍還，加〔同〕（據遼史卷八八蕭敵烈傳補）平章事，拜上京留守，轉東京留守。即前諫發兵者。續綱目云，契丹遣迪里討高麗，與女直設奇邀擊，契丹大敗而還。高麗史云，顯宗六年春正月，契丹作橋於鴨淥江，夾橋築東西城，遣將攻之，不克。癸卯，契丹圍興化鎮，將軍高積餘、趙弋等擊郤之。甲辰，又侵通州。三月己亥，侵龍州。史未言兵敗，紀載各異。

五月辛巳，命北府宰相劉晟〔攷異〕高麗外紀作劉慎行。聖宗紀，開泰七年十一月，以劉晟爲霸州節度使，劉慎行爲彰武節度使。按，地理志，興中府，本霸州，即彰武軍，晟即慎行，紀誤分爲二事耳。爲都統，樞密使耶律世良副之，殿前都點檢蕭屈烈〔攷異〕高麗外紀作蕭實喇。畢沅續通鑑作蕭庫哩，云舊作虛烈。續通考云，重熙中，官侍中，擢南面統軍使，封遼西郡王。汪輝祖遼史同名録云，卷十統和元年特里袞；卷十九重熙三年山西部族節度，三人同名屈烈。爲都監，總兵伐高麗。以晟先攜家至邊郡，致緩師期，追還之。以世良、屈烈進討。〔攷異〕高麗史云，九月甲寅，契丹使監門將軍李松茂索六城。己未，攻通州。癸亥，鄭神勇、周演偕散員任意、楊春、孫簡、康承顯等引兵出契丹軍後，擊殺七百餘級，神勇等六人死之。丁卯，契丹攻甯州，不克，退。高積餘偕蘇忠元、高延廸、金克、光參等追擊，死之，王佐、盧元佐被擒。契丹取興化、定遠二鎮，城之。方輿紀要云，開泰中伐高麗，以俘户置高州，領三韓一縣。金置節度使，後廢。史均未載。李燾長編云，祥符八年十一月，高麗進奏使御事民官使郎部元與東女直首領阿嚕台來貢，主表求曆日、尊號，且言契丹於鴨淥江創浮橋，江東築寨，西女真爲鄉導。元辭貌恭恪，每宴賜，自爲謝表，粗有文采，朝廷待之厚。明年辭還，賜詔書七函，衣幣鞍馬。元又請録國朝登科記，及賜御詩以歸。按，祥符八年，即遼開泰四年也。所載甚詳。

五年（丙辰一〇一六）春正月庚戌，世良、屈烈與高麗戰於郭州西，大破之，斬首數萬級，盡獲其輜重。乙卯，師次南海軍，世良遘疾，卒。〔攷異〕高麗史云，顯宗七年春正月甲寅，契丹使十人到鴨淥江，不納。二月，契丹王美、延相等七人來奔。甲辰，契丹曹思、高忽等六人來投。夏五月辛亥，契丹馬兒保保、王保、可新等十三户來投。乙丑，契丹要豆等三人來投。六月戊寅，契丹志甫等三人來投。乙酉，契丹張烈、公現、申豆、猷兒、王忠等三十户來投。秋七月丁巳，契丹由道、高宗等九人來投。八月，契丹朱簡、從道等八人來投。九月，契丹羅癦等五人來投。辛未，契丹奉大、高里等十九人來投。冬十一月，契丹匡乂兒等十人來投。十二月乙未，契丹瑟弗達等六人來投。紀及外紀均未載。

六年（丁巳一〇一七）春二月丁丑，詔詳衮蕭威烏克原作隗洼。〔攷異〕卷十聖宗紀，統和二年，五國烏隈于厥節度使亦作隗洼，另一人，姓耶律氏。將本部兵東征高麗。

夏五月戊戌，以樞密使蕭和卓原作合卓。〔攷異〕畢沅續通鑑作哈綽，字和掄，圖魯卜部人。本傳，初以謹恪稱，居近職，明習典故，善占對，尤被寵渥，擢北樞密使。伐高麗還，得疾，卒。帝欲臨視，辭。會北府宰相蕭朴問疾，曰：「吾死，君必爲樞密，慎勿舉勝己者。」朴鄙之。子烏爾古，終本部節度。爲都統，漢人行宮都部署王繼忠副之，殿前都點檢蕭屈烈爲都監，代世良往伐。賜〔和卓〕（據遼史卷一五聖宗紀補）劍專殺。尋攻高麗興化軍，不克，還師。〔攷異〕東國通鑑云，顯宗八年夏五月，契丹蕭合卓圍興化鎮，攻九日，不克。將軍堅一、洪光、高義出戰，大敗之，斬獲甚多。徐兢高麗圖經云，天禧中，契丹復破高麗，殺戮其民幾盡。王詢至棄國而逃於蛤窟。契丹留城中八月，會西北山萬松皆作人聲，始駭懼而去，蓋遼開泰間事。今崧山廟在王府北，出北昌門，行五里許，俯視城中，如指諸掌。其神本曰高山，因夜化松數萬，作人語，退丹兵，後封其山爲崧以祠之。史均未載。

七年（戊午一〇一八）冬十月丙辰，以東平郡王蕭巴雅爾原作排押。聖宗紀，時官國舅平章事。東國通鑑、東國史略均作蕭遜甯。按，遜甯係恒德字，見本傳。公主表，景宗四女：觀音第一，封魏國公主，嫁宰相蕭繼先；二，長壽，封衛國公主，嫁宰相蕭巴雅爾；三，延壽，封越國公主，嫁蕭恒德，皆睿知皇后生。四，淑格，嫁盧俊，不諧，改適蕭實納，渤海妃生。悉與列傳合。李燾長編，景宗公主三人：長，英格，適后弟北宰相留珠格；次，長壽努，適后姪東京留守伯葉；三，延壽努，適伯葉母弟揹頭。延壽奴出獵，爲鹿觸死，蕭后縊揹頭以殉。揹頭一作克圖。考巴雅爾卽伯葉，恒德卽揹頭，音近致訛。巴雅爾一作排押，公主表，誤作排神，係一人。續通考云，觀音適蕭繼先；長壽適蕭排押，封吳國公主，開泰六年薨；延壽適蕭恒德，沈厚執婦道，不以貴寵自驕，早卒，封越國公主，追封趙國；淑哥適盧俊，不諧，改適蕭神奴。按，聖宗紀，統和初以皇女長壽嫁宰相蕭布希子烏里，亦作吳留：以公主淑格嫁詳袞熙姑。又，國舅太師蕭達林爲子排亞請尚延壽公主，又與表異，未知孰是。爲都統，蕭屈烈副之，東京留守耶律巴格原作八哥，字烏庫哩，五院部人。〔攷異〕公主表，聖宗女同名八哥。爲都監，復伐高麗。

十二月，與戰於茶、陀〔攷異〕高麗外紀陀作陁，遼史拾遺茶作茶。二河之間，〔攷異〕方輿紀要云，在平壤西北，陀水一名虵水。唐麗壽恭討泉，蓋蘇文敗於虵水，即此。國兵失利，天雲、右皮室二軍漂没者衆；約尼帳詳衮阿克達、原作阿果達客省使卓庫、原作酌古。〔攷異〕景宗紀，保甯六年閤門使，另一人。渤海詳衮高清明、天雲軍詳衮哈里原作海里等皆死之。〔攷異〕東國通鑑云，顯宗九年九月，遣禮賓少卿元承如契丹請和。戊戌，駙馬蕭遜甯帥兵來侵，號十萬。王以平章姜邯贊爲上元帥，姜民瞻副之，率兵二十萬屯甯州，至興化鎮，伏兵山谷，以大繩貫牛皮，塞大川，賊至，大敗之；遜甯趨京城，民瞻追及於慈州來口山，復敗之；侍郎趙元擊之於馬灘，斬獲萬餘級。十年正月，姜邯贊以丹兵逼城，遣將金宗鉉領兵入衞。遜甯兵至新恩縣，離京城百里，王命清野以待。遜甯遣耶律好德持書告回師，候騎三百至金郊驛，掩殺之。辛巳，丹兵退至漣渭州，邯贊掩擊，斬五百餘級。二月，丹兵過龜州，邯贊邀戰於東郊，金宗鉉赴之。忽風雨南來，旌旗北指；丹兵奔北，追擊之涉石川，至盤嶺，僵尸蔽野，俘獲無算，生還僅數十人，丹兵之敗，未有如此時之甚。東國史畧云，邯贊等前後戰於興化鎮及邑州，大敗之；以功加檢校太尉、門下侍郎，天水縣開國男。畢沅續通鑑，姜邯贊作姜郁贊。遼師兩敗，均作七年冬事。月日互異。徐兢高麗圖經云，在家和尚，自爲居室，取婦鞠子，趨公赴事；邊陲有警，則團結而出，頗勇壯，人自裹糧，故國用不費而能戰。契丹爲麗人所敗，正賴此輩。耶律烏魯斯傳，字留隱，韓王實嚕子，亦名歐里斯。官右皮室詳衮，從伐高麗，巴雅爾等失利，烏魯斯獨全軍還，帝嘉賞，終西南招討使。紀及外紀均未載。

八年〔己未一〇一九〕春三月乙亥，東平王蕭哈納、原作韓甯東京留守巴格、國舅平章事蕭巴雅爾、林牙伊濟原作要只。〔攷異〕本卷伊勒希巴蕭要只，另一人。等坐討高麗還，失律，數其罪釋之。〔攷異〕巴雅爾傳，國舅少父居後，侵宋屢有功，官北府宰相，封豳王。紀載蕭哈納云，舊作韓甯，與巴雅爾分爲二人。畢沅續通鑑云，巴雅爾，字韓隱，譯音轉爲韓甯，史誤分書耳。今仍從聖宗紀。又，卓行傳，巴雅爾有弟名扎拉，字虛輦，官甯遠節度。性介特，淡泊自適，退居頡山，屢徵不赴。耶律資忠重之，目曰「頡山老人。」同時，耶律官努，字奚隱，林牙斡魯孫。初爲宿直將軍，加歸義節度使，輒請致政。與烏里特部人蕭哇友善。時稱二逸。巴格削使相，降西北路都監；〔攷異〕宏簡錄，後起官東京留守。傳未載。先是，師至茶、陀二河間，高麗追兵大至，諸將欲俟其渡兩河而後擊之，巴格不可，及戰，遂敗。見畢沅續通鑑。賞有功及卹死事者。

秋八月庚寅，遣郎君赫伯舍原作曷不式，亦作曷不呂等率兵會討高麗。

冬十二月辛亥，王詢遣使貢方物，詔納之。〔攷異〕東國通鑑云，八月，契丹東京使工部少卿高應壽來。遣考工員外郎李仁澤如契丹東京。王宗沐續通鑑，是年七月，高麗遣使求成均。與紀異。

九年（庚申一〇二〇）夏五月庚午，耶律資忠還，詢表請稱藩納貢，歸所留王人珠埒里，原作只剌里拜林牙。在高麗六年，忠節不屈。〔攷異〕畢沅續通鑑云，據聖宗紀，只剌里與資忠分爲二人。然當時自資忠外，不聞被留者。資忠，小字扎剌，是卽只剌里。使高麗六年，歸，爲林牙者是也。史或書名，或書字，遂若兩人矣。卷一百六，蕭札剌官定遠節度，另一人。本傳，字烏延，使高麗還，忤權貴，出爲上京副留守。四年，再使，留弗遣，著西亭集，眷懷君親。及還，帝郊迎，同載歸，拜林牙。歷保安、昭德節度。烏延，一作沃衍，系出仲父房。兄，國留，善屬文，聖宗重之，爲太后殺，人多寃之。在獄著兔賦、寤寐歌，爲世所稱。見周春遼詩話。辛未，遣使釋詢罪。〔攷異〕東國通鑑云，顯宗十一年春二月，遣李作仁如契丹，請稱藩納貢，歸所留耶律行平等。八月，遣崔齊顔如契丹賀千齡節。史作五月，表請稱藩，又未列使名，賀千齡，亦闕書。

太平元年（辛酉一〇二一）**冬十一月，高麗遣使來貢。**〔攷異〕徐乾學後編繫之十二月。東國通鑑云，顯宗十二年春二月，契丹遣御史大夫姚居信來聘。三月，契丹東京使散騎常侍張澄岳來聘。李燾長編云，天禧五年九月，詢遣奏告使御事禮部侍郎韓祚等百七十人來謝恩，且言與契丹修好。表求陰陽地理書、聖惠方，並賜之。按，禮志載高麗使入見儀甚詳。高麗自遼神册間入貢，後至無時，其使之入見，不自王詢始也。且詢後爲欽，欽後爲徽，遣使不絶。而禮志於使入見之儀，止書傳宣王詢安否及使奏詢安等語。疑此禮之制定，自聖宗開泰間。契丹國志，凡高麗使進貢歸國，契丹必命刺史以上官充使，一行六十人，直送入本國。所載甚詳。

二年（壬戌一〇二二）**冬十二月辛丑，高麗王詢薨。其子欽遣使來報，册爲國王，自是朝貢不絶。**〔攷異〕徐兢高麗圖經云，詢卒，子隆立。優游不斷，政荒力屈，憚於北虜，復臣事之，貢使又絶。隆卒，私謚曰正，子德王欽立。與史異。東國通鑑云，顯宗十三年夏四月，契丹遣御史大夫蕭懷禮等來册封，賜車服儀物，復行契丹年號。八月，契丹東京持禮使李克方來言：「自今春、夏季問候與賀千齡、正旦使同行；秋、冬季問候與賀太后使同行。李燾長編云，仁宗天聖八年十二月，王詢遣御事民官侍郎元穎等來貢方物。按，天聖八年係遼太平十年，而（珣）〔詢〕（據上文及遼史卷一六聖宗紀改）於太平二年十二月薨，見聖宗紀，長編誤也。長編又載富弼疏謂，天聖二年，高麗遣使來朝，命柳植館接，前後四次修貢，均言不願附契丹，改事朝廷，終不納。按，天聖二年即太平四年也。又言，天聖三年，契丹嘗伐高麗，高麗殺契丹二十萬，匹馬隻輪無回者，故契丹常畏之。時朝廷遣李繼使北回所云。東國通鑑又云，顯宗十四年四月，契丹遣左散騎常侍武白、耶律克恭册太子欽爲高麗國公，蓋太平三年也。顯宗十九年二月，遣禮部員外郎金咨如契丹東京，契丹遣將軍耶律素等來聘，爲太平八年。史均未載。

九年（己巳一〇二九）春二月戊辰，遣使賜高麗王欽物。〔攷異〕東國通鑑云，顯宗二十年九月，契丹東京將軍大延琳叛，遣太府丞高吉德告建國兼求援。十二月，興遼國太師大延定引東北女真與契丹相攻，乞援，召輔臣議，侍中崔士威、平章蔡忠順言：「兵者危事，不可不愼，彼之相攻，安知非我利？但當修城池、謹烽燧以觀變耳！」王從之。明年九月，興遼國鄂州刺史李匡祿來告急，聞國亡，留不歸。遣金咨如契丹賀收東京。契丹遣千牛將軍羅漢奴來，詔曰：「近不差人往還，應爲路梗。今渤海偷主俱遭圍閉，並已歸降，宜遣陪臣速來赴國，必無虞患。」紀及外紀均未載。

十一年（辛未一〇三一）夏六月己卯，聖宗崩，興宗立。甲（辰）〔申〕（據遼史卷一八興宗紀改），遣使告哀於高麗。改元景福。

秋七月丙午朔，高麗遣使弔慰。〔攷異〕高麗史云，德宗即位，遣工部郎中柳喬、金行恭如契丹會葬，且賀即位。王可道奏：「契丹通好，每有并吞志。今其主殂，駙馬匹梯叛據東京，宜乘此時毀鴨淥江城橋，歸我行人，否則，與絶。」附表請，弗許。王從可道議，停賀正使，仍用聖宗太平年號。史均未載。

興宗重熙四年（乙亥一〇三五）（按，據遼史卷一八興宗紀、卷一一五高麗外紀，「高麗遣使來貢」當在七年二月丁丑）春二月丁丑，高麗遣使來貢。〔攷異〕東國通鑑云，靖宗恭惠王元年五月，契丹來遠城牒興化鎮曰：「竊念貴國，原爲附庸，先帝每賜優洽，積有歲月，靡倦梯航，昨因伐罪之年，致阻來庭之禮；既剪除於凶逆，合繼續於貢輸。曷越數年，不尋舊好；累石城而擬遮大路，豎木寨而欲礙奇兵。不知蜀國之中，別有石牛之徑，舉是役也，深取誚焉。今皇上紹累聖之基坰，統八方之國界，南夏帝王，永慕義而通歡，西土諸王，長向風而納欵。唯獨東溟之域，未賓北極之尊，或激怒於雷霆，何安甯於黎庶？」即重熙四年也。六年，東國通鑑又云，靖宗三年十二月，遣殿中少監崔延嘏如契丹奏狀曰：「當國伏自前皇太后、聖帝，降册命以頒宣，疏土封而定分，但茲東域，仰戴北辰，連年不絕以勤王，遞代相傳而述職。頃以先臣亡兄，纂承祖業，歸附聖朝。聞一德之君臨，新頒慶澤；將兩條之公事，專奏宸聰。未垂俞允之恩，轉積遲疑之慮。自從曩歲以到今辰，雖迭換於炎涼，且久停於朝貢；近蒙睿旨，頗愜鄙懷！謹當遵太后之懿言，固爲藩屏；撫小邦之弊俗，虔奉闕庭。更從文軌以輸誠，永效梯航而展禮。」史均未載。

七年（戊寅一〇三八）春二月丁丑，高麗遣使來貢。〔攷異〕東國通鑑云，靖宗四年三月，崔延嘏還。詔曰：「卿世稟聲朔，歲奉梯航。近覽封章，備覩誠懇，嘉歎良多！勉思永圖，無曠述職。」八月始行契丹年號，遣持禮使、閤門祗候金華彥如契丹東京。高麗史云，四年正月，契丹遣馬保業來。四月，遣尚書左丞金元冲如契丹謝恩、請年號。七月，元冲還，詔曰：「省所上表，夏季起居事，具悉。卿挺生方畧，善撫世封，得愛戴於東韓，盡傾虔於北闕。屬歊蒸之在候，馳章奏以問安。嘉賜之懷，每興增切！」又詔曰：「省所上表、謝恩并獻方物事，具悉。卿權司國宇，欽奉朝廷。昨差使人，遠敷忠欵；述累世傾輸之節，達近年阻限之由；乞重效於梯航，願永爲於藩翰。載覩恭順，尋示允從。煩致謝章，仍陳貢篚。顧閱之際，媿歎良深！」又詔曰：「省所奏行用年號事，具悉。卿昨者乞修朝貢，尋允奉陳，使介回旋，知我紀年之號，書文稟用，見其向日之誠。省覽歎嘉，不忘於意。」又，五年四月，契丹遣大理卿韓保衡來册王，詔曰：「地拱東域，星環北辰，愈堅奉上之心，宜舉策勳之典。遐馳使馭，載啟王封；是謂恩榮，所宜祗荷！」又官告曰：「朕體天洪覆，酌古通規，內則推皇家懷遠之誠，外則付王國專征之柄。航棧不可以輕入，車書不可以妄同。庶及羣雄，永全大義，與其軒習弧矢而夏陳干戚，曷若周分藩屏而漢誓山河。其有業重桓、文，望高辰、卞；紹祖宗之云始，革先王之不恭。貢土疆而廣我提封，奉玉帛而首諸方面。安和是務，忠肅爲容。宜舉彝章，特敷寵數。權知高麗國王王亨，奇姿玉瑩，偉量淵渟。鼇邱聳架海之雄，旁鍾秀拔，龍宿挺麗天之采，俯降精英。而自守名區，大開霸府，動静克遵於典則，寵興能制於驕矜。千里甸畿，先臻富庶，一方民使，咸荷恩榮。成奕世之令名，得殿邦之異畧。是用專馳騑轡，遠降龍綸。元菟全封，榮加於一字；温貊峻秩，兼示於三師。馭貴崇階，褒功懿號；廣疏井賦，茂獎忠庸。於戲！星辰在拱北之躔，則爲合度；江、漢得朝宗之路，乃是安流。勉服斯言，勿煩常訓。」史均未載。按，官告係王亨名，亨爲欽子。遼史拾遺列於重熙八年，恐誤，姑從之。

十二年（癸未一〇四三）**春三月壬辰，高麗以加上尊號，遣使來**（貢）〔賀〕（據遼史卷一九興宗紀改）。〔攷異〕高麗史云，靖宗八年十一月，契丹遣禮部尚書王永言來。詔曰：「朕以鴨南十縣，我國舊基，將舉兵師，議復土壤。宋朝累馳專介，懇發重言，於舊貢外。别納金繒之儀，用代賦輿之物。再論盟約，永卜歡和。其諸道兵馬等優給蠲免賦調，並已放還本部。夫何眇躬，成此美事！今文武百辟，中外庶官，屢拜封章，載稽典故，謂予有元功大畧，加予以懿號鴻名，不獲固辭，勉依羣請。已撰定十一月三日，兩宫並行大禮。卿稱藩事上，望闕輸忠，遐想聞知，必增歡悦。今差永言往彼示諭。」按，上尊號係重熙十一年事，至是始來賀耳。

十五年（丙戌一〇四六）**春三月丁酉，高麗遣使來貢。**

秋八月癸丑，高麗王欽薨（按，據高麗史卷五，王欽死於甲戌，即重熙三年，卒於本年者爲亨），**遣使來告。**〔攷異〕高麗外紀，時王欽屢次入貢。而徐兢高麗圖經云，德王欽嗣立，欽子穆王亨皆朝貢不通，朝廷亦罷遣使，亨子徽始條貢方物。興宗紀及外紀又未列亨名。高麗史云，靖宗九年十一月辛巳，契丹遣蕭慎微、韓紹文等來册封。詔曰：「朕猥以眇德，嗣受丕圖，賴六聖之垂休，致八方之咸乂。近從羣懇，祗受鴻名；凡在照臨，畢均慶賀！卿世欽聲朔，地襲土茅。航海罄述職之儀，事大竭爲臣之節。屬陳鉅禮，載舉彝章；特推進秩之恩，併茂疇庸之數。今遣使持節備禮册命，并賜車、服、冠、劍、印綬及國信等物。」册文曰：「朕膺穹昊之寄，紹祖宗之基。四表歸仁，偃靈旗而定霸；百官考禮，鏤寶册以加尊。遐眷帝臣，踐開國社；航海之誠靡怠，帶河之誓彌堅。屬覃慶之在辰，宜頒恩而及遠。式遵徽典，特舉寵章。咨爾高麗國王王亨：英哲間時，仁慈纘服，張皇士宇，亘日域以分圻；尊奬天朝，仰宸居而送欵。戴舜樹弼成之業，匡周規夾輔之勳；化被蒼隅，聲敷青畎。朕昨戒嚴駕，巡撫京畿，邦尹展肆覲之儀，都人契來蘇之望；干戈不試，獄市惟齊。羣方則慕義向風，交馳玉帛；隣國則畏威懷德，增納金繒。聿臻累洽之期，適享虛名之册。是推皇澤，首及王藩。進絕席之崇資，正專車之峻秩。爰田益賦，美號褒功。是用遣使持節備禮册命。於戲！守君子國，冠諸侯王，論道而爲周師，奮庸而登漢相；維堅臣節，以答皇家。享富貴於昌時，傳功名於長世；輝流竹素，永惟欽哉！」按，册文係列亨名，遼史拾遺繫之重熙二年，欽尚在，亨未立，恐誤。今附録於此。史均未載。

十七年（戊子一〇四八）夏四月丙子，高麗遣使來貢。〔攷異〕高麗史云：文宗元年二月壬戌，契丹遣忠順節度使蕭慎微、〔守〕（據高麗史卷七文宗世家補）殿中少監康化成等來祭靖宗於虞宮，王往參之。九月壬午，福州觀察使宋璘來册王，册曰：「眷乃馬韓之地，素稱龍節之邦，代襲王封，品高人爵。分頒金盭，表榮覲於諸侯；申錫彤旅，得專征於四履。爰屬傑時之（彥）〔器〕（同上書改），允膺纘服之權；載歷臧時，式均徽典。權知國事王徽，應基運之數，鍾英異之靈，天麟廻首於龜龍，遹明嘉瑞；日觀編崇於嵩、華，夙煥（函）〔幽〕（同上書改）經，負文武之全材，識忠孝之大本。粤自勝衣有始，構室推良，靜守貞純，動循禮樂。慕桓、文之霸業，精衛、霍之兵符；富厥令圖，稔兹淑會。洎帥臣之告闕，亟藩國之歸尊，而能惠洽一方，情協羣望。（因）〔及〕（同上書改）露章而斯暨，（致）〔故〕（同上書改）寵數以難稽。用顯被於紫綸，俾特建於玄社。倚爲左相，峻陟三（卿）〔師〕（同上書改），超隮馭貴之階，優賜褒功之號。盈疏實賦，劇轉清動。於戲！周天王之重非熊，止遥分於齊壤；漢高祖之刑白馬，仍納約於劉宗。順考古先，罕偕恩禮。用卜悠長之祚，愈堅匡合之誠。勉佩訓言，仰迪神祐！」時重熙十六年也。册文係列徽名。按，高麗圖經謂欽卒亨嗣，徽於熙甯四年以權知國事，始貢方物。遼史拾遺繫之此歲，時代各異。紀及外紀均未載。東國通鑑云，文宗三年正月，契丹遣蕭惟德、王守道來册封，并賜車服等物。遼史拾遺載於重熙十八年。

十九年（庚寅一〇五〇）夏四月甲申，高麗遣使來貢。

六月甲戌，遣使來賀伐夏捷。〔攷異〕文獻通考云，高麗自王徽以降，雖通使於我，然臣事契丹，誅求不已。遼使至尤倨暴，館伴及公卿小失意，輒行捽箠。聞我使至，假事相覘，分取賜物。嘗詰其西南修貢事，麗人表謝。表畧曰：「中國三甲子方得一朝，大邦一周天每修六貢」。契丹悟乃得免。玉海云，建隆三年十一月，高麗王昭來貢。乾德三年正月，獻錦罽、刀劍。開寶五年八月，貢方物；九年九月，王伷貢錦罽、漆甲、白氎；十一月，徐昭文往使，遣金行成就學胄監。興國二年，貢馬；三年，貢方物、兵器；五年六月，貢方物；六年四月，貢名馬、罽錦、白氎、弓劍；十二月，貢騂角弓、漆甲、大箭、馬五十匹；九年十二月，貢罽錦、龍鳳袍、弓甲、御馬，遣國人入學。端拱元年十一月，貢馬。淳化元年十月，貢馬、漆弓、漆甲及神龜。壽樽二年二月，貢方物；三年十月，貢馬、漆甲、細箭。咸平六年八月，王誦遣使來貢；七年十二月王詢遣使來貢。天禧元年十一月入貢，對崇政殿，獻金犀帶；三年十一月，率東、西女真入見，貢罽錦、漆甲；五年九月，入貢。天聖八年十二月，貢金器，見其使長春殿。自是不通中國者四十三年。所載甚詳。

二十三年（甲午一〇五四）夏四月癸卯，高麗遣使來貢。

六月壬寅，高麗王徽請官其子，詔加檢校太尉。〔攷異〕東國通鑑云，文宗九年五月，契丹遣耶律革、陳顗來册封，并賜車服。後遣蕭禄來册王太子爲三韓國公。時重熙二十四年。

道宗清甯元年（乙未一〇五五）秋八月，遣使報哀於高麗。賜以先帝遺留物。

冬十一月，使來會葬。〔攷異〕高麗外紀云，二年、三年皆來貢。紀均未載。

四年（戊戌一〇五八）春〔正月壬申朔〕（據遼史卷二一道宗紀補），遣使報太皇太后哀。

夏五月，使來會葬。〔攷異〕東國通鑑云，文宗十三年二月，遣奏告使員外郎崔奭珍如契丹。時清甯五年也。又云，文宗十五年，契丹遣工部尚書蕭嗽思來。十九年四月，契丹遣耶律甯、丁文通來册王。又遣耶律迪、麻晏加册王太子兼侍中，均賜車服、鞍馬等物，當咸雍元年。紀及外紀均未載。

咸雍七年（辛亥一〇七一）冬十一月丙午，高麗遣使來貢。〔攷異〕麗元英文昌雜録云，熙甯二年，命閩、浙轉運使招接高麗入貢。時舟人（傳）〔傅〕旋（據文昌雜録卷五改）至彼述朝廷意，王徽甚喜。次年上元，然燈如中華。旋適在彼，見徽，賦感天朝招接，擬侍中華，然燈夜述懷詩曰：「宿罪應深近契丹，歷年徒貢事多般。忽蒙舜日龍綸召，便侍堯天佛會觀。燈焰似蓮裝闕陷，月華如水洩雲寒。夷身幸入華胥境，甚惜今朝漏滴殘。」轉運張徽上其事。玉海云，高麗自熙甯三年始，復來貢，四年八月見其使文德殿。嗣後七年正月、九年十一月、元豐三年正月、元祐五年十二月皆入貢。畢沅續通鑑云，熙甯四年五月，高麗來貢。先是，福建轉運使羅拯令商人黄貞招接，徽乃通牒福建，願備禮朝貢。事聞，朝議謂可結以謀遼，許之。乃遣其侍郎金悌等入貢。自是朝貢相繼。高麗史，金悌作金覲，王闢之澠水燕談作金第。此外尚有朴寅亮，宋代天竹州人。由登州入，後請改由明州，從之。是爲宋人謀遼之始。方以智通雅，朴音標。官參政，文詞雅麗，與金覲使宋。宋人號二公，詩文爲小華集。潘永因宋稗類鈔云，寅亮奉使至明州。象山尉張中以詩送之，寅亮答詩，序有「花面鹽吹，愧隣婦青唇之動；桑間陋曲，續郢人白雪之音。」等句。事聞，神宗詢「青唇」事，左右莫對，趙元老答以事出太平廣記。云，寅亮爲國詞臣，以罪廢，後使宋。詩尤精，如泗州龜山寺詩曰：「門前客棹洪濤急，竹下僧棊白日閑。」士夫稱之。嘗被海風飄至通州，謝太守曰：「望北斗以乘槎，初離下國；指桃源而迷路，誤到仙鄉。」詞甚切當。　又朝鮮志云，朴淵在天磨、聖居兩山間，有盤石湧出中心，曰島巖，昔有朴進士吹笛淵上，龍女感之，引爲夫，故名朴淵。上有祠，旱禱輒應。文宗嘗登島巖，忽風雨暴作，文宗驚怖，李靈幹作書數龍罪投於淵，龍卽出其脊，杖之，淵水爲赤。　王雲雞林志云，龜山有佛龕，林木盛，遂傳爲羅漢。三藏行化至此，滌齒楊枝，插地生此木，淨水所著，今爲清泉，國人謂佛法始與地，極所崇奉。所載甚異。

大康九年（癸亥一〇八三）秋八月，高麗王徽薨（按，據高麗史卷九文宗世家，王徽死於是年七月辛酉）。

（攷異）高麗外紀，咸雍八年來貢。冬，賜高麗佛經一藏。九年、十年皆來貢。大康二年，太后崩，遣使報哀，六月，使來弔祭。四年，王徽乞賜鴨淥江以東地，不許。本紀同。徽字燭幽，謚文宗仁孝王。葉夢得石林詩話云，高麗久不入貢，元豐中始來朝，令館伴張誠一問故。曰，契丹誅求，實不能堪。徽常誦華嚴經，祈生中國，夢至京，見宮闕之盛。作詩曰：「惡業因緣近契丹，一年朝貢幾多般。移身忽到京華地，可惜中宵漏滴殘。」與前所引文昌雜錄畧異。　劉延世孫升談圃云，契丹有一佛寺，甚壯麗；使者至，必焚香。寺有大佛，銀鑄。金錢豐稷奉使，見其供具器皿皆神宗賜高麗之物。又，高麗制於契丹，使至，令去殿上鴟尾。　李燾長編云，元豐元年正月，命祕閣校理安燾、著作佐郎林希使高麗。先是，王徽比年朝貢，上嘉其勤懇，待遇甚厚，遣燾等使其國。俄罷希勿行，以博士陳睦代，九月回。徽病，表求醫，遣翰林醫官邢慥、邵化及秦介往，王舜封押行。回時言徽生辰，遼使馬堯封獻詩曰：「始從鈞裂海中天，世世英雄稟自然；掌上寶符鈐造化，胸中神劍畫山川。太宗莫取龍川道，煬帝誰乘鴨淥船；真是金輪長理國，豈論人力四千年」。徽以錦紬八百匹爲謝。葉夢得石林燕語云：元豐三年，高麗入貢，有日本國車一乘，正使柳洪、副使朴寅亮。先致意館伴曰：「諸侯不貢車服，誠知非禮，但欲中朝略見日本工拙爾。」詔許特進。元豐後，待高麗特厚，所過州皆爲築館，別庫儲什物，始至守郊，迎餞如之。張安道知南京，獨曰：「吾嘗班二府，不可爲陪臣。」屈使通判代，時稱得體。又，國朝館伴契丹，例用尚書學士。元豐中，高麗入貢，以中書舍人畢仲衍館伴，遂爲故事。以陪臣處之，下契丹一等。契丹館於都亭驛，使命往來，稱國信使；高麗館於同文館，不稱國信，恩數從殺。大觀後，余及王將明皆以學士館伴，升使爲國信，一切視契丹。時方經營朔方，賴以爲援也。建炎中，余爲學士，復差館伴，辭疾，始復循元豐舊儀。長編，日本車作本國車，較妥。又云，元豐六年九月，上聞徽卒，令明州擇廣大僧寺作道場一月，前夕作水陸一會。徽立凡三十六年，遣承議郎楊景略、舍人王舜封往祭奠；朝散郎錢勰、祗候宋球往弔慰。七年十月，以密州商人芊儋爲三班差使，以之往高麗通國信也。

九月己巳，以徽子三韓國公勳權知國事。

冬十一月甲寅，詔僧善知讐校高麗所進佛經，頒行之。

十二月辛卯，勳薨。〔攷異〕東國通鑑云，勳少有疾，居廬哀毁，疾益篤。十月乙未，命母弟國原公運傳位，遂薨。遣侍御史李資仁如遼告哀，帝詰問：「二君連逝，必有他故，合奏實情。」資仁力辨，語甚切直。帝出御城外毬殿引見慰諭。史均未載。

大安元年（乙丑一〇八五）冬十一月丙辰，遣使册勳（子）〔弟〕（據遼史卷二四道宗紀、高麗史卷九文宗世家附順宗世家改）運爲高麗國王。〔攷異〕高麗史云，宣宗思孝王元年四月，遼敕祭使益州觀察耶律信、慰問使廣州觀察耶律彦來。甲戌，祭文宗曰：「惟靈，性極禮義之端，體含中和之粹。王爵馭貴，早襲青社之封；木神則仁，全賦東方之氣。躬懷忠欵以力行，(述)職〔述〕(據高麗史卷一〇宣宗世家乙正)貢儀而歲至。一匡致主，朝廷賴其勳；千里于蕃，生民受其賜。方當拱手以仰成，何意上天之不遺？聞訃悼懷，輟朝增欷。嗚呼！歲陰不留，人生如寄。一千年時運之逢，五十載君臣之義；遽藏夜壑之舟，難祕東園之器。宜諡遣於韶音，俾往申於奠禮。魂兮有知，歆此至意！」丁丑，祭順宗曰：「惟靈，辰象純精，(岳)〔嶽〕(同上書改)瀆秀氣；慶發世國，才爲王臣，甫從英妙之年，爰被寵嘉之命，撫封日域，述職天朝。翊戴輸(誠)〔勤〕(同上書改)，開庇底乂。方茂稱藩之績，遽纏陟岵之憂，議以奪情，俾其襲爵。指軺駢之既駕，聞驛訃之云來。復嗟殲良，益用震悼！何舟壑之不息，乃人琴之俱亡。言念忠圖，想見風矩。臨遣(輸)〔輪〕(同上書改)馭，往陳奠觴。冥神有知，諒我遐思！　東國通鑑云，宣宗二年十一月，遼遣保靜節度蕭璋、崇祿卿溫嶠來册王，并賜冠冕車馬。三年五月，遣知中樞院李子威謝册，命右丞韓瑩請罷鴨渌江榷場。五年九月，遣太僕少卿金先錫復請罷榷場，十一月還。詔曰：「屢抗封章，請停榷務，諒惟細故，詎假繁辭。遹議便宜，況未創置，務從安帖，以盡傾輸，釋乃深疑，體予至意！」按，宣宗三年、五年，即遼大安二年、四年也。　長編云，元豐八年十二月，高麗賀登寶位，使兵部尚書林槩、兵部侍郎李資仁見於紫宸殿。按，元豐八年，即大安元年也。

十年(甲戌一〇九四)夏六月，高麗王運薨(按，據高麗史卷一〇宣宗世家，王運死於是年五月壬寅)，其子昱嗣，遣使來告，卽遣使賻贈。〔攷異〕沈括夢溪補筆談云，元祐六年，高麗使人貢，上元節於闕前賜酒，皆賦觀燈詩，時有佳句進奉。副使魏繼延句云：「千仞綵山擎日起，一聲天樂漏雲來。」主簿朴景綽句云：「勝事年年傳習久，盛觀全屬遠方賓。」按，元祐六年，即遼大安七年也。　東國通鑑云，宣宗十一年五月壬寅，王薨，子昱立。十二月，遼敕祭使蕭遵列、梁祖述詣魂堂祭宣宗；慰問使蕭褫傳詔於乾德殿，兼賜賻贈；起復使郭人文等亦於乾德殿傳詔，起復爲高麗國王。所載較詳。

壽隆元年（乙亥一〇九五）春二月癸酉，高麗遣使來貢。

冬十一月庚申，高麗王昱疾，命其（子顒）〔叔顒〕（據遼史卷二六道宗紀、高麗史卷一一肅宗世家改，下同）權知國事。昱於三年三月薨，封（顒）〔顒〕爲三韓國公。〔攷異〕畢沅續通鑑作顒，云：先是，遼欲過鴨淥江爲界，高麗上表曰：「普天之下，莫非王土王臣，尺地之餘，何必我疆我理。」又曰：「張汶陽之舊田，撫綏敝邑；回長沙之拙袖，忭舞昌辰。」參政朴寅亮辭也。主善之，議遂寢。紀及外紀均未載。李燾長編云：元符元年十一月，高麗遣使尹瓘等入貢。按，二年正月二日，館伴言高麗使尹瓘等欲十三日朝辭，詔留之。檢實録諸書，并無該臣入見月日。王雲雞林志云，元祐五年、元符元年，貢使再至。徐兢高麗圖經亦云元祐五年，則已見十二日、五日，獨元符元年須別考詳，姑附十一月末。又按，高麗使自元祐時屢至京師，不知王雲何故但舉兩名。豈作書時，只此使貢歟？當攷。再，元符元年，卽遼壽隆四年也。周煇清波雜志云，路允迪、傅墨卿宣和奉使高麗，其屬徐兢倣王雲雞林志爲高麗圖經，考稽詳備，物圖其形，事爲其說，蓋徐素善丹青也。今圖亡而經存。兵燹後，徐氏亦失原本。雞林志四十卷，併載國信所行移案牘，頗冗長。時劉逵、吳拭並命往諭國王（顒）〔顒〕曰：「女直人尋常入貢本朝，路由高麗。如他日彼求修貢，可與同來。」（顒）〔顒〕曰：「明年本國入貢時，彼國必有人同入京也。」海上結約，兹爲禍始。

天祚帝乾統五年（乙酉一一〇五）冬十一月，高麗王顒薨（按，據高麗史卷一二肅宗世家，顒死於是年十月丙寅），其子俁遣使來告。〔攷異〕東國史畧云，肅宗明孝王七年；遼遣中書舍人孟初來賀生辰，兵部員外郎金緣爲館伴，初見其年少，頗易之。一日，並轡出郊，雪始霽，初唱曰：「馬蹄踏雪乾雷動。」緣卽對曰：「旗尾翻風烈火飛。」初愕然曰：「天才也！」因相唱和。及別，解金帶贈之。　東國通鑑云，肅宗九年四月，遼遣安遠節度耶律嘉謨、利州觀察使夏資睦來册王爲高麗國王；泰州觀察使耶律師傅、鴻臚卿張織來册太子爲三韓國公，均賜車服等物。　按，肅宗七年、九年，卽遼乾統二年、四年也。　又云，十年十月丙寅，（顒）〔顒〕（同上書改，下同）薨，俁嗣，遣中書舍人金緣如遼告哀。至，賜宴，將奏樂，辭曰：「臣來時，羣臣皆服衰絰，今至上國，獲蒙賜宴，雖感恩榮，然臣子之情，不忍聞樂。」主許之。見時乞除吉服，學士孟初曰：「殿廷服色宜從吉，但除舞蹈可也。」明年正月，遼遣祭奠使耶律演、左企弓來，弔慰使耶律忠、劉企常，起復使劉鼎臣來。　徐兢高麗圖經云，運卒，謚宣，子堯立，以病廢，其叔熙攝政。　堯卒，熙襲，改曰（顒）〔顒〕。崇甯二年，（顒）〔顒〕卒，俁立。以八月十七日爲咸甯節，大會貴近於長慶殿。華人在館者，亦遣官爲館伴，用三部樂。　按，崇甯二年，卽遼乾統三年，與史異。　方輿紀要云，契丹部酋六哥竄入高麗，據江東城，女真阿骨打遣兵攻滅之。　江東城在平壤東，大同江東岸。　但謂係宋嘉定九年，誤。　紀及外紀均未載。

八年（戊子一一〇八）夏四月丙申，封俁爲三韓國公，贈其父顒爲高麗國王（按，據高麗史卷一一肅宗世家，歲丁丑（壽隆三年）十二月，已册王顒爲高麗王，歲庚辰（壽隆六年）十月，已册王俁爲三韓國公，此處記有誤）。

冬十二月己卯，遣使來謝。〔攷異〕東國通鑑云，睿宗文孝王三年二月，遼遣崇祿卿張掞來，命王落起復，清安節度使蕭良、益州觀察使李仁洽來册王，守太尉中書令。　明年十二月，遣都官郎中李國瓊如遼，賽還女真九城。　紀及外紀均未載。

天慶二年（壬辰一一一二）冬十月辛亥，三韓國公俁母卒，來告，卽遣使致祭、起復。〔攷異〕東國通鑑云，睿宗七年七月己巳，太后柳氏薨，八月丙申，遣殿中監李德羽如遼告哀。　遼遣永州觀察使耶律固、太常少卿王侁、𣆀州觀察使蕭迪來弔祭。金陵黃氏書目云，耶律純星命祕訣四卷。純於政和二年使高麗，傳其國禪師星命之學。政和二年，卽遼天慶二年也。外紀未載。

三年（癸巳一一一三）冬十二月庚戌，高麗遣使來謝致祭及起復。〔攷異〕東國通鑑云，睿宗十二年二月，金緣馳奏，金取遼開州，襲來遠城，下大夫、乞打、柳白三營，盡燒戰艦。統軍耶律甯、刺史常孝孫等率其衆，載船二百四十艘出泊江頭。移牒我甯德鎭，以來遠、抱州二城歸於我，遂汎海而遁。時天慶七年也。紀及外紀均未載。

（天慶）（按本書例删）十年（庚子一一二〇）春二月，遣使乞兵於高麗，金人責之，兵不果來，而遼亡矣。〔攷異〕張世南游宦紀聞云，余家嘗藏高麗使人狀數幅，乃宣和六年九月，正使知樞密院李資德、副使禮部侍郎金富轍，至本朝謝恩進奉，各有四六，倣中國體。李云：「跂予望之，適江干之弭節；亦既犯高廟嫌諱止，幸堂上之披風。況飛五朶之雲，特賜千金之幣，禮當拜受，心則愧惶。」金云：「穆如清風，幸被餘光之照；酌彼行潦，可形將意之勤。幸被寬裕以有容，敢以菲微而廢禮。所麾名品，列具粱糯。按，資德爲尚書令資謙弟。富轍兄富軾，博學强識，善屬文，知今古。富轍亦有時譽，其命名之意，蓋有所慕。文章動蠻貊，此語不誣。是年，又請遣能書者至國，遂命徐兢爲國信使，歸撰高麗圖經上之，徽廟喜，擢宗丞兼掌書學。與前所引清波雜志稍異。王雲雞林志云，高麗善染彩，紅、紫尤妙。紫草大梗如牡丹，搗汁染帛。黃漆生島上，六月刺取，瀋色若金，日暴則乾，本出百濟，今號新羅漆。又云，王於國中出債收，有陳道曾入其國爲商，曰：「今以官奴求息，俾之日納磨絲。貌好者倍其收，若得子，則没入爲奴婢。」高麗圖經云，普濟寺有巨鐘，形大而聲不揚，上有螭紐，中有雙飛仙，刻銘曰：「甲戌年鑄，用白銅萬五千斤」。麗人曰：「昔者，置之重樓，聲聞契丹，單于惡之，今移於此。」所載甚詳。

遼史紀事本末卷八

舒嚕太后稱制

太祖卽位之元年(丁卯九〇七)春正月庚寅，立皇后蕭氏，羣臣上尊號曰地皇后。后諱平，小字月理朶，舊作鄂爾多(按，鄂爾多爲清改譯，此處當云「舊作月理朶」)亦曰舒嚕氏。原作述律氏。〔攷異〕宏簡録云，遼因突厥舊俗，稱后曰可敦，國語謂之忒俚蹇。尊稱曰耨斡麼，亦作改耨，蓋以配后土。内稱爲母，太祖卽位，始從唐制稱后。本無姓氏，嘗慕漢高稱劉氏，其后族乙室拔里，亦作伊蘇巴里，世任國事，比蕭相國，故后稱蕭氏。舒嚕后兄子蕭翰妹復爲太宗后，故后族皆以蕭爲氏。此本耶律儼所修實録之説，以姓爲太祖所賜，國語解非之，故陳大任不取。而薛、歐二史，皆謂太宗入汴，賜后兄姓名曰蕭翰。則蕭姓實太宗所賜。乃太祖以前祖妣皆稱蕭，蓋後人所追稱也。蕭姓於遼最貴，世與宰相選。統遼一代任國事者，惟耶律與蕭二族而已。又，契丹外戚，其先曰二舒敏氏：曰巴哩，曰伊蘇濟勒。太宗入汴，賜外戚小漢姓名曰蕭翰，故三姓皆爲蕭氏。按，乙室部之先曰撒本，本與兄益古分營而領，曰乙室，曰拔里已，所謂二審密是也。述律后，回鶻糯思後。糯思一名胡母里。西夏近回鶻，元時尚有此姓。胡母里既改蕭氏，二族從之，實非同姓，定著爲二。至云蕭翰，本契丹大族，其號阿缽，無姓氏。太祖命李崧制姓名，以小漢爲蕭翰，此宋人之臆度也。其先從隋蕭后入突厥，及后還，留遼，爲述律氏，遼亡爲石抹氏。此元人之附會也。契丹字書爲石抹，漢字書爲蕭，國語解云無考。就金人石抹爲蕭觀之，知契丹語，而金人沿之也。太祖命后族姓蕭氏，則述律本回鶻姓改爲蕭氏，後人附會爲一耳。見周春遼詩話。 龐元英文昌雜録云，余嘗見樞密都承旨張誠一，說使北聞天皇嘗問大臣古英雄爲誰？曰：「漢高祖。」勳臣爲誰？曰：「蕭何。」因譯耶律爲劉氏，后亦錫姓蕭氏。 武珪燕北雜記云，二月一日，番中蕭姓者請耶律姓者於本家筵席，番中呼此節爲瞎里尀。六月十八日，耶律姓郤請蕭姓者，亦如之。史作㳃里尀 見禮志。 陳浩遼史攷證云，國語㳃里尀，今改扎拉巴。又謂正旦爲迺捏咿唲，今改阿尼雅伊能伊。紀載各異。 其先，回鶻人。父曰巴噶穆爾，原作婆姑梅里。〔攷異〕陳桱五代史補編作容我梅里。 地理志作肅安穆嚕。 仕約尼原作遙輦氏，爲額珍尼郭齊喀，原作阿札割只娶伊勒都齊原作匀德恝王女，生后於契丹右大部。〔攷異〕宏簡録，穤思生魏寗舍利，魏甯生慎思梅里，慎思生婆姑梅里，一名日梲，卽后父。 諺語，地祇爲青牛嫗，有童謠曰：「青牛嫗，曾避路。」及迎后至遼、土二河之間，忽有女子乘青牛車，倉卒不見。 后妃傳，諾蘇生謂居沙哩勒，謂居沙哩勒生舒舒梅楞，舒舒梅楞生巴噶穆爾，名淵，原作月梲。 汪輝祖遼史同名録，卷十一聖宗統和四年朔州節度；卷二十四道宗太康六年同知北樞密，後屢見，三人同名慎思。 又，后兄名欲穩，見卷七十四韓知古傳。至卷七十三傳，奚迭剌部夷离堇欲穩，另一人。 性簡重、果斷，有雄略。 太祖行兵御衆，后嘗預謀。 太祖度磧擊黨項，留后守其帳，黄頭、臭泊二室韋乘虛來襲；后知，勒兵以待，奮擊，大破之，名震諸夷。 母與姑拜之，皆踞坐受，曰：「吾惟拜天，不拜人也。」〔攷異〕契丹國志云，男女拜皆同，其一足跪，一足著地，以手動爲節，數止於三。彼言捏骨地者，卽跪也。 文惟簡北庭事實云，漢兒士大夫見上位、耆年及久濶交，見則進退周旋，三出頭，五折腰，相揖而不作聲，謂之啞揖，否則，爲山野之人，不知禮法，咸嗤笑之。 契丹之人，叉手胸前，亦皆不作聲，是謂相揖。 所載甚詳。

二年（戊辰九〇八）春正月，晉王李克用卒，子存勗嗣。欲結援，以叔母事后。幽州劉守光遣韓延徽來，不拜，太祖怒，留使牧馬。后曰：「守節不屈，賢者也，宜禮用之。」太祖召與語，大悅，卒引爲謀主。吳王李昪獻猛火油，以水沃之愈熾。太祖選三萬騎以攻幽州。后曰：「豈有試油而攻人國？」指帳前樹曰：「無皮可以生乎？」太祖曰：「不可。」后曰：「幽州之有土有民，亦猶是耳。吾以三千騎掠其四野，不過數年，困而歸我，何必爲此！萬一不勝，爲中國笑，吾士卒不解體乎？」〔攷異〕宏簡録載選騎攻幽州事，但曰「豈有試兵而攻人國者」？並無試火油事。康譽之昨夢録云，西北邊防城庫皆掘地作大池，縱横丈餘，以蓄猛火油，不閱月，土皆黄赤，又別爲池而徙焉，否則，火自屋柱延燒矣。猛火油出高麗東數千里。日初出時，因盛夏日力烘石極熱則出液，他物遇之卽爲火，惟真琉璃器可貯之。中山府治西有大陂池，人呼海子，郡帥就之以按水戰，試猛火油，池之別岸爲虜營，用油者以油涓滴入，自火焰中過，則烈焰遽發，頃刻虜營爐矣。油之餘力入水，荇藻俱盡，魚鼈皆死。周密癸未雜識云，南海諸國有泥油，今人海淺番船皆蓄之，謂之骿船。中用四人力拖斗上，以泥油着小瓶中，檳榔皮塞口，燃檳榔皮。自高投之，泥油着板，遍延不息，以水沃之愈熾，所制者，乾泥與竈灰。今官兵船不能近淺番者，正畏此耳。按，今西北邊無猛火油，詢諸嶺南習海舶者，亦不知有泥油也。華夷考云，猛火油，樹津也，一名泥油火，類樟腦，第能腐人肌肉，燃之至水中，其焰倍熾。見徐應秋玉芝堂談薈。所載較詳。

四年（庚午九一〇）秋七月戊子朔，以后兄蕭達魯原作敵魯爲北府宰相。后族爲相自此始。

七年（癸酉九一三）春三月，皇弟埒克原作剌葛等反，太祖以兵追之。埒克遣其黨徑趨行宮焚廬帳，后急遣舒古魯原作蜀古魯救之，獲其所爲天子旗鼓而還。

神册元年（丙子九一六）春二月丙申，百僚上尊號曰應天大明地皇后。

三月丙辰，立其長子貝原作倍爲皇太子。〔攷異〕陳桱五代史補編云，神册六年初，王郁説契丹主曰：「鎮州美女如雲，金帛如山，天皇王速往則皆己物也；不然，爲晉王所有矣。」后曰：「吾有西樓羊馬之富，其樂無窮，何必勞師遠出，以乘危徼利乎？晉王用兵，天下莫敵，脱有危敗，悔之何及！」主不聽。及敗，縶郁以歸。后傳未載。王易燕北録云，戎主太后噴嚏時，但是近位蕃、漢臣僚齊道「治夔離」，漢語「萬歲」也。王懋野客叢書云，隨筆曰：今人噴嚏必止者，必噀嚏，祝曰：「有人説我。」按，詩「寤言不寐，願言則嚏。」注：女思我心則嚏也。今俗人嚏云：「人道我。」此古之遺語。僕觀類要編風類正有是説。陳繼儒珍珠船云，呵膠出虜中，可以羽箭，又宜婦人貼花鈿，呵噓隨融，故名呵膠。劉貢父有和陸子履詩曰：「此膠出自遼水魚，白羽補綴隨呵噓。」

天贊元年（壬午九二二）冬十一月壬寅，太祖以后次子耀庫濟原作堯骨爲天下兵馬大元帥，自是屢立戰功。

四年（乙酉九二五）春正月壬寅，太祖以親征黨項捷報后及太子。

〔二月〕（據遼史卷二太祖紀補）丁卯，后遣康末怛問起居，進御服、酒膳。

夏四月甲子，后及太子迎謁太祖於札里河。

冬十二月乙亥，太祖親征渤海，后及太子、大元帥皆從行。〔攷異〕陳士元諸史夷語云，應天皇后從太祖征討，所俘人户有伎藝者，置之帳下爲屬珊部，蓋比珊瑚之寶云。按，屬珊軍，應在兵衛志，史更移之地理志，恐誤。王鳴盛十七史商榷云，五代史漢高祖紀，德光指知遠曰：「此都軍甚操剌。」今人以雄猛爲「插剌」，「操剌」恐卽此意。王易燕北録云，諸蕃兵馬，以「蔞珍思」三字爲號，漢語熊、虎二字也。正月十三日，放國人作賊三日，北呼爲「鶻里尌」，漢人譯曰：「鶻里」是偷，「尌」是時也。戎主及臣庶每聞霹靂聲，各相鈎中指，口作唼雀聲。若見旋風時，便合眼，用鞭空中，打四十九下，口道「坤不克」七聲，漢語「魂風」也，均以爲禳厭。江休復嘉祐雜志云，契丹謂圭爲「曜辣」，北虜冰實羊腸。文州羌取蛇韜首繞頭上，治上熱。武珪燕北雜記云，契丹呼種田爲「提烈」，又北界漢兒多爲契丹凌辱，罵作「十里鼻」，猶言「奴婢」也。獵月戎裝飲酒，呼爲「粆離尌」，「炒離」是戰，「尌」是時。戎主别有鼓十六面，發更時擂動，至二點住，三更再擂，呼爲「倍其不」。擂鼓是驚鬼。契丹飲宿，不逐水草，燕北膠弓不易折。方以智通雅云，中人帽曰「爪拉」。徐文長曰，遼主名查拉，或服是帽，轉爲「爪拉」。近有高麗王帽，京師呼爲「爪拉」。張舜民使遼録云，胡人吹葉成竹，以蕃歌相和，音韻甚和。葉子奇草木子云，北人殺小牛，自脊上開一孔，逐旋取去内頭骨肉，外皮皆完，揉軟，用以盛乳酪，謂之「渾脱」。陶穀清異録云，北戎蓮實，狀長，少味，出藕頗佳，然止三孔，用漢語譯其名曰「省事三」也。又遼東一處有瓜，若澆沃，則以酒代水，實成，破爲一段。每段中一子，長數寸，食一顆，可作十日糧。國人珍之，名「獨子青」。陳長方步里客談云，古人多轉蓬，不知何物。外祖林公使遼，見蓬花枝葉相屬，團圞在地，遇風卽轉，云轉蓬也。

天顯元年（丙戌九二六）春正月，太祖平渤海，〔二月〕（據遼史卷二太祖紀補）改爲東丹國，以太子爲人皇王，置官屬守之。

秋七月，師還。甲戌，次扶餘府，辛巳，太祖崩，后稱制，權決軍國事。〔攷異〕耶律都沁傳，后稱制，惡都沁，囚之，誓曰：「鐵鎖朽，當釋汝！」既而召之，使者欲去鎖，辭曰：「鐵未朽，可釋乎？」后聞嘉歎，趣石釋之。紀及后傳未載。

八月甲午，奉梓宫西還。耀庫濟討平諸州，奔赴行在，人皇王繼至。

二年（丁亥九二七）秋八月丁酉，葬太祖於祖陵。當葬時，后欲以身殉，百官力諫，因斷右腕，納於柩。〔攷異〕宏簡録云，太祖崩，后恚，召從行將帥等妻謂曰：「我今爲寡婦，汝等豈宜有夫！」因殺大將百餘人，曰：「可往從先帝於地下。」左右有過者，亦多殺於墓隧中。因事怒趙思温，使送木葉山，不肯行，責之，對曰：「親莫如后，何乃不行？」乃斷一腕，納壙中，而釋思温不殺。所載較詳。按，地理志云，后於義節寺斷腕，置太祖陵，即寺建斷腕樓，樹碑焉。太祖紀均未載。王易燕北録云，契丹婦人産時，望日番拜八日，候入帳内，以手帕抹郤。契丹晉人眼，抱婦人胸卧甘草苗。若生男兒，其夫面塗蓮子、臙脂；或生女時，面塗突墨。産母服黑豆湯，調鹽。番言用此二物塗面時，宜男女，貧者否。所載亦異。

冬十一月壬戌，太宗立，尊后爲應天皇太后。

三年（戊子九二八）太宗不改元秋八月庚辰，〔詔〕（據遼史卷三太宗紀補）建太后誕聖碑於儀坤州，方輿紀要云，在臨潢東，本契丹右大地，回鶻部落所居。述律后生於此，因建爲州，治廣義縣。〔攷異〕胡嶠陷北記云，至儀坤州，渡麝香河，自幽州至此無里堠，不知南北，後建爲啟聖軍節度。以其生日爲永甯節。〔攷異〕禮志云，正旦，國俗以糯飯和白羊髓爲餅，丸之若拳，每帳賜四十九枚。戊夜，各於帳内牕中擲丸於外。數偶，動樂，飲宴。數奇，令巫十二人鳴鈴執箭，繞帳歌呼，帳内爆鹽爐中，燒地拍鼠，謂之驚鬼，居七日乃出。立春日，婦人進春書，刻青繒爲幟，像龍御之；或爲蟾蜍，書幟曰「宜春」。凡正月之日，一雞、二狗、三豕、四羊、五馬、六牛，七日爲人。晴爲祥，陰爲災，俗煎餅食於庭中，謂之「薰天」。二月八日爲悉達太子生辰（按，據契丹國志卷二七歲時褉記，「佛誕日」在四月八日。此處疑誤）。京府及諸州，雕木爲像，儀仗百戲導從，循城爲樂。悉達太子者，西域淨梵王子，姓瞿曇氏，名釋迦牟尼。以其覺性，稱爲佛。三月三日爲上巳，國俗，刻木爲兔，分朋走馬射之。先中者勝，負朋跪進酒，勝朋馬上飲之。是日爲陶拉噶爾布噶，原作陶里樺。國語，「陶里」，兔；「樺」，射也。夏至，俗謂之朝節。婦人進綵扇，以粉脂囊相贈遺。七月十三日，夜，天子於宮西三十里卓帳宿焉。翼日，諸部落從，動番樂飲宴。暮歸行宮，曰「迎節」。中元，動（番）〔漢〕（據遼史卷五三禮志、契丹國志卷二七歲時雜記改）樂大宴。十六日昧爽，復經西方諸部落，大譟三日「送節」，（按，據契丹國志卷二七歲時雜記作「却往西方，令隨行軍伍大喊三聲，謂之『送節』。」遼史卷五三禮志作「隨行諸軍部落大譟三」，未知孰是）是爲賽音伊能伊，原作賽伊兒奢。國語，「奢」，好也。八月八日，國俗，屠白犬，於寢帳前七步瘞之，露其喙。後七日中秋，移寢帳於其上，謂之伊克努爾，原作捏褐耐。國語，「捏褐」，犬也；「耐」，首也。歲十月，五京進紙，造小衣甲、槍、刀、器械萬副。十五日，主臣望祭木葉山，用國字書狀，并焚之，謂之達勒噶喀，原作戴辣。國語（燒甲）〔「戴」，燒也；「辣」，甲」（據遼史卷五三禮志改）也。臘辰日，天子率北（面）〔南〕（同上書改）臣僚並戎服，戊（辰）〔夜〕（同上書改）坐朝，作樂飲酒，等第賜甲仗、羊馬。是日爲綽哈雅布，原作炒伍侕尀。國語，戰時也。按，五德運補云，遼以水德王。又，魏臺訪議云，王者各以其行盛日爲祖，衰日爲臘，水盛於子，終於辰，故水行之君以子、祖、辰、臘。今禮志以辰爲臘，可見遼用水德也。見陳浩遼史攷證。

四年（己丑九二九）冬十月甲子，太宗以弟魯呼原作李胡帥師趣雲中，討郡縣之未附者。魯呼，太后少子也。

五年（庚寅九三〇）春正月庚午，皇弟魯呼拔寰州捷至，因朝太后。及魯呼師還，册爲壽昌皇太（子）〔弟〕（據遼史卷三太宗紀改）。〔攷異〕皇子表及魯呼傳均作皇太弟，較妥。續通考云，太宗天顯五年六月，以太后疾，祈於太祖廟。聖宗統和四年十月，太后爲帝祭神祈福。按天顯五年，疑係會同五年。續通考恐誤。

十一年（丙申九三六）冬十二月戊子，太宗以援晉大捷，遣使馳報太后，師還朝見，進珍玩爲壽。

會同元年（戊戌九三八）秋九月，晉遣使來上皇太后尊號。

冬十一月壬子，太后御開皇殿，馮道、韋勳册上尊號曰廣德至仁昭烈崇簡應天皇太后。

五年（壬寅九四二）夏六月丁丑，太宗聞太后不豫，馳入侍，湯藥必親嘗。仍告太祖廟，幸菩薩堂，飯僧五萬人。至七月乃愈。

六年（癸卯九四三）冬十二月，太宗如南京，議伐晉。命趙延壽等分道進，諸軍繼之。嗣是與晉搆怨，用兵不休，二國俱困。太后謂太宗曰：「使漢人爲胡主可乎？」曰：「不可。」太后曰：「然則何故欲爲漢主？」曰：「石氏負恩不可容。」太后曰：「汝今雖得漢地，不能居也；萬一蹉跌，悔何所及！」又曰：「漢兒何得一餉眠。自古但聞漢和蕃，不聞蕃和漢。漢兒果能回意，我亦何惜與和。」其後，晉復來請和，卑辭謝過。太宗謂：「使景延廣字航川，陝州人。桑維翰字國僑，河南人。〔攷異〕張齊賢洛陽搢紳舊聞記云，維翰應舉，張全義言於有司始得第。薛史李棁傳，棁知貢舉。有舉子孔英者，素有醜行。維翰謂棁曰：「孔英來矣。」棁不喻其意，反疑維翰屬之，乃考英及第。此皆以勢利舞弊者。又，同光三年，裴皞知貢舉，所取符蒙正等，干物議；詔盧質覆試。王澈改第一，維翰第二，蒙正第三，成僚第四。皞免議。見趙翼劄記。來議，并割鎮、定兩道則可和。」晉人疑其語忿，無和意，乃止。太宗滅晉歸，崩於欒城。〔攷異〕宏簡録云，太宗滅晉，太后勸用一漢人爲主，太宗不可。太后怒曰：「汝得中原不能有，後必有禍，悔無及矣！」及喪歸，太后不哭，撫其尸曰：「待我國中人畜如故，然後葬汝！」紀未載。歐史云，德光入汴，述律后遣人賚書及阿保機明殿書賜之。明殿，若中國陵寢下宮之制，墓側起屋曰明殿。置學士一，掌答詔書。每國有大慶弔，學士以先君之命，爲書以賜國君，曰兒皇帝書云。所載較詳。諸將奉世宗卽位於鎮陽。太后屬意於少子，魯呼聞之大怒，遣兵迎擊，大敗。太后親率師遇於潢河之橫渡，賴耶律烏哲原作屋質諫，乃罷之。遷居於祖州之没打河。〔攷異〕歐史云，蕭翰聞兀欲立，追及之，與述律后戰於沙河，后兵敗而北，兀欲追至獨樹渡，遂囚后於撲馬山。見胡嶠陷北記。與史異。方輿紀要云，撲馬山或謂卽祖州之白馬山，卽祖山。在祖州西五里。耶律碩格傳，世宗卽位，碩格奉太宗喪歸上京，佐太后出師，坐是免官，卒。后傳未載。應歷三年崩，祔祖陵。謚貞烈，後更淳欽。

遼史紀事本末卷九

太宗嗣立

太祖天贊元年（壬午九二二）冬十一月壬寅，命皇次子耀庫濟原作堯骨。〔攷異〕宋白云，本名耀渠芝，亦作耀屈之。王溥五代會要作曜屈之。爲天下兵馬大元帥，畧地薊北。

本諱德光，字德謹。母舒嚕原作述律后。唐天復二年生。生時黑雲覆帳，神光異常。獵者獲白鹿、白鷹，人以爲瑞。〔攷異〕宏簡録云，生時火光燭天，有聲如雷。諸部異之。及長，雄傑有大志，貌嚴重而性寬仁，軍國之務多所取決。尤爲舒嚕后所鍾愛。至是始奉詔統軍，得專征討焉。歐史云，德光素有智勇，服其諸部，事母述律甚謹，后切愛之。〔攷異〕方輿紀要云，德光生於龍化州東，本東樓地，阿保機春月行帳多駐此。穆宗因建爲降聖州，統永安縣，金廢。地理志云，州號開國軍。應天后嘗於此夢神人金冠素服，執兵仗，貌甚豐美，異獸十二隨之。中有黑兔，躍入后懷，因有娠，生太宗。

二年（癸未九二三）春正月丙申，大元帥兵克平州，獲刺史趙思溫、裨將張崇（按，舊五代史卷八八、新五代史卷四七張希崇傳作「張希崇」，「希」蓋與天祚延禧之「禧」音同，避諱而捨）。

夏四月癸丑，詔大元帥攻幽州，軍城東，晉節度使符存審出戰，敗之，擒其將裴信父子數十人。

閏月庚辰，抵鎮州。拔曲陽，下北平。

五月戊午，師還。〔攷異〕綱目云，唐莊宗同光元年閏四月，契丹圍幽州。歐史存審傳，時晉與梁相持河上，欲發兵，兵少；欲勿發，懼失之。莊宗問諸將，存審以爲當救，乃遣赴援，卒擊走契丹。正天贊二年事，未云存審兵敗，今從太祖紀。耶律圖魯卜傳，時耀庫濟爲大元帥，圖魯卜爲副，既下北平，至易州，易人來拒，踰濠而陣。李景章出降，言城中人無鬭志。大元帥將收攻具，圖魯卜諫曰：「我師遠來疲憊，不可久留。」乃止。軍還，太祖嘉之，賜賚優渥。紀未載。按，易州爲高陽軍，在保定府西北百二十里。輿地廣記云，漢故安縣，故城在今易縣南，易水所出。燕太子丹送荆卿入秦，祖道於此。隋置易州，兼立黎郡，尋改上谷郡，唐爲易州，又爲上谷郡。縣四：易縣、淶水、滿城、玉田。戴銑易州志云，黃金臺在州治東南四十里。昔燕昭王師事郭隗，築臺於此。通典云，歸義縣，漢易縣地。公孫瓚於此置易京，在今縣南十八里。又有巨馬水。唐舜卿涿州志云，重唇魚，惟巨馬河有之。周密癸辛雜識云，易州在保定府西，即郭藥師起兵處，在易水北。州東南有故城，號燕子城。册府元龜云，劉昫，涿州人，唐末契丹陷其郡，昫被俘，至新州逃歸，隱居上谷大甯山。在易州城西五十里，中有大甯寺。見明一統志。五華樓，在易州治，即燕候雲物處。遼聖宗嘗御此樓。書刺史高質、兵監趙質姓名於西壁。林烇章易水志云，福感寺，在州東里許，遼統和末建。上、中、下静覺寺，在大甯山，遼大安二年建。潘自牧記纂淵海云，三臺城，在容城縣境。昔燕、魏分易水爲界，築三臺以耀武。圖魯卜原作突呂不，官至檢校太尉。卷九十六蕭約音努傳，六世祖奚六部常衮突呂不，另一人。

三年（甲申九二四）夏六月乙酉，太祖親征托歡、原作吐渾党項、準布原作阻卜等部，詔皇太子監國，大元帥以兵從行。遂破伊奇哩原作于厥里諸部，定河壖，下山西諸鎮，取回鶻單于城；踰流沙，盡取西鄙各部。東西萬里，所向有功。

四年（乙酉九二五）春二月丙寅，大元帥率兵畧党項，獻其俘。〔攷異〕圖魯卜傳，時從大元帥爲先鋒，伐党項有功。太祖犒師水精山。大元帥東歸，圖魯卜留屯西南部，復討党項，多獲而還。紀未載。

冬十二月乙亥，大元帥從征渤海，圍扶餘府。

天顯元年（丙戌九二六）春正月庚申，國兵攻破扶餘城，誅其守將。大元帥兵進圍輝罕原作忽汗城，大諲譔請降，復叛，圖魯卜先登，攻克之，改爲東丹國。命皇太子爲人皇王主之，班師。

夏五月辛酉，南海、定理二府復叛，大元帥討平之。〔攷異〕圖魯卜傳，渤海平，承詔銘太祖功德於永興殿壁。班師，已下州郡，往往復叛，從大元帥攻破之。紀未載。

秋七月丙辰，鐵州刺史衛鈞反，大元帥攻之，拔其城。

是月，師次扶餘府，太祖崩，舒嚕后稱制。大元帥討平諸州奔赴行在，人皇王繼至。

九月丁卯，太祖梓宮至皇都，權殯於子城西北。

冬十月，盧龍節度使盧國用叛，降唐。〔攷異〕契丹國志云，時文進守平州，唐遣人説之，以易代之，後無復嫌怨；而文進所部華人皆思歸，乃率其衆十萬歸唐。綱目及通鑑同，史作國用，異。　薛史云，十二月，詔賜文進及將吏四百人鞍馬、錢幣有差，授文進太尉、平章事。時明宗即位之明年。文進自平州率所部十萬餘衆來奔，行及幽州，先遣使上表曰：「頃以新州團練使李存矩，提衡郡邑，掌握恩威，虐黎庶，則毒甚於豺狼；聚賦斂，則貪盈於溝壑。人不堪命，士各離心。臣即抛父母之邦，入朔漠之地，幾年雁塞，徒向日以傾心；一望家山，每銷魂而斷目。李子卿之河畔，空有怨辭；石季倫之洛中，莫陳歸引。近聞皇帝陛下，皇天眷命，清明在躬，握紀乘乾，鼎新革故。始知大幸，有路朝宗；便貯歸心，衹同良會。臣十月十日，決計殺在城契丹，取十一日離州，押七八千車乘，領十五萬生靈，十四日已達幽州」云。洎至洛陽。授滑州節度使，歲餘，移鎮鄧州，入爲上將軍，長興中，出鎮潞州；清泰中，改安州。及晉與契丹結好，不自安，天福元年十二月，渡淮奔金陵。　歐史云，晉天福二年正月，文進時爲安遠節度使，叛降於吳，授宣潤節度使，死於金陵。馬令南唐書云，文進以晉天福元年冬送欵於烈祖，拜天雄統軍，鎮宣潤。陸游南唐書云，文進少事契丹，娶其公主，爲平州刺史，鎮上黨。時幽州高越精詞賦，有名，徵爲掌書記。文進仲女有才色，稱女學士，因以妻之。文進奔吳，與之俱，爲祕書郎。保大初，文進卒，有欲傾其家者，越上書訟之，坐黜。後主時卒，官户部侍郎。釋文瑩玉壺清話云，文進卒時年八十二。其日，星隕於寢，大如杯，文進噓，赤光丈餘，與星接。吳任臣十國春秋云，文進送欵前，殺行軍司馬馮知非、副使杜重貴。歸烈祖，居數鎮，政績甚美。潤州大火，使馬步救之，益熾；文進怒，自出，斬馬步使，傳聲火止。人皆異之。封范陽郡王兼中書令。忤馮延己；死後，誣以陰事，盡收諸子，欲籍其家。賴高越救免。越字冲遠，舉進士，與江文蔚齊名，稱江、高。淮南交兵，書詔多出其手。卒，謚穆。兄子遠，冲淡有高節，官勤政殿學士，撰烈祖實録二十卷，與徐鉉、喬匡舜、潘佑共成吳録二十卷，又撰元宗實録十卷，編輯昇元以來故事爲一家言。見陳霆唐餘紀事。贈給事中，謚良。鉉字鼎臣，會稽人。長與韓熙載齊名，稱韓、徐。官右丞左僕射，知内史事。入宋，歷常侍，與湯悦撰江南録，著文集三十卷及稽神録。弟鍇，字楚金。歷集賢殿學士，與鉉齊名，稱二徐。卒，謚文。熙載，字叔言，北海人，後唐第進士。入南唐，歷中書侍郎承旨，卒，贈平章事。文蔚，字君章，建安人，官翰林學士，有直聲。匡舜，字亞元，高郵人，官刑部侍郎。佑，幽州人，官内史舍人。上書論時政，與李平同時被殺。平本姓名楊訥，少爲嵩山道士，官衛尉卿，判司農寺。

十一月，殺南院額爾奇木原作夷离菫耶律廸里原作迭里等。事詳東丹建國註中。

二年（丁亥九二七）秋八月，治祖陵畢。

冬十一月壬戌，人皇王率羣臣請於后曰：「大元帥勳望，中外攸屬，宜承大統。」后從之。遂即位，是爲太宗。語詳東丹建國事中。〔攷異〕是年，即唐明宗天成二年。綱目於是秋書契丹與唐修好。歐史亦於九月、十一月兩書契丹使梅老來。又以名馬聘唐，并求碑石爲阿保機刻銘。明宗遣飛勝指揮使安念德報聘。薛史云，九月，契丹使美稜瑪古等朝貢。十一月，摩琳等來乞和。十二月，遣飛勝指揮使賜契丹王錦綺、銀器等，并賜其母繡被、瓔珞。史均未載。

三年（戊子九二八）太宗不改元。春三月乙丑，唐義武節度使王都遣人以定州來歸。唐帝出師討之，使來乞援，詔遣奚圖哩原作秃里。〔攷異〕綱目作秃餒。搭拉原作鐵剌。〔攷異〕薛史作塔納。通鑑作託諾，死在四年。按，神册六年，存勗引兵趨望都，遇契丹托諾，或係一人。通鑑輯覽作託輝。又卷五，大同五年，歸鐵剌，籍没子孫，另一人。往援之。

夏四月丙申，搭拉敗唐將王晏球字瑩之，洛陽人。初爲杜氏養子，從姓杜。於定州。唐兵大集，塔拉請益師。〔攷異〕東都事畧云，李處耘父肇，時爲軍校，討王都，契丹來援，力戰死。紀未載。辛丑，命特哩衮原作惕隱納爾琿、原作涅里衮都統察喇原作查剌。〔攷異〕通鑑輯覽作策喇卜，云舊作荊喇。汪輝祖遼史同名録云，卷十六聖宗開泰九年使宋；卷二十一道宗小字；卷二十三太康三年室韋部人，左衛大將軍；又護衛太保；卷二十八天祚天慶七年南京統軍都監；卷九十六耶律仁先傳，小字；卷一百耶律章努傳，父，八人同名查剌。赴之。

秋七月，塔拉率兵復與唐將王晏球戰，大敗，死之。納爾琿、察喇等數十人被執。晏球克定州，王都舉族自焚死。〔攷異〕歐史云，天成三年正月，契丹陷平州。四月，王都反。五月，禿餒、荊剌等救定州，爲晏球敗於曲陽，復遣惕隱赫邈助之，敗於唐河。赫邈走幽州，爲趙德鈞擒。定州破，明宗斬禿餒等六百餘人，赦赫邈。選壯士五十人爲契丹直。八月，執契丹首領和敏。薛史云，正月，契丹使托諾、巴摩哩貢。獻帝遣指揮使奔托山押國信賜契丹王妻。四月，契丹上書求樂器。五月，托諾領兵三千救定州，晏球敗之於曲陽。六月，德鈞奏殺契丹千餘人於幽州，獲馬六百匹。七月，晏球大破契丹於唐河北，追至滿城，復敗之，斬二千餘級，獲馬千匹。進至易州，擒獲甚衆。八月，德鈞邀殺敗黨數千，擒特里衮等五十餘人。會秋雨，泥濘，餘衆多爲村民毆殺，唯奇峰嶺北有馬潛遁，脱者數十，餘無噍類。帝致書諭其本國。張希崇以平州降。明年二月，克定州，生獲托諾等二千餘人，磔托諾父子於市。先是，晏球分符彦卿、高行周爲左右翼，大敗之於嘉山下，追襲至城門。定州圍久，都將馬讓能以城降。都好聚圖書，藏書三萬卷，名畫、樂器皆四方之精妙者。及敗，府庫、妻孥一夕而燼。王溥五代會要云，晏球獲契丹絹書二封來進，衆臣莫識其文字。番將六百皆赦之，惟首領吉趙實自京逭歸，至深州，捕斬之，殺圖奈等二十餘人。綱目云，禿餒萬騎救定州，爲晏球破，拔西關城爲行府。契丹陷新州，殺趙州刺史朱建豐。且兩敗均在曲陽，紀載各殊。册府元龜云，都鎮定州，臨戎數年，惟務殘虐。周元豹見之曰：「形若鯉魚，難免刀几。」太宗以師出非時，甚悔，厚恤戰没將士之家。〔攷異〕契丹國志云，八月，契丹遣使如唐。薛史云，閏八月，契丹遣使來貢獻。史均未載。

冬十一月辛丑，太宗自將侵唐。聞唐使來聘，問左右，皆曰：「唐數遣使來，實畏威也。未可輕舉，觀釁而動可也。」次杏堝，唐使至，遂班師。

時人皇王在皇都，詔遣耶律伊濟原作羽之遷東丹民以實東平。其民或亡入新羅、女直者，倘困乏難遷，許上國富民給贍而隸屬之。升東平郡爲南京以居人皇王。〔攷異〕皇子表，是年，第四弟雅爾噶救耶律沙於定州，爲唐所獲，至石晉時始得還。太祖宮人蕭氏生，字達年，官特里袞。二子：廸里、希達，皆知名。紀未載。宏簡録，雅爾噶作牙里果，廸里作敵祿，官南府宰相；希達作希低，官北院大王。

四年（己丑九二九）秋九月庚午，如南京。癸巳，至南京。

冬十月庚戌，大閱六軍。詔皇弟魯呼原作李胡帥師趣雲中，討郡縣之未附者。〔攷異〕歐史云，天成四年四月，契丹寇雲州。癸丑，使撩括梅老來求禿餒，殺之。契丹時稱雄北方，定州之敗，喪其萬騎，又失名將。及突欲奔唐，遂卑辭厚幣求歸諸人，唐輒斬其使不報。中國之威幾振。薛史云，四月，遣紐赫美稜等來朝，稱取托諾等骸骨，並斬於北市。史均未載。

五年（庚寅九三〇）春正月庚午，魯呼拔寰州。

秋八月丁酉，以大聖皇帝、皇后宴寢之所號日月宮，因建日月碑。丙午，如九層臺。

九月丁亥，至自九層臺。

冬十一月戊寅，東丹奏人皇王浮海適唐。〔攷異〕薛史云，東丹王突欲在闕下，其母繼發使申報，朝廷亦優容之。　尹洙五代春秋云，長興二年正月，契丹突欲來歸。　按，長興二年，卽天顯六年也。此恐係傳聞之誤。

六年（辛卯九三一）夏四月己酉，唐遣使來聘。

冬十一月乙酉，唐復遣使來聘。

十二月丙辰，以詔賜唐盧龍節度使趙德鈞。

七年（壬辰九三二）春正月己亥，唐遣使來聘。癸卯，遣人使唐。〔攷異〕通鑑云，長興三年正月，契丹陷平州。　按，元年冬，盧文進來奔，唐得平州，至是復爲契丹陷。紀未載。　綱目云，長興二年三月，契丹遣使如唐。初，錫里察喇等爲趙德鈞擒，契丹遣使請之，唐主謀於羣臣，皆曰：「契丹所以屢求和者，以此輩在南故也，縱之則邊患復生。」自是數侵雲州及振武。　契丹國志同，惟作長興三年，卽是年。且錫里作骨舍利。　歐史云，長興二年八月，契丹使邪姑兒來。三年正月，使拽骨來。三月，復遣使來。　王溥五代會要云，契丹屢請放荊刺舍利等歸國，明宗欲許之，大臣爭未決，會德鈞論奏，及易州刺史楊檀皆言不可，乃止。仍遣荊骨舍利隨其使歸。時使爲梁進德、鐵葛羅、卿述祿三人。又云，二年十二月十二日，契丹主帳前有大星晝隕，聲若雷電。　薛史，易州作冀州，咱喇作扎拉，荊骨作哲爾格。紀載各異。　按，檀後改名光遠，字德明，小字阿檀，沙陀部人。見陳思小字錄。　輿地廣記云，振武，本戎狄地，秦、漢屬雲中郡。唐龍朔三年置雲中都護府，改單于大都護府，升振武軍，縣一：金河。有燕然山、李陵臺、王昭君墓。咸通中李國昌爲節度，世據其地。

夏四月甲戌，唐遣使來聘，致人皇王書。

秋七月壬辰，唐遣使遺紅牙笙。 癸巳，使復至，懼報定州之役也。

冬十月乙卯，唐遣使來聘。 己巳，遣使雲中。〔攷異〕契丹國志，是冬唐以石敬瑭爲河東節度使。蔚州刺史張彥超與敬瑭有隙，聞之，遂叛降契丹。 通鑑目録云，拜彥超大同節度使。 薛史云，時契丹帳族在雲州境。帝與羣臣議，擇威望大臣以制北方。 故敬瑭移鎮河東，而以張敬達爲雲中節度使。 十一月，雲州奏言契丹主在楡林南納喇泊造攻城具，帝遣使賜主銀器、綵帛。 通鑑目録云，時敬達聚兵守要害，契丹不敢南下。 史均未載。

八年（癸巳九三三）春正月庚子，命皇太弟魯呼、左威衛上將軍色克率兵伐党項，克之。 未幾來貢。

二月乙卯，尅實嚕原作實魯使唐還，以附獻物分賜羣臣。

三月丙申，唐遣使請罷征党項兵，使人報之。（按，據遼史卷三太宗紀，「使人報之」作「上以戰捷及党項已聽命報之」。）

冬十月辛亥，唐遣使來聘。 己未，遣巴拉原作拔刺。〔攷異〕汪輝祖遼史同名録云，卷一太祖紀吐谷渾長；卷八十八國舅詳穩，姓蕭氏；卷九十六蕭樂音努傳，父，舍利軍詳穩，四人同名拔刺。 使唐。

十一月辛丑，宣簡太后崩，遣使告哀於唐。〔攷異〕后妃傳作天顯十一年，蓋誤。

是月，唐帝嗣源殂，子從厚立。〔攷異〕歐史云，長興四年五月，契丹使述骨卿來。 薛史云，是月，契丹遣使朝貢。紀未載。

九年(甲午九三四)春閏正月戊午，唐遣使告哀，即日遣使弔祭。

二月戊寅，葬宣簡太后於德陵。

夏四月，唐潞王從珂弒其主從厚而自立。〔攷異〕册府元龜云，愍帝應順元年正月，契丹使都督没辣來朝，獻馬四百、駝十、羊二千。先是，遣供奉官西方璟入契丹復命，故有是獻。歐史云，正月，契丹使都督没辣千來。四月，廢帝纂立，改元清泰。九月，契丹寇邊。十二月，寇雲州。薛史云，九月，雲州奏契丹寇境。十月，復寇雲、應州。續通考云，八月，主南伐，拽剌解里手接飛雁，上異之，因以祭天地。史均未載。

十年(乙未九三五)春正月戊申，彰德皇后崩，尋葬奉陵。后蕭氏，小字温，舒嚕后弟實嚕女。初，大元(師)〔帥〕(據遼史卷七一后妃傳改)納爲妃，生穆宗。及即位，立爲后。重熙中，更謚靖安。見后妃傳。〔攷異〕契丹國志云，后涿州人，遼興節度蕭延思女。太宗崩時，后在國，後崩，與帝合葬。穆宗立，立陵廟，建碑。延思少習武藝，有材力，能左右射。自太祖時，從平諸番，常單騎深入敵陣，屢戰有功。太宗援晉，掃古徽已死矣，太宗每嘆曰：「斯人若在，中原不足平也！」終北面都部署。疑延思又名掃古徽，史未立傳。見楊復吉遼史拾遺補。

二月辛巳，宰相納爾琿原作湼里衮謀南奔，事覺，執之。〔攷異〕沈炳(霞)〔震〕(據廿一史四譜改)廿一史四譜載太宗朝北府宰相耶律湼里衮云，天顯十年拜。與紀所書合，想係一人。但紀未載其爲北府及拜相年月，而譜又未載其南奔事，姑闕疑以俟攷。又，太宗朝宰相，南府則耶律鶻离底，平章事則劉居言，政事令則蕭僧隱，中書右相則耶律迭蘭、迭烈哥。均見四譜。薛史云，清泰二年五月，新州、振武奏契丹寇境。六月，寇新州。振武奏契丹二萬騎在黑榆林，尋寇應州。庚辰，招討趙德鈞奏楊光遠追襲契丹至易州。尹洙五代春秋云，四月，契丹寇新州。六月侵應州。史均未載。

冬十一月丙午，幸弘福寺爲皇后飯僧。見觀音畫像，乃大聖皇帝、皇后及人皇王所施，顧左右曰：「昔與父母兄弟聚觀於此，歲時未幾，今我獨來！悲嘆不已。乃自製文題壁，以極追感之意。讀者悲之。〔攷異〕日下舊聞考云，善果寺西半里許有菜園，遼碑在焉。魏坤倚晴閣雜鈔謂其地即歸義寺。以碑考之，似別爲一寺，而歸義寺乃在其北也。查慎行人海記云，歸義寺創於遼，內有石幢，記作駢語。又記云：大遼保甯□年，都亭□侯太原王公爲王妣自會同九年捨資，就奉福寺文殊殿前，又建法幢於灤村之墳、京東之墓云云。建幢女弟子張氏，長男攝祁州司馬□，次男留守押衙、前都亭驛使□，次男攝寰州長史恕，長女成郎婦，次女李郎婦，次女陳郎婦，未嫁女吉年，孫男三牛；銀青崇祿大夫、檢校工部尚書兼御史大夫、上柱國鄭承嗣；表弟，閤門使、崇祿大夫、檢校□部尚書兼御史大夫、上柱國郭涉，次表弟，將仕郎、前守昌平縣主簿郭□。鐫字者尹奉威也。

附録：

遼會同中，原建佛頂尊勝陀羅尼幢記，□□□「夫六道循環，五蘊虛假，融情□而成岳，流渴愛以爲河。擾擾乎如投焰之蟲，忙忙焉若奔□之獸，不有至道，其孰能拯救者哉？則我大覺髻珠，空王密藏，妙用遐周於沙界，神功廣被於人天。巍巍乎可得而言，蕩蕩乎無遠不屆！至若釋塵勞境，除七返之輪迴，入解脫門，破四魔之顛倒。津梁五濁，利濟三途，拔火宅之焚燒，導苦海之沈溺者，莫尚乎佛頂尊勝陀羅尼叽也。明文具載，奕世傳芳。其或安在高樓，置於窣堵，或資敬仰，用廣瞻依，俾蹈焰者罪滅福生，使霑塵者□□後樂；其他設造，永契殊因。粤有□□氏，氣□貞閑，性惟明慧；雖□俗爲累，常體存心，捐情於美服豐粧，屈意於□佛□□。顧□□之易滅，知水月以非堅；爰自幼年，不食葷茹，遐瞻勝槩，

□□□崇，發□□心，建宏益事，而乃輟周身之服玩，減實腹之資儲，召募良工，□□□煥。式刊真諦，屹立危幢，儼鎮坤之崇基，聳參雲之逸勢。成因積用，詎假□求，庶集福之有期，與□生之共處。陵移谷變，標勝置以無窮；日往月來，垂善□□□□。時會同九祀，龍集敦牂爲元月二十一日。謹記。」又，重移尊勝陀羅尼幢記□：「維大遼保甯元年九月十五日，都亭驛使太原王公恕榮爲皇妣自會同九年巨捨資□，廣陳勝事於兹全地，特建妙幢在經藏前，集功德□□□果報；家道吉昌；既稍備於珍財，乃更□□利益。就奉福寺文殊殿前又建法幢於灝村之墳，京東之墓，各置佛頂尊勝陀羅尼幢一所，前後四處，咸仗六通，亦可蔭及子孫，門風不墜。遹後書院隆盛，檀□□復近僧堂，又興佛殿，斯幢當路，須至閉遮，乃移舊基於殿之右。皇妣靈鑒，願表□誠，如遊六欲之宮，永固五雲之狀。所冀飛花雨寶，時來觀刊石之功；執傘持幡，都去上摩尼之殿。仍將片善，福及現存，以球琳琅，玕富其家，以椿榦栝柏齊其壽，四生六道，咸霑此恩。所有內外尊親，依舊列名於後而已矣。」析津志云，歸義寺在舊城時和坊內，有大唐再修歸義寺碑，幽州節度掌書記、榮祿大夫、檢校太子洗馬兼侍御史、上柱國張冉撰。畧曰：「歸義金剎，肇自天寶歲，迫以安氏亂常，金陵史氏歸順，特詔封歸義郡王兼總幽、燕節制，始置此寺，詔以歸義爲額。大中十年庚子九月立石。」據此，則歸義實建於唐。遼時石幢，久淪土中。乾隆三十九年，土人於菜圃掘得之。記凡二篇。今其幢移置善果寺內。又，行國録謂歸義爲金、元舊刹，見祝穆方輿勝覽。按，善果寺在宣武門外西南二里白紙坊，舊名廣安寺，爲南梁、漢興元府建，有碑。又，奉福寺未知即宏福寺否？俟攷。

十二月庚辰，如金瓶濼。遣伊喇原作拽剌華格、原作化哥科爾羅原作窟魯里和囉木薩噶原作阿魯掃姑。〔攷異〕卷十七聖宗太平六年，西北招討司小校，同名掃姑。等捉生敵境。

十一年（丙申九三六）秋七月丙申，唐河東節度使石敬瑭西夷人，父曰臬捩雞，本陰山種爲其主所討，遣使求援。

八月庚午，太宗自將援敬瑭。

九月庚子，大破唐兵於太原，遂圍晉安寨。在太原縣晉祠南。

冬十一月丁酉，册敬瑭爲大晉皇帝。

閏月甲子，克晉安寨。命德勒賓原作廸离畢將五千騎送敬瑭入洛。

十二月庚寅，班師。〔攷異〕歐史云，王處直爲都所囚，幼子威奔契丹。主謂敬瑭，欲使威襲先人爵土。敬瑭曰：「自將校至節度，當歸中國漸進之。」主怒曰：「爾自諸侯爲天子，豈有漸乎？」敬瑭懼，遂使處存孫廷允徙義武，曰：「此亦王氏之後也。」紀未載。

十二年(丁酉九三七)春正月丙寅，太后遣侍衛實嚕趣行，是夕，率輕騎先進。丁丑，皇子舒嚕原作述律迎謁於灤河，告功太祖行宮。戊寅，朝於太后。

〔二月〕(據遼史卷三太宗紀補)壬寅，詔諸部休養士卒。

會同元年(戊戌九三八)春二月丁酉，獵松山。戊戌，幸遼河東。丙(午)〔申〕(同上書改)，帝思人皇王，遣特哩衮率宗室以下祭其行宮。丁未，詔增晉使所經供億戶。〔攷異〕續通考云，景宗乾亨時，以上京「雲爲戶」貲具實饒，善避徭役，遺害貧民，遂勒各戶，凡子錢到本，悉送歸官，與民均差。聖宗統和三年三月，樞臣奏契丹諸役戶多困乏，請以富民代之。上因閱諸部籍有二部戶少而役重者，併量減之。開泰四年，曷蘇館請括女直王殊只儞之舊無籍者，會其丁入賦役，從之。興宗重熙八年六月，北樞密蕭孝穆請籍諸路户口，以均徭役，從之。由是通括户口，政賦稍平，衆悦。時蕭烏野爲敵烈節度使，恤困窮，省徭役，不數月，部民以安。馬人望爲三司度支判官，時民以甚患者，驛遞、馬牛、旗鼓、鄉正、廳隸、倉司之役，至破産不給。人望使民出錢，官自募役，民以爲便。所載甚詳。

按，「雲爲」，食貨志作「雲威」，稍異。

夏四月己亥，西南邊大詳衮耶律羅卜科原作盧不姑，亦作魯不姑。〔攷異〕蒙古語淖泥也。舊作魯不古，今譯改。本傳，太祖從姪，字信甯，曾從敗張敬達於太原北，官裕悦北院大王。奏党項捷。

六月癸巳，詔建日月四時堂，圖寫古帝王事於兩廡。

冬十一月丙寅，帝御宣政殿，〔攷異〕元好問續夷堅志云，上京臨潢府在中都北三千里。夏至，晝六十刻；夜三十六刻。富鄭公行程録云，上京西門曰金德，内有臨潢館。子城東門曰順陽。入門北行，至景福門，又至承天門，内有昭德、宣政二殿，皆東向。晉使劉昫等册上尊號，禮志載皇帝受册儀甚詳。聖宗太平元年行之，大畧遵唐、晉舊儀。又有上契丹册儀，以蘇爾威汗柴册禮，合唐禮雜就之。又有上漢册儀，與此儀大同小異，加以上寶儀。劉六符傳，道宗立，將行大册禮，北樞密蕭革曰：「行大禮，備儀物，必擇廣地，莫若黄川。」六符曰：「禮儀國之大體，帝王之樂不奏於野。今中京四方之極，朝覲各得其所，宜中京行之。」上從其議。則皇帝受册，前行此儀，固無定所，清甯間始定於中京。大赦，改元會同。〔攷異〕歐史云，契丹改天顯十一年爲會同元年，更號大遼。會同十年又云，改晉國爲遼。通鑑云，晉天福二年，契丹改元會同，國號大遼，蓋天顯十一年也。今改元載在天顯十二年之次年，改國號載在大同元年。紀載各判。後聖宗立，復改遼爲大契丹，道宗咸雍二年又改號大遼，史均未書。按，歐史原注，德光入汴，稱會同十年，時晉開遼四年也。推而上之，則會同元年乃晉天福三年也。與通鑑又異。潛研堂金石文跋尾云：古釋迦佛舍利塔記：興中故城之址，有浮圖三焉，土人名其地曰三座塔。其南塔之前，嘗有掘土，得地宮一：崇八尺，廣六尺五寸，八面相等，周遭嵌碑文。其一片云：「維大契丹國興中府重熙十五年丙戌歲十一月丁丑朔，十六日壬辰起手鑄，次年四月乙巳朔八日壬子午時葬。」釋迦佛舍利記凡五十字，字大徑二寸餘，末載辦塔主僧，則覺華島海雲寺業律沙門志全也。塔徙於天慶二年，以釋慧材所撰記攷之，塔蓋十三簷，藏釋迦佛舍利一千三百餘顆，定光佛舍利六百餘顆，此惟云釋迦，文不備也。遼自太宗建國號大遼，聖宗統和元年復號大契丹，道宗咸雍二年復稱大遼，史俱失書，其他之闕漏可勝言哉！讀此碑，益慨然於文獻之無徵也。

晉復遣趙瑩字元暉，華陰人。以十六州地圖來獻。〔攷異〕王應麟通鑑地理通釋云：石晉所割地，爲幽、薊、瀛、莫、涿、檀、順、新、嬀、儒、武、雲、應、寰、朔、蔚十六州，人皆謂北方自撤藩籬之始。余謂雁門以北諸州，棄之猶有關隘可守，漢建安喪亂，棄陘北之地，不害爲魏，晉之强，是也。若割燕、薊、順等州，則爲失地險。然盧龍之險在營、平，久爲契丹竊據，自同光以來，戎馬南牧，直抵涿、易，其失險也久矣。方輿紀要云：太行山亦曰西山，延袤二千餘里，從鎮、定、澤、潞言，則曰山東、西；自燕、雲諸州言，則曰山前、後，實今古之大防。自晉失十六州，爲中原之禍者數百年。程大昌北邊備對云：雁門以北，幽州管內十六州，其地東北有盧龍塞，西北有居庸關，中國恃此以界限北狄。自十六州既割，山陰皆爲敵有，而河北盡在平地，無險可拒守矣。元郝經入燕行云：「南風綠盡燕南草，一桁青山翠如掃；驪珠畫擘滄海門，王氣夜寒居庸道。魚龍萬里入都會，傾洞合沓何擾擾？黃金臺邊布衣客，拊髀激嘆肝膽烈。塵埃滿面人不識，骯髒偃蹇虹霓結：九原喚起燕太子，一樽快與澆明月。英雄豈以成敗論？千古志士推奇節。荆卿雖云志不就，氣壓咸陽與俱滅。何如石晉割燕、雲，呼人作父爲人臣？偷生一時快一己，遂使王氣南北分。天王幾度作降虜，禍亂幾度開其源？誰能倒挽析津水？與洗當時晉人恥！崑崙在上尋田疇，漠漠丹霄跨箕、尾。」見陵川集。詔以皇都爲上京，府曰臨潢。升幽州爲南京。地理志云，南京，古燕國，以燕分野在析津之次，置析津府，領州六，縣十一。〔攷異〕大象列星圖云，北斗七星，是爲斗車，亦曰開陽，亦曰應星，主木主燕。星經及宋天文志，開陽作闓陽。博雅又謂旋，爲冀州；開陽爲梁州。羣書考彙及石氏又謂北斗第五星主燕。史記天官書，玉衡第八星主幽州，常以五寅日候之 漢書天文志云，壬燕、趙，亥燕、代。淮南子云，戌趙亥燕。宋兩朝天文志云，天市垣二十二星，東西各十一星。其東垣第三星曰燕。星經謂第二星在楚星南。辰象考謂在韓東南。張揖廣雅云，尾十星十八度，箕四星九度，爲燕分野。清類天文分野之書云，析津，縣名，今大興。秦薊縣，漢爲廣陽國，東漢爲郡，兼立幽州，晉屬燕國，魏立燕郡，隋爲涿郡，唐爲幽州治，建中元年，朱滔立燕都縣，二年，析西界置幽都縣，遼開泰元年更爲析津縣，金改大興縣。顧炎武京東考古録云，漢書：薊，古燕國，召公所封。酈道元水經注：城内西北隅有薊丘，因以名邑。唐書幽州范陽郡治薊，開元中析置薊州漁陽郡，治漁陽，及遼改薊爲析津，而薊之名没。今乃以漁陽爲薊，忘其本矣。史記樂毅書，薊州之植，植於汶篁。一統志云，城西北隅卽古薊門，舊有樓館，併廢。祝穆輿地要覽云，宛平，本幽都縣，薊縣西界地，唐爲燕州，朱希彩奏爲廣甯縣，後仍爲幽都，遼統和末改宛平縣。王士點禁扁云，遼南京宮之扁：曰永興；曰積慶；曰延昌；曰彰愍；曰長甯；曰崇德；曰興聖；曰敦睦；曰永昌；曰延慶；曰長春；曰太和；曰延和。殿之扁：曰清涼；曰元和；曰嘉甯。堂之扁：曰天膳。樓之扁：曰五花；曰五鳳；曰迎月。閣之扁：曰乾文。門之扁：曰元和；曰南端；曰萬春；曰千秋；曰鳳凰。園曰柳園。日下舊聞考云，中都尚有仁政殿，見金史世宗紀。又長春宮有二：一在南京；一在長春州，見孫承澤北平古今記。又，太宗紀，會同三年四月，御昭慶殿宴羣臣；道宗紀，清甯五年十月朔，祭興宗於清甯殿，王均失載。劉定之呆齋集云，京師西南有舊城，唐藩鎮，遼、金別都之城也。元遷稍東，於是舊城東半遂入於朝市間，而西半猶存，號蕭太后城，蓋遼后有子爲帝，則太后別居宮城統部屬，因以爲名。劉侗帝京景物略云，白塔建自遼壽昌二年，相傳藏法寶種種，靜夜有光。元世祖發之，舍利二十粒，青泥小塔二千，石函銅缾，香水盈滿，前二龍王跪而守護。案上無垢、淨光、陀羅尼經五部，缾底一錢，文曰「至元通寶」四字，世祖驚異，乃加崇飾。或言遼主於燕京五方，方鎮以塔，塔五色，兵燹後惟白塔存。蔣一葵長安客話云，白塔在阜城門内妙應寺右偏。孫承澤春明夢餘録云，採魏院石塔記，遼景福元年建燕京寶塔寺，講律沙門如正述，塔在今藩育署。南京爲東京。改新州爲奉聖州，武州爲歸化州。〔攷異〕陳桱五代史補編云，遼制，居有宫衛曰「斡魯朶」，出有行營曰「捺缽」，分鎮邊圉曰「部族」。有事以攻戰爲務，無事以畋漁爲樂。地盡大漠，境包長城。秋冬違寒，春夏避暑，隨水草就游獵。俗重鵝，獲則祭天。龐元英文昌雜録云，北人於住坐處曰「捺缽」，嘗以問之北使王師儒，言是契丹家語，猶言「行在」也。王易燕北録云，春捺缽多於長春州東北就濼甸住坐；夏捺缽多於永安山住坐；秋捺缽無定止；冬捺缽多於邊甸住坐。張舜民使遼録云，北人打圍，歲各有所：正月，鉤魚海上，於水底鉤大魚；二月、三月，放海東青鶻打雁；四月、五月，打麋鹿；六月、七月，於涼淀坐夏；八月、九月至歲終，打虎豹之類。程大昌演繁露云，戎主達魯河鉤牛魚，以其得否占歲美惡。李燾長編云，晁迥北使還，言始至長泊，泊多野鵝鴨，主獵飲帳下，騎擊扁鼓繞泊，驚起鵝鴨飛，乃縱海東青擊之，或親射焉。胡嶠陷北記云，自歸化州行三日，登天嶺。嶺東西連亘，有路北下，四顧冥然，黄雲白草，不可紀極，謂之辭鄉嶺。陷虜者至此，輒南向慟哭而去。方輿紀要云，即偏嶺，訛作天，在開平衛北四十五里。通鑑輯覽捺缽作巴納。升南、北二院及伊實原作乙室額爾奇木爲王。〔攷異〕營衛志云，會同二年，更額爾奇木爲大王。與紀異。按，德哷部，初分南、北院，置額爾奇木，嗣復號南、北院大王。以主簿爲令，令爲刺史，刺史爲節度使，二部德里吉原作梯里已爲司徒，達爾汗原作達剌干爲副使，瑪爾布原作麻都不爲縣令，縣達爾罕爲馬步。置宣徽、閤門，控鶴、客省等使，御史大夫、中丞、侍御、判官、文班牙署、諸宮院實珠、原作世燭馬羣、約尼實珠、南北府、國舅帳郎君官爲敞史，諸部宰相、節度使帳爲司空，二室韋達林原作闥林爲僕射，鷹坊、監治等局官長爲詳衮。〔攷異〕兵衛志云，衆部族分隸南、北府，北府凡三十六部，南府凡十六部。守衛四邊，府各設宰相統之。陳經五代史補編云，北、南二府宰相，掌軍國大政。北府則宗姓，世預其選；南府則外戚，世居其職。其北樞密則掌兵及武選、羣牧之政，軍馬皆屬；南樞密掌文銓、部族、丁賦之政，人民皆屬。所謂北衙不理民，南衙不主兵也。至南、北院大王掌部族軍民之政，皆遼宰相也。若惕隱治宗姓，林牙掌文告，又貴近之職焉。續通考云，北樞密視兵部，南樞密視吏部；南、北二府視戶部；夷离堇視刑部；宣徽視工部；敵麻烈都視禮部；以南、北府宰相統之。于越象三公，統和中嘗召宰相蕭塔烈葛等賜坐論古今治道。又設南面門下省，有侍中，會同中，趙思溫嘗爲之；有門下侍郎，清甯中楊皙嘗爲之；有散騎常侍，天祚中馬人望嘗爲之；設中書省，卽政事省，有中書令，韓延徽、韓知古、趙延壽嘗爲之；南面尚書省，設尚書令、左右僕射、左右丞、左右司郎中、員外郎；北面大林牙院，南面翰林院，掌文翰。又遥輦九帳太常衮司，掌遥輦洼可汗、阻午可汗、胡剌可汗、蘇可汗、鮮質可汗、昭古可汗、耶瀾可汗、巴剌可汗、痕德蓳可汗九世宮人之事；太祖受位於遥輦，以九帳居皇族一帳之上，設常衮司奉之，有司不與焉。國俗東向而尚左。御帳東向；遥輦九帳南向；皇族三父帳北向。東西爲經，南北爲緯，故謂御帳曰橫帳。設太常衮、太師、太保、太尉、司徒、司空、侍中等官。節度司：有節度及副使等官。糺詳穩司：有糺詳穩、都監、將軍、小將軍等官。遥輦剋，官屬未詳。剋者，帥也。大國舅司：掌國舅一室已、拔里二帳之事。太宗合太后二帳爲國舅司。聖宗併一室已、拔里爲一帳，設詳穩以總之。又設四帳都詳穩：一室已爲大翁帳、小翁帳；拔里爲大父帳、小父帳。各常衮及太師、三公、都監、將軍、敞史等官。又渤海帳司：有宰相、太保、撻馬及近侍詳穩官。至奚王府、一室王府，官屬未詳。又遼先世未有城郭宮室之固，氊車爲營，硬寨爲宮，御帳之官，不得不謹出於貴戚爲侍衛，設北面侍御司，所屬著帳爲近侍局。北面部族爲護衛，設北面護衛府。武臣爲宿衛司，親軍爲禁衛司，百官番宿爲宿直司。奉宸司，以司供御。三班院以肅朝會。而硬寨司則以嚴晨夜焉。又云宰相屬官有堂後官，有守堂官，有令史。文獻通考云，遼之佐吏則有敞史、本古思奴、古御奴、古徒奴。李心傳朝野雜記云，堂後官，謂三省諸屬都録事也，補職一年，考宣教郎。劉祁歸潛志云，省吏，前朝止用胥吏，號堂後官。洪邁容齋三筆云，金使出外，貴者佩金牌，次者佩銀牌，俗呼爲金牌、銀牌郎君，北人以爲契丹時如此。紀載甚詳。

二年（己亥九三九）春三月丁巳，封皇子舒嚕爲壽安王，是爲穆宗。雅斯哈原作罨撒葛。〔攷異〕畢沅續通鑑作諳薩噶，云舊作罨（徹）〔撒〕葛。（據遼史卷四太宗紀改）爲太平王。後封齊王，謚欽靖。〔攷異〕皇子表，太宗五子：穆宗第一；雅斯哈第二，靖安后生。迪里第四，宮人蕭氏生。按，太宗紀，六年八月，舒嚕生，即穆宗。八年七月，提离古生，疑係迪里。九年十二月，阿鉢撒葛里生，疑係罨撒葛，一作安巴薩哈勒，惟年分先後不同。或迪里係宮人所生，故表列雅斯哈之後。續通考云，罨撒葛，當穆宗時謀亂，貶戍西北邊。景宗立，竄大漠。召還，釋其罪，封齊王。保甯四年薨，贈皇太叔。又，敵烈亦太宗子。多力善射，保甯初，郤宋師有功，封冀王。後與耶律海恩謀反，事覺，穆宗釋之。乾亨初，與宋師戰没白馬嶺。又，必攝亦太宗子。穆宗時嘗啟族人恒特及蕭啜里謀亡事，又諫止殺監鹿官，景宗立，封越王。見封建考。又，帝系考，太宗第二子名天德，世宗時以反誅。所載各異。加王郜檢校太尉（按據遼史卷四太宗紀，王郜加檢校太尉在二月丁酉）。畋於褭潭之側。己巳，大賚百姓。

秋閏七月癸未，伊實大王坐賦調不均，撻而釋之，並罷南、北府民上供及宰相、節度諸賦役非舊制者。〔攷異〕余靖武溪集契丹官儀云，遼司會官於燕京置三司使，惟掌燕、薊、檀、順、涿、易等州；於平州置錢帛司，營、灤等州屬焉；中京置度支使，宜、霸等州隸焉；東京置户部使，遼西川、錦等州屬焉；上京置鹽鐵使，饒、澤等州屬焉；山後置轉運使，雲、應等州隸焉。至隨駕賜予，則樞密院主之；讌勞則宣徽使主之。續通考云，長春、遼西二路亦置錢帛司，官曰錢帛都檢點。按，地理志云，上京道有頭下軍州，皆諸王外戚大臣及諸部從征俘掠，或置生口各團集建州縣以居之。横帳諸王、國舅、公主許創立州城，餘不得建城郭。朝廷賜州縣額，節度朝廷命之，刺史以下以部曲充。凡井邑商賈之家，征税皆歸頭下，唯酒税課納上京鹽鐵司。凡十六州：徽州宣德軍，景宗女秦晉大長公主建，在宜州北二百里；成州長慶軍，聖宗女晉國長公主建，在宜州北百六十里；懿州廣順軍，聖宗女燕國長公主置，在顯州東北三百里；渭州高陽軍，隆慶女韓國長公主置，在顯州東北二百五十里；壕州，國舅宰相南征俘户居遼東、西安平縣故地，在顯州東北二百二十里；原州，國舅金德俘掠漢户置，在顯州東北三百里；福州，國舅蕭甯以南征俘户置，在原州北二十里；横州，國舅蕭克忠建，故遼陽縣地，在遼州西北九十里；鳳州，本果囉國故地，南王府五帳分地，在韓州北二百里；遂州，本高州地，南王府五帳放牧於此，在檀州西二百里；豐州，本遼澤約尼氏僧隱牧地，北至上京三百五十里；順州，本遼陽縣地，横帳南王府俘掠漢户置，在顯州東北百二十里；閭州，羅古王牧地，在遼州西百三十里；松山州，横帳希庫王牧地，有松山，北至上京百七十里；豫州，横帳陳王牧地，南至上京三百里；甯州，本達呼爾氏魯塔山横帳管甯王牧地，西南至上京三百五十里。所載甚詳。

己丑，以南王府二刺史貪黷，杖之；詔選羣臣爲民所愛者以代。

〔攷異〕續通考云，會同三年六月，東京宰相耶律羽之言渤海大素賢不法事，詔僚佐部民舉有才德者代。聖宗統和九年七月，詔諸道舉〔才〕行，（能）（據續通考卷四六選舉考補刪）察貪酷。十二年六月，詔州縣長吏有才無過者減一資考任之。開泰三年十二月，劉晨言殿中高可垣、中京留守李可舉決獄平允，詔超遷之。太平六年十二月，詔（南）北〔面〕（同上書删補）諸部廉察州縣及石烈彌里之官不治者罷之。詔大小職官有貪殘虐民者立罷之，終身不録，其不廉直，雖處重任即代之，能清勤自勵者，卑位亦當薦拔。内族受賂，事發與常人所犯同科。興宗重熙十一年七月，詔外路官勤瘁正直者，考滿代；不治事者即易。道宗太康元年，知三司事韓操以錢穀增羨，授三司使。遼一代察吏之法，畧具於此。

三年（庚子九四〇）春三月癸未，獵水門，獲白鹿。庚寅，詔扈從擾民者從軍律。

夏四月庚子，至燕，備法駕，入自拱宸門，御元和殿，行入閤禮。〔攷異〕歐史云，唐故事：天子日御殿見羣臣，曰常參；朔望薦食諸陵寢，有思慕心，不能臨前殿，則御便殿見羣臣，曰入閤。宣政，前殿也，謂之衙；衙有仗。紫宸，便殿也，謂之閤。其不御前殿而御紫宸也，乃自正衙喚仗由閤門入，百官俟朝於衙者隨入，故曰入閤。然衙，朝也，其禮尊；閤，燕見也，其事殺。自乾符後，因亂禮闕，天子不能日見羣臣而見朔望，故正衙常日廢仗，而朔望入閤有儀。其後習見，遂以入閤爲重。至出御前殿，猶曰入閤，其後亦廢，至是而復，然有司不能講正其事。凡羣臣五日一入見中興殿，便殿也，此入閤之遺制，而謂之起居。朔望一出御文明殿，前殿也，反謂之入閤。其儀詳見於五代會要。按，入閤之名，始於唐開元時，不爲盛禮。唐末常御殿，更無仗，遇朔望特設之，趨朝者仍給廊下食，故鄭、谷輩多形於詩詠，而五代行之不絕。見宋敏求春明退朝録。陳浩遼史攷證云，遼有入閤之儀，考太宗紀正在會同四年，蓋亦常時朝見之儀，禮志缺載。樂志云，會同三年，晉宣徽使楊端、王朓等及諸國使朝見，帝御便殿，賜宴；端、朓起進酒，作歌舞，上爲舉觴極歡。又，端午日，百僚洎諸國使稱賀如式，燕飲，命回鶻、燉煌二使作本國舞。紀未書晉使進酒起舞。

六月壬寅，駕發南京。癸丑，次奉聖州。甲寅，勞軍士。〔攷異〕孫世芳宣府鎮志云，是年，戎主次奉聖州，大閱諸州軍。時山後五州兵，半隸營衛，因閱騎兵於州郊南、步兵於州郊北，賞賚有差。自是諸兵從獵不休。侍中崔窮古言：「晉主聞陛下數游獵，意請節之。」帝曰：「朕之畋獵，非徒從樂，所以練習武事也。」乃詔諭之。

秋七月癸酉，朝於皇太后，遂從視人皇王妃疾。尋薨，詔東丹吏民爲之服。

冬十一月丁丑，詔有司教民播種、紡績，除姊亡妹續之法。〔攷異〕食貨志云，初，皇祖伊德實喜稼穡，善畜牧，相地（理）〔利〕（據遼史卷五九食貨志改）以教民耕。仲父蘇嘑爲裕悅，飭國人樹桑麻，習組織。太祖平諸弟亂，弭兵輕賦，專意於農。太宗會同初，將東獵，三剋奏減輜重，疾趨北山取物，以備國用，無害農務。以烏爾古地水草豐美，命鄂勒歡錫林居之，益以哈里水之善地爲農田。三年，詔以嘉哩河、臚朐河近地賜南院鄂津特埒哩、伊遜巴勒、北院烏納哈喇三錫林人，以事耕種。詔有司勸農桑，教紡績。八年，詔徵諸道兵，〔仍戒〕（同上書補）敢有傷禾稼者，以軍法論！遼之重農務本類如此。

四年（辛丑九四一）春正月壬戌，以伊實、原作乙室彭布、原作品卑托果原作突軌三部鰥寡不能自存者，官爲之配。

二月丁巳，詔有司編始祖奇善汗原作奇首可汗事迹。〔攷異〕蕭罕嘉努傳，重熙十五年，詔以耶律庶成編集約尼汗以來事迹爲二十卷。耶律古雲傳亦載與庶成編遼國上世事迹及諸帝實録。又，耶律儼著皇朝實録七十卷，室昉著統和實録二十卷，蕭永祺著遼紀四十卷，志五卷，傳四十卷，均見金陵黄氏書目。此外有契丹官儀、契丹事迹、契丹彊宇圖二卷、契丹實録、契丹會要，均見尤袤遂初堂書目。大遼登科記一卷、大遼對境圖、契丹地理圖一卷，均見鄭樵通志藝文略。遼四京記，見陳振孫直齋書録解題。

夏六月辛卯，振武軍將趙崇逐其節度使耶律華喇，原作畫里以朔州叛附晉。命宣徽使尼古察原作裹古只，系出懿祖，六院部錫里房。攻拔之。尼古察戰没城下，太宗怒，命誅城中丁壯，以叛民上户三十爲尼古察部曲。

是歲，南唐、吴越二國遣使奉蠟丸書。〔攷異〕太祖紀，神册三年二月，吴越遣使來貢。五年五月，吴越遣滕彦休貢犀角、珊瑚；授官使還。太宗紀，天顯七年二月，伊喇迪里使吴越還，吴越遣使從獻寶器，復遣使持幣往報之。會同三年正月、九月，吴越兩遣使來貢；十月，遣尅朗使吴越。四年八月，吴越遣使奉蠟丸書。六年三月，遣使來貢。吴任臣十國春秋云，吴越文穆王世家，晉天福四年十一月，契丹使遥折來聘。忠獻王世家論曰：吴越甘露院牒之稱會同十年也，在晉天福十二年七月。何以不稱開運與天福也？蓋前此契丹與吴越通使，不一而足，至是既布詔州鎮矣，而漢使未至，豈有不奉契丹正朔者。間讀福州雙石祠，有云：會同十年，以閩府承平，復封爲安境侯。時福州新附，吴越故亦稱會同也。而疑者，契丹以是年二月改大同，故遼史會同無十年。而吴越猶稱十年者何？蓋契丹降赦則曰會同，而改元則曰大同，改元後不三月，德光卒，故大同之號不行於南土，則吴越之稱會同於丁未七月，又奚疑焉！據此，則吴越通使非一次，史多闕書。至南唐使命往來，詳見卷十四、卷十七。刑法志云，會同四年，皇族錫里郎君謀毒通事嘉哩等，已中者二人，命重杖之，及其妻流於矩已哩木河族造藥者。紀亦未載。

五年（壬寅九四二）春正月戊午，詔求直言。北王府郎中耶律哈斯原作海思應詔，召對稱旨，特授宣徽使。

二月壬辰，命明王温原作隈(思)〔恩〕（據遼史卷四太宗紀改）討吐谷渾，并遣使如晉索吐谷渾叛者。

三月乙卯朔，晉遣齊州防禦使宋暉業、〔攷異〕薛史作宋光業，史避太宗諱改。翰林祭酒使（按遼史卷四太宗紀作「茶酒使」。）〔攷異〕宏簡録作茶馬使。張言來問起居。〔攷異〕歐史云，會同元年八月辛丑，晉歸伶官於契丹。己未，歸静鞭官劉守威金吾、勘契官王殷、司天雞叫學生殷暉於契丹。十月，契丹使中書令韓頻來奉册，復使馬從斌往契丹。己未，契丹使梅里來。二年九月，契丹使粘米孤來。十一月，契丹使遥折來。三年四月，契丹興化王來。十月，使舍利來。四年四月，契丹使述括來。八月，使光禄卿張澄如契丹。九月，遣楊彦詢使契丹。五年正月，契丹達剌來。六月，李仁廓使契丹；契丹使梅里來。八月，使郎五來、客省使張九思來。十月，使舍利來。十一月，使大卿來；牛羊使董殷使契丹。十二月，兩書契丹使來。六年正月，契丹使來。三月，大府卿孟承誨使契丹。四月，董殷使契丹。七月，契丹使梅里等來。十月，使通事劉允來。十一月，董殷使契丹；契丹使梅里來。十二月，給事中邊光範、登州刺史郭彦威使契丹。七年正月，殿直王班使契丹，至鄴而還。薛史晉紀云，二年九月，契丹遣使來致牛馬犬腊頭、騍十駟。七年正月，遣譯語官孟守忠致書於契丹。王殷作王英，殷暉作商暉，又副馬從斌者爲郎中劉知新。册府元龜晉紀云，三年十一月，契丹使來聘，致馬百匹及玉鞍、狐裘等。四年九月，晉遣李延業貢時菓。天福七年閏三月，遣殿直官馬延理、内班王延彬送櫻桃於契丹。尹洙五代春秋云，元年十月，馮道使契丹。攷史，或未載，或未詳使名，或年月不符，今並識之以俟攷。

夏六月乙丑，晉主敬瑭殂，子重貴立。即出帝，亦曰末帝。薛史作少帝，初封鄭王，敬儒子。遣使弔祭。

秋七月庚寅，晉遣金吾衛大將軍梁言、判四方館事朱崇節〔攷異〕歐史作宋崇節。來謝，書稱「孫」，不稱「臣」，遣客省使喬榮讓之。榮還，具奏景延廣言，始有南伐意。〔攷異〕本紀，是年十一月己未，武定庫奏松生棗。陳浩遼史攷證云，朔考，十一月是辛巳朔，不應有己未日。

六年（癸卯九四三）冬十二月丁未，如南京，命諸將分道侵晉，自將大軍繼之。

七年（甲辰九四四）春三月癸酉朔，大敗晉師於戚城。在開州北七里。

夏四月癸丑，師還次南京。

冬十二月癸卯，復南侵晉。

八年（乙巳九四五）春三月己未，大破晉軍於陽城。在保定府完縣東南。後漢書郡國志，蒲陰縣有陽城，卽此。已而復戰，爲晉將符彦卿存審子，初仕唐，賜姓李。等所敗，帝急乘一橐駝走歸。

夏四月甲申，還次南京。

秋九月壬寅，次赤山，宴從臣，問軍國要務，對以「愛民爲本」。帝深然之。

九年（丙午九四六）秋八月，自將南侵晉。

冬十一月，圍晉兵於中渡寨。在保定府城東南，有橋跨滹沱河上，亦曰東垣渡。晉軍於此立寨。

十二月丙寅，杜重威朔州人。初避晉主諱，改名威，降後復舊名。等降。〔攷異〕耶律圖勒錦傳，時晉軍方扼滹沱橋，諸將請緩師爲後圖，帝然之；圖勒錦力陳不可，乃塞其餉道，數出師以牽撓其勢，重威果降，如其言，獲賜甚厚。時巴哩岱亦戰功居多。朗傳，太宗入汴，命朗知澶淵，控扼橋渡。逾年，燕、趙以南皆起兵應漢，朗與蕭翰棄城歸闕。紀均未載。

大同元年（丁未九四七）春正月丁亥朔，備法駕入汴。降封晉主爲負義侯。〔攷異〕鄭文寶傳國璽譜云，胡嶠記：契丹入梁園，晉末帝奉上璽綬，主怪玉璽非秦舊，晉人具以實對，蓋係晉高祖所製也。王溥五代會要云，高祖受命，特制寶一座，文曰「皇帝御寶」。開運末，契丹齎以北還。孔平仲珩璜新論云，石晉再作受命寶，文曰「受天明命，惟德永昌」。又載遼主詩曰：「一時制重寶，千載重興王。中原既失守，此寶歸北方。子孫宜慎守，世業當永昌。」是遼人又以爲秦璽矣。按，秦璽已被後唐清泰帝焚於摘星樓，遼所得者乃晉璽。史稱重熙七年，以有傳國璽者爲正統，賦試進士。豈當時竟未之深考耶？陳櫟負暄野録云，自昔陋儒謂秦璽所在爲正統，故契丹自謂得傳國璽，欲以歸我太祖皇帝。太祖不受，曰：「吾無秦璽，不害爲國。且亡國之餘，何足貴乎？」契丹畏服。儀衛志云，約尼氏受印於回鶻，至伊蘭汗請印於唐，武宗始賜「奉國契丹印」。神册元年，梁幽州刺史來歸，詔賜印綬。時太祖受位約尼十年矣。會同九年，晉末帝表上傳國璽一，金印三，天子符瑞於是歸遼。蓋自三國以來，僭僞諸國，模擬沿襲，所藏不一，莫辨真僞。聖宗開泰十年，馳驛取石晉所上玉璽於中京。重熙中，以有傳國寶者爲正統賦試進士。天祚遺傳國璽於桑乾河。又玉印，太宗破晉北歸，得於汴宫，藏隨駕庫。御前寶，金鑄，文曰「御前之寶」，以印臣僚宣命。詔書寶，文曰「書詔之寶」，凡書詔批答用之。契丹寶，受契丹册儀，符寶郎捧寶置御座前東。皇后印，文曰「皇后教印」。吳曾能改齋漫録云，慕容儁傳有詰石閔使常煒曰：「璽在襄國，信否？」煒曰：「實在寡君。」謂在閔也。及考石閔送晉璽，乃「皇帝壽昌」璽，則閔璽非秦璽也。以此考之，石季龍之亂，石遵、石鑒相繼篡奪，遂失所在。今孔氏雜説乃謂傳至五代，唐末帝攜以自焚，亦不善考也。紀未書晉帝送璽事。

二月丁巳朔，建國號大遼，大赦，改元。〔攷異〕吳任臣十國春秋謂是日下制稱大遼會同十年。說本通鑑，疑誤，當從史。陶岳五代史補云，馬殷嫡子希範嗣位，建九龍、金華等殿，適東境山崩，湧出丹砂如邱陵，用以塗壁。契丹聞之，以爲非常人，亦以是日遣使册爲尚父。紀未載。升鎮州爲中京。趙延壽爲留守兼大丞相、政事令。中外官僚爵賞有差。辛未，晉河東節度使劉知遠自立爲帝，國號漢。〔考異〕釋文瑩玉壺清話云，陶穀本姓唐，避晉帝諱，故改。時敵勢方熾，謂所親曰：「五星敷夜連珠於西南，有真主已在漢地，觀敵帳騰蛇氣繞之，戎主必不歸國。」又，孛東起，芒侵於北，彼中非久，自相吞噬，安能亂華？」後皆果然。潘永因宋稗類鈔云，穀小字鐵牛。李相濤出典河中，嘗書與陶曰：「每過中流，潛思令德。」陶初不爲意，細思方悟，蓋河中有張燕公鑄繫橋鐵牛也。歐史云，時王峻使契丹，主呼知遠爲兒，賜木柺，戎法貴重。峻持歸，虜見之皆辟道。峻還，謂契丹不能有中國，乃議建號。峻字秀峰，安陽人。史均未載。詔耿崇美、高唐英、崔廷勳〔考異〕東都事畧作崔延勳。分據要地防守之。〔考異〕通鑑云，契丹分遣使者，以詔書賜晉藩鎮，惟彰義史匡威據涇州不受命。匡威，建塘子。雄武何重建斬使以秦、成、階三州降蜀，契丹勢稍沮。薛史作何建，曰：契丹聞漢建號，以崇美鎮潞州，唐英鎮相州，廷勳鎮河陽，扼要害。所載較詳。時陝府指揮趙暉、侯章，都頭王晏殺契丹監軍及副使劉愿暉，自稱留後。契丹授以官，不受。尋遣陶晟如漢勸進，三人後皆歷節鎮。晟亦爲開導使，虢州刺史。見張齊賢洛陽搢紳舊聞記。

三月，磁州〔考異〕宋史地理志云，即滏陽郡，舊名慈，縣三。刺史梁暉以相州輿地廣記云，商王河亶甲居此。秦屬邯鄲郡，二漢爲魏郡，石虎、慕容儁皆都之。後魏置相州，東魏、北齊又都焉。隋爲魏郡，唐曰相州，天寶改鄴郡，梁號昭德軍，晉置彰武軍。縣四：安陽、湯陰、臨漳、林慮。降漢（按，遼史卷四太宗紀只稱梁暉爲「磁州帥」，未云爲「刺史」），命高唐英攻之。〔考異〕通鑑云，時晉昌趙在禮自經死。匡國節度劉繼勳憂憤卒，契丹責其豫背盟故也。在禮字幹臣，涿州人。薛史云，時契丹酋伊喇等在洛，在禮望塵致敬，倨受其禮，加之凌辱，邀索貨利，在禮不勝憤，至鄭州聞繼勳被鎖，大驚，就馬櫪自縊死。潞州節度張從恩以王守恩婚家可信，使權巡檢使，已入朝契丹，守恩以州歸漢，盡取其家資，拜昭義節度。歐史云，時史宏肇取代州，殺刺史王暉，晉州將藥可儔殺駱從朗及諫議趙熙歸漢。紀均未載。宏肇，字化源，滎陽人。

夏四月丙辰朔，發自汴州，〔攷異〕册府元龜云，晉中丞趙上交從少帝禦契丹於澶淵，夜夢一女子設筵，問契丹幾時當北去，答以十二日、五日。俄見女子袒衣，身有金甲，類將軍狀。嗣戎去駕還，均不以是日。及入汴，百官郊迎，戎主被狐裘跨馬，駐層阜上謂：「汝輩無懼，吾亦人也。」因開襟示所擐之甲，明其有備也。時上交首引同列見之，具省前夢。至契丹北還，果以十七日也。按，史以四月丙辰朔發自汴州，通鑑繫之三月壬寅，首尾凡差十四日。疑誤。以馮道、字可道，瀛州景城人。李崧、海州饒陽人。和凝、字成績，鄆州須昌人。張礪等從行。〔攷異〕通鑑云，時耶律郎五鎮澶州，性殘虐，〔州人〕（據通鑑卷二八六補）苦之。賊帥王瓊圍其牙城，遣兵救之，瓊兵敗被殺。東方羣盜大起，陷宋、亳、密三州。主曰：「我不意中國之人難制如此！」由是杜威等皆還鎮。又，高允權以延州、高彥詢以丹州皆降漢。契丹國志云，洛州防禦薛懷讓聞漢入大梁，殺麻荅使者，以州降漢。會攻劉鐸於邢州，不克；麻荅遣將楊安救之，縱兵大掠於邢、洛之境。鐸尋爲懷讓所殺。薛史云，武行德攻孟州，走其節度崔廷勳，自領州事，遣弟行友勸進。通鑑目録云，翟令奇以澤州降漢，崔（延）〔廷〕勳（據上下文改）不攻河陽，救一城之命，行德尋以河陽歸漢。崇美欲攻潞州，史宏肇救之；鄭謙、楊萬進出忻、嵐，分契丹兵勢。鄭州戍兵迫方太爲鄭王，張遇立朱乙，襲鄭州太，攻破之。太逃奔洛陽。羣盜攻洛陽，劉晞奔許州。張遇殺朱乙降漢。武行德誘太殺之，晞還洛陽。宏肇攻破崇美等走懷州。契丹陷承天軍，葉仁魯復之。張廷翰以冀州，李從朗以絳州均降漢。王存元豐九域志云，建隆元年以真定府娘子關建軍，仍隸真定府，今廢。方輿紀要云，承天軍卽今娘子關，自鎮州通河東要道。綱目云，宏肇克澤州，崔廷勳、耿崇美、奚王伊喇擁衆北遁，遼兵在河南者相繼引去。廷勳形貌魁偉，美鬚髯，幼陷北庭，歷雲中節度兼侍中。晉少帝遷封禪寺，遣廷勳以兵防守，授河陽節度，甚得民情。契丹北歸，武行德率兵逐廷勳，乃與奚王伊喇保懷州，反攻行德，敗之。後與麻荅奔定州，卒於北藩。史均未載。還至赤岡，在開封府城東北十一里。夜有聲如雷，大星復隕於旗鼓前。〔攷異〕王仁裕玉堂閒話云，三月十七日，戎主自汳而北，是日路次赤岡，日過脯，忽廬帳有聲殷殷然，若雷擊地下，主懼，召術者占之，給曰：「此土地神所作。」乃命祭禱焉。所載較詳。乙丑，濟黎陽渡，方輿紀要云，即白馬津，在滑縣西。顧謂侍臣曰：「此行有三失：縱兵掠芻粟，一也；括民私財，二也；不遽遣諸節度還鎮，三也。」〔攷異〕通鑑云，契丹主廣受貢獻，縱酒作樂。趙延壽請給上國兵廩食，主曰：「吾國無此法。」乃縱胡騎四出，剽掠數百里，財畜殆盡，并括借城中及各州錢帛，內外始怨。及宿赤岡，見村落皆空，下榜招撫。自白馬渡河，謂高勳曰：「吾在上國，以射獵爲樂，至此令人悒悒，今得歸，死無恨矣。」歐史謂，北歸至湯陰，登愁思岡，語高勳云云。勳退，謂人曰：「主將死矣。」方輿紀要云，愁思岡在相州城西南二十里。張舜民使遼録云，主北歸，於鄴西愁死岡得疾。愁死岡者，本魏陳思王不爲文帝所容，於此悲吟，號愁思岡，訛爲愁死。薛史云，括借令下，將相不免，重威、守貞皆萬緡，乃告曰：「臣等以十萬衆降，不免配借，誠所不甘。」主笑而免之。尋羣盜斷澶州橋梁，乃遣歸藩。明年，主過相州，重威與妻石氏詣牙帳貢獻。紀均未載。皇太弟遣使問軍前事，報曰：「初以兵二十萬下鎮州。及入汴，省官任才，司屬雖存，官吏廢墜，猶雛飛之後，徒有空巢。久經離亂，一至於此！所在盜賊屯（給）〔結〕（據遼史卷四太宗紀改），土功不息，餽餉非時，民不堪命。〔攷異〕文獻通考云，晉初置鄉兵，號「天威軍」，教習歲餘，村民不閑軍旅，竟不可用，悉罷之。但令七户出錢十千，鎧仗悉輸官，而無賴子弟不復歸農，悉聚山林爲盜。及契丹剽掠，民不堪命，所在盜起，攻陷州縣，長吏不能制。所載較詳。河東尚未歸命，西路酋帥亦相黨附，今制之之術，惟推心庶僚、和協軍情、撫綏百姓三者而已。所歸順民七十六處，户一百九萬百一十八。得一年，太平可致。欲伐河東，姑俟別圖。其概如此。」〔攷異〕通鑑目録，時漢帝欲自澤、潞赴汴，諸將請先取鎮、魏，郭威勸自晉、絳趨陜，從之。以劉崇爲北京留守。　歐史云，時相州梁暉殺契丹守將，閉城拒守，德光攻破，屠其城，婦女悉俘以北。　宋史李穀傳云，穀潛遣河朔酋豪梁暉入據安陽，主患之，卽謀北旋。會有告以城中虛實者，契丹還攻之，陷其城。　薛史云，初，暉據相州，主命高唐英討之，未幾，親至城下，攻拔之。翼日，主北去，命唐英鎮守。唐英後爲指揮王繼宏、樊暉所殺。降漢，繼宏官彰德留後，暉爲磁州刺史。　通鑑云，主克相州，悉殺城中男婦，遺民僅七百。胡人擲嬰孩空中，舉刃接之以爲樂。繼宏收瘞遺骸十餘萬，主見城邑邱墟，謂羣臣曰：「致中國如此，皆燕王罪也。」顧張礪曰：「爾亦有力焉！」紀均未載。戊辰，次高邑，不豫。丁丑，〔攷異〕薛歐二史及通鑑均作丙子，蓋四月二十一日。王溥五代會要謂四月十八日，紀書丁丑，乃四月二十二日。所載各異，今從太宗紀。崩於欒城。縣名，後漢置，在真定府東六十里。　薛史云，四月十六日，次欒城殺虎林側，時德光已得寒熱疾數日矣。命部人齎酒脯禱於得疾之地。十八日晡時，有大星落於穹廬之前，若迸火而散。德光見之，西望而唾，連呼曰：「劉知遠滅！劉知遠滅！」是月二十一日卒。　歐史云，主北歸，没於欒城。國人剖其腹，實以鹽，載歸。晉人謂之「帝羓」。　通鑑云，主至欒城，得疾，殂於殺胡林，在欒城縣西北。　文惟彥虜廷事實云，契丹富貴家人有亡者，以刀剖腹，取腸胃滌之，實以香、藥、鹽、礬，五采縫之。又以尖筆筒於皮膚，濡其膏血且盡，用金銀爲面具，錦綵絡其手足。德光死，蓋用此法。時目「帝羓」，有以也。　張舜民畫墁録云，祖宗征河東，皆自土門還師，駐蹕真定潭園，有兩朝行宫，歲謹繕完，器甲至二十四庫。潭園方廣六里，亭榭皆王氏父子所葺。宫後八角大亭，乃德光造羓之所。　秦再思洛中紀異録云，村民於林内射殺狐，故名。　宋白續通典云，唐天后時，襲突厥羣胡，死於此，因名。所載各異。　趙與時賓退録云，唐太宗得定武蘭亭真蹟，刻於學士院，梁徙置汴。晉亡，德光輦歸，道死，與輜重俱棄於中山之殺胡林。慶曆中爲士人李學究所得。桑世昌蘭亭考云，德光死，永康自立而歸，與祖母交兵，棄此石於中山，爲李學究得。宋景文後守真定，取石匣藏於庫，薛紹彭取歸長安。大觀中，詔取置宣和殿中，不復見矣。

九月壬子朔，葬鳳山懷陵。諡孝武惠文皇帝。〔攷異〕通鑑云，蕭翰自汴至恒州，與麻答北歸。麻答貪猾殘忍，捕村民，披面抉目，斷腕焚炙而殺之。出入常以其具自隨，左右懸人肝胆、手足，語笑自若。鎮定之人，不勝其毒。會亂，爲白再榮所逐，與耶律郎五皆北去。世宗責麻答失守，不服，鴆殺之。河朔方廣千里，剽掠殆盡。當麻答被逐，楊安亦遁，李殷以其衆降漢。初，杜重威心常疑懼，遣其子宏璲質於麻答以求援。趙延壽有幽州兵二千在恒州，指揮使張璉將之，重威請以守魏。麻答遣其將楊袞將契丹千五百人及幽州兵赴之；至邢州，聞麻答被逐，即日北還。胡三省注宋白云：麻答本名解里，太祖從子，父撒剌，歸梁，死於汴。錢大昕謂即耶律拔里得，字孩隣，史有傳。通鑑輯覽作滿達勒。又，郎五作朗烏。契丹國志云，名忠，國族。薛史作郎鄂。云永康北去，留嘉哩守常山，被逐，馮道等四出安撫，推再榮爲帥，軍民帖然。道見士女被俘者，出貲贖之，寄尼舍，訪歸。先是，契丹有急詔追道與李崧等赴木葉山，道後至，不果。俄李筠縱火，麻答被逐，時以爲陰報所感。初，契丹使孫方簡鎮定州，永康立，以耶律忠代，移方簡雲州，不受命。忠棄定州去，方簡自狼山回保定州歸漢。晉末州縣悉爲漢有。後仕漢、周，歷節鎮。弟行友，定州留後；議，德州刺史。三月十七日，契丹棄定州，墮城壁，焚室廬，盡驅人民入蕃，惟餘空城瓦礫而已。時滄州上言，七月後，幽州界投來人口凡五千一百四十七，北土饑故也。歐史云，麻答守鎮州，爲李筠、何福進等逐，推再榮爲留後。以兵環李崧、和凝居，求物，又欲殺崧取其貲。李穀曰：「公等方得生路而遽殺宰相，此契丹所不爲。他日至京師，天子問宰相何在，胡以對？」乃止。悉拘嘗事麻答者，取其財，人呼爲白麻答。歸漢，拜義成節度。還京，爲周太祖亂兵所殺。何福進仕漢、周，歷節鎮。又，王饒亦逐麻答者，仕漢、周爲節度。見薛史。史均未載。

遼史紀事本末卷十

太宗克唐

太宗天顯九年（甲午九三四）夏四月，唐潞王從珂弑其主從厚而自立。〔攷異〕歐史云，清泰元年五月，敬瑭復鎮太原，來朝京師。從珂反鳳翔，愍帝出奔，遇敬瑭於道，殺從騎百餘，幽之衛州。王宏贄傳，時愍帝從官沙守榮等欲刺高祖，親將陳暉扞之。薛史晉紀云，岐陽兵亂，立潞王。閔帝急召帝入闕，欲託社稷。出奔衛，遇諸塗，遂迴入衛州。時閔帝左右欲害帝，覺之，因擒其從騎。遣刺史王宏贄安置公舍去。漢高祖實録云，時偵知少帝伏甲，欲害晉高祖，帝密遣石敢袖鐵錐立其後，伏發，死之；帝解佩刀奮擊，衆散走，乃踰垣出，就李洪信軍。殺建謀者，以少主付宏贄等。尋奉廢帝命，使子巒鴆殺之。先是，潞王在鳳翔。張濛傳太白山神語云：「三珠併一珠，驢馬没人驅；歲月甲庚午，中央戊己土。」解曰：「王當有天下，勿憂。」又「潞」字一足已入洛。有何叟卒，見陰官，告以來年三月，當爲天子二十三年，及蘇，告劉延朗。蓋「二十三」，帝小字也。石壕胡杲通亦言貴不可言，後皆驗。及鄂王被弑，刺史宋令尋自經死。沈括夢溪筆談云，是年四月九日弑鄂王，其擬狀，係馮道親筆，未印。人皇王貝原作倍自唐上書請討之。

秋八月壬午，自將南侵。

九月乙卯，次雲州。丁巳，拔河陰。

冬十月丁亥，畧地靈邱。

十一月辛丑，圍武州之陽城，降之。癸卯，進拔斡齊爾原作洼只城，括所俘丁壯籍於軍。

十二月，駐蹕於百湖之西南。明年師還。〔攷異〕通鑑目録，清泰九年，契丹寇雲州，石敬瑭屯百井，楊檀破之於境上，敬瑭歸河東，二年，契丹寇新州及振武、應州。所載互異。

十一年（丙申九三六）秋七月丙申，唐河東節度使石敬瑭叛，爲其主所討，〔攷異〕通鑑云，潞王與敬瑭皆以勇力事明宗，然素不相悅。及即位，敬瑭入朝，久病，羸瘠，將佐勸留之。因韓招允、李專美言，命還鎮。陰爲自全計，賂曹太后左右，伺密謀。是年正月，千秋節置酒，晉國長公主上壽畢，辭歸晉陽。帝醉曰：「何不且留，遽歸，欲與石郎反耶？」敬瑭聞之益懼。時契丹屢寇邊，禁軍多在幽、并。敬瑭與趙德鈞日求兵運糧；詔借河東人菽粟，鎮州輸絹五萬匹糴軍糧，率鎮、冀車千五百乘運糧代州。詔魏、博市糴，值水旱，民饑，督趣嚴急，民多流散，亂始兆矣。敬瑭將大軍屯忻州，詔賜夏衣撫諭，軍士呼萬歲者數四。敬瑭懼，幕僚段希堯請誅倡首者，劉知遠斬李暉等三十六人。帝聞益疑。李崧、呂琦勸先事與契丹和親，薛文遇言而止。尋託疾求移鎮鄆州，崧等謂不可信，文遇勸許之。趙瑩請赴鎮，知遠阻，遂拒命，表傳位許王，詔削官，討之，殺子弟四人。劉延朗傳云，忻州兵變，擁高祖呼萬歲，斬三十餘人而止。薛史云，敬瑭請移鎮，房、嵩等言不可。司天監趙延義謂星辰失度，宜安靜，文遇言而定。先是，術者言國家合得一良佐，帝疑是文遇，令手書除目。誅敬瑭子重英、重裔於鄴都，殺其弟敬德於忻州，族其家，敬儒自殺。歐史云，敬瑭叛，幕僚趙瑩、段希堯均以爲不可，弗聽，時重其爲人，不之責。吴縝五代史纂誤，按晉紀云，天福元年，即清泰三年五月，鎮天平，敬瑭不受命，唐紀書敬瑭反於三月丙午，彼此互異，必有一誤，今從史作七月。遣趙瑩因西南節度使羅卜科求救（按，據遼史卷三太宗紀，盧不姑（羅卜科）爲西南路招討）。帝白太后曰：「李從珂弑君自立，神人共怒，宜行天討。」時趙德鈞亦遣使至，河東復遣桑維翰來告急，遂許興師。〔攷異〕通鑑云，維翰謀乞兵契丹，知遠諫許割地，恐異日大爲中國患，不聽，命維翰草表。未嘗言親往告急。歐史亦無親如契丹事。薛史云，帝遣指揮使何福求援於契丹，以錯刀爲信。宏簡録云，德鈞命維翰來告急，更異。册府元龜云，河東被圍，急令小僕何福懇告蕃首，時八月末也。蕃首曰：「北候漸凉，别無顧慮，爾名曰『福』，戰捷之繇。」數日出軍，與何福俱來。歐史云，敬瑭求救，德光白其母曰：「吾嘗夢石郎召我，而使者果至，豈非天耶？」母召胡巫問吉凶，巫言「吉」，乃許。徐鉉稽神録云，「德光嘗晝寢，夢一神人，花冠，美姿容，輜軿甚盛，自天下。語曰：『石郎使人喚汝。』」覺，白其母，召巫筮之，言太祖從西樓來，云中國將立天王，要汝爲助，汝須去！後果然。陶岳五代史補云，高祖尚永甯公主，宫中呼石郎。將起兵，夜聞狼走入宫中，帝命分頭逐捕，謂之射狼。或遇諸塗，問：「汝何從來？」曰：看「射狼」來。未幾，高祖果來。蓋射亦石也。所載甚詳。

八月己未，遣蕭轄哩原作轄里。〔攷異〕卷七十四耶律敵剌傳，太祖時奚六部吐里亦作轄里。報河東師期。〔攷異〕歐史廢帝紀云，八月，契丹使梅福來。薛史作摩哩。紀未載。庚午，自將援敬瑭。

九月癸巳，有飛鷰自墜而死，帝曰：「此從珂自滅之兆也。」丁酉，入雁門。戊戌，次忻州。在太原府北百六十里。輿地廣記云，秦、漢屬太原縣，元魏置肆州，隋置新興郡，尋改忻州，唐因之，又爲定襄郡，今同，縣二：秀容、定襄。己亥，次太原。遣使諭敬瑭曰：「朕興師遠來，卽當與卿破敵。」會唐將高行周、字尚質，嬀州人。思繼子，行珪弟。符彦卿以兵來拒，遂勒兵陳於太原。與戰，佯卻，唐步將張敬達、〔攷異〕王溥五代會要作張敬德，字志通，代州人。薛史云，時敬達奉命討敬瑭，先鋒安審琦以部兵叛入并州，其妻與二子在京，爲末帝所誅，但貸其老母而已。後歷節鎮，至宋初卒。楊光遠又陳於西，未成列，以兵薄之。而行周、彥卿爲伏兵所斷，首尾不相救。敬達、光遠大敗，棄仗如山，斬首數萬級。敬達走保晉安寨。〔攷異〕薛史云，初，援兵未至，敬達引軍逼城，設柵將成，必有大風暴雨至，不能立。築長城，亦爲水潦壞。晉陽北宮城上有祠曰「毗沙門天王」。夜有一人，長丈餘，執殳行城上牙城。崇福坊泥神，首上有烟生如曲突狀。日旁時有五色雲氣如蓮芰，城上有號令之聲，聲不絕者三日，皆知神助。又城中井泉溢出不止。契丹國志云，主將五萬騎，自揚武谷而南，至晉陽，陳於汾北之虎北口，與唐兵合戰，敬瑭遣知遠助之，唐兵大敗，死者數萬。通鑑云，步兵死者近萬，騎兵獨全。所載各異。方輿紀要云，揚武谷在崞縣西三十里，時敬達陳於城西北山下，戰於汾曲，爲契丹敗，皆蒙山也，在太原縣西北五里。按，此之虎北口在太原汾水北，與密雲縣東北之古北口，亦名虎北口，名同而實異也。額爾奇木原作夷离菫達魯原作的魯。〔攷異〕汪輝祖遼史同名録云：卷五大同元年世宗歸籍没子孫；卷八十四耶律哈里傳，哈里母；卷一百三蕭罕努傳，天皇帝之考，四人同名的魯。與戰，死之。以其子圖勒琿原作徒離骨嗣爲額爾奇木，仍以父字爲名，以旌其忠。〔攷異〕本傳，達魯作達嚕噶；圖勒琿作圖勒錦，後官北院大王。是夕，敬瑭率官屬來見，帝執手撫慰之。〔攷異〕通鑑云，敬瑭問曰：「皇帝遠來，士馬疲倦，遽與唐戰而大勝，何也？」主曰：「始吾謂唐必斷雁門諸路，伏兵險要，不得進。使人偵視，無兵，乃長驅深入。我氣方鋭，乘此擊之，是以勝也。」敬瑭歎服。紀未載。癸卯，圍晉安。南宰相呼喇台、原作鶻离底奚監軍伊聶濟、原作寅你己將軍布哈原作陪阿臨陳退縮，切責之。〔攷異〕方輿紀要云，時契丹置寨於晉安南，又移帳於柳林，游騎過石會關，既而入榆次縣界。石會關在榆社縣西北。所載較詳。

冬十月甲子，封敬瑭爲晉王，幸其府。敬瑭與妻李氏率其親屬捧觴上壽。〔攷異〕歐史及通鑑，均無先封晉王之事。先是，李繼韜母楊氏，積貲百萬，父嗣昭，被圍夾城，軍用賴以不匱。嗣復以賂結莊宗劉后，免繼韜於死。及契丹助晉，責賂，敬瑭貸於繼忠，時楊氏之積猶鉅萬，得以取足，高祖深德之。及即位，拜繼忠沂、隸、單三州刺史。楊氏積產，嗣昭父子三人皆賴之。見歐史。初，圍晉安，分遣精兵以絶援兵路，而唐主遣趙延壽以兵二萬屯團柏谷，即團柏鎮，在太原府祁縣東南。范延廣〔攷異〕通鑑作延光。史避太宗諱改。字子環，相州臨津人。以兵二萬屯遼州，唐置，今隸山西。〔攷異〕輿地廣記云，秦、漢屬上黨郡，晉爲樂平郡，後魏爲遼陽郡，隋屬遼州，唐徙州來治此，曰箕州，又改儀州，後復舊。今縣四：遼山、榆社、平城、和順。幽州趙德鈞以所部兵萬餘由上黨趨延壽軍，合勢進擊。至此，知有備，皆逗留不進。〔攷異〕方輿紀要云，時德鈞請由土門路西援土門關，即井陘關，在真定府獲鹿縣西十里，爲天下九塞之一。延光領天雄兵由青山口取榆次以救之。青山口在順德府西北八十里。通鑑云，德鈞欲倚契丹取中國，至團柏，不戰，屢爲延壽求鎮州，帝不許。乃致書契丹，請立己爲帝，約爲兄弟國，仍允石氏鎮河東。主以晉安久不下，恐諸鎮邀其歸路，欲許之，敬瑭懼，遣維翰力争，自旦至暮，涕泣跪請。主指帳前石謂德鈞使者曰：「我已許石郎，此石爛可改矣。」史未載。唐主自將輕騎三萬出，次河（橋）〔陽〕（據遼史卷三太宗紀改），〔攷異〕綱目云，唐主下詔親征，至河陽，而心憚北行，盧文紀希旨，謂「河陽天下津要，車駕宜留此鎮撫南北」。則河橋係河陽之誤。歐史云：時廢帝欲北征，雍王重美謂宜持重，固請毋行。帝心不欲往，因劉延皓、劉延朗追之，遂如河陽。先是，帝謂文紀曰：「吾自鳳翔識卿，拔之爲相，皆云可致太平，今何使吾至此！」文紀惶恐謝罪。至是，至河陽，勸帝扼橋自守，不聽。王溥五代會要云：帝北幸，博士段（顒）〔顒〕（據五代會要卷四親謁陵條改）奏河陽路當徽陵，今車駕親出，合親朝謁，從之，均作河陽，惟薛史作河橋，與史同。親督諸軍。然知其不救，但日酣飲悲歌而已。〔攷異〕通鑑云：敬瑭會兵圍晉安，置營於寨南，長百餘里，厚五十里，多設鈴索吠犬，人跬步不能過。敬瑭士卒猶五萬，顧無所之，遣使告急。唐主問策於羣臣，吏部侍郎龍敏曰：「請立李贊華爲戎主，令盧龍、天雄二鎮分兵送之，自幽州趣西樓，朝廷露檄言之，契丹必有內顧憂，因選精銳擊之，此亦解圍之一策也。」帝深然之。執政議不決。敏復請遣騎自介休山路，冒敵騎入晉安寨通聲問。亦不從。羣臣或勸帝北行。則曰：「卿勿言！石郎使我心膽墮地。」按，敏字欲訥，永清人。薛史云：十月丁巳夜，彗星出虛危。壬戌，詔天下括馬，民十户出兵一人，器甲自備。契丹國志云：每七户出征夫一人，凡得馬二千餘匹，征夫五千人，民間大擾。史均未載。丁卯，詔敬瑭至行在，賜坐，從容謂之曰：「吾三千里舉兵而來，一戰遂勝，殆天意也。觀汝雄偉宏大，宜受茲南土，爲藩輔。」遂命有司設壇晉陽，備禮册命。

十一月丁酉，册敬瑭爲大晉皇帝。自戊戌至戊申，候騎兩奏南有兵至，復奏西有兵至，命特哩衮迪輦斡原作洼。〔攷異〕汪輝祖遼史同名録云，卷三十營衛志，卓特部先世；卷四十五百官志，汗；卷一百六耶律官努傳，官努友，四人同名洼。拒之。

閏月甲子，克晉安寨，唐將張敬達死之。敬達在圍八十餘日，內外隔絕，軍儲殆盡，至濯馬糞木屑以飼馬，馬饑至自相啖其騣毛，死則以充食，光遠等勸敬達出降，敬達曰：「吾有死而已，爾欲降，甯斬吾首以降。」光遠與安審琦遂殺之，〔攷異〕薛史謂審琦爲先鋒，前已叛降。此云與光遠殺敬達。所載各異。以其首出降。帝嘉其忠，命以禮收葬。謂左右曰：「凡爲人臣，當如此也。」所降軍士及馬五千匹以賜晉帝。〔攷異〕歐史書光遠殺敬達，注云：敬達不書「死之」而書「殺」者，敬達大將，宜以義責光遠而誅之，雖不果而見殺，猶爲得死，乃諷其殺己以叛，故書之如其志。 通鑑云，行周知光遠欲圖敬達，常引壯士尾而衞之。 敬達謂人曰：「行周每踵吾後，何意也？」行周乃不敢隨，遂遇害。馬軍都指揮康思立憤惋而死。時晉安寨馬猶近五千，鎧仗五萬，悉取以歸其國。以唐之將卒授帝，語之曰：「勉事汝主。」 薛史云，敬達性剛，號張生鐵。時德光顧謂光遠曰：「汝輩大是惡漢兒，不用鹽酪，食却一萬匹戰馬！」光遠等大慙。紀均未載。丙寅，祀天地以告成功。庚午，僕射蕭庫克克齊原作酷古只奏趙德鈞等諸援兵將遁，詔夜發兵追擊。德鈞等軍皆投戈棄甲，自相蹂踐，擠於山谷者不可勝紀。仍命皇太子馳輕騎據險要，追及步兵萬餘，悉降之。辛未，度團柏谷，德鈞父子率衆降。次潞州，方輿紀要云，古赤狄潞子國，亦爲上黨郡，北周號潞州，唐建昭義軍，宋改隆德府，明爲潞安府，縣七。〔攷異〕輿地廣記云，春秋時爲黎侯，赤狄奪其地，而潞子嬰兒爲晉滅，地屬晉，戰國曰上黨，爲韓別都，秦立上黨郡，後周立潞州，隋曰韓州，唐升昭義軍，今改昭德軍，又爲隆德軍，縣八：上黨、屯留、襄垣、潞城、黎城、壺關、長子、涉縣。召諸將議，皆請班師，從之。命南宰相吉林、原作解領呼喇台等先還。壬申，特哩袞斡、原作涅林牙德勒賓原作迪离畢來獻俘。晉帝辭歸，帝與飲宴。酒酣，執手約爲父子。以白貂裘一、廐馬二十、戰馬千二百賜之。命德勒賓〔攷異〕通鑑作太相溫。錢大昕作大相温，云卽詳穩。通鑑輯覽作高謨翰，所載各異。按，耶律圖魯卜傳，初伐唐，從爲左翼，降霞沙寨。至是，送敬瑭入洛。及大册，總禮儀事，加太尉。字鐸袞，巴古濟孫。紀未載。將五千騎送入洛。臨別，謂之曰：「朕留此，候亂定乃還耳。」辛巳，晉帝至河陽，唐主窮蹙，召人皇王貝同死，不從，遣人殺之，〔攷異〕通鑑云，殺之者宦者秦繼旻、皇城使李彥紳。紀未載。遂舉族自焚。〔攷異〕通鑑云，唐主聞光遠降，衆議幸魏州，召李崧謀。薛文遇繼至，主色變。崧躡文遇足，乃去。主曰：「我見此物，肉顫，幾欲抽佩刀刺之。」崧曰：「文遇小人，淺謀誤國，刺之益醜！」因勸南還。從之。王禹偁五代史闕文云，帝至自覃懷，京師父老迎上東門外，勸幸蜀圖進取。帝曰：「本朝兩川皆用文臣，故元宗、僖宗避寇幸蜀。今孟氏稱尊，吾安歸乎？」因慟哭而入。秦再思洛中紀異録云，先是，甲子至清泰丙申歲，云：「數在五樓前，但看八九月，戎虜亂中原。」後於太原南五樓村大戰，至九月，契丹至太原，敗城下。卽其應。薛史云，末帝時，鄴西李固柵橋下鼠與蛇鬬，及日之申，蛇不勝而死，後果滅於申。又，末帝舊廬在常山，有古佛刹，石像摇動不已，人皆異之。尹洙五代春秋云，辛巳，唐帝崩於元武樓。王溥五代會要云，閏月二十九日遇難，崩於後樓。王應麟困學紀聞云，天子之廢置，出於士卒，自唐明宗始也。明宗以此得之，而反爾之報在其後人。所載較詳。詔收其士卒戰没者瘞之汾水上，續通考云，汾水源出岢嵐州，流經靈石、趙城、洪洞、臨汾，歷襄陵、太平、絳州、稷山、河津、滎河入於黄河。以爲京觀。

十二月乙酉朔，遣近侍塔魯原作撻魯。〔攷異〕陳浩遼史攷證云，卷十聖宗統和元年伶人；卷二十六道宗壽隆三年燕國王延禧子，三人同名撻魯。存問晉帝。〔攷異〕通鑑云，帝如河陽，餞太相溫及契丹兵歸國。紀未載。

薛史云，初，唐帝在懷州，遣呂琦賫都統使官告賜德鈞，且犒軍及觀軍北陲，館於忻州。會晉克晉安寨，遣使告近郡，琦斬其使，尋率兵千人間道歸。高祖入洛，不之罪，授秘書監。丙戌，以晉安所獲分賜將校。戊子，遣使馳報皇太后及諸道師還。庚寅，發太原。壬辰，次細河，閱降將趙德鈞父子兵馬。〔攷異〕羣書會元截江網云，太宗既平太原，遂觀兵范陽，得汾、晉、幽、薊之馬，凡四萬二千餘匹。戊戌，次雁門，以沙太保所部兵分隸諸將。庚戌，幸應州。在大同府南百二十里。〔攷異〕地理志云，後唐明宗，應州人。天成元年，升彰國軍節度，與唐軍寰州隸焉。王應麟通鑑地理通釋引宋白續通典云，故屬大同軍。輿地廣記云，唐末置，領金城、渾源二縣。孫體元大同志云，龍首山在應州城北山之南，雁門山在應州城南山之北，兩山相望。又，金鳳城在應州城東北天王祠前，後唐明宗生此，中有金鳳井。潘自牧記纂淵海云，金鳳井在州治，相傳李克用生時，金鳳自井中飛出。厲鶚非之。談遷棗林雜俎云，應州治西佛寺，遼清甯二年田和尚奉勅立石，有塔，高三百六十尺。城內有一經樓，遼郎中邢簡妻陳氏教子讀書處。又，龍首書院在應州西南，遼翰林學士邢抱朴建。見汪承爵大同府志。癸丑，唐大同、彰德、振武三節度使迎見，留之不遣。〔攷異〕地理志云，興王寺有白衣觀音像，軍還，入幽州，幸大悲閣，指此像曰：「我夢神人令送石郎爲中國帝，卽此。」因移木葉山，建廟告賽，尊爲家神。紀未載。元一統志云，大悲閣在舊城之中，建自有唐，至遼開泰中重修，聖宗遇雨，飛駕來臨，改寺聖恩，而閣隸焉，金皇統九年重葺，元至元壬午春復修，中奉大夫領道教事安藏撰記，二十四年四月立石。元納新金臺集云，大悲閣榜，唐虞世南所書。宋犖筠廊偶筆云，應州木塔甚奇，馮訥生主政雲驥，有登塔詩一帙，序略曰：「塔建自遼，疊木爲之，七級八面，高見數十里。」

十二年（丁酉九三九）春正月丙辰，次堆子口。唐大同軍節度判官吳巒閉城拒守，命崔廷勳圍其城，帝至城下親諭之，乃降。〔攷異〕歐史吳巒傳，字寶川，鄆州盧縣人。時節度沙彥（詢）〔珣〕（據新五代史卷二九吳巒傳改）被契丹執，城中推巒主州事。圍攻凡七月，晉高祖義之，致書契丹解兵去。召巒爲武甯節度副使，後守貝州，城破，投井死。會同七年，太宗紀亦載之。此云巒降，疑誤。通鑑目録，時契丹主禮、奚王李紹威骨攻雲州不能下，帝召吳巒歸。時應州指揮使郭崇威亦恥臣契丹，拔身南歸。田況儒林公議云，契丹自阿保機雄據燕北，諸戎皆爲所制。所得中國錦綺藉地，令踐之，曰：「我國他日富盛，是當踐之也。」迨石晉求援，得山後地，失控壓之要，靡之無全策矣。每興兵擾塞，傳一矢爲信，奔會無敢後期。戰必銜枚，各有部陳，晝戰則望旌旗，夜或鳴鉦、吹蠡角爲禽鳥聲，各自撤卷而去，至明不遺一旗。軍令至峻，什伯相分，急不赴救，則併誅之，故多死戰者。儀衛志云，自達呼爾氏八部用兵，則合契而動，不過刻木爲牌合。太祖受命，易以金魚。金魚符七枚，黄金鑄，長六寸，各有字號，每魚左右判合之。有事以左半先授守將，使者執右半，大小、長短、字號合同，然後發兵。事訖，歸於内府。契丹國志云，鑄金魚符調發兵馬，其捉馬及傳命有銀牌二百。軍所舍，有遠探闌子馬以查人馬之聲。王易燕北録云，銀牌有三道，上戎主，下及契丹臣庶，每年取初降雪時帶用。續通考云，遼御帳親軍，有大帳皮室軍，太宗置，凡三十萬騎；有屬珊軍，地皇后置，凡二十萬騎；腹心曰皮室，精美如珊瑚者曰屬珊。宮衛騎軍，太祖以迭剌部受禪，分本部爲五院，統以皇族，而親衛缺然，乃立斡魯朶法，裂州縣，割户丁，以建宮衛，入則居守，出則扈從，葬則用以守陵。有兵事，則五京、二州，凡十二宮一府各提轄司，傳檄而集，不待調發，而十萬精騎立具，此軍制之良者也。外有舍利軍、郎君軍、各拽剌軍、墨离軍、礮竿軍、弩手軍、鐵林軍、鷹軍、鶻軍、鳳軍、龍軍、虎軍、熊軍、左右鐵鷂子軍、龍衛軍、威勝軍、天雲軍、特蒲軍、三尅、九尅等軍。又，衆部族，有太子軍、偉王軍、永康王軍、于越王軍、麻答軍、五押軍，分隸南、北府，守衛四邊。凡兵民年十五以上，五十以下隸籍。舉兵時，選兵馬尤精鋭者三萬爲護駕軍。又，驍勇三千爲先鋒軍，剽悍百人爲遠探攔子軍。又，抽立一隊爲騰遞公事。出兵不過九月，師還不過十二月。正路不得見僧尼喪服人。軍分三路，聖駕居中。重臣專征，兵不過十五萬，不設槍營壍柵之備。軍行，鼓三伐，不問晝夜，大衆齊發。多伏兵斷糧道，冒夜舉火，上風曳柴，饋餉自賫，善戰耐寒。此其大略也。胡三省通鑑注云，契丹謂精騎爲鐵鷂，以其身披鐵甲而馳突輕疾，如鷂之搏鳥雀也。武珪燕北雜記云，遼行軍不擇日，用艾和馬糞於白羊琵琶骨下炙之，破則出，否則不出。番兵每遇午日不逢兵，亦須排陣，向西大喊十聲，言午是番家大王之日。李治敬齋古今黈云，炙琵琶骨，不獨契丹，凡蠻貊皆爲之。番禺記載嶺表占卜甚多：有骨卜，田螺卜，鷄卵卜，牛卜，鼠米卜，箸卜，篾卜。乃知四夷尚鬼，遇物皆得以爲卜也。今北方炙琵琶骨，珪記特異所炙之法，蓋有可入不可入者，疾病飲食一動一止，皆有倏理。珪所說，祇據當時所見云耳。沈括夢溪筆談云，西戎用羊卜，曰「跋焦」，卜師曰「厮乩」，以艾炙羊脾骨，視其兆，曰「死跋焦」。又有先呪粟以食羊，羊食其粟，則自搖其首，乃殺羊，視其五臟，曰「生跋焦」，土人尤神之。方勺泊宅編云，契丹當强盛時，四夷役屬，貢奉不絶，惟與中原爲敵國。兵馬畧集，便有百萬。多作大舟，安四輪，陸行以載輜重，過埫水（按泊宅編卷一〇作「塘水」）、黄河，則脱輪以渡人馬。亦欲自滄州東泛海而來，爲牽制犄角之勢。富鄭公云，能改齋漫録曰：遼兵將戰，則選兵爲三等，騎射最精者給十分衣甲，處陣後；次給五分，居中；下則不給，處於前行，故未嘗教閲而皆習騎射。史多未載。

遼史紀事本末卷十一

石晉背盟

太宗天顯十一年（丙申九三六）秋八月庚午，自將往援唐河東節度使石敬瑭。〔攷異〕薛史云，太原人。本衞石碏後，漢丞相奮之裔。父諱紹雍，卒贈太傅。歐史云，父臬捩雞，仕唐爲洺州刺史。其姓石氏，不知其所始。周密齊東野語云，高祖諱敬瑭，拆「敬」字爲文氏、苟氏，至漢時復舊。

冬十一月丁酉，册敬瑭爲大晉皇帝〔攷異〕薛史載册文曰：「維天顯九年，歲次丙申，十一月十二日丁酉，大契丹皇帝若曰：於戲！元氣肇開，樹之以君；天命不恒，人輔以德。故商政衰而周道盛，秦德亂而漢圖昌，人事天心，古今靡異。咨爾子晉王，神鍾睿哲，天贊英雄，叶夢日以儲祥，應澄河而啟運。迨事數帝，歷試諸艱，武略文經，乃由天縱，忠規孝節，固自生知。猥以眇躬，奄有北土。暨明宗之享國也，與我先哲王保奉明契，所期子孫順承，患難相濟，丹書未泯，白日難欺。顧予纂承，匪敢失墜。爾惟近戚，實係本枝。所以予視爾（猶）〔若〕（據舊五代史卷七五高祖本紀改）子，爾待予猶父也。朕昨以獨夫從珂，本非公族，竊據寶圖，棄義忘恩，逆天暴物，誅翦骨肉，離間忠良；聽任矯（誣）〔諛〕（同上書改），威虐黎獻。華夷震悚，內外崩離！知爾無辜，爲彼致害。敢徵衆旅，來逼嚴城。雖併吞之志甚堅，而幽顯之情何負？達（予）〔於〕（同上書改）聞聽，深激憤驚！乃命興師，爲爾除患；親提萬旅，遠殄羣兇。但赴急難，罔辭艱險。果見神祇助順，卿士協謀，旌一麾而棄甲平山，鼓三作而殭屍徧野。雖已遂予本志，快彼羣心，將期税駕金河，班師玉塞。矧今日中原無主，四海未寧，茫茫生民，若墜塗炭。〔況〕（同上書補）萬幾不可以暫廢，大寶不可以久虚，拯溺救焚，當在此日。爾有庇民之德，格於上下；爾有（勘）〔戡〕（同上書改）亂之勳，光於區宇，爾有無私之行，通乎神明；爾有不言之信，彰乎兆庶。予懋乃德，嘉乃丕績！天之歷數在爾躬，用命爾踐皇極，以爾自兹并土，首建義旗，國號曰晉。朕永爲父子之邦，保山河之誓。於戲！補百王之闕禮，行兹盛典；成千秋之大義，遂我初心。爾其永保兆民，勉持一德；慎乃有位，允執厥中。亦惟無疆之休，其誡之哉！」禮畢，導從而歸。所載較詳。

十二月，晉帝入洛，唐主從珂自焚死。晉命桑維翰爲文，紀帝功德。〔攷異〕通鑑云，初，契丹主謂晉帝曰：「維翰盡忠於汝。宜爲相。」丙寅，以趙瑩爲門下侍郎，維翰爲中書侍郎，並同平章事。嘗出其諸子，令自擇主，指重貴曰：「此大目者可也。」遂以爲北京留守，鎮河東。紀未載。帝命近侍塔魯原作撻魯存問晉帝。庚寅，發太原。聞洛陽既克，遣郎君濟勒台原作解里德撫慰之。〔攷異〕王仁裕玉堂閒話云，晉祖在并部，晝夢至洛京，與帝連鑣過舊第，入廳事，下馬，升自阼階，西向坐。帝馳車去以告羣僚，莫敢答。蓋懷不軌之志久矣。孫光憲北夢瑣言云，梁初，潞州李思安奏壺關縣庶穰鄉人伐樹，倒，自分兩片，内有六字，曰「天十四載石進」。圖狀以獻，付史館。至是石氏稱晉。馬希範解釋表聞。徐鉉稽神録云，時司馬少監徐鴻曰：「嘗以丙申之年，有石氏王此。」移四字中二畫置天字左右即丙字，移四之外圍以十字貫之即申字，晉後以丙申興，如其言。王禹偁五代史闕文云，天祐十二年癸未，莊宗改同光，至是歲丙申凡十四載，故讖云云。拆字解之，非也。還朝。

十二年（丁酉九三七）春二月癸卯，晉遣唐所掠郎君埒克、原作剌哥文班吏蕭岱爾原作斛里三月庚申，晉遣使來貢。丁卯，晉天雄節度使范延廣請内附，不許。使郎君達里庫、原作的烈古美楞原作梅里德呼原作（敵）〔迭〕烈（據遼史卷三太宗紀改）使晉。

秋八月庚子，晉遣使以都汴及討降范延廣來告。〔攷異〕通鑑云，晉遣楊光遠等討延光，尋降，以太子太師致仕，居大梁，爲光遠害。　歐史云，初，秘瓊殺董温琪取其貲，延光殺瓊而取之，終以貲爲光遠所殺，而光遠後又爲何延祚所害。　薛史云，延光據鄴城叛，誘東都巡檢張從賓反，據洛陽，害皇子重信及重乂。　爲杜重威敗，溺死。　歐史又云，從賓（戰）〔寇〕（據新五代史卷八晉高祖本紀改）河陽殺重乂；寇河南殺重信。　按晉家人傳云，重信時爲河陽節度，重乂時爲東京留守，均見殺。與晉紀異。　見吴鎮五代史纂誤。是後信使不絕。

是年，晉兩遣使來上尊號，及歸雁門以北與幽、薊之地，并歲貢帛三十萬匹，詔不許。〔攷異〕歐史云，天福二年二月，契丹使皇太子解里來。　四月，趙瑩使契丹。　契丹使宮苑使李可興來。　六月，使夷离畢來。所載較詳。　又云，歲輸帛三萬匹。　王溥五代會要云歲輸絹十三萬匹。　均異。

會同元年（戊戌九三八）夏五月甲寅，晉復遣使請上尊號，從之。

秋七月癸亥，遣使賜晉馬。　丁卯，遣呼喇台原作鶻离底使晉。　戊辰，遣中臺省右相耶律蘇呼、原作述蘭特爾格原作迭烈哥使晉，臨海節度使趙思温副之，〔攷異〕逆臣傳，牒蠟，字述蘭。　而牒蠟之轉聲卽迭烈哥，係一人。又紀作元年事，傳作二年事，亦誤。　見錢大昕潛研堂集。　册晉帝爲英武明義皇帝。〔攷異〕歐史云，德光遣中書令韓頻奉册。　并約不稱臣，更表爲書，稱兒皇帝，如家人禮。　薛史韓頻作韓潁。　何焯讀書記云，梁、唐皆郊見後受尊號，石晉則以契丹爲天矣。　路振九國志云，晉天福中，契丹使至，以近侍李泳爲監伴使。　有判官，幽冀人，謂泳曰：「吳越王常不睡乎？」詰其故，答曰：「嘗聞五臺山王子大師曰，浙中不睡龍，今已歸矣。」

冬十一月丙午，帝御開皇殿，〔攷異〕地理志云，太祖平渤海歸，乃展郛郭，建宮室，起三大殿，曰：開皇、安德、五（鑾）〔鸞〕（據遼史卷三七地理志改）。中有歷代帝王御容，每月朔望、節辰、忌日，文武百官赴祭。又於內城東南隅建天雄寺，奉安烈考宣簡皇帝遺像。及太宗受晉尊號，御開皇殿，闢承天門受禮，因改皇都爲上京。幅員二十七里。東曰迎春，曰鴈兒；南曰順陽；西曰金鳳，曰西鴈兒，曰南福；北曰皇城，高三丈，有樓櫓。門，東曰安東，南曰大順，西曰乾德，北曰拱（宸）〔辰〕（同上書改）。中有大內。內南門曰承天，有樓閣，東華、西華二門，此通內出入之所。所載甚詳。召見晉使。〔壬子〕，（據遼史卷四太宗紀補）馮道、劉昫等，遂册上兩宮尊號。〔攷異〕王溥等周世宗實錄云，晉命兵部尚書王權猷徽號，辭以老病。命道，道無難色。歐史云，權當奉使契丹，歎曰：「我雖不才，安能稽顙於穹廬乎？」因辭，坐停任。薛史亦謂權不欲臣事，故辭，非避事以違命也。踰歲，起太子少傅，致仕，卒。時道使契丹，將至西樓，主欲郊迎，其臣曰：「天子無迎宰相之禮。」乃止，其名動殊俗如此。又副劉昫者，常侍韋勳。至太后册禮使，爲給事中盧進。史謂韋勳副道，盧重副昫。所載各異。叢苑云，虜以道有重名，命與其相同列，賜牙笏，及臘月牛頭，皆殊禮。以詩謝云：「牛頭偏得賜，象笏更容持。」大寒賜錦襖、貂襖、羊裘、貂衾，均紀以詩。阮閱詩話總龜云，道歸，作詩五章，述使意。首章云：「去年今日奉皇華，衹爲朝廷不爲家；殿上一杯天子泣，門前雙節國人嗟。龍荒冬往時時雪，兔苑春歸處處花；上下一行如骨肉，幾人身死掩黃沙。」其在北廷，入謁時，悉披四襖；夜宿館中，并覆三衾。詩曰：「朝披四襖專藏手，夜蓋三衾怕露頭。」王易燕北錄云，牛頭者，正本草所著東海之魚其頭如牛者，非真牛頭也，是鱘魚之大者。潘自牧記纂淵海云，易州西大寧山有馮道吟詩臺。公卿百官皆倣中國，并參用中國人。是月，晉復遣趙瑩來賀，并以幽、薊十六州及圖籍來獻。

十二月戊戌，遣通果、原作同括阿巴原作阿鉢。〔攷異〕太祖紀將軍；又叛黨，三人同名阿鉢。使晉，制加晉馮道、劉昫等官有差。〔攷異〕食貨志云，鹽莢之法，自太祖以所得漢户居漢城，別爲一部治之。城在炭山南，有鹽池之利，即後魏滑鹽縣也，八部皆取食之。及征幽、薊還，次於和拉濼，命取鹽給軍。自後濼中鹽益多，上下足用。會同（中）〔初〕（據遼史卷六〇食貨志改），晉獻十六州地，而瀛、莫在焉，始得河間煑海之利，置榷鹽院於香河縣。燕、雲迤北，皆食滄鹽。產鹽之地，如渤海、鎮城、海陽、豐州、陽洛城、廣濟湖等處。五京計司，各以其地領之。其煎取之制，歲出之額，不可得而詳矣。按，十六州之割，綱目與歐史俱載於去年，與史異。時唐尚未亡，德鈞方鎮盧龍，當以史爲得實。通鑑云，是歲，晉用楊光遠言，罷桑維翰樞密，以劉處讓代。明年，處讓遭母喪，遂廢院，以印付中書。尋出維翰鎮相州，代以馮道，事無鉅細皆委之。通鑑目録，時契丹趙思溫請以盧龍內附，帝不許。時思溫子延照在晉爲祁州刺史故也。史未載。

二年（己亥九三九）春正月戊申，晉遣使來貢珍幣，命分賜羣臣。

秋閏七月乙酉，遣廸里原作的烈。〔攷異〕卷六十六皇族表，德祖系平章亦名的烈，另一人。賜晉良馬。

八月乙丑，晉復遣使貢歲幣，奏輸戊、亥二歲金幣於燕京。〔攷異〕通鑑云，晉帝事契丹甚謹，歲幣外，贈遺珍玩，相繼於道。至太后、太子、王、大臣皆有賂遺，小不如意，輒來責讓。使者至契丹，國人驕倨，多不遜語，朝廷恥之，而帝意不倦。史未載。

三年（庚子九四〇）春正月壬辰，遣陪謁、阿巴使晉致生辰禮。晉以幷、鎮、忻、代之吐谷渾來歸。〔攷異〕歐史云，晉使供奉官張澄以兵二千索幷、鎮、忻、代山谷中吐渾，驅出塞。尋復來，重榮卒納之。薛史云，吐渾都督白承祐爲契丹所逼，舉衆内附，不納。鎮州安重榮患契丹之强，謀攻襲，戎使往來真定者皆潛害之，密與吐渾相結，至是納焉而致於朝。載在天福五年十二月，六年正月始逐歸故土。按天福五年，乃會同三年也，通鑑亦同，均與史異。王溥五代會要云，六年正月，命吐渾還舊土，然以契丹誅求無厭，心不平之。命漢高祖鎮太原，潛加撫慰，其年五月，其酋白承福及鏖里念虎里、赫連功德等來朝。又異。

三月己巳，如南京。晉遣使來覲。

秋七月己卯，以安重榮小字鐵胡，朔州人。據鎮州叛晉，詔嚴邊備。辛卯，晉遣使請行南郊禮，許之。

四年（辛丑九四一）春二月己未，晉遣楊彦詢字成章，河中寶鼎人。來貢，且言安重榮跋扈狀，遂留不遣。安重榮執遼使伊喇。〔攷異〕宏簡録作拽剌。又，彦詢使契丹，通鑑作九月。王溥五代會要云，時重榮執伊喇等，以輕騎襲幽州之南界，高祖屢詔開諭，不從，竟誅伊喇等，馳檄天下。薛史云，高祖慮契丹怒重榮殺行人，命邢州節度使楊彦詢由滄州入蕃，爲戎主言：「非高祖意，如人家惡子，無如之何。」尋聞其犯闕，乃放還。歐史云，彦詢數往來戎帳，德光亦愛其爲人。時重榮請用吐渾攻契丹，高祖意未決，維翰上疏，力言不可與契丹争者七，乃不用重榮言。然重榮雖欲襲契丹，反遣人陰與幽州節度使劉晞相結。契丹亦利晉多事，期兩敝之，因窺中國，故不怒重榮也。按，晞，涿州人。父濟雍，爲本（部）〔郡〕（據舊五代史卷九八劉晞傳改）諸邑令長。晞，少以儒學稱鄉里，嘗爲唐將周德威從事，後陷蕃，爲燕京留守，歷平章兼侍中，曾三知貢舉。從入汴，授洛京留守。會河陽軍亂，晞走許州，奔東京，隨蕭翰北歸，至鎮州，與麻荅同奔定州，没於北蕃。契丹國志云，次子珂，尚世宗妹燕國公主。少善射，以才能稱。從太宗南牧，戰定州，時深入，帝馬陷泥濘中，珂下馬奉之出，身被數十創，遷林牙、西北招討使。從入汴，同知京府事，歷南樞密使，封吴王。

夏四月己卯，晉遣使進櫻桃。〔攷異〕曆象志朔考，是月係庚寅朔，不應有己卯日。恐誤。

五月庚辰，吐谷渾額爾奇木蘇等叛入晉。遣德呼原作牒蠟往諭晉及太原守臣。

冬十一月丙寅，晉以討安重榮來告。未幾平之，〔攷異〕歐史云，時遣杜重威攻城，其將趙彥之出降。重榮獨守牙城，重威擒之，斬其首以獻。高祖御樓受俘。王溥五代會要云，重威討重榮至貝州宗城縣，與戰，大敗之。至七年正月，克鎮州，斬重榮。蓋在會同五年也。所載年月各異。陶岳五代史補云，重榮初欲叛，未發，廏中產朱騣白馬，有鴉生五色雛，以爲鳳，遂謂天命在己。舉兵反，令取宗嶺路向闕。父老竊議曰：「事不諧矣！且王姓安氏，鞍得背而穩，何不取路貝州？若由宗嶺，是鞍及於騣，得無危乎！」未幾，與王師遇，一戰敗。所載較詳。遂遣楊彥詢歸，并罷戍兵。〔攷異〕通鑑目録，南唐遣使假道於晉，以通契丹，不許。

五年（壬寅九四二）春正月戊辰，晉函安重榮首來獻。〔攷異〕通鑑云，振武安從進時亦據襄州叛，與重榮通謀，高行周討之，舉族自焚。

夏六月乙丑，晉主敬瑭殂，子重貴立。〔攷異〕通鑑云，契丹以晉招納吐渾，遣使詰讓，帝憂悒不知爲計，五月己亥，始有疾。命幼子重睿出拜馮道，令撫立之。及殂，道與景延廣謀立長君，奉重貴。延廣恃功始用事，加平章，總宿衛兵。册府元龜云，少帝初爲金吾衛上將軍。天福三年，從幸大名，大旱，遣祈雨白龍潭，白龍見，澍雨尺餘，人咸異之。陶穀清異録云，出帝不善詩，時爲俳語，詠天曰：「高平上監碧翁翁。」薛史云，人謂少帝曰：「馮道治平時宰相，不可濟艱難；如禪僧，不可呼鷹耳。」因出鎮同州。遣使來告哀，輟朝七日。使人如晉弔祭。〔攷異〕王溥五代會要云，五月，契丹遣郎五來致弔，兼獻衣服、鞍馬。薛史云，八月，契丹遣使致慰禮，馬二十四及羅絹。其主母亦遣使來慰。所載較詳。

秋七月庚寅，晉遣金吾衛大將軍梁言、判四方館事朱崇節（按，新五代史卷九出帝紀，謂朱崇節爲「四方館使」，與此異）來謝，書稱孫不稱臣，命客省使喬榮〔攷異〕張昭等漢隱帝實録作喬熒，范質陷蕃記作喬瑩。今從竇正固等晉少帝、蘇逢吉等漢高祖實録、景延廣傳、契丹傳。讓之。景延廣答曰：「先帝則聖朝所立，今主乃我國自册。爲隣稱孫則可，奉表稱臣則不可。」榮還，具奏之，帝始有南伐意。〔攷異〕通鑑云，初，河陽牙將喬榮從趙延壽入契丹，爲回圖使，往來販易，置邸大梁。至是，延廣説帝因榮於獄，取其貲；他販易者皆殺之。因諸大臣言，遣歸。辭日，延廣大言：無稱臣理。且言勿信延壽誑誘侮中國。翁怒則來戰，孫有十萬横磨劒，足以相待。他日爲孫敗，無悔！且命吏書其語授榮。榮還奏，入寇志始決。晉使皆縶之幽州。李崧、桑維翰諫，知遠不敢言，馮道依違而已。所載較詳。按，回圖使，回圖務之使也，薛史作廻國使。丁未，晉遣使以祖母哀來告。

〔八月〕（據遼史卷四太宗紀補）甲子，晉復襄州。戊辰，詔河東節度使劉知遠送叛臣烏爾古原作烏古指揮使由燕京赴闕。〔攷異〕册府元龜云，知遠時奏：往例每年押送蒲萄往北朝，伏候勅旨，詔罷之。知遠曰：「此土産常物，廢而不行，必啟戎心以生怨。」癸酉，遣天城節度使蕭拜甡原作拜石弔祭於晉。〔攷異〕

王溥五代會要作十月，云，使大卿以下二十六人來聘，以高祖山陵有日致祭故也。

九月壬辰，遣使賀晉帝嗣位。

冬十二月癸亥，晉遣使來謝。

六年（癸卯九四三）春二月乙卯，晉遣使進先帝遺物。辛酉，晉遣使請居汴，許之。

三月丁未，晉以至汴，遣使來謝。〔攷異〕王仁裕玉堂閒話云，晉初都洛，丙申年春，翰林學士王仁裕夜直，闔禁中蒲牢發聲索索如破裂者旬餘，同職莫解。其年，高祖遷汴，石渠、金馬移在雪宮，迄今三十年矣。索索之兆，信而有徵。按，高祖篡立係丙申歲，卽請都汴，茲特以常居重行申請耳。

夏五月己亥，遣使如晉致生辰禮。

秋八月己未，帝如奉聖州。晉遣其子延煦來朝。

冬十一月辛卯，上京留守耶律迪輦得晉諜，知有二心。

十二月丁未，如南京，議侵晉。命趙延壽、趙延昭、〔攷異〕通鑑作延照，思温子。安圖、原作安端嘉哩原作解里，字布當，圖魯卜部人。等由滄、恒、易、定分道而進，諸軍繼之。〔攷異〕通鑑云，時晉閤境旱蝗，使者括民穀，督責嚴急，縣令多投劾去，民餒死者數十萬，流亡無數，節鎭咸獻粟帛以助國。平盧楊光遠密告契丹，言晉一舉可取，延壽力勸之，使將五萬兵經略中國。晉城南樂及德清軍，徵兵備之。方輿紀要云，德清軍本頓邱縣地，在大名府清豐縣西三十里，去澶州六十里。契丹屯元城，僞棄城去，伏精騎於古頓邱城，晉軍不出，復圍澶州，卽此處也。史均未載。

七年（甲辰九四四）春正月甲戌朔，趙延壽、延昭率前鋒五萬騎次任邱。在河間北七十里，宋爲莫州治。丙子，安圖入雁門，圍忻、代。己卯，趙延壽圍貝州，方輿紀要云，在廣平府清河縣東，秦爲鉅鹿郡，漢爲清河國。其軍校邵珂開南門納國兵，太守吴巒投井死。〔攷異〕歐史云，德光傾國來寇，分其衆爲三：西出雁門攻忻、代，寇太原，知遠敗之於秀容，自鴉鳴谷遁去；東至河，陷博州應光遠；自與延壽南攻，陷貝州。通鑑云，太原奏破契丹偉王於秀容，斬首三千級。朝廷以貝州水陸要衝，多聚芻粟爲數年軍儲。時邵珂爲節度王令溫所黜，怨望，以遼兵來。會令溫入朝，繼知州事，珂守南門，引兵入，城破，死者萬人，軍儲盡喪。薛史云，是夕，陣雲掩北斗之魁星。乙未，大霧中，有白虹相偶，占者曰：「斯爲海淫，其下必將有戰。」未幾，契丹大至，陳攻具於四墉，戎主親率步奚及渤海奚等四面進攻，巒衆投薪於夾城中，繼以炬火，敵之梯衝，焚爇殆盡。及貝州陷，時唐景思官行軍司馬，爲延壽得，署壕砦使，授亳州防禦使，亳民少安，終濠州刺史。己丑，次元城。授延壽魏、博等州節度使，封魏王，率所部屯南樂。〔攷異〕方輿紀要云，元城縣爲大名府附郭邑，故城在府東，即故王莽城。魏州，後周置，即鄴都，亦曰天雄軍，宋建爲北京。南樂，在大名府東南四十里。王溥五代會要云，時以延壽門人高融爲節度副使，統步奚及燕軍數萬營南康。史未載。丙申，遣兵攻黎陽，晉將張彦澤來拒。〔攷異〕方輿紀要云，黎陽廢縣在大名府濬縣西二里，爲袁、曹相持處。晉開運二年令彦澤屯黎陽備契丹。三年，契丹犯相州，張從恩等自相州東趨黎陽倉南，保大河以拒之，即此。史未載。辛丑，晉遣使來修好，詔割河北諸州，唐貞觀中分十道。河北領懷、魏、博、相、衛、貝、邢、洺、恒、冀、深、趙、滄、德、易、定、幽、瀛、燕北、燕、桓、營、平等州。〔攷異〕輿地廣記云，分河北爲東、西路。東領開德、河間、滄、冀、博、棣、莫、雄、霸、德、恩、濱、清、永靜、信安、保定；西領真定、相、中山、邢、懷、衛、洺、深、磁、祁、趙、保、安肅、永甯、廣信、順安。及遣桑維翰、景延廣來議。〔攷異〕通鑑云，時延廣爲御營使，高行周爲都部署。以騎兵先發，方略號令出延廣，乘勢使氣，陵侮諸將，雖天子不能制。帝至澶州遣彥澤拒於黎陽渡，使譯者致書修好，遼主曰：「已成之勢，不可改也。」方輿紀要云，契丹入寇，建牙元氏，令延廣自滑州引兵守胡良渡以備之。在滑縣東北。薛史云，契丹退，延廣猶閉柵自固，衆譏其憊。聞母喪，無戚容。與太常丞王緒有隙，誣奏，棄市。少時泛洞庭，遇風，帆裂柂折，舟人謂曰：「聖賢來護，中有異人。」尋獲濟焉。

二月甲辰，〔攷異〕是月甲辰係朔，史脱一朔字。攻博州，輿地廣記云，春秋屬齊，秦、漢屬東郡，晉屬平原，自宋分置魏郡，後魏曰平原郡，隋爲博州，唐爲博平郡，今爲東昌府。縣四：瑯琊、高唐、堂邑、博平。刺史周儒以城降。晉平盧節度使楊光遠密道國兵自馬家口濟河，晉將景延廣命石斌守麻家口，在濮州東北。白再榮守馬家口。未幾，周儒引滿達原作麻答。營於河東，攻鄆州北津，方輿紀要云，鄆州，今東平州，在兗州府西北百五十里。馬家口在州西北。〔攷異〕輿地廣記云，鄆州，春秋爲須句國，漢屬東郡東平國，隋立鄆州，後爲東平郡，唐爲鄆州，及廢，濟州入焉。今升大都督府。縣六：須城、陽穀、中都、東河、壽張、平陰。以應光遠。晉遣李守貞、河陽人皇甫遇、常山人梁漢璋、應州人薛懷讓將兵萬人，緣河水陸俱進。〔攷異〕歐史云，時蕃、漢相距澶、魏間，判官竇儀計事軍中，謀曰：「今不以重兵大將守博州渡，使周儒得引契丹東過河與光遠合，則河南危矣！」乃遣守貞等以兵萬人沿河而下，尋擊敗之，始與光遠隔絶。皇甫遇與契丹戰於鄆州北津，大破之，溺死者數千人，以功拜滑州節度使。史未書兵敗。國兵圍晉別將於戚城，晉主自將救之，國兵解去。〔攷異〕通鑑云，遼兵圍高行周、符彥卿、石公霸於戚城。先是，延廣令諸將畫地分守，毋得相救。行周等告急，晉主救之，乃解去。三將泣訴救兵之緩，幾不免。所載較詳。守貞等至馬家口，滿達等遣步卒萬人築營壘，騎兵萬人守於外，餘兵屯河西。渡未已，晉軍薄之，國兵不利。〔攷異〕通鑑云，遼築馬家口，守貞等攻之，遼兵大敗，殺溺死者計萬人。河西之兵慟哭而去，由是不敢復東。初，遼得貝、博，皆撫慰其人，至是始忿，所得輒殺之，晉人憤怒，戮力爭奮。冊府元龜云，是役也，執賊將莫城義、節樓使崔裕、先鋒梁思榮、契丹大首領信悉、兵馬都監菅導、王令威、吐渾將黨大地、羽林使閣令省、軍校張興、王伏卿、張令霸等魁首七十八大，部典節級五百人，送行在。厲鶚遼史拾遺謂，「莫城義節樓使」六字，疑槧本有誤。薛史云，夏州李彝殷以兵四萬抵麟州，渡河侵遼境以牽制之，授招討使。易州刺史安審約擊之於北平，敵退保祁溝關，斷其橋梁而還。癸丑，日有黃白暈、二白虹貫日而行。冀州刺史李瓊奏破敵兵於城下。史均未載。

三月癸酉朔，趙延壽言，晉諸軍沿河置（寨）〔柵〕（據遼史卷四太宗紀改），皆畏法不敢戰。若率大兵直抵澶淵，方輿紀要云，宋爲澶州，卽今開州。烽火臺在州東南。志云，澶、濮間濱河，遠近多邱阜，或十餘畝，或二三十畝，皆石晉所築以備契丹者。〔攷異〕輿地廣記云，北朝開德府，秦爲東郡，晉屬濮陽國頓邱郡。晉移濮陽於澶州南郭爲治，升鎮甯軍，今爲開德府。縣七：濮陽、觀城、臨河、清豐、衛津、朝城、南樂。據其橋梁，晉必可取。是日，晉兵據澶淵，其前軍高行周在戚城，乃命延壽、延昭以數萬騎出行周右，帝以精兵出其左。戰至暮，復以勁騎突其中軍，晉軍不能戰。會諜言晉軍東面數少，沿河城（寨）〔柵〕（據同上書改）不固，乃急擊其東偏，衆皆奔潰。縱兵追及，遂大敗之。〔攷異〕東都事略云，時河陽節度符彥卿拒戰於澶淵，敵騎數萬圍行周於鐵邱，彥卿力戰乃解去，行周賴以免。通鑑云，主見晉兵盛，曰：「楊光遠言晉軍半餒死，今何多！」以精騎左右路陳，晉軍不動，萬弩齊發，遼軍卻；兩軍死者衆。昏後，遼兵引去，延廣不敢追。北歸，所過焚掠殆盡。　歐史云，冀州刺史白從暉敗契丹於衡水戚城。只書戰，未言敗，今從史。壬午，留趙延昭守貝州，徙俘户於内地。

夏四月癸丑，還次南京。辛未，如涼陘。〔攷異〕通鑑云，晉主命行周鎮澶州，還大梁。延廣既爲上下所惡，晉主亦憚之。維翰論其不救戚城罪，改西京留守，命行周總宿衛。延廣鬱鬱不得志，日夕縱酒。罷馮道，以維翰代。數月之閒，朝廷差治。　薛史云，延廣罷，置酒宮中，謂曰：「卿有佐命功，保釐伊、洛，非酬庸地。」解御衣、寶帶賜之。後奉詔還，屯孟津。出府門，馬騰立，幾墜地，乃易乘行。人知不祥。

五月癸酉，耶律巴哩岱原作拔里得，字海蘭，埒克之子。奏破德州，擒刺史尹居璠及將吏二十七人。〔攷異〕巴哩岱傳作師居璠，通鑑謂係麻答事。歐史云，德州陷，沿海巡檢使梁進復之。馬全節敗契丹於定豐，執其將安暉。　通鑑目録，楊光遠圍棣州，李瓊擊走之。　輿地廣記云，德州，秦屬齊郡，二漢爲平原郡，晉爲平原國，隋置德州，復爲平原郡，唐因之。縣二：安德、平原。棣州，秦屬齊郡，宋爲樂陵郡，唐號棣州，又爲樂安郡。縣三：厭次、商河、陽信。　方輿紀要云，德州在濟南府西北二百八十里。棣州今武定府，在府東北二百四十里。

秋七月己卯，晉楊光遠遣人奉蠟丸書。〔攷異〕通鑑目録，晉命李守貞討光遠於青州，契丹來救，薛可言擊敗之。紀未載。辛卯，晉遣張暉奉表乞和，留不遣。

八月，晉鎮州兵來襲飛狐，大同節度使耶律恭噶原作孔阿戰敗之。〔攷異〕薛史云，七月，晉大赦，改元開運。是日，大雷雨，都下震死者數百人，明德門内震落石龍首。識者謂石乃國姓，蓋不祥之兆。八月甲辰夜，熒惑入南斗，時命十五將禦契丹。　冊府元龜載制書，略曰：「宣王講武，逐玁狁於太原；漢帝出師，走匈奴於瀚海。是知蠻夷滑夏，不能絕之於古今，戎狄無厭，不能拘之以信義。契丹貪殘滋甚，驕縱異常，通使命於江、淮，徵貢輸於郡國，苞藏既久，姦譎漸萌。既而輿議讙譁，羣情憤激，軍民扼腕，中外同辭：請興貔虎之師，以遏豺狼之患。朕志平寇難，不敢荒甯，親率全師，恭行天討；庶幾一舉，永靖三邊。罔辭櫛沐之勞，用拯生靈之害；得不精求將帥，慎採偏裨，冀成破竹之功，以拯折膠之寇」云云。詞多不具載。　契丹國志云，九月，遼師攻遂城、樂壽，白文珂戰於七里烽，遼師敗績。　通鑑云，丙子，契丹攻遂城、樂壽，深州刺史康彥進擊卻之。　薛史云，壬辰，代州刺史白文珂(及)〔破〕(據舊五代史卷八三少帝紀改)契丹，戰於七里烽。(敗之)(據同上書刪)史均未載。

冬十一月壬申，詔徵諸道兵，以閏月朔會温榆河北。〔攷異〕方輿紀要作濕榆河，在昌平州南二十里，源出軍都山，或訛作「温」，非。　崔學履昌平州志云，溼榆河在州治東南五十里。　顧炎武昌平山水記云，温餘河即昌平之榆河，下流爲沙河，入順義西南界，下至通州，入潞河。　順義謂之西河。　金名縣曰温陽，以此。　遼史作温榆河，本水經之濕餘河，以字相似而訛也。　朱彝尊日下舊聞云，後漢書，王霸爲上谷太守，陳委輸可從温水漕，以省陸轉輸之勞，事皆施行。章懷太子注引水經注作温餘水。　遼史順州有温榆河，金更懷柔縣爲温陽，豈盡無據？又，昌平多温泉，有流入雙塔河者，温餘之名，竊疑因此。　水經注既無善本，今人習見坊刻，遂指「温」字爲「濕」字之訛，非也。　楊霆順義縣志云，温榆河在縣治西南三十里，起於口北，由沙河下達於漕河，中有三渡，俗名葦溝河。　日下舊聞考云，據說文，則濕水爲漯水之訛。　通鑑目録，時晉遣張從恩擊貝州，趙延照走契丹，欲徙河西民於遼東，折從阮拒境不從。　紀未載。

十二月癸卯，南侵。甲子，次古北口。

閏月己巳朔，閱諸道兵於温榆河。己卯，圍恒州，下其九縣。〔攷異〕薛史，九縣爲：彭城、藁城、元氏、高邑、昭慶、甯晉、蒲澤、欒城、柏鄉。歐史下九縣繫於明年正月。通鑑云，是月，晉師圍青州，光遠子承勳劫父降。守貞拉殺之，以病死聞，授承勳汝州防禦使。史未書光遠死事。通鑑目録，時契丹主至，屯元氏，詔諸軍稍卻，因恟懼擾亂，退屯相州而還。史亦未載。

八年（乙巳九四五）春正月庚子，分兵攻邢、洺、磁三州，方輿紀要云，邢州古鉅鹿郡，宋爲宣德府。洺州卽今廣平府。磁州在彰德府北七十里。〔攷異〕輿地廣記云，邢州，春秋爲邢國，秦屬鉅鹿邯鄲郡，張耳、石勒都焉。後魏爲鉅鹿郡，隋置邢州，後爲襄國郡，唐爲邢州，又改鉅鹿郡，梁升保義軍，後唐爲安國軍。今縣八：龍岡、沙河、鉅鹿、平鄉、內邱、堯山、南和、任縣。洺州，春秋爲赤狄有，秦屬邯鄲郡，漢爲廣平國，魏置廣平郡，後周立洺州，唐曰廣平郡。縣五：永年、肥鄉、平恩、雞澤、曲周。殺掠殆盡，入鄴都境。〔攷異〕歐史云，時契丹見大桑木，罵曰：「吾知紫披襖出自汝身，豈容汝活耶！」束薪於木而焚之。張從恩、太原人。馬全節、字大雅，元城人。安審琦兵悉陳於相州安陽水之南。方輿紀要云，相州，今彰德府。安陽水在府北四里，本名洹水，源出林慮山。〔攷異〕續通考云，安陽水源自故洹水，縣東至林慮、安陽二縣，屢伏屢見，東經永和鎮入衛河。皇甫遇與濮州在東昌府西南二百里。〔攷異〕輿地廣記云，濮州，春秋屬衛，秦屬東郡，二漢屬濟陰東郡，唐爲濮州。今縣四：鄄城、雷澤、臨濮、范縣。刺史慕容彥超吐谷渾部人，漢高祖同產弟。將千騎來覘國兵。至鄴都，遇國兵數萬，且戰且卻，至榆林店。在臨漳縣西南四十里。國兵繼至，遇與彥超力戰百餘合，遇馬斃，步戰，審琦引騎兵踰水以救，國兵乃還。〔攷異〕歐史云，遇馬中箭，踣，得僕杜知敏馬乘之；知敏被擒，復與彥超躍馬入陣，取之而還。方輿紀要云，晉軍初陣於安陽水南，既而東趣黎陽，留步卒五百守安陽橋。知相州符彥倫召入，乘城爲備，至曙，契丹數萬騎陣於安陽水北。所載稍異。通鑑云，時遼主在邯鄲，聞兵敗，即北遁。馬全節請徑襲幽州，晉主乃徵兵諸道，下詔親征，發大梁，至澶州，諸軍北上。知遠嘆曰：「中國疲弊，自守不足；乃横挑强胡，勝之猶有後患，況不勝乎？」史未言北遁事。

二月，圍魏，晉將杜重威來救。〔攷異〕賈緯備史云，彦澤狼子心變，通欵耶律氏，請爲前導，因促騎説威，引軍沿滹沱水援常山，至真定東垣渡，與威通謀，遣步卒跨水，不之救，致敗。戊子，晉將折從阮取（滕）〔勝〕（據遼史卷四太宗紀改）州。〔攷異〕通鑑作勝州。從阮，本名從遠，字可久，雲中人。避漢高祖諱改名。

三月戊戌，拔祁州，唐末置，今屬保定府，殺其刺史沈斌。字安時，徐州下邳人。〔攷異〕薛史云，契丹自恒州回，以羸兵驅牛羊過祁州，斌擊之，因被攻。通鑑云，延壽攻祁，勸斌降。斌曰：「侍中父子失計，陷身虜廷；忍殘父母之邦，不自愧恥，更有驕色何哉！」斌力盡矢折，甯爲國家死爾，終不效公所爲！」明日，城破，斌自殺。所載較詳。庚戌，杜重威、李守貞攻泰州。〔攷異〕歐史云，馬全節克泰州，虜二千餘人，降其守將晉廷謙。契丹國志云，四月，杜〔重〕（據舊五代史卷一〇九、新五代史卷五二杜重威傳補）威等降泰州，取蒲城（按，同上書作「滿城」）、遂城。所載各異。泰州，遼置，晉爲保州，今保定府。樂史太平寰宇記云，保州理清苑縣，本莫州清苑縣地，契丹號泰州。輿地廣記云，保州，五代分莫州置。今升保寨軍，後爲保州，又曰清苑郡。縣一：保寨。戊（午）〔子〕（據遼史卷四太宗紀改），趙延壽率前鋒薄泰城。己未，重威、守貞引兵南遁，追至陽城，大敗之。復以步卒爲方陣來拒，與戰二十餘合。壬戌，復搏戰十餘里。癸亥，圍晉兵於白團衛村，在故陽城南二十里。〔攷異〕蘇逢吉等漢高祖實録作白檀。竇正固等晉少帝實録與史同。晉軍下鹿角爲營。是夕大風。至曙，命鐵鷂軍下馬，拔其鹿角，奮短兵入擊。順風，縱火揚塵以助其勢。晉軍大呼曰：「都招討何不用兵，令士卒徒死！」諸將皆奮出戰。張彥澤、藥元福、皇甫遇出兵大戰，諸將繼至，國兵卻數百步。風益甚，晝晦如夜。符彥卿以萬騎橫擊國兵，步卒並進，國兵不利。帝乘奚車退十餘里，晉追兵急，獲一橐駝乘之乃歸。晉兵退保定州。〔攷異〕通鑑云，遼主遁，諸將追擊，杜威揚言曰：「逢賊幸不死，更索衣（糧）〔囊〕（據通鑑卷二八四後晉紀改）耶！」守貞曰：「人馬渴甚，得水，足重，難以追寇。」乃保定州。晉主還大梁。薛史云，陽城之戰，彥澤功爲最。是月，易州奏郎山寨將孫方簡破契丹千人，斬嘉哩相公，虜其妻以獻。收滿城，獲首領默呼相公及兵二千。歐史嘉哩作諧里，云，馬全節初破白團城，虜七百人，及副重威爲招討，大敗契丹於衛村。史均未載。

夏四月甲申，還次南京，杖戰不力者各數百。〔攷異〕王仁裕玉堂閒話云，時敵擾河朔。翰林學士王仁裕奉使過鄴，見僕射村鄉人多插錯彩小旗於陂中，云係夢李衛公所教。後果存活甚多。陳州一婦人爲賊帥，號白項鴉。見戎王，拜懷化將軍，使招輯山東。前後殺夫數十人，後爲彥卿所殺。趙延壽嘗問之，自言能左右射，被雙鞬，日可行三百里，盤矛擊劍皆所長也。彥卿姓馮，官兗州刺史。史均未載。

六月丁亥，趙延壽奏晉兵襲高陽，縣名，在安州南四十里，縣東有高陽關。戍將擊走之。

秋七月乙卯，晉遣孟守中奉表請和，仍以前事答之。〔攷異〕歐史謂遣開封府軍將張暉，契丹國志作張徽。通鑑云，維翰屢勸晉主求和紓國急。主自陽城捷，謂天下無虞，驕侈益甚。維翰諫不聽。委政馮后兄玉，拜趙瑩中書令，李崧樞密使，罷維翰，尹開封，遂稱足疾辭位。適杜威自恒州入朝，維翰勸廢之，弗許，卒誤國。

九年（丙午九四六）夏五月庚戌，晉易州戍將孫方簡請內附。〔考異〕歐史作方諫，莫州清苑人。通鑑云，天雄軍將劉延翰市馬於邊，方簡執之，獻於遼。尋逃歸，言方簡欲乘中國凶饑，引遼南侵，宜爲備。方簡時爲定州指揮使。中山志云，中山西北二百里有狼山，地連常山，山谷深險。方簡兄弟依阻其地，托言孫姓尼深意族人，以佛法誘民。晉以爲游奕使，因所求不得，乃北通契丹。見歐史。綱目書六月，契丹入晉定州。李燾長編云，建隆二年八月，義武節度平章事孫行友在鎮逾八年，而狼山妖尼深意黨益甚。上初即位，行友謀叛，都監藥繼能密表其事，命武懷節襲定州，令舉族歸朝，行友禁錮，尼焚屍。弟方進、姪全暉皆釋之。王溥五代會要云，登州縣有銅佛像四，磁佛像十，自地湧出。潛研堂金石文跋尾云，右易州興國寺太子誕聖邑碑，沙門方偁撰文，范陽逸士張雲書。太子誕聖邑者，千人邑之名，以四月八日誦經禮佛而名之也。遼史禮志，二月八日爲悉達太子生辰，京府及諸州，雕木爲像，儀仗百戲導從，循城爲樂。契丹國志作四月八日。此碑亦以四月八日爲誕聖之辰，則禮志所稱誤矣。然金史海陵紀有禁二月八日迎佛之文，知當時固有以二月爲佛生辰者，非後人轉寫之誤也。碑末列銜者：都維那、右監門大將軍、知易州軍州事兼沿邊巡檢安撫屯田勸農等使耶律遷，朝散大夫、尚書左司郎中、通判軍州事、賜紫金魚袋、武騎尉楊舉直，朝散大夫、尚書比部郎中、知易縣事、飛騎尉、借紫劉倨妻李氏，儒林郎、試大理司直、守司户參軍、借緋靳佑臣，承務郎、試太子校書郎、守司候參軍、雲騎尉李師仲，承務郎、試太子校書郎、守易縣主簿兼知縣尉宋公絢，將仕郎、守國子直講官學黄温仁，儒林郎、守太子校書郎、雲騎尉、知律劉詠，軍事判官、文林郎、試太子校書郎魯去華，都孔目官、文林郎、試太子校書郎、武騎尉周師安，左都押衙李照，右都押衙王文信，知客石恩，副知張存，知衙韓安，安撫押司官楊師言，印官韓仁銓，前行曹拱温，後行劉世宣，州司呈押田滐，書表馮詮，印官何閏，前行孫世卿，前行石惠，司候司典曹福，本典王恩，皆州之官吏也。遼史百官志，南面方州官，州有刺史，縣有令，而碑所載知軍州事、通判軍州事、知縣事之名，史皆失書。蓋遼之官制，多雜采唐、宋之名，志曰爲大略采用唐制者，猶未甚核，故特標而出之，俾後之言官制者有所攷焉。

秋七月辛亥，詔徵諸道兵。

八月，帝自將南侵。

九月壬辰，閱諸道兵於漁陽〔西〕（據遼史卷四太宗紀補）棗林淀。張彥澤來侵，趙延壽與戰於定州，敗之。〔攷異〕通鑑云，劉知遠敗契丹於（揚）〔陽〕（據通鑑卷二八五後晉紀改）武谷，斬首七千級。歐史云，辛丑，馬軍排陣使張彥澤及契丹戰於新興，敗之。癸卯，劉知遠及契丹戰於朔州，敗之。薛史云，時知遠奏誅吐渾大酋白承福、白鐵匱、赫連海龍等，并夷其族，凡四百口。蓋利其孳畜財寶。人皆寃之。王溥五代會要云，時承福馭下無法，其子族白可久率本帳奔契丹，授官，令潛誘承福叛，允之，事覺，被誅。令別部長王義宗統其餘屬。所載各異。

冬十〔一〕（據遼史卷四太宗紀補）月戊子朔，進圍鎮州。丙申，先（鋒）〔遣〕（據同上書改）候騎報晉兵至，遣精兵斷河橋，晉兵退保武强。南院大王達年、〔攷異〕宏簡録作迪輦。將軍高模翰〔攷異〕歐史作高牟翰。分兵由瀛州輿地廣記云，後漢爲河間國，後魏爲河間郡，晉置瀛州，隋、唐因之，今升河間府瀛海軍。縣二：河間、樂壽。間道以進，杜重威遣貝州節度使梁漢璋率衆來拒。與戰，大敗之，殺漢璋。〔攷異〕薛史云，先是，車駕駐河上，曾遣邊將遺書延壽，勸令歸國，報命，依違，至是威遣（洛）〔洺〕州（據舊五代史卷八四少帝紀改）刺史趙行實賚書往。行實曾事延壽。答書叙次悲切，朝廷信之。通鑑作馮玉、李崧使威致書，答書乞接應。并使劉延祚遺王巒書，請舉瀛州内附。巒與杜威屢奏瀛州可取。深州刺史慕容遷獻瀛莫圖，馮玉、李崧信爲然，遂命伐遼。至瀛州，漢璋戰死，威等還。歐史云，高牟翰以瀛州詐降，重威至，牟翰空城去，漢璋追牟翰，戰死，重威退屯武强。出帝紀但書漢璋敗績，未言其死。所載各異。杜重威、張彥澤引兵據中渡橋，趙延壽以步卒前導，高彥溫以騎兵乘之，追奔逐北，殭屍數萬，斬其將王清，字去瑕，洺州曲周人。宋彥筠滑州人。赴水死。〔攷異〕通鑑云，晉、遼夾滹沱而軍。晉軍争橋不勝，威遣王清、宋彥筠俱進。彥(温)〔筠〕(據上文及通鑑卷二八五後晉紀改)戰敗，浮水抵橋得免。清力戰，至暮不息。契丹以(生)〔新〕(據同上書改)兵繼之，清及士卒皆死。彥筠後與威等降。册府元龜亦謂彥筠退走，清戰死。陶岳五代史補載漢乾祐中彥筠爲鄭州節度使，則是時之未死，明矣。史因墮水而誤。趙延壽傳，王清作王靖。薛史云，清，初從重威，戰陽城，功居最，授檢校司徒。至是，謂其下曰：「上將握兵坐觀，困急而不救，必有異志。吾輩當以死報國！」衆感其言，莫有退者，至暮，盡戰死。漢贈清太傅。所載較詳。重威等退保中渡寨。義武節度使李殷以城降，遂進兵，夾滹沱而營。去中渡寨三里，分兵圍之。夜則列騎環守，晝則出兵抄掠。復命大內特哩袞原作惕隱耶律舒庫爾原作朔骨里。〔攷異〕列傳作碩格，一作朔古，字穆克德，横帳孟父房後，疑係一人，事迹亦同。及趙延壽分兵圍守。自將騎卒，夜渡河出其後，攻下欒城，降騎卒數千。分遣將士據其要害。下令軍中預備軍食，三日不得舉烟火，但獲晉人則黥而縱之。諸餽運見者皆棄而走。於是晉軍内外隔絶。〔攷異〕通鑑云，威以貴戚爲上將，禁軍皆在麾下。性怯懦。偏裨皆節度。日置酒作樂，罕議軍事。守貞受賂，薦威可任，晉主倚以制敵。李穀勸其作浮橋，夜擊敵營，與恒州合勢，敵必遁，不聽。穀乃密奏大軍危急狀，請幸滑州，詔發河北兵赴援，所在鼎沸。威使告急，被獲，聲問不通。維翰以危在旦夕，求見言事，帝方在苑中調鷹，辭不見，退謂所親曰：「晉氏不血食矣。」帝欲親征，李彥韜諫而止。薛史云，詔高行周爲都部署，符彥卿副之，方太爲都虞候，守扼津要。穀字惟陰，汝陰人。

十二月丙寅，杜重威、李守貞、張彥澤等率所部二十萬衆來降。帝擁數萬騎，臨大阜，立馬以受之。授重威守太傅，鄴都留守，守貞天平節度使，餘各領舊職。分降卒半付重威，半以隸延壽。〔攷異〕通鑑云，威潛遣腹心詣契丹牙帳求重賞，主許以帝中國給之。威喜，出降表，令諸將署名，皆駭愕，尋聽命，使軍士釋甲，皆慟哭，聲振原野。主遣延壽衣赭袍撫慰，威等迎謁馬首，亦以赭袍衣威，遂引兵至恒、代，皆降之；惟易州郭璘固守，被殺。薛史云，威令中門使高勳齎降表送敵帳。是日有大霧起幕上。後重威及子宏璋、宏璨（按，舊五代史卷一〇九杜重威傳作「宏璨」）、宏璲同日誅，惟宏璉存，官陳州刺史。按，威係歸漢後爲蘇逢吉等譖殺，磔其父子尸，市人爭啖其肉。守貞亦叛漢，爲郭威破，與妻子自焚，子崇玉送汴，磔於市。亦見通鑑。命御史大夫嘉哩、監軍富珠哩、原作傅柱兒〔攷異〕歐史作傅住兒，官都監。張彥澤持詔入汴，諭晉帝母李氏，以安其意，〔攷異〕歐史云，時德光遺晉太后書曰：「吾有梳頭妮子竊一藥囊來奔，今在否？戰陽城時亡奚車十乘，今在否？」后得書，乃稍安。召桑維翰、景延廣先來。騎兵千人守魏，自率諸軍而南。〔攷異〕薛史云，重威降，兵過鎮州，臨城呼節度王周諭降。泣曰：「受國厚恩，不能死戰而以兵降，何面南行見人主與士大夫乎？」乃痛飲，欲引決，爲家人阻，徙鄭州。入漢改鎮徐州，卒。十二月十二日，德光入鎮州，大犒將士。十四日，南行中渡，降卒所釋甲仗百萬計，並令於鎮州收貯。戰馬數萬匹，長驅而北。通鑑云，威降，皇甫遇初不預謀。至是，欲使遇將兵入大梁，辭曰：「吾爲將相，敗不能死，忍復圖其主乎？」行至平棘，扼吭死。紀未載。壬申，嘉哩等至汴，晉帝素服拜命，（輿）〔與〕（據遼史卷四太宗紀改）母李氏奉表請罪。〔攷異〕通鑑云，彥澤頓兵明德門外，城中大擾。帝於宮中起火，驅後宮十餘人將赴火，爲親軍將平城薛超所持。坐苑中，與后妃聚泣，召范質草降表。質字文秀，大名宗城人；長編作宇城人。薛史載晉帝降表，略云：「天降鞠凶，先君即世，臣遵承遺旨，纘紹前基。諒闇之初，荒迷失次，軍國大事，皆委重臣。至於擅繼宗祧，既非稟命，輕發文字，輒敢抗尊。自取釁端，果貽赫怒，禍至神惑，運盡天亡。十萬師徒，皆望風而束手；億兆黎庶，悉延頸以歸心。臣負義包羞，(偷)〔貪〕(據舊五代史卷八五少帝紀改)生忍恥，自貽顛覆，上累祖宗，偷度朝昏，苟存視息。翁皇帝若惠顧疇昔，稍霽雷霆，未賜靈誅，不絕先祀，則百口荷更生之德，一門銜無報之恩。雖所願焉，非敢望也。」又，李后降表云：「伏蒙皇帝降書安撫者。妾伏念先皇帝頃在并、汾，適逢屯難，危同累卵，急若倒縣，智勇俱窮，朝夕不保。皇帝阿翁發自冀北，親抵河東，跋履山川，踰越險阻，立平巨孽，遂定中原，救石氏之覆亡，立晉朝之社稷。不幸先皇厭代，嗣子承祧，不能繼好息民，而反虧恩辜義。兵戈屢動，駟馬難追，戚實自貽，咎將誰執？今穹昊震怒，中外攜離，上將牽羊，六師解甲。妾舉宗負釁，視景偷生，惶惑之中，撫問斯至，明宣恩旨，曲(示)〔賜〕(據舊五代史卷八八后妃傳改)含容，慰諭丁寧，神爽飛越。豈謂已垂之命，忽蒙更生之恩，省罪責躬，九死未報。今遣孫男請罪，陳謝以聞。」德光報曰：「可無憂，管取一喫飯處。」通鑑謂帝賜晉主手詔，且使解里謂：「卿勿憂，必使汝有噉飯所。」帝心稍安。王仁裕玉堂閒話云，時有婦人，儀狀甚美，腿足以下，如截而齊。父載以車，南游都市，到處乞丐，人皆擲而施之。後北京城獲北戎間諜，始知為姦人領袖，所伺察甚多，遂戮之。

初，晉帝絕和好，維翰數諫弗從，至是彥澤殺之，紿言自經死。詔收葬之，復其田園第宅，仍厚恤其家。

〔攷異〕歐史云，德光遺書令維翰、延廣先來。帝以維翰先曾諫背盟，不欲令其見德光，使彥澤圖之。彥澤因利其貲產，見即流汗，故縊殺之。陶岳五代史補云，縊時噓氣再三，火光赫然，火滅就斃。續前定錄云，維翰幼與宋齊邱游五老峰，有老叟謂：「公等皆可將相，惜不令終。」後皆然。王仁裕玉堂閒話云，維翰尹開封日，嘗中夜獨坐正寢，忽大驚悸，如有見，向空厲聲曰：「汝焉敢來此！」如是者數四。未幾，夢整衣冠，嚴車騎，將有所詣，忽馬亡去，追尋莫見。醒而惡之。未幾及難。通鑑，彥澤踞坐召維翰，維翰責之曰：「去年拔公於罪人之中，領大鎮，授兵權，乃負恩至此！」彥澤無以應。是夕，殺之。中書舍人李濤前請誅彥澤。至是投刺往謁，抗辨不屈，命酒飲之。引滿而去。薛史云，「維翰實一時英傑，二子皆有名位，并載其爲子讓官事。又云，濤自書門狀曰：「上書請殺太尉人李濤，隨狀納命。」又爲伶人詞曰：「太尉既相恕，何不將壓驚絹來。」閣自若唐末見聞録作濤謁周高祖事。甲戌，彥澤遷晉帝及其母若妻於開封府署，以控鶴指揮使李榮督兵衞之。壬午，次赤岡。晉帝舉族出封邱門，稾索牽羊以待。帝不忍臨視，命改館封禪寺。〔攷異〕薛史云，孟承誨怙寵背恩，少帝告彥澤捕殺之，没其妻女。時移内庫至府，帝使人取帛數段，不與，曰：「此非帝所有也。」使詣李崧求酒，辭曰：「臣有酒，非敢愛惜，慮陛下杯酌之後，憂躁别有不測，故不敢奉進。」王鳴盛十七史商榷云，歐史别本李崧作李笱。陶穀清異録云，少主志於富貴，纔進姓名，即問幾錢。拜官賜職出於談笑。幸臣私號爲「容易郎君」。范質五代通録云，戎主不與帝相見。資正固等少帝實録云，帝舉族待罪於野，酋長面諭之，遣向封禪寺。歐史彥澤傳云，時帝欲郊迎，彥澤不聽，遣問德光，曰：「天無二日，豈有兩天子相見於道路耶？」乃止。所載各别。帝姑烏氏公主賂門者，得入與帝（決）〔訣〕（據舊五代史卷五二張彥澤傳改），歸第自盡。按，厲鶚云，據通鑑謂，有司欲使帝銜璧牽羊，大臣輿櫬迎郊外，先具儀注白戎主，主不許。參之遼史，仍用牽羊之禮，但未銜璧輿櫬耳。諸書所載年月不同，當由傳聞之誤。晉百官縞衣紗帽，俯伏待罪。帝曰：「其主負恩，其臣何罪？」命領職如故。即授安叔千金吾衞上將軍。叔千出班獨立，帝曰：「汝邢州之請，朕所不忘。」乃加鎮國節度使。蓋在邢嘗密請内附也。叔千，沙陀部人。字允宗，號没字碑。入漢，以太子太師致仕。周兵入京，掠其家貲，箠楚傷重，歸洛，卒。見新、舊五代史。東都事略云，初，符彥卿大敗契丹於陽城，車帳兵械悉爲所獲。至是主責之，對曰：「臣事晉，不敢愛死，今日惟命。」主笑而釋之。紀未載。

李燾長編云，契丹自陽城之敗，尤畏彥卿，或馬病不能齕，必唾而咒曰：「是豈有符王耶！」追滅晉北歸，耶律后問曰：「彥卿安在？」或對曰：「在徐州。」后曰：「不與彥卿來，何失策之甚也！」其女爲宋晉王匡義汝南郡夫人，仕宋，至中書令，封魏王。將軍康祥執景延廣來獻；詔以牙籌數其罪，凡八。縶送都，道自殺。〔攷異〕通鑑云，主至相州，遣兵捕延廣於河陽，往見封邱，（語）〔詰〕（據通鑑卷二八五後晉紀改）之曰：「致兩主失歡，皆汝所爲，十萬橫磨劍安在？」使喬榮面質，至八事，乃伏地請死。遂鎖送歸國，宿陳橋，扼吭死。陳橋，驛名，今爲鎮，在祥符縣東北。所載較詳。

大同元年（丁未九四七）春正月丁亥朔，備法駕，〔攷異〕儀衛志云，遼俗便鞍馬，隨水草遷徙，則有氈車，任載有大車，婦人乘馬，亦有小車，貴（官）〔富者〕（據遼史卷五五儀衛志改）加以華飾。制有國輿、漢輿之別。國輿中有大輿，柴册再生儀載神主見之。總纛車，駕以御駞，祭山儀見之。青幰車，二螭頭、蓋部皆飾以銀，駕用駞，公主下嫁以（贈）〔賜〕（據同上書改）之。送終車，車樓純飾以錦，螭頭以銀，下懸鐸，後垂大氈，駕以牛。上載羊一，謂之祭羊，以擬送終之用。亦賜公主。有椅，禮志曰肩輿。皇帝乘椅，自便殿輦至西便門，册皇太后儀見之。鞍馬，祭山儀見之。至漢輿，則自會同元年，晉使馮道、劉昫等備車輅法物，上皇帝、太后尊號册禮。自此天子車服昉見於遼。太平中，行漢册禮，乘黄令陳車輅，尚輦奉御陳輿輦。盛唐輦輅，盡在遼廷矣。五輅：玉輅，祀天地、享宗廟、朝賀、納后用之；金輅，饗射、祀還、飲至用之；象輅，行道用之；革輅，巡狩、武事用之；木輅，田（制）〔獵〕（據同上書改）用之。車制小於輅，小事乘之。內耕根車，耕籍所用；安車，即進賢車，臨幸所用；四望車，即明遠車，拜陵、臨弔所用；涼車，省方及罷獵並用。輦用人挽，本宮中所乘。有大鳳輦、大芳輦、仙遊輦、小輦、芳亭輦、大玉輦、小玉輦、逍遥輦、平頭輦、步輦、羊車之别。輿以人肩之，天子用韝絡臂綰。有腰輿、小輿之制。所載甚詳。入汴，〔攷異〕陶穀清異録云，德光入汴，春日聞杜鵑聲，問李崧是何物？崧曰：「杜鵑。」杜甫詩曰：「西川有杜鵑，東川無杜鵑，涪、萬無杜鵑，雲、安有杜鵑。」京洛亦有之。德光曰：「許大一個世界，任他飛禽揀擇，佛經中所謂觀自在也。」史未載。御崇元殿，受百官賀。戊子，以樞密副使劉敞〔攷異〕通鑑作劉密。權知開封府。殺秦繼旻、李彥紳及鄭州古鄭國，亦曰滎陽郡。後周立鄭州，宋曰奉甯軍，領縣四。〔攷異〕輿地廣記云，本祝融故墟，鄭武公都焉。韓滅鄭亦都之。漢、魏屬河南郡，晉爲滎陽郡，東魏爲廣武郡，後因置鄭州，隋曰管州，唐自虎牢移鄭州治此，今建爲西輔。縣六：管城、滎陽、新鄭、原武、滎澤、密縣。防禦使楊承勳。以其弟承信爲平盧節度使，襲父爵。以承勳殺判官邱濤及弟承祚等，劫父歸晉故也。〔攷異〕薛史云：「晉以楊承祚爲右驍騎衛將軍，承信爲右羽林將軍，皆光遠子，未嘗被殺。所殺者尚有牙將白延祚、楊贍、杜延壽等，詔誅叛黨張萬迪，其餘楊麟、任邈、徐晏流竄。所載不合。歐史於光遠傳謂承祚爲單州刺史，而本紀書齊州刺史，互異。見吳縝五代史纂誤。己丑，以張彥澤擅徙晉帝開封，殺維翰，縱兵大掠，不道，斬之於市。晉人臠食之，立盡。〔攷異〕薛史云，彥澤本突厥種，目睛黃，夜有光，顧視若鷙獸。鎮彰義，慘殺幕僚張式，爲李濤等所劾。與閤門使高勳不協，乘醉至其門，害其仲父季弟，暴屍門外。時獲罪人，只竪三指，即斷要領。又劫取延煦母楚國夫人丁氏。東都事略云，李處耘時尚幼，遇彥澤之暴，善射，獨當里門，殺數十人，里中賴之。通鑑云，時所居，寶貨山積，旗幟題「赤心爲主」。日恣殺戮，士民不寒而慄。勳訴於主，百姓亦投牒控其罪，遂斬彥澤及傅柱兒於市，命勳監刑，剖心以祭死者，市人破腦取髓并臠食之。所載較詳。辛卯，降晉帝爲崇祿〔攷異〕薛史作光祿，史避太宗諱改。大夫，封負義侯。癸巳，以張礪爲平章事，晉李崧爲樞密使，歐史云，時延壽稱崧一人，拜太子太師。主曰：「吾破南朝，得崧一人。」後歸漢，爲蘇逢吉等所譖，被族誅。馮道守太傅，歐史云，道入朝，德光責之，不能對。曰：

「無城無兵，安敢不來？」「誚其是何等老子。」曰：「無才無德，癡頑老子。」嘗問曰：「天下百姓如何救得？」曰：「此時佛去救不得，惟皇帝救得。」謂爲一言之善。後入漢，以太師奉朝請。劉繼勳傳，德光入汴，責繼勳爲晉出帝謀絶兩朝之好。繼勳諉之道，德光曰：「此老子不是好鬧人，毋相引。」史均未載。和凝爲翰林學士。〔攷異〕薛史云，凝與馮同爲宰相。孫光憲北夢瑣言云，凝好爲詞曲，布於汴、洛，洎入相卽毁之。契丹入夷門，號爲「曲子相公」。又見諱名録。餘拜官有差。〔攷異〕薛史云，劉昫以平章判三司，契丹至，不改職，以目疾乞休，授太保，卒於東京。通鑑目録，命孔知濬爲滑州節度使。通鑑云，或告磁州刺史李穀謀舉州應漢主，執而詰之，穀不服，主引手於車中，若取所獲文書者，穀知其詐，請曰：「必有其驗，乞顯示之。」凡六詰，詞氣不屈，乃釋之。李昉太平御覽引周史，時北遷者尚有徐台符，仕晉爲翰林學士、中書舍人。初，從戎帳至薊門。及戎人內潰，乃竄身南歸。台符所乘馬好嘶鳴，及自敵中逃回，經馬羣，若自箝其口，迨行至漢地，鳴如故。人以爲積善所致。癸卯，遣趙瑩〔攷異〕薛史云，周廣順初，使田敏如契丹，遇瑩於幽州，悲懷不已。及被疾，乞歸骨南方，乃遣曹繼輸及子易從護喪還葬，贈太傅。子易則先留，仕周爲刑部郎中，太祖命以舊第歸之。馮玉、字景臣，定州人。歐史云，玉爲相，積貲鉅萬，彥澤兵先入其家，一夕盡。見彥澤，猶請持晉玉璽獻契丹，不納，授太子太保。後子傑逃歸中國，玉懼罪，以憂死。李彥韜將三百騎，送負義侯及其母李氏、太妃安氏、妻馮氏、弟重睿、子延煦、延寶等於黃龍府〔攷異〕通鑑謂卽慕容氏所築和龍城。通鑑輯覽云，渤海扶餘府，太祖所置，在混同江，非和龍也。故城在今奉天府開原縣。續通考云，時晉安重威與安太妃同宗，出帝事以爲舅。重威未嘗自言，及卒，太妃臨哭，人始知之。當時益稱其謹重。安置，以宦官、宮女百餘人從。〔攷異〕薛史云，初，帝遇四方貢獻器皿，多以銀於外府易金而入，曰：「金者貴而且輕，便於人力。」識者以爲北遷之兆。通鑑云，時劉知遠自將追故主至高陽關，已過數日，乃留兵戍承天軍而還。晉主在途，供饋不繼，或至絶食；舊臣無敢進謁者，獨磁州刺史李穀迎謁，對泣，且曰：「臣無狀，負陛下。」因傾貲獻主。至中渡橋，見威寨，嘆曰：「天乎！我家何負，爲此賊所破。」慟哭去。追至幽州，傾城士女來觀，見帝慘沮，無不嗟嘆。駐留旬餘。州將承契丹命，犒帝於府署，趙延壽母以食饌來獻。契丹國志云，至錦州，迫拜太祖像，呼曰：「薛超悞我。」馮后求毒藥欲俱自殺，不果。陶穀清異録云，主至孟津一古寺，遺所張紫羅傘，五層疊朶，仍泥金作盤花，但朱柄折耳。歐史云，馮后爲重允妻，寡居有美色。出帝居喪，納爲后，預政專寵。契丹暴其罪曰：「納叔母於中宫，亂人倫之大典。」按，重允本高祖弟，養以爲子。周密齊東野語云，少帝事，歐史多本王淑之幽懿録。淑之小吏，家爲帝所殺，詞多不實。然攷舊史，均無是説，其妄可知。周煇北轅録云，至東都，未抵城二三里，車夫指一土岡云：「是名愁臺，乃晉少帝北狩之路。」江萬里宣政雜録云，徽宗北狩，經薊縣梁魚務，有還鄉橋石，少主命名，至今呼之。阮閲詩話總龜云，幽、薊數州，自石晉敗戎後，懷中華不已。有使北者，見燕京傳舍畫墨鴉甚精，旁題詩曰：「星稀月明夜，皆欲向南飛。」按，晉朝陷蕃記四卷，范質撰。晉末在翰林，曾草降表，知其事，爲詳記。初遷黄龍府，至徙建州，凡十八年，卒。宋乾德二年也。五代通録亦質撰，六十五卷。漢諫議大夫賈緯備史六卷，敍晉亂，一事爲一詩系之。又，五代春秋一卷，尹洙撰。五朝春秋二十五卷，工部郎中王軫撰。五代紀七十七卷，集賢院學士孫冲撰。

三月丙戌朔，以蕭翰爲宣武節度使。壬寅，晉諸司僚吏、嬪御、宦寺、方技、百工、圖籍、曆象、石經、〔攷異〕錢大昕云，劉彦宗傳，太宗載路車、法物、石經以歸。按，漢、魏之石經在洛陽，唐之石經在京兆，汴都無石經也。汴都石經，宋嘉祐所刻，在遼入汴以後。彦宗所云，殊不足信。或云石經當是石鼓之訛。銅人、明堂刻漏、太常樂譜、諸宮懸、鹵簿、法物及鎧仗，悉送上京。〔攷異〕歐史云，晉初命崔棁等定文武二舞，正旦奏於庭，而登歌發聲，悲離煩懣，如薤露、虞殯之音，舞不應節，其年高祖崩。開運中，陶穀請廢二舞。未幾，契丹滅晉，悉入北廷，聞者流涕。樂志云，漢後，相承雅樂，有古頌、有古大雅。遼闕郊廟禮，無頌樂。大同元年，太宗自汴還，得晉太常樂譜、宮懸、樂架，悉送中京。又自漢以來，因秦、楚之聲置樂府。至隋高祖求知音者，鄭譯得西域龜茲人白蘇祇婆。善胡琵琶，而翻七旦之聲，求合七音八十四調之說。由是雅俗之樂皆此聲矣。用之朝廷，別於雅樂者曰大樂。晉高祖使馮道等如契丹行册禮，其聲器工官與法駕同歸於遼。至大樂器，本唐太宗七德九功之樂，武后廢之，樂舞遂亡。自後宗廟用隋文武二舞，高宗作景雲樂，元會奏之。遼代大樂，晉代所傳雜禮，雖見坐部樂工百二十人，蓋亦以景雲之樂工充坐部。其坐立部樂，自唐已亡，可考者惟景雲四部樂舞而已。又，正月朔日，朝賀用宮懸雅樂，元會用大樂曲，破後用散樂，角觝終之，是夜帝燕飲用國樂。散樂，自殷人作靡靡之音，流爲鄭、衛、秦、楚聲作而鄭、衛亡。漢李延年典樂府，稍用西涼之聲。今之散樂，俳優、歌舞雜進，有漢樂府遺聲。晉天福三年遣劉昫以伶官來歸，遼有散樂始此。若鼓吹樂、橫吹樂，皆爲軍樂。自四品以上皆有增損。自周衰秦代，雅聲遂亡。漢、唐之盛，文事多西音，是爲大樂、散樂；武事皆北音，是爲鼓吹、橫吹。雅樂在者，其器雅，其音亦西云。續通考云，散樂以三音該三才之義，四聲調四時之氣，應十二管之數。截竹爲四竅之笛，以叶聲音而被之管絃。三音：天音揚，地音抑，人音中，皆有聲無文。四時：春聲平，夏聲上，秋聲去，冬聲入。史稱遼聖宗、興宗咸通音律、聲氣、歌辭、舞節，徵諸太常、儀鳳、教坊不可得矣。初，梁改唐十二和樂爲九，慶樂後，唐建唐宗廟，仍用十二和樂。晉改爲十二同樂。遼初用唐十二和樂，而雜禮出入奏隆安，太子行奏貞安，是遼又嘗改樂名矣。至八音器數，皆因唐舊。其大樂有七聲，曰七旦：一婆力，平聲；二雞識，長聲；三沙識，質直聲；四沙候加〔濫，應〕（據遼史卷五四樂志補）聲；五沙臘，（皆）應〔和〕（據同上書刪補）聲；六般贍，五聲；七俟利箑，斛（先）〔牛〕（據同上書改）聲。自隋以來，樂府取其聲，四旦二十八調爲大樂。不用黍律，以琵琶（紗）〔絃〕（據同上書改）叶之。皆從濁至清，迭更其聲。下益濁，上益清。七七四十九調，餘二十一調失其傳。蓋出九部樂之龜茲部焉。沈德符野獲編云，遼史樂志，大樂有七聲，曰七旦，凡一音管一調，如中宮越調，大食中呂之屬。此外又有四旦二十八調，不用黍律，以琵琶叶之。按，此即今九宫譜之始。旦即司樂之總名，故金、元遂命歌妓領之，因作雜劇，否則，以優之少者充，漸遠而失其真耳。攷宋樂書云：黄鐘用合字，大呂、大簇用四字，夾鐘、姑洗用一字，夷則、南呂用工字，無射、應鐘用凡字，中呂用上字，蕤賓用句字，林鐘用尺字，黄鐘清用六字，大呂夾鐘清用五字。又有陰陽、半陰半陽之分，而遼世大樂聲各調之中，度曲協音，其聲凡十，曰：五、凡、工、尺、上、一、四、六、句、合、近，十二雅律，於律呂，各闕其一，以爲猶雅音之不及商也。可見宋、遼此調已爲之祖。

所歸順七十六處，得户一百九萬百一十八。

〔攷異〕陸游南唐書云，初，韓熙載上疏曰：「陛下有經營天下之志，今其時矣。若戎主遁歸，中原有主，則不可圖。」不省。嗣聞契丹北歸，詔曰乃眷中原，我之故地。以李金全爲北面行營招討使。乃聞漢入汴，兵遂不出，而金全猶不罷。金全吐谷渾部人，驍勇善騎射。仕唐，官龍武節度，歸晉，徙鎮安州，降南唐，領義成節度兼侍中。卒，贈中書令，謚曰簡順。馬令南唐書云，保大五年，契丹使來告曰：「晉少主逆命背約，自貽廢黜，吾主欲與唐繼先世之好，將册命唐爲中原主。」帝命辭之，遣兵部侍郎賈譚報聘。帝歎曰：「闖役憊矣。其能抗衡中國乎？」按：保大五年即晉開運四年也。陳霆唐餘紀傳云，保大五年春三月，契丹滅晉，來告捷，且請會盟於境上，辭不赴。遣使報聘，并請差官如長安修奉唐帝諸陵，契丹不許。龍衮江南野史云，時中原無主，寇盜縱横，嗣主自歎，不能出師恢復土宇，而勞師海隅，爲先代之罪人云。

遼史紀事本末卷十二

趙德鈞父子搆亂

太宗天顯六年（辛卯九三一）冬十二月丙辰，帝遣人以詔賜唐盧龍節度使趙德鈞。德鈞，相州人也。初仕幽州劉守文，爲軍校。〔攷異〕薛史云，本名（宏）〔行〕實，（據舊五代史卷九八趙德鈞傳改）幽州人。初仕劉守文。守文死，守光署爲軍校。降莊宗，累官郡守。同光三年，移鎮幽州。初賜姓名李紹斌，至是始復姓，名德鈞。宏簡録云，拜盧龍節度，封北平郡王，在鎮十餘年，有防禦功。所載較詳。尹洙五代春秋云，唐天成三年七月，幽州趙德鈞敗遼於府西。紀未載。劉（祁）〔邧〕（據同上書改。下同）令蓨縣，方輿紀要云，漢置，屬信都國，今景州治。顔師古曰，脩，讀曰條。周亞夫封條侯即此。守文命德鈞攻之，納（祁）〔邧〕妻种氏，并其子之，是曰延壽。少美容貌，好書史。尚唐明宗女興平公主，與石敬瑭爲僚壻，駙馬都尉。明宗子秦王從榮恃權跋扈，延壽求補外，出爲宣武節度使。清泰初，加封魯國公，進樞密使，移鎮許州。〔攷異〕册府元龜云，延壽少時，有相者云：「此官豈止如是耶？後必有甲兵大權，位極列士人。」或語之曰：「此人妍柔如女子，安有是？」已而悉驗。輿地廣記云，許州，春秋爲許國。秦置潁川郡，東魏改鄭州，後周曰許州，唐因之，復爲潁川郡，升忠武軍，梁爲匡國軍，今升潁昌府，建爲南輔。縣七：長社、郾城、陽翟、長葛、臨潁、舞陽、郟縣。

七年（壬辰九三二）秋七月壬寅，趙德鈞使人來進時果。〔攷異〕歐史云，距幽州北〔七百里〕（據新五代史卷七二四夷附録輔）有榆關，唐時於此置東西狹石、紫蒙、白狼等戍。戍兵皆有田宅，（長）〔養〕（據同上書改）子孫。唐末廢散，契丹因陷營、平，邊苦寇鈔。自德鈞鎮幽州，於鹽溝置良鄉縣，又於幽州東築城置戍，及破赫邈等，置三河縣，由是幽、薊始得耕牧，而餉饋可通。德光乃西徙橫帳居撲刺泊，寇雲，朔。明宗患之，命石敬瑭鎮河東以禦之。按，撲刺泊一作撩刺泊，又作納喇泊，在大同府北境。史未載。方輿紀要云，唐長興中，德鈞鎮幽州，以契丹數入寇，乃城潞河而戍之，民始得耕稼，卽今通州地。三河縣，在通州東七十里。薛史云，德鈞奏發河北數鎮丁夫，開王馬口至（淤）〔游〕口（據舊五代史卷九八趙德鈞傳改）以通水運，凡二百里。在鎮甚有善政，累官檢校太師、兼中書令。牛象坤良鄉縣志云，鹽溝河發源宛平縣龍門關東南，流經縣境陶村里，入桑乾河。通鑑鹽溝作閻溝。皇甫鑒城冢記云，燕樂毅墓在良鄉縣南三里。通典云，漢平谷縣故城在今潞縣北。又，漢安樂縣故城在西北。樂史太平寰宇記云，潞河一名沽河，卽鮑邱水，北自檀州、密雲縣界流入。酈道元水經注云，鮑邱水又東南歷夏謙澤。又，高梁水東至潞縣，注於鮑邱水，南逕潞縣故城西，王莽之通潞亭也。後魏諸州地記云，潞縣城西三十里有潞河，源出北山，南流卽鮑邱水也。王自謹三河縣志云，縣名三河，以地近朐河、鮑邱河、汝河三水也。顧炎武京東考古録云，明一統志曰，三河在漢臨朐縣地，今考二漢書並無臨朐縣。唐書地理志，幽州范陽郡潞縣下曰，武德二年，置臨朐縣，貞觀三年，省臨朐。而薊州漁陽郡三河下曰，開元四年，析潞縣置。蓋本一地，先合爲臨朐，後分爲三河，皆自唐非漢也。厲鶚云，明一統志之誤，亦沿襲遼史耳。曹學佺名勝志云，蘆臺軍在寶坻縣東南百六十里，同光中、劉守光置，俗呼將臺，趙德鈞祠在蘆臺巡檢司。德鈞鎮蘆臺軍，權鹽院其所置也。詳卷十七。

十一年（丙申九三六）秋七月丙申，唐河東〔節度使〕（據遼史卷三太宗紀補）石敬瑭謀叛，唐發兵討之。敬瑭遣趙瑩來求救，時趙德鈞亦遣使至。

九月，帝自將救敬瑭。己亥，次太原。敗唐將張敬達等兵，遂圍晉安寨。唐主從珂懼，遣趙德鈞率所部兵會其子延壽軍於團柏谷，逗留不進。先是，國兵屢攻北邊，唐禁軍多在幽、并，德鈞、敬瑭早懷二志，求益兵運糧，朝夕相繼；德鈞又爲子求領鎮州，不許。〔攷異〕歐史云，廢帝以德鈞爲諸道行營都統，延壽爲太原南面招討使。德鈞爲子求鎮州，廢帝怒曰：「德鈞父子握强兵，求大鎮，苟能破契丹而取太原，雖代予亦可。若玩寇要君，恐犬兔均斃耳。」因遣使趣進軍。及晉安寨破，楊光遠、安審琦殺張敬達以降。僕射蕭庫克克齊原作酷古只奏德鈞等兵將遁，詔夜發兵追擊之，皆投戈棄甲，自相蹂踐，擠於山谷者不可勝紀。仍命皇太子馳輕騎，據險要，追及步兵萬餘，悉降之。

〔閏十一月〕（據遼史卷三太宗紀補）辛未，度團柏谷，以酒殽祀天地。俄追及德鈞父子，乃率衆降。〔攷異〕通鑑云，德鈞陰蓄異志，欲因亂取中原，自請救晉安寨。唐主命自飛狐踵契丹後，鈔其部落，遂將銀鞍契丹直三千騎由土門路西入。過易州，以劉在明軍自隨，至鎮州，合董溫琪兵，乃自吳兒谷趣潞州至西湯。子延壽請以兵屬，志在併范延光軍。屯團柏谷，踰月不戰，密通契丹，請立己爲帝，維翰力争不果。晉安破，德鈞父子先遁，諸將繼之，死者萬計。契丹主北歸，德鈞父子迎謁於高河，拜晉帝於馬首，進曰：「別後安否？」晉帝不顧，亦不與言。薛史董溫琪作華溫琪，西湯作西唐店，稍異。史均未載。又云，時德鈞有愛將時賽，率輕騎東還漁陽，尚千餘人，集於潞州。節度高行周見德鈞父子在城闉上，勸其速迎車駕，自圖安計，遂降契丹。方輿紀要云，高河在屯留縣東南，卽絳河也。吴兒谷在黎城縣東二十八里。

冬十二月壬辰，次細河，閱降將趙德鈞父子兵馬。〔攷異〕契丹國志云，主責德鈞曰：「汝在幽州所置銀鞍契丹直安在？」德鈞指示之，所殺凡三千，遂鎖送其父子歸國。見述律太后，悉獻寶貨、田宅。太后曰：「汝近者何爲往太原？」德鈞曰：「奉唐主命。」太后指天曰：「汝從吾兒求爲天子，何妄語耶？」又指其心曰：「此不可欺也。」吾兒將行時，吾曰：『趙大王若引兵北向榆關，亟須引兵歸國，太原不可救也。』汝欲爲天子，何不先擊退吾兒，徐圖未晚？汝爲人臣，既負其主，不能擊敵，又乘亂邀利，何面目復求生乎？」德鈞俛首不能對。又問：「器玩在此，田宅何在？」曰：「幽州。」后笑曰：「幽州屬我，何獻爲！」德鈞益慚。自是鬱鬱不得志，遂死。史均未載。

十二年（丁酉九三七），趙德鈞卒，以延壽爲幽州節度使，封燕王。及改幽州爲南京，遷留守，總山南事。以其妻在晉，詔取之以歸。自是，益自激昂圖報。〔攷異〕通鑑云，契丹主入汴，唐王淑妃與郇公從益居洛陽。延壽娶明宗女爲夫人，淑妃詣大梁會禮，契丹主見之曰：「吾嫂也。」冊府元龜云，晉天福三年九月，契丹使陝陝廷信押按各馬往洛京，搬取後唐公主，延壽進馬二匹謝恩，放燕國長公主歸幽州。所載較詳。

會同元年（戊戌九三八）以趙延壽爲樞密使兼政事令。〔攷異〕秦再思洛中紀異録云，契丹主得趙延壽，北歸，情甚狎密，使秉政。晉主患之，潛上表述趙父子事清泰，於上黨擁重兵窺玩神器，清泰亡國，不忠不孝，天下所知，請勿用。戎主以示延壽，對曰：「晉主不欲令皇帝用臣者，欲負帝恩也。臣在中原，日掌樞機，此輩方守外鎮，爲臣所制，中原土地、人民、津梁、要害、蓄積、轉輸，臣並知之，恐用臣卽爲晉患耳。」主甚悦，火其書曰：「我誓不疑汝！」命兼鎮幽州。後晉之滅，皆延壽贊成之。史均未載。

三年（庚子九四〇）夏四月庚子，帝至燕，幸留守趙延壽別墅。

六年（癸卯九四三）冬十二月丁未，帝如南京，議侵晉。命盧龍節度使趙延壽與趙延昭由滄、恒、易、定分道而進，諸軍繼之。〔攷異〕契丹國志云：延壽勸戎主伐晉，乃集兵五萬，使將之經畧中國，曰：「若得之，當立汝爲帝。」由是爲盡力。通鑑云，契丹主指延壽謂晉人曰：「此汝主也。」延壽信之，爲畫取中國之策。所載較詳。

七年（甲辰九四四）春正月甲戌朔，趙延壽等率前鋒五萬騎次任邱。己卯，圍貝州，其軍校邵珂開南門降，太守吳巒投井死。己丑，授延壽魏、博等州節度使，封魏王，率所部屯南樂。擊晉軍，破之，獲其將賽項羽。軍元城，晉將李守貞、高行周率兵來逆，破之。至頓邱，會大霖雨，帝欲班師，延壽諫曰：「晉軍屯河濱，不敢出戰，若徑入澶州，奪其橋梁，敵不足平。」帝然之。適晉軍先歸澶州。高行周至析城，延壽將輕兵逆戰，帝親督騎士突其陣，敵遂潰。師還，仍留徇貝、冀、深三州。〔攷異〕太宗紀，遼軍圍晉別將於戚城，晉主來救，遼師不利。因延壽言，命延壽等以數萬騎急擊高行周於戚城，大敗之。所載稍異。輿地廣記云，冀州，秦屬鉅鹿郡，漢置信都國，亦曰廣川，曰樂安，曰安平，後兼置冀州，後魏爲長樂郡，隋爲信都郡，唐爲冀州，今升武安軍。縣六：信都、蓨縣、南宮、棗強、武邑、衡水。深州，秦屬鉅鹿郡，漢屬信都國，魏爲博陵郡，隋置深州，唐因之，亦曰饒陽郡。今縣五：靜安、束鹿、安平、饒陽、武強。方輿紀要云，冀州，在真定府東南二百八十里。深州，在真定府東二百五十里。

八年（乙巳九四五）春三月戊（午）〔子〕（據遼史卷四太宗紀改），趙延壽率前鋒薄泰城。杜重威、李守貞引軍南遁，追至陽城，大敗之。已而，圍晉兵於白團衛村（按，契丹國志卷三太宗紀作「白團村」），國兵失利，引還。

夏六月丁亥，趙延壽奏晉兵襲高陽，戍將擊走之。

九年（丙午九四六）秋八月，帝自將南侵晉。

九月，趙延壽與張彥澤戰於定州，敗之。

冬十一月戊子朔，進圍鎮州。時晉主遣延壽族人趙行實以書來招，晉人久堅壁不出，延壽因紿曰：「我陷遼久，寧忘父母之邦？若以軍逆我，卽歸。」晉人以爲然，遣杜重威率兵迎之。據中渡橋，延壽與高彥温合步騎兵與晉軍力戰，大擊破之，死者數萬，殺其將王清。本傳作王靖。兩軍相拒，帝潛由他渡濟，留延壽與耶律碩格原作朔古據橋，敵不能奪，屢敗之。重威等退保中渡寨，遂進兵，夾滹沱而營。延壽等分軍圍守之，糧盡勢窮，重威等乃率衆降。詔分其軍之半隸延壽，賜延壽龍鳳赭袍，且曰：「漢兵皆爾所有，宜親（征）〔往〕（據遼史卷七六趙延壽傳改）撫慰。」延壽至營，重威、守貞皆迎謁馬首。〔攷異〕通鑑云：初，杜重威降，契丹恐其爲變，欲擁晉軍納之河流，或諫而止。及使威統衆屯陳橋，士卒凍餒，威出，人皆唾罵。契丹主猶欲誅晉兵。延壽固諫，且言：「徙其家屬於恒、定、雲、朔間，每歲分番戍南邊，何憂其爲變！」主悅。由是晉兵得免，分遣還營。東都事畧云：劉温叟仕晉爲翰林學士，後隨契丹北徙，與承旨張允求去職，主怒，欲黜爲縣令，延壽曰：「學士不稱職而求解者，罷之可也。」得不黜。史均未載。

大同元年（丁未九四七）春正月丁亥朔，帝入汴。

二月丁巳朔，升鎮州爲中京，以趙延壽爲留守，大丞相兼政事令、樞密使。〔攷異〕宏簡録云，太宗給延壽貂蟬冠，不肯服，別爲燕王冠以自表異。東都事畧同。紀未載。時延壽因李崧求爲皇太子，帝曰：「吾於魏王，雖割肌肉亦不惜，但皇太子須天子之子得爲之，魏王豈得爲耶？」蓋帝嘗許滅晉後，以中原帝延壽，以故摧堅破敵，常以身先。至是，使崧達意，帝命遷其秩。張礪擬大丞相、録尚書事、都督中外諸軍事，帝弗許。延壽恨之，謂人曰：「吾不復入龍沙矣。」尋世宗立，隨歸國。〔攷異〕薛史云，延壽在汴，復娶明宗小女爲繼室。先爲延州節度周密子廣所娶，至是奪取之。主還至邢州，升延壽坐在左右相之上。通鑑云，太宗殂時，契丹諸將已密議奉兀欲爲主，兀欲登鼓角樓受叔兄拜，而延壽不之知。壬午，下令以來月朔日於待賢館上事，受文武官賀，其儀：宰相、樞密拜階上，節度以下拜階下。李崧以戎意難測，固止勿行。間一日，兀欲於待賢館受蕃、漢官謁賀，笑謂張礪曰：「燕王果於此禮上，吾以鐵騎圍之，諸公亦不免矣。」契丹國志云，延壽聞太宗崩，即日引兵入恒州，自稱受遺詔，權知南朝軍國事，下教布告諸道。世宗至，用密計召入，飲酒數行，引入內，遂鎖之去。歐史云，兀欲執延壽，遣人監之，而籍其家貲。史未言矯詔及被鎖籍家事。今從本傳。以翊戴功，授樞密使。天祿二年卒。〔攷異〕太平廣記云，延壽即戎之暇時，以篇什爲意，甚有雅致。常在北廷賦詩，南人聞者往往傳之。詩曰：「黄沙風捲半空抛，雲重陰山雪滿郊。探水人歸移帳就，射鵰箭落著弓抄。鳥逢霜果饑還啄，馬渡冰河渴自跑。占得高陽肥草地，夜深生火折林梢。」通鑑云，或傳趙延壽已死，郭威言於帝曰：「趙匡贊，契丹所置，今猶在河中，宜遣使弔祭，因起復移鎮。彼既家國無歸，必感恩効命。」從之。丙申，授匡贊晉昌節度使。後二年，延壽始卒於契丹。匡贊後避宋太祖諱，改名贊，鎮延州彰武軍，羌、胡畏服。綱目云，漢天福十二年七月，晉昌節度使趙匡贊降於蜀。恐不爲朝廷所容，故降蜀。尋因判官李恕諫，復降漢。薛史云，匡贊仕契丹，爲河中節度使。後入中國，歷任漢、周，累節鎮及統軍使。仕宋，歷盧、延、邠、鄜四鎮。吴任臣十國春秋云，匡贊，字元輔，本名美。幼聰慧，應神童舉，明宗詔賜及第，仍附禮部春榜。德鈞父子降契丹，匡贊獨與母公主留西洛，未幾，歸薊門。起家金吾將軍。又，晉天福末，浙地兒童聚戲，動以「趙」字爲語助。云「得」則曰「趙得」，云「可」則云「趙可」。時趙延壽貴盛，浙人謂必應讖。後延壽爲契丹所執，而謡益盛。洎宋祖受禪，忠懿王納土，始符其兆。延壽傳均未載。

遼史紀事本末卷十三

魯呼争立　喜隱事附

太宗天顯四年（己丑九二九）冬十月甲子，詔皇弟魯呼原作李胡師師趣雲中，討郡縣之未附者。魯呼，一名鴻觀，原作洪古。〔攷異〕契丹國志云，名阮。卷九十五傳，定武節度使宏古，亦作洪古；又，卷八十八傳，侍中楚國公，亦名宏古，均另一人。字奚隱。太祖第三子。母曰舒嚕原作述律太后，最所鍾愛。少勇悍多力，性殘酷，小怒輒黥人面，或投水火中。太祖嘗奇之，曰：「吾家鐵兒也。」嘗大寒，太祖命三子採薪。太宗不擇而取，最先至；人皇王取其乾者束而歸，後至；魯呼取少而棄多，既至，袖手而立。太祖曰：「長巧而次成，少不及矣。」以從征渤海有功，封爲自在太子，至是遣徇地代北焉。

十一月丁卯，太宗親餞於西郊。以出師告天地及太祖行宮。〔攷異〕契丹國志云，少豪俠，有智略，善彈，工射。征渤海時，山阪高峻，士馬憚勞苦，徑於東谷，緣巖而進，屢戰有功。紀未載。

五年（庚寅九三〇）春正月庚午，魯呼奏拔寰州捷，多所俘獲。

二月癸卯，還自雲中，朝於行在。以先所俘渤海户賜之。

三月丁卯，魯呼請赦宗室錫里、原作舍利郎君以罪繫獄者，詔從之。乙亥，册爲壽昌皇太(子)〔弟〕（據遼史卷三太宗紀改）〔攷異〕太子應作太弟，詳卷八。兼天下兵馬大元帥。

八年（癸巳九三三）春正月庚子，命魯呼等伐党項，帝親餞之。

三月辛卯，魯呼討党項勝還，宴勞之。嗣後太宗出征，魯呼嘗留守京師。

大同元年（戊戌九三八）春正月丁亥朔，太宗入汴。

夏四月丙辰朔，發汴州。皇弟魯呼遣使問軍前事，太宗優詔答之。及崩於欒城，世宗奉梓宮還，次鎮陽，卽位。舒嚕太后聞之，怒，命魯呼率兵拒之。至泰德泉，爲安圖、原作安端瑠格原作留哥等所敗。太后與世宗隔潢河而陣，各言舉兵意。耶律烏哲原作屋質勸太后許之，時魯呼在側，作色曰：「我在，烏雲安得立？」烏哲曰：「奈公酷暴失人心何！」太后顧魯呼曰：「昔我與太祖愛汝異於諸子，諺云：『偏憐之子不保業，難得之婦不主家。』我非不欲立汝，汝自不能矣。」及會議，世宗使解劍而言和。約既定，遂罷兵趨上京。已而有告魯呼與太后謀廢立者，遷之於祖州，禁其出入。

穆宗時，其子喜隱謀反，辭連魯呼，囚之，死獄中，年五十，葬玉峰山西谷。統和中，追謚欽順〔攷異〕契丹國志作恭順。皇帝。重熙末，更謚章肅。復謚和敬。二子：宋王喜隱、衛王（完）

〔宛〕（據遼史卷七二章肅皇帝傳改）。

喜隱，字完德。雄偉善騎射，封趙王。應曆中，謀反，事覺，以親，釋之。未幾復反，下獄。景宗卽位，聞有赦，自去其械而朝。帝怒曰：「汝罪人，何得擅離禁所？」詔誅守者，復寘於獄。及改元保甯，始宥之，妻以皇后之姊，復封宋王。

輕剽無恒，怙惡不悛，屢謀亂，敗而復召。〔攷異〕畢沅續通鑑云，喜衮自復封後，得志而驕，主召不時至，怒，鞭之，由是憤怨謀亂，爲閤門使酌古子海里所告。喜衮坐廢，酌古加檢校太尉兼御史大夫，海里遥授隴州防禦使。所載較詳。嘗見帝與劉繼元書，辭意卑遜。諫曰：「本朝於漢爲祖，書辭如此，恐虧國體。」帝尋改之。授西南招討使，〔攷異〕畢沅續通鑑作北面招討使。命往河東索吐蕃户。復謀叛，帝命械其手足，築圜土囚祖州。會宋降卒欲刼立喜隱，以城堅不得入，立其子留禮壽，爲上京留守楚實勒原作除室所擒。留禮壽伏誅，喜隱賜死。〔攷異〕宏簡録云，李胡次子完，（按，據上文，「完」當作「宛」，下同）應曆三年與郎君嵆幹敵烈謀反，事發，完免死。景宗時，追封完衛王。魯呼傳未載。

遼史紀事本末卷十四

世宗之立

太宗大同元年（丁未九四七）夏四月戊寅，世宗即位於鎮陽。世宗諱阮，小字烏雲。原作兀欲，改作鄂約。〔攷異〕薛史作烏裕。冊府元龜云，後改名聿。精音樂。太祖紀，神冊三年，皇孫烏雲生。烏雲原作限欲。考皇子表、皇族表並無名限欲者，惟世宗小字兀欲。「兀」與「限」音近。且世宗被弒年三十四，是年至天祿五年，適三十四年，其爲世宗無疑。又，太祖紀，九年，幽州軍校齊行本賜名兀欲。人皇王讓國皇帝長子，母曰柔貞皇后蕭氏。生而儀觀豐偉，內寬外嚴，善騎射，樂施與，人望歸之。人皇王歸唐被害，太宗愛之如子。〔攷異〕歐史云，兀欲工畫，能飲酒，好禮士。德光嘗賜以絹數千匹，散之，一日而盡。會同九年，從伐晉，求父遺骸葬之。

大同元年（丁未九四七）春二月，封永康王。

夏四月丁丑，太宗崩於欒城。戊寅，奉梓宮次鎮陽。時帝崩無遺詔，軍中憂懼，不知所爲。南院大王耶律吼詣北院大王耶律斡原作洼。〔攷異〕滿洲語「氣味」也。舊作哇，今譯改。議曰：「天位不可一日曠。若請於太后，則必屬魯呼。原作李胡彼暴戾殘忍，詎能子民？必欲厭人望，則當立永康王。」斡然之。及會議，世宗以魯呼及壽安王在朝，猶豫未決，適安圖原作安摶。直宿衞。〔攷異〕汪輝祖遼史同名録云，卷八景宗紀，保甯七年將；卷一百三蕭罕嘉努傳，祖，中書令，三人同名安摶。安圖父迪里，嘗以諫立太宗，爲太后所殺。安圖自幼爲世宗所憐恤，安圖密自結納。世宗因召問計，對曰：「大王聰安寬恕，人皇王之嫡長，先帝雖有壽安，天下屬意多在大王。今若不斷，後悔無及。」會有自京師來者，安圖詐以魯呼死傳報軍中，皆以爲信。於是安圖詣南、北二大王計之。北院大王斡聞而遽起曰：「吾二人方議此事。先帝嘗欲以永(平)〔康〕王(據遼史卷五世宗紀、卷七七耶律安摶傳改)爲儲貳，今日之事，有我輩在，孰敢不從？但恐不白太后立之，爲國家起釁。」安圖對曰：「大王既知先帝欲以永康王爲儲貳，況王賢明，人心樂附。今天下甫定，稍緩則大事去矣。若(曰)〔白〕(據遼史卷七七耶律安摶傳改)太后，必立魯呼。且魯呼殘暴，行路共知，果嗣位，如社稷何？」南院大王吼曰：「此言是也。吾計決矣！」乃整軍，召諸將定策，立世宗。且令之曰：「大行上賓，神器無主，永康王，人皇王之嫡長，天人所屬，當立。有不從者，以軍法從事！」諸將以太祖崩時，舒嚕原作述律太后嘗殺酋長及諸將數十人，至是皆懼死，莫不欣然從命。世宗遂即位於柩前。〔攷異〕契丹國志云，帝入懷州，執趙延壽曰：「先帝在汴州，與我算子一莖，許我知南朝軍國事。昨日臨崩，別無遺詔，燕王安得擅立耶？」後數日，集蕃、漢諸臣於府署，宣太宗遺制云云，可於中京卽皇帝位，舉哀成服。既而易吉服受賀，歌吹之聲不絶於內。史均未載。甲申，次定州。命天德、字必徹，原作苾扇。太宗宮人蕭氏所生。碩格、原作朔古嘉哩原作解里等護梓宮先赴上京。太后聞之，怒，命魯呼率兵拒之。〔攷異〕歐史云，兀欲留麻答守鎮州，晉諸將相隨者皆留之而去，以翰林學士徐台符、李澣從行。

六月甲寅朔，次南京。五院額爾奇木原作夷离菫安圖、原作安端詳袞原作詳穩瑠格原作留哥。卷一百十三有傳。〔攷異〕陳浩遼史攷證云，卷六十四皇子表，天德下，卷七十二魯呼傳，俱作留哥。係一人，卷六十一刑法志，開泰中近侍劉哥，另一人。等遣人馳報，請爲前鋒。至泰德泉，遇魯呼軍，與戰，敗之。時安圖墜馬，王子天德馳至，欲以槍刺之，瑠格以身衞安圖，射天德，貫甲不及膚。安圖得馬復戰，以是獲勝。瑠格與安圖朝於行在，世宗遣郎君勤德等語兩軍諭解，并使偉王〔攷異〕兵衞志有偉王軍，而紀、傳、表均無偉王之稱，惟德祖第五子安圖封明王，契丹國志作偉王。見陳浩遼史攷證。此之偉王，或卽安圖也。將兵次石橋。方輿紀要云，在臨潢南。〔攷異〕胡嶠入遼錄云，石橋，沙河之橋也。南則姚家洲，北則宣化館是也。太后所使降將李彥韜迎降。

秋閏七月，次潢河。太后整軍拒於橫渡。時魯呼盡執世宗臣僚家屬，謂守者曰：「我戰不克，先殄此曹！」人皆洶洶，相謂曰：「若果戰，則是父子兄弟相夷矣。」相持數日，用烏哲原作屋質之謀，各罷兵趨上京。語詳烏哲事中。已而聞魯呼與太后復有異謀，遷於祖州，誅司徒華沙原作劃設及春博里。原作楚補里，一作楚不魯，孟父房楚國王揚珠子。

八月壬午朔，尊母蕭氏爲太后。以崇德宫（按，崇德宫爲景宗時承天太后宫，不得出於此時，疑此處誤）户分賜南、北院大王各五十，吼傳，字赫嚕。巴古濟後。端愨好施，不事生産。爲南院大王，莅事精簡。世宗立，加採訪使。子和勒博，官北院大王。斡傳，字敵輦。實嚕孫。有器識，人以公輔期。由特里衮遷北院大王。世宗立，拜裕悦。宏簡録，吼爲當時七賢之一，與洼均以壽終。金陵黄氏書目載有七賢傳。卷八，景宗保甯三年皇兄吼，另一人。安圖、原作安摶楚補各百。達魯、原作的魯。〔弦異〕吼傳，世宗賜以寶貨，吼辭曰：「的琭〔諸子〕（據遼史卷七七耶律吼傳補）坐事籍没，〔陛下〕（據同上書補）哀而出之，〔臣〕（據同上書補）受賜多矣。」許之。是的魯卽係的琭。續通考云，興宗嘗問滌魯曰：「卿有求乎？」對曰：「臣富貴踰分，不敢他望，惟臣叔先朝優遇，身没之後，不肖子坐罪籍没。四時之薦享，得一人以主祭，臣願畢矣。」詔免籍，復其家。所載事同，另一人。搭拉原作鐵刺子孫，先以非罪籍没者，歸之。癸未，始置北院樞密使，以安圖原作安摶爲之，拜裕悦。原作于越。本傳，曾祖揚珠，玄祖長子。安圖自幼若成人，太宗目爲令器。事母孝。以父死非（命）〔罪〕（據遼史卷七七耶律安摶傳改），未葬，不預宴樂。至是，以定策功，寵任無比，事皆取決。然性大寬，（樂）〔事〕（據同上書改）徇苟簡，豪猾縱恣不能制。察克兵犯御幄，未能討，中外短之。穆宗立，以立世宗故，不復委用。尋誣與齊王雅斯哈謀亂，繫獄死。姪薩結，詳衮。按，皇族表，横帳孟父房楚國王揚珠，原作巖朮。皇子表，謂追封蜀國王。本紀同。又，卷七十七安圖傳，祖春博里，父迪里。皇族表未載迪里一世，而春博里被誅，表亦失載。

九月丁卯，行柴册禮，羣臣上尊號曰天授皇帝。大赦，改元天禄。以安圖原作安端主東丹國，封明王；察克原作察割爲泰甯王；璹格爲特哩袞；原作惕隱高勳爲南院樞密使。

是年，蕭翰矯詔，以許王從益帝中國，引兵北歸。漢主劉知遠稱帝於晉陽，入汴，殺許王及其母王淑妃。〔攷異〕薛史云，時漢高祖入汴，以杜重威爲宋州節度使，閉城拒命，詔高行周率兵攻討，重威遣子宏璲告急於鎭州滿達勒乞援，使宏璲爲質，遣蕃將楊袞赴之。未幾，滿達勒被逐，楊袞至洺州而還。

天祿二年（戊申九四八）春正月，天德、蕭翰、璹格、璸都原作盆都等謀反。誅天德，杖蕭翰，遷璹格於邊，罰璸都使哈噶斯原作轄戛斯國。漢主劉知遠殂，子承祐立。知遠第二子，封周王，後稱隱帝。

夏四月庚辰朔，南唐遣李朗、王祚來慰且賀，並奉蠟丸書，議攻漢。〔攷異〕太宗紀，天顯十二年九月，遣珠勒呼使晉及南唐。會同元年六月，南唐來貢。七月，遣美棱拉呼使南唐。二年正月，以受晉册，遣使報南唐。五月，南唐遣使來貢。三年三月，南唐遣使來覲。四月，至燕，南唐進白龜。八月，遣使南唐。南唐遣使求氊帳，賜之。十月，遣魯庫使南唐。十一月，南唐遣使獻蠟丸書，言晉密事。四年正月，南唐遣使來貢。七月、十二月，南唐兩遣使奉蠟丸書。六年三月，南唐遣使奉蠟丸書。世宗紀，天祿四年三月，南唐遣趙延嗣、張福等來賀南征捷。五年六月，南唐遣蔣洪來，乞舉兵應援。九月，世宗被弑。十一月，南唐遣使來弔。穆宗應曆二年正月，南唐遣使奉蠟丸書，進犀兕甲萬屬。三月，復遣使奉蠟丸書。五月，遣使來貢。七年二月，南唐遣使奉蠟丸書。六月，復遣使來貢。而陸游南唐書云，昇元元年，契丹使梅里捺盧古、東丹使高徒煥來，各以羊馬入（貴）〔貢〕（據文義改）。翰林進二丹入貢圖，舍人江文蔚作贊。四年九月，契丹使梅里捺姑米里來聘，獻馬五駟。七年正月，契丹遣達羅干等二十七人來聘，獻馬三百、羊三萬五千。

吳任臣十國春秋云，東丹王係契丹主弟，別持羊三萬口、馬二百匹來鬻，以其價市羅、紈、茶、藥。保大元年，元宗遣公乘鎔航海使契丹，主遺元宗書曰：「大契丹天順皇帝謹致書大唐皇帝闕下：貴朝使公乘鎔等，自去秋已達東京海岸，適遭國禍。今年正月二十六日，部署一行並諸儀物兵鎧已至燕京。茲蒙敦念先朝，踐修舊好，既增摧痛，又切感銘。貴國長直官王朗、陳篆取間道先歸，用附咨報。公乘鎔已遣伴送使陳植等同回，止俟便風，即令引送。」陸游南唐書又云，述律后遺元宗書並遣王朗先齎骰號子聞奏。骰號子，不知何等語也。所載與史多異。公乘鎔，相州人。先進蠟書於元宗，稱至幽州，館愍忠寺，先迎御容入宮，召見賜宴，主手斟玉鍾酒自啜，乃以勸臣云，「吾與唐皇帝一如先朝往來時」。稱其有古使臣風。見十國春秋。王文正上遼事云，幽州憫忠寺，本唐太宗爲征遼陣亡將士所造。又有開泰寺，魏王耶律漢甯造，皆遣朝使游觀。孫承澤春明夢餘録云，憫忠寺建於唐貞觀十九年，寺中有高閣，諺曰「憫忠高閣，去天一握」。是也。劉侗帝京景物畧云，憫忠寺中一碑，下半斷裂。可讀者其上段，字有燕京大憫忠寺觀音地宮舍利函記，遼大安十年沙門善製。朱彝尊日下舊聞云，是碑文字悉完，未嘗斷裂。末云：「大安十年、歲次甲戌閏四月辛未朔，二十二日壬辰申時，功德主燕京管內左右街都僧録、崇祿大夫、檢校太師、行鴻臚卿、聰辨大師、賜紫沙門善製，門人義中書。」又，寺內戒壇前有遼幢一，乃爲寺尼薦福刻者，前刻石幢記，後刻尊勝吼記。爲將仕郎守磁州司馬劉贇述。吼爲前□遼興軍觀察巡官王進思書。此外累朝遺碣，如唐蘇靈芝書寶塔頌，景福元年采師倫書重藏石利記，及金大定間禮部令史題名記諸碑，皆足以資考證。遼觀音舍利函記云：「(蓋)〔恭〕(據遼文滙卷七改)聞應物爲(觀)〔現〕(同上書改)，利樂無窮者，大聖觀音，有感克從，功德莫測者，靈蹤舍利。金言所載，寶牒攸存。善製肇紀巨社，會萬人金玉之資；欲滿宿心，塑百尺水月之像。將圓寶相，先實地宮。化檀那近百千家，獲舍利餘一萬粒。封以金匱，貯以石函；圓淨璨然，實爲神異。所冀光徹無間之獄，福洽有頂之天；良因不虛，(回)〔巨〕(同上書改)剎斯在。上願我國家，二儀齊於聖壽，兩曜等於文明，三寶長隆，四方永肅。八難除一十四種之怖畏，四生見三十二應之威神。獲圓通之法門，願大作於佛事。」又，寺尼薦福石幢云：「大師法諱□遇，俗姓郝氏。十三棄出家，値太原蓮花寺，廣寶尼大德往燕之歲，即禮爲師長。大德行純邃，容止可觀。天祐三年始受學法，將隣二載，乃具尸羅念戒，及我后駕幸燕都，躬選名行，敬加師號薦福。以應曆七年六月二十一日奄化於本院之主堂，春秋□十三，夏臘五十四。門人副員大德承進。」

冬十月壬午，南京留守趙延壽卒，以中臺省右相德呼代之，封燕王。〔攷異〕德呼原作牒蠟。通鑑及吳任臣十國春秋均作述軋，通鑑輯覽作舒幹，王溥五代會要作碩岳。按，本傳，世宗即位，遣使馳報，仍命執偏將珠展來。使誤入珠展營，珠展得詔，反誘執德呼送太后。尋亡歸，使守南京。所載較詳。

十一月，駐蹕彰武南。〔攷異〕契丹國志云，四月，帝幸遼陽。初，述律太后遷晉故帝於懷密州，去黃龍府西北千五百里。太后敗，始得還遼陽，至是詣御帳上謁，伏地請罪。與飲，奏樂，伶人見故主皆泣下。尋取其子延煦去，復遣還。未幾，取其幼女以與后兄禪奴利。因求賜地種牧，許之。已而徙建州，取其寵姬趙氏、聶氏歸蕭逢吉等。漢高祖實録云，少帝帥族候耶律氏於野，初甚疎，帝指陳前事，乃大臣同謀，皆歷歷能對，無撓屈色，耶律氏亦假以辭色。綱目遷建州，載在乾祐二年二月，即天禄三年也。薛史禪奴利作綽諾錫里。云徙建州時，節度趙建暉盡禮奉迎，館於衙署。割寨地五十餘頃，分耕給食。地離建州數十里。國志謂趙、聶二姬，爲太宗述律王所取。又，趙建暉作趙延暉。「延」一作「元」。史未載。北蕃地里志云，建州東北至霸州九十里，南至榆州五十里，西南至小凌河十里。有器仗山，在東南三十里。方輿紀要云，建州，亦曰保靜州，遼置，在靈河縣南，屢遭水患。隆緒時又遷於河北，即唐故崇州城也。見地理志。統縣二：永霸、永康。唐崇州，史作康崇州。又異。

三年（己酉九四九）春正月，蕭翰及公主額伯哩原作阿不里謀反，翰伏誅，額伯哩瘐死獄中。

秋九月辛丑朔，召羣臣議南侵。

冬十月，遣諸將率兵攻下貝州高老鎮，徇地鄴都南宮、縣名，在冀州西南六十里。堂陽。縣名，在南宮縣西南二十里。殺深州刺史史萬山，俘獲甚衆。〔考異〕歐史云，乾祐元年，兀欲率萬騎攻邢州，陷內邱。契丹入寇，常以馬嘶爲候。其來也，馬不甚嘶鳴，而矛戟夜有光。又月蝕，人皆懼，人馬傷死大半。薛史云，乾祐二年十月，契丹陷貝州高老鎮，至鄴都北境及南宮、堂陽，殺掠吏民，數州大被其害。命郭威巡邊，王峻參軍事。契丹攻深州，刺史史萬山兵敗，死之。先是，契丹入邊，萬山城守，郭威遣索萬進率騎七百屯深州。一日，契丹數千騎逼州東門，萬山父子率兵百餘襲之，契丹僞退十餘里而伏兵發，萬山血戰，急請救於萬進，不至，萬山戰死。尋解去。通鑑目錄云，契丹聞漢兵渡河，引去，威至邢州還。所載較詳。周賀析津日記云，京師仙露寺近菜市西，居民掘地得石匣，乃遼世宗天祿三年所瘞，中瘞舍利，無有也。匣如石槨而短小，旁刻僧志願記，具書布施金錢姓名。記後有「千人邑」三字。具列遼帝后，東明王夫人、永甯大王、燕主大王、國舅相公、宣徽令主李可興、洛陽留守侍中劉晞、齊國夫人張氏男三司使道紀、衙院馬九、故太師侍中趙思溫男延照，司徒李允、藥師奴、華喜寺行仙馬知讓、邑頭尼定徽、幼澄、喜婆。舍利六百三十三粒，欽送到舍利一百一十粒。朱彝尊日下舊聞云，后疑是甄氏，東明王當是明王安端，燕主大王當是燕王達喇，國舅相公疑是靖安后族札克徹古魯，時官詳袞。趙延照，史作延昭，疑係一人。又，彝尊吉金貞石志載釋志願葬舍利佛牙石匣記，畧曰：「達摩禪師，遠涉流沙，登雪嶺，得釋迦舍利辟支佛牙，授與先師。先師諱清珣，閩川人。自會同五載仲秋，齎舍利佛牙到此，於八年季春月蓂凋十一葉染疴而逝。臨遷化時，將舍利佛牙付仙露寺講維摩經比邱尼定徽。建窣堵坡，尋具表奏聞。大遼皇帝降宣頭一道，錢三百貫，以充資助，於天祿三年歲次己酉四月十三日安葬。施主名具鐫於後。按，「千人邑」者，社會之名，詳曝書亭集遼雲居寺二碑跋。

四年（庚戌九五〇）春二月辛未，泰甯王察克來朝，留侍。是月，建政事省。

秋九月乙丑朔，如山西。

冬十月，自將南侵漢。攻下安平、縣名，在晉州東北九十里。内邱、縣名，在順德府北五十五里，即漢中邱縣。束鹿縣名，在祁州南百二十里。等城，大獲而還。〔攷異〕薛史云，鎮州、邢州馳奏，契丹寇洺州，陷内邱縣。時兀欲率部族入邊，内邱城小而固，攻五日不下，敵傷者甚衆。有官軍五百在城防戍，攻急，官軍降，敵屠其城去。王溥五代會要云，乾祐三年十一月，烏雲率騎數萬南寇，陷邢州之内邱縣、深州之饒陽縣。按，饒陽今屬晉州，在州東北百三十里。又，内邱之破，歐史漢隱帝紀作乾祐二年，附録作乾祐元年，通鑑繫於三年，即天禄四年。與史合。

是歲，册皇后蕭氏。后妃傳，小字蘇克濟，原作撒葛只。舒嚕后弟阿古齊女。初爲妃，生景宗，天禄四年立爲后。明年秋生孟古公主。在薜，察克叛，弒太后及帝，后乘步輦直詣察克，請畢收斂。明日遇害，謚孝烈，重熙中，更謚懷節。其廟碑文爲翰林學士李昞所撰。生三女：一、和克丹，封秦國長公主，嫁侍中蕭卓琳；二、觀音，封晉國長公主，嫁蕭實喇；三、薩喇，嫁蕭斡里。均見公主表。后父阿古齊，原作阿古只。本傳，子安團，官右皮室詳衮。外戚表未載安團名。后小字撒葛只，卷六十五道宗女；卷一百一蕭胡篤傳先世，三人同名撒葛只。又，世宗妃甄氏，後唐宮人。有姿色，帝從南征得之，寵遇甚厚。生甯王札穆。即位，立爲后，與參帷幄，密贊大謀，不果用。察克作亂，遇害。景宗立，葬二后於醫巫閭山，建廟陵寢側。見后妃傳。契丹國志以景宗爲甄后生，又生平王、荆王、吴王、甯王、河間共六子。甯王名札穆，原作只没。考卷十，聖宗統和元年奉遺詔，召先帝庶兄質睦於敢塗殿，復封甯王；卷六十四皇子表，世宗妃甄氏生長没，封甯王。所載事迹略同。是只没、質睦、長没，均係一人。續通考云，質睦敏給好學，通遼、漢字，工詩。保甯中，封甯王，奪爵，統和中復舊。晉故太后卒。〔攷異〕契丹國志云：時病無醫藥，載手罵重威、守貞曰：「死不置汝！」令死焚其骨，送范陽佛寺，無爲遼地鬼。前安太妃亦然。周顯德中，帝與后及諸皇子均無恙，從者多物故。所載較詳。漢郭威〔攷異〕歐史云：邢州堯山人。父簡，官順州刺史，爲劉仁恭殺。威少孤，依潞州常氏。薛史云：本常氏子，隨母適郭，冒其姓，爲姨母韓氏所養。字文仲。所載各異。因隱帝被弒，〔攷異〕尹洙五代春秋云：是年十一月，威反，慕容彥超與戰於劉子陂，兵敗，帝崩。王溥五代會要云：帝爲郭允明弒於京兆之趙村。冊府元龜云：威初在太原，與帝相戲狎，嘗夢威爲驢，負之昇天，俄變爲龍，捨帝而去。迎劉崇知遠母弟，後更名旻。見歐史，而薛史作從弟，王鳴盛云，當從歐。子贇，尋廢爲湘陰公。〔攷異〕尹洙五代春秋云：威入都大掠，太后令立贇，遣馮道往徐州迎之。契丹入寇，威帥師北討，次澶州，還師。通鑑考異云：時齎詔迎贇者爲樞密直學士王度、祕書監趙上交。

五年（辛亥九五一）春正月癸亥朔，帝如百泉湖。漢郭威弒其主贇而自立，國號周，遣朱憲來告，〔攷異〕綱目於威自立事，繫之乾祐三年十一月，乃天祿四年，此書於五年正月，當是來告之遲。歐史與紀同。陶岳五代史補云：豫章僧號上藍者，精術數，自唐末著讖云：「石榴花發石榴開。」議者謂「石榴」卽晉、漢。再，言者明不過二世也。并致良馬。漢劉崇自立於太原。

二月，周遣姚漢英、華昭（允）〔胤〕（據遼史卷五世宗紀改）來，以書辭抗禮，留不遣。〔攷異〕王溥五代會要云：周廣順元年正月，命左千牛衛將軍朱憲請修和好。烏雲亦遣雅古吉報命，獻良馬四。太祖命左丞國敏、供奉官蔣光遂銜命往聘。四月，敏等回。烏雲遣使什哩獻碧玉金錢銀裹鞍轡并馬四十匹。太祖命左金吾將軍姚漢英及華光裔往使。薛史云，先是，烏裕遣使與漢書致境上，會京師亂，平帝回至澶州，遇蕃使，遂與入朝。至是，遣朱憲伴送歸蕃，致書敍革命之由，并遺以金銀酒器及玉帶。按，歐史雅古吉作梟骨支。所載各異。

夏六月辛卯朔，劉崇爲周所攻，遣使稱姪，乞援，且求封册。卽遣燕王德哷、樞密使高勳往册爲大漢神武皇帝。南唐遣蔣洪來，乞舉兵應援。

是夏，帝清署百泉嶺。

秋九月庚申朔，自將南侵周。壬戌，次歸化州尚和原作祥古。〔攷異〕游幸表作詳古。山，祭讓國皇帝於行宮。羣臣皆醉，察克原作察割。〔攷異〕通鑑韓寬作察罕。反，帝遇弒，年三十四。〔攷異〕歐史云，兀欲會各部酋長，復謀入寇，皆不欲，兀欲强之。燕王述軋與泰甯王嘔里僧等率兵殺之於大神淀。按，嘔里僧通鑑作漚僧。地理志作額哩森，通考作烏辛，皆歐新之轉，均係一人。蓋察克字烏紳，原作歐辛也。大神，通鑑作火神。胡三省引宋白云，在新州西。「淀」讀爲「殿」，淺水曰殿。史稱歸化州卽唐武州，去新州不遠。遼上京亦有大神淀，與此非一也。見潛研堂集。方輿紀要云，主議於九十九泉，不合，行至火神淀被弒。魏土地志云，牧牛山下有九十九泉，卽滄河上源，在沮陽縣城八十里。遼志云，在豐州境內，火神淀在保安州西。錢良擇出塞記畧云，和碩克山對面爲諸勒克山，山巔有九十九泉，滙爲長河，直達歸化城。按，魏書天賜二年，登武要北源，觀九十九泉。武要爲定襄郡屬縣，在大同西北。宋白云，九十九泉在幽州西北千餘里。遼志亦載鹽濼九十九泉，意卽是此處也。葬顯陵。〔攷異〕紀云，葬於顯州西山。契丹國志謂卽醫無閭山。謚孝和莊顯皇帝。

諸大臣討亂黨察克及燕王德哷、本傳，字蘇蘭，巴古濟後。察克叛，德哷方醉，其妻扶入察克幕，因從之。

明旦，壽安王舉兵，諸亂黨悉降；德呼不降，淩遲死，妻子皆誅。紀未載。六院大王朗本傳，字歐辛，季父房阿古齊孫。察克作亂，遣詳袞蕭胡里率兵往應命，曰：「當持兩端，助其勝者。」穆宗立，伏誅，籍其家屬。紀未載。〔攷異〕太宗會同六年十月，遣兜朗使吳越，通鑑作遥折；卷十，聖宗統和元年，近幸，三人同名朗。阿古齊，原作罨古只。有二：一係六院房額爾奇木搭拉子，希達兄，希達傳載詐取異母兄罨古只額爾奇木；一係季父房，即朗之祖。朗傳誤作爲一人，又悞「古」作「谷」，皆德祖系。等皆誅之。立穆宗。初，世宗慕中華風俗，多用晉臣，侮諸宰執而荒於酒色，由是國人不附，諸部數叛，興兵征討；猶因北漢、南唐乞兵應援，與周搆怨，以及於禍。先是，右皮室詳袞烏哲屢表言察克姦邪，不納。是年七月，帝幸太液谷，留飲三日，察克謀亂，不果。至是至尚和山，察克邀壽安王與語，弗從，遂與瓌都等謀，卒遇害。

遼史紀事本末卷十五

蕭翰謀逆

太祖天贊元年（壬午九二二）夏四月癸亥，晉王存勗圍鎮州，節度使張文禮遣使來告急，詔將軍康末怛率蕭翰等往擊，敗之，殺其將李嗣昭，拔石城。翰一名迪里，原作敵烈，字哈準，原作寒真，一作寒貞。〔攷異〕通鑑輯覽作罕札。宰相達魯原作敵魯之子，〔攷異〕薛史云，蕭翰父曰阿巴，曾引衆寇平州，劉仁恭遣騎將劉雁郎與守光率騎先守其州，阿巴爲所紿，被擒，契丹贖歸。尋以妹爲安巴堅妻。阿巴舊作阿缽。按，達魯名列外戚表，翰爲達魯子，表未載翰名。舒嚕原作述律太后之從子，太宗靖安后兄也。〔攷異〕契丹國志云，其妹復爲世宗后。翰始以蕭爲姓，自是后族皆稱蕭氏。〔攷異〕外戚傳，太宗入汴，賜后族小漢曰蕭翰。宏簡錄云，李崧爲蕭翰製姓名。史未載。性殘忍，工騎射。

太宗天顯十一年（丙申九三六）秋（九）〔八〕（據遼史卷三太宗紀改）月庚午，帝自將侵唐以援河東，與唐師戰於太原，其將張敬達來拒，翰率兵自東北衝唐兵爲二，大破之，斬首數萬級。

會同初，領漢軍侍衞。

八年（乙巳九四五）春正月，從伐晉，敗晉將杜重威兵，追至望都。翰請舍騎而射，帝（止）〔從〕（據遼史卷一一三蕭翰傳改）之，軍士步進。敵人持短兵猝至，國兵失利。帝深悔曰：「此吾用言之過以至於此！」

九年（丙午九四六）冬十一月，杜重威等退保中渡寨，帝命趙延壽等分兵圍之，潛遣翰等斷晉糧道。〔攷異〕通鑑云，翰與通事劉重遇將兵並西山，出晉軍之後，斷其糧道及歸路。樵采者遇之，盡爲所獲；進至欒城，降之。獲晉民，皆黥其面曰「奉敕不殺」，縱之南走。所載較詳。

大同元年（丁未九四七）春正月丁亥朔，太宗入汴。

三月丙戌朔，以蕭翰爲宣武節度使。

夏四月丙辰朔，班師，發自汴州，留翰鎮撫之。丁丑，崩於欒城。世宗奉梓宮次鎮陽，即位於柩前。翰聞之，欲北歸。會漢主知遠稱帝，擁兵發晉陽，翰遂遣高模翰迎唐明宗子許王從益〔攷異〕翰傳從益作從敏。歐史云，從益爲王淑妃養子，晉高祖封爲郇國公，奉唐祀。出帝立，還洛陽。德光入汴，爲趙延壽娶從益妹，號永安公主，淑妃主婚，乃拜從益爲彰信節度使，仍與妃還洛陽。翰欲北去，使人召之，子母匿於徽陵域中，竟迫以東。後漢高祖遣郭從義殺之。知南朝軍國事。尋備百官，立爲帝。〔攷異〕薛史云，時衆議尚欲城守以拒漢，太妃不從，劉審交方爲三司使，謂宜聽太妃處分。於是遣使迎漢帝，以翟光鄴爲樞密使，召高行周、武行德均不至，用王景崇爲宣徽使，監左藏庫，取庫金奔漢。審交，幽州文安人。光鄴，濮州鄄城人。所載較詳。翰乃引兵徑赴行在。

秋閏七月，世宗與舒嚕太后相拒於潢河橫渡。太后問翰曰：「汝何怨而叛？」翰對曰：「臣母無（疾）〔罪〕（據遼史卷一一三蕭翰傳改），太后殺之，以此不能無憾。」〔攷異〕瑠格傳，和議成，太后問瑠格曰：「汝何怨而叛？」對曰：「臣父無罪，太后殺之，以此怨耳！」語與此同。初，耶律烏哲原作屋質以附太后被囚，翰聞而快之，卽囚所謂曰：「汝嘗言我輩不及，今在狴犴何？」烏哲曰：「第願公不至如此。」翰默然。

世宗天祿二年（戊申九四八）春正月，翰與天德、瑠格、原作留哥瓌都原作盆都謀反。誅天德。翰以尚帝妹額伯里原作阿不里故，杖而釋之。天德爲太宗庶子，宮人蕭氏所生也。猛悍趫捷，嘗從破石晉有功。先是，翰謀亂時，耶律賓喇原作石剌告烏哲，遂入奏之。翰等不伏，帝不欲發其事，烏哲固諍，以爲不可。乃詔烏哲鞫案，翰伏辜，帝竟釋之。

三年（己酉九四九）春正月，翰復與公主額伯里以書結明王安圖原作安端反。烏哲得其書以奏，乃誅之。額伯里瘐死獄中。〔攷異〕契丹國志云，翰留守汴京，滋德宮有五十餘人，翰欲取之，宦者張環不與。翰破鎖奪宮人，執環，燒鐵烙之死。歐史云，初，同州郃陽縣令胡嶠爲翰掌書記，隨入契丹。而翰妻爭妒，告翰謀反，翰見殺。嶠無所依，居七年，當周廣順三年，亡歸中國。述其所見，作陷虜記。所云翰妻事，與史異。册府元龜云，周廣順二年，以契丹虞部員外郎胡嶠爲汝州魯山縣令，以其歸化故也。陶穀清異録云，嶠雄才宿學，未達，爲德光所掠，間道亡歸。其飛龍磵飲茶詩曰：「沾牙舊姓餘甘氏，破睡當封不夜侯。」蔣一葵堯山堂外紀云，胡嶠詩「餅裏數枝婪尾春」，時人罔喻其意。桑維翰曰：「唐末文人有謂芍藥爲婪尾春者。婪尾酒乃最後之杯，芍藥殿春亦得是名。」陷虜記亦作陷北記。云蕭翰得罪被鎖，嶠與部曲東之福州，翰所治也。契丹多憐嶠，教其逃歸。史均未載。

遼史紀事本末卷十六

烏哲定變　室昉賢適等附

太宗大同元年（丁未九四七）夏四月丁丑，帝崩於欒城，世宗行次鎮陽，即位。舒嚕原作述律太后聞之，怒，遣皇子魯呼原作李胡以兵逆擊，敗於泰德泉。世宗軍至潢河橫渡，隔岸相拒，以耶律烏哲原作屋質。〔攷異〕畢沅續通鑑作烏珍。滿州語「重」也。舊作屋質，今譯改。之謀，各罷兵趨上京。

烏哲，字敵輦，系出孟父房。簡重有器識，重然諾。遇事造次，處之從容，人莫能測。博學，知天文。會同間，爲特哩袞。原作惕隱時從太后。世宗以其善籌，欲行間，乃設事奉書太后。太后以書示烏哲，對曰：「太后佐太祖定天下，故臣願竭死力。太后見疑，臣雖欲盡忠，得乎？爲今計，莫若和解，事必成，否則，宜速戰決勝負。倘人心一搖，國禍不淺，宜裁察！」太后曰：「我若疑卿，安肯以書示汝？」對曰：「魯呼、永康王皆太祖子孫，神器非移他族，何不可之有？太后當思長策，與永康王和議。」太后曰：「誰可遣者？」對曰：「太后不疑，臣請往。萬一永康王見聽，社稷之福。」太后乃使授書於帝。帝遣耶律哈斯原作海思。本傳，隋國王實嚕庶子，官宣徽使。既和，領太后諸局事。穆宗即位，與冀王迪里謀立隆科，死獄中。復書，辭多不遜。烏哲諫曰：「書意若此，國家之憂未艾也！能釋怨以安社稷，則臣謂莫若和好。」帝曰：「彼衆烏合，安能敵我？」烏哲曰：「即不敵，奈骨肉何！況未知孰勝，借曰幸勝，諸臣之族執於魯呼者無噍類矣。以此計之，惟和爲善。」左右皆失色。帝良久問曰：「若何而和？」對曰：「與太后相見，各舒忿恚，和之不難。不然，決戰非晚。」帝然之，遂遣哈斯詣太后約和。往返數日，議乃定。

始相見，怨言交讓，殊無和意。烏哲反復辨難，左右感激大慟。太后曰：「議（未）〔既〕（據遼史卷七七耶律屋質傳改）定，神器竟誰歸？」烏哲曰：「太后若授永康王，順天合人，復何疑！」魯呼厲聲曰：「我在，烏雲原作兀欲，世宗小字。安得立！」烏哲曰：「禮有世嫡不傳諸弟。昔嗣聖王之立，尚以爲非，況公暴戾殘忍，人多怨讟，萬口同聲，願立永康王，不可奪也。」太后顧魯呼曰：「汝亦聞此言乎？汝實自爲之！」乃許立帝。帝謂烏哲曰：「汝與朕屬尤近，何反助太后？」對曰：「臣以社稷至重，不可輕付，故如是耳。」帝嘉其忠。

世宗天祿二年（戊申九四八）春正月，耶律天德、蕭翰謀反下獄。特哩衮瑠格原作留哥及弟瓊都原作盆都結天德等爲亂，耶律實喇原作石剌潛告烏哲，烏哲遽引入見，白其事。瑠格等不服，事遂寢。未幾，瑠格邀駕觀樗蒲，奉觴上壽，袖刃而進。帝覺，命執之，親詰其事。瑠格自誓，帝復不問。烏哲奏曰：「當使實喇與對狀，不可輒恕。」帝曰：「卿爲朕鞫之。」烏哲率劍士往訊之，天德等伏罪，誅罰有差。明年，蕭翰卒以謀反誅。

三年（己酉九四九），烏哲表列泰甯王察克原作察割陰謀事，帝不聽。尋拜爲右皮室詳衮。原作詳穩。

五年（辛亥九五一）秋九月庚申朔，帝自將南侵，次歸化州尚和原作祥古山，察克弑帝。烏哲聞變，亟遣人召諸王及諭禁衛長皮室等同力討賊。時壽安王歸帳，烏哲遣弟沖迎之。王（意）〔至〕（據遼史卷七七耶律屋質傳改），尚猶豫。烏哲曰：「大王嗣聖子，賊若得之，必不容，羣臣將誰事？社稷將誰賴？悔莫及矣！」王始悟。諸將聞烏哲出，相繼而至。遲明整兵，出賊不意，圍之，遂誅察克。語詳察克事中。

亂既平，穆宗即位，謂之曰：「朕之性命，實出卿手。」命知國事。以逆黨財產盡賜之，烏哲固辭。

穆宗應曆五年（乙卯九五五），以烏哲爲北院大王，總山西事。

景宗保寧元年（己巳九六九）冬十一月乙巳，北院大王烏哲加裕悅。原作于越 時宋師圍太原，命烏哲率兵往援，至白馬嶺，遣勁卒夜出，間道疾馳，駐太原西，鳴鼓舉火，宋兵以爲大軍至，懼而宵遁。

四年（壬申九七二），北漢主劉繼元遣使來貢，致幣於烏哲，烏哲以聞，帝命受之。

五年（癸酉九七三）夏五月癸亥，烏哲卒，年五十七。帝輟朝三日。後道宗詔上京立祠祭享，樹碑以紀其功。〔攷異〕宏簡録云，道宗時，庶子唐古乞銘父功，始命耶律庶成製文，勒石上京崇孝寺，并立祠旌之。唐古字敵隱，廉謹善屬文。統和中，述其父安民治盜之法以進，補小將軍，歷豪州刺史、唐古部詳穩，隗衍党項部節度使，改右夷离畢，均有治績。本傳畧同。又嘗上疏言：「自建哈屯城以來，西番數爲邊患，不若復守故疆，省罷戍役。」不報。按，本傳豪州作壕州。考地理志無豪州，惟壕州在顯州東北二百二十里。又，營衛志亦有壕州之名，從壕爲是。又，傳云，重熙四年，上疏不報，旋致仕。宏簡録又云，重熙十四年，爲右伊勒希巴。興宗紀繫之十七年，是唐古致仕當在十七年後，且嘗爲右伊勒希巴也。傳有脱悞。續通考云，屋質五世孫孟簡於太康中詣闕上表，請修國史，乃編三臣行事以進。

同時室昉，字夢奇，南京人。會同（中）〔初〕（據遼史卷七九室昉傳改）第進士。太宗入汴，受詔知制誥，總禮儀事。應曆中，累遷翰林學士，出入禁闥十餘年。保甯中，兼政事舍人，數延問古今治亂得失，奏對稱旨。改南京副留守，決訟平允，人皆便之。擢樞密使，兼北府宰相同平章事，監修國史。進尚書無逸篇，太后嘉獎。是時，與韓德讓、耶律色珍原作斜軫相友善，同心輔政，知無不言，法度修明，朝無異議。

屢請致仕，令居南京，封鄭國公，免拜，賜几杖。統和九年，遘疾，授中京留守，〔攷異〕畢沅續通鑑云，遼史紀傳及百官志稱昉爲中京留守，治大定府。錢大昕謂中京大定府本奚王牙帳地。統和二十五年始築城稱中京，不應此時即有留守，當是南京之訛。加尚父。七月卒，〔攷異〕徐乾學後編作九月。年七十五，贈尚書令。〔攷異〕時應州邢抱朴爲刑部郎中。簡子，由政事舍人歷户部尚書，遷承旨，與室昉同修統和實録二十卷上之。兩決南京滯獄，人無寃者，拜參政。以韓德讓薦，按察諸道守令黜陟之，甚協人望，加南院樞密使，卒。初，與其弟抱質受經於母陳氏，皆以儒術顯。二人均官至侍中，時人榮之。見本傳。刑法志云，故事，樞密使非國家重務，未嘗親決獄訟，惟額爾奇木主之。及蕭和卓與朴相繼筦樞密，專尚吏才，始自聽訟。時人轉相效習，以狡智相高，風俗自此衰矣。

耶律賢適，字阿克展，原作阿古真裕悦羅卜科原作魯不古子。〔攷異〕續通考云，賢適，玄祖後，不知世次。嗜學，有大志，爲烏哲所重，嘗謂人曰：「是人當國，天下幸甚。」應曆中，討烏爾古還，擢右皮室詳衮。景宗立，以功加檢校太保，賜推忠協力功臣。加特進、同平章事。保甯二年秋，拜北院樞密使兼侍中。三年，爲西北路都部署〔按，據遼史卷八景宗紀，是年「七月辛丑，以北院樞密使賢適爲西北路招討使」。與此異〕。忠介膚敏，推誠待人，雖燕息不忘政務。屢決滯獄，百司罔敢懈。

大丞相高勳、〔攷異〕勳祇爲南面樞密使，未嘗爲丞相。本傳，字鼎臣，晉北平王信韜子。仕晉，官閤門使。隨杜重威來降，授四方館使。好結權貴，能服勳大臣，多推譽之。天祿中，爲樞密使，總漢軍事。應曆(中)〔初〕（據遼史卷八五高勳傳改），封趙王，改南京留守。景宗立，以定策功，進王秦。遷南院樞密使。以毒藥餽駙馬都尉蕭卓琳，事覺，流銅州。尋謀害蕭思温，詔獄誅之，籍其家，賜思温。張齊賢洛陽搢紳舊聞記云，勳陷北爲幽州節度，母在洛陽福善里，太祖嘗厚賜慰安之。高後欲歸，不知所終。都部署尼哩原作女里席寵放恣，及帝姨母、保母勢薰灼，賢適患之，言於帝，不報。乾亨初，疾篤，得請。封西平郡王，致仕，卒年五十三。

子觀音，大同節度使。〔攷異〕汪輝祖遼史同名録云，卷十聖宗統和十九年，奚六部大王；卷六十五公主表，世宗女；卷七十一道宗宣懿皇后小字，四人同名觀音。

遼史紀事本末卷十七

劉漢之立

世宗天禄五年（辛亥九五一）春正月，漢郭威弑其主贇而自立，國號周。〔攷異〕綱目繫之天禄四年，辨見世宗事中。河東節度使劉崇〔攷異〕吴任臣十國春秋云，世祖，名旻，高祖母弟，均章懿后出。初名崇，改今名。薛史謂崇爲高祖從弟，王保衡晉陽見聞要録作仲弟，今從歐史。爲人美鬚髯，目重瞳子。少無賴，嗜酒好博，嘗黥爲卒。高祖鎮河東，署馬步都指揮使。即位，除太原尹，北京留守、平章事。隱帝時改河東節度使兼中書令。聞之，稱帝於太原，仍用乾祐年號。〔攷異〕吴任臣十國春秋云，崇聞隱帝被弑，謀舉兵。會郭威迎立崇子贇。崇喜曰：「吾兒爲帝，又何求！」乃罷兵。少尹李驤勸以大兵下太行，控孟津以俟變。崇怒其離間，斬之，并其妻。已而，威代漢，降封贇湘陰公。崇遣李晉求贇歸，不許，遂以乾祐四年五月戊寅即位。驤，真定人，善談兵，饒技畧。後立祠太原。贇尋被殺於宋州，其將鞏廷美、楊溫守徐州，遇害。初，贇鎮徐州，辟洛陽郭忠恕爲推官。會郭威遣馮道迎贇，至宋州，忠恕知事變，責道爲脱空漢，道無以對，忠恕因勸贇殺道奔河東，不聽，遂及禍。忠恕竄迹山野，仕宋爲乾州司户，去官，縱情山水。太宗召除國子監主簿，坐謗訕，配登州，尸解。有佩觿集三卷行世。字恕先，一字國寶。善畫，尤工篆籀。見米芾宣和書畫譜。所有者：并、今太原府。汾、今汾州府。忻、在太原府北。代、在太原府東北。嵐、今太原府嵐縣。憲、今静樂縣。隆、今岢嵐州。蔚、在太原府東南。沁、在太原府南。遼、即唐樂平郡。麟、治新秦縣。石今永甯州。十二州之地。〔攷異〕輿地廣記云，嵐州本胡地，樓煩王居焉。秦、漢、晉屬太原郡，後魏末置嵐州，隋爲樓煩郡，唐置東會州，改嵐州。縣三：宜芳、合河、樓煩。憲州，由嵐州分置，本樓煩監牧，李克用奏置憲州及樓煩縣，今因之，以樓煩屬嵐州，以嵐州之静樂來屬。縣一：静樂。隆州，岢嵐軍，唐分宜芳縣置，張仁亶徙其軍於朔方，留者號岢嵐守捉，隸大同軍，今復以縣置軍。沁州，後魏置，隋爲西洺州，改隰州，後爲龍泉郡，唐改隰州曰大甯郡。今縣六：隰川、温泉、蒲縣、大甯、石樓、永和。麟州，漢屬五原、西河二郡，隋屬銀、勝二州，唐張説奏置麟州，又爲新秦郡，今升建甯軍，復爲鎮西軍。縣三：新秦、銀城、連谷。石州，本趙离石邑，秦屬太原郡，漢屬西河郡，東漢爲郡治，北齊置西汾州，後周改石州，又爲离石郡，唐爲石州，又曰昌化郡。今縣三：离石、平夷、方山。餘見上。按，此十二州，與通鑑合，而歐史職方攷云，自太原以北十州爲東漢。并無隆、蔚二州名，蓋石晉割山前七州、山後五州畀契丹，蔚州實在其中，則通鑑以蔚州爲北漢有者，誤也。至隆州爲北漢所置，備載地理表中。今應照歐史列名，加隆州以補其缺。見吴任臣十國春秋。薛史云，周廣順元年二月，劉崇遣劉鈞及白截海率萬騎攻晉州，王晏拒却之，崇軍傷死甚衆。鈞一作筠。十國春秋作正月，云，崇以承鈞爲招討使，與副使白從暉、都監李存瓌攻晉州，不克。安元寶降周，移攻隰州，爲刺史許遷及孫繼業所敗，執牙將程筠殺之。從暉，吐谷渾人，官行軍都部署。存瓌，唐莊宗從弟，克甯子，官使相。史均未載。

夏六月辛卯朔，崇爲周所攻，遣使稱姪，乞援，且求封册。即遣燕王德呼、原作牒蠟樞密使高勳册爲大漢神武皇帝。〔攷異〕契丹國志云，二月，命招討潘聿撚遺劉崇子承鈞書，崇復書求封乞援。四月，遣使如北漢，告以周使田敏來約，歲輸十萬緡。崇使鄭珙以厚幣來，請行册禮，從之。尋遣學士衛融來謝。珙青州人，有異才，官平章事。融字明遠，青州博興人，歷官平章，仕宋爲司農卿。子偁儔、孫齊皆進士及第。通鑑云，初，戎主北歸，横海節度潘聿撚棄鎮隨之，官西南招討使，至是使遣承鈞書。吴任臣十國春秋云，乾祐四年二月，漢遣通事舍人李詧使遼乞援。三月，至遼，約爲父子，國使拽刺梅里來聘。時以鄭珙、趙華同平章事，次子承鈞爲侍衞親軍都指揮使，太原尹李存瓌爲代州防禦使，張元徽爲馬步都指揮使，陳光裕爲宣徽使。元徽，武安人，後官武甯節度。歐史云，兀欲以自愛黄騮九龍、十二稻玉帶報聘。朱昱猗覺寮雜記云，玉帶瀾狹以道，言當用「稻」字。五代劉崇以十二稻玉帶遺漢高祖。王保衡晉陽見聞録云，珙達北廷，北俗以酒池肉林爲名，雖不飲酒，如韋曜輩皆加灌注成疾。珙魁岸善飲，罹無量之逼，宴罷載歸，一夕腐脅，卒，輿尸復命。史均未載。

秋九月庚申朔，世宗自將南侵周，次歸化州尚和原作祥古山，被弒。羣臣討平亂黨，立穆宗而還。

是歲，改元應曆，遣劉承訓告哀於漢。

冬十一月，漢遣使來弔。嗣後信使不絶。〔攷異〕薛史云，七月，鎮州奏破河東賊軍於平縣西，斬首五百級。歐史云，十月，漢人攻晉州，十一月，王峻、王彦超拒卻之。契丹國志云，九月，北漢主自團柏攻周，帝引兵會，遇害。十月，穆宗遣蕭禹厥將奚、遼兵五萬會北漢伐周，攻晉州；周將王萬敢、史彦超、何徽拒之。周太祖率王峻來救，遼、漢兵夜遁。吴縝五代史纂誤云，歐史謂蕭禹厥出陰地關攻晉州，爲王峻敗。按峻傳，漢聞周兵至即解去，未交鋒，安得云敗也。通鑑輯覽云，周主親征不果行。禹厥作裕矩。吴任臣十國春秋云，漢攻晉州久不克，會大雪，軍乏食，遼兵思歸，聞峻至，燒營宵遁。先是，峻聞晉州南有蒙阬，最險要，憂漢兵據之，嗣知前鋒已度蒙阬，喜曰：「吾事濟矣！」及入晉州，遣將仇宏超等追及於霍邑，奮擊漢軍，大敗之。藥元福請乘此躡撲，峻止之，遂解去。通鑑云，契丹北至晉陽，士馬什損三四。時北漢土瘠民貧，內供軍國，外奉遼幣，賦役繁重，民不聊生，逃入周境者衆。史均未載。輿地廣記云，晉州爲堯都，所謂平陽也。秦、漢屬河東郡，魏分置平陽郡，劉淵都焉。後魏兼置唐州，尋改晉州，隋爲臨汾郡，唐復舊，又爲平陽郡，升定昌軍，後周改建雄軍。今縣十：臨汾、洪洞、襄陵、神山、趙城、汾西、霍邑、冀氏、和川、岳陽。又，陰地關，在靈石縣西南百二十里。

穆宗應曆二年（壬子九五二）夏六月壬寅，漢爲周所侵，遣使求援，命中臺省右相高模翰及漢兵圍晉州。〔攷異〕薛史云，周廣順二年二月，府州折德扆奏破河東軍，斬首二千級，尋克岢嵐軍。九月，契丹寇深、冀州，遣劉誨、何繼筠等拒却之。蕃軍殺冀部丁壯數百去。杜延熙敗之於瀛州南，斬首三百級，獲馬四十七匹。契丹易州刺史石越來奔。歐史云，契丹遣楊袞將兵十萬助漢。漢主以張元徽爲先鋒，自將三萬騎攻潞州，敗李筠將穆令鈞兵於太平驛，圍潞州。通鑑謂遇伏被殺，繫之顯德元年，卽應曆四年。方輿紀要謂漢將李存環。令鈞作令均。吳任臣十國春秋謂漢主自將兵三萬，以白從暉爲都部署，張元徽爲先鋒，與遼兵南出團柏屯梁侯驛，李筠遣牙將逆戰於太平驛。元徽斬其將穆令均，筠遁歸上黨。三月，漢兵逼潞州，乘勝而南。繫之乾祐七年，爲應曆四年，遼史，將兵者爲政事令敵魯，均與歐史異。筠，太原人，仕唐爲控鶴指揮使，入周歷使相、太傅兼侍中。契丹國志云，六月，遼幽州節度使蕭海真詐降周，不納。九月，攻冀州，爲周拒。是冬，幽境大水，流民入塞者四十餘萬。周詔所在賑給，中國民被掠得還者十五六。方輿紀要又云，高模翰渡胡盧河攻冀州，周兵屯貝州拒之。所載各異。

是冬，漢遣使進葡萄酒。〔攷異〕吳任臣十國春秋云，是歲，麟州刺史楊崇訓歸欵於周。初，崇訓父信受命於周爲刺史，及信卒，崇訓以州歸漢。至是，爲羣羌所圍，叛去，後復歸於漢。歐史繫之明年正月，且崇訓作重訓。又異。

三年（癸丑九五三）春閏正月壬午朔，漢以高模翰卻周軍，遣使來謝。

三月庚辰朔，南唐遣使來貢，因附書於漢，詔達之。丁酉，漢遣使進毬衣及馬。

夏五月，漢遣使言石晉樹先帝聖德神功碑爲周毀，請再刻，許之。〔攷異〕契丹國志云，正月，攻定州，爲周將楊宏昭所敗。六月，張藏英降周。綱目，宏昭作宏裕。歐史云，七月，盧臺軍使張藏英來奔。日下舊聞考引悅生隨抄云，藏英，范陽人。唐相嘉貞後。唐末，舉族數十口爲賊孫居道所害。藏英幼，後逢居道於幽州，刺之，不死，爲吏執，節帥趙德鈞壯而釋之。求出爲關南巡檢，卒擒殺居道，設父母位，剖心肝以祭。事聞，詔勿問。目爲「報仇張孝子」。薛史云，閏五月，定州奏契丹攻義豐軍，拒卻之。鎮州奏契丹寇境，遣兵追至無極而還。史均未載。

秋八月己未，漢遣使來求援。

九月庚子，漢遣使貢藥。

冬十一月辛(酉)〔丑〕(據遼史卷六穆宗紀改)葬貞烈皇后於祖陵，漢使來會葬。〔攷異〕通鑑云，九月，契丹寇樂壽，齊州戍兵右保甯都頭劉漢章殺都監杜延熙，謀應契丹，事洩，并其黨伏誅。紀未載。吳任臣十國春秋云，乾祐六年十二月，喬贇侵周府州，爲折德扆敗。按，乾祐六年，卽遼應曆三年也。史未書府州兵敗事。王溥五代會要云，六月，河南、北諸州，旬日無烏，既而聚澤、潞山谷中，集於林木，壓樹枝折。至顯德元年，崇爲周所敗，伏屍血流，故先萌其兆。

四年(甲寅九五四)春正月，周主威殂，子晉王柴榮嗣立。邢州龍岡人。父守禮，威聖穆后兄。威無子，養爲子。曾鞏隆平集云，柴翁者，獨居，司冥事，一日笑不止。妻問故，不答，醉以酒，乃曰：「帝命郭郎爲天子。」按，翁卽守禮父。史佚其名。東都事畧云，時世宗尹開封，曹翰勸入侍太祖疾，翰總府事。及卽位，歷州鎮。蘇轍龍川別志云，柴后，魏安成人。父曰柴三禮，本唐莊宗嬪御。莊宗殁，遣歸，至河上，父母迓之。止逆旅，見一丈夫冒雨來，異之，問主人。曰：「此馬鋪卒吏郭雀兒。」后取橐中裝，分半與父母，自取其半，遂成婚，卽周太祖也。周祖有女，轉徙至葛驛，嫁張永德，與周祖遇，挈之軍中。周祖入汴，親戚盡誅，唯永德夫婦免，遂極富貴。

二月丙午朔，周遣兵攻漢，命政事令耶律達魯原作敵祿，字陽隱。孟父房楚國王後。援之。丙辰，漢遣使來進茶藥。帝幸南京。

夏五月乙亥，忻、代二州叛漢，遣南院大王特烈原作撻烈。卷七十七有傳。〔攷異〕卷七，應曆十四年以西南招討使援漢，十八年，於鶻窠中得牝犬來獻，疑卽此人。又卷八十八蕭迪里傳，四世祖宰相撻烈，另一人。助達魯討之。丁酉，敗周師於忻口，在忻州北五十里。其將符彥卿引兵退。

六月癸亥，特烈獻所獲。〔攷異〕契丹國志云，二月，遼遣武定節度使楊袞將兵會漢主趨潞州，周李筠來拒。五月，周主自將至晉陽，旗幟環城四十里。袞遁，主囚之，使屯忻、代。符彥卿迎戰，遼兵退保忻口。彥卿輕進，敗還晉陽。特烈傳，周遣郭從義、尚鈞等拒於忻口，特烈擊敗之，獲其將史彥超，周軍遁歸，復所陷城邑。按，通鑑作李筠、張永德，無從義、鈞名。綱目云，三月，世宗與漢主戰於高平，親犯矢石。宋太祖與張永德分左右翼奮擊，漢大敗；張元徽戰死，袞遁。漢主奔晉陽。李燾長編云，永德，陽曲人。顯德初，有方士私謂永德，言宋太祖受命之符者。永德在軍中，潛意推奉，及卽位，寵待優渥。蘇轍龍川別志云，太宗娶符后，太祖使永德助聘財。薛史云，高平之戰前夕，有大流星如日，行數丈，墜於賊營。又，張元徽作張暉，與樞密使王延嗣同死。先是，世宗命李彥崇守江猪嶺遏寇歸路，聞敗而退；及崇歸，果由是嶺，坐貶。嶺在長子縣西南。陶岳五代史補云，初，樊愛能、何徽敗，世宗怒，躍馬入陣衝崇軍。

崇驚，遂大敗。凱還至潞州，斬愛能等。初，崇見周兵少，請以本軍戰，契丹畏周軍，不救而敗。王鞏聞見近録云，初，斬敗將七十二，卽坐中如數補之，左右股栗。及再戰，不用命者，太祖刃其笠識之，戰罷，皆斬。軍聲大振，遂圍太原。歐史云，圍城久不克，聞史彦超戰死，〔遽〕（據新五代史卷三三史彦超傳補）班師，倉卒之際，亡失甚多，憂憤不食者數日。初，高平之敗，漢主乘契丹所贈黄騮，帥百餘騎，由鵰窠嶺遁歸。後爲黄騮治廐，飾以金銀，食以三品料，號「自在將軍」。又云，四月，漢蓋希顔以汾州附；張漢超以遼州附，取嵐、憲、石、沁州；李勍殺刺史趙皋以忻州附。五月，鄭處謙以代州附。吴縝五代史纂誤云，北漢世家謂桑珪殺處謙，以城降周。稍異。方輿紀要云，周初，遣王彦超出陰地關攻汾州，符彦卿自磁州固鎮出漢軍後。漢主至高平，陳於高原，與周軍遇，中軍陳於巴公原，爲周兵敗。高平縣、巴公原均在澤州北。里道記云，固鎮至遼州三百一十里。吴任臣十國春秋云，時周主新立，謂漢幸喪，宜自將，羣臣勸不可輕動。周主曰：「以吾兵之强，如泰山壓卵耳！」遂行。遇於高平之高原。帝以中軍陳於巴公原，張元徽居東偏，楊袞居西偏。袞謂周師勍敵，勿輕動。帝言時不可失，袞怒而去。及戰，元徽擊右軍，兵始交，周將樊愛能、何徽先遁，右軍潰。周主怒，躍馬入陳，直衝牙帳，帝方張樂飲酒示閑暇，及奄至，殊驚惶。周主親犯矢石，趙匡胤、馬仁瑀、馬全義、張永德等摧鋒陷陳，元徽馬蹶，被殺，遂大敗。是役也，袞蓄怒，按兵不戰，故全軍返，北屯代州。帝遣王得中送袞歸，求救於遼。遼遣得中歸報，許發兵救晉陽。周遣符彦卿等將兵發潞州，韓通自陰地關來會。四月，王彦超陷石州，執刺史安彦進。憲州刺史韓光愿，嵐州刺史郭言，沁州刺史李廷誨舉城降。五月，遼遣撻烈來援。周主至太原，鄭處謙以代州降。袞遁歸，遼主囚之。撻烈敗彦卿於忻口，處謙爲桑珪誣其通遼，殺之。史彦超戰死，周主因久雨，遂歸，盡棄所得州縣。惟桑珪據代州不下，攻拔之。王得中，上黨人，官樞密直學士。自遼歸，被執，爲周殺。所載較詳。

秋七月乙酉，漢民有爲遼軍誤掠者，遣使來請，詔悉歸之。

九月丙申，漢爲周所侵，遣使來告。

冬十一月，彰國節度使蕭迪里、原作敵烈。〔攷異〕陳浩遼史攷證云，卷六，應曆二年，林牙，謀亂就獲；三年，太保，又郎君；九年，王子；卷十七，聖宗太平八年，南院大王，爲上京留守；卷十九，興宗重熙十二年，同知析津府事；十三年，北樞副爲右伊勒希巴；十八年，漢人行宮都部署，爲左伊勒希巴；卷二十五，道宗大安四年，伊實大王知西北招討事；卷二十九，天祚保大三年，軍將，後雅里時爲樞密；卷六十六皇族表，太祖系雅爾噶子，南府宰相；聖宗系烏格四世孫；卷八十八傳，聖宗時中京留守；卷九十四耶律世良傳，族弟；卷九十六傳，道宗時塔布城節度；卷一百十三蕭翰傳，別名；卷一百十四蕭呼都克傳，族弟，旗鼓伊喇。十八人同名敵烈。太保許從贇奏忻、代二州捷。

五年（乙卯九五五）春二月庚申，漢遣使來上尊號，不許。

夏四月己酉，周侵漢，漢遣使求援。〔攷異〕王溥五代會要云，顯德二年三月，命許州節度使王彥超等築壘於李晏口，與蕃兵數千騎戰於高平縣南，敗之。紀未載。薛史云，三月，建李晏口爲定安軍，距冀州百里，北距深州三十里，夾胡盧河爲壘。先是，貝、冀之地，密邇戎疆，馳突無阻。帝按圖定策，築壘戍守，頗扼要害。敵騎不敢涉河，邊境始得耕牧。今爲李晏鎮有二：一在景州東北爲東鎮；一在深州南爲西鎮。以遼降將張藏英守之。

秋九月庚辰，漢主有疾，遣使來告。

冬十一月乙未朔，漢主崇殂，子承鈞遣使來告，且求嗣立。遣使弔祭，遂册立之。〔攷異〕崇卒於顯德元年，卽應曆四年，通鑑考異徵據各書甚詳。契丹國志亦繫於四年冬，云：承鈞上書稱男，遼謂之兒皇帝。史載在五年，疑誤。吳縝五代史纂誤云，歐史十國年譜，顯德元年卽漢乾祐七年。注云：「承鈞立，卽戰於高平之歲，而東漢世家謂崇自高平敗後被圍，以憂得疾，明年十一月卒。所載互異。蓋世家誤有「明年」二字也。按，薛史周世宗紀及僭僞列傳、王舉大定録、宋庠紀年通譜、王溥周世宗實録皆言崇死於顯德二年乙卯十一月。均誤。惟王保衡晉陽見聞要録云，卒於甲寅冬。與年譜合。周密齊東野語，劉道原子羲仲嘗摘歐公五代史訛謬爲糾繆一書，示東坡。而王明清揮麈録云，蜀人吴縝初登第，請於文忠，願預官屬，公不許，因撰糾繆。豈別爲一書耶！吴任臣十國春秋云，王保衡仕漢，官中書舍人，直翰林院，乃漢舊臣，言當足信。又云，承鈞好學，工書，始行三年喪禮。遼遣劉承訓來册命，更名鈞，時年二十九，仍稱乾祐七年，不改元。所載較詳。崇葬交城北山，山在交城北百二十五里。

十二月辛巳，漢遣使來議軍事。

六年（丙辰九五六）夏六月甲子，漢遣使來議軍事。

七年（丁巳九五七）夏五月辛卯，漢遣使來貢。〔攷異〕薛史云，顯德四年十月，漢麟州刺史楊重訓以城降，周授防禦使。契丹國志云，十一月，遼遣侍中崔勳將兵會漢將李存環南侵潞州，至城下而還，贈勳甚厚。吴任臣十國春秋，重訓之降，潞州之役，均繫之天會元年，卽應曆八年。又崔勳作高勳。所載各判。

八年（戊午九五八）夏四月甲寅，南京留守蕭思温攻下沿邊州縣，遣人勞之。〔攷異〕思温傳，字伊庫，尚燕國公主。在軍握齱（不）（據遼史卷七八蕭思温傳删）修邊幅，皆言非將相才。周攻揚州，帝遣思温躡其後，憚暑不敢進，拔緣邊數城而還。小字英格，舊作寅古。父華默哩，舊作忽没哩。公主爲太宗長女，名羅卜科，原作吕不古。次女綽哈，原作朝瑰，嫁宰相蕭哈里。薛史云，四月，澶州節度使張永德準詔赴北邊，以契丹犯境故也。

五月，周陷束城縣。

六月辛未，思温請益兵，乞駕幸燕。〔攷異〕思温傳，周侵馮母鎮，勢甚張，請益兵；詔與統軍司併兵拒之。會敵入東城，遼軍退渡滹沱而屯。思温勒兵徐行，周師退，乃還師。方輿紀要云，顯德五年，周成都帥郭榮攻拔束城縣。在河間府東北六十里。思温傳作東城。疑誤。薛史云，七月，邢州留後陳思讓奏破河東軍千人於西山下，斬首五百級。史未載。

冬十一月辛酉，周復來侵，漢遣使來告。乙丑，使再至。

十二月庚辰，又至。〔攷異〕吴任臣十國春秋云，漢改乾祐十年爲天會元年，正月大赦。以子繼恩爲太原尹，衞融同平章事，段常爲樞密使，蔚進掌親軍，潛結江南、西川爲外援。五月，遣使貢方物於遼。七月初，立七廟於高祖舊第，號顯聖宮。十二月，唐使陳處堯自契丹來，遊太原，厚禮之。留數日，北還。段常一作段恒，避宋諱改。劉恕十國紀年，陳處堯作段處常，官兵部郎中。王保衡晉陽見聞録作處堯，云如契丹乞兵，因來遊。蔚進官侍衞都指揮使，忤郭無爲，出知代州。紀載各異。

九年（己未九五九）春正月戊辰，帝駐蹕潢河。

夏四月丙戌，周來侵。戊戌，以南京留守蕭思温爲兵馬都總管擊之，周拔益津、瓦橋、淤口三關。

五月乙巳朔，陷瀛、莫二州。癸亥，如南京。辛未，周兵退。〔攷異〕思温傳，周主與諸將傳元卿、李崇進等分道進圍瀛州，陷三關，迫固安。思温不知計所出，將士請戰，不許。俄陷易、瀛、莫州，邊民遁入西山。思温表請親征，會周主病歸，乃還。綱目云，四月，周師至益津，終廷輝以城降；至瓦橋，姚内斌以城降；莫州刺史劉楚信、瀛州刺史高彦暉，皆舉城降。進拔易州，斬刺史李欽獻，關南悉平。還，趣幽州。册府元龜劉楚信作劉信。薛史云，四月，幸滄州，駐蹕乾甯軍，刺史王洪以城降。丁酉，御龍舟，順流至益津，復舍舟登陸，抵瓦橋。凡得州三，縣十七。張藏英破契丹於瓦橋關北，下固安縣。李重進出土門入河東界，敗其軍於百井，斬首二千級。孫行友拔易州，擒刺史李存欽來獻，斬之。司馬光涑水紀聞云，時藏英從征契丹，自請往説瓦橋關降之。內斌，盧龍人。降後爲汝州刺史。方輿紀要云，乾甯軍卽蘆臺軍，在滄州西北九十里，爲戍守重地。輿地廣記云，五代置乾甯軍，入契丹，因復取之。通鑑云，韓通奏自滄州治水道入契丹境，栅於乾甯軍，開游口三十六，遂通瀛、莫。戎主遣使者日馳七百里詣晉陽，命北漢主發兵撓周邊，聞上南歸，乃罷兵。拔三關及莫州在四月，降瀛州在五月，退兵在壬子。李存欽作李在欽。莫州，唐置。初爲鄚州，後以「鄚」「鄭」文相類，改爲莫州。縣一：任邱。漢莫縣地，在河間府北七十里。吳任臣十國春秋云，天會二年正月，周將楊廷璋敗漢兵於隰州城下。刺史孫議暴卒，廷璋檄李謙溥權知州事。漢兵攻城，敗退。按，天會二年，卽應曆九年也。而以思温之敗，關南之失，百井之役，世宗之殂，均書作天會三年，與史差一年耳。陶岳五代史補云，世宗至瓦橋，登高阜，父老謂是「病龍臺」，遂馳歸。先是，夢神遺大傘，道經一卷，得天下。至是，夢中神索還，自知不祥。時謂「天子姓柴，燕者煙火，柴入火不利，安得成功」？卒如其言。魏璘傳，謂璘善卜，穆宗問之，答如此。葉夢得避暑録話云，楊文公談苑載世宗嘗爲小詩示竇儼。儼言今四方僭僞主皆能爲之，若求工則廢務，不工則爲所窺。世宗遂不復作。度所作詩必不佳，故云爾。然非世宗英偉識大略，豈得不忤？又安肯棄去！信爲天下者在此不在彼也。

六月戊寅，復容城縣。庚申，〔攷異〕六月係乙亥朔，不應有庚申日。史恐誤。西幸，如懷州。〔攷異〕薛史云，六月，潞州李筠攻下遼州，獲刺史張丕旦，晉州楊廷璋招降河東堡砦十三所。都部署韓令坤敗契丹於霸州北。吳任臣十國春秋云，六月，周李筠攻石會關，拔六寨，李謙溥克孝義，三遣使如遼告急。國中大雪，國人唱曰：「生怕赤真人，都來一夜春。」人以爲宋受命之應。張丕旦作張丕。史均未載。

是月，周主榮殂，〔攷異〕世宗旋師大梁，崩於滋德殿。（按，舊五代史卷一一九世宗紀，謂崩於萬歲殿）陶岳謂馳歸，是夜即不豫，翌日病，亟回，未及闕而崩，亦俗説耳。王鞏隨手雜録云，世宗銷銅像鑄錢，真定像以高大免。及北征，命以礮擊之，中佛乳。未幾，疽發乳間，殂。楊文公談苑謂以斧破腦。後病，疽發腦間。或謂報應，太祖因重釋教。魯應龍閑窻括異志亦云。李燾長編謂以斧钁自胸鑱破之，後疽發胸間。稍異。潘永因宋稗類鈔云，樞密王朴因元象大異，夜與世宗微行，止五丈河旁，見一燈熒熒然，近則漸大，至隔岸，火如車輪，中一小兒引手相指。朴泣請世宗拜之而没。朴尋卒。世宗伐幽、燕，道殂。至明年，宋受命，大物小兒，蓋國朝火德之兆也。子宗訓立。世宗第四子，後謚恭帝。

秋七月，發南京軍戍范陽。〔攷異〕曹學佺名勝志云，范水在州西南。水北曰陽，古范陽郡名以此。許亢宗奉使行程録云，近城有涿河、劉李河，合范河，東南入海，故曰范陽。樂史太平寰宇記云，督亢陂在范陽縣東南十里。劉向别録謂督亢，燕膏腴之地。孫暢之畫述曰，燕太子丹使荊卿齎督亢地圖入秦，即此。郡國志引徐野云，方城縣有督亢陂。契丹國志云，秋九月，遣其舅使唐，周荊罕儒使盜殺之於清風驛。罕儒，冀州信都人，官兵馬鈐轄、鄭州防禦使。見長編。馬令南唐書云，保大二年七月，契丹使其舅來聘。初，昇元中，宋齊邱選宮嬪，雜以珠貝錦綺，泛海北通契丹，約復中原。戎使至，則厚幣遣還，迨至淮北，輒使人刺之。遣使報聘。戎意晉殺其使，數犯中華。至是，館於清風驛，夜讌更衣，盜斬其首。契丹自是不至，蓋中原間之也。龍袞江南野史云，周世宗初征淮南，詔書曰：「結連并寇，與我爲仇；勾誘契丹，至今未已。」皆齊邱始謀也。或謂戎母青媛，乃江南之嬪。罕儒刺客名田英，賞三千緡。吳任臣十國春秋元宗紀云，先是，昇元中，宋齊邱謀間晉，會契丹使燕人高霸來聘，歸至淮北，陰遣人刺殺之，而匿霸之子乾於濠州。至是，周亦殺遼使以間之，契丹遂不至。齊邱傳同。字子嵩，世爲廬陵人，官太師、中書令、平章事，封青陽公，縊死。按，遼使被殺，南唐書繫之保大十二年，在周爲顯德元年，在遼爲應曆四年，國志作應曆九年，未知孰是。遼史應曆五年、七年，南唐三遣使來貢。遼未與絶也。陸游南唐書云，保大十三年，周侵淮南，元宗命段處常如契丹求援，陳利害甚辨。契丹本無出師意，留不遣。處常屢面誚，戎主優容之。尋病卒。十四年，元宗復遣間使求援於契丹，至淮北，爲周執。復命陳處堯至契丹乞師，竟不返。通鑑胡三省注云，自徐温執吴政，屢泛海使契丹，至唐烈祖、中主皆然。史多未載。

冬十二月戊寅，還上京。〔攷異〕吴任臣十國春秋云，是冬，遼人謀會兵攻周鎮、定二州。史未載。

十年（庚申九六〇）春正月，周殿前都點檢趙匡胤涿郡人，父宏殷，母杜氏。廢其主而自立，國號宋。〔攷異〕東都事略云，時河東與契丹連兵寇鎮、定，周命太祖北征。俄聞太祖即位，驚曰：「中國有英主矣！」遂遁去。史未載。蘇轍龍川别志云，時韓通以親衛戰闕下，敗死。太祖釋甲詣政事堂，范質見太祖，首陳禪代議。薛史云，世宗北征，凡供軍之物，皆令自京遞送，内得一木，長二三尺，其上封題曰「點檢做」。觀者莫測，至是乃驗。彭百川太平治迹統類云，世宗於文書囊中得木，長三尺餘，題曰「點檢作天子」。時陽曲張永德爲是官，命太祖代之。又夢從世宗游池上，授以印。時都下讙言，將以出兵日冊點檢爲天子，内庭不知。潘永因宋稗類鈔云，太祖征李筠，以太宗爲大内都點檢，都民驚曰：「點檢作天子矣，更爲一天子地耶？」此又人口木簡也。

夏五月壬子，漢以潞州歸附來告。

六月庚申，〔攷異〕曆象志朔考，是月係己巳朔，不應有庚申日。史恐誤。復以宋兵圍石州來告，遣大同節度使阿拉原作阿剌。〔攷異〕汪輝祖遼史同名録云，卷九十，北院樞密使陳王傳蕭阿拉；卷一百蕭酬斡傳，祖，採訪使，三人同名阿剌。率四部往援，詔蕭思温以三部兵助之。

秋七月己亥朔，宋兵取石州，潞州復歸宋，漢使來告。〔攷異〕宋史太祖紀，六月，永安節度使折德扆破北漢沙谷砦；昭義節度使李繼勳焚平遥縣。十月，晉州鈐轄荆罕儒襲北漢汾州，死之。吴任臣十國春秋云，時郝貴超鎮汾州，潛出師襲其營，罕儒戰死。宋斬其部將不用命者二十餘人。李燾長編云，侵汾州還，次京土原，爲郝貴超擒，手殺數十人，乃遇害。北漢主欲生致罕儒，聞其死，戮殺罕儒者。事聞，帝痛悼，以其子守勳爲西京武德副使。

十一年（辛酉九六一）冬十二月乙未。〔攷異〕畢沅續通鑑云，昭義帥李繼勳奏敗北漢軍千餘人，斬百餘級，獲遼州刺史傅廷彦弟勳以獻。吴任臣十國春秋云，執傅廷彦及弟勳，時漢結代北諸部侵麟州，夏州李彝興遣李彝玉會諸鎮兵來禦，乃引還。李燾長編云，繼勳以質直稱，性儉嗇，酷信釋氏。與太祖有軍中之舊，故特承寵遇。卒，贈中書令，封隴西郡王，謚莊武。

十二年（壬戌九六二）夏四月戊申。〔攷異〕畢沅續通鑑云，北漢攻麟州，防禦使楊重勳擊走之。路振九國志云，北漢主以僧繼邕知國政。繼邕游華巖，見地有寶氣，於團柏谷置銀場，募民開採，號寶興軍。吴任臣十國春秋云，天會六年二月，漢兵侵晉、潞二州，爲宋將所敗。四月，太原民潛逃降宋者四百七十人。七月，捉生指揮使路貴等十一人降宋，並補内殿直。又繼邕作繼顒，鴻臚卿。李燾長編云，重勳即承訓也。避周恭帝諱，改焉。繼顒係劉守光子，削髮爲浮圖，居五臺山。多智計，能講華嚴經。四方供施，多積蓄，以佐國用。五臺當契丹界，繼顒，常刷其馬以獻，號「添都馬」，歲率數百匹。置銀冶，主取其銀貢契丹，歲千斤。累官太師、中書令，卒，封定王。陶穀清異録云，繼顒住五臺，手執鐵如意，紫檀鏤成，芳馨滿室，名曰「握君」。樂史太平寰宇記云，五台山在代州五台縣東北一百四十里。華嚴經大疏清涼山卽此。釋道世法苑珠林云，山方三百里，巉巖崇峻，不生草木。五峰聳出，如壘土之埜，故曰五台。詳高士奇扈從西巡日録。所載甚詳。

十三年（癸亥九六三）春正月丙寅，宋城益津關，命南京留守高動、統軍使崔（延）〔廷〕勳（據遼史卷六穆宗紀改）以兵擾之。

二月庚寅，漢遣使來告，欲巡邊徼，乞張聲援。

秋七月辛亥朔，漢以宋侵來告。

冬十月丙（辰）〔申〕（據同上書改），復以宋侵來告。〔攷異〕畢沅續通鑑云，八月丁亥，王全斌、郭進、曹彬等攻北漢樂平縣，降其將王超等。北漢將蔚進、郝貴超悉蕃、漢將來救，三戰，皆敗之，下樂平，建爲平晉軍，一作樂平軍。丙申，北漢静（樂）〔陽〕（據續通鑑卷三宋紀改）等十八（縣）〔寨〕（據同上書改）首領來降。九月，北漢主引契丹攻平晉軍，郭進等往救，師退。宋史太祖紀十八縣作十八砦。路振九國志云，郝貴超被擒。按，貴超明年復戰遼州，謂被擒者誤。方輿紀要云：平晉軍在太原縣東北二十里。北漢復侵安國軍，節度羅彦瓌等追敗之於静陽鎮。安國軍卽今順德府。李燾長編云，乾德元年七月，北漢殿直王隱、劉詔、趙鑾等謀叛，誅。辭連樞密段常，出爲汾州刺史，縊殺之。用寵姬（薛）〔郭〕氏（據長編卷四改）譖也。死非其罪，國人憐之。以平章趙宏兼樞密使，郭無爲同平章事。與宏不協，出宏刺汾州，無爲兼樞密，軍國之務，一以委焉。宏徙嵐州。按，宏卽文度，國史有傳。無爲傳稱文度與無爲不協，既出知汾州，段常乃被殺。國史亦同。然崇建國、鄭珙、趙華爲相，非文度也。出知汾州，亦不在段常被殺之前。國史及九國志皆誤。事在天會四年，而五代史及九國志又以常被殺在天會五年七月，亦誤也。今並從劉恕十國紀年。又，吴任臣十國春秋云，漢天會七年十二月，遼主貽書來責帝，遣繼文謝曰：「父爲子隱，願赦之。」自是遼使不至，而使往輒見留，羣臣皆以使北爲懼。史均未載。

十四年（甲子九六四）春正月戊戌，漢以宋將來襲，馳告。

二月壬子，命西南招討使特烈進兵援之。壬申，漢以敗宋兵於石州來告。

夏四月丁巳，遣使來謝。〔攷異〕李燾長編云，乾德二年正月，昭義帥李繼勳與鈐轄康延沼、〔都〕（據長編卷五補）軍頭尹勳等帥步騎萬餘攻遼州，北漢郝貴超赴援，戰城下，大敗。刺史杜彦韜（按長編卷五作杜延韜）與指揮冀進、都監侯美及部兵三千舉城降。北漢尋引契丹六萬衆入侵，繼勳與曹彬等六萬兵破走之。即遣慕容延忠奏捷。未言宋石州兵敗事。劉筠并不載遼兵來援事。明年三月，晉州言羅侯、松谷兩寨指揮張貴等七百人來歸。畢沅續通鑑云，正月，繼勳攻遼州，杜延韜降。遼遣耶律達里六萬騎赴援，敗繼勳兵於石州。達里用兵賞罰信，得士卒心。河東單弱，不見吞併者，達里有力焉。先官南院大王，烏珍爲北院大王，均有政迹，故主雖暴虐而境内粗安。是月，北漢耀州團練使周審王等來降。按，達里即特烈，原作撻烈，輯覽作塔魯。字尼嚕古，六院郎君尼古察後，官終政事令。彭百川太平治迹統類云，并人引遼衆六萬來援，繼勳與羅彦瓌、武懷節擊敗之於遼州城下。又寇平晉軍，郭進與曹彬赴援，未至，遁。吴任臣十國春秋云，彬等攻遼、石二州，漢郝貴超赴援，敗績於遼州城下。與長編畧同。

十六年（丙寅九六六）秋八月丁酉，漢遣使貢金（幣）〔器〕（據遼史卷七穆宗紀改）、鎧甲。

冬十月庚辰，漢主有母喪，遣使賻弔。

十二月戊辰，漢遣使來貢。〔攷異〕畢沅續通鑑云，二月，安國節度使羅彦（環）〔瓌〕（據續通鑑卷四改）等敗北漢兵於静陽，擒其將（盧）〔鹿〕（據同上書改）英。十二月，北漢復取遼州。宋史太祖紀，盧英作鹿英。李燾長編，復取遼州作北漢都虞候劉繼欽，云據九國志及十國紀年，他書皆無之。然乾德二年取遼州，不見新除守將，或再失之。至乾德六年三月始書以齊州團練使李守節知遼州。史未載是歲攻取事。

十七年（丁卯九六七）春二月甲子，高勳奏宋將城益津關，請以偏師擾之，詔從之。

十八年（戊辰九六八）秋七月辛丑，漢主承鈞殂，〔攷異〕畢沅續通鑑云，謚爲孝和皇帝，廟號睿宗。按，五代史及宋史均不書其廟號，惟吳任臣十國春秋書之。宋史太祖紀，開寶元年正月，北漢指揮任恩等以偏城砦降。七月，胡遇等以顯州砦降。李燾長編，任恩作任守恩，云，四月，晉州言北漢軍校翟洪貴等二百餘人來降。七月，鎮州言北漢烏玉寨主胡遇百三十九人來降。上嘗因北漢諜者謂其主曰：「君與周世仇，宜不屈。今我與爾無所間，何爲困此一方人？若有志中國，（則）〔宜〕（據長編卷九改）下太行決勝負。」主復曰：「河東土地、甲兵不足當中國十一，區區守此，蓋懼漢氏不血食也。」上哀其言，故終孝和世不復北伐。劉恕十國紀年作使邢州人蓋留説北漢主云。十國春秋，承鈞殂作天會十二年七月戊申，史作七月辛丑。云，三月，宋鎮州守將破馬鞍山砦。所載各異。子繼元立，遣使來告。使人弔祭。〔攷異〕宋史北漢世家，鈞殂，繼恩立，郭無爲弑之，立繼元。不書繼恩者，蓋崇在時凡事禀命於遼，歲使不絶。鈞禮文多署，遼主貽書責以三罪，自是遼使不來，漢使往，輒見留。至繼元復通好。據事直書，致漏繼恩耳。契丹國志云，繼恩爲承鈞養子，立六十餘日，被害。畢沅續通鑑云，供奉官侯霸榮以刃揕胸，殺之。無爲入，殺霸榮。後亦謀叛，欲降宋，爲閹人衛德貴所告，伏誅。薛應旂通鑑云，漢世祖女適薛釗，生繼恩；再適何氏，生繼元，均幼孤。世祖命鈞養爲子。李燾長編云，繼恩皤腹多髯，長上短下，乘馬魋梧，徒步即侏儒。昏定晨省，無違禮。霸榮，邢州人。多力、善射，走及奔馬。嘗爲盜并、汾間。漢世祖用爲指揮，戍樂平。王全斌來攻，霸榮率所部降之，補內殿直。尋奔漢，爲供奉官，謀殺繼恩，持其首歸朝，無爲殺之。或謂無爲實使之，殺之以滅口，故人無知者。又載遼責書，畧曰：「爾先父窮來歸我，我先兄天授皇帝待以骨肉。洎余繼統，兼修前好。爾父即世，我用命，爾即位柩前。丹青之約，我無所負！爾父據有并、汾七年，祇稱乾祐。爾不遵先志，輒肆更張。爲李筠舉兵，曾不我告。誣害段常，謀及妻子。婦言是用，非爾而誰？我務敦大義，曲容瑕垢。父子之道，所不忍渝。爾宜率德改行，無自貽伊戚也！」吳任臣十國春秋云，繼恩爲太原尹，選軟不治。孝和嘗語郭無爲：「繼恩殊非濟世才。」及被弒，朝臣議所立，未決，平章張昭敏獨言立主無踰繼文者，無爲恐發其姦謀，卒立繼元。繼元疑孝和郭后殺其故后段氏，遣嬖臣范超縊殺之，并滅劉氏子孫無遺類。按，世祖子十人，除湘陰公、孝和帝見於史籍者，曰鎬；曰錡；曰錫；曰鍇；曰銑。鎬、錡、錫最有賢行，英武；帝用羣小譖，均幽死。鍇隨被殺；銑以佯愚獲免。錡或作鐃，或謂錡與鐃爲二人。所載各異。

冬十月辛亥朔，宋圍太原，詔特烈爲兵馬都總管，發諸道兵救之。〔攷異〕契丹國志云，宋侵漢，乞援於遼，遣將扼團柏谷。宋李繼勳、何繼筠等擊破之於銅鍋河。北漢復攻宋，大掠晉、絳境。按，李燾長編作洞過河，宋史作銅温河，一作洞渦河，出平定州赤陽縣西，流至太原縣南，入汾水。亦曰同過水。魏書地理志，四水合道曰「同過」。吳任臣十國春秋云，時漢將爲劉繼業、馬峯，兵敗繼筠等，斬首三千級，遂奪汾河橋，進薄太原城，焚延夏門，載於九月，遼來救，及攻晉、絳，載於十一月。畢沅續通鑑云，斬首二千級，擒其將張環、石斌。薄太原，郭守斌出戰，又敗。丁未，（在）〔佐〕勝軍（據續通鑑卷五改）使李瓊來降。方輿紀要，銅鍋河之捷，繫之宋乾德四年，爲遼應曆十六年，與諸書均異。釋文瑩湘山野録云，時宋收晉，水侵河東，晉危，使殿直程再榮求援。問宣徽使王白，白深於術數，謂晉必無患。因叩他日，白曰：「後十年晉破，破卽掃地矣。」後果驗。又言：「契丹後當扶困，再犯中原，飲馬黃河而返。」迨太宗征漁陽，及曹彬伐燕不利，遼報役，王師失勢於河間，遼乘勝直抵黃河而返，如白言。年八十，卒。

十九年（己巳九六九）春（三）〔二〕（據遼史卷七穆宗紀改）月景宗於是月改元保甯。甲寅，漢主繼元遣使來求封册。辛酉，遣韓知範〔攷異〕李燾長編作韓知璠。往册爲皇帝。甲子，漢遣使進白麃。〔攷異〕畢沅續通鑑云，二月乙卯，命曹彬等先赴太原。戊午，詔親征，李繼勳爲前軍都部署。時北漢劉繼業、馮進珂屯團柏谷，聞陳廷山降宋，奔還晉陽，主怒，罷其兵柄。繼勳等遂圍城。遼使韓知範至，夜開門納之。明日，置宴，郭無爲哭，欲自剄，曰：「奈何以孤城抗百萬師乎？」蓋欲搖衆心也。無爲，青州千乘人。初隱太原抱犢山。吳任臣十國春秋云，字無不爲，方顙鳥喙，好學，善談辨。嘗衣褐爲道士，居武當山。郭威討河中，詣軍門上謁，不納，歸隱抱犢山。以段常薦，歷平章。初，宋使諜者惠璘詐稱殿前指揮使，負罪來奔，無爲知其謀，署爲供奉官。及宋師入境，璘卽奔赴，至嵐谷，爲候吏獲送太原，命無爲鞫之，釋不問。有李超者，發璘姦狀，上聞，無爲怒，并超斬之以滅口。按，國史本紀及陳廷山傳言，廷山以佐聖指揮使領所部來降，事迹殊畧。今參取路振九國志。然劉繼業傳乃云，廷山遇太祖，被擒。又，本紀，廷山來降，繫於三月戊寅之後、甲申之前，時車駕尚留潞州也。今不取。九國志又云，王師正月圍城，恐亦太早。劉恕十國紀年作二月爲是。見長編小注。所載各異。己巳，帝如懷州，遇害，廟號穆宗。世宗第二子賢立，是爲景宗。〔攷異〕契丹國志云，時承會同餘威，中原多事，藩鎮争强，北漢、南唐，使車狎至，饋遺絡繹，穆宗政昏兵弱，不能悉應。因之驕侈，縱酒，嗜殺，以及於禍。畢沅續通鑑云，帝次潞州，凡十八日。抵太原，始築長連城。史昭文以憲州降，拜刺史。帝至城東南，命築長堤壅汾水，遂決晉祠水灌城。四月，分兵圍汾州。命何繼筠屯陽曲，大敗遼兵，擒其武州刺史王彥符，斬首千餘級。帝以所（俘）〔獻首級〕（據續通鑑卷五改）示城中，人氣奪。方輿紀要云，陽曲故城在太原西北五十里。隋嘗改爲陽直縣，卽木井城也。時繼筠敗遼兵於石嶺關。李燾長編云，時有欲（縱）〔增〕（據長編卷一〇改）兵攻城者，左神武統軍陳承昭進曰：「陛下自〔有〕（同上書補）數千萬兵在左右，胡不用之？」上未悟，因以馬策指汾水。上大笑，因使承昭董其役。後師退，北漢主斬樞副段煦、虞候馮超，坐不救水也。決城下水，注之臺駘澤。蔡絛鐵圍山叢談云，遼使後見水退而城始大圮，乃笑曰：「南朝知壅水灌城之利，不知灌而決之則無太原矣。」歐史謂係韓知璠言。玉海云，開寶二年三月，車駕圍太原，契丹兩道來援。一攻石嶺關，一由定州，并人恃之。何繼筠屯陽曲驛，以精騎數千扼石嶺。上曰：「翼日亭午俟捷至。」御北臺以俟，見一騎自北來，乃繼筠子承睿獻捷，生擒刺史王彥符等二人。上命示城下，并人奪氣。彰德節度韓重贇大破敵於常山北。捷至，上大悅。孔守正傳，契丹南大王沙相公來援，守正與戰，敗之，斬萬餘級，獲排陣使王破得。上壯之，召令從駕。史均未載宋、遼戰事。

夏五月壬寅，漢遣李匡弼、劉繼文、李元素來賀。〔攷異〕李燾長編云，四月，北漢麟州刺史結齊羅、都監嘉旦舍鄂以城來降。命結齊羅爲汾州團練使，嘉旦舍鄂爲石州刺史。五月，幸城東南，命水軍攻城。橫州團練使王廷乂、袁州刺史石漢卿均中流矢死，悉贈官。畢沅續通鑑云，是月，遼分兵侵定州，韓重贇破之於嘉山，命攻城。遣偏師圍嵐州降之。會暑雨多病，聞烏珍率援兵至，引還。主籍所棄軍儲，得粟三十萬，茶、絹共數萬。喪敗之餘，得此少濟。契丹國志繫之次年。誤。又云，六月，遼色珍率兵屯太原，劉繼業請襲取之，籍馬數萬，因獻地歸中國，主不從。比還，贈遺甚厚。史未載。方輿紀要云，嘉山，在定州曲陽縣西十里，曰嘉禾山。高士奇扈從西巡日録云，唐縣東北十五里有望都山，相傳堯母慶都，故亦名望都也。元王惲秋澗集有曲陽道中詩云：「軟紅沙路柳條風，雪擁陽坡見晛融。細繞嘉山三面過，唐河東北望堯封。」嘉山在定州西曲陽，與唐縣接壤。唐書地理志云，曲陽關口有三，八度、倒馬、委粟，皆極險要。今惟倒馬仍存舊名。或云，八度關在唐縣西北界，水曲折有八度也。按，李漢超傳，嘉山之戰，其子守恩亦在事有功，太祖召見，賜予甚厚。時副重贇者爲（初）〔王〕廷（乂）〔義〕（據宋史卷二五二王景附廷義傳改）。薛應旂通鑑云，嵐州刺史爲趙文度，以城降。文度初名宏，漁陽人。官平章事，出知汾州，徙嵐州，歸宋爲安國節度，歷三鎮。善詩，有觀光集。子昌圖，閤門祗候。見十國春秋。長編又云，時太常博士李光贊疏請班師，從之。徙太原民萬餘家於山東、河南，發卒護送，屯鎮、潞等州，用絳人薛光化策。光化一作化光，薛奎父。言宜於太原北石嶺（上）〔山〕（同上書改）及河北〔界〕西（界）山（同上書乙正）東靜陽（封）〔村〕（同上書改）、樂平鎮、黄澤關、百井社各建城寨，扼契丹援兵。起其部民於（京）西〔京〕（同上書乙正），給閒田耕種，絕其供饋。如此，不數年可平定。上嘉納。歐陽修誌奎墓云，父化光，以策干太宗，不見用。蓋誤也。

景宗保甯二年（庚午九七〇），〔攷異〕畢沅續通鑑云，春正月，韓知範自太原歸，言晉陽多梗，繼元無輔。高勳亦云，乃歸漢使十六人。仍命劉繼文爲保義節度使，李弼爲樞密使，歸秉國政。左右皆毀之，出繼文刺代州，弼刺憲州。遼詔切責。主恐，謝過。然卒未召還。通鑑輯覽作漢使三十六人。李燾長編載遼詔曰：「朕以汝國連喪二主，僻處一隅，期於再安，必資共治。繼文，汝之令弟，李弼，汝之舊臣，一則有同氣之親，一則有耆年之故，遂行並命，俾效純誠，庶幾輯甯，保成懽好。而席未追暖，身已棄捐，將順之心，於我何有！」史均未載。

冬十二月庚午，漢遣使來貢。

三年（辛未九七一）夏六月丙子，漢遣使問起居。自是繼月而至。

冬十月癸未，漢遣使來貢。

四年（壬申九七二）春二月癸亥，漢以皇子隆緒生，遣使來賀。〔攷異〕景宗紀，皇子生於三年冬十二月，至是始來賀。李燾長編云，十二月，乾甯軍言北漢民二千二百（八十）四〔十八〕（據長編卷一三乙正）户來歸。畢沅續通鑑云，是年正月，北漢攻宋方山、雅爾兩寨，擊却之。史未載。

五年（癸酉九七三）春正月甲子，漢遣使來貢。

夏六月丙申，漢遣人以宋事來告。

冬十二月戊戌，漢將改元，遣使稟命。〔攷異〕畢沅續通鑑云，五代史記作孝和，没於天會十二年，英武帝嗣位，改元廣運。契丹國志同。據史稱，五年，漢將改元，遣使稟命。則改元當在六年也。吴任臣十國春秋引劉繼容碑，末署廣運元年歲次甲戌，李惲千佛樓碑亦署廣運二年歲次乙亥。時漢主嗣位已七年矣。李燾長編繫改元事於開寶七年，爲遼保甯六年，云天會十八年始改廣運，或云十三年卽改，蓋悮，今從通鑑考異，以劉繼（顒）〔顒〕神道碑（據新五代史卷七〇劉旻傳改，下同）爲正。惟長編作六年冬杪，十國春秋作六年正月，稍異。繼（顒）〔顒〕碑文爲楊夢申所撰，官右諫議大夫。惲撰天龍寺千佛樓碑銘，詳見十國春秋。其詞曰：「帝宅之西，五里而遠，羣山邃谷，延〔袤〕（原缺一字，據金石萃編卷一二二補）縈擁。北自乾坎，南距申酉，蒼崖峭壁，恠石靈泉。薜蘿蔭乳，竇以夏寒；橤桂嚮晴，暘而冬緑。澗溜清泚，自激輕音，蔓草（芄）〔芃〕（同上書改）茸，本無毒螫。洞穴窈窕，煙〔嵐〕（原缺一字，同上書補）閈虧，隔雲聞雞犬之聲，度嶺〔接〕（原缺一字，同上書補）樵蘇之徑。大哉！氣通斗極，崆峒帶多武之鄉；地劃參墟，〔普〕（原缺一字，同上書補）野樂深思之俗。況乎刑政之經不紊，霸王之器具存。紀都邑，卽天下之浩穰；養士馬，卽城中之精勇。往者，北齊啟國，後魏興〔邦〕（原缺一字，同上書補），雖未臻偃（仰）〔伯〕（同上書改）之〔稱〕（原缺一字，同上書補），〔且〕（原缺一字，同上書補）咸〔正事天〕（原缺三字，同上書補）之位，時或倦重城之宴，〔處〕（原缺一字，同上書補）選而勝之，良游各營避暑之宮，用憩鳴鑾之駕，亦猶秦之阿房，晉之虒祁，楚之章華，漢之未央。（上）〔古〕（同上書改）基摧搆，往往存焉，年曆寖遥，率多改作。蓋以翼翼都會，豪右富民，因舊圖新，增制惟錯。於是乎金人塔廟，老氏宫觀，星布於巖石矣。懿哉！坤維之上，一舍之（區）〔遥〕（同上書改），羣木陰翳，奇峰峭□。（土）〔上〕（同上書改）有平址，東西僅五十步，北倚石壁，有彌勒閣，内設石像，侍立對峙，容〔旨〕（原缺一字，同上書補）温□，其鐫磨〔之巧〕（原缺二字，同上書補），代不能及。昔睿宗皇帝再加添飾，功用宛然。次東有池水甚潔，〔澄湛〕（原缺二字，同上書補）凝碧，〔覩〕（原缺一字，同上書補）之恐聳國人，儼其〔堂〕（原缺一字，同上書補）宇，下□□約三百步有高寺，榜曰「天龍」，故易義云：『夫龍者潛〔卽勿用，飛卽在天，命□之名固其宜矣。』今英武皇帝，應千〕（原脱二十二字，同上書補）齡之運，居九重之尊。（此）〔比〕（同上書改）自舞象，執經齒胄，學優於庠序，〔問安視膳〕（原缺四字，同上書補）□□□□〔於廷闈〕（原空五格，實缺三字，同上書補）動叶咨詢，行符典則。負對日之辨，似不能言，□稱象之智，果而勿伐。肅肅然，煌煌然，偉量知幾，深不可測。立德在間平之右，承家繼文武之基。自非道濟艱危，孝安宗社，孰能與於此乎？天會中，睿宗皇帝以道□□□□□□□出閤，授檢校司徒，歸義府都督。時年尚幼冲，躬親官次，寡辭敏德，務簡刑清，吏不敢欺，府無留事。嘗以公退休暇，與叔季諸王方駕接軫，禮謁精藍，一歲之中，□□□〔數〕（原缺，同上書補）〔上獨〕（原空六格，實缺二字，同上書補）□東序〔塑〕（原缺一字，同上書補）觀音像一堂，其内幡花蹬蓋，供飾之用，靡不嚴潔。於茲日新，每具齋禱，罔不乾乾惕惕，潛發明誠。所志者延鴻祚於邦家，弭栽氛於區宇。因心愛敬，不忘斯須，□□甚嘉，羣倫歸美。攸是〔罷解〕（原缺二字，同上書補）公府，特恩加檢校太保，授右金吾衛大將軍，充大内都點檢，貞幹服勤，中外嚴整，宣威敬事，動叶聖謨。及帝踐阼，加〔□□〕（同上書補）太師，行太原尹，階勳爵邑，悉稱公台。尋領侍衛親軍事。未幾，值倉卒之變，震駭非常，上獨執雄斷，入平内難。時戊辰秋九月。嗣昇宸極，立定傾危，赫然大□，〔垂〕（原缺一字，同上書補）祐終古。自〔是□〕（同上書補）□潔念，恒切皈依，每屆良辰，必親行幸。至壬申歲十二月二十二日，詔有司於大殿後正面造重樓五間，洵遣良冶，鑄賢刼自拘留孫如來以降鐵佛千尊，□範金〔審像□□〕（同上書補）容，光相圓明，等無差別。如是匀分龕室，各安上級。時詔宣徽北院使、永清軍節度使、檢校太保范超自始監修，應期成就，基砌柱礎，廣檻飛甍，丹采相〔望□〕（同上書補）□□□巍乎，窗扉下瞰于雲端，棟宇勃興於地表。金爐曉炷，惟聞薝蔔之香；玉磬晨鳴，不假蓮花之漏。議者曰樹超世之果，圖不朽之功，必依惟睿之謀，宜享終天之祿。豈比夫望祭□□，□□□禱之功；駕驛瑶池，徒縱盤游之樂者哉！上御宇之八年乙亥歲，天贊皇帝義敦天性，禮叶彝章，洎春來夏初，累飛詔示，必以備物典册，將加徽號鴻名，□□君親之恩，敬修迎受之禮。至夏六月（□）十〔六〕（同上書删補）日，果降貴迎昭宣□容，尋於正殿受〔□〕（同上書補）英武皇帝，兼須龍衣御帶，駟馬珮鞍，別賜神旗鼓吹，殊〔思〕（原空一格，同上書補）異〔將□□□□□〕（原空一格，實缺六字，據同上書補）衆心悦，隨羣后稱慶，寶函金簡，揚命舜命禹之書；馭朽持盈，盡爲子爲臣之敬。禮之大者，帝載無窮。先是，英武皇帝以今歲攝提建月〔青風〕（同上書補）□□□□□昇，寒氣將退。嚴整儀衛，親率公卿，駕蒼虬之騤騤，衣赭袍之熠熠，雲韶寅導〔和樂〕（同上書補）□□□□□〔曲之居悞〕（原空五格，實缺四字，同上書補）屆初禪之境，臣幸陪天仗，親奉德音，既成□〔福〕（同上書補）□□□□□□之祐。遽茲承詔，俾誌勝緣；將紀洪猷，潛思祕祝。所冀龍華會上，〔側聆善囑〕（原空四格，同上書補）之〔言〕（原缺一字，同上書補）；星宿刧中，徧覩青蓮之相。歡心有待，謹作銘云：『覺皇遞興，大教垂世；成位有期，瓌空相繼。大哉賢刼，千佛重光；六度萬行，軌躅相望。浩刼迢遥，一念可攝；勿謂難逢，聲塵相接。惟彼陶唐，（土）〔上〕（同上書改）列參墟；莓苔沃野，煌煌帝居。天啟亨會，神輪瑞圖；英武之難，后來其蘇。（一）〔聖〕（同上書改）人有作，撫寧邦域；治民事天，允釐庶績。金像玉樓，伊帝之力；〔普濟蒼生〕（原缺四字，同上書補），永奠皇極。』王鳴盛十七史商榷云，萬斯同補歷代史表，與劉道原説及二碑皆符。而陳桱續編、薛應旂甲子會紀均云，繼元初立即改元，均誤。

宋史太祖紀，是年六月，隰州巡檢使李謙溥拔北漢七砦。史未載。

七年（乙亥九七五）春二月癸亥，漢雁門節度使劉繼文來朝，貢方物。〔攷異〕契丹國志，是年起即書爲乾亨元年。吳任臣十國春秋，六月，册漢主爲英武皇帝，賜御衣、玉帶、鞍馬等物。薛應旂通鑑云，時北漢主性殘忍，凡臣有忤意者，必族其家。大將張崇訓、鄭進、衛儔，故相張昭敏、樞密高仲羲、宗室繼欽先後均以讒見殺。又，遼遣人以通好於宋，戒北漢毋妄侵掠。主慟哭，謀攻遼。馬峯諫而止。李燾長編云，郭無爲建議，漸斥去公族，命繼恩弟繼忠守忻州。自稱嘗使契丹，得冷痼疾，定襄地寒，願留養晉陽，不許。繼忠出怨語，縊殺之。引進使李隱，惜衛儔忠勇被誣，憤惋，見殺。宋史太祖紀，三月，知潞州藥繼能拔北漢鷹澗堡。史均未載。

八年（丙子九七六）秋八月癸卯，漢遣使言天清節設無遮會，飯僧祝釐。己酉，漢以宋事來告。

九月壬午，漢爲宋所侵，遣使求援，命南府宰相耶律沙、字安隱，其先嘗相約尼氏。冀王迪里原作敵烈。〔攷異〕畢沅續通鑑作塔爾。字巴爾斯濟，太宗子。赴之。〔攷異〕李燾長編云，時郭進出忻、代，俘北漢山後諸州民三萬七千餘口。馬繼恩出遼州，焚北漢四十餘寨，獲牛羊、人口數千。齊超言沁州路敗北漢軍五百人，獲三十人。李光叡破北漢〔吴〕（據長編卷一七補）保寨，斬首七百級，擒寨主侯遇，獲牛羊、鎧甲數千計。薛應旂通鑑云，宋命黨進等分五道攻太原，兩敗其兵於城北。分攻諸州，所向克捷。宋史太祖紀，晉州以北漢嵐、石、憲巡檢使王洪武等來獻。三月，馬繼恩入河東界，焚四十保砦，穆彥璋俘二千餘人。所載各異。戊子，漢以宋師壓境，遣駙馬都尉盧俊來告。

冬十月辛丑，漢以遼師退宋軍來謝。

十二月丁未，漢以宋軍復至、掠其糧儲來告，且乞賜糧爲助。

是冬，宋太祖崩，太宗卽位。

九年（丁丑九七七）春三月癸亥，耶律沙、迪里獻宋俘。戊辰，詔以粟二十萬斛助漢，〔攷異〕畢沅續通鑑云，遼主使烏珍、塔爾分治南、北院，善課農田，年穀屢稔，故能經費有餘，恤北漢之匱，北漢賴之。吳任臣十國春秋作三十萬斛。　按，與烏珍治南、北院者，史作特烈，卽達里，此作塔爾，異。尋賜以戰馬。

是歲，漢三遣使以宋事告。

乾亨元年（己卯九七九）〔攷異〕契丹國志以是年爲乾亨六年，卽宋太平興國四年。春正月乙酉，遣塔瑪原作撻馬。〔攷異〕畢沅續通鑑作玳瑪，又作達噶拉美，云遼扈從官。長壽使宋，問興師伐漢之故。長壽還，言：「河東逆命，所當問罪。若北朝不援，和好如故；不然則戰。」

二月，宋帝自將伐漢。〔攷異〕畢沅續通鑑云，帝次澶州，臨河主簿宋捷，道旁獻封事，帝見其姓名，喜曰：「我師捷矣。」卽拜將作監丞。　袁文甕牖閒評議其以姓名竊爵祿，而談苑以爲北兵入邊，太宗次大名時事。吳任臣十國春秋云，宋始議興兵，宰相薛居正等多以爲不可。曹彬曰：「以國家兵甲之强，剪太原如摧枯拉朽耳！」帝意乃决。先是，太祖征河東，白雲先生陳摶諫止之。會軍已興，及還，果無功。至是，摶復來，始云河東可取。丁卯，漢使來乞援，詔南府宰相耶律沙、冀王迪里等率兵援之；命南院大王色珍原作斜軫以所部從，樞密副使穆濟原作抹只督其軍。

三月丙戌，漢遣使謝撫諭軍民。己丑，漢復告宋兵入境，遣〔左〕（據遼史卷九景宗紀補）千牛衛大將軍韓倬、大同節度使善補〔攷異〕畢沅續通鑑作善布。以本路兵南援。丁酉，耶律沙與宋將郭進深州博野人。等戰於白馬嶺，不利。冀王迪里等皆死之，士卒死傷甚衆。〔攷異〕李燾長編云，三月，駐(兵)〔蹕〕(據長編卷二〇改)鎮州。命郢州刺史尹勳攻隆州。都監齊(廷)〔延〕琛(同上書改)、(廷)〔侯〕(同上書改)美攻孟縣，降之。陽曲寨民三百(八)〔三〕(同上書改)十八人歸附。郭進破西龍門寨，擒獲千計。命六宅使侯繼隆、王貴攻沁州，王僎攻汾州，尹憲攻嵐州。時郭進既破契丹於石嶺關，北漢援絕，復以蠟書告急，爲進得，徇於城下，城中氣始奪。史業破北漢鷹揚軍，斬獲甚衆。北漢潛師扼我軍，掠供軍芻粟米，信擊敗之，殺指揮裴正。克隆州，先登者爲袁繼忠、許均。上次側口頓，作聞捷奏平隆州詩。東都事畧云，折御卿破岢嵐軍，擒折令圖以獻。下嵐州，殺其憲州刺史霍翊，擒其將馬延忠。遷崇儀使。薛應旂通鑑云，御卿官行營都監。時威勝軍使解暉攻隆州，破之。繫之四月。宋史太宗紀，克隆州，獲招討李詢等六人。霍翊作郭翊。又，獲夔州節度馬延忠。節度蔚進、盧遂以汾州降。所載各異。

夏五月己卯，宋師至河東，漢兵與戰不利，〔攷異〕畢沅續通鑑云，宋攻城急，漢宣徽使范超來奔，誤斬纛下，既而漢盡殺超妻子，梟其首，投於城外。指揮郭萬超來奔。范超以弑孝和后，爲英武帝所嬖，累官太保、永清節度。監修千佛樓，鏤像範容，帝復稱其能。至是謀降宋，被戮。詳吳任臣十國春秋。李燾長編云，超時與閹人衛德貴分掌機務，平章李惲備員而已。劉繼文、盧俊來奔。

六月，劉繼元降宋，漢亡。〔攷異〕東都事畧作五月五日。契丹國志作四月。云盡廣運十三年。路振九國志云，宋築連城壅汾河灌城。五月四日，城穿，南壞，水入注，夾城中，繼元大恐，自督衆負土塞之。畢沅續通鑑云，壬午，帝幸城南，謂諸將曰：「翼日重午，當食於城中。」遂自草詔賜之。夜，漏上一刻，城上有蒼白雲如人狀，及攻城急，左僕射〔致仕〕(據續通鑑卷一〇補)馬峰昇見漢主，流涕備言興亡之理，夜，漏上十刻，乃遣客省使李勳上表納款。帝命薛文寶入城撫諭。甲申，繼元率平章李惲請罪，封彭城郡公，授惲等官，凡得州十，軍一，縣四十(四)〔一〕(同上書改)。命劉保勳知太原府。惲字孟深，陽武人。乾祐初第進士，與王溥、李昉同登第。國亡相見，追敍舊好，官至司農卿。子存誠，駕部員外郎；存信，閤門祇候。商輅續綱目、薛應旂通鑑俱誤作李揮。馬峯，太原人。歷樞副、左僕射，致仕。其女爲英武帝繼后，歸宋轉太府卿，分司西京，卒年八十餘。耶律沙傳，沙將趨太原，會漢駙馬都尉盧俊來奔，言太原已陷，遂勒兵還。方輿紀要云，宋平太原，凡城邑宮闕，盡令毀壞。陸游老學菴筆記云，太原平，降爲并州，廢舊城，徙州於榆次。今太原則又非榆次，乃三交城也。城在舊城西北三百里，爲形勝之地。本名故軍，嘗爲唐明鎮，有晉文公廟，甚盛。後三年，潘美奏乞爲并州，從之。於是徙文公廟，以其故址爲州治。又徙陽曲縣於三交，而榆次復爲縣。吳任臣十國春秋云，宋凡得州十，軍一，縣四十一，户十三萬五千有奇。改太原爲平晉縣，宋帝作平晉詩，命從臣和焉。又令撰平北漢碑文。太原前臨臺駘澤，後倚懸甕山，堅而難拔，命毀舊城，以榆次縣爲并州。命康仁保護劉氏親屬百餘人赴汴，賜甲第一區。世祖自乾祐四年稱帝，歷四主，二十九年而亡。玉海云，太原平，直史館宋白從征，因獻平晉頌。東都事畧云，宋尋以房州爲保康軍，授繼元節度，卒，遺書以六歲子三猪爲託。名守節，後爲西京作坊使，遷諸衛將軍。王存元豐九域志云，太原府縣九。建隆四年，以晉陽府爲平晉軍。興國四年，廢軍爲縣，省太原縣入榆次，改廣陽縣爲平定，并樂平爲平定軍，以交城縣隸大通監。寶元二年，交城縣復隸府。嘉祐四年，復爲太原府河東節度。熙甯三年，省平晉縣入曲陽。所載各異。**甲子，封劉繼文爲彭城郡王，盧俊同平章事。**〔攷異〕李燾長編云，北漢主初出，繼文刺代州，終疑之，遣使案責，以憂死。蓋據路振九國志，疑誤，今從史。東都事畧云，繼元降，其弟繼文據代州，依契丹援，拒命，郭守文討平之。與史異。守文，字國華，太原人。十國春秋云，俊至遼，署平章事。明年，景宗以第四女淑哥下嫁，復拜駙馬都尉，出爲興國節度，卒官。

遼史紀事本末卷十八

穆宗之暴

世宗天禄五年（辛亥九五一）秋九月癸亥，泰甯王察克原作察割等作亂，世宗遇害，逆黨尋伏誅。丁卯，壽安王卽位，是爲穆宗，改元應曆。〔攷異〕李燾長編作「明」，當是後周避諱，宋史臣因之耳。小字舒嚕。原作述律，又作兀律。〔攷異〕續綱目作烏嚕，一作烏里。太宗長子，母曰靖安蕭后。

穆宗應曆二年（壬子九五二）春正月壬戌，太尉和爾郭勒濟原作忽古質，一作胡古只，横帳孟父房楚國王揚珠子。見皇族表，疑係一人。謀逆，誅。〔攷異〕册府元龜云，周廣順二年四月，定州言契丹羽林部署辛霸卿等二十三人、馬三匹并車牛來奔。史未載。

夏六月壬辰，國舅政事令蕭默赫特、原作眉古得。〔攷異〕薛史、通鑑及契丹國志均作蕭海貞，志并謂詐降周，不納。册府元龜作禪得舍利，云永康王妻弟也。按，穆宗朝爲政事令者，蕭眉古得外，尚有耶律婁國，卽隆科，耶律敵禄、耶律壽遠、蕭排押；爲北府宰相者，則蕭海瓈。均見沈炳震廿一史四譜。宣政殿學士李澣〔攷異〕全唐詩作李瀚。按，澣在後唐時爲校書郎、集賢校理，晉天福中爲右拾遺、翰林學士、吏部員外、禮部郎中、知制誥，遷中書舍人。歸遼，歷翰林學士。李濤弟，子日新。所著有丁年集十卷行世。見宋史及通志藝文略。續通考云，遼南面有宣政殿學士，李澣嘗爲之；觀書殿學士，壽隆中王鼎嘗爲之；昭文館直學士，楊遵勗子晦嘗爲之；崇文館大學士，韓延徽嘗爲之；乾文閣學士，王觀嘗爲之。所載甚詳。謀南奔，事覺，詔暴其罪。默赫特尋伏誅，杖澣而釋之。〔攷異〕綱目云，勤政殿學士李澣與海真善，勸內附，從之。澣因諜以聞，且與兄濤書，言和戰利害，不果從。冊府元龜云，海真時爲幽州節度，與澣相善，言及中國，深慕之。會定州諜者田重霸至，潛與密謀，澣因致書定帥。周太祖聞之，即令重霸賜詔書，并令濤密通家問，回書感謝，又奏陰事，且與濤書云：「今王驕騃，唯好擊鞠，耽於酒色內寵，無四方之志，親密貴臣，尚懷異志，或討或和，宜速爲計，將來必不爲河東也。」本傳，歸至涿，爲邏者所獲，下獄。屢求死不得，禁錮凡六年，卒用高勳薦，加禮部尚書，宣政殿學士。通鑑云，澣爲唐李回族曾孫，長興四年冬，秦王從榮之亂，與江文蔚等勒歸田里。陶岳五代史補云，澣初娶竇尚書女。成婚之夕，竇氏出參澣兄濤，濤望塵下拜，作歇後語曰：「慙無竇建，繆作梁山。」聞者絕倒。又云，澣有逸才，性嗜酒，楊凝式嘗受詔撰錢鏐碑，多市美酒，召澣飲酒，酣，使代筆，經宿成，凡萬五千字，詞理典贍，皆歎伏。陳繼儒古今詩話云，澣及第，與座主和凝同任學士，會凝作相，澣爲承旨，適當批詔，次日於玉堂，輒開和相舊閣，悉取圖書、器玩去，留詩云：「座主登庸歸鳳閣，門生批詔立鼇頭；玉堂舊閣多珍玩，可作西齋潤筆不。」人皆笑其疏縱。蘇易簡續翰林志云，澣以詞藻特麗，俊秀不羣。後值石晉不造，陷於北庭，亦神鋒大峻之過也。紀載各異。

秋七月乙亥，政事令隆科、原作婁國。〔攷異〕聖宗紀統和元年，司徒婁國，另一人。林牙迪里、原作敵烈侍中紳圖、原作神都郎君哈里原作海里。〔攷異〕陳浩遼史攷證云，穆宗應曆十三年，獸人被殺；十七年，饔人被殺；十八年監囚被殺；卷八，景宗保甯二年，以殺蕭思温被誅；又，六年，以告喜隱事授隴州防禦；卷十六，聖宗開泰七年，天雲軍詳衮，戰死；卷二十，興宗重熙十九年，六院軍將；卷二十七，天祚乾統二年，謀叛；卷六十一刑法志，應曆十二年，蕭延之奴；卷六十五公主表，尚聖宗女伊木沁；卷七十屬國表，統和元年，女直宰相；卷七十三傳，約尼常衮；

卷八十四傳，上京留守漆水郡王；卷八十七蕭孝先傳，小字，十五人同名海里。謀亂，就戮。命乳媪兄赫嚕原作曷魯世爲阿克蘇原作阿速錫林原作石烈額爾奇木。原作夷离堇。〔攷異〕册府元龜云，周廣順二年十月，契丹釣臺鎮將王彦、鎮都將盧曉文、招收軍使王瓊等八人來奔。十一月，契丹界關南都船務使王希、乾甯軍使孫章而下二十四人來奔。十二月，契丹殿頭王進，龍武，羽林軍校及通事舍人胡延等六人來奔。史未載。

三年（癸丑九五三）冬十月己酉，太師唐古特原作唐骨德治大行皇太后園陵。魯呼原作李胡子完、原作宛郎君札斡、原作嵇幹迪里原作敵烈謀反，事覺，辭連太平王雅斯哈、原作罨撒葛。〔攷異〕畢沅續通鑑云，世宗時，詔與晉王往復以昆弟禮。至是見主耽酒嗜殺，陰懷異志；主不悟，委以國政。所載較詳。林牙華格、原作華割郎君錫倫原作新羅。等，皆執之。華格、札斡等未幾誅，釋完及雅斯哈。〔攷異〕册府元龜云，周廣順三年正月，契丹王子元祿、羽林軍使王遇、軍將張超等十九人來奔。二月，鎮州言，部送契丹來奔銀院使張知訓等七人。三月，契丹羽林軍士十五人來奔。四月，契丹乾甯軍使張韜等三十八人，羽林軍將王興等十五人來奔。五月，深州送契丹來奔麴院官李緒等十七人，指揮使李重筠等十人，爲儀郎四十人至京師。六月，契丹瀛州戎軍陶洞文等十二人，及巡檢指揮使葛知長、雲州牙將崔崇等十九人，招收軍使李彦暉二十一人來奔。是月，定州送奚、契丹來奔繡院使邢福順等十三人，并順州刺史戴原等至闕。七月，契丹羽林軍士楊士澤等十三人，殿直楊晏得等二十五人來奔。八月，定州部送契丹歸明軍士齊武等二十九人至京師。九月，雲州吐渾指揮使黨富達等五十一人，馬駝四十二，并朔州軍使馬延嗣等來奔。史均未載。游幸表，六月，障鷹於網山，獵於狟羊山。七月，障鷹於闓鹿峪。紀亦未書。

四年（甲寅九五四）冬十二月辛（酉）〔丑〕（據中西回史日曆改）朔，〔攷異〕次年正月辛未朔，則是月不應辛酉朔，史恐誤。謁祖陵，駐蹕杏堝。〔攷異〕游幸表，二月，獵於郭里山；七月，障鷹於白羊山。紀未載。

五年（乙卯九五五）夏四月癸丑，命郎君蕭哈里原作海璨世爲北府宰相。本傳，字伊德森。貌魁偉，膂力過人。屢尚公主。應曆中，命（世）（據遼史卷七八蕭海璨傳刪）預北宰相選，總知軍國事。時諸王多坐反逆，每被命案獄，多得其情，人無冤者，由是知名。年五十，卒。〔攷異〕續通考云，太宗天顯二年十二月，詔選遙輦氏九帳子弟可任官者。應曆十二年十二月，命北樞密蕭護斯世預宰相選，辭曰：「臣子孫賢否未可知，得一客省使足矣。」從之。景宗保甯時，耶律思温爲北樞密、北府宰相，仍命世預其選。聖宗統和元年九月，太后言于越屋質有輔導功，命其子泮泱爲林牙。九年七月，詔有没於王事者，録其子孫。時耶律諧里獲宋將康保威，命世預節度選。宰相韓德讓世預大醫選，子孫入官者衆。興宗重熙中，詔世選官，擇有才能者用之。道宗咸雍中，耶律那也以父斡死王事，九歲加諸衛小將軍，爲題里司徒。太康三年二月，詔北樞密乙辛同母兄大奴、同母弟阿思世預北、南樞密選，異母諸弟世預夷离菫選。此遼一代任子之可考者。按，蕭呼敦傳，曾祖達魯明醫，阿附韓德讓，得世預大醫選。非德讓也。續通考誤。游幸表，九月，獵於西山。紀未書。

七年（丁巳九五七）夏四月戊午朔，還上京。女巫錫庫〔攷異〕畢沅續通鑑作蕭衮。有罪，誅。初，錫庫上延年藥方，當用男子膽和之，不數年，殺人甚多。至是覺其妄，射殺之。〔攷異〕游幸表，六年九月，擊鞠；十月，與羣臣水上擊髀石爲戲；七年六月，射柳；七月，復射柳；十二月，獵於赤山及伊喇山。紀均失書。而紀於七年十月書獵於七鷹山。表又未載。

九年（己未九五九）夏四月丙戌，周來侵。戊戌，命南京留守蕭思温帥師禦之。周取益津、瓦橋、淤口三關及瀛、莫諸州。〔攷異〕契丹國志云，時主好獵荒政，每夜酣飲，達旦方寢，日中而起，國人謂之「睡王」。體氣卑弱，惡見婦人，委任閹宦。瀛、莫之失，幽州急遞至，主曰：「三關本漢地，今以還漢，何失之有？」其不恤國事如此。又周於瓦橋關建爲雄州，割容城、歸義二縣隸之；益津關建爲霸州，割文安、大城二縣隸之，皆遼地也。文獻通考云，雄州控扼幽、薊，本唐涿州；瓦橋在易水東，當九河之末。周世宗以來，西河之地置三關：霸州益津關；雄州瓦橋關；瀛州高陽關。分置重兵，與真定相犄角。有拒馬河，在歸義縣。清類天文分野之書，文安，漢縣，屬渤海郡，東漢置瀛州，以縣屬。唐屬莫州，周屬霸州，宋省永清入文安，尋復故。樂史太平寰宇記云，大城，本漢東平舒縣，屬渤海郡，西北去霸州九十五里。周隸霸州瓦橋，亦呼瓦子濟橋。又，破鹵軍，古淤口關，周收關南，於此置寨。王存元豐九域志云，信安軍，本古淤口關。輿地廣記云，周取淤口關，置寨，屬霸州。程大昌演繁露云，周世宗由滄州北順水而行，先降益津關，次瓦橋關，次瀛州。續通考云，周始置霸州，遼爲益津郡，隸河北東路，宋升永清軍。方輿紀要云，益津，唐縣，今霸州治。唐爲永清縣地，高陽關在縣東三叉口社，亦曰草橋關，爲三關之一，而高陽尤要。朱彝尊日下舊聞云，永清，縣名，唐初改，武隆又改，會昌、天寶中更今名。縣南三里有金鵲廟，祀關侯，草中有遼大安中所立石幢，見上林彙考。蔣一葵長安客話云，霸州，在宋世置榷場，與遼分界處。州北一里有界河，相傳楊延朗建草橋於此，因名霸城，延朗所築，號北方重鎮，沿城有七十餘井，號護城井。宋史地理志有劉家渦、刁魚、莫金口、阿翁、雁頭、黎陽、喜渦、鹿角八砦。莫、金，相傳二姓所居，同置莫金口寨。所載較詳。

冬十二月庚辰，王子迪里、原作敵烈前宣徽使哈斯原作海思等謀反，囚之。〔攷異〕哈斯傳，字鐸袞，隋國王實嚕庶子。與冀王迪里謀反，死獄中。蕭托果傳，應曆初始入侍，會迪里、哈斯等謀反，托果與耶律阿里密告於上：上嘉其忠，詔尚朴謹公主。保甯初，爲南京統軍使。按公主表無朴謹公主，外戚表亦稱托果爲平章政事，不稱駙馬都尉、疑朴謹公主非皇女也。又，皇族表，冀王迪里，太宗系。而皇子表尚載太平王雅斯哈、天德、必舒。續通考同。表未載。游幸表，八年七月，獵於赤山。九年五月，獵於鹿崗南林。六月，獵於白鷹山。七月，獵於鳳凰門下。八月，射鹿於近山，迄於九月。十二月，獵於黑山。紀均未載。惟於八年七月書獵於伊喇山，迄於九月，射鹿諸山不視朝。游幸表又失書。

十年（庚申九六〇）秋七月辛酉，政事令耶律壽遠、太保綽卜鄂博原作楚阿不等謀反，伏誅。

八月，幸懷州。庚午，以鎮茵石狻猊擊殺近侍古格。原作古哥

冬十月，魯呼子喜隱謀反，〔攷異〕畢沅續通鑑作趙王喜隱，云薛應旂通鑑趙王作宋王。據遼史，先封趙王，應曆中未嘗改封，至保甯中乃封宋王耳。又，謀反誤繫於十二月，徐乾學後編復仍其舊，今改正。辭連魯呼，下獄死，釋喜隱。〔攷異〕游幸表，十年二月，獵於圖伯特泉，如褒潭，獵於青濟達井。五月，射鹻鹿於鳳凰門。八月，次三石嶺，呼鹿射之。十二月，獵於天梯山。紀均未載。

十一年（辛酉九六一）春（二）〔三〕（據續通鑑卷二考異改）月辛亥，司徒烏呼濟原作烏里只。〔攷異〕卷八，景宗保甯元年，右皮室詳衮烏里只，另一人。畢沅續通鑑作烏哩質。〔子特爾格原作迭剌哥〕（據道光四年殿本遼史卷六穆宗紀補）誣告其父謀反，復詐乘傳及殺行人，以其父請，杖而釋之。〔攷異〕畢沅續通鑑云，二月無辛亥，蓋史脫「三月」字，宜從徐乾學後編作三月。

夏五月乙亥，司天王白、李正等進曆。〔攷異〕畢沅續通鑑云，先是，晉天福中，司天監馬重績奏上乙未

元曆，號「調元曆」。及太宗入汴，收百司伎術、曆象遷於中京，遼始有曆。白等所進，蓋調元曆也。白，薊州人。晉司天少監，太宗入汴得之。官節度使，撰百中歌行世。按，百中歌，當即卜筮書也。星家亦有百中經，連江陳氏書目，直魯古針灸脉訣書一卷。江休復嘉祐雜志云，己亥曆日，十一月大盡。契丹曆此月小，十二月十四夜方當月蝕。戎使言，竊謂爲已望。按，己亥，宋之咸平二年，遼之統和十七年，時未通使也。後乙亥，宋宣和元年，遼之天慶九年，此時金伐遼，使命阻絶，此己亥應作乙亥，宋仁宗景祐二年。葉夢得石林燕語云，蘇頌，元豐中使遼，會冬至，遼曆先一日，趣使者入賀。其實遼人精曆學，遼曆爲正也。然勢不可從，頌乃汎論曆學，援據精博，彼莫能測，遂折服。歸奏，帝大喜，問二曆孰是？蘇以實言，太史皆坐罰金。元祐初，遂命頌重修渾儀。張邦基墨莊漫録云，熙甯十年，頌使遼賀生辰，遇冬至，本朝曆先遼一日，北人問孰是？頌曰：「曆算遲速不同，如亥時節氣，當交則猶是今夕；若踰數刻即屬子時，爲明日矣。故或先或後，有一日之異，然各從本朝之曆可也。」遂各以其日爲節焉。吴曾能改齋漫録云，元豐元年，歲在戊午閏正月，時知定州薛向繳大遼所印曆日，稱閏月，乃在太康三年十二月，先一年，與本朝不同。乞送司天監重訂。議者以兩朝賀正之禮爲疑，而臺章以正朔爲大，賀正爲小，本朝之閏不同，即不過本朝之使先期而賀正於彼，彼國之使後期而賀正於此，料彼必不肯改以就此，則本朝豈可改以就彼乎？遂不改。史均未載。

六月甲午，赦。〔攷異〕畢沅續通鑑云，先是，南京留守蕭思温以老人星見，乞行赦宥，許之。草赦既成，留數月不出。翰林學士劉景曰：「唐制，赦書日行五百里。今稽期弗發，非也。」不報。至是月始赦。續通考云，老人星見，復見於應曆十三年二月乙巳、十五年五月。又，聖宗統和元年十月癸未、三年七月丙寅。史凡五見。又云，是年十一月歲星犯月，聖宗統和八年五月，月掩天駟第一星，十二年六月，太白歲星相犯，道宗大安二年二月，太白犯歲星。所載甚詳。

十二年（壬戌九六二）春二月己丑朔，以御史大夫蕭和斯原作護思爲北院樞密使，賜對衣、鞍馬。〔攷異〕畢沅續通鑑云，時遼諸王多坐事繫獄，詔蕭護斯窮治（得）〔稱〕（據續通鑑卷二改）旨，遷官。命世預宰相選，辭，許之。主嗜酒，用刑多濫，護斯居要地，未嘗匡救，議者少之。所載較詳。

夏五月庚午，以旱，命左右以水相沃，頃之，果雨。〔攷異〕刑法志云，十二年，國舅帳郎君蕭延之奴哈里強凌伊喇圖哩年未及之女，以法無文，加之宮刑。仍付圖哩爲奴。因著爲令。紀未載。

十三年（癸亥九六三）春正月，自丁巳，晝夜酣飲者九日。癸酉，殺獸人哈里。原作海里

三月癸丑朔，殺鹿人默勒濟，原作彌里吉。〔攷異〕刑法志，重熙時，郡王特布家奴彌里吉，另一人。梟其首以示掌鹿者。

夏六月癸未，近侍傷獐，（射）〔杖〕（據遼史卷六穆宗紀改）殺之。殺獐人哈瑪爾。原作霞馬

秋八月甲申，以生日，縱五坊鷹鶻。

九月庚戌朔，以青牛白馬祭天地，飲於野次，終夕乃罷。已而復然。

冬十一月庚午，獵，飲於虞人之家，凡四日。

十二月戊子，射野鹿。庚寅，射彘人克酬。原作曷主。〔攷異〕汪輝祖遼史同名録云，卷十一聖宗統和四年，小校；卷十八興宗重熙六年，右祗候郎君詳衮，三人同名曷主。游幸表，十一年三月，射鹿於約蘇嶺。六月，射鹿於赤山，復射柳。十二年二月，獵於蘇隱山。六月，射舐鹻鹿於玉山。十三年正月丁卯夜，觀燈。三月，獵，多獲雁鴨還宮，飲至終夜。自是晝出夜飲，迄於月終。五月，射柳。六月，獵於玉山。九月，登高，以南唐所貢菊花酒賜羣臣。是

秋射鹿於黑山、伊喇山。十二月，獵於三嶺。紀均未載，惟於十一年四月，書射鹿不視朝；十二年，書秋如黑山、赤山射鹿；八月書幸近山，呼鹿射之，旬有七日而後返，而游幸表又失書。

十四年（甲子九六四）春二月戊辰，支解鹿人摩多、哈里原作没答、海里等七人於野，封土識其地。

夏五月，射舐鹻鹿於白鷹山，至於浹旬。〔攷異〕國語解云，鹿性嗜鹹，洒鹻於地以誘鹿，射之。又，哨鹿之法，遼史已有之。其法：每歲於白露後三日，獵者衣鹿皮，戴鹿頭，天未明，潛伏草中，吹木筒作聲，牡鹿聞之以爲求其偶也，遂踴躍出，出則利鏃加焉，無得脱者。見查慎行人海記。所載較詳。

冬十月丙辰，以掌鹿舒蘇原作刴思。〔攷異〕卷八景宗保甯六年刴思使宋，另一人。代斡里〔攷異〕陳浩遼史攷證云，卷二十興宗重熙時南剋；卷六十五公主表，尚世宗女撒剌，姓蕭氏，三人同名斡里。爲札薩克轄原作闢撒（絨）〔狨〕（據遼史卷七穆宗紀改）。〔攷異〕國語解云，抹里司官，亦掌宫衛之禁者。賜金帶、金盞、銀二百兩。所隸〔死罪〕（同上書補）以下得專之。

十一月壬午，日南至，宴飲達旦。自是晝寢夜飲。殺近侍韡魯原作小六於禁中。〔攷異〕游幸表，十四年五月，獵於玉山，射卧鹿於白嶺山。六月，射舐鹻鹿於格德（衆）〔泉〕（據道光四年殿本金史卷六八遊幸表改），呼鹿射之。十二月，（殺）〔幸〕（據遼史卷六八遊幸表改）樞密蕭和斯（弟）〔第〕（同上書改）。紀均未載，惟於三月書如老林東濼。六月，射鹿於玉山，竟月忘返。八月，如磴子嶺，呼鹿射之，而游幸表又失書。

十五年（乙丑九六五）春二月，東幸。甲寅，以獲鴨，除鷹坊刺面、腰斬之刑，復其徭役。按，國中復除之法，始見於此。〔攷異〕續通考云，聖宗統和十年二月，給復雲州流民；四月，朔州流民給復三年；十二年正月，霸州民李在宥年百三十有三，賜粟、帛、錦袍、銀帶，月給羊酒，仍復其家；開泰元年十月，前遼州録事張廷美六世同居，儀坤州劉興允四世同居，各給復三年；道宗大安十年十二月，三河縣民孫賓及其妻皆百歲，復其家。所載甚詳。

三月癸酉，近侍楝爾原作東兒進匕箸，不時，手刃刺之。癸巳，虞人色勒迪原作沙剌迪偵鵝失期，加炮烙、鐵梳之刑而死。

冬十二月甲辰，以近侍喜格原作喜哥私歸，殺其妻。〔攷異〕刑法志，時帝嗜酒及獵，不恤政事，五坊、(羣)〔掌〕(據遼史卷六一刑法志改)獸、近侍、奉膳、掌酒人等，或〔獐鹿、野豕、鶻雉之屬〕(同上書補)亡失傷斃，及召不時至，及飲食細故，或因犯者遷怒無辜，輒加炮烙、鐵梳之刑，甚至無算。或以手刃(刈)〔刺〕(同上書改)之，斬(繫)〔擊〕(同上書改)射(鐐)〔燎〕(同上書改)，斷手足，爛肩股，折腰脛，劃口碎齒，棄尸於野。且命築封於其地，死者至百有餘人。京師置百尺牢以處繫囚。季年，暴虐益甚，故及於難。所載較詳。

附録王正燕山雲居寺碑云，雲居寺東一里有高峰，峰之上(十)〔千〕(據遼文匯卷四改)餘步有九室，室之内有經四百二十萬言，本(日)〔自〕(同上書改)静琬始厥謀，歷道、暹諸公成其事。佛宇經厨，僧坊鐘閣，材唯杞梓，砌則琳珉。古檜星羅，流水環繞，(口)〔璇〕(同上書改)隄相望，門闥洞開。風俗，以四月八日共慶佛生，凡水之濱，山之(口)〔下〕(同上書改)，不遠百里，預饋供糧，號爲義食。先是，庚(午)〔子〕(同上書改)年，寺主謙諷和尚爲門徒時，僕自皇后臺被褐來遊，論難數宵，以道相得。自茲一别，僕以職倅於瀛，掌記於武定，廉察於奉聖，陟在憲臺，遷在諫署，佐兹邦計，迄今十五年，復會於兹寺(按，據遼文匯卷四，「迄今」至此凡十字，原文無)。和尚建庫堂一座，五間六架；厨房一座，五間五架；轉輪佛殿一座，五間六架；煥廳一座，五間五架。又，化助前燕王侍中蘭陵公建講堂一座，五間七架，又〔建飯廊二〕（同上書改）十三間四架；次又建東庫四間五架，次建梵網經廊房八間四架，次蓋後門屋（一）〔四〕（同上書改）座，餘有捨短從長，加朱施粉，周而復始，不可殫論。乙丑歲，天順皇帝御宇之十五載，丞相秦王統燕之四年，泰階平格澤明，八風草偃，四海鏡清，和尚慶此得時，懇求作記。僕以謙諷等同德經營，協力倡和，（給）〔結〕（同上書改）一千人之社，合一千人之心，春不妨耕，秋不廢穫，立其信，導其教，無貧富後先，無貴賤老少，施有定例，納有常期，貯於庫司，補茲寺缺。寺不壞於平地，經不墜於東峰，稽首靈巖，載銘貞石。

鹽鐵判官、朝儀郎、行右補闕、賜緋魚袋王正述，前鄉貢進士鄭熙書。

沙門智光重修雲居寺記云：應曆十四載，寺主謙諷完葺一寺，結邑千人，請右補闕瑯琊王公正作碑，頃因兵火，遂至傷闕。補闕子諸行宮都部署判官、都官員外郎、賜紫金魚袋教，念先人遺跡，出俸錢再修，以釋智光乃考之執友也，（改）〔故〕（據遼文匯卷五改）命刊述勒之。時昭聖皇帝御極二十三年，統和乙巳歲八月丁（酉）〔丑〕（同上書改）朔十一日丁亥記。按，王正碑文已入文苑傳補。見厲鄂遼史拾遺。

十六年（丙寅九六六）春正月丁卯朔，被酒，不受賀。甲申，微行市中，賜酒家銀絹。乙酉，殺近侍白海及家僕善福、原作衫福雅爾噶、原作押刺葛樞密使門吏隆科、原作老古塔瑪原作撻馬舒嚕。原作失魯

秋七月壬午，諭有司，凡行幸之所，必高立標識，令民勿犯，違以死論。〔攷異〕刑法志云，是年諭有司，自先朝行幸頓次，必高立標識以禁行者，比聞綽呼輩故低置其標深草中，利人誤入，用之取財。自今有復然者，以死論！所載不同，未知孰是。

九月己未，殺狼人紐斡哩。原作褭里。〔攷異〕汪輝祖遼史同名録云，卷十六興宗重熙六年知南面行宮副部署；卷二十二道宗清甯九年宿衛官；卷九十四華格傳，開泰時都監，四人同名褭里。

冬十二月甲子，幸酒人伯勒格原作拔剌哥家。復幸殿前都點檢耶律伊勒哈原作夷（獵）〔臘〕（據遼史卷七穆宗紀改）葛。〔攷異〕本傳，字蘇色，本宮分人，太師赫嚕子。穆宗與爲布衣交，與謀機密。帝酗酒嗜殺，屢諫不聽。帝被弒時，坐守衞不嚴，誅。又，景宗紀之夷獵，百官志之夷剌葛，均係一人。畢沅續通鑑作伊喇哈，赫嚕作哈嚕。所載又異。第，宴飲連日，賜予無度，左右授官者甚衆。是冬，駐蹕黑山平淀。

十七年（丁卯九六七）夏四月戊辰，殺鷹人達魯。原作敵魯丙子，射柳祈雨，復以水沃羣臣。

五月辛卯，殺鹿人札格。原作扎葛

六月己未，支解雉人壽格、原作壽哥甯古，原作念古殺鹿人四十四人。〔攷異〕畢沅續通鑑云，主駐褭潭，好長夜之飲，因怒濫刑，醒亦悔之，諭大臣切諫。蕭思温等畏懦，鮮能匡救，諫亦不聽。己未，支解鹿人壽格、念古，命盡取其在繫者六十五人，斬四十四人，餘悉痛杖之，賴王子必攝等諫，得免。所載較詳。

冬十月乙丑，殺酒人索紐。原作粹你

十一月辛卯，殺近侍廷壽。壬辰，殺家人阿不（禮）〔札〕（據遼史卷七穆宗紀改）、赫嚕、原作曷魯珠嚕凖、原作朮里者訥呼庫。原作涅里括壬寅，殺鹿人唐古、原作唐果直格、原作直哥薩喇。原作撒剌

十二月辛未，手殺（鷹）〔饔〕（據遼史卷七穆宗紀改）人哈里，原作海里復臠之。〔攷異〕游幸表，十五

年秋，獵於黑山。十二月，獵於七鷹山。十六年正月，擊鞠。七月，獵於玉山。十七年二月，如潢河。四月，駐蹕褭潭。十二月，獵於雉嘴嶺。紀均未載，惟於十五年十二月書駐蹕黑山平淀；十六年三月東幸，獲鵝獲鴨，皆飲達旦；九月獵於黑山、赤山，至月終；是冬，駐蹕黑山平淀。而游幸表又失書。

十八年（戊辰九六八）春正月己亥，觀燈於市。以銀百兩市酒，命羣臣亦市酒，縱飲三夕。

二月乙卯，幸五坊使錫沙哩原作霞實里家，宴飲達旦。

三月甲申朔，如潢河。乙酉，獲（駕）〔鴐〕（據遼史卷七穆宗紀改）鵝，祭天地。造大酒器，刻爲鹿文，名曰「鹿甒」，貯酒以祭天。〔攷異〕續通考云，遼春獵，或鴨子河，或延芳淀。至時，侍衛皆服墨綠色衣，各備連錐、鷹〔食一器〕（原脱三字，據續通考卷九一臘獵儀補）錐於河（灤）〔濼〕（同上書改），周圍相去各五七步排列，皇帝冠巾，衣時服，繫玉束帶。於上風，望有鵝處舉旗，探騎馳報，鳴鼓驚鵝，左右皆舉幟麾之，帝親放海東青鶻搏鵝，鵝墜，恐鶻力不勝，在列者急舉錐刺鵝，取其腦飼鶻。救鶻人例賞銀絹。帝得頭鵝薦廟，羣臣獻酒菓，舉樂，互酬酢，致賀語，皆插鵝毛於首以爲樂。賜從人酒，遍散其毛。弋獵網鈞，春盡乃還。樂志云，春飛放杏堝，帝射獲頭鵝，薦廟燕飲，樂工數十人，執小樂器侑酒。所載甚詳。庚戌，殺鶻人呼圖哩、原作胡特魯近侍華格原作化葛。〔攷異〕汪輝祖遼史同名録云，卷一太祖六年特里衮；卷六十一刑法志，穆宗時太尉；卷一百十張孝傑傳，聖宗時北樞密，四人同名化葛。及監囚哈里，原作海里仍剉哈里之尸。

夏四月癸丑，殺彘人察爾吉。原作抄里（吉）〔只〕（據遼史卷七穆宗紀改）

五月丁亥，重五，以被酒不受賀。〔攷異〕禮志云，重五儀（按，考遼史卷五三禮志，遼只有重午儀，疑此處誤）。至日，臣僚昧爽赴御帳，帝繫長壽綵縷，升車，坐；臣僚合班如丹墀儀，所司各賜壽縷，揖；臣僚跪受，再拜。引退，從駕至膳所，酒三行。若賜宴，臨時聽敕。又，午時採艾葉和綿著衣，七事以奉天子，北、南臣僚各賜三事，君臣宴樂，渤海膳夫進艾糕。以五綵絲爲索纏臂，曰「合歡結」。又以綵絲宛轉爲人形，簪之，曰「長命縷」。是日爲「托卜伊能伊」，原作「討賽咿唲」，國語，「討」，五；「賽咿唲」，月也。壬辰，獲鵝於碩格原作述古水，野飲終夜。丁酉，與政事令蕭巴雅爾、原作排押。〔攷異〕卷八十八，統和中左皮室詳袞幽王排押，另一人。南京留守高勳、太師珠克、原作昭古。〔攷異〕卷十七，聖宗太平九年昭古使宋，另一人。劉承訓等，酣飲連日夜。己亥，殺鹿人頗德〔攷異〕陳浩遼史攷證云，卷十，聖宗統和元年北府司徒；又，二年南京統軍使；卷十一，四年郎君；卷二十四，道宗太康六年南院大王，後遷南樞密使；卷七十三傳，太祖時採訪使，六人同名頗德。埒克、原作臈哥陶罕原作陶瑰等。

六月丙辰，殺彘人托諾。原作屯奴

秋九月戊子，殺詳袞巴蘭、原作八剌伊喇原作拽剌罕都原作痕篤。〔攷異〕卷七十四，太祖時北府宰相，另一人。等四人。己亥，獵熊，以喚鹿人布庫原作鋪姑并掖庭户賜伊勒哈。甲辰，加政事令，復以黑山東穆辰原作抹真之地數十里賜之。

冬十二月丁丑，殺酒人塔喇噶。原作搭烈葛。〔攷異〕畢沅續通鑑云，時遼太平王罨薩噶久預國政，遂謀亂。以司天魏璘善卜，因請卜僭立之日。事覺，貶西北邊戍，流璘於烏庫部。紀未載，見方伎傳。惟烏庫作烏爾古，異。

游幸表，十八年正月，幸太師農古第，宴飲終夜。二月，如褭潭。八月，射鹿於近山，三旬始返。九月，以菊花酒飲從臣，獵熊。十一月，射鹿於皇威嶺。十二月，復往射虎。紀未載，惟於是秋書獵於西京諸山，是冬駐蹕黑山東川。而游幸表又失書。

十九年（己巳九六九）春正月甲午，與羣臣爲葉格戲。〔攷異〕錢易南部新書云，李郃爲賀牧與妓人葉茂江行，因撰骰子選，謂之「葉子」，咸通以來，天下尚之。文忠歸田録云，「葉子」格者，唐中世後有之。唐人藏書皆作卷軸，其後有葉子，其制似今策子。凡文字有備檢用者，卷軸難數捲舒，故以葉子寫之，如吴彩鸞唐韻，李郃彩選之類是也。骰子格本備檢用，故亦以葉子寫之，因以爲名爾。焦竑國史經籍志云，編金葉子格一卷，新定編金葉子格一卷，擊蒙小葉子格一卷，李後主妃周氏撰小葉子例一卷。高士奇天禄識餘云，唐同昌公主會韋氏族於廣化里，韋氏諸家好爲葉子戲，自咸通以來有之，卽今之紙牌，其首選加朱采，豈古六赤編金之遺志耶？所載較詳。醉中驟加左右官。

〔三〕〔二〕（據遼史卷七穆宗紀改）月癸酉，殺前導穆濟伊喇，原作末及益剌剉其尸，棄之。己巳，如懷州，獵獲熊，歡飲方醉，馳還行宫。是夜，近侍霄格、原作小哥盥人花哥、一作華格，舊作化哥。庖人錫袞原作辛古，一作錫古。〔攷異〕蕭思温傳作斯奴古，係一人。等六人反，帝遇弑。年三十九，〔附〕（據遼史卷七穆宗紀補）葬懷陵。〔攷異〕契丹國志云，帝醉，索食不得，欲斬庖人，掌膳者恐禍及，因奉食以進，挾刃殺之於黑山下。地理志云，懷州奉陵軍，本唐歸誠州。太祖破扶餘城，下龍泉府，俘其人築寨居之。會同中，掠幽、薊民亦居此；太宗崩，葬西山，曰懷陵，世宗置州以奉焉。是年，獵人於祖州界見太宗乘白馬，追白狐射之，殪，忽不見，獲狐與矢，是日崩於欒城，後於其地建廟。又於懷州之鳳凰門繪太宗馳騎貫狐之像。穆宗被弑，葬懷陵側，建鳳凰殿以祀。縣二：扶餘、顯理。又，慶州，本太保山黑河之地，巖谷險峻，穆宗建城，號黑河州。每歲射虎障鷹於此。後在此遇害，州廢，聖宗建號慶州。縣三：元德、孝安、富人。遼國五代祖巴圖，一作勃突，貌異常，有武畧，衆推爲王，生於巴圖山，因名。沒，葬於此。在州二百里慶雲山，本黑嶺也。興宗遵聖宗遺命，建永陵，有望仙殿、御容殿。按，懷州在今巴林部西北，臨潢西南百里。慶州亦在臨潢西百六十里，蒙古名察罕城，城中有遼行宮。王士點禁扁云，金殿安聖宗神御，又大安、望仙、同天三殿均在慶州，其地有黑山、赤山。胡嶠陷北記云，太宗葬西山中，兩山相去一里，而長林豐草，珍禽異獸，野卉奇花，有屋宇碑石，曰陵所也。兀欲入祭，諸部人惟執祭器者得入，入而門闔，明日門開，曰「抛盞」。禮畢，問其詳，皆秘不言。張舜民使遼録云，彼中黑山，如中國之岱宗，謂戎人死魄皆歸此山。每歲五京進人馬帋各萬餘事，祭山而焚之，其禮甚嚴，非祭不敢進山。武珪燕北雜記云，冬至日，焚白羊、白馬、白雁，出生血和酒，望黑山奠神，言契丹死神爲黑山神管係。沈括夢溪筆談云，黑山在大幕北，今謂之姚家族，西南卽慶州，黑水出其下，西爲夜來山，極高峻。契丹墳墓皆在山東南麓。近西有太祖射龍廟在山上，有龍舌藏廟中，形如劍。山西有一族，尤勁悍，北與黑水胡、南與韃靼接境。慶州有跳兔，前足寸許，後足幾一尺，一躍數尺，止則蹶然仆地，爾雅所謂蹷兔，亦曰蛩。蛩，巨驉也。毛奇齡西河詩話云，塞北有吐兒山，在黑水東北，遼主避暑之地。劉仲遠鴻書云，今契丹及交河北境有跳兔，爪足似鼠，長尾，端有毛，亦曰紅毛兔。王寂拙軒集云，慶州北山之麓，遼山陵在焉，俗稱三殿。二十年前，嘗爲盜發，所得不貲。是所謂厚葬以致寇者歟？成詩曰：「珠襦適足賈身禍，金盌傳聞落世間；慙愧漢文遺治命，瓦棺深葬灞陵山。」

時世宗第二子賢扈從，聞變，夜率飛龍使尼哩、原作女里，積慶宮人，歷官太尉政事令。侍中蕭思温、南院樞密使高勳帥甲士千人，馳赴行在定亂，遂卽位，是爲景宗，改元保甯。以殿前都點檢伊勒哈、右皮室詳衮烏勒濟宿衛不嚴，斬之。至保甯五年冬，逆黨霄格等始就獲伏誅。〔攷異〕畢沅續通鑑云，主緩於討賊，議者少之。

遼史紀事本末卷十九

宋初和戰

穆宗應曆十年(庚申九六〇)春正月，宋太祖稱皇帝。〔攷異〕李燾長編云，建隆元年四月，契丹入侵棣州，刺史何繼筠追破其衆於固安，獲馬四百匹。繼筠，河南人，注作太原人。居北邊前後二十年，知敵情，屢以少擊衆，契丹畏服，多畫像祀之。史未載。

夏五月，宋潞州叛歸漢。〔攷異〕李燾長編云，周昭義節度使兼中書令太原李筠聞宋受禪，欲拒命；北漢主知其有異志，以蠟書誘筠，筠執監軍周光遜、李廷玉，遣其教練使劉繼冲及判官孫孚送於北漢，納欵求援。光遜，德威子；廷玉，嗣昭孫。筠有舊第在晉陽，北漢釋之，厚賜遣還第。北漢主將謀於契丹，繼冲辭，從之。主行至太平驛，筠迎謁，言受周恩，主不悦，因使盧贊監其軍，與筠有隙，遣衛融詣軍中和解。太平驛在潞州府長治縣西。歐史云，筠遣繼冲等奉表稱臣於北漢，主自將出團柏谷；趙華諫，不聽。後兵敗，宋獲衛融，致書求光遜等還，約亦歸融，不報。薛應旂通鑑云，筠起兵，北漢主以蠟書結筠，筠執監軍光遜等送北漢。吴任臣十國春秋，劉繼冲作劉忠。漢封筠爲西平王。筠見主儀衛不備，非如王者，心甚悔之。漢尋遣河陽節度使范守圖援筠。華，滎陽人，官僕射、平章事、贊官、宣徽使。所載各異。

六月，宋兵圍漢石州。庚申，（按是年六月己巳朔，月内無庚申，疑此處誤）遣大同節度使阿拉原作阿剌率四部往援，詔蕭思温以三部兵助之。時爲南京留守、兵馬都總管。

秋七月己亥朔，宋兵克石州，潞州復歸宋。〔攷異〕東都事略云，時石守信爲歸德節度，與高懷德率前鋒破筠於長平，斬首三千級；復敗其衆於澤州，以功加平章事。宋史，守信，開封浚儀人。懷德，字藏用，常山人，行周子。太祖紀，澤州之戰，擒僞節度范守圖，殺北漢援兵之降者數千。明年九月，契丹吉里來降。史未載。李燾長編云，石守信等破筠軍三萬於澤州南，獲范守圖，殺盧贊。筠遁入澤州，嬰城自固。六月，上至澤州，督諸軍攻城。王全德、王廷魯相繼出降，賊勢轉蹙。都指揮馬全（義）〔乂〕（據長編卷一改）先登，克其城，筠赴火死。獲衛融，不屈，釋之，授太府卿。進攻潞州，筠子守節以城降，赦之，拜團練使。筠妾劉氏走，爲守節購得，遺腹生子，卒爲筠後。北漢主聞筠敗遁還。上命元城李繼勳爲昭義節度使。所載較詳。

十三年（癸亥九六三）春正月丙寅，宋欲城益津關，命南京留守高勳、統軍使崔（延）〔廷〕勳（據遼史卷六穆宗紀改）以兵擾之。〔攷異〕畢沅續通鑑云，八月，遼幽州岐溝關使柴（廷）〔庭〕翰（據續通鑑卷三改）等來降。閏十二月，永安節度使折德扆敗（遼）〔北漢〕（同上書改）師數千於府州城下，獲其衛州刺史楊璘。史未載。東都事略云，德扆破太原兵數千於城下，擒其將楊璘。所載又異。府州，唐置，今葭州府谷縣是。

十四年（甲子九六四）春正月，宋侵漢。

二月壬子，詔西南招討使特烈原作撻烈進兵往援漢，尋敗宋兵於石州。

十六年（丙寅九六六）春正月。〔攷異〕畢沅續通鑑云，正月，遼侵易州，監軍任德義擊卻之。（三）〔四〕（據續通鑑卷四改）月，遼天德節度使于延超之子來降。宋史太祖紀作延超與其子降。李燾長編，延超子名仁愛。詔拜延超爲右千牛衛大將軍，領天德節度使。是年五月，契丹橫海節度使桑進興來降，拜左千牛衛將軍。彭百川太平治迹統類五月作六月。桑進興作桑輿。史均未載。

十七年（丁卯九六七）春二月甲子，高勳奏宋城益津關，請以偏師擾之，從之。〔攷異〕勳傳，宋略地益津關，勳擊敗之。按，是年宋未嘗略地也，從穆宗紀爲是。宋史太祖紀，四月，北漢石盆寨招收巡檢使閻章以寨降。五月，指揮樊暉以鴻唐砦降。契丹國志云，春三月，五星聚奎。夏六月朔，日食。紀均未載。

十八年（戊辰九六八）冬十月辛亥朔，宋師圍太原，詔特烈爲兵馬總管，發諸道兵救之。〔攷異〕薛應旂通鑑云，北漢主繼元遣使告卽位於遼，且乞師，遼遣塔魯救之。宋亦詔諭北漢，令降，以平盧節度使授之。又別賜郭無爲詔，許以邢州節鉞。無爲勸納欵，不從。李繼勳等聞遼師至，尋引還。所載較詳。又，明年三月，宋帝自將圍太原；五月，以暑雨班師。九月，遼涿州刺史許周瓊來降，仍授刺史。十月，遼將王甲以豐州降。又，錫里、裕魯等十六族來歸。彭百川太平治迹統類云，豐州刺史王仲晏上言，契丹日利、月利等十六族歸欵，以其大酋領羅媒四人爲懷化將軍，羅侈八人爲懷化郎君，餘八十五人爲歸德司戈。李燾長編云，本紀作王重安，名號無可考，削不書。而王甲以豐州降，卽命其子承美爲豐州衙內指揮使。史均未載。

景宗保寧二年（庚午九七〇）春正月丁未，如潢河。

夏四月，幸東京。

六月，還上京。〔攷異〕畢沅續通鑑云，冬十月，遼聚六萬騎攻定州，帝命田欽祚領兵三千禦之，與戰於滿城，遼騎小却，乘勝至遂城。欽祚馬中流矢而踣，騎士王超以馬授之，軍復振，殺傷甚衆。夜，入保遂城，遼圍之。數日，欽祚開南門突出，不亡一矢。北邊傳言三千打六萬。奏至，帝喜曰：「契丹數入寇，我以二十四絹易一契丹首，其精兵不過十萬，止費二百萬(縉)〔絹〕(據續通鑑卷六改)則敵盡矣。」自是益修邊備。王鞏隨手雜録云，太祖一日出幽燕圖示趙普，普曰：「此必曹翰所爲。」帝曰：「何如？」普曰：「舉必克之，須世世得曹翰守乃可。」帝不語，擕圖而入。不復言幽、燕之計。王存元豐九域志云，宋以幽州爲化外州，安東上都護府領羈縻州十四。彭百川太平治迹統類云，太祖別置封樁庫，嘗密謂近臣曰：「石晉苟利於己，割幽、薊以賂遼，使一方之人獨限境外，朕甚憫之，欲俟司庫滿三五十萬，卽遣使於遼約，苟歸土地、民庶，卽盡此金帛充其贖直。否則，散滯財，募勇士，俾圖攻取耳。」會晏駕不果。王闢之澠水燕談云，柳仲塗守寧邊，今博野地，結客白萬德，使說其酋豪，將納質約，誓以爲內應，掩其不備，疾趨直取幽州。會仲塗易地不果，河朔之人，至今爲憾。吳處厚青箱雜記云，曹翰平江南後，歸環衞，值內宴，羣臣賦詩，翰乞應詔，命以「刀」字爲韻，立成詩曰：「三十年前蘊六韜，英名常得預時髦；曾因國難披金甲，不爲家貧賣寶刀。臂健尚嫌弓力軟，眼明猶識陣雲高；帳前昨夜霜風起，差覩盤花舊戰袍。」太宗惻然，驟遷數級。契丹國志滿城作蒲城，且載於三年冬。欽祚，潁州汝甯人。

三年(辛未九七一)春正月辛酉，南京統軍使魏國公韓匡美封鄴王〔攷異〕畢沅續通鑑云，正月癸亥，遼兵侵易州，監軍任(德)〔得〕義(據續通鑑卷六改)擊卻之。史未載。

六年(甲戌九七四)春三月，宋遣使請和，以涿州刺史耶律昌珠原作昌朮。〔攷異〕孫逢吉職官分紀作琮，通鑑輯覽作襌珠喇。加侍中，與宋議和。〔攷異〕職官分紀云，開寶七年，契丹涿州刺史耶律琮貽書知雄州孫全興，請講好。宋史太祖紀云，七年十一月，命知雄州孫全興答涿州修好書。契丹國志繫於乾亨元年冬，乃保甯七年，爲宋開寶八年也。與史異。耶律和卓傳云，拜涿州刺史，宋數遣人結歡，(兼)〔冀〕(據遼史卷八六耶律合住傳改)達和意。和卓表聞，帝許之。和卓原作合朮，或係一人，字諸木袞，太祖弟特爾格之孫，安邊懷敵，多有力焉。畢沅續通鑑載琮貽書，略云：「兩朝初無纖隙，若交馳一介之使，顯布二君之心，用息疲民，長爲鄰國，不亦休哉！」是年七月，遼軍器庫副使石重榮、東頭供奉官劉琮來降，授官有差。史均未載。通鑑輯覽云，據宋史，遼先貽書通和，而景宗紀則書宋遣使請和，蓋諱之也。汪輝祖遼史同名録云，卷二十二道宗清寧九年十月，和卓知北院大王事。和卓亦作合朮；又本卷，咸雍二年，西京留守爲南院大王；卷九十三蕭頁魯傳，咸雍九年，德呼部酋長，四人同名合朮。

七年（乙亥九七五）契丹國志是年卽書爲乾亨元年。春正月甲戌朔，宋遣使來賀。

夏四月，遣郎君舒蘇〔攷異〕蒙古語高梁也。舊作紉思，今譯改。宋史作克沙骨慎思，職官分紀作克實克舒蘇，東都事略作克沙骨謹思，通鑑輯覽作格什古星什。紀載各異。使宋。〔攷異〕畢沅續通鑑云，遼史克卜茂固舒蘇來聘，詔閤門副使郝崇信至境上迓之。及至，館於都亭驛。己亥，入見，宴於長春殿，賜衣器有差。又，史作四月，而契丹國志作三月。各異。李燾長編云，先是，涿州貽全興書，云遣使克卜茂固舒蘇，至是發書，但云克舒蘇。或曰，「克」其官號；又曰其姓氏也。宋史太祖紀云，「三月己亥，契丹使至，召見於講殿，觀習射。八月壬戌，契丹遣耶律霸德等致御衣、玉帶、名馬。十一月，以校書郎宋準、殿直邢文慶賀契丹正旦。十二月，遼遣耶律烏正來賀正旦。」按，爲霸德副者尚有雅勒呼、王英。令從獵近郭，上親射走獸，矢無虛發；使者俯伏，呼萬歲。私謂譯者曰：「皇帝神武無敵，射必命中，所未嘗見也。」又，邢文慶一作邢文度，烏正作烏鎮，爲副者尚有蕭呼嚕固、陳延正。見長編。史均未載。

八年（丙子九七六）春正月癸酉，宋遣使來聘。

秋七月辛未，復遣使來賀天清節。〔攷異〕宋史太祖紀云，遣閤門使郝崇信、太常丞呂端使契丹報聘。繫於去年七月。又，是年二月，契丹遣耶律延寧來賀長春節；五月，遣田守奇如遼賀生辰。玉海云，開寶九年二月，契丹賀長春節，獻御衣、名馬二匹，鞍勒副之，馬百匹、白鶻二。太平興國二年二月，遼使貢御服、金玉帶、玉鞍、勒馬、金銀飾戎仗、馬百匹，賀上登極。別貢御服、金帶、鞍馬爲賀正禮。十月辛酉，獻良馬方物。李燾長編云，延寧來賀，毅州刺史史珪坐漏洩省中語，出爲光州刺史。爲田守奇副者尚有房彥均。按，玉海謂誕節名始於唐開元十七年。宋太祖節名長春，太宗乾明，又曰壽寧；真宗承天；仁宗乾元；英宗壽聖；神宗同天；哲宗興龍；徽宗天寧；欽宗乾龍；高宗天中；孝宗會慶；光宗重明；寧宗瑞慶；理宗天基；度宗乾會。又，章獻后曰長寧；宣仁后曰坤成；恭聖仁烈后曰嘉慶。又，呂端，字易直，餘慶弟。

秋九月壬午，宋侵漢，命南府宰相耶律沙、冀王迪里原作敵烈赴援，宋師退。

冬十一月丙子，宋太祖崩，弟晉王即位，〔攷異〕景宗紀書弟炅自立。按，太宗改名在太平興國二年二月，遼史乃預書之耳。遣使來告。遣郎君旺祿、原作王六。〔攷異〕畢沅續通鑑作旺陸。塔瑪原作撻馬訥默庫原作涅木古等使宋弔慰。

十二月壬寅，遣蕭哲庫、原作只古馬哲賀宋即位。〔攷異〕畢沅續通鑑云，遼遣蕭巴固濟來聘。注云，舊作哲古、馬哲。宋史太祖紀，時遣著作郎馮正、佐郎張玘使契丹告哀。史未載。

九年（丁丑九七七）春二月庚子，宋遣使致其先帝遺物。〔攷異〕畢沅續通鑑云，二月，遼遣使來賀即位及正旦。三月，置威勝軍，許遼人互市。王存元豐九域志云，治銅鞮縣。曾鞏隆平集云，於潞州亂柳石圍中爲軍。輿地廣記，威勝軍，五代前地理與潞州同。太平興國二年置威勝軍，併沁州入焉。縣四：銅鞮、武鄉、沁源、緜上。李燾長編云，初，契丹在太祖朝雖聽沿邊互市，而未有官司，於是始令鎮、易、雄、霸、滄州各置榷務，命常參官與內侍同掌，輦香、藥、犀、象及茶與相貿易。熊克九朝通略云，後有范陽之師乃罷，不復通。紀均未載。

秋七月甲子，復遣使來聘。〔攷異〕宋史太平興國二年四月，契丹耶律敞來會葬，尋遣辛仲甫報謝之，主問曰：「聞中朝有黨進者，真驍將，如進比有幾人？」仲甫曰：「名將甚多，如進鷹犬材，何可勝數。」主欲留之，仲甫曰：「信以成命，義不可留，有死而已。」主知其不可奪，厚禮遣還。見本傳。按，契丹國志，耶律敞時官鴻臚少卿，仲甫起居舍人，爲副者右贊善大夫穆波。時宋將用兵取北漢，漢倚遼爲援，仲甫遲留境上未敢進，宋詔趣行。史均未載。畢沅續通鑑穆波作穆被。云，仲甫還，帝謂左右曰：「仲甫遠使絕域，練達機宜，可謂不辱君命矣。」黨進，朔州馬邑人。仲甫，字之翰，汾州孝義人。李燾長編云，是年十月，契丹遣使耶律阿移爾來賀乾明節，幸京城西北隅視衞士，與契丹使馳射。又召近臣及劉鋹與李煜、契丹使宴射苑中。

冬十一月乙巳，遣太保塔喇噶原作迭烈割等使宋。〔攷異〕李燾長編云，十一月，契丹遣太保耶律特爾格、禮賓副使王英賀正旦。畢沅續通鑑云，十一月甲午，命監察御史李濆、閤門祇候鄭偉賀契丹正旦。宋史李濆作李瀆。

乾亨元年（己卯九七九）春正月乙酉，遣塔瑪原作撻馬長壽〔攷異〕卷十，統和元年公主，同名長壽。使宋，問興師之故。〔攷異〕畢沅續通鑑云，時北漢主遣其子續爲質於遼，納重幣以求援。紀未載。丙申，長壽還，言：「河東逆命，所當問罪。若北朝不援，和好如故；不然則戰。」〔攷異〕契丹國志，宋太宗親征北漢，繫於乾亨六年二月，宋史作太平興國四年，云自是和好中絕。錢大昕云，明年，太宗親征幽州，不克。南北不通使者二十五年。

二月丁卯，漢乞援，命南府宰相耶律沙本傳，字安隱，總南邊事。宋攻河東，將兵救之，有功，加太保。嗣屢侵宋，兵敗坐誅，以皇后救免。爲都統，冀王迪里〔攷異〕索倫語頭目也。舊作敵烈，今譯改。爲監軍赴之；又命南院大王耶律色珍原作斜軫以所部從，樞密副使穆濟〔攷異〕滿州語大麥也。舊作抹只，今譯改。本傳，字留隱，仲父隋國王後，歷官開遠節度。聖宗統和元年，抹只兼侍中，爲東京留守，係一人。督之。

三月丙戌，詔北院大王希達、原作奚底。孟父房楚國王之後。伊實原作乙室王薩哈勒〔攷異〕滿州語小圍也。舊作撒合，今譯改。字綏蘭，伊實部人，南府宰相烏魯斯子。等將兵戍燕。丁酉，耶律沙等與宋師戰於白馬嶺，不利，冀王迪里等皆死之。〔攷異〕契丹國志謂在石嶺關之南，一云在忻州西南。方輿紀要云，在盂縣東北二十里。石嶺關在太原府城東北，與忻州接界。東都事略云，時郭進控石嶺關，擊敗契丹援兵。田欽祚護其軍，恣爲姦利，以他事侵進，進剛直不能辨，自經死。所載較詳。時沙將兵至白馬嶺，阻大澗遇敵。沙與諸將欲待後軍至而戰，迪里、穆濟等以爲急擊之便，沙不能奪。迪里等渡未半，爲宋人所擊，兵潰。迪里與其子斡格、〔攷異〕畢沅續通鑑作華格，一作洼哥。（按，遼史卷八四耶律沙傳作蛙哥）沙之子德里〔攷異〕畢沅續通鑑作德琳，一作德音。及圖魯卜原作突呂不部節度使〔攷異〕耶律沙傳作令（公）〔穩〕，（據遼史卷八四耶律沙傳改）畢沅續通鑑作令袞，一作令穩。圖敏、原作都敏黃皮室詳袞原作詳穩唐古〔攷異〕滿州語百數也。舊作唐筈，今譯改。等五將均戰死，士卒死傷甚衆，會色珍兵至，萬矢俱發，敵始退。

夏六月，漢劉繼元降宋。甲子，宋來侵。丁卯，北院大王希達、統軍使蕭托果〔攷異〕蒙古語釜也。舊作討古，今譯改。字固寧，政事令斡之姪。伊實王薩哈勒擊之，戰於沙河，〔攷異〕續通考云，在順天府境霸州城南，與唐河合，至入海處呼爲飛魚口，又爲五渠水，一曰長鳴水。又，幽之潤縣亦有沙河，源自灤州西北，流經縣東南入海。又，沙河在廣平府城北五十里，上從沙河縣界流入永年縣北境，下達雞澤縣界與洺河合。又，沙河自大名府境西南引漳河入城灌御河，復西北出城灌流沙河。洺河在廣平府城北三十五里，源出遼州太行山，流經武安縣東北入永平縣北境，至雞澤縣與沙河合。明一統志云，沙河源出復州衛東得利嬴城山，經流本衛城南，合麻河西流入海。又，清河源出蓋州衛分水嶺西南，經城南，名州南河，又西流，合泥河入海。蓋州本高麗蓋牟城，渤海改爲蓋州，又改辰州，遼爲奉國軍治建安縣。薛延寵全遼志云，在遼陽城南二百四十里。祝穆輿地要覽云，蓋州本唐地，後屬契丹，有東山、白狼山。通鑑輯覽謂沙河爲易水，亦曰北濡，源出易州西北，逕定興縣爲沙河，合中易水入拒馬河。按，易水在安州城北，自府境曹河、徐河、石橋河、一畝泉河、滋河、沙河、鴉兒河、唐河諸水，至此合流爲易水，又至雄縣南爲瓦濟河，過直沽入海。燕太子送荊卿處。又，雄河在雄縣南三里，與易水合。亦見續通考。紀載各異。國兵失利。〔攷異〕薩哈勒傳，乾亨初，宋來侵，兼收本部兵守南京，與希達、托果逆戰，希達等敗走，獨薩哈勒全軍還，帝嘉之。托果傳，時與希達拒宋軍，潰，退屯清河，帝責之曰：「卿等不嚴偵候，用兵無法，遇敵卽敗，奚以將爲？」托果懼。俄援兵至，托果奮力敗宋軍，降南京指揮使。所載互異。畢沅續通鑑云，沙河之戰，指揮傅潛、孔守正先至，擊之，後軍繼至，大敗希達軍，生擒五百餘人。所載較詳。己巳，宋軍圍南京。

秋七月癸未，耶律沙等及宋兵戰於高梁河，在宛平縣西。水經注，高梁水出薊城西北，卽此。今爲玉泉山水所經，上有橋。〔攷異〕樂史太平寰宇記云，高梁河在薊縣東四里，南流合桑乾河。孫國枚燕都游覽志云，玉泉山有巨穴，泉歕而上，淙淙有聲，或名之噴雪泉。梓溪集云，京師形勢，以堪輿家論之，玉河之水當直出合南海子，從天、地壇前轉東入潞河，方爲自然；崇文門外閘河宜塞之，庶幾左臂不斷，此乃帝王建都萬代之計也。陳全之蓬牕日記云，北京青龍水爲白河，出密雲南，流至通州城。白虎水爲玉河，出玉泉山，經大內出都城，注通惠河，與白河合。朱雀水爲蘆溝河，出大同桑乾，入宛平界，出蘆溝橋。元武水爲濕餘、高梁、黄花、鎭川、榆河，俱繞京師之北，而東與白河合。水經注雖有高梁，無上源之説，而兹水實承西山玉泉之委輸，爲玉河經流。蔣一葵長安客話謂，高梁源發西山者是也。而蓬牕日記誤分高梁、玉河爲二，且以高梁屬京兆，非是。見日下舊聞考。續通考云，玉帶河在寶定縣北，東流入會通河。大通河舊名通惠水，自玉河出，繞都城東南，經大通橋流至高麗莊入白河。白河自密雲南至牛欄山與潮河合流至通州入直沽，一名白遂河。潮河在寶坻縣東，一名白龍港，源自黎河、泃河、鮑邱河，至寶坻山、三叉口合流爲潮河入海。又，密雲縣東南有潮河，下流至順義縣界，合白河、黄花、鎭川，源自塞外流入黄花鎭口，經昌平至懷柔入白河。沽水，一名西潞水，一名東潞水，源自塞外丹花嶺，合九泉水，南經安樂故城西南，與螺山水合爲西潞河，又南經狐奴故城西，與鮑邱水合爲東潞河。又，磁河源自安州，聚九河之水，至雄縣爲瓦濟河，至寶定縣爲磁河，入直沽。紀載各異。少谷；休格、原作休哥色珍横擊，大敗之。太宗僅以身免，至涿州，竊乘驢車遁還。〔攷異〕宋史紀事本末云，太宗既滅漢，欲乘勝取幽、薊，諸將不欲行，用崔翰言，意遂決。六月，次東易州，刺史劉宇以城降；次涿州，判官劉厚德亦以城降；進圍幽州，以潘美知行府事，契丹將多降。七月，順州劉延義、薊州劉守恩皆降。耶律學古時守燕，悉力備禦不能支，城中洶懼。帝與沙等戰，沙敗將遁，適休哥、斜軫兵至，復戰，大敗，死者數萬餘人。命劉廷讓、李漢瓊等屯真定而還。江隣幾雜志云，宋帝自并幸幽，乘敵無備，遼主方獵，遁歸牙帳，議棄燕、薊，守松亭、虎北口。裕悦請兵十萬救幽州。王鞏聞見近録云，時敵空山後遁，裕悦請兵五千嘗王師，許之。契丹國志云，于越遜甯號舍利郎君，率兵並西山薄幽陵，人夜持兩炬，朝舉兩旗，夜從他道自宋軍南，席捲而北，宋師遂退不復追。朱昆日下舊聞補遺云，裕悦之救幽州，據王鞏所記止五千騎，如江休復言，既擁十萬師，何用人持兩炬兩旗以爲疑兵乎？未免自相矛楯矣。又稱裕悅爲錫里郎君，攷百官志，錫里司掌皇族軍政，無郎君之官，而各院局郎君又無名錫里者，皆誤也。又，遜甯係休哥字。劉厚德亦作劉原德。東易州當在定興、安肅界。劉廷讓，守文之孫，范陽人。崔翰，字仲文，京兆萬年人。漢瓊，洛陽人。李燾長編云，東易州即岐溝關也。孔守正先入，說劉禹以城降；詔祁延朗守關城，召守正赴行在。初，上次定州，使祀北嶽，作悲陷蕃民詩，令從臣和。次涿州，劉原德降，命楊恭知州事，拜原德右贊善大夫。次幽州，駐蹕寶光寺，親率兵乘城，斬首千餘級，餘黨遁。未幾班師。以石守信督前軍失律，貶崇信節度。餘劉遇、史珪悉貶官。畢沅續通鑑劉宇作劉禹，劉延義作劉延素，云，休格被三創，戰益力，後竟以創不能窮追，宋蓋有天幸焉。所載各異。蕭斡傳，字轄里，宰相敵魯子，初不從察克亂，拜林牙，歷北府宰相。高梁河之戰，斡與休格併力擊敗之，上手勑慰勞，加政事令。時后以父呼斡；及爲太后稱制，數陳便宜，多見用。按，后係思温女，斡與后，兄弟行，「父」恐係「兄」之訛。紀未載。

所獲兵仗、糧餉不可勝計。

辛丑，沙遣人上俘獲，詔將士分別爵賞，降罰有差。〔攷異〕東都事略云，是年，太宗征河東，遣使起居，隨寇石嶺關以擾太原，爲郭進所敗，河東平，遂北征，勒兵幽州而還。時曹翰攻城東南隅，卒掘土得蠏以獻。翰曰：「蠏，水物而陸居，失所也，且多足，敵將至，不可進拔之象。且蠏者，解也，其班師乎？」已而果然。初至幽州，翰爲東路濠寨總管，善風角。一夕，角聲送風至帳，促令環帶曰：「寇至之兆也。」未幾至，大敗之於城下。見釋文瑩玉壺清話。玉海云，帝駐蹕城南，敵不敢居城中，有萬餘衆屯城北，帝率兵乘之，斬千餘級，餘黨遁。壬申，命諸將攻城，旬有五日，以卒疲食盡，七月壬申班師。均未言敗。李燾長編亦同，蓋諱之也。潘永因宋稗類鈔云，太宗圍幽州城，夜大風，軍中虛驚，南北軍皆潰，諸將不知上所在，惟節度高瓊隨；翼日，上欲誅諸將，因瓊諫而止。後出宣仁后，爲天下母，人以爲陰德之報。王銍默記云，駕至幽州，四面攻城，而師以平晉不賞，又攻燕，遂軍變，太宗與所親厚夜遁，得錢俶殿乃得脫。後神宗語及北邊事曰：「太宗軍潰，僅得脱，凡行在服御、寶器被掠，從人宮嬪盡陷没；上中兩箭，歲歲必發，其棄天下亦以箭瘡發」云。畢沅續通鑑云，帝次金臺驛，聞歸師大潰，命崔翰往撫之，衆遂定。金臺驛在今清苑縣。王鞏聞見近録云，前此，柴世宗畫御河爲界，敵未嘗敢犯邊，自爾日尋干戈，至澶淵之盟方息。御河，蓋世宗運漕河也。王得臣麈史云，富鄭公嘗爲余言：「永熙討河東，既下，欲乘勝復薊門，咨於衆。參政趙昌言曰：『自此取幽州，如熱鏊翻餅耳！』殿前都指揮呼延贊爭曰：『書生之言，不足盡信，此餅難翻。』永熙竟趨幽燕，卷甲而還，卒如贊言。鄭公謂余曰：『武臣中蓋亦有人矣。』」長編注，謂昌言參政在雍熙四年，距此凡九年。又，興國四年無爲參政者，得臣誤甚。或呼延贊實有是言，此時尚爲鐵騎指揮使，連白、進超實爲殿帥，崔翰爲殿候，所云殿前都指揮使，得臣又誤也。事略又云，帝命翰知定州，會李漢超、崔彥進等破契丹於徐河，投西山坑谷者不可勝計，俘馘數萬，他物什倍。進，博野人，漢超，雲中人。史均未載。以權知南京留守韓德讓、權〔南京〕（據遼史卷九景宗紀補）馬步軍都指揮使耶律學古、字伊實揚，裕悅斡庶孫。〔攷異〕皇族表，斡孫特哩袞學古，東路統軍使烏爾古巴，原作烏古不。按，卷八十八烏不吕傳，學古之弟，以功爲東路統軍都監，因德讓薦，爲統軍使，弟果囉。是烏古不即係烏不吕。知三司事劉弘，能安人心，捍城池，並賜詔褒獎。〔攷異〕畢沅續通鑑云，宋攻城，德讓懼甚，與弘日夜守禦，城中人懷二心，會指揮李札勒燦出降，益懼。御盞郎君學古赴救，穴地以進，計安反側，隨宜備禦不少懈。聞援師至，開門列陣，呼聲震天地，宋大敗。以德讓爲遼興節度使，學古遙授保静節度使。所載較詳。

九月己卯，命燕王韓匡嗣爲都統，南府宰相耶律沙爲監軍，特哩袞原作惕隱休格、南院大王色珍、權奚王穆濟等分道南侵。

冬十月乙丑，韓匡嗣與宋兵戰於滿城，敗績。辛未，太保舒蘇敗宋師於火山。乙亥，詔數匡嗣罪，赦之。宴賞休格及有功將校。〔攷異〕薛應旂通鑑云，九月，契丹遣韓匡嗣等寇鎮州，報圍燕之役，軍於滿城西。方陣，官軍詐降，匡嗣納之，休哥諫不聽，俄而劉廷讓陣於前，崔彥進潛師躡其後，李漢瓊等繼至，合擊，契丹軍大潰，追至遂城，大敗之，斬首萬三百級，獲三將，馬萬匹。匡嗣棄旗鼓遁，獨休哥整衆退。畢沅續通鑑云，先是，帝以陳圖授諸將，敵至分八陳。及軍次滿城，遼師大至，因趙延進及李繼隆言，改爲二陳，前後相副，以是獲勝。所載較詳。

按：耶律穆濟傳，匡嗣軍潰，穆濟獨部伍不亂，徐整旗鼓而歸。宋史太宗紀十一月，忻州言，與契丹戰，敗之關南，破契丹，斬首萬餘級。李燾長編云，十一月，契丹於代州雁門、西(陘)〔涇〕(據長編卷二〇改)、護國、南川置寨，折彥贇與董思愿、劉緒、侯美追擊，大敗之，俘獲甚衆。嵐州言三交口破契丹千餘衆。阮閱詩話總龜云，工部郎中王矩，本燕人，爲耶律某掌書記。某之兄及兄之子，與國中戰歿於大郡；後某經舊戰處題詩，矩記其兩句曰：「父子盡從蛇陣沒，弟兄空望雁門悲。」史均未載。

二年(庚辰九八〇)春正月丁亥，以休格爲北院大王。〔攷異〕畢沅續通鑑云，初，北漢劉繼業素驍勇，繼元降，繼業(欲)〔猶〕(據續通鑑卷一〇宋紀改)據城苦戰。帝令繼元招之，乃釋甲來見。復姓楊氏，止名業，授領軍衛大將軍，尋拜鄭州防禦使。本楊重貴，太原人，重勳之兄，北漢世祖賜姓名。李燾長編云，據國史本傳，謂孤壘甚危，業勸其主出降。其授官制辭曰：「百戰盡力，一心無渝；疾風靡搖，迅雷罔變。知金湯之不保，慮玉石之俱焚；定策乞降，委質請命。忠於所事，善自爲謀。」與路振九國志異。按，五代史，當時垂涕勸繼元出降者止馬峯一人，非業也。若果勸降，則當與繼元俱出見，何用別遣中使召乎？然授官制辭，不應云爾，更須考之。薛應旂通鑑云，是年三月，代州刺史楊業敗契丹十萬兵於雁門，殺其駙馬侍中蕭咄李、獲都指揮李重誨。自是契丹畏業，望見旌旗卽引去。主將多嫉之，潛上謗書，帝封付業。宋史太宗紀書作潘美事，且繫之二月。王宗沐續通鑑，咄李作卓琳，通鑑輯覽作綽里特，畢沅續通鑑作多囉，各異。史均未載。

冬十月辛巳，將南侵，祭旗鼓。癸未，次南京。己亥，圍瓦橋關。

十一月庚子朔，宋兵夜襲營，蕭斡原作幹，時官圖魯卜部節度使。及耶律赫德〔攷異〕滿州語渣滓也。原作痕德，今譯改。又蕭斡傳作允古。戰卻之。壬寅，休格敗宋兵於瓦橋東，守將張師引兵出戰，休格奮擊，敗之，斬師，餘衆退入城。戊申，宋兵陳於水南，休格涉水擊破之，追至莫州，殺傷甚衆。己酉，宋兵復來，擊之殆盡。丙辰，班師，還次南京。尋拜休格爲裕悦，大饗軍士。

〔攷異〕契丹國志云，十一月，帝進攻關南，宋河陽節度使崔彦進禦之，遼師失利。十二月，宋太宗親征至大（石）〔名〕（據下文所引宋史、宋事類苑改），遼師遁，遂班師。畢沅續通鑑云，帝次長垣縣，關南言大破契丹萬餘衆，斬首三千級，遼主引兵還。李燾長編云，十一月，契丹寇雄州，〔副〕（據長編卷二一補）指揮使荆嗣擊走之，俘獲甚衆。十二月，交州行營言破賊萬餘衆，斬首三千餘級。宋史，太宗親禦契丹，次大名，諸軍與之大戰於莫州，敗績。時欲復伐幽州，李昉力陳其未可，乃命劉遇、曹翰爲部署而還。時張齊賢亦上疏勸其先本而後末，安内以養外。帝嘉納之。釋文瑩玉壺野史云，太宗將蒐漁陽，李昉上疏力諫，詞頗切直。昉居常奏事，雍容和婉，此疏上，士論駭服。後北伐果無成，太宗嘉許，始厚賜之。所載各異。齊賢，曹州宛句人。昉，深州饒陽人。江少虞宋事類苑云，時遼寇高陽關，太宗禦之，賦詩，有「鑾輿臨紫塞，朔野凍雲飛」之句。次大名，又賦詩，示行在諸臣曰：「一箭未施兵馬退，六軍空恨陣雲高。」遂甯令何濛獻詩，召對，授贊善。釋文瑩玉壺清話濛作蒙。詩云：「塞日穿痕斷，邊雲背影飛。」又云：「縹緲隨黃屋，陰沈護御衣。」且進鑾輿臨塞賦，帝嘉賞。

三年（辛巳九八一）春二月丙子，東幸。己丑，復幸南京。〔攷異〕宋史太宗紀，正月，易州破契丹數千衆。五月，平（寨）〔塞〕（據宋史卷四太宗紀改）軍與契丹戰，敗之。七月，帝欲大舉伐契丹，遣使如渤海，令發兵以應，竟無至者。尋遣使至高麗，亦然。　薛應旂通鑑云，渤海本高麗別種，契丹嘗取其扶餘城爲東丹國。帝將大舉伐契丹，遣使賜其王詔書，令發兵以應，約滅遼之後，幽、薊土宇復歸中朝，朔漠之外悉與渤海，竟無至者。時以詔賜定安國王，定安本馬、韓別種，其王烏元明數苦遼侵，得詔，令張犄角之勢，王大喜，附女真進表，優詔答之。　洪皓松漠紀聞云，古肅慎城四面約五（百）〔里〕（據松漠紀聞卷上改）餘，遺堞尚存，在渤海國都三十里。　玉海云，安定爲契丹所破，保於西鄙。開寶六年，國王烈萬華因女真遣使入朝，附表貢方物。端拱二年，獻馬雕羽。淳化二年，又上表，後不復至。女真，渤海別種，建隆二年八月貢名馬，至興國凡九入貢。　李燾長編云，太平興國六年，易州之戰，斬首三百級，馬（三）〔五〕（據長編卷二二改）百匹，器甲千計。尋建易州太保寨爲平塞軍。（按宋史卷四太宗紀作平塞軍，下同）潘美襲固（安）〔軍〕（據長編卷二二改），降之，在三交西北三百里，積粟屯兵，敵不敢侵，邊民以安。五月，契丹侵平塞軍，擊走之，殺獲甚衆。尋又言破契丹萬餘衆。又載賜渤海詔書曰：「聞爾國本爲大藩，近年頗爲契丹所制。爾迫於兵勢，屈膝事之，讒慝滋多，誅求無已；雖欲報怨，力且不能。所宜盡出族帳，助予攻取，俟其翦滅，當行封賞。幽、薊土宇，復歸中朝，沙漠之外悉以相與。」九月，易州白繼贇破契丹於平寨軍北，斬首二千級，俘獲甚衆。　史均未載。

四年（壬午九八二）夏四月，景宗自將南侵宋。至滿城，戰不利，守太尉奚斡里原作瓦里。〔攷異〕畢沅續通鑑作達里。中流矢死。統軍使耶律善補〔攷異〕畢沅續通鑑作善布。　本傳，字瑤昇，孟父房楚國王後，安圖從子，官都元帥。宋來侵，不敢戰，故嶺西（川）〔州〕（據遼史卷八四耶律善補傳改）郡多陷。終南院大王。爲伏兵所圍，樞密使色珍救免，詔以失備，杖之。

五月，班師。〔攷異〕契丹國志云，五月，遼分三道入宋，爲其邊將所敗。畢沅續通鑑云，三交行營言潘美敗契丹於雁門，追破其壘三十六。未幾，府州折御卿破之於新澤砦，獲其將校百餘。於遼是三道之師皆敗。李燾長編云，契丹三萬騎，分三道：一襲雁門，潘美破之，斬首三千級，俘老幼萬口，牛馬五萬計；一攻府州，折御卿破之，斬首七百級，羊馬萬計；一趨高陽關，崔彥進破之，斬首二千級，羊馬數萬。方輿紀要云，是年，高陽關鎮將奏敗契丹於唐興口，因置唐興砦，尋建爲順安軍，在今安州東南二十里。宋史，唐興之戰爲崔彥進，紀要失書。史均未載。

秋九月庚子，幸雲州。壬子，次焦山，崩。〔攷異〕李燾長編，遼主之崩繫於歲末，又引契丹國志以爲在三月，疑係傳聞之誤。焦山在今朔平府左雲縣東南。子梁王隆緒卽位。尊母蕭氏爲太后，攝國政，改元統和。〔攷異〕王宗沐續通鑑云，六月，復國號大契丹。史未載。畢沅續通鑑云，錢辛楣據興中故城。釋迦舍利塔記，其文有大契丹重熙十五年云云。余攷李燾長編載仁宗與興宗國書云：「昔我烈考章皇帝與大契丹昭聖皇帝弭兵講好。」又，王暐道山清話云，契丹使者論國書中所稱大宋、大契丹，似非兄弟之國，宜易以南、北朝，梁莊肅折之，乃如故。蓋道宗咸雍二年復稱大遼，以前國書，南北稱大契丹也。孫淵如因欲每年分注，於聖宗、興宗兩朝均書契丹。余謂統前後而計之，不妨仍書爲遼，但中間更改之號，不當没而不書耳。

冬十二月辛酉，南京留守荊王道隱奏宋遣使獻犀帶〔請和〕（據遼史卷一〇聖宗紀補），詔以無書，卻之。〔攷異〕宋史太宗紀，是年閏十二月，豐州與契丹戰，破之，獲其天德節度使蕭太。合二史觀之，遼不書本國之敗績，宋亦不書本國之請和。又，東都事略云，燕燕專國政，以三萬騎入寇，潘美擊敗之，日利、月利等十一族七萬餘帳内附，降者又三千帳，羊馬萬計。李燾長編，豐州之捷爲刺史王承美，斬首二千級，羊馬、兵器萬數。蕭太作韋太，日利月利等族爲錫利裕嚕岱、日威克約，所載互異。史均未書。

聖宗統和元年（癸未九八三）春正月丙子，以裕悦休格爲南京留守，總邊事。壬午，涿州刺史安吉奏宋築城河北，詔休格以兵撓之，勿令就功，并嚴邊備。〔攷異〕宋史太宗紀，三月，豐州奏破契丹兵，降三千餘帳。李燾長編謂係刺史王承美，擊破萬餘衆，追北百餘里至青塚，斬首二千級，降者三千帳，獲羊馬、兵以萬計。按，豐州之捷，未知卽係去冬事否？史均未載。

四年（丙戌九八六）春三月，宋遣曹彬、字國華，真定靈壽人。崔彥進、大名人。米信本奚族，字海進。由雄州道；輿地廣記云，戰國屬燕，唐屬涿、易二郡，晉入遼，周收復，置雄州，今爲易陽郡。縣二：歸信、容城。詳卷十八。田重進幽州人。飛狐道；〔攷異〕樂史太平寰宇記云，隋仁壽元年改廣昌爲飛狐縣，因縣北飛狐口爲名。又飛狐道自縣北入嬀州懷戎縣界，卽古飛狐口也。漢書，酈食其説漢王曰：「杜白馬之津，塞飛狐之口。」晉中興書曰，建興中，劉琨自代北出飛狐口奔於安次，卽此道也。方輿紀要云，自恒山至代，有飛狐之口，倒馬之關，夏屋、廣昌、五回之險。沈括夢溪筆談云，北岳（常）〔恒〕山（據新校正夢溪筆談卷二四雜誌四四八條改，下同）今日大茂山，半屬契丹，以分脊爲界。岳祠舊在山下，今祠乃在曲陽。祠北有望岳亭，中多唐人故碑。殿前一亭，中有李克用題名云親領步騎五十萬，問罪幽陵，回師自飛狐路卽歸雁門。今飛狐路在〔大〕茂山（同上書補）西，自銀冶寨北出倒馬關度虜界，却自石門子、冷水鋪入瓶形、梅回兩寨之間至代州。今此路已不通，唯北寨西出承天閣，可至河東，然路極狹。太宗車駕自太原移幸（尚）〔恒〕山，乃由土門路。至今有行宮。閻若璩潛邱劄記云，舜典北岳恒山，禹貢太行恒山，疏曰：恒山在上曲陽西北。爾雅兼殷制，釋山曰，河北恒。周禮職方氏，正北曰并州，山鎮曰恒山，注曰：恒山在上曲陽。則舜當日早覲北諸侯於今曲陽大茂山之下，非。山經所稱今渾源之北岳，水經注所稱之元岳，歷歷可知也。明一統志云，恒山在渾源州南二十里，卽北岳，水經謂之元嶽。厲鶚云，岳祠舊在大茂山下。石晉之後，稍遷近裏。今其地謂之神棚，則北岳自在上曲陽。遼史故無渾源之祀也。紀載各異。**潘美、**字仲詢，太原人。**楊繼業雁門道**方輿紀要云，雁門，一名勾注山，卽西陘山，在代州西北二十五里，有關，最爲險要。**來侵。**〔攷異〕休格傳，宋將范密（按，考宋史、長編諸書，宋將無稱「范密」者，疑是潘美之訛）、楊繼業出雲州；曹彬、米信出雄、易。有范密而無潘美。而色珍傳又云，楊繼業出代州。所載各異。**岐溝、涿州、固安、**隋縣，今屬順天府，〔在〕（據文義補）西南百二十里。本漢方城縣，隋改置固安縣，屬幽州，遼隸涿州。學宮東偏有尊經閣，今護國仁王寺佛閣也，有飛騎尉兼管常平倉李成彥碑記。見日下舊聞考。酈道元水經注云，固安東南逕韓城東，詩韓奕章曰：「溥彼韓城，燕師所完。」卽此。王肅謂今方城縣有韓侯城，世謂寒號，非也。蘇志皋固安縣志，武陽城，在固安縣西北，燕昭王所築法華寺在縣東二十五里。石碣有云：「大遼國燕京涿州固安縣萬春鄉皇臺里鄉貢進士張希顏述，考將仕郎、試太子正字、前守涿州司法參軍張鞏書。」重熙間重修募緣碣有云：「時遷歲暮，墮殘螮蝀之梁；雨壞風摧，打碎鴛鴦之瓦。」又云：「若抽鵝眼之資，必值龍華之會」等語。又，歸依寺在縣東北十八里，遼天慶七年立幢。大師塔在東徐村，遼奉聖州司候判官、給事郎、試太子校書郎、騎都尉蔡咨彥立碣。有進士焦山等字。天慶元年建。**新城**唐縣，今屬保定府。〔攷異〕何濟新城縣志云，時承諫墓在新城縣東北二里，本遼人。金贈鎮東節度使兼侍中。金李晏時立愛墓誌銘曰：「公父諱承諫，積累巨萬，發倉貸人，每折其券。負郭沮洳，常阻行路，創石爲梁，人得平步。善慶攸鍾，是生我公。」金史時立愛傳，承諫作承謙，誤。**皆失。**〔攷異〕薛應旂通鑑云，雍熙三年正月，宋命曹彬等伐契丹。初，賀懷浦將兵屯三交，好議邊事，與其子知雄州令圖上言契丹主少，母后專政，寵倖用事，請乘釁取燕、薊，帝信之。以曹彬爲幽州都部署，崔彥進副之；米信爲西北道都部署，杜彥圭副之；田重進爲定州都部署，出飛狐；潘美爲雲、應、朔都部署，楊業（按遼史卷一一聖宗紀作楊繼業是）副之，出雁門。參政李至諫，不聽，罷爲禮部侍郎。三月，彬取固安、新城二縣，進克涿州，殺其相賀（浙）〔斯〕（據下文引長編改）；會米信至，又敗之於新城東北。李燾長編云，彬進壁涿州東，復與敵戰，李繼隆范廷召等皆中流矢，督戰愈急，敵遂敗，乘勝攻北門，克之，取涿州。彬既入城，遣部將李繼宣等領輕騎渡涿河，覘敵勢，敵衆來攻，擊破之於城南，斬首千級，獲馬五百匹，殺宰相賀斯。東都事略又作篤斯美。畢沅續通鑑李圭作李至，勸北伐者尚有文思使薛繼昭。所載各異。方輿紀要云，三交，城名，在太原府北五十里。契丹所保，多由此入寇。今陽曲縣北。李至，字言幾，真定人。賀懷浦，開封陳留人，太祖孝惠皇后兄。李繼宣，開封浚儀人。詔宣徽使布琳原作蒲領馳赴燕南，與休格議軍事，徵各道兵赴援；復遣東京留守耶律穆濟以諸軍繼進，賜劍專殺。丙子，統軍使耶律頗德敗宋軍於固安；宏簡録云，俘獲甚衆，加檢校太師。休格絶其餉道，擒將吏，獲車馬器械無算。庚辰，寰州〔攷異〕通鑑地理通釋云，職方考，後唐明宗置寰州；輿地廣記謂唐末置，領寰清一縣。刺史趙彥章以城降宋。〔攷異〕李燾長編云，美自陘與敵戰，勝之，斬首五百級，逐北至寰州，復斬五百級。指揮薛超，金瘡被體，部分〔軍士〕（據長編卷二七補）自若；刺史趙彥辛（按，上文遼史作趙彥章）舉城降，拜本州團練使。宋史太宗紀同，方輿紀要作楊業事。史未載。宋兵入涿州。（義）順〔義〕（據遼史卷一一聖宗紀改）節度副使趙希贊以朔州降宋。〔攷異〕李燾長編云，美進圍朔州，趙希贊舉城降，拜本州觀察使。所載甚詳。時聖宗自將與太后駐兵駝羅口，在涿州東北。詔趣東征兵馬以爲應援。壬午，詔林牙勤德守平州之海岸以備宋。仍報平州節度使特哩袞原作迪里姑。〔攷異〕汪輝祖遼史同名録云，卷一太祖紀，七年吐渾酋長；卷四太宗紀，會同元年郎君，三人同名迪里姑。趨行。癸未，國兵與宋田重進戰於飛狐，不利，冀州防禦使大鵬翼、康州地理志云，世宗遷渤海率賓府人户置，屬顯州。初建〔隸〕（據遼史卷三八地理志補）長甯宮，後屬積慶宮，領縣一：率賓。刺史馬贇、〔攷異〕文獻通考、李燾長編均作馬頵，國志作馬碩。指揮使何萬通被獲。〔攷異〕李燾長編云，重進至飛狐，西南招安使大鵬翼帥衆來援，袁繼忠勸乘逆擊之。重進陣壓東偏，數交鋒，勝敗未決。命荆嗣出西偏，薄山巖，以短兵接戰。斬數百人，進拔小冶、直谷二寨。敵來攻，嗣請譚延美列隊持白旗於道。自以所部疾驅出闕，契丹兵疑大軍繼至，遁去，重進乘之，生擒大鵬翼等，并契丹、渤海千餘人，斬數千級，俘老幼七百，馬畜萬計。大鵬翼壯偉而勇健，名聞（近寨）〔邊塞〕（據長編卷二七改），既擒，戎人奪氣。後送至闕，授平州刺史。東都事略云，重進時獲契丹、渤海三千餘人，斬首數千級，逐北四十里，下飛狐、靈邱等城。所載均較詳。丁亥，命色珍爲山西兵馬都統、布琳爲南征都統，以副休格。彰國節度使艾正等以應州附宋。郢州輿地廣記云，晉、宋爲竟陵郡，後周置石城郡，兼立郢州，唐因之，後爲富水郡。縣二：長壽、京山。今安陸府是。防禦使呂行德等以飛狐附宋；都指揮穆超以靈邱縣名，屬蔚州，有趙武靈王墓，因名。見方輿紀要。李吉甫元和郡縣志云，太白山在縣南十里。山有鍾乳穴，其深不測，穴中鍾乳如懸穗。隘門山在縣東南五十里，壁立直上，層崖刺天。開皇長城，西自繁峙縣經縣北十里，東入飛狐縣界。附宋。〔攷異〕畢沅續通鑑云，重進圍飛狐，令大鵬翼至城下諭馬步都指揮呂行德等，行德與其副張繼從、劉知進舉城降。進圍靈邱，穆超亦以城降。李燾長編云，詔升飛狐爲軍。拜行德順州防禦使，繼從檀州刺史，知進左監門衛將軍，超右監門衛將軍。所載較詳。

夏四月己亥朔，次南京北郊。庚子，特哩袞瑶昇〔攷異〕善補傳，字瑶昇，此蓋稱其字耳。等以捷報。辛丑，潘美克雲州。〔攷異〕畢沅續通鑑云，四月壬寅，米信大破遼師於新城。己酉，田重進又破之於飛狐北，殺其二將。李燾長編云，新城之勝，斬首三百級，敵衆復集，信被圍數重。會曹彬遣李繼宣等援之，遂破敵於新城東北，斬首千級，獲馬百匹。史均未載。癸卯，休格復以捷報。戊申，布琳奏宋軍引退，而奚王籌寧即和碩鼐，詳卷二十。等以兵追躡，皆勝之。癸丑，籍艾正等家屬分賜將士。宋曹彬、米信北渡拒馬河，〔攷異〕續通考云，晉劉琨守拒馬河以拒石勒，因名。一作白溝河，亦曰界河，以宋、遼於此分界也。其上流爲拒馬河，出易州淶水縣，至定興、新城爲白溝河；其下流逕雄縣爲會同河，入於淀。本易州志，參何濟新城縣志。方輿紀要云，上流爲桑乾河，源出山西馬邑縣西北洪濤山，經大同府南山陰縣至順天府西南，曰盧溝河，亦曰渾河，分二派：一合白河；一經固安縣西爲拒馬河，與霸州界河合，至武清小直沽入海。樂史太平寰宇記云，桑乾水自西北昌平縣界來，南流經府西，又東流經府南，又東南與高梁河合。酈道元水經注云，桑乾水東流與洗馬溝水合。又，灅水南逕燕山下，懸巖之側，有石鼓，去地百餘丈，望若數百石囷，一石梁貫之，東南，有石人援桴，狀同擊勢。耆舊言：燕山石鼓鳴則主有兵。孫世芳宣府鎮志云，桑乾河在宏州，今順聖城西南二十里，下與金龍池水合，流入盧溝河。范成大石湖集云，蘆溝去燕山三十五里。宋敏求謂盧菰河卽桑乾水也。郎蔚之隋圖經云，濕水卽桑乾河，至馬陘山爲落馬河，出山曰清泉河，亦曰千泉，至雍奴入笥溝曰合口。水經注云，濕水出雁門陰館縣東北邊，代郡桑乾河南，又東過涿鹿縣北，又東南出山，過廣陽、薊縣北。又桑乾泉卽索涫水也。吴文恪集云，盧溝河出太原天池，伏流至朔州馬邑從雷山陽，爲金龍池，東下爲桑乾河、雁門、雲中諸水皆會，由大同、宣府、保安州通懷來，經兩山間，至京城西四十里，石經山東，至□□口，分二派：一東流至通州高麗莊入白河，是爲渾河：一南流至霸州合易水，南至丁字沽入濕河。至魏氏土地記云，薊城南七里有清泉河，上承桑乾河，東流與潞河合，非是。固安縣志云，渾河一名漯河，亦曰小黄河，源出馬邑東北十里桑乾山，今永定河也。明一統志云，一名漯水，與温河渾河合流入宛平界。蘇轍欒城集渡桑乾河詩云：「北渡桑乾冰欲結，心畏穹廬三尺雪，南渡桑乾風始和，冰開易水應生波。穹廬雪落我未到，到時堅白如盤陀，會同出入凡十日，腥羶酸薄不可食。羊修乳酪差便人，風隧沙場不宜客，相攜走馬渡桑乾，旌旆一返無由還。胡人送客不忍去，久安和好依中原，年年相送桑乾上，欲話白溝一惆悵。」金盧宜陽洵白溝河詩云：「白沙清淺不容舟，遼、宋封疆限此溝；到了山河無定主，碧波依舊只東流。」見元裕之中州集。字仁甫，高平人，第進士，官宜陽令，有詩學。與休格對壘，挑戰。時聖宗次涿州東五十里，詔諸將嚴備水道，毋令〔敵兵〕（據遼史卷一一聖宗紀補）潛至涿州。乙（未）〔卯〕（同上書改）休格等敗宋軍，獻所獲。蔚州都押衙李存璋等，殺節度使蕭卓琳。原作啜里。〔攷異〕汪輝祖遼史同名録云，卷八，聖宗保甯三年世宗妃；卷六十四皇子表，太宗子必攝下應曆間罪人；卷八十五高勳傳，景宗時駙馬都尉，公主表世宗女和古典下嫁蕭啜里，當卽此人，四人同名啜里。按，和古典原作胡骨典，又作胡古典，一作和克丹。執監（軍）〔城使〕（同上書改）銅州地理志，同州廣利軍，渤海置。兵事隸北兵馬司，統析木一縣。本漢望平縣地，渤海爲花山縣，初隸東京，後來屬。節度使耿紹忠，〔攷異〕彭百川太平治迹統類作耶律紹忠。以城降宋。〔攷異〕李燾長編云，重進至蔚州，李存璋、許彦欽等殺敵酋蕭多囉及其守卒千人。執監城使、同州節度使耿紹忠，舉城降。命魏震知蔚州，授存璋順州團練使，彦欽平州團練使，同知蔚州。初，王師入北境，多羅、紹忠等謀欲降；存璋乃先事而發。紹忠父美爲奉聖節度使，弟紹雍三司使。紹忠領同州，州在西樓南數百里。方從戎主至遥樂河，聞王師至，命爲蔚州監城使。至是被執。存璋既殺酋黨，慮孤城難守，盡率吏民奔重進軍。敵大至，指揮江謙妄言惑衆，荆嗣斬之，悉收城中輜重，還〔集〕（據長編卷二七補）重進軍，與敵轉戰。軍校多死，至大嶺，嗣力鬬，敵始却，遂空蔚州。而荆嗣傳載蔚州既降復叛。與他書異。丙辰，復涿州。〔攷異〕陳桱五代史續編云，契丹主與太后自攻涿州，復之。蓋以兵取也。李燾長編云，時方炎暑，軍疲食乏，彬復棄之。未知孰是？ 辛酉，次固安，復其城。

五月庚午，國兵與宋曹彬、米信戰於岐溝關，〔攷異〕方輿紀要云，在涿州西南四十里，亦曰奇關，又爲祁溝。胡氏曰，關在易州拒馬河之北，由關而南至易州六十里，由拒馬河而東至新城縣四十里。大敗之，追至拒馬河，溺死者無算。餘衆奔高陽，又追擊之，死者數萬，棄戈甲如邱陵。〔攷異〕薛應旂通鑑云，初，諸將陛辭。太宗曰：「潘美但先趨雲、朔，彬等以十萬衆聲言取幽州，且持重緩行，不得貪利；敵聞大兵至，必悉衆救范陽，不暇援山後矣。」及彬等乘勝而前，屢告捷，帝訝其進軍之速。彬既次涿州，休哥堅壁不戰，分兵絶糧道，彬食盡，退師雄州，帝怪其失策，亟遣使止彬勿前，急引師緣白溝河與米信軍接，俟美盡略山後地，會重進東下，合勢取幽、薊州。彬與諸將議不合，乃復趨涿；休哥率輕兵來薄，會聖宗與太后引軍至，彬、信復退；休哥因出兵追躡，以至大敗。知幽州行府事劉保勳死之。畢沅續通鑑云，保勳馬陷淖中，其子利涉救之，不能出，遂俱死。殿中丞孔宜亦溺於拒馬河死焉。李燾長編云，初，彬欲令部將盧斌守涿州，斌力言不可守；遂令斌擁城中老幼並狼山而南，斌以大軍退，無復行伍，爲敵所躡，致敗。時知大名府趙昌言遣鄭蒙詣闕上書，請斬敗軍將。曹彬等貶官有差。所載較詳。 癸酉，班師。壬午，次南京。癸未，色珍奏復蔚州，斬首二萬餘級，乘勝攻下靈邱、飛狐。丙戌，御元和殿，大宴將校，爵賞有差。〔攷異〕畢沅續通鑑云：初，米信、傅潛等軍敗，衆擾，獨李繼隆振旅而還，命知定州。田重進之師未嘗挫敗，擢馬軍都虞候。繼隆，字霸圖，處耘子，上黨人。李燾長編云：時上以諸將違詔失律，作自劾詩賜近臣。初議興兵，獨與密院議，中書不與聞。及敗，召王顯、張齊賢、王沔，謂曰：「卿等共視朕復作如此事否？」顯等愧懼，若無所容。

六月丁未，度居庸關。甲寅，色珍奏復寰州。

秋七月丙子，復奏復朔州，宋將楊繼業死之，并上所獲將校印綬、誥勑。先是，國兵至蔚州，營於州左。得諜報，敵兵且至，乃設伏以待。敵至，縱兵逆擊，追奔逐北，至飛狐口，遂乘勝鼓行而西，入寰州，殺守城吏卒千餘人。楊繼業素負驍勇，號楊無敵，北據雲、朔數州。至是，引兵南出朔州三十里，至狼牙村，方輿紀要云：在朔州西南十八里，一名洪崖村。陳家谷亦在朔州南，通忻、代二州之道。云業至谷口之托邏臺，死焉。所載各異。惡其名，不進；左右固請，乃行。遇伏四起，中流矢，墮馬被擒。瘡發，不食，三日死。自是宋守雲、應諸州者，聞之皆棄城遁。〔攷異〕薛應旂通鑑云：潘美屯代州，時斜軫將兵十萬至定安西，賀令圖遇之，敗績；又大敗於五臺，死者數萬。明日，攻陷蔚州，令圖與美復敗於飛狐。楊業引兵護雲、應、寰、朔吏民內徙，聞斜軫兵盛，欲領兵出大石路，直入石碣谷避其鋒；護軍王侁以避敵譏之，乃趨朔州，約至陳家谷口，張步兵强弩以相援。遂及斜軫戰，蕭撻覽以伏兵邀之，業大敗，退趨狼牙村。侁自寅至巳不得報，謂業勝欲爭功，卽引兵擅離谷口，美不能制，行二十里，聞業敗，遂遁。賀懷浦敗没。業轉戰至谷口，見無援，大慟，自率麾下力戰，被擒。其子延玉死焉。業不食，三日死。事聞，詔贈業太尉、大同節度使；削美三任，除侁名。延玉一作廷玉。定安，遼縣，明省，故城在今宣化府。蔚縣大石路，卽今大石口，在應州南。石碣谷，卽今石佛谷，在代州崞縣西北。畢沅續通鑑，從業死者尚有岳州刺史王貴。助王侁者尚有順州團練使劉文裕。侁配金州，文裕登州。録業子五人及貴子二人。吴任臣十國春秋，業子六人：延朗、延浦、延訓、延瓌、延貴、延彬。所載較詳。

八月己未，詔第山西諸將校功過而賞罰之。伊實帳宰相安甯以功過相當，追告身一通；迪錦原作諦居部節度使佛努原作佛奴。〔攷異〕汪輝祖遼史同名録云，卷十五，聖宗開泰元年左夷离畢；卷六十一刑法志，開泰時五院部長；卷十九，興宗重熙十三年四捷軍詳衮，四人同名佛奴。笞五十；特哩瑶昇、伊喇伯呼，原作歘烈。〔攷異〕歘烈係以逃遁奪官，下文配烈，云仍配隸本貫，即係一人。朔州節度使慎思、〔攷異〕道宗太康六年同知北樞密慎思，另一人。應州節度使庫濟、原作骨只雲州節度使華格、原作化哥蔚州節度使佛哩、原作佛留。〔攷異〕汪輝祖遼史同名録云，是年，横帳郎君爲都監；卷二十七，天祚天慶四年戰死，三人同名佛留。都監崔其、劉繼琛皆奪官；領國舅軍旺禄原作王六笞五十。

冬十〔一〕（據遼史卷一一聖宗紀補）月丙子，聖宗自將南侵宋，次狹底堝。壬辰，次唐興縣。時宋軍屯滹沱橋北，選將亂射之，進焚其橋。〔攷異〕耶律轄里傳，是年從伐宋，相拒滹沱河。轄里率精騎，便道先濟，獲其將康保威。又，華格傳，是年南侵宋，擒諜者，知敵由海道來襲，即先據平州要地；事平，拜上京留守。續通考云，耶律海里，令穩拔里得長子，爲南院大王，卻宋敵有功。聖宗屢南征，海里在南院，鎮以寛静，户口增給，封漆水郡王。耶律洪古，遥輦氏後，統和初，以軍事任拽剌、詳穩，尋徙南京統軍使，亦卻敵有功，封楚國公。紀均未載。卓特原作楮特部節度使盧補古、都監耶律昐與宋師戰於泰州，不利。尋以華格、佛哩代之。

十二月己亥，休格敗宋軍於望都；小校克酬原作（昌）〔曷〕主（據遼史卷一一聖宗紀改）襲宋輜重，并焚其芻粟。甲辰，詔南大王與休格合勢進攻，自率兵與宋將劉廷讓、李敬源戰於莫州，敗之。乙巳，擒宋將賀令圖、開封人楊重進太原人等。〔攷異〕薛應旂通鑑云，時劉廷讓帥師數萬，並海而北，與李敬源合，將趨燕；休哥以兵扼要害，逆於君子館；會契丹主兵大至，圍廷讓數重。廷讓先分精兵屬李繼隆爲後援，繼隆退保樂壽，廷讓一軍盡殁，以數騎脱走，敬源與楊重進皆死之。先是，休哥詐降，紿賀令圖信之。廷讓敗，休哥宣言願見雄州賀使君，引兵來逆，遂執之。父子貪功生事，一歲皆敗，且貽中國之害。所載較詳。契丹本傳以廷讓敗在明年春，恐誤。　方輿紀要云，君子館在河間府西北三十里。　趙翼劄記云，是役也，繼隆之罪，必須以軍法從事；而太宗反下詔自悔，釋繼隆不問。此軍律之弛，無怪乎宋之不競也。國舅詳衮塔喇噶、原作撻烈哥，一作特爾格。宮使蕭達哩原作打里死之。〔攷異〕薛應旂通鑑云，契丹薄代州城，知州事張齊賢選軍出禦，契丹少卻。初，齊賢遣使約潘美以并師來會戰，使爲契丹執；俄美使至曰：「奉密詔還州。」齊賢曰：「敵知美來而不知美退。」夜發兵列幟然炬，契丹以爲并師至，駭而卻走。齊賢先伏步卒於土鐙砦掩擊，大敗之，殺詳衮撻烈葛、宮使蕭打里，獲馬匹器械無算。畢沅續通鑑，禽王子一人，帳前錫里一人。齊賢悉歸功於盧漢贇。後事聞，乃罷漢贇。宋史太宗紀，十二月，定州田重進攻下契丹岐溝關，土鐙砦之捷，殺監軍、舍利二人，書作漢贇事。李燾長編云，擒其北大王子一人，舍利一人，斬首二千餘級，俘五百餘人，獲馬千匹，牛羊器械甚衆。所載較詳。方輿紀要云，土鐙砦在崞縣西北。續通鑑，塔喇噶等之死，載在壬子日。

丁未，築京觀。復（入）〔以〕（據遼史卷一一聖宗紀改）南京禁軍擊楊團城，守將以城降。癸丑，拔馮母鎮，大縱俘掠。〔丙辰〕（同上書補）邢州降。丁巳，拔深州，縱兵大掠。〔攷異〕蕭巴雅爾傳，是冬攻宋，隸先鋒，圍蒲城，率所部先登，拔之，改南京統軍使。續通考云，是年四月，帝禦宋，次沙姑河之北，以近侍粘米里所進自落鴞祭天地。紀均未載。夏文彥圖繪寶鑑補遺云，時陳升官翰林待詔，奉詔寫南征得勝圖於上京五鸞殿。史未書。

五年（丁亥九八七）春正月乙丑，破束城縣，縱兵大掠。丁卯，攻文安，屠之。戊寅，還南京。〔攷異〕契丹國志云，正月，契丹攻陷深、祁、德、易四州。陳均九朝編年備要亦書之。東都事略云，是歲南院宣徽使郭守文屯鎮州，大破契丹於唐河。史未載。玉海云，雍熙六年五月，以北戎未服，召田重進、潘美等入見，手書六韜兵法「將有五才十過」之説以賜之；又出平戎陳圖，指畫卷舒進退、號令出没，并賜之。李燾長編云，時緣邊瘡痍，士無鬬志，敵長驅直入，救掠吏民，魏、博之北，咸被其害。

六年（戊子九八八）秋九月戊戌，帝幸南京。癸卯，祭旗鼓，南侵宋。庚戌，次涿州，射帛書諭城中降，不聽。

冬十月乙卯，縱兵四面攻之，城破乃降，撫諭之。駙馬蕭勤德、太師達林原作闥覽。〔攷異〕據達林本傳，應云原作撻凜。史疑誤。皆中流矢。聞宋軍退，遣色珍等追擊，大敗之。戊午，攻破沙堆驛。〔攷異〕畢沅續通鑑，勤德作勒德，達林作達蘭。云，皆中流矢。勤德載主車中以歸。又繫於九月乙卯。按蕭恒德傳，從圍沙堆，獨當一面，督將士登其陴。城陷，中流矢，太后親視，賜藥。及攻長城口復先登，太后益多其功。時官駙馬都尉、東京留守。所載各異。汪輝祖遼史同名録云，世宗大同元年，郎君勤德；卷十一，統和四年林牙；又敞史；又北大王帳知事與駙馬都尉，五人同名勤德。丙子，籌甯奏：破狼山方輿紀要云，在順天府北五十里，即狼山。宋置砦於山上。捷。辛巳，復敗宋兵於益津關。癸未，進軍長城口，方輿紀要云，在安肅縣東北。胡氏曰，在固安縣南，亦曰黑盧堤，宋劉廷翰曾禦契丹於徐河；別將崔彦卿潛軍出黑盧堤北，緣長城口銜枚躡其後。即此處。宋定州守將李興以兵來拒，休格擊敗之。

十一月庚寅，駐長城口，督軍進攻。士潰圍，遁；色珍招之，不降；帝與韓德讓邀擊之，大敗宋兵，殺獲無算。甲午，拔滿城，軍士開門遁，諭降之。戊戌，攻下祁州。己亥，取新樂。庚子，拔小狼山砦。丁未，宋軍千人出益津關，國舅郎君托卜威、原作桃委。〔攷異〕聖宗紀，統和元年八月，命托卜威爲政事令孫楨後，原作桃隈；又統和四年權領國舅軍桃畏，均係一人。詳袞實格原作十哥。〔攷異〕公主表，聖宗女同名十哥。擊走之，殺副將一人。〔攷異〕東都事略云，契丹寇滿城，大將郭守文、李繼隆等與戰於唐河，敗之，斬首萬五千級，獲馬萬匹。宋會要略同。宋史太宗紀但歸功郭守文。而李燾長編云，契丹大至唐河北，都部署李繼隆與監軍袁繼忠出兵拒戰。率易州騎兵，摧鋒先入，契丹大潰，追擊踰曹河。契丹國志同。所載各判。方輿紀要云，唐河在唐縣西三十里，古嘔夷水也。源出恒山谷中，入定州界謂之滱水，至祁州與沙河合。樂史太平寰宇記云，滱水出靈邱西北高是山，周禮曰：「并州其川嘔夷」，即此。亦曰瓠甗河。續通考云，唐河源自靈邱縣，南經飛狐口、倒馬關，至縣境入祁州，合沙河，可灌中山一帶。酈道元水經注云，唐水西流，歷左人亭注滱水，又東左會一水，水出中山城北郎中埠下，亦曰唐水，又名雹水，西南流入滱水，又東，恒水注之，所謂「恒衞既從」也。紀要又云，順聖州西城在東城西百里，今宣化府境。宋端拱初，潘美自寰州進攻，取其地，旋復没於契丹，置宏州博甯軍，治永甯縣，今改爲保甯軍。石鱗山西通志云，鷲峯寺在大同府城東百五十里，舊宏州龍樹山之陽，內有塔，百尺，遼壽昌四年建。元好問中州集云，王元節，宏州人。祖山甫，遼戶部侍郎。孫世芳宣府鎮志云，宏州有遼尚書左丞楊伯通墓。又，秋林亭在順聖西城溜雲山下。盛暑，山石滴水成冰，遼人建亭焉。又，崖木亭在順聖西，峭壁千仞，駕獨木爲橋，經久不朽，遼人建亭其側。郡國志云，白道泉高坂有土穴出泉，卽古樂府之「飲馬長城窟」。姚燧牧庵集云，金甄官署令魏府君墓碣曰：魏氏由唐相知古子林刺朔州，子孫居桑乾，爲今宏州之順聖。遼有延昶者，生中奉大夫守成，中奉生通奉大夫餘慶。史均未載。

七年（己丑九八九）春正月癸未朔，班師。戊子，宋雞壁寨守將郭榮率衆來降，詔屯南京。癸巳，諭諸軍趣易州。甲辰，攻克之，降刺史劉墀，遷其軍民於燕京。〔攷異〕畢沅續通鑑云，時守陴將士南走，遼主帥師邀之，無得免者。東京騎將夏貞顯之子仙壽先登，授高州刺史。主登五花樓，撫諭將士。餘同。按，易州之破，宋史及長編均不書。耶律穆爾古傳，七年，以北院大王從侵宋爲先鋒，與耶律諸覯破宋將李忠吉於定州；構疾，卒於軍。紀亦未載。宋史云，端拱中，宋琪請復幽、燕，言大軍於易州循孤山抵桑乾河，出安禮寨，西北有盧師神祠，是桑乾出山之口，東及幽州四十里。趙德鈞作鎮時，欲遏西衝，曾塹此水；河次半，有崖岸不可輕度，其平處築城護之，守以偏師，此斷彼之右臂也。方輿紀要云，安禮砦在府西南。宋琪言安禮砦東瞰燕城，纔及一舍，此周德威取燕之路也。又安禮砦或作安祖砦。今無考。

夏五月辛巳，休格引軍至滿城，招宋降卒七百人來獻。尋與巴雅爾原作排亞破宋兵於泰州。

秋七月癸巳，遣兵南侵。〔攷異〕薛應旂通鑑云，八月，聞契丹復至，遣李繼隆撥鎮定兵萬餘，護送糧儲數千乘趨威虜；休哥率兵邀諸途；都巡檢尹繼倫領兵潛躡其後。至唐州徐河，將戰，繼隆陳於前，繼倫從後急擊之，獲契丹一大將，衆皆驚潰。休哥方食，失匕箸，爲短兵中其臂，創甚，乘馬先遁。餘衆引去。契丹爲之奪氣，自是不敢大入寇。每戒曰：「當避黑面大王。」以繼倫面黑故也。字正均，開封浚儀人，勳子。李燾長編謂梟其帥達延相公等三十餘級。契丹國志云，殺契丹相皮室。畢沅續通鑑云，是役也，遼師大潰，自相蹂踐，死者無數。繼隆與范廷召追奔過徐河十餘里，俘獲甚衆。副部署孔守正又戰於曹河之斜村，斬其帥大盈等。捷聞，授繼倫洛苑使、長州刺史。史均未載。宋史繼隆傳，時遼將裕悦率騎八萬來戰，繼隆與尹繼倫列陳以待；敵衆方食，繼倫出不意，擊走之。與繼倫傳異。蓋史臣欲著繼隆之同功耳。見趙翼劄記。釋文瑩玉壺清話云，淳化中，著作郎孫崇諫陷北，歸，太宗召見，面詰北事；崇諫備奏尹繼倫唐河之功，上始盡知。歎曰：「奏邊者忌其功，不狀其實以昧朕，非卿安知！」遂加防禦使。東都事略云，初，詔止令堅壁清野，繼隆曰：「閫外之事，將相得裁。」中黃門杜延壽止之，不可；故成功。詔廢威鹵軍。繼隆謂梁門爲北面保障，不可廢，遂復城守。續通考云，徐河流經滿城縣北十里，名大册河，源出易州五迴嶺，逕滿城清苑，入安州界爲依城河，下流入淀。威鹵軍，宋置，後改信安，治遂城。故城在今保定府安肅縣。

十二年（甲午九九四）秋八月乙酉，宋遣使來議和，不許。

九月辛酉，復遣使求和，不許。〔考異〕畢沅續通鑑云，是年，帝再遣使如遼約和，弗許；於是募人泛海，賂女真及烏實等部叛之，二部不從。

冬十一月己未，官宋俘衞德升等六人。

十三年（乙未九九五）春三月戊辰，武清縣在通州東南九十里，本前漢雍奴縣，興宗重熙八年三月，獵於武清之葦甸，即三角淀也。順天府志云，三角淀在縣南，周二百里，古之雍奴也。自范甕口、王家陀河、劉道口、魚兒里諸水所聚，會大姑港。酈道元水經注云，南極滹沱，西至泉州、雍奴，東極於海，謂之雍奴藪也，其澤野有九十九淀。徐昌祚燕山叢録云，永清三角淀，云是舊城，陰晦之旦，漁人多見城堞、市里、人物填集。許鋌武清縣志云，大河以北之水多從直沽入海，此卽古者九河入海之處。厲鶚云，金大定中置寶坻縣，本遼武清縣新倉地。寶坻縣志云，廣濟寺有遼碑二：一、銀青榮祿大夫檢校司徒宋璋佛殿記，太平五年立；一、重熙五年立。查爲仁盤山紀游集云，寶坻古廣濟寺，殿有透靈碑，相傳可以隔望。此言雖不足證，然光澤如鏡，亦異事也。碑側記皇朝建號太平十有一載仲夏之月，商稅、麴鐵都監、提點造船韓紹孚特建，供奉班祇候、前榷鹽使監造、海行舟船劉可度；重熙五年十二月二十九日受勑。碑正面題檢校司徒、使持節、儒州諸軍事、儒州刺史兼御史大夫、上柱國、廣平縣開國男、食邑三百户宋璋撰文。縣志載寺有遼碑二，此碑記重熙五年受勑，當卽是第二碑。前一碑，太平五年立者，已失。

附録宋璋佛殿記，略云：「夫聞宏高威德，運大神通。金剛座中，果結菩提之樹；靈鷲山上，經宣菡萏之花。是以明帝夢從於漢室，佛寶初光，（裝）〔奘〕公（據遼文滙卷五改）取（去）〔至〕（同上書改）於唐時。法輪漸轉，故自三千界神化之後，五百年象教以來，通覺路於羣（生）〔方〕（同上書改），闢空門於歷代。粵有僧宏（性）演（同上書删），武（并）〔清井〕（同上書改補）邑生身，文殊閣院落髮。竭總持之力，振拔沈淪；宏方便之機，贊裨調御。屬以新倉重鎮，（四）〔舊〕（同上書改）邑多人；悉謂鄉風，咸云渴德；載勤三清，深契四宏。此則振錫爰來，甯辭越里；彼則布金有待，永奉開基。因適願以經營，遂立誠而興建。富庶傾心，賓寮率已，材呈而風舉雲摇，匠斲而雷奔電擊。乃以鑿甘井，樹華亭，建法堂，延講座，累功歲久，報力時虧；念光陰之不停，嗟羸老之將至。乃謂門人道廣曰：『吾以撥土匡（時）〔持〕（同上書改），踏荒成辦；然稍增於締構，奈罔備於規模。今汝勤修慧炬，播植福田，度人宜體於三輪，證果俾昇於二梵。詎勞謙於後進，當善繼於前修。』廣法師諦聽斯言，恭承彼事，應（尚）〔當〕（同上書改）根之善，立匪石之心。會頭佗僧義宏，雅好游方，（同）〔洞〕（同上書改）諳化道；率王文襲等數十人，共結良緣，將崇勝槩。度功量（賫）〔費〕

(同上書改)，價何啻於萬緡；糾邑隨緣，數須滿於千室。欒拱疊施，棼橑複結；雲矗花磚，霞舒丹艧。奇標造立，三門之滿月睟容；妙畫鋪題，四壁之方蓮瑞相。其基構備也如彼，其功德圓也若此。香(界)〔刹〕(同上書改)初就，道場永開。閻浮業廣，咸歸精進之門；兜率觀成，悉有開生之路。適謀論撰，可敍因(編)〔緣〕(同上書改)；庶紀錄以具存，用刊修而克永。」見寶坻縣志。

蔣一葵長安客話云，香河縣境南，大龍灣、小龍灣二水，夏秋始合流，經寶坻縣界入七里海，相傳爲遼時海運故道。

百餘人入宋境剽掠，命誅之，還其所獲人畜財物。

〔攷異〕契丹國志云，十三年正月，自振武攻宋。四月，又攻雄州。　薛應旂通鑑云，至道元年正月，契丹韓德威率萬騎誘党項、勒浪等族自振武入寇，折御卿敗之於子河汊；勒浪等乘亂反擊，殺其將突厥舍利等，德威僅以身免。四月，攻雄州。何承矩條子河汊之捷諭州民，契丹諜知忿恚，將襲取承矩，承矩整兵擊走之；帝怒其生事，罷之。十二月，德威詗知御卿有疾，遂犯邊。御卿力疾出禦，卒於軍。契丹乃退。　東都事略，承矩，雄州之戰，獲契丹酋所謂鐵林相公者，敵始引去。復徙滄州。　畢沅續通鑑云，子河汊之戰，邊部喪氣，不敢深入。李燾長編，勒浪作囉朗威。契丹將號突厥太尉、司徒、舍利，死者二十餘人，生擒吐渾首領一人。自此一戰，夏人亦喪氣，不敢深入爲寇。　初，幷、代都部署張永德聞賊入寇，以太白萬勝訣占之曰：「賊雖以年月便利，乘金而來，反值歲星對逆，兵家大忌，彼當自敗，不足慮也。」至是，人乃嘆服。　按，勒浪一作埒克拉木。舍利作浩里。子河汊在葭州府谷縣境。承矩，字正則，河南人，繼勳子。御卿，世居雲中，從阮裔。史均未載。　陸游老學菴筆記云，李允則，真廟時知滄州。敵圍城，城中無礮石，乃鑿冰爲礮，敵解去。近時陳規守安州，以泥爲礮，城亦終不可下。　長編云，允則知滄州，浚浮陽湖，葺營壘，官舍間掘井，人厭其擾，召歸。及契丹來攻，人入保而水不乏。上嘉之。所載甚詳，姑附錄之。

〔清〕李有棠撰

遼史紀事本末

下册

卷二〇至卷四〇

中華書局

遼史紀事本末卷二十

承天太后攝政

景宗保甯元年(己巳九六九)夏五月戊寅，立貴妃蕭氏爲皇后。后諱綽，小字燕燕，〔攷異〕李燾長編作雅雅克，通鑑輯覽作葉葉。北府宰相魏王思温女。〔攷異〕契丹國志云，魏王蕭守興女。畢沅續通鑑，據史及東都事畧作思温女爲是。 李燾長編云，咸平六年七月，契丹供奉官李信來降，詔仍故官，賜器幣、冠帶。信言其國中事甚悉，謂后爲韓里宰相女。所載各異。 沈炳震廿一史四譜，景宗朝爲北府宰相者，思温外尚有蕭斡、室昉。見本傳。南府宰相則耶律沙，見景宗紀。 又有郭襲者，官南院樞密使兼政事令，嘗上書諫獵，帝嘉賜協贊功臣，拜武定節度使。見本傳。早慧。思温嘗覩諸女掃地，惟后(喜)(據遼史卷七一后妃傳刪)潔除，喜曰：「此女必能成家。」至是，由貴妃正位中宮。

景宗諱賢，字賢甯，小字明扆。〔攷異〕契丹國志作明計。 世宗第二子，〔攷異〕皇子表，世宗三子：景宗第二；哈勒布第一；札穆第三。 按，哈勒布原作吼阿不，即吼。札穆原作長没，即質睦。考見前。舊史，列長没第一，吼阿不第三，因景宗紀載親祭吼墓，追册爲皇太子，是以原本將吼阿不改作第一，長没改列第三。但聖宗紀載召見庶兄質睦，是吼阿不，係景宗之兄。長没乃甄妃所生，爲景宗庶兄。 表稱景宗第二者，係就嫡子而言耳。所載較悉。 母懷節皇后。察克原作察割作亂，世宗與后同被弒。景宗甫四齡，藏積薪中，因此嬰疾，穆宗養之興慶宮；〔攷異〕畢沅續通鑑，四齡作九齡，興慶作永慶。云，后賜傅父、保母等戶口牛羊有差。又以潛邸給使者爲塔瑪部，置官主之。契丹國志云，世宗被殺，時帝方九齡，御厨尚食劉解里以氈束之藏積薪中，得免。及即位，嬰風疾，多不視朝。性仁懦，好音律，喜醫術，伶倫針灸之輩授以節鉞使相者三十餘人。游獵，體憊不能乘馬。耽酒色，暮年不少休。所載較詳。穆宗遇害，得嗣位。

國事皆后決之。明達治道，聞善必從，兼習知軍政，能駕馭臣工，故多得其死力。

二年（庚午九七〇）夏四月，帝幸東京。

五月癸丑，西幸。乙卯，次盤道嶺。盜殺后父北院樞密使蕭思温；本傳，思温以密戚預政，穆宗酗酒嗜殺，無所匡輔，士論不與，後從獵閭山，爲賊所害。養姪繼先爲子，字惕隱（按，遼史卷七八蕭繼先傳作字楊隱）。乾亨初，尚齊國公主。屢破宋兵，拜北府宰相，上京留守，所至以善治稱。續通考云，齊國公主，名觀音，爲睿（知）〔智〕皇后（據遼史卷七一后妃傳改）生，加愛，賜奴婢萬口。重熙中薨。所載較詳。以右皮室詳衮原作詳穩耶律賢適爲北院樞密使。

秋九月辛丑，得國舅蕭哈濟原作海只及哈里原作海里殺思温狀，伏誅。流其弟紳圖原作神覩於黃龍府，尋亦被誅。

三年（辛未九七一）夏四月丁卯，世宗妃卓琳及普格原作蒲哥厭魅，賜死。

秋八月辛卯，如秋山（按，據遼史卷八景宗紀，「如秋山」在甲戌），祭皇兄哈勒布原作吼。〔攷異〕皇子表，世宗第一子吼阿不，疑係一人，攷見前。續通考謂係世宗第三子。又異。墓，追册爲莊聖太子。

冬十二月己丑，皇子隆緒生。即聖宗。次子隆慶封恒王，隆祐封齊國王。〔攷異〕皇子表，隆慶，字燕隱，小字普賢奴；隆祐，小字高七，一字胡都堇。契丹國志云，隆慶生而岐嶷，幼與羣兒戲，爲戰陣法，指揮無敢違者，景宗奇之，曰：「此吾家生馬駒也。」隆祐，性沈毅，美姿容，自少慕道，爲東京留守，置道院，欵接道流，誦經宣醮，用素饌薦獻。續通考云，隆祐，後謚仁孝，重熙間改謚孝静。初封鄭王，聖宗伐宋、伐高麗，嘗留守京師。隆慶於統和中爲南京留守，屢敗宋師，進王秦、晉，入覲還，道卒，追贈皇太弟。子魏王查葛，豳王遂哥，陳王謝家奴，遼西郡王驢糞，漆水郡王蘇撒；隆祐子周王胡都古魯，魏王合禄，吳王貼不。又，三韓郡王宗範亦聖宗姪，不詳所出。李燾長編云，契丹李信曰，蕭后四子：長，隆緒；次，贊，封梁王；三，郭密，封吳王；四，鄭哥。所載又異。

四年（壬申九七二）夏四月庚寅朔，追封后父思温爲楚國王。

五年（癸酉九七三）春三月乙卯朔，追封后祖瑚穆里原作胡母里。〔攷異〕外戚表作呼哩木，原作忽里没；卷七十八蕭思温傳、忽没里之子。是忽没里即係忽里没，又作華默哩；均係一人。爲韓王，贈伯瑚嚕古原作胡魯古兼政事令，甯古齊原作尼古只兼侍中。

八年（丙子九七六）春二月壬寅，諭史館學士，書皇后言亦稱「朕」暨「予」，著爲定式。

乾亨三年（辛巳九八一）春三月乙卯，皇子罕巴卒。原作韓八。〔攷異〕皇子表并無名罕巴者，惟景宗四子藥師努早卒。聖宗統和元年祭皇子藥師努墓，疑係一人。又，韓八傳，官北院大王。另一人。李燾長編云，契丹李信曰，契丹主第四子名鄭哥，八月而夭，疑即藥師努也。卷九十一藥師努傳，安宋軍節度，另一人。所載各異。

四年（壬午九八二）秋九月壬子，景宗崩。〔攷異〕李燾長編繫於歲末。又引契丹本傳謂在三月，蓋傳聞之誤。今從本傳。遺詔梁王嗣位，軍國大事聽皇后命。

冬十月辛酉，尊爲皇太后，攝國政。以南院大王巴古濟原作勃古哲。本傳，字孛保諾延，六院額爾奇木巴古濟之後。時上疏陳便宜數事，稱旨也。通鑑輯覽作博郭濟，字布尼雅，六院額爾勒金布格齊之後。總領（按，遼史卷八二耶律勃古哲傳作「兼領」）山西諸州事，北院大王、裕悅原作于越休格原作休哥爲南面行軍都統，奚王和碩鼐原作和朔奴，字籌甯，奚汗之裔。〔攷異〕畢沅續通鑑作壽甯。副之，同平章事蕭道甯領本部兵駐南京；以韓德讓、耶律色珍原作斜軫參決大政。〔攷異〕薛應旂通鑑云，以德讓爲政事令兼樞密使，總宿衛兵。

聖宗統和元年（癸未九八三）春正月丙寅，太后幸荆王道隱第視疾。丙子，以休格爲南京留守，總邊事。

二月甲午，葬景宗於乾陵，諡孝成康靖皇帝。〔攷異〕地理志云，乾州廣德軍，本漢無慮縣地。統和三年置，以奉景宗。乾陵有凝神殿，隸崇德宫。統縣四：奉陵、延昌、靈山、司農。州一：海北。以伶人塔嚕原作撻魯等爲殉。太后與帝因爲書附上大行。太后詣陵置奠，命繪近臣於御容殿，賜山陵工人物有差。

夏五月丙辰朔，國舅、平章事蕭道甯以太后慶壽，請歸父母家行禮，而齊國公主及命婦、羣臣各進物。設宴，賜國舅帳耆年物有差。乙亥，詔近臣議太后上尊號册禮，樞密使韓德度以後漢太后臨朝故事草定上之。

六月甲午，帝率羣臣上太后尊號曰承天皇太后，〔攷異〕禮樂志載册皇太后儀甚詳。按，后妃列傳，太宗會同初，册舒嚕后爲應天皇太后，是太后之受册始於會同初。第樂志載册皇太后樂次，特指爲統和元年册承天皇太后之樂。其一切樂作、樂止諸儀，均與本志相符，則所載册皇太后之儀，似定自聖宗。見陳浩遼史攷證。詔有司給三品以上法服，三品以下用大射柳之服。〔攷異〕太祖丙寅歲即皇帝位，朝服衷甲，以備非常。其後行色克色禮，大射柳即此服。聖宗統和元年册太后，給三品以上用漢法服，三品以下用大射柳之服。見儀衛志。又遼自太宗入晉後，帝與南班漢官用漢服，太后與北班契丹臣僚用國服。其漢服即五代晉之遺制也。續通考云，遼初轉居薦草之間，去邃古之風未遠。自太祖帝北方，太宗制中國，紫銀之鼠、羅綺之篚，麋載而至；纖麗耎毳，被土綢木。於是定衣冠之制：北從國，南從漢，各因其俗。聖宗太平中，禁天下服用金及金線。興宗重熙末，詔八房族公服用巾幘。道宗清甯初，詔非勳戚後及夷离堇、副使并承應有執事人不帶巾；又詔夷离堇副使之族并民庶不得服駝尼水獺裘。太康三年，詔禁士庶服用錦綺日月山龍之文。所載甚詳。

秋七月甲寅朔，太后聽政。

八月己丑，帝西謁祖陵。辛卯，太后祭父楚國王思温墓，遂俱謁懷陵，幸懷州。

九月辛未，太后言故裕悦屋只即烏哲也，原作屋質。有傅導功，録其子孫，以其子巴延原作泮涣爲林牙。

冬十月丙午，命宣徽使布琳原作蒲領。〔攷異〕一作普領，又作蒲甯，亦作普甯，自此至七年屢見，均係一人。　按，耶律阿穆爾傳原作阿没里。字布琳，原作蒲隣。約尼兆古汗之四世孫，官終政事令。而宏簡録統和二年，阿穆爾奏討女直捷；七年率兵備宋。本傳未載，獨聖宗紀載此二事。一作蒲甯，一作蒲領，音近致訛，疑即一人也。陳浩遼史攷證云，姓蕭氏，而統和二年四月訛作耶律，誤。又，二年二月歸化州刺史耶律普甯爲彰德節度，另一人。等征高麗。

十一月庚辰，太后與帝祭乾陵，詔諭三京官屬，當執公方，毋得阿順。諸縣令佐如遇州官及朝使非禮徵求，毋得畏徇。恒加采聽，以爲殿最。民間孝義者旌其門閭。〔攷異〕續通考云，張廷美，前遼州録事，六世同居；劉興允儀坤州人，四世同居；聖宗開泰元年各給復三年。靳文貴，慶州人，八世同居，詔賜職。達魯，奚人，三世同居，咸雍十年賜官旌之。張寶，錦州人，四世同居，太康四年命諸子三班院祗候。田世榮，天德軍人，三世同居，壽隆六年詔官之，命一子三班院祗候。

十二月壬午朔，幸顯州。甲午，東幸。己亥，太后觀漁於玉盆灣。辛丑，觀漁於濬淵。甲辰，勅諸刑辟有寃者，〔聽〕（據遼史卷一〇聖宗紀補）詣臺訴。是夕，燃萬魚燈於雙溪。〔攷異〕續通考云，統和十五年十月，弛東京魚濼之禁。開泰八年六月，弛大擺山、猿嶺採樵之禁。壽隆六年正月，弛朔州山林之禁。乾統三年二月，以武清縣大水，弛陂澤之禁。　方輿紀要云，永平府遷安縣北四十里有楊買驢城，周五百步。皇甫鑒域冢記云，係聖宗時蕭太后所造。楊買驢，遼臣姓名，司營築之事者。史未載。

二年（甲申九八四）春（正）〔二〕（據遼史卷一〇聖宗紀改）月癸巳，國舅帳彰德節度使蕭達林來朝。〔攷異〕達林原作闥覽，自此至七年屢見。前人以爲即係統和十二年始見之蕭達林，原作撻凜。但考統和三年十一月，東征女直，都統闥覽以行軍所經地里物産來上；四年正月，彰德節度使闥覽上東征俘獲；又，軍還，使近侍旌其功；二月，闥覽率族帥來朝，行飲至禮；四月，詔西部突騎赴蔚州助闥覽，又以爲諸軍都部署；六年十月，太師闥覽中流矢。核之撻凜傳，其官階事蹟全不相符。撻凜於十二年八月，奉詔督皇太妃軍事，撫定西邊；十四年十二月，撻凜誘誅叛酋阿勒坦等，封蘭陵郡王；十五年，撻凜奏討準布捷；二十年，南京統軍使撻凜破宋兵於泰州；二十一年，撻凜獲宋將王繼忠於望都；二十二年閏九月，撻凜敗宋軍於遂城；十一月，師次澶淵，撻凜中伏弩，死。是闥覽撻凜，的非一人。又闥覽子排亞，尚景宗女；撻凜子慥古尚聖宗女，然則的係二人更明矣。見陳浩遼史考證。今按，蕭達林傳，六年中流矢之太師應作撻凜，餘均合。又，卷二十二，道宗咸雍元年，孟父敞穩慥古，另一人。(二月)(按，上文已繫月，今依本書例删)庚子，帝朝太后，因從觀獵於饒樂川。〔攷異〕孫世芳宣府鎮志云，龍門縣東五十里，境外有歇馬臺，蕭后遺蹟尚存。隆慶州東北二十里有古城，爲遼蕭后所築；應夢山在隆慶州城北二十里，蕭后嘗應夢，建寺於其巔，因名。又東、西羊房在州城西北，皆蕭后養羊之所。方輿紀要云，保安州西四十里有上花園，三十里有下花園，相傳蕭后插花處，今爲戍守之所。徐蘭出塞詩云：「温洋二水尚潺湲，百里亭臺無一存；緑是蒺藜黄是土，上花園與下花園。」明涿人頓鏡詩云：「嶺雲沈日暝煙斜，見説窮邊亦有花；應是漢宮青冢怨，不甘玉貌委泥沙。」沈德符野獲編云，燕京大内北苑中有廣寒殿者四，聞爲耶律后梳妝臺。楊士奇郊遊記云，降而觀於浮圖之址，問僧此寺所創，僧指其南廢址曰：「此遼太后梳妝臺也。」高士奇金鼇退食筆記云，瓊華島在太液池中，其巔古殿，相傳本遼太后梳妝臺。毛奇齡西河詩話云，遼后梳妝臺在太液池東小山上，一名瓊花島，即今白塔寺址是也。蕭后遺跡，見志乘者甚多，梁氏園在燕京西南五十里外，有四城，號太后城，盤山有湯泉，云是后浴處；昌平州有水盆石，在東山嶺，云是后梳洗處，石下刻燕窩二字；密雲、懷柔二縣均有看花臺；有太后墓，云是后葬處；灤州長春淀舊有行宮，云是后所建；懷來縣有團蕉亭、雪與亭、碧桃亭、養鵝池；錦縣有太后梳洗樓；大同府西北隅有后梳裹樓，天鎮縣有蕭后井。見周春遼詩話。胡嶠陷北記云，湯城淀，地氣最溫，其水泉清冷，草輭如茸，可藉以寢，而多異花，記其二種：一曰旱金，大如掌，金色爍人；一曰青囊，如中國金橙而色類藍，可愛。王氏談録云，契丹中有鐵脚草，採取陰乾，投之沸湯中，頃之，莖葉舒卷如生。查慎行人海記云，旱金，蓮花瓣小而色如真金，曝乾可致遠，古北口塞外山多有之。幽燕紀異云，茅地，經冬燒去枝梗；至春，取土中餘根白如玉者，擣汁煎之，至甘，可爲洗心糖。段成式酉陽雜俎云，左行草，使人無情。范陽縣貢之。析津志云，草之品示儉草，包茅薦草。葉世奇草木春秋，示儉草，亦作誓儉草。莊綽雞肋編云，燕山倡伎皆以子爲名若香子、花子之類。無寒暑必繫脈裙。其良家女子皆髡首，許嫁方留髮。冬月以栝蔞塗面，謂之佛裝。但加傅而不洗，至春輭方滌去；久不爲風日所侵，故潔白如玉也。嚴繩孫西神脞説云，遼時婦人有顏色者目爲細孃，面塗黃曰佛裝。宋彭汝礪詩曰：「有女夭夭稱細孃，真珠絡臂面塗黃；南人見怪疑爲瘴，墨吏矜誇是佛裝。」是也。

夏四月庚寅，太后臨決滯獄。

六月己卯朔，〔攷異〕朔考作庚辰朔，陳大任作己卯朔。各異。（按，據中西回史日曆，朔爲庚辰是）太后決獄至月終。自是，歲以爲常。〔攷異〕刑法志云，后稱制，留心聽斷，嘗勸帝寬法律。帝壯，益習國事，更定法令凡十（復）〔數〕（據遼史卷六一刑法志改）事，多合人心。開泰間，（飭）〔敕〕（同上書改）諸處刑獄冤者，聽詣臺訴，委官復問，并置大理少卿，及正主之，及親爲録囚。且數遣使諸道審決冤滯，如邢抱朴之屬，所至人以爲無冤。五院部民有自壞鎧甲者，其長佛努杖殺之，詔奪官。達爾罕納旺舒克因醉言宮掖事，法當死，貰其罪。五院部民偶遺火，延及木葉山兆域，當死，杖而釋之。而近侍瑠格、烏古斯嘗從齊王妻逃，赦，後（令）〔會〕（同上書改）千齡節出首，腰斬之。於是國無倖民，人重犯法。故統和中，南京及易、平二州以獄空聞。嗣至諸道皆獄空，有刑措之風焉。所載較詳。

秋七月癸丑，太后行再生禮。〔攷異〕禮志云，再生儀，季冬月，擇吉日。前期，禁門北除地置再生室、母后室、先帝神主輿。在再生室東南，(側)〔倒〕(據遼史卷五三禮志改)植三歧木。其日，以童子及產醫嫗置室中。一婦人執酒，一叟持矢箙，立室外。有司請神主降輿，致奠。奠訖，帝出寢殿，詣再生室，釋服，跣。以童子從，三過歧木下。每過，產醫嫗致(祠)〔詞〕(同上書改)，拂拭帝躬。童子過歧木七，帝臥木側，叟(挈)〔擊〕(同上書改)箙曰：「生男矣。」大巫幪帝首，(與)〔興〕(同上書改)，羣臣稱賀，再拜。產醫嫗受酒轉進，大巫奉襁褓、綵結等物，贊(視)〔祝〕(同上書改)之。預選七叟，各立御名繫於綵，皆跪進。帝選嘉名受之，賜物。再拜，退。羣臣皆進襁褓、綵結等物，帝拜先帝御容，宴羣臣。此蘇爾威汗所制之禮，垂訓後世，示不忘本也。所載甚詳。

四年(丙戌九八六)春三月甲戌，裕悅休格奏宋遣曹彬等分三道來侵，詔發諸道兵助休格禦之。太后與帝駐兵駝羅口。

夏四月己亥朔，次南京。諸將各以捷報。帝以酒脯祭天地，率羣臣賀於太后。〔癸丑〕(據遼史卷一一聖宗紀補)次涿州東五十里。丙辰，復其城。庚申，帝朝太后。壬戌，克固安。

五月庚午，國兵與宋曹彬等戰於岐溝關，大敗之。詳宋初和戰事中。壬(辰)〔申〕(同上書改)，以太后生辰，縱還俘獲。癸酉，班師。壬午，還次南京。將士論功行賞有差。

六月丁未，度居庸關。戊午，幸涼陘。

秋七月辛卯，色珍奏，復朔州，擒宋將楊繼業，不食，三日死。函其首以獻，傳示諸軍。

亦詳宋初和戰事中。

八月丁酉，以北大王普努甯原作蒲奴甯爲山後五州都管。詔復山西今年租賦。

九月丙寅朔，皇太妃以帝納后，進衣物、駞馬，以助會親頒賜。甲戌，次黑河。以重九登高於高水南阜，祭天。賜從臣命婦菊花酒。〔攷異〕重九儀，北南臣僚旦赴御帳，從駕至圍場，賜茶。帝就座，臣僚班立，所司各賜菊花酒，跪受，再拜。酒三行，揖，起。又，重九日，天子率羣臣部族射虎，少者爲負，罰重九宴。射畢，擇高地卓帳，賜番、漢臣僚飲菊花酒。兔肝爲臡，鹿舌爲醬。又研茱萸酒，洒門户以禬禳。是日爲「博囉哩烏楚哩」，原作「必里遲離」，國語，九月九日也。所載甚詳。丙（申）〔戌〕（同上書改）次儒州。以將南侵，詔繕甲兵。

冬十月丁酉，太后復行再生禮，爲帝祭神祈福。甲（申）〔辰〕（同上書改），出居庸關。乙卯，次南京。

十一月丙子，軍次狹底堝，太后親閱輜重兵甲。辛卯，次白佛塔川，獲自落駠狐。以爲吉徵，祭天地。壬辰，至唐興縣。〔癸巳〕（同上書補）涉沙河，休格來議軍事。

〔十二月〕（同上書補）壬寅，營於滹沱河北。〔攷異〕漢志云，滹沱河行經千三百七十里。過郡者六。續通考云，刺史楊真改爲清甯河，即蕭王麥飯處。冰合復解，因名「危渡」。又云，在東鹿縣南三十里，來自晉州，經縣境達深州，至直沽入海。方輿紀要云，源出山西繁峙縣東北百二十里之太戲山，經忻、代入真定府，流經清縣東南岔河口，合衛河至静海縣小直沽入海。横亘河北，燕、趙有事，上下皆爲津渡處。宋咸平中，何承矩築隄儲水以限戎馬，嘗引滹沱爲塘泊云。詔休格以騎兵絶宋兵；毋令入（邢）〔祁〕（據契丹國志卷七聖宗紀、長編卷二八改，下同）州。甲辰，親率兵會休格，與宋將劉廷讓等戰於莫州，敗之。乙巳，國舅詳衮塔剌噶原作撻烈哥等戰死。丁未，班師。（邢）〔祁〕州、深州相繼降。

五年（丁亥九八七）春正月乙丑，破束城縣及文安（按，據遼史卷一二聖宗紀，「破文安」在丁卯）。戊寅，還南京。

〔夏四月丁酉〕（同上書補）加上太后尊號。〔攷異〕孫承澤北平古今記云，遼有二長春宮：一在南京，一在長春州。若統和五年三月癸亥朔，幸長春宮賞花釣魚；十二年三月，如長春宮觀牡丹；十七年正月，如長春宮，均非南京之長春宮也。張祥漷縣志云，郭世珍，漷陰人，仕遼爲司徒。承天太后侵宋，俘獲甚衆。師次范陽，世珍上言降卒必有懷土之情，驅之而北，終不爲用。太后嘉納，縱活數萬人。史未載。

六年（戊子九八八）夏四月乙未，幸南京。丁酉，呼勒希原作胡里室横突韓德讓墮馬，太后怒，殺之。

秋九月丁酉，太后幸韓德讓帳，厚加賞賚。命從臣分朋雙陸以盡歡。癸卯，南侵宋。

冬十月乙卯，攻涿州，克之。戊午，破沙堆驛。〔庚戌〕（同上書補）次涿州。

十一月庚寅，克長城口。甲午，拔滿城。戊戌，下祁州及新樂。庚子，破小狼山砦。

〔十二月〕（同上書補）丙辰，畋沙河。〔攷異〕續通考云，是年八月，耶律抹只爲大同節度，奏今年民苦旱傷，所納三司稅錢請增價折粟，以利貧民。從之。先是，抹只鎭開遠時，故事，民歲輸稅，斗粟折錢五銖，抹只表請錢六，部民便之。紀未載。

七年（己丑九八九）春正月癸未朔，班師。甲辰，克易州。辛亥，還次南京，請軍解嚴。

夏四月丁卯，太后謁奇善汗原作奇首可汗廟。

八年（庚寅九九〇）春正月辛巳，如臺（洲）〔湖〕（據遼史卷一三聖宗紀改）。庚寅，詔決滯獄。庚子，如沈子濼。〔攷異〕王溍初恒岳志云，宋太宗淳化元年，即遼統和八年也。時戎欲入寇，使詣北岳廟卜神，不許。戎使怒，縱火焚廟而去，遂不入寇。史未載。續通考云，是年三月庚辰，太白熒惑鬬，凡十有五次，十月丁酉，太白晝見；二十年正月癸丑，東方五色虹見。又，道宗咸雍元年十一月，有星如斗，逆行，隱隱有聲；十二月壬子，熒惑與月並行，自旦至午；三年七月，熒惑晝見，凡三十五日；大安四年正月甲寅，太白晝見。所載甚詳。

十二年（甲午九九四）秋八月庚辰朔，詔皇太妃領兵撫定西邊，以蕭達林原作撻凜督其軍事。

十三年（乙未九九五）秋九月丁卯，奉安景宗及太后石像於延芳淀。方輿紀要云，在通州漷縣西，廣數百畝，遼時每春季則弋獵於此。又，雲州堡在龍門衛東北二百十里，亦爲契丹游獵之所。其主賢，嘗建潛邸於此，號御莊。尋置望雲縣，屬奉聖州。〔攷異〕孫承澤北平古今記云，統和四年，命皇族盧帳駐東京延芳淀。是東京亦有延芳淀也。清類天文分野之書，漷縣，漢泉州地，遼故漷陰縣，金因之，元升爲州，今裁併通州。聖宗紀，統和十二年正月，漷陰鎭水，漂溺三十餘村，詔疏舊渠。天祚紀，乾統四年，鳳凰見於漷陰。蔣一葵長安客話云，（洄）〔泗〕河（據長安客話卷六畿輔雜記改）在縣東四里，即運河也。四水會流故名。故城在通州城南四十五里。見明一統志。又張祥瀞縣志云，獨秀園亭在縣北二里，遼司徒郭世珍建。徐昌祚燕山叢録云，瀞縣得仁務有三大冢，其西北有洞最深，有燈熒然，擲以瓦礫，則矢外射，蓋遼、金諸人冢也。

十四年（丙申九九六）十一月乙酉，奉安景宗及太后石像於乾州。

十五年（丁酉九九七）秋八月丁酉，帝獵於平地松林。〔攷異〕方輿紀要云，龍門衛西十里有大松山，上多古松。宋天禧四年，隆緒如鴛鴦濼，遂獵於松山。即此。釋智朴盤山志云，盤山之松以百萬計。奇絕者多生石罅中，大者數十圍，龍鱗斑駁。口北多松柏，蔽雲干霄，爲千里松林，卽平地松林也。在臨潢府地，今克什克騰旗西北。所載較詳。太后誡曰：「前聖有言，欲不可縱。吾兒爲天下主，馳騁田獵，萬一有銜橛之變，適貽予憂，其深戒之！」〔攷異〕馬得臣傳，南京人，由政事舍人，歷諫議大夫，知宣徽院事。時上擊鞠無度，上書諫言，宜以唐太宗、玄宗爲法，不當輕萬乘之尊，圖一時之樂，萬一有銜勒之（異）〔失〕（據遼史卷八〇馬得臣傳改），其如社稷、太后何？帝嘉嘆。卒，贈太子太保（按，遼史卷一二聖宗紀統和七年六月作「太子少保」）。紀載於統和七年。得臣疏諫擊毬有三不宜，宜念繼承之重，止危險之戲等語。與傳畧異。郭造卿永平府志云，鷹而生犬，遼史以之紀異。凡北方皂鵰作巢，所在官司必令人窮巢探卵，較其多寡，如一巢而三卵者，置卒守護，日視之；及其成鷇，一乃狗耳。取飼以進於朝，狀與狗同，但耳尾上多毛羽數莖。田獵，鵰則戾天，狗則走陸，所逐同速，名曰「鷹背狗」。熊大古冀越集記云，胎生卵生，分毛羽二族，余經上都過鵰巢站，站吏指山上一穴曰：「往年鵰窠，其中生三卵：一爲鵰；一爲犬；一爲蛇。心竊疑之。後於脫脫丞相家見一犬，坐客咸指爲鵰窠所生，則知向者爲不誣也。張舜民使遼録云，北地鵰窠中生獵犬，極難得，今駕前有二隻，性頗異，每獵而獲，十倍於常犬。北人取法：飲以醇酒，於腋間破之，取去少肉，然亦十喪八九也。

十七年（己亥九九九）秋九月庚辰朔，幸南京，南侵宋。

冬十月癸酉，攻遂城，不克。遣北府宰相蕭繼遠即繼先，史有傳，字愓隱。思温姪，命爲子，尚齊國公主。屢將兵，未嘗失利。但紀書繼遠，而傳稱繼先。且外戚、公主表只載繼先，事跡均同，的係一人。取狼山鎮石砦。次瀛州，擊敗宋兵，擒其將康昭裔、宋順，進拔樂壽縣。尋班師。

十八年（庚子一〇〇〇）春二月，幸延芳淀。

夏四月己未，駐蹕清泉淀。

五月丁酉，清暑炭山。〔考異〕順天府志云，衍法寺有勅建碑，在阜城門外大街路北。明碑二：一李東陽撰，一楊一清撰。寺後殿有遼尊勝陀羅尼幢記。又施食幢僅餘下截，上刻神像，記曰：「伏聞護明下降，爰欲度於四生；調御出興，遂震搖於六種。恒施慈念，廣建悲心。示方便於三（來）〔乘〕（據遼文滙卷五改），發宏誓於四願。教之惠施，作苦海之津梁；化以歸依，指迷途之徑路。比爲常宏釋梵，永濟人天；遷神忽現於緣周，示跡故留於遺法；遂有封秩於堂殿，或乃刊勒於碑幢。諷（諷）〔之〕（同上書改）者福不唐捐，誦（誦）〔之〕（同上書改）者功超遠劫。若乃輕埃霑處，微影覆時，非惟獲果於未來，兼亦除殃於過去者，莫若佛頂尊勝陀羅尼矣。翊爰從稚齒，幸忝趨庭，才逾辨李之年，旋稟學詩之訓，遂乃自强不息，温故知新，礪鉛刃而不愧雕蟲，望金科而將期中鵠。豈爲禍從天降，運與願違；立身才始於弱冠，倏爾俄鍾於何怙？邇後董帷孫閣，悉捐子夏之書，日往月來，但泣高柴之血。其奈世同石火，時若電光，傷嗟未復於筋骸，荏苒旋逾於終制。遂乃捫心靜算，滌慮（洗）〔沉〕（同上書改）思，深慙於聖代甘閒，又恥於明時虛度。是以編聯陋唱，採綴蕪詞，相（度）〔庭〕（同上書改）始敘於行藏，侯府驟昇於蓮幕。粉幃蘭省，數年而幸忝優游；典郡倅戎，兩鎮而謬經履歷。至若貳留三使，仗鉞擁旌，蓋嚴訓之所致也。今於墳所建斯幢者，奉爲薦考妣之亡靈也。亡考長官，世襲簪（裾）〔裙〕（同上書改），性惟清慎，守謙恭則無爽五常，蘊敏惠則洞閑（二）〔三〕（同上書改）教。爰因筮仕，著功勤而早遂（科）〔利〕（同上書改）名；不顧字人，歎徒勞而終歸里社。亡妣夫人，浮陽茂族，鄒、魯名家，禀親教而洞曉婦儀，承閨訓而妙熟女史；加以姿瑰態逸，從夫之淑慎遐彰；儀静體閑，守德之功容備著。豈謂因纏微恙，莫駐盛顏；畏日煦而花露俄零，悲風扇而香魂忽散。翊念茲永訣，痛切追思！早年雖備於送終，繼日徒嗟於不逮。是以特抽静俸，用構良緣，市翠琰於靈巖，命奇工於帝里。罄之巧思，運彼殊材，次鴿鶴以翔空，列狻猊而繞座；匪圖壯麗，悉去繁華。惟仗聖言，以資冥魄，雲盤雨泛，如聞甘露之香；寶鐸風摇，似聽苦空之韻。多多盛事，一一難宣。伏願鶩禽駭獸，依聖影以獲安；孝子順孫，薦〔幽〕（原缺一字，同上書補）靈而勿替。時統和十八年，歲次庚子，四月戊申朔，七日甲寅（而）〔丙〕（同上書改）時大同軍節度、管内觀察處置（等）（同上書删）使、金紫崇禄大夫、檢校太保、使持節雲州諸軍事、雲州刺史兼御史大夫、上柱國、隴西縣開國男、食邑三百户李翊、弟將仕郎守秘書省校書郎懿建幢。

二十一年（癸卯一〇〇三）夏四月，耶律諾觀、原作奴瓜蕭達林原作撻凜獲宋將王繼忠於望都。太后釋之，用爲户部使。〔攷異〕方輿紀要云，宋咸平六年，高陽關將王繼忠爲契丹所獲，見其主隆緒於炭山。在宣化府西百二十里，灤水所出，亦曰陘頭。契丹嘗游獵於此，有涼殿，蕭后納凉所也。炭山西即契丹室韋相連之地。按，此炭山在今宣化府萬全衛西南，即歸化州之陘頭，非遼初建城於灤河上之炭山也。

二十二年（甲辰一〇〇四）秋閏九月己未，太后與帝大舉南侵宋，與戰於唐興，大敗之，嗣屢戰不利。

冬十一月壬申，次澶淵。蕭達林原作撻凜中伏（努）〔弩〕（據遼史卷一四聖宗紀改）死。師大挫衄。會宋真宗自將來禦，遂用王繼忠言與宋約和而還。自是信使不絕。太后有機智，每侵宋，親被甲督戰。及通好，亦出其謀。惟性殘嗜殺耳。

十二月戊子，宋遣李繼昌結和，以太后爲叔母，卽使閤門使丁振報（謝）〔聘〕（同上書改）。遂班師。〔攷異〕析津志云，報先寺有遼聖文神武全功大畧聰明睿孝天祐皇帝御書法嚴經覺林菩薩偈。元一統志云，法寶寺在舊城，遼統和二十二載祕書省校書郎仇正己撰幢記，杜永祚舍地基建寺。

二十四年（丙午一〇〇六）春正月，如鴛鴦濼。

夏五月壬寅朔，幸炭山清暑。幽皇太妃呼紐原作呼輦於懷州，幽夫人伊蘭原作夷懶於南京，餘黨皆生瘞之。〔攷異〕畢沅續通鑑呼紐作和罕，舊作和輦，伊蘭作伊勒蘭，舊作夷懶，云明年皆賜死。李燾長編疑爲太宗第二子齊王妃，卽太后姊也。云，王死，自稱齊妃，領兵三萬屯臚朐兒河，見番奴撻蘭阿巴，美，召侍帳中。蕭氏縶撻蘭阿巴，抶以沙囊四百而离之。踰年，請於蕭后以爲夫，使西捍韃靼，盡除之，因謀奔瓜里佳國作亂。后奪其兵，命領幽州。所載甚異。

秋九月，幸南京。

冬十月庚午朔，帝率羣臣上太后尊號。

二十七年（己酉一〇〇九）冬十二月乙酉，太后不豫。戊子，肆赦。辛卯，太后崩於行宮。

〔攷異〕契丹國志云，帝親政方一月，太后暴崩，帝哀毀骨立，哭必嘔血，羣臣請改元，不許，終制，三年。后天性忮忍，陰毒嗜殺。次女曰長壽奴，適后姪東京留守悖野；又次曰延壽奴，適悖野母弟揞頭。延壽奴出獵，爲鹿所觸，死，后縊殺揞頭以殉。后次姊適趙王，王死，趙妃因會飲毒后，爲婢所殺，后酖殺之。謚曰聖神宣獻，後更曰睿知，年五十七，葬乾陵。〔攷異〕東都事畧云，先是，蕃民毆漢人死，賞以牛馬；漢人則斬之，仍以其親屬爲奴婢，后一以漢法論。與耶律隆運通，遼人縊殺其妻。又幸醫工迪里姑。有私議其醜者，輒殺之。隆緒畏之，莫敢言。契丹國志亦謂隆運有辟陽之寵。聖宗紀，卽位之十二月甲子，達爾罕納旺舒克醉言宮掖事，法當死，杖而釋之，究未明言其事。達爾罕原作達剌干，卷十，統和二年，準布酋長達剌干，另一人。納旺舒克作乃萬十。卷六十一刑法志作乃方十，係一人。畢沅續通鑑作達喇干迺曼賓。又異。

遼史紀事本末卷二十一

耶律隆運柄用 張儉事附

景宗乾亨元年（己卯九七九）秋七月辛丑，以權知南京留守韓德讓禦宋有功，賜詔褒獎。德讓，薊州〔攷異〕熊相薊州志云，盤山，一名盤龍山，在薊州城西北二十五里，高二千餘仞，周百餘里，勢磅礴而盤桓，因名。山北數峯，陡絕而紫，蓋宿猿尤奇特。最高曰上盤；稍卑曰中盤；東行十餘里，怪石突起，曰白崖，上有古寺七十餘所。釋智樸盤山志云，山巔有雲罩寺，爲寶積禪師卓錫地，一名降龍菴。東嶺有舍利塔，中藏戒珠十六顆，佛牙一具。遼太康中，釋惠深輩曾有碑記。又，九華峯有寺曰千像，即祐唐寺，遼乾亨二年僧希悟重修，刻千佛像，有統和五年碑，知薊州軍事判官李仲宣撰文，沙門德麟書。

附録仲宣講堂碑記曰：「夫幽、燕之分，列郡有四，薊門爲上，地方千里，籍冠百城。紅稻青秔，實魚鹽之沃壤；襟河控嶽，當旗戟之奥區。於古堞之外，西北一舍，有盤山者，乃箕尾之巨鎮也。深維地軸，高闢天門，熛碧凝霄，寒青壓海。珠樓璇室，仰窅窱於崑邱；寶洞瓊臺，耀磅礴於恒嶽。崆峒左倚，太行右連，懷珠之水派其陽，削玉之峯峭其後。嶺上時興於瑞霧，谷中虚老於喬松，奇樹珍禽，異花靈草。絕頂有龍池焉，向旱歲而能興雷雨；巖下有潮井焉，依旦暮而不虧盈縮。於名山之內，最處其佳。此境舊有五寺，祐唐者乃備其一。自昔相傳，有尊者挈杖遠至，求植足之所，僧室東北隅，巖下有澄泉，恍惚之間，見千僧洗鉢，瞬息而泯，因茲構精舍晏坐矣。厥後，於谿谷澗石之面，刻千佛之像，而以顯其殊勝也。雖雨漬苔班，睟儀相而猶在；陽舒陰慘，流善書而不墮。向此藍垣之北，長松之下，有大石焉，重萬餘鈞，或遇敬信者，微觸而動。迄今遊閲之士，冠蓋相望，四序不絶於阡陌也。當昔全盛之時，砌疊龍蟠，檐排鳳翅，晨鐘暮磬，上聞兜率。禪宗律學，宛是祇園，駢闐可類於清涼，赫奕遥同於白馬，乃法侶輻輳之鄉也。爰自大兵之後，並已燼滅，由謂物不可以久廢，故享利於德人。德人者，即寺主大德，乃當寺之景派也。厥本惟裔，其神不測，苦隨念盡，樂與人同，化六趣之茫然，歸十方之安穩。年臘未晚，行業彌高，既多有續之聞，宜示無窮之績。寺主大德，俗姓琅耶氏，釋諱希悟，鎮陽夏博人也。爰自聚沙之歲，禮當寺寺主在楚禪師授法焉。勵除五蓋，慕别四生，舍慾棹而誓汎慈舟，棄毒藥而願食甘果。年二十，詣長興寺，具月羅由啟宏願，延僧一十萬，次第竟矣。於是謂其友曰：聞二儀舒慘，四序推遷，人生幾何，歲不我與；覽斯基阯，孰忍凄涼，野鹿羣麋，晝夜而草眠香徑；壞碑毁塔，高低而蔓挂藤蘿。玉毫消盡於華鬘，鐘磬罷聞於齋懺。上漏下濕，日就月將，徐與再造之心，爰起從新之務。於是手披榛棘，力用經營，移怪石而截斷雲根，伐灌木而摧折煙色。應曆十二年，化求財費，蓋佛殿一座。欒櫨娟妙，丹雘鮮新，塑佛中央，圖像四壁。保甯四年，又建厨庫、僧堂二座，俾爨饎之有所作也，賓旅之有所歸也。乾亨二年，加授紫衣，載議門迎廣陌，地處幽凉；虞生肇之徒見臨顧，講讃之所交闕。乃於僧室之陰，疊磷磷之石，淪瑟瑟之泉，高廣數尋；駢羅萬樹，薙除沙礫，俯就基坰。而又請邑人醵緡聚賂，四遠之樂施者，如鱗介之歸巨海也。既乃市木雲嶠，采石煙巖，窮斧斤之功，極磨礱之妙。初心才啟，大厦攸成；式導昏衢，彌光世德。其堂也，保甯十年掤建，帶雲川之渺渺，總遠岫之峩峩，東覿種玉之田，西挹築金之闕。藺楹鏤彩，桂柱凝丹，月入秋窗，風含夏户；檐外之杉松郁鬱，檻前之煙水潺湲。所貴安苾芻僧，置狻猊座，高談玉偈，然慧炬而絶煩惱薪；妙演金文，揮智刃而剖無明縠。長依佛（住）〔座〕（據遼文滙卷五改），永壓山門；對延靈岫之峯，闡説瑜伽之旨。此皆邑人等心猶慕善，志乃忘筌，知浮生石火以難停，覺幻質風煙而易滅，各抽淨施，共構良因，卽寺主希悟大德激勸之所致也。緣惠之所被也。厥外井有甘泉，地多腴壤；閒栽珍果，棋布蔬畦。清風起兮綠幹香，細雨霽兮紅葵茂。載諒鴻基必葺，白足咸來，其供給之費恒不闕於祗贍者，大德寺主力辦也。蓋惟寺主大德，道洽空有，識洞幽冥；全資化導於多方，以至圓成於能事。所冀皇朝永安神業矣，相國長調鼎鼐矣，京尹之仁無秕稗矣，郡牧之信及竹童矣。一切含靈，同露（樂）利〔樂〕（同上書乙正）；一切惑溺，並向真如。爰述懿徽，俾雕翠琰，其邑人姓氏，具列碑陰。仲宣靡職之歲，華構方成，命修辭以序之，序之伊何？卽爲銘而記之，銘曰：「峭壯靈峯，刱興華宇；式開講肆，用陳法侶。物置人多，利圓三寶，庶幾乎作善之祥，傳名曠古。統和五年歲次丁亥四月八日。」

盤山志又載遼少府少監冀州南抃上方感化寺碑記云：「噫！西聖人教既一唱而東也，應而和者，其徒半天下，是以城閭邑聚，塔廟日興，後數百年，競相高以奢麗，有大苾芻衆樂諸阿蘭若，巖居野處，如鷲峯鹿苑者，比比而是，方之城邑，則又過焉。漁陽古郡之西北，叢岫迤邐，其勢雄氣秀，曰田盤山，岡巒倚疊，富有名寺。而感化者，舊號元宮。物無常名，事窮則變；會幽州主帥清河張公奏請之，故因以是額易其前號。獨亢爽清勝，確乎不移，既肘腋乎絕巘，又襟袖於列刹，故自往昔，目爲上方，非諸信舍財而附益，高流擇地以來集，則何以增崇垂遠至於是哉！魏太和十九年，無終縣民田氏，兹焉營辦；唐太和、咸通間，道宗常實二大師，前季後昆，繼踵而至，故碑遺像，文迹具存。爾後人多住持，處亦成就，布金之地，廣在山麓，法堂佛宇敞乎下，禪竇經龕出乎上，松杉雲際，高低相望，居然緇屬，殆至三百。自師資傳衣而後，無城郭乞食之勞，以其刱始以來，占籍斯廣，野有良田百餘頃，園有甘栗萬餘株，清泉茂林，半在疆域，斯爲計久之業，又當形勝之境，宜乎與法常住，如山不騫，是使居之則安，不爲争者所奪。柰何太康初，鄰者侵境，割據巖壑，鬭諍堅固，適在此時，徒積訟源，久不能决。先於薊之屬縣三河北鄉，自乾亨前有莊一所，闢土三十頃，間藝麥千畝，皆原隰沃壤，可謂上腴。營佃距今，即有年禩，利資日用，衆實賴之。大安中，燕地遺括天荒使者馳至，按視厥土，以豪民所首，謂執契不明，遂圍以官封，曠爲牧地。吞我林麓既如彼，廢我田壤又若此，使庖舍缺薪蒸之供，齋堂乏餅餌之給。可歎香火而至於是，寺僧法雲暨法道次言及衆曰：『先世有所遺籍，吾儕不能嗣守，亦空門之不肖者也，安忍坐受其弊，拱默而已。』相與詣闕陳訴，歷官辨論，一旦得直其誣，兩者復爲所有。尋奉上命，就委長吏，辨封立表，取舊爲定。自是樵爨耕穫之利，隨用而足。以小大協力，始終一心，而令釋氏家肥不減疇昔。赫矣能事，於前有光，雖汶陽歸已侵之疆，輿平還既奪之地，不是過也。乾統六年冬，老比邱崇簡與前薊州管內都綱提點寺事沙門士賢、元悟、上座僧士侃、都知僧圓淨等，以始末紀石爲請，會余有故不果；頃又走書來速文，勤至再三，豈可無述！夫藏用於形迹者莫妙於理智，顯用於事爲者莫大乎勢力，佛之道理與智也；宏之在人，勢與力也。若茲寺者，像設攸在，法相所寄；智與形會，理隨事集。向內不資徒侶之力，外不託王臣之勢，則有所廢矣，孰能興之！今豪奪者止，誣取者與，使禪杖律裔，保有其業，良以此也，後之補處是者，其念之乎！乾統七年春正月元日。」

玉田人，後賜姓耶律，名隆運。爲中書令知古孫，燕王（按契丹國志卷一八耶律隆運傳作秦王）匡嗣子。重厚有智畧，明治體，建功立事。景宗嬰疾，蕭后與决國政，加東頭供奉官，充樞密院通事，轉上京皇城使，〔攷異〕畢沅續通鑑云，遥授彰德節度使，自是日見進用。代其父匡嗣爲上京留守，甚有聲譽。尋復代父守南京，時人榮之。宋兵取河東，侵燕，五院糺詳衮原作詳穩希達原作奚底等敗歸；宋人圍城，人心洶懼。德讓與耶律學古等日夜登城，守禦甚力。援軍至，圍解。及戰高梁河，宋兵敗走，德讓邀擊，又破之，以功進遼興節度使，詔褒獎之。

三年（辛巳九八一）冬十二月，以韓德讓爲南院樞密使。

四年（壬午九八二）秋九月壬子，景宗崩於焦山行宮，德讓與色珍原作斜軫等受顧命，〔攷異〕畢沅續通鑑云，主獵於詳古山，不豫；德讓不俟召，率其親屬赴行帳，白皇后易置大臣。立梁王，尊蕭后爲皇太后，稱制。德讓總宿衞事，太后益寵任之。時主少國疑，宗室擁重兵，内外震恐。德讓勸太后勅諸王歸第，不得私相燕會，奪其兵權，人心大定。

聖宗統和元年（癸未九八三），加韓德讓開府儀同三司。〔攷異〕耶律和克傳，原作虎古，字海南，六院額爾奇木迪里孫。保甯初使宋，還言宋必取河東，與匡嗣忤。統和初爲涿州刺史，召赴京師，與韓德讓復以事相争；德讓怒，取護衞所持戎仗擊其腦，卒。德讓傳及聖宗紀均未載。和克子穆爾古，字道隱，官北院大王；統和七年伐宋爲先鋒，卒於軍。事見前。

三年（乙酉九八五）冬十一月，以韓德讓兼政事令。

四年（丙戌九八六）春三月，宋將曹彬等分三道來侵，韓德讓從太后出師，敗之，加守司空（按遼史卷一一聖宗紀，統和四年十一月庚午作「守司徒」），封楚國公。師還，與北府宰相室昉共執國政，奏復山西今年租賦。〔攷異〕宏簡録云，十一月庚午，加守司徒。紀未載。食貨志云，帝嘗過藁城縣，〔見〕（據遼史卷五九食貨志補）伊實威部下婦人迪輦等黍過熟未穫，遣人助刈。太師韓德讓言，兵後逋民棄業，禾稼棲畝，募人穫之，以半給穫者。政事令室昉亦言，山西諸州給軍興，民力凋敝，田穀多蹋於邊兵，請復今年（税）〔租〕（同上書改）。按，統和七年二月，雲州租税請止輸本道，從之；三月，禁芻牧傷禾稼。八年五月，詔括民田。九年正月，詔免三京租賦，仍罷括田。十年八月，觀稼，仍遣使分閲；十月，詔定均税法。十三年正月，增泰州、遂城等處賦。四年，以南京新定税法太重，減之。開泰元年，詔年穀不登，田園蕪穢，給牛種以助之。太平八年正月，詔州縣長吏勸農。均見續通考。所載甚詳。

六年（戊子九八八）夏四月乙未，幸南京。丁酉，太后（親）〔觀〕（據遼史卷八二耶律隆運傳改）擊鞠，呼勒希原作胡里室。〔攷異〕畢沅續通鑑作瑚理實。突韓德讓墮馬，命立斬之。

九月丁酉，太后幸韓德讓帳，厚加賞賚，命從臣分朋雙陸以盡歡。癸卯，從太后南侵宋。

冬十月戊午，攻沙堆驛，敵乘夜來襲，德讓嚴軍以待，敗走之。

十一月庚寅，從聖宗擊敗宋兵於長城口，殺獲殆盡。〔攷異〕食貨志云，六年，霜旱，災民饑，詔三司，舊以税錢折粟，估價不實，其增以利民，又徙濟必（塞）〔寨〕（據道光四年殿本遼史卷五九食貨志改）居民三百户於檀、順、薊三州，擇沃壤，給牛、種穀。十三年，詔諸道置義倉。歲秋，社民隨所獲，户出粟庤倉，社司籍其目。歲儉，發以賑民。十五年，詔免南京舊欠義倉粟，仍禁諸軍官非時畋牧妨農。此皆德讓當國時事。紀、傳均未載。

七年（己丑九八九）春正月癸未朔，班師。

二月乙卯，大饗軍士，封韓德讓爲楚國王。〔攷異〕契丹國志，隆運由遼州節度使改同知燕京留守，遷平州節度使，改樞密使兼行營都部署。以輔立功守司徒，封晉王，加尚書令。賜以几杖，入朝不拜，上殿不趨。宏簡録謂由司空守司徒。傳均未載。志所載尚書令，史作贈官。所載各異。

十二年（甲午九九四）秋七月，以韓德讓代室昉爲北府宰相，仍領樞密使，監修國史，賜號興化功臣。奏三京諸鞫獄官吏，多因請託，曲加寬貸，或妄行榜掠，乞爲禁止。詔從之。又表請任賢去邪，太后喜，優加賞賚。先是，丁母憂，詔起復之。及服闋，加守太保兼政事令。

十四年（丙申九九六）夏四月己亥，鑿大安山，取劉守光所藏錢。〔攷異〕畢沅續通鑑云，時遼鑿大安山取劉仁恭所藏鐵錢，散諸五計司，兼鑄「太平錢」，新舊互用，自是錢幣充溢。蓋本薛史僭僞傳及册府元龜之說。謂仁恭墐泥爲錢，歛銅錢於大安山藏之，而聖宗紀及食貨志仁恭作守光，稍異。又，册府元龜云，仁恭所藏錢係石穴，共數百萬。藏畢，殺匠以滅口。敗後，莫知處所，竟無所得。又異。食貨志云，鼓鑄之法，先代色勒迪爲額爾奇木，以土産多銅，始造錢幣。太祖用之以至富强。太宗置五冶太師，以總四方錢鐵。石敬瑭又獻沿邊所積錢，以備軍實。景宗以舊錢不足，始鑄乾亨新錢，錢用流布。聖宗得劉守光所藏錢，兼鑄「太平錢」，新舊互用，至出内藏錢賜南京諸軍司。開泰中，詔諸道貧乏百姓有典質男女，計傭價日以十文，折盡，還父母。每歲春秋，以官錢宴饗將士，錢不勝多，故東京所鑄至清甯中始用。時詔禁諸路不得貨銅鐵，以防私鑄。又禁銅鐵賣入回鶻，法益嚴矣。道宗錢有四等，皆因改元易名。肉好，銖數無所考。第詔楊遵勗徵户部司逋户舊錢，得四十餘萬鏹，拜樞密直學士；劉伸爲户部使，歲入羨餘錢三十萬鏹，擢南樞密〔副〕（據遼史卷九八劉伸傳補）使。又以災沴，出錢振貧乏及諸宫分邊戍人户，亦可謂富矣。末年，經費浩穰，國用不給。雖以海雲佛寺千萬之助，（拒而不受）〔受而不拒〕（據遼史卷六〇食貨志乙正）。尋禁民錢不得出境。天祚更鑄乾統、天慶二等新錢，而上下窮困矣。續通考劉伸作劉輝。洪遵泉志云，契丹國天贊錢，太祖所鑄，徑九分，重三銖六參，文曰「天贊通寶」；穆宗改元應曆，錢文曰「應曆重寶」；興宗改元重熙，錢徑九分，重三銖，文曰「重熙通寶」；道宗改元太康，錢有二品，並徑九分，重二銖四參，以「太康通寶」、「太康元寶」爲文。而董逌錢譜以「太康通寶」爲「太康同寶」，未知孰是？錢譜又云，「統和元寶」，聖宗於宋太平興國八年鑄；「太平元寶」，聖宗於宋天禧五年鑄；「清甯通寶」，「道宗改元清甯鑄徑九分，重三銖；又改咸雍錢，文曰「咸雍通寶」，宋治平二年鑄。李季興諸蕃樞要云，道宗改元大安，錢徑八分，重二銖，文曰「大安元寶」；又改元壽昌，錢徑九分，重二銖四參，文曰「壽昌元寶」；天祚改元天慶，錢徑九分，重二銖四參，文曰「天慶元寶」。趙志忠北廷雜記云，景宗朝置鑄錢院，年額五百貫則遼之鑄錢舊矣。泉志又云，「千秋錢」，李孝美曰，此錢徑三分，文曰「千秋萬歲」，今甚易得。蓋常歲北使人貢，人多貿易得耳。董逌云，遼國錢蓋近世所爲云。按，重熙二十二年閏七月，長春州置錢帛司。見興宗紀。清甯二年閏三月，詔東京所鑄錢；九年正月，禁民鬻銅；太康九年七月，禁外官部内貸錢取息；十年六月，禁毁銅錢爲器；大安四年七月，禁錢出境。見道宗紀。

十七年（己亥九九九）秋（七）〔九〕（據遼史卷一四聖宗紀改）月癸卯，魏王色珍卒，命韓德讓兼知北院樞密事；尋拜大丞相，進王齊，總二樞府事。〔攷異〕有遼一代爲大丞相者，只韓德讓一人。而聖宗朝爲政事令者，德讓外，尚有張儉、蕭宏義。宰相則耶律安甯、蕭婆項、吕德懋；左丞相則張儉；右丞相則馬保忠；平章事則蕭道甯、耶律章瓦、盧俊、蕭紹業；北府宰相則蕭繼遠、蕭排押、蕭孝穆、劉晟、劉慎行、蕭普古、蕭朴；南府宰相則耶律解領、耶律宏古、耶律奴瓜、劉慎行、耶律滌冽、耶律吾剌葛、耶律合葛、大康乂、耶律狗兒。均見沈炳震廿一史四譜。按，劉晟即劉慎行，譜誤分爲二，辨見卷七。以南京、平州歲不登，奏免百姓農器錢，及請平諸州商賈價，從之。〔攷異〕孫世芳宣府鎮志云，統和十八年，詔北地節候頗晚，宜存後唐舊制，大、小麥、豌豆，六月十日起徵，至九月納足；正税匹帛、錢鞵、地榷、麴錢等，六月二十日起徵，十月納足。紀未載。

十九年（辛丑一〇〇一）春三月壬辰，賜大丞相韓德讓名德昌。〔攷異〕畢沅續通鑑云，先是，有圖魯卜者，從伐宋，嘗以言觸德昌怒，詰之，詞無所撓，笑釋之。至是薦其材可任統軍使，太后曰：「彼嘗不遜於卿，何善而薦？」對曰：「於臣猶不屈，況於其餘？若任使之，必能鎮撫諸蕃。」從之。按，烏爾古巴傳，字留隱，學古弟，官東路統軍都監，德讓薦爲統軍使，載此事。疑是其人。

二十二年（甲辰一○○四）秋閏九月己未，太后南侵宋，韓德昌從，及澶淵，許宋成而還。徙王晉，賜姓耶律，出宮籍，隸橫帳季父房，位親王上。〔攷異〕蕭呼敦傳，曾祖達魯，明醫，統和中，德讓貴寵，達魯希旨，請賜國姓，籍橫帳，由是世預大醫選，子孫入官者衆。德讓傳未載。蘇轍龍川別志云，朝廷使曹利用與契丹講和，利用見戎母於軍中，與蕃將韓德讓偶在駞車上坐。利用下車，饋之食，共議和事，利用許之。史未書。

二十七年（己酉一○○九）冬十二月乙酉，太后〔南〕幸（南京）（據遼史卷一四聖宗紀改），耶律德昌從行。辛卯，太后崩於行宮。

二十八年（庚戌一○一○）夏四月甲子，葬太后於乾陵，改賜耶律德昌名隆運。賜田宅及陪葬地。

二十九年（辛亥一○一一）春正月乙亥朔，聖宗伐高麗師還，耶律隆運從。

三月己卯，隆運構疾，卒於軍。時帝與后親視醫藥，年七十一。〔攷異〕李燾長編云，蕭后與隆運通，隆緒親書鐵券讀於北斗下以賜之，置護衛百人，與國主同，隆緒父事之。契丹國志云，帝以隆運勳大，恩數優渥。秦、齊（三）〔二〕（據契丹國志卷一八耶律隆運傳改）王每日一問起居，至帳二里外，下車徒步進；回，仍列揖於帳外，隆運坐受之。帝或至其帳，亦五十餘步下車，隆運出迎，盡禮，帝亦先爲之揖。入內，同家人禮，飲膳服食，盡一時珍奇。諸國争爲奇怪入貢，動駭耳目。隆運疾，帝與后禱告山川，召蕃、漢名醫診視，朝夕不離左右。史多未載。畢沅續通鑑云，隆運卒，以耶律實嚕代爲北樞密。自隆運知北院，職多曠廢，實嚕拜命之日，朝野相慶。當隆運病，遼主問「誰可代卿者」？薦耶律世良，因使代實嚕爲北院大王。實嚕傳，原作室魯，字伊實楊，六院部人，封韓王。從上獵松林，至沙嶺，卒，年四十四。贈守司徒政事令。二子：烏魯斯，官西南招討使；實神努，南院大王。按，聖宗紀，奚王府監軍實嚕爲南院大王。宏簡録同。傳未載南院及監軍。贈尚書令，謚文忠。續通考云，北府宰相蕭常哥，國舅族，謚欽肅；右丞相杜防，涿州人，謚元肅；北樞密蕭孝穆謚貞；南京留守蕭孝先謚忠肅；西南招討撻不野，孟父房後，謚貞憫；中京留守耶律良，著帳郎君，後謚忠成；上京留守姚景行，興中人，謚文憲；北樞密耶律斡特刺謚敬肅；中京留守竇景庸，中京人，謚憲肅；平章趙徽，南京人，謚文憲；南樞密耶律仲禧，析津人，謚欽惠；知樞院耶律儼，仲禧子，謚忠懿；司徒馬人望謚文獻；北府宰相楊遵勗，范陽人，謚康懿。遼臣之賢而有功、得賜謚者止此。故據史録之。詳謚法考。給葬具，立廟乾陵側。〔攷異〕續通考云，此與宗廟同堂配享者不同，然在乾陵側，亦有配享意。後重熙二十一年八月，太尉烏者薨，配享聖宗廟。遼時配享止此。帝后以下親爲制服。喪葬禮一依承天太后故事。〔攷異〕李燾長編云，祥符二年，太后殂，隆運尋卒，與太后同柩而葬。按，祥符二年，乃遼統和二十六年，史稱太后崩於二十七年，隆運卒於二十九年，相隔三年，則同柩而葬之誣，不辨自明。今從史。隆運自爲相，結歡宋朝，修睦無間，中外帖服，靡有邪謀，故始終眷遇，鮮與倫比。〔攷異〕契丹國志云，隆運兄弟九人皆封王，從子三十餘人封王者五，餘皆爲節度使、部署等官。所載較詳。隆運卒無子，帝特以魏王特布原作貼不子雅魯原作耶魯。〔攷異〕卷十二，聖宗統和六年，奚詳穩，另一人。爲之嗣。〔攷異〕東都事畧以隆裕子周王宗業爲之子。天祚立，以皇子額魯温原作敖盧斡繼之。

同時張儉，宛平人。性端慤，不事外飾。舉進士第一，〔攷異〕景宗紀，保甯八年十二月，詔南京復禮部貢院，不言其設科取士。至統和六年始開科選舉，放高第一人。然林烇章易水志，保甯九年有進士魏璟，則是時既開貢院，即有進士，或未及行於他處耳。因考聖宗紀統和六年，詔開貢舉，一人及第；七年八月，放進士高正等二人及第；八年，鄭雲從等二人；九年，石用中一人；十年，王熙載二人；十二年，呂德懋二人；十三年十二月，王用極二人；十四年，張儉等三人；十五年，陳鼎等二人；十六年，楊文立二人；十七年，初錫四人；十八年，南承保三人；二十年，邢祥六人；二十二年，李可封三人；二十四年，楊佶等二十四人；二十六年，史克恕十三人；二十七年，御前引試劉二宜三人；二十九年，高承顔三人；開泰元年，史簡十九人；二年，鮮于茂昭六人；六年，張用行三十一人；五年，孫傑四十八人；七年，張克恭三十七人；九年，張仲舉四十五人；太平二年，張漸四十七人；四年，李炯四十七人；五年十一月，命進士賦詩第工拙，得張昱等七十二人，授官有差；八年，張宥五十七人；九年十一月，試遼東防城進士張人紀、趙隆等二十二人；六月，興宗立，放劉貞五十七人；重熙元年，師貞五十七人；五年十月，御元和殿，以日射三十六熊賦、幸燕詩試進士於廷，放馮立、趙徽四十九人第，并授官，御試進士自此始；七年六月，邢彭年五十五人；十一年六月，王實六十四人；十五年六月，王棠六十八人；十九年六月，御金鑾殿試進士，未載人數；道宗紀清甯元年，張孝傑四十四人；五年，梁援百十五人；八年六月，王鼎九十三人；咸雍二年，張臻百一人；六年，趙廷睦百三十八人；十年六月戊辰，親出題試進士；丙子，御永安殿策賢良；太康五年六月，劉瓘百十三人；九年，李君裕五十一人；大安二年五月，張轂二十六人；六年，文充七十二人；八年，冠尊文五十三人；壽隆元年，(劉)〔陳〕衡甫（據遼史卷二六道宗紀改）百三十(八)（同上書刪）人；六年，康秉儉八十七人；天祚紀乾統三年，馬恭回百三人；七年，李石百人；九年，劉禎九十人；天慶二年，韓昉七十七人；八年，王鞏百三人；魏王建福元年，李寶信十九人，又以李奭、陳祕等與大計，皆賜進士，授官。永樂大典，統和六年，書放高舉一人及第；蕭妃德興元年，李球百八人。此遼一代科舉始末備此。又重熙中，帝欲賜張儉第五人皆進士第，儉辭，乃止。耶律蒲魯舉進士第，王文以契丹無舉進士之條奏上，杖其父庶箴二百。統和中，宋進士挈家來歸者十七人，命有司考其中第者授以官。契丹國志云，遼三歲一試進士，殿試臨時取旨，第一人賜官，授奉直大夫，翰林應奉文字，第二、第三授從事郎，以下同。元遺山文集，顯武將軍吳君阡表曰：「君諱瑋，字器玉，姓吳氏。石晉時有官獻州從少帝北行者，又自遼陽遷泰州，其子孫遂爲長春人。六世祖匡嗣，遼開府儀同三司同中書門下平章事、陳國公，五世祖昊，咸雍十年劉霄榜登科。按，霄後仕金爲侍中。在真定發策試進士，以「徽宗無道、欽宗失信」爲問，褚承亮不對而出。見周密癸辛雜志。又，林煊章易水志，統和二年有魏上達；五年，魏元真；涿州王言甫於天慶二年試律學第一，除參軍。見唐舜卿涿州志，今附録於此以備考。調雲（中）〔州〕（據遼史卷八〇張儉傳改）幕官。故事，車駕經行，長吏當有所獻。聖宗獵雲中，節度使進曰：「臣境無他産，惟幕僚張儉，一代之寶，願以爲獻。」先是，帝夢四人侍側，賜食人二口，至聞儉名，始悟。召見，容止朴野，訪及世務，占奏三十餘事，由此顧遇特異。踐歷清華，號稱明幹。〔攷異〕續通考云，統和中，邢抱朴官參政，用樞密韓德讓薦，按察諸道吏守令能否而黜陟之，大協人望。尋詔諸所保宋人有官吏抱器能者，具以名聞。官衞德升等六人。重熙九年十二月，諸職官有治民安邊之署者，悉具以聞。十年十月，詔東京留守蕭孝忠舉察清廉者，具以實聞。又，重熙中，劉伸鎭崇義，政務簡凈，民用不擾，致烏鵲同巢之應，詔褒遷其官。所載甚詳。

開泰中，累遷同知樞密院事。太平五年，出爲武定節度使，改大同。六年，入爲南院樞密使。進左丞相，封韓王。〔攷異〕續通考云，後徙王陳。畢沅續通鑑云，兼政事令，遼主眷倚。參政吳叔達與儉不相能，主怒，出叔達爲康州刺史。聖宗紀康州作東州，稍異。又，開泰五年秋，大獵，帝射虎，不中，將犯蹕，雲州陳昭袞直前殺之，帝喜，設燕，賜以酒器，加節鉞，命儉及呂德懋賦詩以美之。見本傳。昭袞本作扎袞，小字旺玖，原作王九，西南招討都監歸義節度使；卷二十二，道宗太康四年二月，耶律旺玖爲特哩袞，官至南府宰相。旺玖亦作王九，另一人。

興宗立，受遺詔輔政，拜太師、中書令，加尚父，進見不名。賜詩褒美。性儉，素食不重味。一敝袍，三十年不易，月俸有餘，賙給親舊。在相位二十餘年，裨益爲多。致政歸，會帝欲侵宋，幸其第問策，儉極陳利害，帝悅而止。〔攷異〕李燾長編云，河北既罷兵，知雄州李允則治城壘不輟。主問儉曰：「聞南朝尚修城備，得無違誓約？」對曰：「李雄州爲安撫使，其人長者，不足慮。」帝聞而責之，奏曰：「初通好，不即完治，他日頹圮，安敢動？因此廢守備，臣恐遼難測也。」上然之。上元舊不燃燈，允則結綵山，聚優樂，使民縱遊。明日，偵遼帥欲間入城中觀，允則與同僚伺郊外，果有紫衣北人至。比夕，與俱入傳舍，不交一語出。妓女羅倚左右，劇飲而罷。且置其所乘驢廡下，遁去，卽幽州統軍也，後數日爲遼所誅。又得遼諜，釋縛，厚遇之，諜言燕京大王遣來；因出所刺沿邊金穀兵馬數。允則曰：「若所得，謬矣，呼主吏按籍書實數與之。」諜請加緘印，厚金遺遣；未幾，諜還至，還所與數，緘印如故，反出遼中兵馬、材力、地里委曲以爲報。有卒亡入遼中，移文索還，答以不知所在。允則曰：「在某所。」遼不敢隱，卽歸卒，斬以徇，後無敢亡者。在雄州十四年，近臣鮮能及之。蘇轍龍川別志云，時諜者常告敵中要官，遣人至京造茶籠燎爐，允則亦使倍與直作之，纖巧無毫髮之異，且先期攜至榷場，令蕃酋遍觀之，知蕃官所作已過，乃不復出。敵中相傳謂允則貽之，恐有姦變，蕃官無以自明，乃自殺。張舜民畫墁録，允則作元則，云北人信誓兩界，非時不得葺理城堞；元則知雄州，欲展城，無由，作銀香爐置城北土地堂，使人竊取之，遂大喧索，辭連北疆，紛紜久之，因興工起築，今雄州城北是也。又建浮圖九層，下瞰幽境如指諸掌。司馬光涑水紀聞又作允則事，銀香爐作銀器五百兩。稍異。重熙十二年卒，年九十一。功著兩朝，時稱賢相。〔攷異〕續通考云，儉字師約，兄文師、弟延師，並光禄大夫，門皆列戟，人號三戟張氏。傳未載。時楊佶，字正叔，南京人。幼穎悟，讀書自能成句。終吏部尚書、平章事，所著有登瀛集。契丹國志云，馬保忠，營州人，謹重寡欲。太平中，授洗馬，改殿中丞。興宗朝爲樞密使、尚父、守太師兼政事令，封燕國公。嘗上言：强天下者儒道，弱天下者吏道，今之授官，大率吏而不儒。崇儒道則鄉黨之行修，修德行則冠冕之緒崇，自今非聖帝明王，孔、孟聖賢之教者，願下明詔痛絶之。其篤意風教如此。卒，謚剛簡。時興宗爵賞濫，除授無法，保忠疏諫，言國家起自朔漠，奄有幽、燕，量才授官，人始稱職，今臣下豢養，承平無勳可陟，宜且序進之；帝咈然怒。史未立傳。而聖宗紀太平四年四月右丞相馬保忠之子世宏使嶺表，至平地松林爲盜殺，詔贈昭信節度使。并附録以備考。

遼史紀事本末卷二十二

色珍戰績

景宗保甯八年（丙子九七六）夏六月，以西南面招討使耶律色珍原作斜軫。〔攷異〕聖宗紀開泰二年西南招討使斜軫，另一人。見皇族表，傳未載。裕悅原作于越。為北院大王。色珍，字韓隱，德哷原作迭剌部人，〔攷異〕係懿祖系匣馬葛後，赫嚕原作曷魯孫。性明敏，不事生產。保甯元年，樞密使蕭思溫薦其有經國才，景宗曰：「朕知之。第佚蕩，豈可羈屈？」對曰：「外雖佚蕩，中未可量。」乃召問以時政，占對（愷）〔剴〕（據遼史卷八三耶律斜軫傳改）切，帝器重之，妻以皇后之姪，命節制西南面諸軍，仍援河東。擢南院大王，改北院。

乾亨元年（己卯九七九）春二月丁卯，漢以宋兵壓境，乞援。命色珍以所部從都統耶律沙赴之。時宋再攻河東，色珍從耶律沙行至白馬嶺，遇敵，沙等戰不利；色珍救之，令麾下萬矢齊發，敵氣褫而退。

夏六月，宋師滅漢，乘勝來侵，北院大王希達、原作奚底統軍使蕭托果原作討古等逆戰，敗績，自沙河退屯清河北。色珍取希達等青幟軍於得勝口以誘敵，敵果争赴。因繞出其後，奮擊，敗之。

秋七月癸未，耶律沙等及宋兵戰於高粱河，少卻；色珍與休格原作（八）〔休〕哥（同上書改）分左右翼橫擊，大敗宋軍。

九月己卯，色珍等奉詔率所部兵從燕王韓匡嗣南侵宋，匡嗣兵敗於滿城。

四年（壬午九八二）夏四月，景宗自將南侵。至滿城，戰不利，守太尉奚斡里原作瓦里中流矢死。統軍使耶律善補爲伏兵所圍，樞密副使色珍救之得免。

聖宗統和元年（癸未九八三）夏六月丁未，命色珍守司徒，拜北院樞密使。時景宗崩，聖宗幼，蕭太后臨朝，益見委任。〔攷異〕名山祕録云，后有琥珀杯二枚，形如半桃核，合之無縫，容酒半升許。每朝會，酌賜有功大臣，當時惟斜軫得賜數次，國人榮之。史未載。命帝與色珍於其前易弓矢、鞍馬，約以爲友。

三年（乙酉九八五）秋八月癸酉，命色珍爲都統，與監軍駙馬都尉蕭懇德〔攷異〕宏簡録作勤德。同領兵討女直。

四年（丙戌九八六）春正月丙子，色珍等上討女直所獲生口十餘萬、馬二十餘萬匹。遣近侍尼勒堅原作泥里吉持詔旌其功，勞以酒果。

二月甲寅，色珍等來朝，行飲至之禮，賞賚有差。

三月，宋將曹彬等分三道來侵，帝奉太后帥師救燕，以色珍爲山西兵馬都統。尋賜密旨，及彰國節度使雙寬原作杓窊印以趣征討。〔攷異〕儀衛志云，雙寬，鷙鳥之總名，以爲印紐，取疾速之義。行軍詔賜將(軍)〔帥〕(據遼史卷五七儀衛志改)用之。道宗賜耶律仁先鷹紐印，即此。又，查吏部印文曰「吏部之印」，銀鑄，以印文官制誥；兵部印文曰「兵部之印」，銀鑄，以印軍職封誥；北、南樞密院，契丹、漢人諸行宮部署，中書省印並銀鑄，文不過六字，以上以銀硃爲色；南北王以下內外百司印並銅鑄，以黃丹爲色；諸稅務以赤石爲色。所載甚詳。

夏四月戊申，詔兩部突騎赴蔚州；將軍華格原作化哥統平州兵馬，橫帳郎君努克原作奴哥。〔攷異〕卷二十八，天祚天慶八年，奴哥使金，另一人。爲黃皮室都監，郎君伊里原作謁里爲北府都監，各以步兵赴蔚州以助色珍。庚戌，以色珍爲諸路兵馬都統。

五月癸未，色珍遣判官博諾原作蒲(奴)〔姑〕(據遼史卷一一聖宗紀改。下同)。〔攷異〕永樂大典作蒲姑。汪輝祖遼史同名録云，卷十七，奚六部大王姓蕭氏；卷四十八百官志，開泰末上京內客省副使，姓耶律氏，三人同名蒲奴。奏復蔚州，斬首二萬餘級，乘勝攻下靈邱、飛狐。時楊繼業取山西諸郡，各以兵守，自屯代州。色珍至定安，擊敗賀令圖軍，追至五臺，斬首數萬級。明日，至蔚州，敵不敢出，書帛射城上，諭以招慰意。陰聞宋軍來救，命都監耶律托色原作題子。本傳，字勝隱，北府宰相烏里孫，從色珍敗賀令圖於定安，攻克蔚州，進圍寰州，冒矢石先登。繼業之被擒，托色功居多。未幾，從征至易州，卒。所載較詳，餘詳卷六。夜伏兵險阨，俟敵至而發。城守者見救至，突出。伏發，擊其背，内外二軍俱潰，追至飛狐，斬首二萬級，遂復蔚州。賀令圖、潘美兵復至，逆戰，又敗之。宋軍在渾源、應州者皆棄城走。捷聞，賜博諾原作蒲(奴)〔姑〕酒及銀器。戊子，色珍奏宋軍復圍蔚州，擊破之。

六月甲辰，詔南京留守休格遣礮手西助色珍。甲寅，色珍奏復寰州。

秋七月丙子，樞密使色珍遣侍御訥咵台、原作涅里底噶楚噶原作斡勸哥奏復朔州，擒宋將楊繼業。及上所獲將校印綬誥敕，賜訥咵台等酒及銀器。時色珍聞繼業出兵，令蕭達林原作達凜伏兵於路。明日，繼業兵至，色珍擁衆爲戰勢。繼業麾幟而前，色珍佯退。伏兵發，仍進攻，繼業敗走，至狼牙村，心惡之，欲避不可得，衆軍遂皆潰。繼業爲流矢所中，被擒。〔攷異〕蕭達蘭傳，繼業率兵自代州來，達蘭從色珍敗之，擒業於朔州。耶律希達傳，希達射繼業墮馬。先是，軍令，須生擒業，希達以故不能爲功。似射業者希達，擒業者達蘭。所載各異。宋史亦云，耶律奚底望見袍影射之。奚底卽希達也。本傳，奚底又作奚低。五代史達蘭作撻覽。遼史作撻凜，字托紐，舊作馳甯。又耶律斡拉傳，時爲護衛太保，從破宋將楊繼業於山西。紀未載。色珍責之曰：「汝與我國角勝三十餘年，今日何面目相見？」繼業但稱死罪而已。初，繼業在宋以驍勇聞，人號楊無敵。首建梗邊之策。至是爲所擒，三日死。〔考異〕薛應旂通鑑云，業太息曰：「上遇我厚，期討賊捍邊以報，而反爲姦臣所迫，致王師敗績，何面目求活耶？」乃不食，三日死。士卒戰死，無一生還者。契丹國志云，麾下百餘人皆從死。餘同。史云但稱死罪，蓋不足信。又業之死，史作七月，宋史作五月，李燾長編、契丹國志作八月。所載各異。長編又云，業早知書，忠烈武勇，有智畧，練習攻戰，與士卒同甘苦。代北苦寒，人多服氈罽，業但挾纊露坐。治軍事，傍不設火，侍者殆僵仆，而業怡然無寒色。顧炎武昌平山水記云，古北口城北門外有宋楊業祠。業以雍熙中爲雲州觀察使。契丹陷寰州，遇於雁門北陳家谷口，力戰不支，被擒，不食，三日死。忠矣！然雁門之北口非古北口，祠於斯者，誤也。劉敞公是先生集，楊無敵廟詩云：「西流不返日滔滔，隴上猶歌七尺刀；慟哭應知賈誼意，世人生死兩鴻毛。」蘇轍欒城集，楊無敵廟詩云：「行祠寂寞寄關門，野草猶知避血痕；一敗可憐非戰罪，大剛嗟獨畏人言。馳驅本爲中原用，嘗享能教異域尊；我欲比君周子隱，誅彤聊足慰忠魂。」按，古北口楊無敵祠，顧氏以爲誤攷。劉、蘇二詩在奉使時作，則祠剏自遼日可知。無敵忠義感動敵國，又何論古北口之非陳家谷也。見厲鶚遼史拾遺。色珍以功加守太保。〔攷異〕宏簡録云，封魏王。

六年（戊子九八八）冬十月乙卯，帝南侵宋，克涿州。駙馬蕭勤德等中流矢。聞宋軍退，命色珍等追擊，大敗之。

十七年（己亥九九九）秋九月己亥，帝南侵宋，色珍等從行。癸卯，卒於軍。〔攷異〕宏簡録作十九年九月。太后親爲哀臨，仍給葬具。

太平八年（戊辰一〇二八）冬十月，色珍孫婦阿古原作阿聒指斥乘輿，其孫古雲原作骨欲爲之隱，事覺，乃並坐之，仍籍其家。〔攷異〕宏簡録、畢沅續通鑑與聖宗紀略同。本傳未載，今從紀。色珍庶子格爾原作狗兒。〔攷異〕卷六十四皇子表，聖宗子南府宰相，另一人。官至小將軍。

遼史紀事本末卷二十三

休格將略

景宗保甯五年(癸酉九七三)春正月甲子，特哩袞原作惕隱耶律休格原作休哥伐党項，破之，以俘獲之數來上。休格，字遜甯。祖實嚕，原作釋魯隋國王，父烏蘇，原作綰思南院額爾奇木。原作夷离堇。〔攷異〕卷七十七斡傳，卷八十三休格傳，俱稱爲實嚕孫，烏蘇子；皇族表未載烏蘇名。休格子果巴，官至節度，亦未載。又，卷一百十三哈斯傳，宣徽使實嚕庶子；道宗紀，宿國王辰賚；續通考謂係實嚕孫；卷八十四穆濟傳，隋國王之後。表均未載。休格少有公輔器。初從北府宰相蕭斡原作幹討烏爾古、原作烏古室韋二叛部。應曆末，爲特哩袞。

乾亨元年(己卯九七九)夏六月甲子，宋太宗來侵。北院大王希達原作奚底等與戰於沙河，失利。宋兵進圍南京。

秋七月癸未，耶律沙等及宋師戰於高梁河，〔攷異〕王宗沐續通鑑作大梁河。攷詳卷十九。少卻；會帝命休格將五院軍往救。兵適至，與耶律色珍原作斜軫分左右翼橫擊，大敗之，追殺三十餘里，斬首萬餘級，休格身被三創。明旦，宋太宗退至涿州，竊乘驢車遁，休格以創不能騎，輕車追至涿州而還。所獲器甲、糧饋無算。

九月己卯，命燕王韓匡嗣、南府宰相耶律沙侵宋，以報圍燕之役。詔休格以所部兵從。與宋師戰於滿城，方陳，宋人詐降，匡嗣信之。休格諫曰：「彼衆整而鋭，必不肯屈，乃誘我耳。宜嚴兵以待！」匡嗣不聽。休格引兵憑高而視，須臾，南兵大至，鼓譟疾馳。匡嗣倉卒不知所爲，士卒棄旗皷而遁，遂敗績。休格整兵進擊，敵乃卻，全軍而還，詔總南面戍兵。

二年春正月丁亥，以休格爲北院大王。

冬十月癸未，帝自將侵宋，次南京。己亥，圍瓦橋關。

十一月壬寅，休格敗宋兵於瓦橋東。時宋兵來救，守將張師突圍出，帝親督戰，休格斬師，餘衆退走入城。宋陳於水南。將戰，帝以休格馬介獨黃，慮爲敵所識，命易以玄甲、白馬。遂率精騎渡水，擊敗之，追至莫州，殺傷甚衆，生獲數將以獻。帝悦，賜御馬、金盂，勞之曰：「爾勇過於名，若人人如卿，何憂不克！」師還，拜裕悦。原作于越。

四年（壬午九八二）冬十月辛酉，以休格爲南面行軍都統，便宜從事。時聖宗新立，蕭太后稱制，益委任之，因均戍兵、立更休法，勸農桑，修武備，邊境大治。

聖宗統和元年（癸未九八三）春正月丙子，以休格爲南京留守，賜總管印綬，總邊事，并賜湯藥，榜諭燕民。〔壬午〕，（據遼史卷一〇聖宗紀補）涿州刺史安吉奏宋築城河北。詔休格撓之，不果城。

秋八月乙巳，詔休格提點元城。

九月，〔南京留守〕（同上書補）奏秋霖害稼，請權停關征，以通山西糴易。從之。〔攷異〕食貨志云，征商之法，自太祖置羊城於炭山北，起榷務以通諸道市易。太宗置南京，城北有市，百物山偫，命有司治其征。餘四京及他州縣懋遷地，置亦如之。東平郡城中置看樓，分南、北市，禺中交易市北，午漏下交易市南。雄州、高昌、渤海亦立互市，以通南宋、西北諸部、高麗之貨。故女直以金、帛、布、蜜、蠟諸藥材及鐵离、伊濟、靺鞨等部以蛤珠、青鼠、貂鼠、膠魚之皮、牛、羊、駞、馬、毳罽等物來易於遼者，道路（襁）〔繦〕（據遼史卷六〇食貨志改）屬。聖宗統和初，燕京留守司言民艱食，請（移諸）〔弛居〕庸關（同上書改）稅，以通山西糴易。又（諭）（同上書删）令有司諭諸行宮，布帛短狹不中尺度者，不粥於市。明年，詔以南、北府市場人少，宜率（諸）〔當〕（同上書改）部車百乘赴集。開奇峯路以通易州貿易。二十三年，振武軍及保州並置榷場。時北院大王耶律實嚕以俸羊多闕，部人貧乏，請以羸老之羊及皮毛易南中之絹，上下爲便。所載南京留守請停關稅，未知是指休格否？續通考云，統和四年十一月，以古北、松亭、榆關征稅不法，致阻商旅，遣使鞫問之；十二年二月，免諸部歲輸羊皮關征；十九年十一月，減關市稅；開泰二年十二月，貴德、龍化、儀坤、雙、遼、同、祖七州，至是下詔始征商。

四年（丙戌九八六）春三月，宋遣曹彬等分道來侵，帝與太后率師往援。命宣徽使布琳原作蒲領爲南征都統，以副休格。

夏四月己亥朔，次南京。復遣穆濟、原作抹只穆爾古、原作謀魯(古)〔姑〕（據遼史卷一一聖宗紀改）勤德等領偏師助休格，仍賜旗鼓、雙寬原作杓窊印撫諭將校。癸卯，休格復以捷報，曹彬、米信出雄、易，取岐溝、涿州，克固安，置屯。時北南院、奚部未至，休格兵寡，不敢力戰。夜以精騎出兩軍間，殺其單弱以脅餘衆，晝則以精銳張其勢，使彼勞於防禦，以疲其力。又設伏林莽，絶其糧道。彬等食盡，退保白溝。月餘，復至。亟引輕兵薄之，伺彼蓐食，擊其離伍單出者，且戰且卻。由是南軍自救不暇，結方陣，塹地兩邊而行。軍渴乏井，漉淖而飲，凡四日始達涿州。〔攷異〕李燾長編謂歷二十餘日始至。聞太后軍至，彬等冒雨而遁。太后益以鋭卒，追及之。彼力窮，環糧車自衛，休格圍之。至夜，彬、信以數騎亡去，餘衆悉潰。追至易州東，聞宋師尚有數萬，瀕沙河而爨，進擊之。宋軍死者過半，沙河爲之不流。〔攷異〕續綱目云，戰於岐溝關，彬、信敗走，無復行伍。夜渡拒馬河，休格引精兵追及，溺死無算。太后旋旆，休格以宋屍爲京觀。請畧地至河爲界，太后不許。封爲宋國王。

冬十一月丙子，太后南侵宋，以休格爲先鋒都統。

十二月己亥，敗宋軍於望都，遣人獻俘。時宋將劉廷讓以數萬騎並海而出，約與李敬源合兵，聲言取燕。休格先以兵扼其要地。會太后軍至，接戰，殺敬源，廷讓走瀛州。擒賀令圖、楊重進等。〔攷異〕續綱目，重進與敬源同戰死。宋史同。詔休格以下入內殿，賜酒勞之。

六年(戊子九八八)春三月己未，休格奏宋事宜，帝親覽之。

夏四月乙未，帝次南京。戊戌，幸休格第。

秋七月己亥，賜休格、巴雅爾原作排亞部諸軍戰馬。

八月戊午，休格與巴雅爾、紐勒琿原作裊里葛捉生，將至易州，遇宋兵，殺其指揮使而還。

九月丙申，休格遣詳袞原作詳穩音德爾原作意德里獻所獲宋諜者。

冬十月癸未，國兵進次長城口，宋定州守將李興以兵來拒，休格擊敗之。

十一月己酉，休格獻黃皮室詳袞徇地莫州所獲馬匹、士卒。命隸燕京。又送降卒，命給衣裘。

十二月丙辰，休格獻奚詳袞雅魯原作耶魯所獲宋諜。

七年(己丑九八九)(春)(據遼史卷八三耶律休哥傳刪)，宋將劉廷讓等乘暑潦來攻易州，諸將憚之，獨休格率鋭卒逆擊於沙河之北，殺傷數萬，獲輜重不可勝計，獻於朝。〔攷異〕沙河之戰，宋史未書。聖宗紀亦無休格戰事。

三月戊子，賜宋國王休格紅珠筋線，命入內神帳行再生禮，太后賜物甚厚，詔免拜不名。自是宋人不敢北向。至欲止兒啼，乃曰：「裕悦至矣。」

夏五月辛巳，休格引軍至滿城，招降卒七百餘人，遣使來獻，詔隸東京。時燕民疲弊，爲省賦役、恤孤寡，戒戍卒毋犯宋境，有馬牛（送）〔逸于北〕（同上書補）者，悉還之。遠近向化，邊鄙以安。〔攷異〕續綱目，是年，休格爲宋將尹繼倫擊敗之於徐河。本傳未載。

十六年（戊戌九九八）冬十二月丙戌，休格卒。〔攷異〕王宗沐續通鑑、薛應旂通鑑、徐乾學後編，均作十一月，誤。是夕，雨木冰。聖宗輟朝五日，詔立祠南京。〔攷異〕續通考，道宗壽隆五年，以舊臣姚景行忠賢，亦詔爲立祠。休格智畧宏遠，料敵如神。每戰勝，讓功諸將，故士卒樂爲之用。身更百戰，未嘗多殺無辜。

二十一年（癸卯一〇〇三）冬十一月壬辰，休格子道士努、原作道士奴，噶濟原作高九。〔攷異〕卷十六，太平三年林牙；開泰七年使宋。三人同名高九。等謀叛，伏誅。餘子果巴原作高八。〔攷異〕卷十八，興宗景福元年七月，右皮室詳衮；卷二十二，道宗咸雍三年南院大王；卷二十九，天祚保大二年同知點檢事；卷九十六，蕭惟信父右伊勒希巴，五人同名高八。官節度使；果實〔攷異〕滿州語疼愛也。舊作高十，今譯改。卷十八，興宗重熙五年北院大王；卷七十四韓德凝傳，德凝孫，遼興節度，三人同名高十。終裕悦。孫瑪格原作馬哥。〔攷異〕卷二十八，天祚天慶五年北面林牙；卷九十九耶律實嚕傳，子平章事，三人同名馬哥。以上均見汪輝祖遼史同名録。仕至匡義節度使。〔攷異〕續通考云，太祖開國之初，即建開教寺，後六年征討，以所獲僧崇文等五十人歸西樓，建天雄寺居之，以示天助雄武。神册三年，詔建佛寺；四年，命后及太子分謁寺觀；天贊四年，幸安國寺飯僧。嗣後，太宗以降，飯僧、祝釐、講經、建寺，史不絶書。惟聖宗時休哥孫馬哥入見，上問：「卿奉佛乎？」對曰：「臣每旦誦太祖、太宗及先臣遺訓，未暇奉佛。」帝悦。本傳，字額特埒。問奉佛作興宗事。稍異。

遼史紀事本末卷二十四

澶淵之盟

聖宗統和十七年（己亥九九九），宋真宗咸平二年也。秋九月庚辰朔，聖宗幸南京。己亥，南侵宋。〔攷異〕李燾長編云，徐台符傳曰：「咸平元年，契丹爲梗。」經武聖畧曰：「契丹犯邊。」按，元年，契丹未動，觀台符上疏可知。疏云：「已訖諒闇，將終祥禫。」則台符上疏時乃二年春矣。今從之。畢沅續通鑑云，九月，傅潛遣先鋒田紹斌、石普等戍保州，普陰與知州楊嗣出兵擊敵，爲所困，渡嚴涼河，頗喪師徒。紹斌率衆援之，即合勢疾戰，斬首二千餘級，獲馬五百匹。宋史真宗紀，嚴涼河即廉良路，疑是一事。石普傳作炎涼城。史均未載。紹斌，汾州人。普，太原人。

冬十月癸酉，攻遂城，不克。遣蕭繼遠攻狼山鎮石砦，破之。〔攷異〕蕭柳傳，字圖們，恒德姪。是年從伐宋，宋將范（延）〔庭〕（據遼史卷八五蕭柳傳改）召列方陣而待。時隆慶爲先鋒，問「誰敢當者？」柳請，馳馬而前，南軍亂。柳中流矢，裹創而戰，衆皆披靡。按，柳爲阿古齊五世孫，幼養於伯父巴雅爾家，叔父恒德薦其才。外戚表，恒德作恒，誤，今改。延召即廷召。畢沅續通鑑云，初，耶律鐸軫性疏簡，人多短之；至是命率羸師以從。及戰，鐸軫取緋帛被甲胄以自標顯，馳突出入，格殺甚衆，太后厚賞之。紀均未載。本傳，名都沁，字敵輦，積慶宮人。柳好滑稽，仕終南京統軍使。所著詩千篇，號歲寒集，編其集者爲觀音奴。見本傳。汪煇祖遼史同名録云，卷十八，景宗景福元年，哲伯埒黨，被殺；卷八十五，傳，統和時同知南院事，三人同名觀音奴。

次瀛州，與宋軍戰，擒其將康昭裔、宋順，獲兵仗器甲無算。

〔攷異〕續綱目云，時契丹主入寇，傅潛爲鎮定高陽關都部署，擁重兵不戰，令范廷召分兵出禦。廷召復求援於都部署康保裔。保裔赴救，遇敵瀛州，約詰旦合戰，而廷召潛遁，保裔不之覺；遲明，敵圍之數重，保裔決戰數十合，殺傷甚衆，兵盡矢窮，保裔死之。契丹遂自德、棣濟河，掠淄、青，真宗親禦之。次大名，聞保裔死，贈侍中，録其子孫。流潛房州。按，薛應旂通鑑云，時錢若水劾奏傅潛，孫何請斬潛以徇，乃流房州。契丹國志，保裔戰死在瀛州西南裴村，又繫之十八年。而畢沅續通鑑云，宋史文苑傳載路振祭戰馬文曰：「執大將康保裔。」咸平六年，謝德權入對，亦言保裔被擒。是當時之人皆曰被擒，而非戰殁於陣矣。田雯黔書云，貴州有保裔廟，此因其子繼英爲貴州團練使，故立廟耳。今從聖宗紀作被擒，較妥。又，宋史保裔等傳均無廷召潛遁事。云保裔戰殁，來援者惟張凝、李重貴。後重貴仕至鄭州防禦使，改左領軍大將軍，致仕；凝加殿前都虞候。卒，贈彰德節度使。陸游老學庵筆記亦謂保裔戰死，且云：祖志忠，後唐明宗時討王都戰死；父再遇，從太祖討李筠戰死，三世皆死國事。李燾長編云，保裔謹厚多禮，延儒士。騎射尤妙。賞賜頒麾下。及戰殁，將校從死者十三人。詔除其子繼英順州刺史。五子及孫皆加寵秩，母妻悉封國夫人。真宗紀，保裔之死繫於咸平三年正月。夏守贇傳，時奉命察實，還言保裔因送客，猝與敵遇，援兵不至，遂死。奏稱旨。紀載各異。保裔，洛陽人。傅潛，冀州衡水人。若水，字長卿，河南新安人。廷召，冀州棗強人。

進攻樂壽縣，拔之。次遂城，敵衆臨水以拒，縱騎兵突之，殺戮殆盡。

〔攷異〕續綱目云，契丹兵攻遂城。城小無備，衆情危懼；守將楊延昭，業子也，登陴固守。會大寒，汲水灌城上，旦，悉爲冰，堅滑不可上，契丹兵引去，掠祁、趙、邢、洺州。繫之於瀛州事前。薛應旂通鑑延昭作延朗。李燾長編云，十月，契丹寇定州，次懷遠驛，詔遣李繼宣往襲之，追奔五十餘里。至常山，契丹拔（塞）〔寨〕（據長編卷四五改）遁去。繼宣銳於擊賊，數爲傳潛所抑，故無功。十二月，上北巡，駐蹕澶州。知冀州張旻奏破契丹於城南，殺千餘人，獲馬百匹。次大名府。威（鹵）〔虜〕軍（同上書改）言契丹來寇，出兵擊敗之，殺其酋帥。府州折惟昌，與宋思恭、劉文質等引兵入契丹五合川，破巴罕太尉寨（按，長編卷四五作「黃太尉寨」），盡殺敵衆，焚其帳千五百餘，獲戰馬牛羊萬計，鎧甲千事。捷聞，升擢有差。東都事畧折惟昌作折御昌，巴罕太尉寨作黃太尉砦。宋史真宗紀五合川作五合州。王闢之澠水燕談云，王樵，字肩望，淄川人。咸平中契丹內寇，舉族北俘，潛入敵中訪其親，累年乃歸，持諸喪，刻木爲親，葬諸山東。

十八年（庚子一〇〇〇）春正月，帝還次南京，賞有功將士，罰不用命者。詔諸軍各還本道。〔攷異〕續綱目云，契丹知真宗親征，乃縱掠而去。范廷召等追敗之於莫州，斬首萬餘級，盡獲所掠，餘遁出境。玉海云，正月，廷召捷奏至，百官稱賀。御六師幸澶、魏，天聲一振，戎騎四逃。宴從臣於行宮，作喜聞捷奏五、七言詩二首，題行宮之壁，命從臣館閣屬和。李燾長編云，時王榮受詔追敵，榮不欲見敵，以所部畧界河南岸而還。九月，契丹應州節度蕭錫喇、弟克圖、姪卓庫崇噶爾等歸順，賜名，授各衛將軍，并賜袍帶器幣。十二月，契丹稅木監使黃顒、張文秀、劉繼隆、張顯等歸順，賜冠帶袍笏。皆于越族。史均未載。長編又云，舍人王儼言，前知趙州，契丹兵至城下，有學究米著，勇而善射，募士守南門，訖敵退，無敢窺其門者。召見，補三班借職。王皥百一編云，儼，吴越故臣，歸朝任中允。知趙州，戎人寇，儼獨啓城門以示之；敵不敢窺。遷守濟州。年九十三卒。實録未書。陸游避暑漫鈔云，芳儀，江南國主李景女。納土後，在京師，初嫁供奉官孫某，爲武强都監妻，生女，皆爲遼聖宗所獲，封芳儀，生公主一人。趙志忠虞部，自北歸，復官。嘗仕遼爲翰林學士，修國史，著北庭雜記，載其事。時晁補之爲北都教官，覽其書而悲之，與顧復長道作芳儀曲云：「金陵宮殿春霏微，江南花發鷓鴣飛；風流國主家千口，十五吹簫粉黛稀。滿堂詩酒皆詞客，拭汗争看平叔白，後庭一曲時事新，揮淚臨江悲故國。令公獻籍歸未央，敕書築第優降王，魏俘曾不輸織室，供奉一官奔武強。秦淮潮水鍾山樹，塞北江南易懷土；雙燕清秋夢柏梁，吹落天涯猶並羽。相隨未是斷腸悲，黃河應有却還時；甯知翻手明朝事，咫尺千山不可期。蒼黃三鼓滹沱岸，良人白馬今誰見；國亡家破一身存，薄命如雲信流轉。芳儀加我名字新，教歌遺舞不由人；采珠拾翠衣裳好，深紅暗盡驚胡塵。陰山射虎邊風急，嘈雜琵琶酒闌泣；無言數遍天河星，只有南箕近鄉邑。當年千指渡江來，千指不知身獨哀；中原骨肉又零落，黃鵠寄意何當回。生男自有四方志，女子那知出門事；君不見李君椎髻泣窮邊，丈夫漂泊猶堪憐。」吳任臣十國春秋云，芳儀，疑即永嘉公主。又曲內「拭汗爭看平叔白」，作「奪錦揮毫在瑤席」。又多脫字。厲鶚遼史拾遺云，公主表，聖宗第十三女賽哥，封金鄉公主，李氏生，當即是芳儀。又，廬山真鳳觀碑有泰甯公主、永嘉公主二人，皆景女，不知芳儀者孰是。續通考云，賽哥適蕭圖玉，以殺無罪婢被謫，圖玉亦坐貶官。李氏生。晁公武郡齋讀書後志云，北廷雜記十卷，趙志忠撰。始於阿保謹，迄宗真。李清臣曰，志忠仕北為中書舍人，得罪宗真，來歸，上此書及契丹地圖，言北事甚詳。陳振孫直齋書錄解題云，陰山雜記十六卷，莆田鄭氏書目謂趙志忠撰。歐公歸田錄曰，志忠，本華人，陷北。性明敏，在遼舉進士，至顯官。歸國能述其君臣世次、山川風物甚詳，觀此書可見矣。劉延世孫升談圃云，志忠歸朝，官至正郎。嘗求差遣，不報。在都堂厲聲曰：「天下只有閻羅大王至公，若教不公似志忠底，已死二三十個。」志忠歸時，上書及契丹文字甚多，蓋嘗為契丹史官故也。

十九年（辛丑一〇〇一）夏六月乙巳，以所俘宋將康昭裔為昭順節度使。〔攷異〕李燾長編云，咸平四年六月，耶律隆慶下內四友班首兼北宮都博田鳳容及其弟從壽來降，補三班（借）〔奉〕（據長編卷四九改）職，恩賜有差。史未載。

冬十月己亥，帝南侵宋。壬寅，次鹽（城）〔溝〕（據遼史卷一四聖宗紀改）。詔梁國王隆慶統先鋒軍以進。甲寅，與宋兵戰於遂城，敗之。進次滿城，以泥淖，班師。〔攷異〕宋史真宗紀云，十月己未，張斌破契丹於長城口。畢沅續通鑑云，時積雨，遼人弓用皮絃皆緩濕，斌擊敗之。漸次界首，遼伏騎大起，而三路統帥未及進，前陣兵少，爲遼師所乘，退保威(魯)〔虜〕(據續通鑑卷二二宋紀改)軍。蓋此戰互有勝負，故兩國各言其勝，致所載不同也。薛應旂通鑑云，冬十月，以王顯爲鎮定三路都部署，王超副之，與契丹戰於遂城，大敗之，戮二萬餘人。契丹進至滿城，遁還。東都事畧云，遼寇威虜軍，何承矩、王顯均以大兵至，破二萬餘人，斬其鐵林十五人。畢沅續通鑑作獲其統軍鐵林。釋文瑩玉壺清話云，契丹兵獮於威勝軍，王顯襲擊，大破之。時出師定州，忽道士通謁，自稱酆都觀主，謂曰：「昨日上帝牒番魂二萬至本觀，死於公手。公果殺之，則功冠於世，然減算十年，二端請裁之。」顯叱退。數月，果有是捷，斬二萬人。露布以聞。至闕，召爲使相，數稔卒。威勝亦作威鹵。超，趙州人，德用父。顯字德明，開封人。李燾長編云，是役也，王顯會師，實屯中山，未嘗出師，所奏十月十六日之捷，係專指前軍張斌事。據本傳，顯又上表待罪，可知。又，何承矩所奏之捷亦同。契丹傳分爲二事，蓋誤。今不取。陳均九朝編年備要云，李繼宣敗遼於山谷。宋史未載，他書亦無可考。楊延朗傳，咸平三年冬，契丹復入寇。延朗伏鋭兵於羊山，敵至，伏發，大敗之，獲其將，函首以獻。進團練使，與楊嗣並命。又，王漢忠傳，敵寇中山，漢忠追擊，大破之，獲其貴將，加殿前副都指揮使。按，去年春，上自大名還京，至今年春，契丹並無入寇事。其復入寇在四年冬，實録、本紀皆同。據楊嗣傳，延朗之陞，因嗣讓，非因破敵功。而漢忠擢殿副，與高瓊、葛霸並遷，亦不言獲敵事。疑延朗、漢忠戰事，當(十)〔是〕(據長編卷四八改)二年冬及三年春上在大名時，或四年冬事，二傳誤載耳。見李燾長編注。咸平四年乃遼統和十九年也。長編又云，初，楊嗣、楊延朗與李繼宣、秦翰并爲前陣，及是會師於威鹵。延朗、嗣輕騎先赴羊山，幾爲敵所乘，繼宣與翰軍合勢大戰，敵走，上羊山，繼宣等追擊至牟山谷，大破之。據此，則延朗傳羊山之捷爲三年冬，其誤審矣。又，閏十二月，契丹閤門使寇卿子用班奉職。

和、繼忠來降，用和授三班(借)〔奉〕(據長編卷五〇改)職，繼忠補〔外州〕(同上書補)鎮將。又有李紹隆亦來降，補三班奉職。

十一月丙子，宋兵出淤口、益津關來侵，偵候瑪、原作謀注虞人珠克擊敗之。〔考異〕彭百川太平治迹統類所載與長編同作丙子，而宋史作壬申。繫日少異。

二十年(壬寅一〇〇二)春三月甲寅，遣北府宰相蕭繼遠等南侵宋。

夏四月丙寅朔，文班太保達里塔原作達里底。〔考異〕畢沅續通鑑作達哩斯。敗宋兵於梁門。甲戌，南京統軍使蕭達林原作撻凜破宋軍於泰州。〔考異〕達林傳，二十年，復伐宋，擒其將王先知，破其軍於遂城，下祁州，上手詔奬諭。達林字馳甯，思温再從姪，敦厚，有材畧，通天文。歷官侍中，封蘭陵郡王。子繅古，官南京統軍使。亦作懶古。按，聖宗紀太平六年，以東京統軍使蕭繅古爲契丹行宮都部署。公主表，聖宗第八女臨海公主改適蕭繅古。傳均未載。又，契丹國志，撻凜作撻里磨，子奥只，番名埽古，卽懶古。以父戰功爲祇候郎君，仕至北宰相、宣徽使，封鄭王。虚己接物，汲引名士，時論賢之。嘗接伴宋使張昇，從容言兩朝盟好，誓若山河，毋以小嫌傷大信。昇稱爲北朝儀表。史未載。外戚表，達林父馬羣侍中珠嚕哩，原作朮魯烈，達林傳作朮魯列，係一人。畢沅續通鑑達林作達蘭。秦州作秦州。又，王先知之擒作二十二年事。今從史。李燾長編云，咸平五年正月，契丹將蕭繼遠親吏劉澄、張密挈其族歸順，並補三班借職，賜袍笏、緡錢。四月，契丹都監秈堅乞復置榷場。因何承矩言，聽於雄州復置。七月，契丹大林寨使王昭敏等歸附，賜衣服、錢帛，補鎮將。洪德寨主段守倫言戎人抵城下，率兵擊走之，獲羊馬器甲甚衆。賜袍帶。九月，知鎮戎軍李繼和言戎人入寇，抵城下，繼和與都監史重貴拒戰，敗走之，大獲甲騎。高陽關部送歸順奚人吹賚、漢口李美，各賜衣服、緡錢。以吹賚隸渤海，李美給田處之。是歲契丹稍侵掠邊境，所在擊走之，卒不深入。與史異。

二十一年(癸卯一〇〇三)夏四月,耶律諸觀、原作奴瓜。〔攷異〕一作諸郭。畢沅續通鑑作諸衮,字延甯,太祖異母弟蘇之孫,歷官平章事,加尚父。見本傳。蕭達林原作撻凜獲宋將王繼忠於望都。〔攷異〕薛應旂通鑑云,耶律奴瓜等寇望都,副都部署王繼忠與大將王超、桑贊等帥兵赴之,至康村,與奴瓜戰。繼忠陳東偏爲敵所乘,斷餉道,超、贊皆畏縮,退師。繼忠獨與麾下躍馬馳赴,服飾稍異,契丹識之,圍數十重,士皆殊死戰。且戰且行,旁西山而北,至白城,力不能支,遂被執。用爲户部使。白城在保定府清苑縣西南。契丹國志云,契丹攻定、宋二州,王超、桑贊與周瑩逆戰望都。翼日,至縣南六里,繼忠力戰,被擒。不言超、贊退遁,且有周瑩。東都事畧云,王超敗契丹於望都南,既而敵衆數萬至,繼忠戰於康村,陷焉。康村在今慶都縣東北。王文正筆録云,繼忠與侍中張耆同守鎮定,會邊騎大至,分左右翼出禦,陳西偏爲兵衝,繼忠固請代耆,及兵敗,遂爲所獲。耆字元弼,開封人。所載各異。李燾長編云,咸平六年二月,契丹平州牙校韓守榮等來歸,並補三班借職,賜袍帶、錢帛。又北宰相親吏劉廷鳳等來降,各補三班借職。史未載。

二十二年(甲辰一〇〇四)秋閏九月己未,帝南侵宋。癸亥,次固安。丙寅,與宋兵戰於唐興,〔攷異〕王宗沐續通鑑作唐河,即古嘔夷水。宋史真宗紀,景德元年正月,契丹言涅族拔黄三百餘帳内屬。三月,威鹵軍破契丹於長城口,追北過陽山,斬獲甚衆。九月,耶律吴欲來降。李燾長編云,八月,契丹班濟庫都監耶律(烏)〔吴〕裕(據長編卷五七改)來降,補三班(借)〔奉〕(同上書改)職。又,林牙使攝推官劉守益等及其兄恕來降。史均未載。大破之。丁卯,蕭達林原作撻凜敗宋兵於遂城。

冬十月丙戌,攻瀛州,不克。〔甲午〕,(據遼史卷一四聖宗紀補)下祁州。

十一月〔攷異〕李燾長編云，十一月己未，契丹逼冀州，知州王瑀擊走之。紀未載。癸亥，馬軍都指揮使耶律科里原作課里。〔攷異〕畢沅續通鑑作珂禮。遇宋兵於洺州，擊退之。甲子，東京留守蕭巴雅爾原作排押獲宋魏府官吏田逢吉等以獻。丁卯，南院大王善補奏宋遣人遺王繼忠弓矢，密請求和。詔繼忠與使會，許之。〔攷異〕繼忠傳，時宋使來聘，遺弧矢、鞭策及求和劄子，有曰：「自臨大位，愛育黎元，豈欲窮兵，惟思息戰。每勅邊事，嚴諭守臣。至於北界人民，不令小有侵擾。衆所具悉，爾亦備知。向以知雄州何承矩已布此懇，自後杳無所聞。汝可密言，如許通和，即當別使往請。」詔繼忠與宋使相見，仍許講和。與紀合。而續綱目云，時故將王繼忠爲契丹言和好之利，因遣李興以繼忠書及密表詣莫州部署石普議和。普聞於朝，用畢士安言，許之。畢字仁叟，雲中人，謚文簡。畢沅續通鑑載繼忠狀，畧云：「北朝以臣早事宮庭，嘗荷邊寄，被以殊寵，別於諸臣。臣嘗念昔歲面辭，親奉德音，唯以息民止戈爲事。況北朝欽聞聖德，願修舊好，必冀睿慈，俯從愚瞽。」帝以手詔答曰：「朕丕承大寶，撫育羣民，嘗思息戰以安人，豈欲窮兵而黷武！今覽封疏，深嘉懇誠。朕富有寰區，爲人父母，倘諧偃草，亦協素懷。詔到日，卿可密達茲意。果有審實之言，即附邊臣聞奏。」繼忠欲朝廷先遣使命，帝未許也。據此，則和意出契丹，史蓋諱言之耳。宏簡録云，繼忠，開封人。幼給事真宗藩邸，鎮定州，被執，宋贈官賜卹。後聞尚在，每遣使至，必有附賜。南北弭兵，與有力焉。仕終南院樞密使，封楚王，賜姓名耶律顯忠，改宗信。子懷玉，官防禦使。宋史，繼忠子有懷節、懷敏、懷德、懷政，蓋官其四子之名，而此所載懷玉，則仕遼時所生耳。沈括補筆談云，宋贈繼忠官大同節度兼侍中。有子名從伾，後蔣穎叔爲河北都轉運，爲論奏，追録其功。王文正筆録稱其性謹飭，强固有守，結南北歡好，盡忠兩國，與無益而苟活者異矣。遼封河間王，曾鞏隆平集作吴王。釋文瑩玉壺清話云，真宗尹開封，呼通衢中鐵盤市卜一瞽者，令張耆、夏守贇、楊崇勳左右數輩揣聽聲骨，或中或否，獨相王繼忠，駭曰：「此人可訝，半生食漢禄，半生食胡禄。」真宗笑而遣去。

後果驗。景德初，弭兵講和，每歲遣使，真宗手封御帶藥茗以賜。繼忠，服漢章，南望天闕，稱未死臣，哭拜不起。問聖主安，不避主嫌。以其姿儀雄美，以女妻之，人謂「陷蕃王氏」云。李燾長編云，繼忠之戰望都也，定州鈐轄張旻往援，城已陷，與敵戰，身被數創，殺一梟將。繼忠被擒，旻還，言天道方利客，先起者勝，宜大舉北伐，并上興師出境之日。不許。及親征，奏邊事十餘。召還，入對，上曰：「契丹入塞，與卿所請北伐之日同，悔不用卿策。」命守澶州。景德二年，韓國華使北還，繼忠奉表，懇請致書國主召己還。帝不許。因任正中使北，賜手詔，諭旨：「若國主自許卿，則當重幣爲謝。」然契丹主遇繼忠厚，亦弗許也。紀載甚詳，史多未書。庚午，攻破德清軍。故城在今大名府清豐縣。〔攷異〕畢沅續通鑑云，蕭巴雅爾、觀音努破德清軍，知軍張旦及子三班借職利涉、虎翼都虞候胡福、指揮使尚祚及張睿、劉福、輔能等十四人皆死之，悉贈官，并録其子。（按，續通鑑卷二五宋紀「胡福」之下，未載「尚祚」等四人死并録其子事）所載較詳。巴雅爾傳，時將渤海軍，破德清軍。及達林卒，專任南面事。和議成，加北府宰相。觀音努傳，姓蕭，字伊聶，奚王達哈孫，官同知南院事。王寂拙軒集，先君行狀云，六世祖書，宋魏國公旦從弟，爲人勇果善騎射。咸平初，以靈夏之役，累功遷供備庫使。景德中，命率所領戍雄州，禦契丹。時鳴鏑滿郊，每戰輒勝。一日輕兵追北，陰霾迷所向，誤墜溺津，遼人邏得之，羈縻於景州南部落，子孫因家焉。壬申，次澶淵，〔攷異〕契丹國志云，初，統軍順國王撻覽引兵掠威（鹵）〔虜〕軍、（據契丹國志卷七聖宗紀改）安順軍，前鋒爲魏能敗。又攻北平寨，爲田敏等擊走，遂東攻保州，不克；攻定州，王超拒於唐河。又分兵圍岢嵐軍，爲賈宗擊走。初，契丹自定州帥衆，東駐陽城淀，遂緣胡盧河踰關南抵瀛州，與其母親皷衆攻之，爲李延渥敗，死者三萬餘人，傷者倍之，乃解去。延渥等並進秩。張師正括異志云，賈昌朝生始數歲，先令公爲瀛幕，公時在膝下，契丹兵數十萬攻城，甚急，守陴者聞空中神語曰：「城中有中朝輔相，勿憂賊也。」數日敵遁去。薛應旂通鑑云，高繼祖擊敗契丹於岢嵐軍，魏能守安肅州，楊延朗守廣信軍，攻圍百戰不能下，遂引去。時號「銅梁門」、「鐵遂城」。

李燾長編云，延朗卽延昭，智勇善戰，身先士卒，克捷，推功於下，俸賜悉犒軍，人樂爲用。在邊二十年，敵畏之，目爲楊六郎。終莫州防禦，遣中使護喪，河朔人多望柩而泣。官其三子。頗信小校周正，爲所罔，上戒之。時敵騎數萬寇岢嵐軍，賈宗力禦之。高繼勳赴援，登高望草城川，謂宗曰：「敵衆而陳不整，可以奇取勝，先設伏山下，戰合必南去，汝起乘之，當大潰。」及戰，至寒光嶺，伏發，敵敗死者萬餘人，獲馬牛甚衆。捷聞，悉遷官。又諸路並言擊敗契丹，羣臣稱賀。是役張凝、田敏皆以偏師抵易州南，擄獲人畜、鎧甲數萬計，獨魏能逗撓無功。續綱目云，契丹圍岢嵐軍，高繼勳力戰禦之，遂駐兵陽城淀，號二十萬，每縱游騎剽掠，小不利卽引去。寇準曰：「是狃我也。」請練師命將，簡驍鋭，據要害，以備之。十一月，進陷德清軍，逼冀州，知州王瑀擊走之，遂抵澶州。畢沅續通鑑云，鈐轄韓守英、張志言大破遼兵於朔州界，殺戮甚衆，獲羊馬、鎧甲數萬計。時遼師方圍岢嵐軍，聞敗，卽遁去。彭百川太平治迹統類又謂係折惟昌事。方輿紀要云，北平寨在保定府完縣西南，宋後於此置北平軍。陽城淀在完縣東南五十里。通鑑輯覽云，在慶都縣東南。酈道元水經注，陽城故城近在西北，故名。紀載各判。蕭達林原作撻凜中伏弩死。〔攷異〕續綱目云，時中外震駭。王欽若請幸金陵；陳堯叟請幸成都。因寇準諫，乃決策親征。以李繼隆、石保吉將前鋒。繼隆軍與契丹遇，伏兵要害，控弦暴至。達蘭躬出督戰，繼隆將張環守牀子弩，射殺之。達蘭有機勇，所領皆鋭兵。既死，敵大挫衄。帝至澶淵，遂渡河，駐蹕北城。將士望見御蓋，踴躍呼萬歲，聲聞數十里。敵怖駭。俄數千騎薄城，擊敗之。李燾長編云，先是，詔王超等率兵赴行在，踰月不至，寇益南侵。上駐兵韋城。羣臣復以金陵之謀告，上意且惑，召問準。將入，聞內人勸還京，準力言不可。高瓊、王應昌等均請幸澶州，意始決。及次南城，將止焉，準請渡河，瓊麾衛士進輦，馮拯在前呵之。瓊怒曰：「君以文章致位兩府，今何不賦一詩退敵耶。」劉延世孫升談圃云，契丹犯澶淵。奏至，寇準適在〔病〕告（據孫升談圃補），上召計事，準辭疾。復遣衛士舁病人；亦不至，明日始入對。上引視二圖：一江南，一蜀中也。準曰：「江南必欽若，蜀中必堯叟。」二人皆以鄉里皆亡國語。因請親征。即出所擬將校凡數百人，詔勅皆具。天戈即日言邁。田況儒林公議云，章聖將幸澶淵，中外震懼。車駕發京師，六軍奏作樂，上疑，問左右，杜鎬曰：「周武伐紂，前歌後舞。」上悅。遂作樂，人情頗安。達林傳，時未接戰，按視地形，取宋之羊，觀壘堆覘雁。中伏弩死。長編又云，達蘭死時，上猶未至澶州。劉攽所作準傳及他書皆誤。今不取。又，太祖初即位，供備庫副使魏丕治兵器，無不精辦，舊牀子弩止七百步，丕增造至千步。玉海云，熙甯初，張若水獻神臂弓，射二百四十餘步。政和中，和詵知雄州，上制勝强遠弓，邊人號鳳凰弓。元豐中，又嘗造烏䎗弓、插䎗弓。司馬光涑水紀聞云，張乖崖常言，使寇公治蜀，未必如詠，至澶淵一擲，詠不敢爲也。深歎服之。時樞密陳堯叟奏請江、河皆撤去浮橋，舟船皆收南岸；敕下河陽、陝州、河中府。如其奏。民皆驚駭，御史王濟知河中府，封還勅書，奏陳不可。陝州通判張稷適外出，州中已撤浮橋，稷還乃復修。因此，結寇相知，召濟爲侍御史，出知洪州；稷亦至轉運使。潘永因宋稗類鈔云，帝幸澶淵，丁謂知鄆州兼安撫使，時契丹深入，民大驚，爭趨楊劉渡，州人不時濟；謂取死囚僞作駕舟人，立命斬之，舟遂集，民乃得渡。因部分沿河防禦，敵引去。擒契丹諜者馬珠勒格，即斬之。據言徒侶甚衆，請下諸路分捕。從之。江隣幾雜志云，裴如晦曰：景德澶淵之幸，軍費二十餘萬，時郊費用度六百萬，今千萬餘貫矣。東都事畧云，石保吉，守信子。時爲排陣使。戎騎數萬至城下，保吉不介馬而馳，當其前鋒，敵引去。欽若，字定國，新喻人。堯叟，字唐夫，四川新井人。薛應旂通鑑李繼隆作李建隆，恐誤。紀聞載王、陳言，並云車駕時在澶淵。按，欽若以九月二十四日出知大名，十月初二日行，車駕以十一月二十日方親征。紀聞蓋誤也。蓋準先已決澶淵議，欽若、堯叟潛沮之，準因斥言其過。張唐英作準傳，又有江南人勸幸金陵，蜀人勸幸成都之語。若謂準以爲然則可耳，必不對上斥言也。且唐英敍準事多失實，今不取。欽若既不能沮準，或請守魏以自効，姦雄爲身謀或如此。本傳宜得之。劉攽作萊公傳亦云，上北征至澶州，不欲渡，始請斬建議幸金陵及蜀者。與紀聞同誤。皆不取。乙亥，攻破通利軍。〔攷異〕李燾長編云，時知軍王固宵遁。固至河陽，爲趙昌言所縛，送闕下，貶官。王存元豐九域志云，通利軍，端拱元年以澶州黎陽縣建軍；天聖元年改安利，縣二。熙甯三年廢爲衞州。丁丑，宋遣崇儀副使曹利用字用之，趙州甯晉人。請和，卽遣飛龍使韓杞〔攷異〕東都事畧作韓汜。持書報聘。〔攷異〕畢沅續通鑑云，先是，王繼忠得帝手詔，卽附石普奏，乞早遣使議和。乃募軍士李斌持手詔，許焉。會王繼英言殿直曹利用自陳願往，授閤門祗候，假崇儀副使，奉書往。至天雄，王欽若用孫全照言，留不遣。繼忠具奏帝賜欽若詔，并遣指揮張皓督同北去。而東都事畧云，時利用適奏事行在，以利用使於行間。宋史利用傳亦同。畢沅云，利用初使時，真宗尚在京師，至再使乃見於行在耳。宜從長編。司馬光涑水紀聞云，時孫全照請欽若居府署處分，自任城守，每地分弩手，射人馬洞徹重甲，用無不勝；因大開北門，下釣橋以待。契丹畏之，趣故城，嗣還攻德清軍。欽若遣兵進擊，伏起，斷其後，天雄兵不能進退，全照率兵出南門擊却之，殺傷其伏兵畧盡，天雄兵復得還，存者什三四。沈括補筆談云，張皓初去時，出澶州，爲賊掠，具言和意，引見戎母蕭及戎主。蕭搴車帷召皓，以木橫車軏上，令坐，與酒食，撫勞甚厚。皓既回，聞敵欲襲我北寨，密告守將周文質及李繼隆、秦翰爲備。黎明，兵果至，近，射殺其將撻覽，墜馬死，敵兵大潰。上復使皓申前約。皓入大名，告欽若，與利用俱往，和議遂定。後爲利用軋，終右侍禁。真宗後知之，録其子牧爲三班奉職。按，括係皓孫女壻，嘗爲牧志墓，多飾說，不可盡信。魏泰東軒筆録云，真宗次澶淵，謀天雄守臣，凖謂智將不如福將，請用參政欽若。卽時進熟勑。退，召王於行殿，諭以上意，授勑便行，且酌太白飲之，命曰「上馬杯」。飲訖，拜別。時戎騎滿野，無以爲計，但塞門危坐。越七日，敵退，召爲平章事。或曰凖以其數進疑辭，因事出之，以成勝敵之績耳。所載各異。繼英，祥符人。

十二月庚辰朔，日有食之，既。〔攷異〕畢沅續通鑑云，時韓杞入對，會日食，真宗懼甚，司天官言主兩國和解，帝意稍釋。潘汝士晉公談録云，司天言本星經，帝不之信。後檢晉書天文志，亦主和解。移時戎兵果退，而續馳書至，求通好。所載較詳。曹利用復來，以無還關南地之意，遣監門衛大將軍姚柬之持書往報。〔攷異〕陳師道後山談叢云，始講和，遼使韓杞匿其善飲，曰："兩國初好，數杯之後，一言有失，所悞匪細。"後使姚柬之既去，而顧手額再三，是以知敵之情也，柬之曰："守之事力，契丹之士馬皆盛，然北軍用於阻隘，不能敵南軍；平原馳突，南軍亦不能支也。孔平仲談苑云，程戡侍郎自言爲御史時，接伴北人帳，張觀中丞教之曰："待之以禮，答之以簡。"戡佩服其言。或云："不然，北人見語簡便生疑心，極惱人，不若坦然以誠接之。"戊子，宋遣李繼昌來議，以太后爲叔母，歲輸銀十萬兩，絹二十萬匹。許之。即遣閤門使丁振奉誓書〔攷異〕契丹國志載宋誓書，署曰："共遵誠信，（慶）〔虔〕（據契丹國志卷二〇宋真宗誓書改）守歡盟。以風土之宜，助軍旅之費，每歲以銀絹云云，沿邊州軍，各守疆界，兩地人户，不得交侵；或有盜賊逋逃，彼此毋令停匿，至於隴畝稼穡，南北勿縱（驚）〔搔〕（同上書改）擾；所有兩朝城池，並可依舊存守。淘濠完葺，一切如常，即不得創築城隍，開（拔）〔掘〕（同上書改）河道。誓書之外，各無所求；必務協同，庶存悠久。自此保安黎獻，謹守封陲，誓於天地神祇，告於宗廟社稷，子孫共守，傳之無窮。有渝此盟，不克享國。昭昭天鑒，當共殛之！"契丹誓書畧云："共議戢兵，復（輸）〔論〕（據契丹國志卷二〇契丹聖宗誓書改）通好，兼承惠顧，特示誓書，以風土之宜云云。某雖不才，敢遵此約，告於天地，誓之子孫，苟（踰）〔渝〕（同上書改）此盟，〔神〕明（神）（同上書乙正）是殛！"史未載。歐陽修歸田録云，楊大年爲學士時，草答契丹書云："隣壤交懽。"真宗自注其側曰："朽壤、鼠壤、糞壤。"大年遽改爲"隣境"。明旦，引唐故事求罷，上曰："億不通商量，真有氣性！"如宋。諸軍解嚴，乃班師。自是信使往來不絶。〔攷異〕續綱目云，寇準不欲賂以貨財，且欲邀其稱臣及獻幽、薊地，因畫策以進曰："如此，則可保百年無事，否則戎將生心矣。"帝不聽。遣利用許歲幣，成約而還。戒諸將勿出兵邀其歸路。契丹以兄禮事帝，引兵北歸。司馬光涑水紀聞云，初，詔劉仁範往議和。仁範辭以疾，乃遣利用。利用先與約歲賂二十萬，主嫌其少。還奏，上許百萬以下。按，敵始求和，兵固未退；利用初使并未及歲幣，再使卽許三十萬，亦不因還奏而始增。恐誤。　畢沅續通鑑云，利用還，帝方進食，未卽見，使內侍問所賂。利用但以三指加（額）〔頰〕（據續通鑑卷二五改），內侍入告，謂爲三百萬，帝失聲曰：「太多。」既而曰：「姑了事亦可耳！」及對，始知三十萬。喜甚。故利用被賞特厚。先是，帝北巡，司天言，日抱珥黃氣充塞，宜不戰而卻，有和解之象。至是果驗。　蘇轍龍川別志云，當時皆以三十萬爲過厚，惟畢士安曰：「不如此，敵所顧不滿，和事恐不能久。」衆未以爲然也。然自景德至今將百年，自古漢、蕃和好所未常有，畢公之言得之矣。　玉海云，景德（三）〔元〕（據玉海卷一九三上景德親征條改）年冬十二月庚辰，契丹使韓杞請盟；乙酉，御行宮南樓，觀大河，宴從臣；丙戌，遣李繼昌使契丹；戊子，燕從臣於行宮，上作北征回鑾詩曰：「銳旅懷忠節，羣胡竄北荒，堅冰消巨浪，輕吹集嘉祥。繼好安邊境，和同樂小康。」命邊臣和。後仁宗命於州廨刻石藏之。又勅邊臣爲景德禦寇圖。　皇祐五年，仁宗宣諭曰：「恭惟真宗禦契丹於澶淵，是偃武之信也，宜卽澶州舊寺建武信殿於開福禪院。」命樞密高若訥奉安真宗御容。　李燾長編云，利用言：「東之謂國母比欲致書，以南朝未有緘題，故寢而不議。若南朝許發簡翰，頗合便宜。」遂并致兩書，又各送衣服、金器等，以答東之所獻者。時北面諸州軍，奏偵契丹北去，未卽出塞，頗縱游騎騷擾。詔曹璨、張凝、李繼和等率兵分躡，戎寇敢劫掠，則所在合勢剪滅。賜繼忠手詔，命還所掠老幼。李繼隆奏，劉晉領兵奪戎人車牛、生口凡萬餘計。凝等尋奏戎騎團結北去。華斌還，繼忠具奏北朝已嚴禁樵采，令凝等毋妄殺傷。楊延朗請飭諸軍扼要路掩殺，不報；獨率所部抵契丹界，破古城，俘馘甚衆。見延朗傳。　東都事畧云，帝謂輔臣曰：「初欲令楊延朗邀其歸路，而以精兵踵其後，腹背擊之，可無噍類。然兵連禍結，何時已哉！故徇其請，以休息天下之民。若彼自渝盟，以順討逆，殆未晚也。」命諸死事者李正辭、夏承皓、劉超、李知順、胡度、武白皆贈官，錄用其子，布告天下。王超逗留，釋不問。　耶律楚材湛然居士集懷古詩注云，昔宋事遼爲兄，仍請隨代以序昭穆，至末年，遼爲翁，宋爲孫。　趙翼劄記云，澶淵之盟，宋爲兄，遼爲弟。故遼使常稍屈。宋史程琳傳，契丹遣蕭蘊、杜防來，蘊出坐位圖示琳曰：「中國使者坐殿上高位，今我位乃下，請升之。」琳曰：「此真宗所定，不可易也。」乃已。然遼人亦閒自尊大。程師孟使遼，至涿州，契丹來迓者正席南面，涿州官西向，而設宋使席東向；師孟不肯就坐，叱儐者易之，乃與迓者東西相向。見師孟傳。吳奎使遼歸，遇遼使於途。遼以金冠爲重，紗冠次之，舊時兩使相見，必輕重適均，至是，遼使服紗冠，奎亦殺其儀以見。見奎傳。沈立使遼，適其國行册禮，欲令其從國服，否則見於門。立曰：「北使來南，未嘗令其變服，况門見耶？」乃止。見立傳。哲宗崩，遼使來弔祭，胡宗炎迓境上，使者不易服，宗炎以禮折之，須其聽命乃相見。此宋、遼兄弟之國，使命往來故事也。宋史未立交聘表，其可考者如此。王闢之澠水燕談云，景德中，朝廷始與契丹通好，詔遼使將以北朝呼之。王沂公以爲太重，但稱契丹本號可也。真宗激賞再三，朝論韙之。玉海又云，景德元年盟好之議，學士趙安仁多所參預，撰答詔。又記太祖朝書問規式，及接伴，乃裁定覲見儀制。安仁又録和好以來事迹及采古事可附於今爲預備者，作戴斗懷柔録以獻。見本傳。長編云，時韓杞受襲衣之賜，及辭，復左衽，且以賜衣稍長爲辭；安仁責之，杞卽改服而入。吳處厚青箱雜記云，魏野有贈凖詩曰：「有官居鼎鼐，無地起樓臺」之句，傳播遼中，使至，問那箇是「無地起樓臺」相公。時凖居散地，因召還。釋文瑩玉壺清話云，遼使言本國喜誦魏野詩。真宗召用，野死已數年，得草堂集十卷，詔賜之。葉濩綱鑑會編云，凖從東封還，改户部尚書，知天雄軍。契丹嘗過大名，謂凖曰：「相公望重，何故不在中書？」凖曰：「主上以朝廷無事，北門鎖鑰，非凖不可耳。」姚寬西溪叢語云，趙純師孟曰，澶淵之役，班師，留兵器於開德府，謂之御前甲仗庫，著令監官四員，二員宗室。庫内有張承業財計書，李克用兵法，此書今亡。

二十三年（乙巳一〇〇五）春二月丙戌，復置榷場於振武軍。〔攷異〕東都事畧云，是歲，宋令雄、霸州、安肅軍置榷場以通其貿易。所載稍殊。畢沅續通鑑云，正月，真宗召輔臣觀瀛州所獲遼人攻城戰具，皆制度精好，鋒鍔銛利。梯衝竿牌，悉被以鐵。城上懸板才數寸，集矢二百餘。其後李繼宣浚高陽濠，得遺矢凡四十萬。遼人攻城，不遺餘力如此。

夏五月戊申朔，宋遣孫僅等賀太后生辰。〔攷異〕畢沅續通鑑，僅時爲開封府推官，爲副者尚有閤門祗候康宗元。云入境供應甚備。主每歲避暑含涼淀，聞使至，即來幽州，郊勞宴會，禮遇優渥。有過當者，僅必抑而罷之。自後奉使者率循其制，時稱得體。李燾長編云，僅等入境，刺史皆通謁，命幕職、縣令、父老捧卮獻酒於馬前，民庶焚香相迎，門置水漿盂杓於路側。接伴者察使人中途所須卽供應，具蕃、漢食。漢食貯以金器，蕃食銀器。所至無得鬻食物受錢，違者斬。禮志云，太后生辰朝賀儀，自興宗朝應聖節，宋使來賀，始制此儀。按太宗紀，天顯十二年十月，太后永甯節，晉及諸國來賀，會同四年，詔以永甯、天授二節及正旦、重午、冬至、臘並受賀，著爲令（按，遼史卷四太宗紀，會同四年不載「著爲令」云云）。賀太后生辰，非自興宗始也。如謂前此祗本國臣僚，至興宗時宋使來賀始制此儀，然則統和二十三年已有宋使賀太后生辰，則宋使之來，亦非始自應聖節。陳浩遼史攷證云，景德初，宋、遼通好，於是宋置國信司，主慶弔儀。自統和二十三年孫僅來賀之後，史不絕書，則禮志所載宋（史）〔使〕（據文義改）見太后及帝之儀，似宜制自聖宗。又禮志載曲宴宋使儀。按，宋史趙挺之傳，哲宗時，官給事中，使遼，主嘗有疾，不親宴客，命近臣卽館享宋使。其儀每與諸國使臣等，挺之始争正其禮。挺之出使，宋史既無年月，道宗紀亦未誌，第據挺之傳，則遼宴宋使儀不同於高麗、西夏者，應自道宗時始。成德淥水亭雜識云，遼曲宴宋使，酒一行，觱篥起歌；酒二行，手伎入；酒四行，琵琶獨彈。茶餅致語，食入，雜劇進，繼以吹笙，彈箏、歌擊架樂、角觝。王介甫詩曰：「涿州沙上飲盤桓，看舞春風小契丹。」蓋紀其事。至范致能使金，有鷓鴣天詞，亦曰：「休舞銀貂小契丹，滿堂賓客盡關山。」金源或襲，爲故事耳。張舜民畫墁録云，北戎待南使，樂列三百餘人，舞者更無回旋，止於頓挫，伸縮手足而已。角觝以倒地爲負，兩人相持終日，欲倒而不可得。又物如小額，通蔽其乳，脱若褫露之，則兩手覆面而走，深以爲恥也。樂志載宴宋使樂次，雖有歌、角觝之文，而樂列幾人未詳載。 魏泰東軒筆録云，北蕃每宴人使勸酒，器不一，其間最大者，剖大瓠之半，範以金，受三升。前後使人無能飲者，惟方偕一舉而盡。戎主大喜，至今目其器爲方家瓠。每宴南使則出之。 程大昌演繁露云，今使北者，禮例中所得有徐吕皮，紅色光滑，云是徐、吕二工所製。武珪燕北雜記謂即黑斜喝里皮，蓋回紇野馬皮也。用以爲鞾騎，而越水不透裏，故可貴也。 王繼恩傳，每宋使來聘，繼恩多稱宜賜使。繼恩，棣州人。南侵被俘，閹爲豎。聰慧，通書及遼語。聖宗時，歷靈州觀察使，内庫都提點。好清談，不喜權利。購書萬卷，誦讀不輟。後不知所終。

秋九月甲戌，遣太尉阿里、太傅楊魯原作楊六。〔攷異〕汪輝祖遼史同名録云，卷二十三，道宗太康元年，鷹坊使；卷六十五公主表，尚聖宗女陶哥，三人同名楊六。賀宋主生辰。〔攷異〕李燾長編云，景德二年五月，知雄州何承矩言，將來契丹使入界，欲令暫駐新城，俟接伴使至，迎於界首。從之。又言使命始通，待遇之禮，宜得折中，庶可久行，悉條上；嘉納之。仍聽事有未盡者，便宜裁處。凡使及境，遣常參官、内職各一人，假少卿監、諸司使以上接伴。内諸司供帳，分爲三番，内臣主之。至白溝驛賜設，至貝州賜茶藥各一銀合，至大名府又賜設，及畿境，遣開封府判官勞之，又命臺省官、諸司使、館伴迓於班荆館，至都亭驛，各賜金花、銀灌器、錦衾褥。朝見日，賜大使金塗銀冠、皁羅氈冠，衣八件、金鞊鞢帶、烏皮鞾、銀器二百兩，綵帛二百匹，副使皁紗折上巾、衣七件、金帶、象笏、烏皮鞾、銀器百兩、綵帛二百匹、鞍勒馬各一匹，其從人，三節以次遞減。就館賜生餼，則有秔粟各十石，麪二十石，羊五十，法酒、糯米酒各十壺，副使略遜。遇承天節，各賜衣一襲。遇立春及玉津園宴射，遇節序均有賜。辭日，長春殿賜酒五行，大使賜盤球暈錦窄袍，副使紫花羅窄袍，及衣帛銀器，並加金束帶，雜色羅錦綾絹百匹。臨發，賜銀瓶、合盆、沙羅、注椀等，令邊臣餞於班荆館，推官餞於郊外，接伴副使復爲送伴，累(從)〔賜〕(據長編卷六〇改)設。初，命内侍閻承翰排辦禮信，議者欲以漢衣冠賜北使，承翰不可，乃止。 玉海云，晉天福五年九月，改東京上源驛爲都亭驛，在光化坊。舊制，待河西蕃部，其後專館契丹使。

又景陽門外有班荆館，爲宴餞之所。紹興中建於臨安，以館北使。周淙乾道臨安志云，南渡後，都亭驛在臨安府候潮門裏，國信所附之。懷遠驛舊在德慧寺。今廢。班荆館在赤岸港。

冬十月癸卯，宋歲幣始至，後爲常。

十一月戊申，帝遣太保和卓、原作合住。〔攷異〕興宗重熙六年，護衛太保，疑係一人。又，合住傳，鎮國節度使，另一人。頒給使韓（簡）〔橁〕（據遼史卷一四聖宗紀改），太后遣太師博諾、原作盆奴政事舍人高正使宋賀正旦。〔攷異〕李燾長編云，景德二年十一月，契丹國母遣左金吾衛上將軍耶律留甯、崇祿卿劉經；國主遣左武衛上將軍耶律烏延、衛尉卿張肅來賀承天節。對於崇政殿。舊例，舍利從人，惟上等入見，餘拜殿門外，上悉許令入見。節日上壽，班在諸上將軍下，大將軍上。十二月，召輔臣於龍圖閣，觀契丹禮物及祖宗朝所獻者。自後使至，必以綺帛分賜二府，臘賜近臣。又，契丹遣使保靜節度耶律乾甯、左衛大將軍耶律昌主，副使宗正卿高正、左（按，長編卷六一作「右」）金吾衛將軍韓橁賀正旦。所載姓名互異。

十二月丙申，宋遣周漸等來賀千齡節。丁酉，復使張若谷等來賀正旦。〔攷異〕宋史不載周漸之使。國母正旦所遣係韓國華，字元弼，安陽人。若谷，南劍人。時漸官太常博士，爲副者閤門祗候郭盛。國華官職方郎中，爲副者通事舍人焦守節。若谷官祕書丞，爲副者閤門祗候郭允恭，係爲國主正旦使。見錢大昕宋使臣年表。曾鞏隆平集云，守節使契丹，館伴丁求說頗易之，指遠山曰：「此黄龍塘也。」應聲問曰：「燕然山距此幾許？」求說慙，乃加禮焉。黄龍塘即德光安置晉少帝之所。歐陽修居士集載皇帝賀遼主正旦書曰：「玉曆正時，布王春而兹始；寶隣敦契，講信聘以交修。衣履新陽，益綏多福；其於祝詠，罔罄敷言。今差具官某某充正旦國信使、副，有少禮物，具諸別幅，專奉書陳賀，不宜。謹白。」又，賀國母正旦書曰：「歲曆更新，春陽暢達，因履端之叶吉，敦永好以申歡。載惟慈懿之和，方集壽康之祉，更希善攝，用副遐悰。」餘同上。王安石臨川集載問候遼主書曰：「嘉生備舍，華歲幾終。惟素講於隣懽，想具膺於時福；彌加葆衛，永御吉康。」又，賀國母生辰書曰：「玉燭告和，方御閉藏之候；椒庭集慶，載鄰誕毓之辰。具飭使車，肅將禮幣；式修舊好，申祝永年。」契丹國志載宋賀遼主生辰禮物：金酒食茶器三十七件，衣五襲，金玉帶二條，烏皮、白皮韡二緉，紅牙笙笛，觱篥拍板，鞍勒馬二匹，纓複鞭副之，金花銀器三十件，銀器二十件，錦綺透背雜色羅紗綾縠絹二千匹，雜綵二千匹，法酒三十壺，的乳茶十斤，岳麓茶五斤，鹽蜜菓三十（罆）〔罐〕（據契丹國志卷二一改），乾菓三十籠。正旦，則遺以金花銀器、白銀器各三十件，雜色羅綾紗縠絹二千匹，雜綵二千匹。又北朝獻宋帝生辰禮物：刻（照）〔絲〕（同上書改）花羅、御樣透背御衣七襲，或五襲七件，紫背貂鼠翻披，或銀鼠鵝（項）〔頂〕（同上書改）鴨頭衲子，塗金銀裝箱金龍水（精）〔晶〕（同上書改）帶，銀匣副之，錦緣皂皺皮韡，金玦京皁白熟皮韡韈，細錦透背清平內（裝）〔製〕（同上書改）御樣合線縷機綾共三百匹，塗金銀龍鳳鞍勒，紅羅匣金線繡方韉二具，白楮皮黑銀鞍勒氈韉二具，綠褐楮皮鞍勒、海豹皮韉二具，白楮皮（黑裏銀）〔裏筋〕（同上書改）鞭一條，紅羅金銀線綉雲龍銀器仗一副，黃禪皮纏楮皮弓一，紅錦袋皁雕翎㔶角骲頭箭十，白鹽十（箱）〔椀〕（同上書改），牛、羊、野猪、魚、鹿腊二十（二）（同上書删）箱，御馬六匹，散馬二百匹，以及色麪、果、法酒等物。正旦，御衣三襲，鞍勒馬二匹，散馬一百匹。國母又致御衣、衣錦、果實、腊肉凡百品，水晶鞍勒、新羅酒，青白鹽。國主或改戎器賓鐵刀，鷙禽曰「海東青」之類。承天節又遣庖人持本國異味，前一日就禁中造食，以進御云。

二十七年（己酉一〇〇九）冬十二月辛卯，太后蕭氏崩。〔攷異〕東都事略云，時燕燕死，隆緒闇弱，而隆慶桀黠，國人多附之。又繕甲兵，以私書交結貴臣。隆緒召不至。其親信録其書抵雄州，且言隆緒不能睦族，國人皆思歸漢。真宗敕邊吏勿報。李燾長編云，孫僅言國主氣濁而體肥，隆慶瘦而剛果，人多歸之。隆慶見本朝歲有贈送，屢勸行賞國中，其志欲激動衆心也。後宋摶亦云廷臣因請加恩隆慶，帝不許。所載均與史異。遣使告哀於宋。

〔攷異〕畢沅續通鑑云，宋聞太后喪，輟朝七日。遼遣耶律信甯來告哀，時正旦使耶律特嚕古猶在館，就開寶寺設位奠哭，百官至都亭驛弔之，帝於内東門制服發哀，羣臣進名奉慰。李燾長編云，景德三年十月，以太常博士王曙賀契丹國主生辰，閤門祗候高繼忠副之。直集賢院李維賀國母正旦，崇儀使張利涉副之。太常博士段（煜）〔曄〕（據長編卷六四改）賀國主正旦，如京副使孫正辭副之。（繼）〔維〕（同上書改）等使還，言主見漢使强服衣冠，事已，即幅巾雜蕃騎出射獵矣。官屬隨帳，皆自辦器械糗糧。始，孫僅使時，所過官屬，路（在）〔左〕（同上書改）獻酒，至是變改，然遇漢使益厚。又言蕃法極嚴，罪死者必屠割慘毒。主嘗云契丹乃禽獸，非同漢人可以文法治也。先是，工部郎中陳若拙接伴北使，談詞鄙近，命〔太子〕（同上書補）中允孫僅代之。若拙多誕妄，寡學術，雖以第三人及第，素無文。舊語第三人及第號「榜眼」，因目若拙爲「瞎榜」。詔入契丹使從不過百人。每遣使，詔有司諭其遼守近例，凡文詞送（翰林）〔學士〕（同上書改）院看詳，中禮乃用之。十一月，契丹遣使〔左監門〕（同上書補）衛將軍耶律阿古、節度耶律嘉甯（按，同上書作「堯寧」），副使太常少卿石用中、祕書少監馬保佐賀承天節。阿古有疾，不能入見，遣醫官診視，勿令和藥。詔自今彼此均以醫隨行。十二月，契丹遣使上將軍蕭和尼、節度耶律留甯，副使宗正少卿吳克昌、〔右金吾〕（同上書補）衛將軍王式賀明年正旦。按，景德三年即遼統和二十四年也。景德四年八月，置管勾往來國信司，命内侍閻承翰、帶御器械綦政敏主之。自契丹修好，歲遣使交聘，承翰始專其事，因爲排辦禮信所，至是署局鑄印焉。十一月，契丹遣使上將軍耶律元、節度耶律諧里，副使大將軍李琮、殿中少監李操賀承天節。蕃俗最重食塔爾布斯，發土得之，唯以供主母。至是使者挈數頭至，飲羊乳，遂令庖人造蕃食以獻，上許進入，擇其味佳者再索之，使感悦。接伴王曙等言：「臣嘗使北，羣臣趨揖，競問我朝曾使北者安否？臣以實對。今北使至，乞諭羣臣有使北者亦如之，庶得其歡心。」從之。耶律元館於京師，嘗問左右曰：「館中日聞鼓聲，豈習戰陣耶？」或對以優俳（戰）〔戲〕（據續通鑑卷二七宋紀改）場，閭里筵設。上曰：「不若以實諭之，諸軍比無征戰，閲習武藝亦國家常事，且可示無間也。」十二月，契丹遣使上將軍蕭留甯、節度耶律信甯，副使崇祿少卿邢詳、大將軍耶律遂正來賀正旦。祥符元年六月，將封禪，命孫奭至契丹境上以書諭意。契丹報曰：「中國自行大禮，何煩告諭？其禮物，慮違誓，更不敢輒受。」上曰：「異域常能固守信誓，良可嘉也。」十一月，契丹使蕭永、耶律留甯及董繼澄、楊又元賀承天節。十二月，復使蕭知可、蕭留甯及成永、徐備賀正旦。祥符二年正月，命太常博士王隨賀國母生辰，閤門祇候王承瑾副之。初，王繼忠嘗因入北使回，獻名馬、貂、錦等物，賀東封。於是答賜器幣，命隨等齎詔以往。詔自今北使有例外贈遺接伴、館伴、使者，再辭不已，則許納之，官給器幣爲答。初，北使蕭知可等至白溝驛，與送伴陳知微酌酒爲别，以所乘遺知微，又以二馬令自擇，固辭不受。上務懷遠俗，故有是命。十一月，契丹遣使蕭塔喇噶、耶律阿固達，副使裴元咸、張文來賀承天節。十二月，契丹遣使耶律圖嚕庫、耶律錫爾甯，副使寇卿、邢祐賀明年正旦。錫爾甯中途遇疾，遣使撫問。宋史，祥符元年十二月，契丹使蕭智可等來賀。二年九月，命工部侍郎馮起爲契丹國信使。宋（史）〔使〕臣年表（據本書卷末引用書目改），二十四年三月，兵部員外郎直史館任中正、奬州刺史李繼昌賀國母生辰。二十五年三月，户部副使崔端、閤門祇候張利用賀國母生辰。九月，祠部郎中宋摶、閤門祇候馮若拙賀國母正旦。著作郎陳知微、閤門祇候王承僎賀國主正旦。殿中丞滕涉、閤門祇候劉煦賀國主生辰。煦坐輕肆鮮禮，免官，削兩任。二十六年三月，都官員外郎喬希顏、閤門祇候景元賀國母生辰。九月，御史馬亮、西京作坊使魏昭易賀國母正旦，都官員外郎孫奭、閤門祇候薛昭廓賀國主正旦。

二十八年（庚戌一〇一〇）春二月丙戌，宋遣王隨、王儒等來弔祭。遣左龍虎衞上將軍蕭和卓原作合卓饋太后遺物於宋，仍遣臨海節度使蕭實喇、原作虚列左領軍衞上將軍張崇濟謝宋弔祭。

三月，宋遣使來會葬。〔考異〕畢沅續通鑑，宋祭奠使爲王隨，字子政；弔慰使爲王曙，字晦叔。均開封人，同官太常博士。副隨者郭允恭，副曙者閤門祇候王承瑾。薛應旂通鑑云，是年六月，邊臣言契丹饑，來市糴，詔雄州發粟二十萬石賑之。先是，宋東封，契丹遣人於歲幣外別假錢帛用；王旦言於歲額內各借三萬，次年除之。契丹得之，大慚。旦字子明，大名莘人。見宋史。李元綱厚德録云，趙觀察滋知雄州時，契丹大饑，舊，米出塞下不得過三升。滋曰：「彼吾民也，令出米無所禁。」李燾長編邊臣指雄州李允則，粟作二萬石。稍異。云，祥符三年二月，雄州言入契丹副使潘惟吉卒。時官天雄軍駐泊都監，副樂黄目使北。受命入謝，時已病，上察詢之，且言(大)〔不〕(據長編卷七三改)病。入境疾作，肩輿而還。命其子往迎，至雄州卒。官給葬事。四月甲子，契丹主葬其母於顯州北二十里。詔以是日廢朝，仍令邊臣禁樂三日。五月，契丹內部南北大王、皮室、伊實、本布太師、奚、室韋、黑水女真等賦車二千乘於幽州，載戎器將伐高麗。（按，長編卷七三原按云：「女真不屬契丹，此擧又爲高麗及女真所敗，不知所調車乘何以及女真，豈別種耶？録以備考）殺其臣邢抱朴，召劉晟知政事。九月，契丹遣使蕭噶琳及室程奉其母遺物來上。又遣蕭善甯、張崇濟獻御衣、文犀帶、名馬、弧矢等謝賻禮。十月，契丹將征高麗，遣耶律甯奉書來告。尋遣右司諫李迪賀國主生辰，六宅使白守素副之。〔監察〕(據長編卷七四補)御史乞伏矩賀國主正旦，〔閤門〕(同上書補)祇候翟繼思副之。守素居邊歲久，敵中畏服，故遣之。允則言契丹由顯州東侵高麗，期以十二月還中京，蓋慮朝廷使至彼也。又上契丹兵數，且言凡調發，先下令使自辦兵器、駞馬、糧糗，故鈔略所得不補所失。常索境內漢口有罪者配軍，曰「驍武」，人皆嗟怨，不爲用。又給假令歸，頗擾鄉(間)〔閭〕(同上書改)，恣求財賄。其人或是兩地供輸户，已移文涿州止絶之。祥符四年正月，將祀汾陰，命太常丞李階賚書諭契丹，至境上付其疆吏。三月，雄州言入契丹副使崔可道病卒，契丹自幽州具鼓吹衞送其柩以歸。詔遣中使護其喪事。六月，契丹界自應州而北，地震裂有聲，室宇摧圮，人多壓死。上曰：「此必遼境民(貧)〔災〕(據長編卷七六改)

宜諭邊臣常爲備。」九月，以龍圖閣待制張知白賀契丹國主生辰，崇儀副使薛惟正副之。侍御史知雜事趙湘賀正旦，閤門祗候符承翰副之。惟正至幽州，赴會飲射不如儀，使還，詔劾其罪。十一月，契丹遣使上將軍蕭昌琬、副使衞尉卿王甯來賀承天節。復遣使耶律漢甯、張儉賀明年正旦。晁公武郡齋讀書志云，載斗奉使録一卷，王曙撰。蓋景德三年爲國主生辰使，祥符二年爲弔慰使所録也。乘軺録一卷，路振子發撰，祥符初使契丹，撰此以獻。事見本傳。宋使臣年表，二十八年十月，右司諫李迪、内園副使崔可道賀國主生辰。監察御史乞伏矩、閤門祗候翟繼思賀正旦。二十九年九月，龍圖閣待制張知白、崇儀副使薛惟正賀國主生辰。

開泰元年（壬子一〇一二）春正月己巳朔，宋遣趙湘、符成翰來賀。

七月丙子，命耶律釋紳努、原作釋身奴李操賀宋生辰，蕭尼古、原作涅袞齊泰賀宋正旦。〔攷異〕李燾長編云，開泰元年十月，以主客郎中王曾賀國主生辰，榮州刺史高繼勳副之。屯田郎中李士龍賀正旦，内殿崇班李儒懿副之。舊例，出使必假官。繼勳本秩既崇，不復假官，自是爲例。曾使還云，是歲契丹改統和三十一年爲開泰元年。遼史紀年表謂統和三十年十一月改開泰。較妥。十一月，契丹使耶律甯、季道紀來賀承天節。十二月，復遣蕭袞、齊泰賀正旦。司馬光涑水紀聞云，祥符中，王沂公使遼，館伴邢祥頗肆談辨，深自衒鬻，且矜新賜鐵券。公曰「鐵券者，勳臣有功高不賞之懼，賜之以安反側耳，何爲輒及親賢？」祥大沮。按，王曾使遼，遼、宋二史均闕書，然曾有上使契丹事，屢見他書。今依長編及紀聞載之，亦見宋使臣年表。

二年（癸丑一〇一三）冬十月己未朔，命耶律阿營等使宋賀生辰。〔攷異〕李燾長編云，祥符六年九月，以翰林學士晁迥賀國主生辰，崇儀副使王希範副之。龍圖閣待制查道賀正旦，閤門祗候蔚進副之。晁迥使還，有言迥與遼人勸酬戲謔，道醉而乘車，皆可罪。上雖知其失體，釋不問。十一月，契丹遣耶律阿果、石弼來賀承天節。十二月，復遣耶律遠甯、趙爲箕賀正旦。七年十一月，契丹遣蕭延甯、張翊來賀承天節。十二月，復遣耶律少甯、耿甯賀正旦。八年十一月，契丹遣耶律珍、呂德懋來賀承天節。十二月，復遣蕭日新、田文賀正旦。宋使臣年表，開泰三年九月，殿中侍御史周實、西京作坊副使段守倫賀國主生辰。屯田員外郎趙世長、閤門祗候張舜臣賀正旦。四年九月，右司諫劉筠、供奉官宋德文賀國主生辰，户部副使李及、閤門祗候李居中賀正旦。史均未載。

五年（丙辰一〇一六）冬十二月丁酉，宋遣張遜、王承德來賀千齡節。〔攷異〕李燾長編云，祥符九年九月，命工部侍郎薛映賀國主生辰，東染院副使劉承宗副之；壽春郡王友、户部郎中張士進賀正旦，供備庫使王承德副之。史未載薛映、劉承宗使事。

六年（丁巳一〇一七）冬十二月戊子，宋遣李行簡、張信來賀千齡節。翼日，宋馮元、張綸來賀正旦。〔攷異〕李燾長編云，天禧元年十一月，契丹遣耶律準、仇正己來賀承天節。十二月，復遣蕭質揚、張信賀正旦。史均失書。

七年（戊午一〇一八）夏六月庚申，遣耶律留甯、吳守達使宋賀生辰，蕭噶濟、原作高九馬貽謀使宋賀正旦。〔攷異〕李燾長編云，天禧二年二月，秦州部署曹瑋言，知鎮戎軍内殿崇班張綸昨召赴闕，令使契丹。綸頗知蕃情，政治詳敏。使還，望復委本任，詔可。史於張綸使事繫之六年冬。稍異。又，蕭噶濟，長編作蕭留甯。又異。

八年（己未一〇一九）秋七月庚午，命解甯、馬翼使宋賀生辰。

九月己巳，宋遣崔遵度、王應昌來賀千齡節。

冬十月戊子，命耶律繼崇、鄭玄瑕使宋賀正旦。〔攷異〕李燾長編云，天禧三年六月，詔自今畧賣人口入契丹界者，首領並處死，誘致者同罪，未過界者決配軍城。九月，命左諭德崔遵度賀國主生辰，左藏庫使王應昌副之；監察御史劉平賀正旦，閤門祗候張元普副之。十一月，契丹遣蕭吉哩、馬翼賀承天節。十二月，復遣耶律繼宗、鄭去瑕賀正旦。與史所載姓名互異，未知孰是？史於劉平、張元普之使，書於九年正月。

九年（庚申一〇二〇）秋七月甲寅，命察喇、原作查剌耿元吉、哈濟、原作韓九宋璋爲來年賀生辰、正旦使副。

九月，宋遣使宋綬、駱繼倫來賀千齡節。〔攷異〕李燾長編云，天禧四年九月，命知制誥宋綬賀國主生辰，閤門祗候譚倫副之；左諭德魯宗道賀正旦，閤門祗候成吉副之。十一月，契丹使蕭阿括、耿元吉賀承天節。十二月，復遣蕭侃、宋璋賀正旦。與史稍異。史於宋綬等之使，繫於明年正月。亦異。胡三省通鑑注云，契丹置通事，以主中國人，以知華俗、通華言者爲之。宋白曰，契丹主腹心能華言者因爲通事，謂其洞達庶務。范成大攬轡録云，燕京客館名會同館，遼已有之。孫承澤春明夢餘録云，望京館在城東北五十里孫侯村，遼建爲南北使館。王曾上契丹事云，出燕京北門至望京館，即此。朱彝尊日下舊聞云，今其地名孫河屯，或孫侯村之轉音也。爲古北口孔道。

太平元年（辛酉一〇二一）冬十月（甲寅）〔壬子〕（據遼史卷一六聖宗紀改），宋使李懿、王仲賓來賀千齡節，及蘇惟甫、周鼎賀正旦；即遣蕭善、程翥報聘。

冬十一月癸未，帝御昭慶殿，受尊號曰天輔皇帝，改元太平。宋遣使來聘。〔攷異〕李燾長編云，正月，宴尚書省五品諸軍都虞候已上、契丹使於錫慶院。尋對輔臣於承明殿，因言契丹益敦信好，出所獻雙龍金帶示之。九月，命翰林學士李諮賀國主生辰，閤門祗候王仲寶副之，太常博士蘇耆賀正旦，閤門祗候周鼎副之。耆遭母喪，罷，以蘇惟甫代行。十一月，契丹遣蕭善、程翥賀承天節。十二月，復遣蕭袞、韓紹昇賀正旦。所載姓名稍異。史於十二月之使，復未書姓名。

二年（壬戌一〇二二）春三月，宋真宗崩，子仁宗卽位。丁丑，遣薛貽廓來告。命都點檢耶律僧隱〔攷異〕卷十六，太平元年以西北路金吾爲大將軍；二年，充宋祭奠使，九月，以尚書賀宋帝卽位；三年，爲平章事，疑係一人。通鑑輯覽作陞音。等充宋祭奠使副；林牙蕭日新、觀察馮延休充宋后弔慰使副。戊寅，遣金吾諧領、〔攷異〕卷十七，太平八年，官西北招討使諧領，另一人。引進姚居信充宋帝弔慰使副。戊子，爲宋帝飯三京僧。

夏六月己未，宋遣薛由等饋先帝遺物。

秋九月癸巳，遣尚書僧隱、韓格賀宋帝卽位。

冬十月壬寅，遣耶律縶古、原作掃古。〔攷異〕汪輝祖遼史同名録云，卷一，太祖七年，轄賴縣人，以罪誅；卷十八，興宗重熙六年，諸行宮都部署，三人同名掃古。韓玉賀宋太后生辰；耶律仙甯、史克忠賀宋正旦。

十一月丙戌，宋遣使來謝。

十二月甲寅，宋遣劉（熤）〔燁〕（據遼史卷一六聖宗紀改，下同）、郭志言來賀千齡節。〔攷異〕薛應旂通鑑云，主聞帝崩，集番、漢大臣舉哀。置御靈，建資福道場，百日而罷。詔諸州軍不得作樂，凡國中犯御諱者悉改之。謝維新合璧事類後集云，真宗上仙，遣薛貽廓使，於是有告哀之名；遣薛田使，於是有遺留禮物之名；遣任中行使，於是有告登寶位之名；遣劉鍇、趙賀使，於是有皇太后、皇帝回謝禮物之名。陳浩遼史攷證，薛田作薛由，與史同。謂禮志所載宋使告哀、進遺留物，其儀似昉自聖宗。李燾長編云，乾興元年三月，真宗崩，契丹主謂其妻蕭氏曰：「汝可致書大宋皇太后，使汝名傳中國。」又謂宰相呂德懋曰：「與南朝約爲兄弟垂二十年，忽報登遐，吾雖少兩歲，顧餘生幾何？」因復大慟。又曰：「聞皇嗣尚少，恐未知通好始末，倘爲臣下所間，奈何？」及薛貽廓至，具道朝廷意，乃大喜。差耶律僧隱、馬貽謀來祭奠，耶律甯、姚居信來弔慰；蕭日新、馮延休弔慰太后。及使者入奠大行神御於滋福殿，復進慰書於東廂；又詣承明殿進蕭氏書。及還，又辭於滋福殿，退詣崇德殿，閤門宣遺旨曰：「兩朝歡好，務以息民繼及子孫。」又詣承明殿辭太后。時程琳接伴弔慰使，使者將致問於皇太后，琳曰：「昔先帝嘗與承天太后通使，今太后乃嫂也，禮不通問。」使者語屈。又楊蛻接伴祭奠使，在道失儀，貶官。七月，命户部郎中劉鍇爲皇太后回謝使，客省使曹儀副之；工部郎中趙賀爲皇帝回謝使，祗候楊承吉副之。八月，遣禮部郎中張師德爲契丹妻生辰使，左藏庫使趙忠輔副之。尋詔密院每歲送契丹禮物。耶律宗信亦以襲衣金帶賜之。宗信即繼忠也。任中行等還，宗信亦以名馬賀登極。尋遣吏部員外郎劉燁、作坊副使郭志言、屯田員外郎王駿、祗候劉懷德使契丹，賀其主生辰及正旦。十二月，契丹遣耶律仙甯、史克忠賀正旦。按，乾興元年即遼太平二年也。

三年（癸亥一〇二三）秋七月丙戌，以皇后生辰爲順天節。

閏月壬辰，以蕭伯達、韓紹雍賀宋正旦；唐古特、原作唐骨德程昭文賀宋生辰。

冬十月庚辰，宋遣薛奎、郭盛來賀順天節；王臻、慕容惟素賀千齡節。〔攷異〕陳浩遼史攷證云，遼太后、皇帝生辰受諸國使臣賀，自太宗時已然，特無宋(史)〔使〕(據文義改)之賀耳。至皇后生辰，則自聖宗太平三年以后生日爲順天節，宋遣薛奎等來賀。則賀皇后生辰之使，實自聖宗始。李燾長編云，仁宗天聖元年正月，契丹遣蕭師古、韓玉賀太后長甯節。四月，詔奉使契丹臣僚辭見，並請許上殿奏事；從之。契丹遣耶律唐古特、成昭文賀乾元節，使至，上壽於崇德殿。宰相言，自今奉使北朝，止令中書樞密選擇充使，奏可。七月，遣龍圖閣待制薛奎爲契丹蕭后生辰使，閤門使郭盛副之。九月，遣度支副使王臻賀契丹主生辰，内殿承制慕容惟素副之；太常博士程琳賀正旦，祗候丁保衡副之。時主在幽州，朝廷以爲疑。琳還言："彼嘗虐用其民，恐叛不附，特以兵來厭伏耳！"十二月，契丹遣蕭昭古、劉彝範賀正旦。螢雪叢説云，前輩嘗説北狄致祭皇后文，楊大年捧讀，空紙無一字，隨自撰曰："惟靈，巫山一朵雲，閬苑一團雪；桃源一枝花，秋空一輪月。豈期雲散雪消，花殘月缺！伏維尚饗。"仁廟喜其敏給，有壯國體。

四年(甲子一〇二四)春正月庚寅朔，宋遣張傳、張士禹、程琳、丁保衡來賀。〔攷異〕李燾長編於程琳、丁保衡之使，繫之去年九月。見上。

冬十月，宋遣蔡齊、李用和來賀千齡節。

十二月，以蕭從政爲歸義節度使、康筠監門衛賀宋正旦。〔攷異〕李燾長編云，天聖二年六月，出殿中侍御史李孝若同判鄆州，坐接伴契丹使失儀檢也。上因歎才識之士爲不易得，選擇頗難其人。七月，初遣郎中李若谷、祗候范守慶賀契丹妻生辰。若谷等辭日，不俟垂簾請對，遽詣長壽殿奏事，太后不悦；尋命刑部郎中章得象、祗候馮克忠代焉。九月，命度支副使蔡齊賀契丹生辰，祗候李用和副之；兵部員外郎張傳賀正旦，祗候張士禹副之。十二月，契丹遣蕭悖、李延賀正旦。畢沅續通鑑云，冬，遼大閱，聲言獵幽州。二府皆請備粟練師，以待不虞，樞副張知白力辨其僞。未幾，果無事。長編又云，雄州候兵報：有兵入鈔邊界，已乃知渤海人叛契丹，行剽兩界也。司馬光涑水紀聞謂借塞内牧馬。王欽若方病在家，章獻太后命肩輿入殿，問之，曰：「不與則示怯，不如與之；彼以虛言相恐喝耳，未必果來。宜密詔曹瑋，使奏乞整頓軍馬，備非常。」從之。契丹果不入塞。瑋時知定州。知白，字用晦，滄州清池人。歐靖宋聖掇遺云，天聖初，北朝遺書，稱彼境荒饉，借雄州地獵。欽若假告，未知所答。數日，朝，上諭之，對曰：「願假與之。」且曰：「咸平中彼來侵疆，豈先有書乎！」遂依答之。甚捭闔焉。李燾謂曹瑋時知天雄軍，明年十一月，欽若卒。四年正月，又徙永興；七月，復知天雄軍，未嘗知定州也，皆恐傳聞之誤。又，張傳等之使，載在天聖三年，卽遼太平五年也。又異。

五年（乙丑一〇二五）秋（七）〔九〕（據遼史卷一七聖宗紀改）月己亥，以蕭迪烈、〔攷異〕卷十一，聖宗統和四年，奚王府監軍，另一人。李紹琪賀宋太后生辰；耶律守甯、劉四端賀宋帝生辰。

冬十月辛未，宋太后遣馮元宗、史方來賀順天節。

十二月己巳，遣蕭諧、李琪賀宋正旦；乙亥，宋使李維、張綸來賀千齡節。〔攷異〕李燾長編云，天聖三年正月，契丹遣宣徽南院使蕭從順、樞密直學士韓紹芳來賀長甯節，見於宣政殿，皇太后垂簾置酒燕之。薛奎館伴，使欲見太后，奎辭之。及辭，從順有疾，命宰臣王曾押宴都亭驛，從順問：「南使官多假攝何也？」曾曰：「使者之任，惟其人，不以官之高下，今二府八人，六曾奉使，惟其人不以官也。」從順默然。桀驁，稱疾留館下，不時發。上遣使問視，曹利用請罷之，從順知無能爲，徐引去。四月，契丹遣耶律守甯、劉四端賀乾元節。七月，命承旨李維賀契丹妻生辰，莊宅副使張綸副之。九月，户部郎中夏竦賀國主生辰，祗候史方副之；兵部郎中姜遵賀正旦，祗候許兆信副之；右正言張觀賀契丹妻正旦，祗候趙應副之。專遣使賀契丹妻始此。竦自言父承皓與契丹戰殁，母喪未期，義不可行，改命龍圖閣待制馮宗元。十二月，契丹遣彰聖節度使蕭穆古、潘州觀察使鄭文囿賀太后正旦。遼使賀太后正旦始此。後遣蕭從正、仇道衡賀宋正旦。紀載各異。

六年（丙寅一〇二六）春正月己卯朔，宋遣徐奭、裴繼起、張若谷、崔準來賀。

冬十一月乙丑，〔攷異〕十一月，應列戊辰之上，考曆象志朔考，十一月係癸卯朔，乙丑乃二十三日，戊辰乃二十六日，今將十一月移於乙丑之上。見陳浩遼史攷證。宋遣韓翼、田承說來賀順天節。

十二月戊戌，命杜防、蕭蘊賀宋生辰。〔攷異〕李燾長編云，天聖四年正月，契丹遣蕭迪烈、康筠賀長寧節。迪烈等來，遣使賜酒菓，凡三十餘人。因王曾言以州兵代。三月，以承旨李繼爲相州觀察使。初，塞下訛言契丹將絶盟，故遣繼往使，主素服其名，館勞加禮。使即席賦兩朝悠久詩，下筆立成，主大喜。既還，帝欲擢樞副，或斥其不當自稱小臣，乃加刑部尚書，繼辭，固有是命。四月，契丹遣蕭諧、李紹琪賀乾元節。七月，命龍圖閣待制韓億賀契丹妻生辰，崇儀副使田承說副之。詔億名犯北朝諱，權改曰「意」。承說，太后姻庸而自專妄。傳旨曰：「南北歡好，傳示子孫，兩朝之臣，勿相猜阻！」億初不知也。主命別置宴，使其大臣來伴，問億曰：「太后即有旨，大使宜知之，何獨不言？」億曰：「本朝每遣使，太后必於簾前戒勵之，非欲達於北朝也。」主悅，曰：「此兩朝生靈之福也！」即命億以此語致謝。時皆美億。使還，承說坐罰銅。八月，以右諫議大夫范雍賀契丹生辰，染院使侯繼隆副之；起居郎徐奭賀正旦，裴繼巳副之；發運使張若谷賀契丹妻正旦，祗候崔準副之。十二月，契丹遣蕭翰甯、鄭節賀太后正旦；復遣蕭信、石宇賀正旦。接伴使孔道輔言北朝並知兩制臣僚之數，欲乞假官外，各令兼帶本職。太常禮院定國信司奏，正旦朝會，契丹使依舊儀設位龍墀上，次節度使南，升殿，登位如侍宴儀。宋使臣年表，四年七月，刑部郎中章得象、祗候馮克忠賀國后生辰。史均未載。又，長編於章得象等之使，繫於二年七月。稍異。又謂韓億避遼諱，改億曰「意」，史作「翼」。又異。

七年（丁卯一〇二七）春正月壬寅朔，宋遣張保維、孫繼業、孔道輔、馬崇至來賀。〔攷異〕宋史，保維作寶維，繼業作繼鄴，「崇」下無「至」字。

冬十一月，宋遣石中立、石貽孫來賀千齡節；王博文、王雙賀順天節。

十二月丁卯，命耶律蘇葉、原作遂英王永錫賀宋太后生辰；蕭蘇色原作速撒馬（寶）〔保〕永（據遼史卷一七聖宗紀改）賀宋正旦。〔攷異〕契丹國志云，太平六年冬十二月，宋龍圖待制孔道輔使契丹，有優人以文宣爲戲；道輔艴然徑出，主客者邀還，坐，且命謝。道輔曰：「中國與北朝通好，禮文相接，今俳優侮慢先聖，北朝之過也，何謝爲！」契丹君臣默然，酌大卮謂曰：「方今天寒，飲此可以致和氣。」曰：「不和固無害。」自是中國使至不敢侮。道輔，字原魯，孔子四十五代孫也。史未載。李燾長編載於天聖五年十二月。云，擢道輔爲左司諫、龍圖閣待制，時使契丹猶未還也。及還，言於帝曰：「契丹比爲黑水所破，其勢甚蹙。每漢使至，必爲侮慢；若不校，恐益易中國。」上然之。按，天聖五年，即太平七年也。年月均與國志異。長編又云，天聖五年正月，契丹遣蕭道甯、張克恭賀長甯節。二月，詔民間摹印文字，並上有司候委官看詳，方定鏤板。初，上封者言契丹通和，河北緣邊榷場商人往來，多以本朝臣僚文集，傳鬻境上；其間載朝廷得失，或經制邊事，深爲未便。故禁止之。四月，契丹遣蕭蘊、杜防賀乾元節。時程琳爲館伴，蘊出位圖指曰：「南使至契丹，坐殿上，位高；今北使位下，請升之。」琳曰：「此真宗皇帝所定，不可易。」蘊又曰：「大國之卿，當小國之卿，可乎？」琳曰：「南、北朝安有大小之異？」防不能對。或謂此細事，不足爭。琳持不可。蘊乃止。八月，命户部副使王博文、六宅使王準賀契丹妻生辰。十二月，契丹遣耶律甯、元化賀太后正旦；遣耶律罕、王用保賀正旦。契丹國志云，七年四月，星大如斗，聲如雷，自北流西南，光燭天下，尾長數尺，久之，散爲蒼白雲。

八年（戊辰一〇二八）夏六月，命哈納、原作韓甯劉湘賀宋太后生辰。

冬十月，宋遣唐肅、葛懷慜來賀順天節。

十二月丁亥，宋遣寇瑊、康德來賀千齡節；朱諫、（唐）〔曹〕英（據遼史卷一七聖宗紀改）、張逸、劉永釗賀兩宮正旦。〔攷異〕李燾長編云，天聖六年正月，契丹遣耶律阿果、李奎賀長甯節。四月，契丹遣耶律錫、劉雙美賀乾元節。八月，命給事中寇瑊賀契丹生辰，祗候康德輿副之。侍御史朱諫賀正旦，祗候曹榮副之。侍御史張逸賀契丹妻正旦，祗候劉永釗副之。榮仍改名英，疑是避契丹諱。契丹國志云，八年三月，契丹饑，流民之宋境上，仁宗曰：「皆吾赤子也。」命給以唐、鄧閒田，所過州縣給食。晁公武郡齋讀書志云，寇瑊奉使，著生辰國信語一卷，往返語録，并景德二年至天聖八年使副姓名及雜傳附於後。沈括夢溪筆談云，天聖中，侍御史知雜事章頻使遼卒於戎中，戎俗無棺櫬，轝至范陽方就斂。自後遼人常造數漆棺，以銀飾之。各使人境，則載以隨行。至今爲例。宋史，頻至紫濛館卒。遼遣内使就館奠祭。命接伴副使護其喪，以錦車駕橐駝載至中京，又具羽葆、鼓吹，吏士持甲兵衛道至白溝。王鞏甲申雜記云，遼謂天使爲赦例郎君。依赦例，日行五百里也。江休復嘉祐雜志云，予奉命迓遼賀正使於雄州，介曰：「唐中和自作借職，割俸與弟。至今四十年，士大夫恐罕能如此。按，史卓行傳止三人，無中和名，其篤念天顯，何異李元彤乎？應補入卓行傳。又，許鋌武清縣志云，張潛道人精於易，不樂仕進，鄉里稱賢。有餽以瓜田者，辭不受。江隣幾雜志云，沈文通學士與高繼方同事，賀契丹正旦於幽州，亦效中國排仗法，服宮駕。歐陽修歸田録云，國朝之制，自學士已上賜命帶者，例不佩魚；若奉使契丹，及館伴北使則佩，事已復去之。惟兩府之臣則賜佩，謂之重金。

九年（己巳一〇二九）夏六月戊子，以耶律思忠、耶律荷、耶律暠、約尼原作遥輦色佛哷、原作謝佛留陳邈、韓紹一、韓知白、張震賀宋兩宮生辰及來歲正旦。

冬十二月丁未，宋遣仇永、韓永錫來賀千齡節；命耶律育、吳克荷、蕭可觀、趙利用賀宋生辰；耶律元吉、崔閏、蕭珠克、原作昭古竇振賀來歲正旦。〔攷異〕史於六月，載耶律思忠等八人充賀宋兩宮生辰及來歲正旦。十二月，又載耶律育等八人充賀宋生辰及來歲正旦。前後兩次凡十六人，未知誤否？姑照録之。李燾長編云，天聖七年正月，契丹遣耶律漢甯、劉湘賀長甯節。四月，遣耶律衮、張震賀乾元節。七月，命刑部郎中狄棐賀契丹妻生辰，陳宗憲副之。八月，侍御史知雜事鞠詠（按，上文正文作仇永）賀契丹主生辰，祗候王永錫（按，上文正文作韓永錫）副之；職方員外郎張羣賀正旦，如京副使石元孫副之；度支員外郎蘇唐賀契丹妻正旦，祗候王德明副之。十二月，契丹遣耶律倚、韓昭一賀正旦，復遣耶律高、韓知白賀太后正旦。宋使臣年表，九年八月，户部判官蘇耆、内殿承制王德賀國后生辰，稍異。餘同。史均未載。

十年（庚午一〇三〇）春正月乙卯朔，宋遣王夷簡、竇處約、張易、張士宜來賀。

冬十二月乙巳，宋遣梅詢、王令傑來賀千齡節。〔攷異〕李燾長編云，天聖八年正月，契丹遣耶律忠、陳邈賀長甯節。四月，耶律育、吳克荷賀乾元節。七月，鹽鐵判官張宗象賀契丹后生辰，香藥庫使李渭副之。八月，工部郎中梅詢賀契丹生辰，副使王令傑副之；秘閣校理王夷簡賀正旦，西染院使竇處約副之；侍御史張億賀契丹后正旦，禮賓副使張士宜副之。十二月，契丹蕭昭古、富振賀太后正旦，復遣耶律元吉、崔潤賀正旦。史均未載。周春遼詩話云，詢使遼賀生辰，詔楊佶迎送，多唱酬。詢每見稱賞，後居相位，卒。有登瀛集五卷行世。見宋史藝文志。沈括夢溪筆談云，刁約使遼，嘗戲爲四句詩曰：「押宴移离畢，看房賀跋支；餞行三匹裂，宣賜十貔貍。」皆紀實也。移离畢，官名，如中國執政。賀跋支，如執衣防閤。匹裂，小木罂，以色綾木爲之，如黃漆。貔貍，穴居，味如㹠子而肥。移离畢，譯作伊勒希。按班伊勒希，滿州語「副」也。按班，大臣也。陸游家世舊聞云，楚公佃，字師農，使北歸，攜所得貔貍至京，狀如大鼠，極肥腯。畏日，爲隙光射輒死。性能糜肉，以一臠投鼎中，肉卽糜爛，北人不甚貴之，但謂爲珍味耳。劉績霏雪録云，北方黄鼠，穴處，各有配。人掘其穴者，見其中作小土窖若牀榻狀，卽其牝牡居也。秋時蓄黍菽及草木之實以御冬，各爲小窖別貯之。睦則出坐穴口，見人則拱兩腋如揖狀，卽竄入穴。韓孟聯句，所謂「禮鼠拱而立」者是也。惟北地猴，形極小，人馴養之，縱入其穴，則銜其鼠而出。味極肥美。北朝恒爲玉食之獻，置官守其處，人不得擅取也。紀昀姑妄聽之云，遼重毗離，亦曰毗令邦，卽宣化黄鼠，明人尚重之，今不重矣。陳繼儒古今詩話作「醎行二匹裂，密賜十貔貍」。移离畢作伊勒希巴，賀跋支作哈卜齊勒。王闢之澠水燕談云，貔貍，穴地取之，嘗飼以牛乳。自公相以下皆不得嘗。頃北使曾攜至京，烹以進御，本朝使其國者皆得食之。張舜民使遼録謂之比令邦。周密齊東野語云，味若㹠而脆。數説當有異同，亦如竹鼦貛貍之類耳。近世不聞有此，問之北客，多不謂然，中國人亦不嗜其味。姜宸英湛園雜記云，遼史國語解引宋刁約詩「押宴移离畢」，云是執政重臣，余讀金史禮樂志，凡行省來，宴，回宴之，押宴官皆從行省定差，就借以文武高爵長官之職以爲轉銜之光。想此卽遼遺制，雖在朝廷亦借銜也。張舜民畫墁録云，北使至，密賜之，使銀一千五百兩，副使一千三百兩，中金也。南使至北，密賜羊羓十枚，毗黎邦十頭。大鼠也。本國歲課，其方別無征徭，唯採捕十數以擬上供。上意禮厚南使，方賜一枚。宋庠楊文公談苑云，契丹通事舍人劉澄奉使，路中有野燕，可食，味絶佳，作詩曰：「野燕寒猶長，沙泉晚更佳。」按聖宗紀，開泰二年，户部侍郎加工部尚書。百官志劉澄爲禮部尚書，其奉使年月未詳。見楊復吉遼史拾遺補。談苑又云，北中大寒，匕箸必於湯中醮之，方得入口，否則與肉相沿不肯脱。石鑑奉使，不曾醮箸以取榛子，沾脣，如烙，皮脱血流，淋漓衣服上。朱彧萍洲可談云，先公至遼，日供乳粥一碗，甚珍，但沃以生油，不可入口。諭之使去油，不聽，因給令以他器貯油，使自酌用之，乃許。遂得淡粥。又遼人相見，其俗先點湯，後點茶。至飲亦先水飲，然後品味疊進，但時與中國相反，本無義理。張邦基墨莊漫録云，玫瑰油，出北中，色白，香馥不可名狀。用爲試香，法用衆香煎鍊，北人貴重之，每雜聘禮物中，只一合。奉使者例獲一小甖。法祕不傳。宣和間周武仲憲文使北，過磁州時，葉著宣遠爲守，謂周曰：「回日願以此油分餉。」反命，贈之，辭曰：「近禁中厚賜北使，得其法，煎成賜近臣，色香更勝。婦翁蔡京新奇數合」云。

十一年（辛未一〇三一）夏六月己卯，聖宗崩於大福河北行宮，〔攷異〕畢沅續通鑑云，遼主末年得消渴疾，語多忌諱，凡死亡者，均不得言及之。守約甚堅，未嘗啟邊釁。諸帝中號爲令主。葬慶陵，謚文武大孝宣皇帝。契丹國志，大福河作大斧河，在上京東北三百里。年六十一，在位四十九年。帝謹事太后，服御皆自檢校。后信讒，每庭辱，帝皆順受無怨辭。好讀唐貞觀政要及太宗明皇實録，稱爲中國英主。譯白居易諷諫集，命番臣讀之。喜吟詩，有御製曲五百餘首。嘗馳馬連殪二虎，又一箭貫三鹿。時幽州試舉人，以「一箭貫三鹿」爲賦題。劉三嘏獻「射二虎頌」。每南使入境，先取宋朝登科記，驗其等甲高低、及第年月。其賜賚物，密令人體探。詔漢兒公事，皆體問南朝法度，不得造次。其欽重宋朝百餘事，皆此類也。時馬得臣嘗録唐高祖、太宗、明皇三紀行事可法者以進。續通考云，時殯梓宮於永安山太平殿，太后率皇族大臨，詔寫御容；并寫北府宰相蕭孝先、南府宰相蕭孝穆像於御容殿。八月，還梓宮於菆塗山，率百官掩莫，出御服瘞之。李埴十朝綱要謂隆緒在位五十八年。稍異。子興宗卽位。甲申，遣使告哀於宋。

秋九月辛亥，宋遣王隨、曹儀致祭；王曙、許懷信、梅詢、張綸來慰兩宮；范諷、孫繼業賀卽位；孔道輔、魏昭文賀太后册禮。甲戌，命御史中丞耶律翥、司農卿張確、詳衮耶律勵、四方館使高維翰謝宋弔慰。

冬十月丙戌，遣工部尚書高德順、崇祿卿李可封如宋饋遺物；上將軍耶律遜、少府監馬（惲）〔憚〕（據遼史卷一八興宗紀改）、上將軍耶律元載、引進使魏永充太后及帝謝宋使。戊戌，命蕭格、趙爲果、耶律郁、馬保業賀宋來歲正旦。〔攷異〕李燾長編云，天聖九年正月，契丹蕭可觀、趙利用賀長甯節。四月，契丹蕭昇、姚居信賀乾元節。六月，契丹主訃聞，輟視朝七日，在京及河北、河東緣邊禁音樂。七月，命御史中丞王隨祭奠，西上閤門使曹儀副之；龍圖孔道輔賀登位，崇儀副使孫繼鄴副之；龍圖梅詢弔慰國母，昭州刺史張綸副之；鹽鐵副使王礹弔慰國主，祇候許懷信副之。契丹耶律克實來告哀，上爲成服於內東門幄殿。引使者至文德殿門奉書，博士贊導，由西階至西上閤門階下北向跪授，閤門使轉授入內都知以進；次引使者見於幄殿，帝向其國五舉哀而止；太后舉哭如上儀。遣近臣詣館弔慰，常服，黑帶，繫鞵，不佩玉。改命樞密直學士寇瑊賀登位，而以道輔賀契丹母册禮使，西染院使魏昭文副之。國母册禮使自此始。瑊病不能行，改命天章閣待制范諷。諷過幽州北，見原野平曠，慨然曰：「此爲戰地，不亦佳哉！」北人相目不敢對。時王曾知天雄軍，北使往還，肅車徒而後進，無敢大聲疾呼者。人樂其政，爲畫像而生祠之。十月，度支員外郎鄭向賀契丹生辰，供備庫使郭遵紀副之；禮部郎中任布賀國主正旦，副使王道範副之；侍御陳炎賀正旦，舍人王克忠副之。閏十月，契丹蕭德順、李可封以契丹主遺留物來獻。詔御史臺自今契丹使見辭，遇假及雙日並爲常朝。十二月，契丹耶律勵、高惟翰來謝册禮；復遣耶律郁、馬保〔業〕（按，上文作馬保業，遼史卷一八興宗紀同，今據補）賀太后正旦；蕭格、趙果賀正旦。按，天聖九年爲遼太平十一年。六月，聖宗殂，子宗真立，改景福元年。契丹國志稱太平十年，而稱景福二年爲景福元年。互異。又，長編云，天聖九年，聖宗訃聞，遣王隨等爲祭奠弔慰使。蓋宋自真宗，遼自聖宗而後，凡弔慶之事，載書史册者爲詳。本紀所載宋使祭弔之儀，雖遼史無明文，謂其儀始自道宗清甯間，第據禮志內有太皇太后之文，考本紀中尊爲太皇太后者，自宣簡皇后於太宗天顯間尊爲太皇太后後，欽哀皇后於道宗清甯間尊爲太皇太后，他無聞焉，則禮志之弔慰兩宮，似在道宗之時。見陳浩遼史攷證。

遼史紀事本末卷二十五

西夏封貢

聖宗統和四年（丙戌九八六）春二月癸卯，西夏李繼遷叛宋來降，拜定難軍節度使，都督夏州諸軍事。

西夏本魏拓跋氏後，古赫連國地。遠祖思恭，唐季賜姓曰李，涉五代至宋，世有其地。至繼遷始大，據有夏、銀、宥、綏、靜五州。夏州，唐置。銀州，後周置，故城在今綏德州米脂縣。宥州，唐元和中置，在今鄂爾多斯右翼前旗。綏州，今綏德州，唐乾元初置，振武軍，領麟、勝二州，地在葭州神木縣。靜州，五代時以唐靜邊廢城置，故城在今綏德州米脂縣。均見宋史地理志。〔攷異〕輿地廣記云，夏州，古爲戎狄，秦屬上郡，後没匈奴，漢武立朔方郡，東漢因之，後入戎狄，赫連勃勃都焉。元魏立夏州，西魏爲宏化郡，隋爲朔方郡，唐曰夏州，又爲朔方郡，升靜難軍。縣三：朔方、德靜、甯朔。銀州，春秋爲白翟，二漢屬西河郡，元魏曰開光郡，後周爲真鄉郡，並立銀州，唐因之，又爲銀川郡，唐末陷拓跋氏，今收復。縣四：儒林、真鄉、開光、甯朔。宥州，歷代地理同鹽州，唐立六胡州，後置蘭池都督府，分六胡州爲縣，併爲匡、長二州，改宥州，後爲甯朔、懷德、寶應等郡，後没吐蕃。長慶中，李祐奏置縣二：延恩、長澤。綏州，春秋爲白翟，秦、漢屬上郡，西魏立安樂郡，並立綏州，隋改雕陰郡，唐爲綏州，今爲綏德城，升爲軍。縣五：龍泉、延福、綏德、城平、大斌。所載各異。民俗〔勇〕（據遼史卷一一五西夏傳補）悍，習戰。初臣宋有年，賜姓趙。因兄繼捧朝宋，詔發親屬赴闕，繼遷不樂内徙，叛入地斤澤，〔攷異〕東都事畧作地邱澤，在榆林府懷遠縣故夏州東北。襲據夏州，至是來附，遂復姓李。時宋太宗雍熙三年也。〔攷異〕李燾長編云，時繼遷與其黨數十人奔入地斤澤，距夏州東北三百里。知夏州尹憲偵知，與巡檢使曹光實選精騎夜襲，繼遷與弟繼沖遁免，獲其母妻而還。乃宋太平興國七年，即遼統和元年。是繼遷先已叛宋，至是始來附耳。續綱目云，雍熙二年二月，李繼遷誘殺曹光實，據銀州；田仁朗討之，徵還，副將王侁擊走之。銀、麟、夏州蕃内附。明年二月，繼遷遂降契丹。畢沅續通鑑云，遼又以繼沖爲副使。史未載。宋史太宗紀，雍熙二年四月，夏州行營破西蕃息利族，斬其代州刺史折羅遇并弟埋乞。又破保、洗兩族，降五十餘族。東都事畧云，時武州團練使郭守文破夏州鹽城鎮岌羅賦等十四族，斬首數千級，焚千餘帳，俘獲無算。又破咩鬼，殲焉。諸部來降。凡銀、麟、夏三州歸附者百二十五族，萬六千餘户。西鄙以甯。仁朗，元城人。王侁，浚儀人，周王朴子。曹光實，字顯忠，雅州百丈人。繼遷爲繼捧族弟，其高祖思忠爲思恭弟，討黄巢戰殁。

冬十月，遣使來貢，自是信使不絶。

十二月丁巳，繼遷引五百騎款塞，願婚大國，永作藩輔。詔以王子帳節度使耶律襄女題木原作汀封義成公主下嫁，賜馬三千匹。（按，下文七年三月亦記此事，遼史卷一一聖宗紀同。考卷一一五西夏傳，似以七年爲是，則此年或系請婚，七年成婚）

六年（戊子九八八）春三月癸未，李繼遷遣使來貢。〔攷異〕薛應旂通鑑云，時繼遷侵擾日甚，趙普請復命繼捧鎮夏州，帝召見，賜姓名趙保忠而遣之。爲宋端拱元年，即遼統和六年。西夏外紀未載。

七年（己丑九八九）春三月戊戌，以王子帳耶律襄女下嫁李繼遷。〔攷異〕續通考云，統和十四年三月，以蕭恆德女嫁高麗王治子；太平元年三月，以王子班郎君胡思里女可老爲公主，嫁大食國王；興宗景福元年十二月，以興平公主嫁夏國王元昊；道宗壽隆五年，以族女成安公主嫁夏國王李乾順。此遼一代和番公主之可考者。按，恆德女係許嫁高麗王治，未嫁而治卒。見高麗外紀，與續通考異。

八年（庚寅九九〇）春正月，夏遣使來謝。

三月丁丑，遣使來貢。

秋九月壬辰，遣使獻宋俘。

冬十月丙午，復以敗宋軍來告。

十二月癸卯，克宋麟、鄜等州，來告。〔攷異〕畢沅續通鑑云，是歲三月，夏州敗李繼遷。此外并無戰事，攷之各書皆然。疑僞。 宋史地理志云，鄜州，元魏置爲洛交郡，保大軍，治宜川。輿地廣記云，春秋屬白翟，秦、漢屬上郡，晉陷戎狄，元魏置東秦州，又爲北華州，西魏改敷州，隋爲鄜城郡，唐號鄜州，後改洛交郡，升保大軍。今縣四：洛交、洛川、鄜城、直羅。 庚戌，遣使封李繼遷爲夏國王。〔攷異〕宋史夏國傳作雍熙三年事。

九年（辛卯九九一）春二月丙（子）〔午〕（據遼史卷一三聖宗紀改）夏國遣使來告侵宋捷。

夏四月乙亥，遣李知白攷詳卷七來謝封册。

秋七月己未，以復銀、綏二州來告。

冬十月壬申，遣使上宋所授勅命。其兄繼捧來附，授檢校太師兼侍中，封西平王。〔攷異〕畢沅續通鑑云，繼捧降契丹事，宋史及諸書俱不載，惟陳桱續編載之，與遼史同。足知宋史之疏漏多矣。陳浩遼史攷證謂繼捧未嘗附契丹，蓋繼遷之誤。又異。

十二月，繼遷潛附宋，遣招討使韓德威持詔諭之。〔攷異〕續綱目云，淳化二年七月，趙保忠言繼遷悔過歸誠，拜銀州刺史。未幾，與戰於安慶澤，繼遷中流矢，遁去。復寇夏州，遣翟守素赴援；兵至，繼遷謝罪，授銀州觀察使，賜姓名趙保吉。子德明爲蕃落使。畢沅續通鑑云，親弟繼沖亦賜名保甯，授綏州團練使，封其母罔氏西河郡太夫人。所載較詳。歐陽修歸田録云，王元之在翰林，嘗草夏州李繼遷制，繼遷送潤筆物數倍於常；然用啟頭書送，拒而不納，蓋惜事體也。王闢之澠水燕談云，元之草繼遷制，送馬五十匹，潤筆，却之。後守永陽，閩人鄭褒有文翰，徒步謁公，及還，公買馬一匹遺之，或謗其虧價。太宗曰：「彼能却繼遷五十匹，顧肯虧一匹馬價乎？」劉於義陝西通志云，安慶澤在懷遠縣北套内榆林府北界。又，夏州寨門鎮北十八里有蘆子關。後唐長興四年，李彛超以夏州拒命，遣藥彥稠等討之，進屯蘆關；彛超使党項抄掠，官軍自蘆關退保金明。見通鑑。宋淳化中築砦，後廢，元豐四年，復爲戍守之所。見宋史。又，銀州關在米脂縣西九十里，上有古城。宋元豐五年，种諤上言，横山延袤千里，城壘皆控險，足守禦，興功當自銀州始。見宋史种諤傳。

十年（壬辰九九二）春二月乙丑朔，韓德威奏李繼遷托故不出，至靈州輿地廣記云，古戎狄地，秦、漢、魏、晉屬北地郡，元魏立靈州，後周爲普樂郡，隋廢州立靈武郡，唐改靈州，又爲靈武郡，升朔方軍。縣四：回樂、靈武、懷遠、保靜。俘掠以還。尋遣使來訴，詔撫諭之。

十二年，（甲午九九四）夏遣使來貢。〔攷異〕續綱目云，淳化五年正月，趙保吉寇靈州，遣李繼隆等討之。三月，入夏州，執趙保忠送京師。保吉遁去。詔削姓名。畢沅續通鑑云，保忠爲保吉所襲，已又陰結保吉，指揮趙光嗣知之，執保忠，幽於別所。丁丑，開門納王師，繼隆擒送闕下。詔拜光嗣夏州團練使。因呂蒙正言，墮夏州城，繼隆諫，不聽。七月，繼遷獻良馬。八月，遣弟延信奉表請罪。十一月，帝遣張崇貴往諭，賜以器幣。而宋史秦翰傳云，翰諷保忠郊迎王師，因就擒。沈括夢溪筆談云，繼捧與弟繼遷謀叛，李繼隆率師馳至克胡，渡河入延福縣，自鐵笳驛夜入綏州，遂引兵馳抵撫甯縣，繼捧猶未知；進攻夏州，繼捧狼狽出迎，擒之歸。宋史周美傳，時命美開治塞門、鵶兒兩路，大破賊於芙蓉谷及野家店，屠嘉勒斡多葉二百帳，焚其積聚以歸。塞門砦在安塞縣西北百五十里。李燾長編云，時裨將侯延廣等議誅保忠及出兵追保吉。繼隆曰：「保忠机上肉，當請於天子；保吉遠竄窮磧，難於轉輸，宜持重，未易輕舉也。」延廣等服其言。保忠至京，封宥罪侯，削保吉所賜姓名。五月，府州折御卿言：銀、夏等州蕃、漢户八千帳族來附，獲馬牛羊萬計；授御卿永安節度。八月，繼遷遣趙光祚、張浦詣綏州，見張崇貴，求納欵，會於石堡寨，犒諭之；弟延信到京，上召見，錫賚甚厚。初，學士錢若水撰賜繼捧詔曰：「不斬繼遷，存狡兔之三窟；潛疑光嗣，指首鼠之兩端。」上大喜，謂若水曰：「此四句正道着我意。」及是，又草賜繼遷詔曰：「既除手足之親，已失輔車之勢。」上批其後曰：「依此詔本，極好！」若水家因寶藏之。宋史夏國傳，延信作廷信。保忠後死於復州，贈威塞節度使。蒙正，字聖功，謚文穆。史未書夏爲宋敗事。

十三年（乙未九九五）春三月癸丑，夏遣使來貢。

冬十二月辛巳，以敗宋師，遣使來告。〔攷異〕畢沅續通鑑云，至道元年三月，繼遷遣押衙張浦來貢。六月，授繼遷鄜州節度使，不奉詔。八月，入寇清遠軍，擊走之。薛應旂通鑑謂爲張延所敗，未嘗言宋敗也。清遠軍，宋置，故城在甯夏府靈州東南。

十四年（丙申九九六）春正月丙寅，夏遣使來貢。〔攷異〕畢沅續通鑑云，至道二年，繼遷寇靈州，圍城歲餘，地震二百餘日，城中糧絶。中使竇神寶潛遣人市糴河外，宵運以入，間出兵擊賊，卒全其城。薛應旂通鑑云，初，白守榮護芻粟四十萬赴靈州，繼遷邀擊於浦洛河，盡奪之。帝怒，命李繼隆等分五路進討，直趨平夏。保安軍奏獲繼遷母，置之延州。繼隆不見敵而還；副將范廷召擊敗之於烏、白池。宋史太宗紀，烏、白池之戰，獲未幕軍主吃囉及指揮等二十七人。李燾長編云，時繼隆請自青岡峽抵繼遷巢穴，不及援靈州。上怒，切責。繼隆不俟報，發兵，與丁罕合，行十數日不見敵，引還。張守恩見賊不擊，歸本部。獨王超、范廷召至烏、白池，破賊，斬首五千級，生擒二千餘人，獲其酋鄂摩克軍、主齊囉、指揮使二十七人，馬二千匹，兵仗萬計。繼遷遁去。超子德用戰尤力。繼隆後病瘫，醫言不可治。真宗曰：「繼隆往歲西征，枉道悮期，至陝西之民殍死甚衆，倉卒多殺戮，必寃枉，此可爲戒也。」命僧作佛事四十九日而罷。卒，贈中書令，謚忠武。方輿紀要云，平夏，城名，卽懷德軍，隸鄜延路。今延安府保安縣。又，浦洛河，亦曰溥樂河，在甯夏府靈州南，北流入黄河。烏、白池，鹽池也，在靈州東南。李吉甫元和郡縣志云，靈州五原縣有烏、白二池，出鹽，卽此。鹽州，今升爲郡，故城在今甯夏府靈州，卽花馬池營也。延州，卽今延安府。續通考云，鹽池有二：一在甯夏衛北四百里；一在衛東南二百七十里。鹽皆不假人力而成。又，山丹衛城北五百里，池產紅鹽。又，居延澤旁亦有池，產白鹽。外紀未載繼遷母被擒事。

十五年（丁酉九九七）春二月丙午，夏遣使來貢。

三月己巳，以破宋兵，遣使來告。己卯，封李繼遷爲西平王。

夏六月壬子，遣使來謝封册。

冬十二月壬子，夏遣使來貢。〔攷異〕續綱目云，至道三年三月，真宗立。十二月，繼遷復請降，詔以五州與之，賜姓名如故，未言戰事。惟畢沅續通鑑云，十月，繼遷寇靈州，楊瓊擊走之。又未言宋敗。

十六年（戊戌九九八）春二月庚子，夏遣使來貢。〔攷異〕潘永因宋稗類抄云，真宗咸平元年，賜繼遷名，復封西平王。時諸翰林草詔冊不稱旨，惟宋湜深探上意，必欲推先帝欲封之意，因進辭曰：「先皇帝早深西顧，欲議真封，屬軒鼎之俄遷，建漢壇之未逮。故茲遺命，特付眇躬；爾宜望弓劍以拜恩，守疆垣而效節！」上大悅。未幾參大政。李燾長編謂遣內侍張崇貴持詔賜之。又云，二年秋，河西叛羌和諸克族長蒙吉布等引趙保吉寇麟州萬户谷，進至松花（谷）〔寨〕（據長編卷四五改），知府州折惟昌力戰禦之，兵小衄，從叔（悔）〔海〕（同上書改）超、弟惟信死之。未幾，保吉黨旺布、伊特滿復來寇，惟昌與宋思（蒙）〔恭〕（同上書改）、劉文質合兵擊敗之於埋井峰，斬獲甚衆。詔書褒美。按，咸平二年即遼統和十七年也。史均未載。

十八年（庚子一〇〇〇）冬十一月甲戌朔，授李繼遷子德昭朔方節度使。〔攷異〕宋史夏國傳，繼遷子德明，史作德昭，蓋因避諱改耳。小字阿移。李燾長編云，咸平三年九月，知靈州李守恩、轉運使陳緯部送芻粟過瀚海，爲繼遷所邀，皆戰没，守恩弟守忠、子象之、望之俱死。上震悼，悉贈官。未幾，防禦使王榮護送靈武芻粟至積石，爲番部抄掠，徐興、李重誨等與戰，兵敗，亡失殆盡。事聞，並削籍坐流。注謂與守恩疑係一事，恐史載不詳耳。張崇貴傳，時繼遷與李繼福有隙，因緣內擾，崇貴與張守恩擊敗之，俘獲甚衆。史未載宋、夏戰事。

十九年（辛丑一〇〇一）春三月乙亥，夏遣李文貴〔攷異〕夏國外紀作李文冀。來貢。

夏六月戊午，奏下宋恆、環、慶等三州，賜詔褒美。〔攷異〕續綱目云，咸平四年八月，命張齊賢爲涇原諸路經略使，奏靈武難守，通判何亮上安邊書爭之。詔羣臣議：楊億言棄之便，輔臣不可。遣王超爲行營都部署，將步騎六萬援靈州。九月，保吉寇清遠軍，都監段義叛降，楊瓊擁兵不救，城遂陷。復攻定州、懷遠，至唐隆鎮，曹璨擊敗之。　李燾長編云，時繼遷遣牙將來貢馬，猶稱賜姓，然抄掠益甚。命張齊賢行邊，梁灝爲副。　按，宋史齊賢傳，謂清遠軍陷乃出使，蓋誤賊陷清遠在九月二十日，此時未也。　司馬光涑水紀聞云，石熙政知甯州，上言：「昨清遠軍失守，蓋朝廷素不留意，因請兵三五萬。真宗曰：「西邊事吾未嘗忘，熙政遠不知耳！」周瑩等曰：「清遠失守，將帥不才也，而熙政敢如此不遜，必罪之！」上曰：「羣臣敢言者甚難得，言可用，用之；不可用，置之。若必加罪，後誰敢言者！」因賜詔褒美。　時齊賢等西還，録故駐泊李贊死事功，授其子重貴等官。畢沅續通鑑謂援靈州者尚有張凝、秦翰，均未言下恆、環、慶三州。輿地廣記云，環州由靈州分置，後周曰會州，隋改環州，唐初爲會州，改環州，又爲安樂州，以居吐谷渾部落。後入吐蕃，大中三年收復，名威州，周爲環州，升通遠軍。慶州，周之先不窋居之，秦、漢屬北地郡，西魏立朔州，隋曰慶州。按，環州，今慶陽府環縣。是宋以慶、環、邠、甯、乾爲環慶路。定州，宋置，故城在今甯夏府新渠縣。懷遠鎮在甯夏縣西南。宋史真宗紀，是歲西夏蕃族訛遇等歸順。又，訛豬等率屬來附。河外砦主李瓊等以城降西夏。曹璨，字韜光，彬子。

二十年（壬寅一〇〇二）春正月甲寅，夏遣使貢馬、駞。

夏六月，夏遣劉仁勗來告下靈州。〔攷異〕宋史真宗紀，正月，夏將臥浪己等内附，張凝襲諸蕃，焚族帳二百餘，斬首五千級，降九百餘人。李燾長編云，咸平五年正月，慶州胡家門等族桀黠難制，凝乘其不備擊破之。石、隰州部署言，繼遷部下指揮使鄂朗吉等四十六人來附。詔補軍主，賜袍笏，給田處之。時裴濟守靈州，凡二年，謀輯八族興屯田，民甚賴之。及被圍餉絶，刺指血染奏求救，大軍遠，不至，城遂陷；事聞，贈鎮江節度。其子德昌等悉授官。九月，延州言戎人入寇，金明都監李繼周擊走之。畢沅續通鑑云，初，慶州發粟詣靈州，殿中丞鄭文寶策其必敗，已而轉運使陳緯果没於賊；三月，遂陷靈州，知州事裴濟死之。繼遷以靈州爲西平府，居之。在甯夏鎮南九十里。六月，以衆（三）〔二〕（據續通鑑卷二三宋紀改）萬攻麟州，知州衛居實出戰，殺萬餘人，繼遷遁。史祇載下靈州，未言麟州兵敗事。

唐書，高宗咸亨中，吐谷渾畏吐蕃，徙之於靈州，以鳴沙縣地置安樂州處之。鳴沙故城在今甯夏府中衞縣。濟，字仲浦，聞喜人。

二十一年（癸卯一〇〇三）夏五月丁巳，西平王李繼遷卒，其子德昭遣使來告。

六月己卯，贈尚書令。遣西上閤門使丁振弔慰。

秋九月己亥，李德昭遣使來謝。〔攷異〕李燾長編云，咸平六年二月，繼遷子阿伊克元從劉榮來降，補三班借職，賜居第。又，蕃部伊實族羅莽等帥其族百餘帳來歸，詔授指揮使，喇呼爲軍使，賜賚有差。三月，綏州東西蕃部軍使葉錦等百九十五口內屬。環慶都部署張凝言招降前後所得沁陽等一百八十四族，優給賞賜。四月，洪德寨主段守倫言繼遷入寇，蕃官慶桑、泊伽哲慶等族相與敗走之；授慶桑順州刺史，伽哲慶羅州刺史。九月，銀州牙校時（義）〔乂〕（據長編卷五五改）等挈族歸順，補右三班借職。（按，據同上書，此事在十月丙戌）又，指揮劉賛率屬來降。（按，據同上書，此事在十一月癸巳）宋史真宗紀，四月，繼遷寇洪德砦，蕃慶香、乩移慶等擊走之，以慶香等領刺史。續綱目云，保吉陷清涼，殺丁惟清，蕃酋巴勒結僞降，因集衆合擊，保吉大敗，中流矢，創甚，奔還靈州，死焉。子德明幼，曹瑋請討之，弗許。史未載繼遷中矢事。瑋字寶臣，真定靈壽人，彬子。畢沅續通鑑，巴勒結作潘羅支，云，六月，豐州瓦窑沒劑、加（罪）〔羅〕（據續通鑑卷二三宋紀改，下同）、昧（加）〔克〕（同上書改）等族以兵濟河擊李德明，敗之。時德明尚幼，輔臣請降；詔招諭。鈐轄張崇貴先遣書。答稱：「未葬，難發表章，乞就便具奏。」事聞，賜詔諭意。宋史加（罪）〔羅〕作如（罪）〔羅〕（據宋史卷七真宗紀改）。又作擊敗繼遷。司馬光涑水紀聞云，繼遷兵敗被擒，且死，屬德明必歸朝廷。及死，德明納款。詔向敏中知延州，受其降。長編謂繼遷未必有此遺言，恐係德明假託之辭。巴勒結作博羅齊。又謂德明初名阿伊克，書其事於景德元年正月。均異。按，繼遷之死，本傳及吐蕃傳並在去年十一月。司馬光稽古録亦同，獨本紀、實録仍於今年二月書之，恐傳、録因西涼事并書，其實在今年正月也。按，景德元年爲遼統和二十二年。所載各判。後廝囉齊以救洎隆族爲繼遷黨所戕，弟斯多特代爲首領。今攷宋史夏國傳亦謂繼遷死在景德元年正月，而續綱目作是年十二月，又異。又，巴勒結亦作巴喇濟，保吉黨，係密珠珠爾等族。豐州，隋置，故城在今鄂爾多斯右翼後旗。清涼即涼州，宋初爲西涼府。敏中，字常之，開封人，謚文簡。

二十二年(甲辰一〇〇四)春三月乙未，李德昭遣使上其父繼遷遺留物。

秋七月甲申，封德昭爲西平王。

冬十月己酉，遣使謝封册。〔攷異〕宋史真宗紀，景德元年三月，麟府路敗夏人於神堆，破其砦，其部將都尾等内附，敗戎人於石門川。李燾長編云，時知鎮戎軍許均、鈐轄秦翰領兵入蕃界，獲生口，降部落甚衆。又，石門川之捷爲曹瑋，時猶許均知州事。外紀均未載。

二十三年(乙巳一〇〇五)春二月丁巳，夏遣使告下宋青城。〔攷異〕李燾長編云，景德二年(正)〔二〕(據長編卷五九改)月，環州言戎人入寇，熟户旺家族擊走之，獲其軍主，俘掠甚衆。四月，寇環州，敗之。執其酋慶結送闕下，請斬於藁街以警蕃部；上令配隸淮南。六月，德明遣牙將王旻奉表歸欵，賜旻錦袍、銀帶，遣侍禁夏居厚齎詔答之。因張崇貴言，詔諸部勿縱兵出境。十二月，復遣其教練使郝貴來貢。此據會要，國史、實録皆無之。明年五月，德明遣其兵馬使賀永珍來貢馬，復遣賀守文來貢。時德明雖累修貢，而於張崇貴所議七事，訖莫承順。曹瑋請假精兵，出不意，擒德明送闕下；不報。密鄂克、延家、碩克威等族三千餘帳内附。瑋領兵徙其家屬以還。六月，德明使賀永正等來貢。畢沅續通鑑云，九月，趙德明始遣其都知兵馬使白文壽來貢。未言下青城事。明年復遣賀守文來貢。陸游老學庵筆記云，王荆公所賜玉帶，闊十四(稻)〔掐〕(據津逮秘書本老學庵筆記卷七改)，號「玉抱肚」，真廟時趙德明所貢。

至紹興中，王氏猶藏之，曾孫奉議郎璹始復進入禁中。

二十五年（丁未一〇〇七）秋七月壬申，李德昭母卒，遣使弔祭，起復。〔攷異〕李燾長編云，景德三年九月，鈐轄張崇貴奏：「德明遣牙校劉仁勗來進誓表，請藏盟府。」許之。擢崇貴内侍省都知，賞其功。德明尋遣使貢馬駞。續綱目云，景德三年十月，趙德明請降，授定難節度使，封西平王。未幾，契丹亦册爲夏國王。按景德三年爲遼統和二十四年也。所載年月稍異。

二十七年（己酉一〇〇九）冬十二月辛卯，太后崩。壬辰，遣使報哀於夏。

二十八年（庚戌一〇一〇）秋九月乙酉，册李德昭爲夏國王。

開泰元年（壬子一〇一二）夏四月壬寅，夏遣使進良馬。

冬十一月己亥，賜夏使曹文斌、吕文貴、竇珪祐、守榮、武元正等爵有差。〔攷異〕西夏外紀未載夏使賜爵事，今從聖宗紀。

二年（癸丑一〇一三）秋七月，詔李德昭：「今西伐党項，爾當東擊，毋失犄角之勢。」〔攷異〕外紀未載，今從聖宗紀。

八月壬戌，遣引進使李延弘賜德昭及義成公主車馬。

太平元年（辛酉一〇二一）冬十一月，夏遣使來貢。〔攷異〕畢沅續通鑑云，天禧五年冬，趙德明始城懷遠鎮而居之，號興州。宋史夏國傳，天禧四年，遼主親將兵五十萬攻涼甸，德明率衆逆擊，敗之。時遼開泰九年也。聖宗紀及外紀均未載。續通考云，夏據五州，緣境七鎮，東西二十五驛，南北十餘驛。李德明曉佛書，通法律，嘗觀太乙金鑑訣、野戰歌，製番書十二卷，又製字若符篆。其自號嵬名。設官分文武。凡出兵，四卜：一、炙勃焦，以艾灼羊髀骨；二、擗算，擗竹於地求數若揲蓍；三、咒羊，夜牽羊焚香禱之，又焚（穀）（原缺，據遼史卷一一五西夏外記補）火於野，次晨屠羊，腸胃通則吉，羊心有血則敗；四、矢擊弦，聽其聲知勝敗。及敵至期，病，惟召巫送鬼，或遷他室，名閃病。喜執仇人，負甲葉於背識之。仇解，用犬血和酒貯髑髏中飲之，誓不復仇；否則率壯婦縱火焚廬。俗以敵女兵不祥，輒避去。出軍用單日，避晦日；多立虛寨，設伏兵，衣重甲，乘善馬。以鐵騎爲首鋒，用鐵勾索（級）〔絞〕（同上書改）聯，雖死馬上不落。此其大概也。所載甚詳。

二年（壬戌一〇二二）冬十月壬寅，遣堂後官張克恭賀李德昭生辰。〔攷異〕外紀未載，今從聖宗紀。又八年六月，復遣吳克荷賀德昭生辰。外紀亦未載。

六年（丙寅一〇二六）冬十月庚辰，遣使問夏國五月與宋交戰之故。〔攷異〕外紀未載，今從聖宗紀。康海武功志云，天聖中，夏人犯邊，自新平以下，時被抄掠。武功令种世衡選子弟數千人教之騎射。時稱武功人善射者，世衡之所教也。

十一年（辛未一〇三一）夏六月，聖宗崩，報哀於夏。李德昭遣使來進賻幣。是歲，興宗立，以興平公主下嫁德昭子元昊，拜駙馬都尉。〔攷異〕李燾長編云，德明凡娶三姓。默穆氏生元昊，密克默特氏生沁威。元昊小名葉邁，羌語惜富貴也。長五尺餘。少時衣長袖緋衣，冠黑冠，佩弓矢。出乘馬，前後百餘騎護從。曉浮屠學。初制禿髮令，先自禿髮，下令國中，三日不從則殺之。以兵法部勒諸羌。始衣白窄衫、氈冠、紅裹頂，冠後垂紅結綬，自號嵬名吾祖（按，遼史卷一一五西夏外記作「嵬名」，無「吾祖」二字。）欲舉兵，率酋豪獵，問所見，擇取其長。按，默穆一作米母；密克默特一作咩迷沁裕勒；一作成遇額藏渠懷；一作訛藏屈嚷；沁威一作成嵬；葉邁一作崖埋。畢沅續通鑑云，德明娶衛慕氏，生元昊，性凶鷙猜忍，通蕃、漢文字，嘗引兵襲夜洛隔可汗王，破之，奪甘州。數諫德明無臣中國。德明謂：「三十年錦綺皆宋天子恩。」元昊曰：「英雄之生，當王霸耳，何錦綺爲？」復攻拔西涼府。續綱目云，元昊，小字嵬理。雄毅多大畧。善繪畫，能創製物始。圓面高準。明號令，立蕃、漢學。用華州二生，曰張元、吳昊爲謀主。其徒遇乞先刱造蕃字，累年方成。至是下令國中，悉用蕃書。又，元昊製字，命野利仁潤色之，字體方整類八分。見宋史。沈存中作約噶製蕃字，獨居一樓。又異。洪邁容齋三筆云，張、吳皆關中人。吳詩不傳，張爲鸚鵡詩，末云：「好令八龍收拾取，莫教飛去別人家。」蔡絛西清詩話載其雪詩，末云：「戰罷玉龍三百萬，敗鱗殘甲滿天飛。」岳珂桯史云，景祐末，張、吳初入夏酒家，劇飲，書壁曰：「張元、吳昊來飲此樓。」邏者執之，夏酋詰以入國問諱之義，曰：「姓尚不理會，乃理會名耶！」時曩霄未更名，且用中國賜姓也，竦然異之，日尊寵用事。其詩、文雜見於田承君集。長編注云，康定元年五月九日，捕家屬送闕；六月，安置房州。田晝記張、吳事云，時二人家屬羈縻隨州，二人使諜矯中國詔釋之，西人臨境作樂迎護，駿馬馳去。沈括清夜錄云，二人累舉不第，有縱橫才，欲謁韓范，刻詩石上，使曳於市而笑。後有姚嗣宗，亦關中人，與張、吳善，題詩崆峒寺云：「南粵干戈未息肩，五原金鼓又轟天；崆峒山叟渾欲語，飽聽松聲春晝眠。」范巡邊，見之，大驚。又有「踏破賀蘭石，掃清西海塵；大開雙白眼，只見一青天」句。後不知所終。周煇清波雜志云，元本布衣，獻詩於魏公，不納；遂投西夏用事。熊子復九朝通畧云，康定元年，華州進士張源逃入夏界，詔賜其家錢米以反間之。却用此「源」字。

興宗重熙元年（壬申一〇三二）冬十一月丙戌，夏遣使來賀。辛卯，李德昭卒，册其子夏國公元昊爲王。〔攷異〕李燾長編云，宋仁宗明道元年十一月，進德明夏王，尋卒，延州以聞，輟視朝三日，贈官。命朱昌翰等爲祭奠使，賜賻絹布有差。將葬，賜物稱之。太后所賜亦如之。帝與太后復爲德明成服於苑中，百官奉慰，封元昊西平王。遣楊告爲旌節官告使，朱允中副之。時陰懷叛計。明道改元，而元昊避父名稱顯道。初對使者設席，自尊大，而告徙坐即賓位，不爲屈。又聞屋後有數百人鍛聲，知其必叛，不敢言。又，昌符道病故，改命孫祖德。景祐元年閏六月，府州言元昊自正月後屢寇邊，詔部署司嚴兵備之。八月，元昊率萬餘衆來寇。先是，慶州柔遠蕃部巡檢嵬布領兵攻破夏州後橋新修諸堡，至是稱「報仇都巡檢」。楊遵柔等與戰於龍馬嶺，敗績；都監齊宗矩等援之，次節義峯，遇伏，宗矩被執，久之放還，均坐貶。母米氏、族人尚實謀殺元昊，事覺，酖其母米氏，沈尚實之族於河。遣使告哀，命祗候王中庸致祭，舍人郭勸弔慰。賂遺勸等百萬，拒不受。元昊復立額藏渠懷爲烏尼。烏尼者，太后也。景祐二年冬，元昊遣索諾爾將兵二萬五千攻嘉勒斯賚，敗死畧盡，索諾爾被執。元昊自攻氂牛城，不下；詐約和，城開，乃大縱殺戮。又攻青唐、帶星嶺諸城，阿薩爾以兵絶元昊歸路，晝夜戰，薩爾敗，然部兵溺總噶爾河及饑死甚衆。元昊并兵臨河湟，既渡河，插旗幟識其淺；嘉勒斯賚潛使人移植深處以誤之。及大戰，元昊潰而歸，視幟渡，溺死十八九。所斬獲甚衆。續綱目云，明道元年冬，封德明夏王，尋卒，贈太師、尚書令兼中書令。遣楊吉授元昊三使，封西平王。避父諱，改明道爲顯道，稱於國中。景祐元年七月，元昊反，寇環、慶。初，慶州巡檢威通攻破後橋諸堡，元昊遂寇慶州，楊遵與戰，敗績，齊宗矩被執，尋放還。改元開運，或言石晉敗亡之號，始改廣運。米氏作威摩氏；尚實作山喜。二年十二月爲吐蕃嘉勒斯賚所敗。氂牛城作猫牛城；總噶爾作宗噶爾；阿薩爾作阿洎爾。三年冬，取瓜、沙、肅州，而洪、定、威、龍皆即堡鎮號爲州，仍居興州，號興慶府。阻河，依賀蘭山爲國，地方萬里，改元大慶。設十六司總庶務，置十二監軍司，兵十五萬備鎮守。賀蘭山，在今甯夏府甯朔縣西。李𡌴十朝綱要云，元昊舉兵攻蘭州，諸羌侵掠至馬銜山，遂併甘、瓜、沙、肅兵五十餘萬。趙珣聚米圖經云，元昊既屠氂牛城，築城凡川會，絶吐蕃通中國路，誘脅諸部酋豪。斯賚因二子猜阻，徙居哩沁城，在總噶爾城西。高永年隴右日録云，斯賚勢折而徙青唐城，或即哩沁也。元昊傳作景祐二年事，聚米圖經謂在明道中。後再舉，陷瓜、沙、肅三州，與實録附傳先後不同。魏泰東軒筆録云，吐蕃後有唃廝羅，甚强；祥符間，敗於三都谷，勢遂弱，謹修朝貢。自元昊舉兵攻破萊州諸羌，南侵至馬銜山，斷蘭州路，唃氏不能入貢。寶元二年，議者欲牽制西夏，遣屯田員外郎劉渙奉使抵青唐城，命爲邈州都統；廝羅大喜，舉兵助討賊，復與中國通矣。周煇清波雜志云，時劉渙至吐蕃。蕃中不識朝廷，但言趙家天子及東宮趙家阿舅。蓋吐蕃與唐連姻，故稱阿舅，至今不改。宋史仁宗紀，景祐元年十二月，賜元昊佛經，未書其反，而寶元二年十二月始載之。外紀均闕書。王闢之澠水燕談云，景祐中，元昊尚修職貢，蔡州進士趙禹上言元昊必反，請爲邊備。流建州。明年果反。逃歸，至京上書，下開封獄；得陳希亮救，擢徐州推官。石守道詩曰：「蔡牧男兒忽議兵」，謂此也。劉攽中山詩話云，景祐中，元昊叛，夏鄭公出鎮長安，梅聖俞送詩曰：「亞夫金鼓從天落，韓信旌旗背水陳。」時獨刻公詩於石。

七年（戊寅一〇三八）春三月辛亥，夏遣使來貢。

夏四月，興平公主卒。公主生與元昊不諧，遣北院承旨耶律庶成往詰其故。〔攷異〕李燾長編云，寶元元年九月，元昊欲三道入寇，從父善約特數諫不聽，懼誅，潛送欵於李士彬。知延州郭勸、鈐轄李渭遣韓周執送元昊，至鼐博坡，元昊射殺之。時元昊自稱烏珠。烏珠者，華言青天子也，謂中國爲黄天子。十月，遂僭號，號大夏。仍遣使來告。寶元二年正月，抵延州，勸等言雖僭號，尚稱臣，可漸以禮屈；詔許使者赴京師。勸等令韓周與俱，及東華門始去本國服表曰：「臣祖宗本後魏帝赫連之舊國，拓跋之遺業也。遠祖思恭，當唐季，率兵拯難，受封賜姓。」餘同諸書。又以三萬騎圍承平寨，部署許懷德射殺其將，賊解去。閏十二月，元昊復遣賀九言遺嫚書，納旌節官告。書畧曰：「特命之使未還，南界之兵躁動於鄜延、麟府、環慶、涇原路，九處入界。」又曰：「南兵敗走，收獲甚多，兼殺下蕃人及軍將士不少。」又曰：「既先通誓約，又別降制命，誘導邊情，潛謀害主，諒非聖意，皆公卿異議，心膂妄圖。有失宏規，全忘大體。」未曰：「伏冀再覽菲言，深詳微懇，回賜通和之禮，洊行結好之恩！」見夏臺事跡。不具載。　續綱目云，寶元元年十月，元昊遣使詣五臺供佛，以窺河東道路。　既還，與諸酋歃血，約先攻鄜延，欲自靖德、塞門砦、赤城路三道并入。　叔父山遇諫不聽，挈妻子來降，郭勸執還元昊。　元昊殺之，遂稱帝。　改元天授，禮法延祚。　尋遣使奉表。　二年六月，削賜姓官爵。　十一月，寇保安軍，狄青擊敗之。　司馬光涑水紀聞云，初，元昊入貢，表稱教練使，衣服禮容皆如牙吏。　寶元二年十二月，鄜延路奏元昊奉表，畧曰：「臣祖宗本出帝冑，當東晉之末運；創後魏之初基。　曩者，臣祖繼遷，心知兵要，手握乾符，大舉義旗，悉降諸部。　臨河五郡，不旋踵而歸；沿邊七州，悉差肩而克。」又曰：「臣父德明，嗣奉世基，勉從朝命。　真王之號，夙感於頒宣；尺土之封，顯蒙於割裂。」又曰：「稱王則不喜，朝帝乃是從。　輻輳屢期，山呼齊舉，伏願以一垓之土地，建爲萬乘之邦家。」於時再讓靡違，羣情又迫。事不得已，順而行之，遂以十月十一日郊壇備禮，爲世祖諡始文本武興法建禮仁孝皇帝。　畢沅續通鑑云，元年（八）〔九〕（據續通鑑卷四一宋紀改）月，山遇來降，不受；詔知延州郭勸等送還，被殺，遂僭號。　二年正月，勸等以其表聞，畧云：「臣以狂斐，制小蕃文字，改大漢衣冠，革樂之五音爲一音，裁禮之九拜爲三拜。軍民屢請，願建邦家，是以受册卽皇帝位。伏願陛下睿哲知人，寬慈及物，許以西郊之地，册爲南面之君。　敢竭庸愚，常敦歡好，魚來雁往，任他鄰國之音；地久天長，永鎮西邊之患！至誠瀝懇，仰俟帝俞。」（按，續通鑑卷四一宋紀只載上述引文的一部分）勸等坐降官。　田況儒林公議云，郭勸械送山遇，賊戮其族無遺類，西人怨懼，向化之心絶矣。賊爲患既劇，朝廷降詔，購募賊中有僞署名職至卑如埋移香者，作輸歸欵，重其封禄，待以郡王，亦終不至，賊黨益固。　狄青，字漢臣，汾州西河人，諡武襄。　張舜民畫墁録云，武襄本西河書佐，逋罪入京，竄名赤籍，以三班差使殿試，出爲青澗城指揮使，种世衡異之，授以兵法，延譽於范公，遂知名。　寶元二年二月，夏寇保安，青與鈐轄盧守懃擊却之，功最多，除殿直。　時金明都監李士彬獲夏州刺史劉乞移，送京師斬之。

九年（庚辰一〇四〇）秋七月癸酉，宋遣郭禎以伐夏來報。〔攷異〕李燾長編云，康定元年正月，元昊遣賀真僞降，范雍厚禮遣之。嗣聞賊大舉，令李士彬分守三十六寨。子懷寶諫，不聽。未幾，賊奄至，懷寶戰死，士彬被執。後十餘年乃死。夏人畏士彬，號「鐵壁相公」。遂乘勝抵延州，雍檄劉平、石元孫來救。平力戰，黃德和先遁，遂與元孫俱被執。實録謂係是月十九日。聚米圖經、涑水紀聞作二十三日戊寅。各異。圖經云，士彬自屯黑兒寨，賊併兵攻入，連破三十餘寨，士彬父子均死。時金明縣令陳説固守，力戰死。贈郎中，録其子。七月，貶趙振知絳州；以固守延州不救塞門、安遠二寨，致陷没故也。以張存代知延州；求内徙，以范仲淹代。命都監周美復金明寨，賊至，擊走之。尋遣殿直狄青等攻西界，盧子平破之。九月，部署葛懷敏出保安軍北木場谷、珪年嶺襲西賊，破之。十月，鈐轄朱觀等襲洪州界郭壁等十餘寨，破之。高繼隆攻經納、旺穆等砦，破之。續綱目云，康定元年正月，夏寇延州，劉平、石元孫戰歿。貶范雍知安州。命韓琦、范仲淹副夏竦，經畧陝西。畢沅續通鑑云，劉平、石元孫被執，賊圍延州七日，會大雪，解去。破金明砦，誘李士彬及其子懷寶，均陷没。延州之敗，黃德和先遁，反誣奏平等降賊。詔置獄。河中府發兵圍平等家。因富弼力奏及吏民赴闕訴平等戰歿狀，事始白。腰斬德和，贈平等官。後納欵，歸元孫，削官編管全州。東都事畧云，元孫爲守信孫，官鄜延副總管，敗於三川口，被執。司馬光涑水紀聞云，金明之陷，從死者高益、韓遂、蔡詠、曹度、王轂，皆贈官。士彬本屬國胡酋，所部十八寨，胡兵近十萬，爲夏人所畏。降者甚衆，後爲内應，襲擒之，元昊割其耳不殺。後十餘年卒於敵中。母妻奔延州。都監桑懌戰死於鎮戎軍。按，長編載劉平等之執，在李士彬兵敗後，與畢沅續通鑑異。餘同。平，字士衡，祥符人。雍，字伯純，河南人。琦，字稚平，安陽人，謚忠獻。仲淹，字希文，吳縣人，謚文正。竦字子喬，江州德安人，謚文莊。士彬，延州金明人。魏泰東軒筆録云，德和係監軍内臣，時屯娘娘谷，去五龍川不及十里，裨將郭遵突圍出，請救不應；又赴延州求援於范雍，不出。二將面縛，遵亦戰死。事聞，遵贈果州團練使，子弟悉拜官。

李元綱厚德録云，後元孫自西夏歸，議賜死，賈昌朝獨曰：「自古將帥被執，歸不死。」元孫獲免。宋史周美傳，康定初，夏破金明諸砦，美請於仲淹曰：「金明當敵衝，今不亟城，將遂失之。」因令美復城如故。張亢傳，康定中，亢護賞物送麟府，敵趣柏子堡來邀，亢擊敗之，乃修建甯等堡。夏人數出争，戰於兔毛川，敗之。建甯堡在府谷縣西北七十里。涑水紀聞又云，康定初，夏寇延州永平塞，塞主監押欲遁，史吉率兵遮城門不令出。敵圍城，吉拒守，乃解去。官至團練使。女爲郭遵妻，有明識，勸勿多藏。時洛苑使高繼隆、知慶州張崇俊、祇候劉政、郭仁禹等破夏後橋寨，轉官有差。是秋，夏寇保安，都部署任福攻其白豹城，克之，俘獲無算。諸將分破族帳四十一，擒僞官張團練等七人，斬數百級。時指揮殿順戍豐州夏團城，力拒守，斬馘甚多，城陷被害。下州録其後。見長編。宋史仁宗紀，五月，夏陷塞門砦，監押王繼元死之。寇三川砦，巡檢楊保吉死之。陷乾溝等堡，死者五千餘人。史未言宋敗。金明砦，隋縣，故城在今延安府安塞縣。河中府爲河東郡護國軍。安州，今德安府。全州，隸廣西路。

十年（辛巳一〇四一）秋九月丙寅，夏遣使獻宋俘。〔攷異〕續綱目云，慶曆元年正月，詔鄜延、涇原會兵討元昊。仲淹與琦議不合，不果行。元昊遣人至延州，仲淹以書諭之。二月，寇渭州，任福敗死於好水川，徙琦知秦州。三月，元昊答書語不遜，仲淹焚之，貶知耀州。八月，陷豐州，夏竦、陳執中免。分陝西爲四路，以仲淹、琦、龐籍、王沿經畧之。軍聲稍振。東齋録云，時張元題詩界上曰：「夏竦何曾聳，韓琦未是奇；滿川龍虎輦，猶自説兵機。」李燾長編云，好水川之敗，死者尚有狄傅、桑懌、豐斌、王慶、劉鈞、劉肅、唐忠、王貴、劉千、白興、楊玉。均贈卹有差，又將校數百人，軍士死者六千人。實録作二月十二日；尹洙集作十四日，今從之。五月，命趙珣爲招討都監，治籠竿城，擊敗之，俘獲千計。珣上聚米圖經及五陣圖兵事十餘篇；太常丞田況亦上兵策十四事。嘉納之。宋名臣言行録云；陝西豪士劉易多游邊，喜談兵，韓公宣撫五路時薦之，賜處士，號易。善作詩，公爲書石；或不可其意，則發怒洗去；公欣然再書，不憚。　周煇清波雜志云，韓公鎮延安，夜有持匕首至卧内者，乃夏人所遣也。公語之：「汝取我首去。」其人曰：「不忍，得諫議金帶足矣。」明日，公不治此事。俄有守陴者以原帶來納之。或謂不治爲得體，卒受其帶，則墮姦人計矣。公嘆爲非所及。　按，延安刺客實張元所遣。　世史類編云，范公經畧陝西，子純佑年方弱冠，與將卒錯處，鈎深探隱，得其才否。由是用人無失，所向有功。公嘗作麟州詩云：「宣恩來到極西州，城下羌山隔一流；不見耕桑見烽火，願封丞相富民侯。」　田況儒林公議云，夏竦帥涇原，范雍帥鄜延，元昊未嘗侵軼，竦堅守不動。雍謂元昊小而怯，率兵縱掠，遂入寇，致劉平之敗。琦經畧陝西，判官尹洙詣闕獻入攻之策，夏竦、杜衍以爲非，夷簡謂韓、尹健果，力主之。仲淹守延安，不預此議，洙勸協力，終不從。任福敗於好水川，洙亦被譴。仲淹疏戒輕舉，城承平等十二寨；凡六奏，卒城之。蕃、漢民相踵復業。　司馬光涑水紀聞云，任福，字祐之，開封人。官親軍都虞候，子懷亮從死，悉贈官，子弟除殿直。諸將如武英、王珪、趙律、李簡、李禹亨、劉肅、耿傅，皆死於賊。又，慶曆初，元昊圍麟州，苗繼宣募能求援者，王吉願出，禿髮，衣胡服，走詣府州告急；兵至，圍解。嘗從都監王凱與夏兵數萬遇，力戰，殺萬人及大將。除禮賓副使。子文宣亦材高。時與吉齊名者，又有張節。　宋史仁宗紀，八月，夏破甯遠砦，王世亶、王顯戰死，陷豐州，知州王餘慶、監押孫吉、侯秀死之。　地理志云，涇州，爲安定郡彰化軍，縣四，治保定。原州平涼郡治臨涇。秦州，本天水郡，治成紀。耀州華原郡感義軍。豐州，隸河東路。渭州，宋置，治平涼。好水川，今名甜水河，在平涼府隆德縣東，源出六盤山，西南流，與苦水合。苦水即瓦亭水。執中，字昭譽，南昌人，恕子。籍，字醇之，武城人。沿，字聖源，館陶人。

十一年（壬午一〇四二）春正月庚戌，南院宣徽使蕭特默原作特末等使宋，問興師伐夏之由，且求關南地，尋及宋平。

冬十二月壬子，以托歡、原作吐渾党項多鬻馬夏國，詔謹邊防。〔攷異〕續綱目云，慶曆二年九月，宋與契丹結成，元昊寇鎮戎軍，葛懷敏敗死，遂大掠渭州，仲淹赴援，乃引去。命琦與仲淹經畧四路，中外倚以爲重。畢沅續通鑑云，懷敏敗於定川寨，諸將曹英等十六人均從死。宋史作十四人，悉贈官。王沿降知虢州。外紀未載宋敗事。司馬光涑水紀聞云，時寇攻平定，守郭固請援，李知和赴救，敗還；懷敏諸將皆欲走。趙珣請由籠竿往，不聽；及定川，寇躡其後，分兩道旁截，前軍脱者十二三。後軍自籠竿，盡免。宋史附趙珣於父振傳，附懷敏於父霸傳。此外，曹英、李知和、王保、王文、許思純、李良臣等悉遇害。懷敏謚忠隱。李燾長編尚有趙珣、劉賀、李岳、張貴、趙璘、楊遵、姚奭、董諫、唐斌、霍達。餘軍陷賊者九千四百餘人，馬六百匹。渭州六七百里，焚掠甚慘。後李良臣自西歸，見琦疏。珣亦不死，見本傳。後没於敵中。初，懷敏駐鎮戎，王沿馳書戒勿入，以羸師誘寇，設伏擊之，弗聽。沿子豫，謂懷敏非將才，請易之，不從，故敗。賊犯渭州，沿多張旗幟爲疑兵，賊引去。宋史趙珣傳，時元昊入寇，珣會葛懷敏於瓦亭。懷敏西至馬欄城，珣謂依馬欄城布寨以扼其路。即馬欄鎮，在宜君縣西南百二十里，通慶陽界。周美傳，慶曆中，城安定、黑水、佛堂等十一堡。游師雄傳，鄜延將劉琯欲自延安入安定、黑水，師雄懼有伏，請由他道。既而諜者言夏人伏精騎於黑水傍。明一統志，黑水砦在安定縣北一百里。延安府志，安定堡在安定縣城東二里。鎮戎軍，宋置，今平涼府鎮原縣，是即固原州。定川砦在固原西北。虢州，縣四，隸永興軍路。按，蕭塔喇噶傳，字雄隱，五院部人，官西南招討使。是年使夏諭伐宋事，約元昊出別道以會。紀未載。嗒喇噶亦作塔列葛，八世祖名只魯，官北府宰相，卷二十二道宗清甯九年宮分人，亦名只魯，另一人。

十二年（癸未一〇四三）春正月辛未，遣同知析津府事耶律迪里、原作敵烈樞密院都承旨王惟吉諭夏與宋和。

二月己酉，夏遣使賀加尊號。甲寅，迪里等還奏夏國罷兵。〔攷異〕西夏外紀，正月，遣王惟吉諭夏與宋和。二月，迪里等使夏還，奏罷兵，與興宗紀不合。今從紀。遣使報宋。〔攷異〕李燾長編云，慶曆二年正月，初，元昊貴臣葉勒、綱朗凌、約臘之弟，皆有才，親信用事。綱朗凌即旺榮也。初答仲淹書，詞嫚。龐籍代知延州，諜知夏困，令知保安軍劉拯爲書達旺榮，許以西平茅土；而王沿、葛懷敏亦遣僧法淳持書及珍寶遺約臘。种世衡又爲蠟書遣王嵩遺綱朗凌，趣其歸附，以棗綴畫龜諭意。綱朗凌懼，執嵩送元昊。疑不得還所治，錮嵩穽中；遣李文貴以綱朗凌旨報世衡。籍不信，止文貴於青澗城。數日，懷敏敗於定川，密詔籍招納，乃厚贐遺文貴歸。元昊喜，乃出嵩厚禮之，與文貴偕來。月餘，文貴復持綱朗凌及其弟等書抵籍議和。籍嫌其不遜，請於朝，詔許其和。令稱旺榮爲太尉，籍不可。言其自稱甯凌或默甯，皆戎官，稱之無嫌。三年正月，籍遣文貴還，再答旺榮等書，約其奉表、削僭號始敢聞。於是文貴偕其伊州刺史賀從勗持元昊書，稱男邦泥鼎國烏珠曩霄上書父大宋皇帝。并言本國自有號，無奉表體式，稱烏珠，如古單于、可汗。籍以聞，聽從勗詣闕。命邵良佐往議，許歲賜絹十萬匹，茶三萬斤。七月，復遣呂尼如定興、舍僚禮旺、約特和爾與邵良佐俱來，所請凡十一事，稱男不稱臣，琦持不可。蔡襄、歐陽修均言其自稱吾祖爲何等語。蓋烏珠，華言吾祖也。復遣張子奭等往，所許乃二十萬。又欲每年入中青鹽十萬斛，以半價約之，計二十餘萬貫。四年五月，元昊始稱臣上誓表，復遣楊守素來議事。十月，頒誓詔。十二月，遣張子奭等往册封，用賓客禮。置榷場於保安軍及高平寨，惟不通青鹽。然朝使往，館於宥州，不得至興、靈焉。元昊誓表曰：「兩失和好，遂歷七年。立誓自今，願藏盟府。其前日所掠將校民户，各不復還。嗣有逃亡，毋得襲逐，悉以歸之。臣近以本國城寨進納朝廷，其栲栳、鐮刀、南安、承平故地，及他邊境蕃、漢所居，乞畫中央爲界。界内聽築城堡。朝廷歲賜絹十三萬匹，銀五萬兩，茶二萬斤。進奉回賜及賜時服、生日禮物銀絹有差，各如常數，不致改更。臣更不以他事干朝廷。今本國獨進誓文，輒乞俯頒誓詔。蓋欲世世遵承，永以爲好。倘君親之義不存，或臣子之心渝變，使宗社不永，子孫罹殃！」賜誓詔曰：「朕臨制四海，廓地萬里，西夏之土，世以爲服，「今日納忠悔咎，表於信誓，質之日月，要之鬼神，及諸子孫，無有渝變。申復懇至，朕甚嘉之！俯閱來誓，一皆如約。所宜明諭國人，藏書祖廟。」涑水紀聞稱梁適使契丹，主親與言，元昊欲歸欵南朝，若優禮懷來，彼宜自新。王珪撰適墓誌，謂契丹遣六符來報，元昊欲納欵，因命適聘契丹。已而元昊遣賀從勗賫表至境，命適至延州，遂稱臣。長編謂此言係蕭偕所致，適歸自契丹，復繼言，故亟遣適與籍議。然載招懷數語，但云契丹使者來言，不指名六符及偕以示疑。續綱目，夏使作張延壽，外有儒定裕舍，舊作儒定聿捨。王嵩，本僧人王先信，种世衡奏補三班借職，更名嵩。遣遺書間其三大將，野利、剛哩拉、雅奇皆得罪，嵩被囚，議和乃得還。畢沅續通鑑云，烏珠舊作兀卒；張延壽作呂你如定。沈括夢溪筆談云，天都王野利爲夏謀主，與元昊乳母白姥有隙，嘗譖其欲叛。世衡嘗得番酋子蘇吃曩，厚遇之，竊得野利寶刀。世衡因倡言野利爲白姥譖死，爲文設祭境上，敍舊歡，爲元昊見，又識其所賜刀，遂賜野利死。自此君臣猜貳不能軍。世衡功爲多，卒，贈觀察使。世衡初贈嵩絮袍，元昊執之，得其領中書，殺遇乞，因嵩於北境，亡歸。魏泰東軒筆録云，元昊分山界戰士爲二廂，命剛浪凌統明堂左廂，野利、遇乞統天都右廂。二將能用兵，劉平諸敗皆其謀。王嵩爲悟空寺僧，王光信歸，官左藏庫使。田況儒林公議云，夏有野利、剛浪崖、遇乞三將，號爲謀勇，人或言其有異志，並誅之，勢亦不衰。又異。潘永因宋稗類鈔作紫山寺僧法崧。野利，王名；遇乞外有天都王。世衡因野利死，祭文述二將相結意，亦得罪。宋史夏國傳云，渭州百姓范仁美，姚家堡十將張遂詣王沿，言約噶、剛朗凌、沁布諸人欲內附；沿遣仁美持書往招之。事覺，元昊族三家，并殺仁美，配遂，居攤糧城。此傳雖未可信，然足見三將被誅，不緣王嵩也，嵩但能離間元昊使不任三將爾！世衡越境設祭，亦非事實。然仲淹誌世衡墓，乃云：「遣諜者入敵中，敵誅用事者二三人。」世衡早没，其後不顯；或據世衡子古之言，要非事實也。皇祐元年冬，贈世衡團練使，授古天興尉。熙甯四年冬，嵩子元規乞贈父嵩官，可參考也。見長編。蘇轍龍川別志云，夏竦爲總帥，居長安，精兵勇將留置麾下，四路戰守皆取決，敗則罰不及，因諫官張安道言降知州，使四路各任其事。及邊兵屢屈，夏亦厭兵，安道又因郊霈請納其自新之請，以安西界生靈，仁宗喜，卽勅行，自是戎、夏皆息肩。宋史云，歲賜銀絹茶采凡二十五萬五千。

秋七月庚寅，夏表請侵宋，不許。

冬十月，夏侵党項。壬子，遣延昌宮使耶律高嘉努原作高家奴詰讓。〔攷異〕宋史夏國傳，遼夾山部落呆兒族八百户歸夏，興宗責還，留不遣，遂親征。田況儒林公議云，陝西界夾山部落呆家等族叛附夏，契丹責問，不報。自稱西朝，謂契丹爲北邊。契丹乃聚兵雲州謀西伐，預備芻茭以備冬，元昊焚之殆盡。及其與戰，遂敗。

十三年（甲申一〇四四）夏四月，党項及山西部族叛入夏，詔諸道討之。〔攷異〕李燾長編云，慶曆四年六月，仲淹言契丹遣使來言欲西征，今邊報稱契丹大發兵馬伐岱爾族并夾山部落，并與元昊兵馬相殺。元昊亦點集左廂軍馬，恐其合兵入寇，有「六可疑、三可憂」之語。欲發兵爲備。富弼決其必不入寇河東，杜衍亦力争，乃止。按，慶曆四年，卽遼重熙十三年也。續綱目云，時朝廷欲加夏封册，而北使適至，帝疑其同謀以見欺，欲調發爲備，召羣臣議，弼言契丹實有怨於夏，保無他。余靖言挾詐不可輕許，乃命靖致贐禮，而留封册不發。

五月壬戌朔，羅漢努原作羅漢奴。〔攷異〕卷十六聖宗太平元年，右皮室詳衮，疑係一人；卷六十六皇族表，景宗係隆慶孫，祗候郎君，另一人。奏部兵與党項戰，不利，李元昊來援叛黨，命諸道會西南邊兵討元昊。〔攷異〕蕭塔喇台傳，時伐夏，將偏師首入境，多所俘掠，遷都點檢。庫德傳，時爲先鋒，伏發，力戰，麾下士多没，單騎突出。遇元昊來圍，勢甚急，馳射輒仆，直擊中堅，夏兵不能當，哺乃還營，改興聖宮太保。紀及外紀均未載。

六月甲午，準布原作阻卜酋長烏巴原作烏八遣其子執元昊所遣（來）〔求〕（據遼史卷一九興宗紀改）

援使阿雅噶原作窊邑改。〔攷異〕陳浩遼史攷證作斡里噶拉。來，且乞以兵助戰，許之。〔攷異〕西夏外紀云、準布子烏巴執元昊。恐誤。今從紀。遣延昌宮使耶律高嘉努以將伐夏告宋。

秋七月庚辰，夏遣使來朝。

八月乙未，以夏使對不以情，覊之。丁巳，復遣使來，詢以事宜，又不以實對，笞之。

〔九月〕（同上書補）壬申，會軍於九十九泉。志云，在豐州境内。〔攷異〕何氏曰，在新州西北。方輿紀要云，在保安州境牧牛山下。以太弟重元、北院樞密使蕭惠將先鋒兵西征。

冬十月丁酉，元昊請罪。〔辛亥〕，（據遼史卷一九興宗紀補）且進方物，詔樞密副使蕭格原作革。小字華格，原作滑哥，字和爾沁，原作胡突堇，國舅房林牙和尚之子。迓之。〔壬子〕，（同上書補）軍於河（西）〔曲〕（同上書改）。格言元昊親率党項三部來，詔格詰而遣之。羣臣請進討，督數路兵掩襲，殺數千人，駙馬都尉蕭呼都克原作胡覩。〔攷異〕汪輝祖遼史同名録云，卷二十二道宗清甯九年，同知北院樞密；咸雍七年，知北院樞密司事，三人同名胡覩。被執。〔攷異〕蕭惠傳，帝因惠言進兵，夏列拒馬於河西，蔽盾以立，惠擊敗之。元昊走，惠邀之。夏兵千餘潰圍出，逆擊之。忽大風飛沙眯目，軍亂，爲夏乘，蹂踐死者不可勝計。續綱目云，九月，契丹兵分三路濟河，蕭惠擊敗夏兵於賀蘭山北。元昊請和，主將許之，惠不可。元昊凡三退師，每退必赭其地，契丹馬無所食，乃許和。元昊因縱兵急擊惠營，大敗之，去。從數騎得免。伶官傳云，帝敗，單騎突出，幾不得脫。先是，元昊獲遼人，輒劓其鼻，有奔北者，惟恐追及。故羅衣輕止之，曰：「且覷鼻在否？」帝怒，將殺之，太子笑曰：「打(渾)〔諢〕(據遼史卷一〇九伶官傳改)的不是黃幡綽。」羅衣輕應聲曰：「行兵的亦不是唐太宗。」帝聞而釋之。田況儒林公議云，契丹兵敗，懼宋知之，乃出牓幽州，稱元昊歸欵自誇，大畧曰：「元昊曩自先朝求爲鉅援，據一方之裂壤，迨二世以襲封。」又云：「梟音弗變，犬態多端，忘牢豢之深恩，肆狂悖之兇性。擅誘邊俗，巧諜歡隣，罪既貫盈，理當難赦。是用躬驅銳旅，往覆危巢，方邇賊庭，乞修覲禮。」云云。然燕人皆知其妄。而我之諜者亦見其輿尸重傷相繼而至。史未言兵敗。陳均九朝編年備要云，宗真親至夏境，曩霄奉巵酒爲壽，大合樂，折箭爲誓。及罷，契丹夜以兵刼其營，反爲所敗，曩霄縱之去。亦與史異。丁巳，元昊遣使以所執王人來歸，(按，據遼史卷一九興宗紀、卷一一五夏國外記，皆作遣使以先「被執者來歸」，未及「王人」云云)詔所留夏使亦還其國。

十一月甲子，班師。

十二月戊申，蕭呼都克自夏還。〔攷異〕耶律紐斡哩傳，蕭呼都爲夏所執，奉詔索之，三反以歸，轉永興宮使。紀及外紀未載。蕭滴冽傳，字托紐，約尼森濟汗宫人，累官右伊勒希巴。會車駕西征，元昊乞降，帝遣滴冽往覘誠否。因爲元昊陳述禍福，聽命乃還。終西京留守。紀亦未載。

十四年(乙酉一〇四五)春正月甲申，夏遣使進鶻。以常侍額古德原作斡古得戰没，命其子錫哷原作習羅爲帥。

夏六月庚辰，夏遣使來(告)〔貢〕(據遼史卷一九興宗紀改)〔攷異〕李燾長編云，慶曆五年正月，契丹遣林牙耶律宗睦來告討夏，師回。先是，元昊既敗契丹，齎表獻俘，詔却俘受表。及宗睦來，知制誥余靖言：竊緣臣昨到契丹，彼君臣將元昊表狀皆示臣，中有毁讟本朝之語。但敵主佯詈元昊小人翻覆，交鬬兩朝。臣謂今宜令館伴將元昊獻俘表示宗睦，兼言不受所獻，復令送還北朝之意，使敵知我闇其敗衂不敢邀求也。尋遣靖及引進使王克基回謝契丹。二月，夏曩霄初遣鼎努、闢聿則等來賀正旦，聿則以留延州議事，後至。四月，復遣素齊咩布移則、張文顯賀乾元節。閏五月，遣鼎羅威明、葉雲、呂則依、張延壽來謝册命，又遣僧吉外吉法正謝賜藏經。時余靖言：夏與契丹約和，尋復侵掠，恐其兵忿不解，又遣使來告西伐，將命不絶，蠹耗財用。今奉使往諭，以此須邊上關報，更不遣使。從之。六年十月，夏既獻鄂尚綳、烏伊特、哈布九寨及豐州故地，詔遣楚建中往延州議疆事，以横陽河爲界。按，慶曆五年，即重熙十四年也。

十七年（戊子一〇四八）**春二月，李元昊卒，其子諒祚遣使來告。**〔攷異〕續綱目云，慶曆八年，夏元昊卒，年四十六。子諒祚方期歲，没藏氏生，養於母族鄂特彭，遂以三大將分主國政。謚元昊武烈皇帝，廟號景宗，尊没藏氏爲太后。畢沅續通鑑云，密藏氏初與元昊私通，事覺，雅爾后出之爲尼。元昊死，以其有遺腹，立爲太后，果三月而生子，是爲諒祚。東都事畧，雅爾后作野利氏，雅奇妹也。生子曰甯令格，立爲太子。雅奇誅，元昊得其妻密藏氏，私通，野利氏出之爲尼。會元昊欲爲甯令格娶瑪伊克氏，見其美，自取之；甯令格憤殺元昊，不死，劓其鼻而去，爲密藏氏之兄鄂博所殺，即鄂特彭也，舊作訛龎。諒祚，小（子）〔字〕（據文義改）甯令格，舊作甯令哥。夏國語謂歡嘉爲「甯令」。兩岔河名也。密藏氏從元昊出獵，至此生諒祚，因名。李燾長編云，曩霄凡七娶：一、默穆氏，舅女也。生一子，以貌類他人，殺之。二、索氏。始曩霄攻氂牛城，訛傳戰没，索氏喜，日調音樂，及曩霄還，懼而自殺。三、多拉氏。早死。四、密克默特氏。生子阿哩，謀殺曩霄，爲鄂桑格所告，沈於河，殺密克默特氏於王亭鎮。五、葉勒氏。約噶從女也。頎長，有智謀，曩霄畏之，生三子：曰甯明，喜方術，從道士路修篁學，辟穀，氣忤死；次甯凌噶，貌類曩霄，特愛之，以爲太子；次錫哩，早死。後復納摩移克結星女，嘗天都山居之。葉勒族不平，謀作亂，遂族約噶、綱朗凌、沁布等三家。葉勒氏訴其無罪，曩霄悔，得約噶妻閣於三帝香家。後與私通，葉勒氏出之爲尼，號密藏太師。六、耶律氏。七、摩移克氏。初欲納爲甯凌噶妻，見其美，自取之，號新皇后。甯凌噶憤殺曩霄，不死，劓其鼻，爲黄羅滂殺，曩霄因創死。密藏氏初爲尼，有娠，立爲太后。三月，諒祚生，而政在密藏氏。按，默穆卽米母，葉勒卽野利，約噶卽遇乞，甯凌噶卽甯令哥，與諒祚是兩人。宋史，諒祚，小字甯凌噶。以慶曆七年二月六日生，至八年正月方期歲，卽位。與長編異。而沈括夢溪筆談云，元昊後房生一子曰甯令受。「甯令」（受）〔者〕（據夢溪筆談卷二五雜誌二改），華言大王也。復又納没藏訛龎之妹，生諒祚而愛之。甯令受與母謀殺元昊，入其室，與之遇，刺之，不殊而走。甯令受被戮。明日，元昊死，諒祚立，舅訛龎相之。有梁氏者，中國人，爲訛龎子婦，與諒祚通；訛龎謀亂，諒祚誅之，夷其宗。以梁氏爲妻，又命其弟乞埋爲家相，許其世襲。厲鶚云，曩霄爲子甯令受所殺始末，沈括與李燾所述不同，當以燾爲正。歐陽修歸田録云，訛龎教佞令受以弑逆之謀，元昊見殺，訛龎遂以罪誅佞令受母子，立諒祚，而專其國政。又異。兵衛志云，重熙十七年，有圖伯特國者，乞以兵助討夏國，詔不許。紀未載。續通鑑云，夏告哀，議者欲以節鉞啖其三大將以分其勢，程琳言，幸喪，非所以柔遠，請因而撫之。遣使封爲夏國王。時孫沔亦言，伐喪，失中國體。遂命任顓往册封，宋守約副之。琳傳，謂册禮使行，夏方圍慶陽，琳止詔使於郊，先具禮幣賜予之。數移報之，果喜，迎册使，而慶陽圍解。此事附傳及歐公碑銘皆不載。疑誤，今不取。時夏告哀使爲楊守素，祭奠使爲開封判官曹頴叔，弔慰使爲六宅使鄧保信。請以節度分授諸將。見何剡奏議。當時不知復有何人，當攷。見長編。

十八年（己丑一〇四九）春正月戊戌，留夏國賀正使不遣。議伐之，遣樞密副使蕭惟信往告宋。

夏六月壬戌朔，以韓國王蕭惠爲河南道行軍都統，趙王蕭孝友、漢王特布、原作貼不副之。〔攷異〕畢沅續通鑑云，時師分三道，惠等所將爲河南道；其北道爲行軍都統耶律達和克所將；中道則遼主自將，尚未發也。所載稍異。辛巳，夏使來貢，留之不遣。

秋七月戊戌，帝親征。〔攷異〕畢沅續通鑑云，時以太弟重元及北院大王耶律仁先爲前鋒。外紀未載。

八月辛酉，渡河，夏人遁，乃還。〔攷異〕畢沅續通鑑云，初，遼主將城西邊，命統軍使耶律多珍相地及造戰艦，因成樓船百三十艘，上置兵，下立馬，規制堅壯。主嘉之。至是，渡河，所御皆多珍造。主悅，親賜巵酒，手書其衣裾曰：「勤國忠君，舉世無雙。」據耶律都沁傳載此事云，原作鐸軫，係一人。統和初南征，力戰，見賞承天太后。詳上卷。紀亦未載。

九月丁未，蕭惠等爲夏人所敗。時惠自河南進戰，戰艦糧船綿亘數百里。既入敵境，不設備；忽報夏師至，惠方詰妄言罪，諒祚軍從(陂)〔阪〕(據遼史卷九三蕭惠傳改)而下，惠與麾下不及甲而走，追者射之，幾不免。軍士殺傷甚衆。〔攷異〕蕭博諾傳，時以兵二千據河橋，聚巨艦數十艘，仍作大鈎。戰之日，布舟於河，綿亘三十餘里。大軍既失利，有大木順流下，輒鈎致之，橋得不壞。又，耶律古雲傳，子伊遜從惠討西夏。惠敗，伊遜一軍獨全，拜北院大王。紀均未載。

冬十月，北道行軍都統耶律達嚕噶原作敵魯古。〔攷異〕陳浩遼史攷證云，卷八十二傳作滌魯；卷一百十五又作敵古，均係一人。卷七十五圖勒錦傳，父敵魯古，太宗時五院額爾奇木，另一人。畢沅續通鑑作達和克。率準布軍至賀蘭山，在甯夏鎮西六十里。獲元昊妻及官屬，殲其衆三千；都詳袞原作詳穩蕭慈寶努、原作慈氏奴南剋耶律斡里死之。〔攷異〕畢沅續通鑑云，時達和克以功封漆水郡王。蕭惠以子慈氏奴戰沒，釋喪師之罪。贈慈氏奴平章事。外紀未載。惠傳，字伯仁，阿古齊五世孫。歷官開府、太師、兼侍中，以宋增幣議成，擢北院樞密使，封魏國王。二子：慈寶努，烏爾古納。烏爾古納終北府宰相，原作乙古匿。道宗紀作兀古匿，係一人。嘗爲北院大王，契丹行宮都部署。又，惠弟實喇，統和中爲海甯節度，重熙中加侍中，封遼西郡王，轉北府宰相，徙遼興節度。外戚表未載其名。惠孫普爾布，原作蒲离不，一作蒲离乃，字綏蘭。性孝悌，精文藝，累徵不就，卜居瑪古山，謝絶人事。見卓行傳。外戚表謂係兀古匿之孫。續通考云，惠尚聖宗第二女魏國公主巖母堇，初適蕭啜不，次適蕭海里，三適蕭胡覩，俱不睦，乃改適惠。以帝女而改適者四，夷風猶不改云。

十九年（庚寅一〇五〇）春正月辛丑，遣使問罪於夏。

二月丁亥，夏將旺布、原作洼普威赫、原作猥（賀）〔貨〕（據遼史卷二〇興宗紀改）伊特凌結原作乙靈紀等來攻金肅城，在廢勝州東北，重熙十三年伐夏置城。南面林牙耶律高嘉努原作高家奴。〔攷異〕畢沅續通鑑作杲嘉努。等破之。旺布被創，遁；殺威赫、伊特凌結。〔攷異〕耶律布勒錦傳，原作僕里篤，字燕隱，六院部人。時攝西南招討使。夏攻金肅軍，敗之，斬首萬餘級，加右武衛上將軍。耶律圖丹傳，字和爾沁，太師古雲子。重熙初，爲左護衛，將禁兵從伐夏，有功，授十二行糺司徒。再舉伐夏，圖丹括山西諸郡馬。還，遷伊喇詳衮。西南未平，命知金肅軍事，擊敗夏兵。仕終遼興節度使，贈平章事。子阿蘇，有傳。紀未載二人勝夏事。李燾長編云，皇祐二年二月，契丹遣忠正節度耶律益、彰德節度趙柬之來告伐夏捷。益自言契丹兵三路進討，主出中路，大捷，北路兵至西涼府，俘獲甚衆，惟南路少失利。蓋妄説軍勝，邊奏皆謂戎主濟河不遇賊，馬多死。耶律貫寧大敗於師子口，惟列常獲屬羌二十人，因而來獻也。與史異。

三月戊戌，殿前都點檢蕭塔喇台原作迭里得與夏戰於三角川，敗之。擒觀察使，以功授漢人行宮都部署。癸卯，命西南招討使蕭博諾、原作蒲奴北院大王伊遜、原作宜新林牙蕭薩滿原作撒抹等帥師伐夏，以行宮都部署布古德原作別古得監戰。遣同知北院樞密使蕭格按軍邊城，以爲聲援。〔攷異〕畢沅續通鑑云，革狡佞擅權，師還，擢南院樞密使，轉北院，封吴王。

五月癸巳，博諾等師入夏境，不遇敵，縱兵俘掠而還。丁酉，夏將旺布來降。

秋九月壬寅，夏人侵邊，達嚕噶遣六院軍將哈里原作海里擊敗之。

冬十月辛未，諒祚母遣使乞依舊稱藩。

十二月壬子，諒祚上表如母訓。

二十年（辛卯一〇五一）春二月甲申，遣前北院都監蕭約噶原作友括。〔攷異〕西夏外紀作爻括。畢沅續通鑑作友恬，又作雅噶。今從紀。使夏，索党項叛户。

夏五月癸丑，約噶使還，進李諒祚母表，乞如党項權進馬、駞等物。己巳，遣使來求唐隆鎮并罷所建城邑，詔答之。

六月丙戌，詔以前所獲元昊妻及前後所俘夏人安置蘇州。地理志云，本高麗南蘇城。見各書，惟輯覽作薊州。異。

二十一年（壬辰一〇五二）冬十月丁亥，李諒祚遣使乞弛邊備，詔諭之。嗣後朝貢如例。

二十二年（癸巳一〇五三）春三月癸亥，夏以賜詔許降，遣使來謝。

秋九月壬辰，遣使進降表。甲午，遣南面林牙高嘉努等奉詔撫諭。〔攷異〕西夏傳作七月。

二十三年（甲午一〇五四）秋七月己巳，夏遣使求婚。

冬十月丙（子）〔辰〕（據遼史卷二〇興宗紀改），遣使進誓表。〔攷異〕興宗紀，是年冬十月，以開泰寺鑄銀佛像，曲赦在京囚。按游幸表，開泰八年十二月，幸開泰寺宴飲。鴻雪録云，燕舊有開泰寺，王沂公謂是遼魏王漢甯所建。元王惲秋澗集中載重修開泰寺功德疏，亦曰："迺眷燕山，昔爲遼府開泰禪寺者，爰因鄰第，建自樞臣。"然遼史宗室初無魏王漢甯傳也。元一統志云，寺在昊元寺西北，故基爲統軍鄰王宅，樞密魏王所置，賜名聖壽，作十方大道，開泰六年改今名，殿宇冠全燕，金復增之，兵燬，獨存大殿。壬子春，雲山珍公復於此開堂演法，憲宗賜以金帛。晁以道嵩山集云，遼主洪基以白金數百兩鑄兩佛像，銘其背云："願後世生中國。"朱昆田日下舊聞補遺謂鑄銀佛像在重熙二十三年，晁説誤也。

二十四年（乙未一〇五五）是年八月後改清甯元年。春二月甲寅，夏遣使來賀。〔攷異〕畢沅續通鑑云賀尊號也。紀未載。

秋七月壬午，如秋山。次南崖之北峪，不豫。

八月己丑，帝崩。年四十，葬慶陵，諡神聖孝章皇帝。〔攷異〕西夏外紀作二十三年，誤。今從紀。癸巳，遣使告哀於夏。〔攷異〕李燾長編云，興宗性佻脫，嘗與教坊使王刷、爾謙等數十人約爲兄弟，出入其家，至拜其父母。數變服入酒肆、佛寺、道觀。王綱、姚景熙、馮立輩遇之於微行後，皆任顯官。尤重浮屠，法僧有正拜三公三師兼政事令者，凡二十人。馬保忠諫，怒，不從。自是欲有遷除，必先厚賜貴臣以絕其言，故親信者拉克珠等數十人皆拔處將相。嘗夜燕，與劉四端兄弟王綱入樂隊，命后妃易衣爲女道士；后父蕭穆濟曰："漢官皆在，后妃入戲，恐非所宜。"宗真毆穆濟敗面曰："我尚爲之，汝女何人耶？"宗真善畫。嘗以所畫鵝雁來獻，上作飛白書答之。按，耶律和尚傳，系出季父房，善滑稽。帝篤於親親，凡孟父之後，皆序父兄行。第於和尚獨狎愛；然未嘗有一言之過。上重之，官中京路案問使，卒。卷八十六，開泰時唐古部節度；卷二十九，天祚保大二年偵人，三人同名和尚。續通考云，釋常住遼，重熙間在寶坻縣城南隅、渠水之陰，建彌陀佛舍，結廬其旁，持經奉佛，棲心入道，澹然而居其中，後趺坐而化。荼毗之日，火身不灰，僧徒以其身立於佛側。已而髮再生焉，踰月則削之。後有女子以手捫其頂，髮遂不生。興宗紀，重熙八年十一月，朝皇太后，召僧論佛法。十九年正月，僧惠鑑加檢校太尉。十一年十二月，以宣獻皇后忌辰，上與太后素服飯僧於延壽、憫忠、三學三寺。洪皓松漠紀聞云，燕京蘭若相望，大者三十有六，然皆律院。自南僧至始立四禪寺，曰大覺、招提、竹林、瑞像，延壽院主有質坊二十八所。僧職有正副判錄，或呼司空。夏遣使來賀卽位。

九月壬午，遣使以先帝遺物賜夏。

道宗清甯三年（丁酉一〇五七）冬十二月己巳，太皇太后崩。

明年春正月壬申朔，遣使報哀於夏。夏尋遣使來會葬。〔攷異〕畢沅續通鑑云，嘉祐元年十二月，夏告毋密藏氏哀。初，密藏氏通於李守貴，又通吃多已。守貞殺吃多已及密藏氏。其母族鄂特彭乃族守貴，保護諒祚，以女妻焉，時方九歲。按，吃多已，長編作齊特濟勒，實録書爲拜錫相公。李守貴或作威密烈圭。云與密藏、鄂特彭殺其國母及拜錫相公。稍異。司馬光涑水紀聞云，嘉祐二年五月，管勾麟府路公事郭恩遇夏賊於屈野河，與戰，敗績。恩及走馬承受公事黄元道皆被禽。秋，縱元道歸。魏泰東軒筆録云，嘉祐中，麟州之役，諒祚二年間連以兵屯屈野河，進逼邊界，聚而復散，故武戡、郭恩習以爲常，輕兵而出，至忽里堆，伏發，兵敗。屈野河西素爲禁地。見司馬光河外諮目。西人侵耕閒田，詔停沿邊貿易，致有此敗。按，嘉祐元年、二年，即遼清甯二年、三年也。外紀未書。又，嘉祐六年六月，代州刺史蘇安静上屈野河界圖，築堠三十六，界始定。見長编。

咸雍元年（乙巳一〇六五）夏五月辛巳，夏遣使來貢。〔攷異〕李燾長编云，英宗治平元年秋，諒祚出兵寇秦鳳、涇原路，熟户擾近寨，弓箭手殺掠人畜以萬計。詔遣文思副使王無忌齎詔詰問，諒祚遷延弗受詔。因其賀正使哩穆先附表，歸罪邊吏，辭多非實。復下詔戒諭，終弗聽。貶都轉陳述古官。時敵兵二十萬，焚蕩數百里，秦、渭兩路未出一人一騎。見文忠疏。按，治平元年，即清甯十年。蓋洪基以二十三年嗣立，即改元清甯，不待逾年。宋史誤以逾年數之，故以治平元年爲清甯九年，其實當清甯十年。又誤以治平元年爲四年也。見長编注。

三年（丁未一〇六七）冬十一月壬辰，夏遣使進回鶻僧、金佛、梵覺經。

十二月，李諒祚卒。〔攷異〕薛應旂通鑑云，治平三年四月，夏寇環慶，經略蔡挺擊走之。先是，諒祚遣吴宗來賀即位，語不遜，至是寇大順城，挺使蕃官趙明等擊之，敗潰，退屯金湯。李燾長编云，諒祚敗退，徙寇柔遠城；副總管張玉等募兵夜出擾其營，賊驚潰。上賜挺手詔慰勞。諒祚退至金湯，聲言復寇大順城，安撫陸詵止其歲賜銀絹，牒宥州問故，賊大沮，取糧寨下而還。十月，遣左藏庫副使何次公往詰問。尋上表，多游辭，歸罪邊吏，復賜詔責之。明年閏三月，遂上表謝罪，如詔旨。用韓琦議也。畢沅續通鑑云，九月，夏寇大順城，琦請止歲賜，往詰問（按，據續通鑑卷六四，奏「止歲賜，往詰問」者爲陸詵，且爲二年九月事）。四年正月，帝崩，神宗立。二月，夏獻方物謝罪。七月，遣使奉慰及進助山陵。九月，知青澗城种諤復綏州，擒其將嵬名山。費六十萬，西方用兵自此始。十月，夏誘知保定軍楊定等殺之。命琦經畧陝西，諤坐貶官，竄隨州。十二月，夏以殺楊定首領李崇貴、韓道喜來獻。俄諒祚卒，謚毅宗，昭英皇帝。子秉常嗣。授嵬名山供備庫副使，賜姓名趙懷順。司馬光涑水紀聞云，夏酋嵬名山，衆數萬（按，涑水紀聞卷一一作「衆萬餘」），在故綏州。弟夷山先降爲熟户。种諤因夷山以誘名山，賂以金盂，名山小吏，受而許之。諤遂擁兵圍其帳，名山驚，夷山曰：「兄已約降。」其姊問爲誰？曰：「夷山也。」示之手無一指，且言其受种金盂，文喜出示之。名山投槍而哭。諤遂驅其部落牛羊南還，至塞纔四千餘人。是役，兩府初不知。事聞，文潞公請歸之。以琦判永興軍。至陝，言可受朝旨詰責，令勿給糧，追還戍兵，諒祚若攻，弗救也。嗣因經畧郭逵力争，乃奏請築城置戍，命曰綏德城。嵬名山又作威明山，夏監軍。時潞公以取綏州爲無名，請以易安遠、塞門於夏，令韓縝與夏臣薛老峯議，允之。樞密院下劄鄜延棄綏德，經畧郭逵慮夏欺，俟得二塞，然后棄之未晚，匿其劄不行。既而夏交地止塞基，土田不可得。事聞，上讓潞公，求前劄，不獲，甚憂，逵乃出示之。沈括夢溪筆談云，諒祚凶忍好亂，治平中舉兵犯大順城，諒祚乘駱馬，張黄屋，自出督戰。守埤者彍弩射，中，乃解圍去。創甚，馳入一佛寺，有牧牛兒不得出，懼，伏佛座下，見其脱韡，血涴於踝，使人裹創舁載而去，至其國，死。子秉常立。陳均九朝編年備要云，諒祚既誅訛龎，殺妻没藏氏，性狂脱無常，過酋豪大家，輒私其婦女，酋豪多怨。納叛人景詢以爲樞密使，棄蕃禮，用漢制。所載又異。宋史地理志，青澗城即延州舊城，在懷甯軍南七十里。隨州爲漢東郡崇義軍。宋史哲宗紀云，金湯城，元符二年築，在保安縣西北一百二十里。周美傳，美爲東路都巡檢，敗夏人於金湯城，焚其部族二十一，即此處。河套有警，爲戍守要地，與慶陽黑水接界。城南六十里有德靖砦，宋寶元初，元昊與諸酋約攻鄜延，欲自德靖、塞門、赤城三道併入。見通鑑。劉於義陝西通志云，治平四年，种諤復綏州，夜渡大理水。又，德明曾於祥符中出大理河，築柵蒼耳坪，大理河源出龍州堡雙城皃。又，小理河出懷遠之威武堡，合大理河入綏德州境，逕州西北入無定河。

四年（戊申一〇六八）春二月壬子，李秉常遣使來告哀。

三月丙子，遣使弔祭。乙未，夏遣使來獻遺留物。

冬十月戊辰，冊秉常爲夏國王。

十二月辛（未）〔亥〕（據遼史卷二二道宗紀改），夏使來貢。〔攷異〕宋史神宗紀，熙寧元年三月，諒祚卒。按，諒祚實卒於去年十二月，紀所書者赴告之日耳。萬斯同、趙駿烈紀元彙考云，本紀謂諒祚改元興化，有六年，與夏國傳拱化五年之文自相違異。畢沅續通鑑云，三月，夏遣薛宗道等告哀於宋。及崇貴至，始知楊定受賄事，薄崇貴罪，削定官，沒其田宅萬計。外紀只載告哀於遼事。

五年（己酉一〇六九）秋七月戊辰，夏遣使來謝封冊。尋乞賜印綬。〔攷異〕畢沅續通鑑云，熙甯二年二月，遣劉航等冊秉常爲夏國王。十月，夏來謝封冊。三年五月，夏築鬧訛堡，知慶州李復圭出戰，大敗；郭貴襲之亦不克，邊釁大起。八月，夏寇環慶，鈐轄郭慶等戰死，命韓絳宣撫陝西。十一月，夏寇大順城，燕達擊走之。十二月，復寇鎮戎軍，巡檢趙普擊敗之。四年正月，絳使种諤襲敗夏兵，城囉兀及撫甯故城。永樂六砦爲夏陷。寘諤潭州，絳免官。宋史神宗紀，二年，夏請納塞門、安遠二砦以乞綏州，詔許之。李燾長編云，熙甯三年八月，判延州郭逵加檢校太尉雄武留後，令再任。先是，夏人以親軍夾河，壯騎侵順安、綏平、黑水等寨，諸將請擊之，逵弗許；及侵漢地，築城障，暴掠尤甚，逵乃使李安、李顯出綏德；彭達出順安；燕達出綏平；賈翊出安寨。檄宥州及使人諭賊。賊棄順安走，縱之；拒官軍者，諸將合擊之，斬首數百餘，賊遁。未幾，夏攻慶州，巡檢姚兕敗之於荔原堡，鈐轄郭慶、都監高敏死之。賊攻柔遠城，林廣設計拒守，賊引去，悉遷官。先是，四月，夏兵侵綏德城，築八堡，郭逵遣燕達擊走之；蕃部巡檢李宗諒與賊戰於納幹，李復圭遣李信等越境助之，被圍，逃回；又使梁從吉等別破金湯、白豹、蘭浪、萌門、和市等寨；又遣李克忠襲金湯，不克，東出延州，以餘衆還，賊遂舉國入寇，屯榆林，去城四十里。陝右大震，九日乃退。謝景温劾復圭擅興致寇，坐貶官。復圭初出兵，不利，歸罪信等，斬之，人以爲寃。按，與高敏死者尚有魏慶宗、秦勃。熙甯四年正月，韓絳命种諤領兵次囉城，敵帥都勒瑪幹聚兵馬户川，諤擊破之，瑪幹遁。復令呂真追之，悉潰去，遂城囉。絳所費計六百萬緡，凡二十五日畢工。斬首千餘級，降生口千餘。諤諜知横山有積粟，令民兵多聲版築之具，因糧於敵，故功速成，并築永樂川、賞逋嶺二寨及撫甯故城。二月二十日，撫甯陷，囉城亦棄不守。諤聞之戰悸，欲作書與燕達，不能下筆，顧判官李南公，涕泗不已。九月，夏秉常遣使阿克尼、咸明科榮等入貢，表乞綏州城；答詔不令夏交割寨門、安遠二砦，綏州更不給還。諭鄜延經畧立綏德城界至，及諸路立封溝，彼此更無侵軼。表辭曰：「臣近承邊報，傳及睿慈，起勝殘去殺之心，示繼好息民之意；人神欣悦，海宇歡呼，仰戴誠深，忭躍曷已！恭惟皇帝陛下，深窮聖慮，遠察邊情；念兹執戟之勞，恤彼交兵之苦。豈謂一城之地，頻傷累世之盟；覬斥邊吏之云爲，乃是天心之惻隱。況此綏州居族，歲久悉懷戀土之思；積憤情深，終是爭心之本。遠施命令，早爲拔移。得遵嗣襲之封，永奉凝嚴之德。竚使枕戈之士，翻成執耒之人；頓肅疆埸，重清烽堠。顧惟幼嗣，敢替先盟；勉命中宸，願依舊約。貢琛贊寶，豈憚於踰沙；向日傾心，彌堅於述職！」僞學士景珣辭也。按，熙甯三年、四年，即遼咸雍六年、七年也。外紀未載。鬧訛堡，一作諾和堡。囉兀城成，賜名嗣武砦。撫甯故城在無定河川中，李繼隆遷於綏德州之滴水崖，曰囉兀城。兹所築乃舊城，本道圖經皆不載，惟繼隆西征記言之甚詳。見沈括夢溪筆談。囉兀城又作羅瓦城。大順城在慶陽府西北百五十里。永樂城在米脂縣西百五十里。地理志云，舊囉巖城，元豐四年置，尋廢，崇甯三年修復。明一統志云，在米脂縣西四十里。宋史（种諤傳）〔夏國傳〕（據宋史卷四八六夏國傳改）熙甯四年，諤遣都監趙璞築撫甯故城，及分荒推三泉、吐渾川、開光嶺、葭蘆川四砦。開光，堡名，在綏德州北四十里。潭州，今長沙府。絳字子華，開封人，億子。諤字子正，世衡子。

九年（癸丑一〇七三）冬十二月壬辰，夏遣使來貢。〔攷異〕李燾長編云，熙甯五年八月，趙高遣曲珍、呂真分山東西路，適夏方以四萬人攻綏州，至魯班崖輿之遇，亟戰，敵敗走，俘斬千計。續通鑑云，五年，种諤遣曲珍率兵通黑水、安定堡，與夏人遇，大敗之。外紀未載。長編又云，熙甯五年五月，詔以古渭寨爲通遠軍，以王韶兼知軍事。上將恢復河、隴，故命建軍爲開拓之漸，遣劉宗傑與韶及高遵裕議之，降是詔。尋加青唐大首領裕囉格勒爲西頭供奉官，賜姓包，名順。因朝見時，謂押伴使，平生聞包拯爲朝廷忠臣也。韶上言已拓地千二百里，招附三十餘萬。又，七月，詔王韶修瑪勒寨及築策繳丕勒堡。時夏進表不依舊式，但謝恩而不設誓，又不言諸路商量地界事。密院疑之。安石言乃降答詔。八月，詔復武勝軍，其酋吹斯繳王阿噶出降，遂城守，詔以爲鎮洮軍，令高遵裕知軍事。吳充諫，不聽。是月，奏破河州刺史摩正兵於觀凌城，其弟結斡延正舉族帳來降，擢禮賓副使。改鎮洮軍爲熙州，建熙河路，命韶爲安撫使。遵裕知通遠軍。六年二月，韶克河州，斬千餘級，摩正遁，擒其妻子，俘獲無數。尋降。羌叛，摩正復陷河州，韶遁還。九月，韶既城河州，克復洮、岷、疊、宕等州，計二千餘里，斬獲近二萬級，招撫蕃族三千餘萬帳。七年二月，知河州景思立等與董氈將戰，死於踏白城。四月，韶大破西蕃，摩正降，前後斬七千級，燒二萬帳，俘獲八萬口。賜摩正姓名趙思忠，爲榮州團練使，母妻子弟錫官封，令入見。十年五月，李憲討山後生羌，斬隆吉卜，殺獲萬計。董氈懼，入貢，授西平節度使。韶死時，病疽發背，見五臟是其報。按，熙甯五年、六年、七年，即遼咸雍八年、九年、十年也。

太康二年（丙辰一〇七六）春三月辛酉，仁懿太后崩。遣使報哀於夏。戊寅，以太后遺物賜之。

夏六月戊子，夏遣使來弔祭。

五年（己未一〇七九）冬十月戊戌，夏遣使來貢。〔攷異〕宋史高永能傳，元豐初，夏人二萬犯當川堡。永能以千人與遇，依險設疑兵，敵解去。當川堡在葭州西四十里。沈括夢溪筆談云，元豐中，夏戎母梁氏遣將引兵圍順甯寨，有娼姥李氏，得梁氏陰事甚詳，乃登陴，抗聲罵之，盡發其私。敵射之，莫能中，李氏罵愈醜，敵恐得罪，中夜解去。順甯砦在保安縣北四十里，東北控扼黃河蕃部。見明一統志。按，大康五年爲宋元豐二年也。外紀未載。

八年（壬戌一〇八二）春二月己巳，夏以所獲宋將張天一〔攷異〕西夏外紀作張天益。來獻。〔攷異〕續綱目云，元豐四年五月，夏人幽其主秉常。七月，詔宦者李憲會五路兵討之。九月，憲克蘭州，种諤克米脂。十月，高遵裕復清遠軍，王中正入宥州。十一月，劉昌祚大破夏軍於瑪伊克隘，會遵裕圍靈州敗還，諤破石堡城，至夏州，潰退，憲引師歸。貶遵裕等官。仍命憲爲經畧，圖再舉。五年，命徐禧城永樂，夏攻陷，禧等敗死。二役所得只六砦，死者六十萬人。六年二月，寇蘭州，貶憲官。夏復修貢。見聞錄謂，西師大舉，其議實王珪發之，而种諤力居多，俞充亦先發難者。諤人對，言秉常孺子，臣請提其臂而來，上壯之。孫固諫，不聽。蘇轍龍川別志云，神宗晚年以事無成功，當宁大息，欲召用司馬君實，蔡確與珪建議興西師以沮之。自是夷、夏被害，死者無算，新州之命則此報也。李燾長編云，元豐四年九月，敕榜招諭夏國曰：「睠茲西夏，保有舊封。爰自近世以來，尤謹奉藩之職。忽姦臣之擅命，致弱主之被囚。迨移問其端倪，輒自隳其信約。累驅兵衆，直犯塞防，在神理之莫容，因人情之共憤。方切拯民之念，宜興問罪之師，已遣將臣，諸道並進。其先在夏國主左右與嵬名諸部族同心之人，並許軍前拔身自歸，及其餘首領能相率効順，共誅國仇，隨功大小，爵祿賞賜，各倍常科。許依舊土地住坐，子孫世世常享安榮。其或違拒天兵，九族並誅無赦！蓋天道助順，必致萬靈之歸，王師有征，更無千里之敵。咨爾士庶，久罹困殘，其堅向化之心，咸適更生之路。敢稽朕命，後悔何追！」五年二月，詔西蕃酋領董氈助順，封武威郡王，餘悉進官。四月，沈括遣曲珍將步騎二萬襲金湯，拔斬千五百級，俘宥州觀察使，格衆數千人而還。移軍討葭盧，夏回救，還，得地二百里，控弦四千人，以守河梁。六月，上議再舉兵，會李舜舉自涇原來，泣言若再出師，關中必亂，始詔李憲歸熙河。舜舉退，詣執政，王珪曰：「朝廷以邊事屬押班及李留後，無西顧之憂。」答曰：「四郊多壘，卿大夫之辱也。相公當國，而以邊事屬二內臣可乎？」聞者代珪發慙。時文彥博、王安禮亦力言不可而止。六年閏六月，夏復修貢。降詔，畧曰：「朕以爾膺受封爵，世爲藩臣。職貢之修，歲時無怠；朝廷待遇，恩數加隆。頃以權强，敢行廢辱，達於予聽，良用震驚。王師徂征，蓋討有罪，義存拯患，非獲已焉。今者，遣使造庭，辭禮恭順，已戒邊吏，毋輒出兵。爾其遵守先盟，愈勵臣節！」云云。珪聞米脂捷，詩云：「神兵十萬忽橫秋，西磧妖氛一夕收。匹馬不嘶榆塞外，長城自起玉關頭。君王別繪淩煙閣，將帥今輕定遠侯。莫道無人能定國，紅旗行去取涼州。」蘇軾詩云：「聞說將軍取夏、銀，將軍旗鼓捷如神；應知無定河邊柳，得共中元雪絮春。」東坡志林云，張舜民言永洛之役，李舜舉、徐禧、李稷皆在圍中。上手詔賜西人：「若能保全吏士，當盡復侵地。」詔未至，舜舉等已死。將死，以敗紙半幅書其上曰：「臣死無所恨，願陛下勿輕此賊。」時稷亦書紙後曰：「臣稷千辛萬苦。」上爲一慟。然以見二人之賢不肖也。張舜民畫墁録云，永洛之役，喪馬七千匹。舜舉遺奏達神宗，悲涕累日。城陷時，人見舜舉面上中箭，在瓮城內。禧不知所歸，或有見之夏國者。司馬光涑水紀聞云，禧乘勢使氣，常言用此精兵破羸虜，左縈右拂，直前斬之，一步可取三級。敵陣未出，高永能請擊之，禧曰：「王者之師，豈可以狙詐取勝耶？」有獻策者，笑曰：「妄語，可斬！」由是致敗。永洛既失，夏以書繫矢射環慶境上，經畧盧秉棄之；復遣俘囚持書移牒遣秉，以聞。宋史夏國傳謂涇原總管劉昌祚上其書，詔答之。鄭景望蒙齋筆談云，長安張芸叟侍郎爲遵裕機宜，師敗，有得芸叟在軍中詩上聞者，坐謗訕，謫監柳州酒。芸叟即舜民，邠人。博學喜爲詩，後以黨籍廢。關中學者多師之。嘗上書陳述在軍中裨益事件，上送宇文昌齡究實，還鄜州供答，謫官邕州。後多如所陳，稍内徙。見長編。芸叟詩曰：「靈州城下千株柳，總被官軍斫作薪；他日玉關歸去路，將何攀折贈行人。青銅峽裏韋州路，十去從軍九不回；白首似沙沙似雪，將軍空上望鄉台。」爲判官李密奏，得罪。見志林。劉於義陝西通志云，宋元豐四年，种諤攻米脂，敗夏人於無定河。元和志云，朔方縣無定河，一名奢延水，源出縣南百步，今在懷遠縣北。酈道元水經注云，奢延水出奢延縣西南赤沙阜，山海經所謂生水出孟山者，一曰朔水，俗名混忽都河，合黑水諸流東過懷遠堡、苦水川，與圁水會爲無定河。沈括筆談謂卽古之流沙，經米脂、綏德而勢益大，爲古戰守要地。又，米脂縣西北有明堂川，自榆林流入無定河。元豐五年，曲珍敗夏人於明堂川，卽此。見通志。又，石堡砦在保安縣北三十里，宋景思立。曲珍拔夏人磨崖、葭蘆、浮圖城。沈括議築石堡砦以制夏人。見括傳。崇甯三年始築城，後爲夏得。政和七年，姚古知慶州始克之。見地理志。蘭州，金城郡，隸甘肅。永樂城，卽銀川砦，在米脂縣西六十里，距故銀州二十五里，爲夏陷，崇甯四年收復，仍爲銀州。五年，廢爲銀川城。葭蘆砦，在葭州北十里。吳堡，砦名，屬綏德州。又，神木縣有吳兒堡寨。義合砦在綏德州東六十里，本夏地，元豐四年收復。均見地理志。李吉甫元和郡縣志云，榆林縣有榆林關，在縣東三十里，隋置。玉海云，秦有榆關，漢有榆溪。舊寨。正義曰，今榆木寨也，在勝州。通典云，榆溪寨卽勝州，榆林縣南界。水經注又云，諸次水東經榆林塞，爲控扼匈奴之處。石堡城，宋置。寨旁有湫流，名滅底河，爲要害必争之地，一名威德軍，在榆林縣南。六砦，爲葭蘆、吳堡、義合、米脂、浮圖、寨門，凡六城。按，元豐五年、六年，卽遼大康八年、九年也。外紀未言夏主被幽事，所載宋事亦不及此詳。

大安元年（乙丑一〇八五）冬十月戊辰，李秉常遣使報其母梁氏哀。〔攷異〕沈括夢溪筆談云，秉常立，梁氏主國事。梁乞埋死，其子移逋繼之，謂之没甯令。華言天大王也。時執國政者有嵬名浪遇，元昊弟，最老於軍事，不附諸梁，遷下治死。存者三人，移逋以世襲居長，次曰都羅馬尾，又次曰闕萌訛，畧知書，私侍梁氏，皆庸才。秉常不得志，信秦人李清言，欲以河南歸國；謀洩，清爲梁氏誅，而秉常廢。外紀未載。李燾長編云，元豐七年九月，夏圍定西城，秦貴等擊却之。十月，夏犯涇原，民多以火死。復寇静邊寨，彭孫擊卻之，李貴戰死，殺其酋星多哩鼎斬獲甚衆。十一月，夏齎表入貢，仍乞還侵地。時李憲率師渡河，自瑞巴普、克埨井、羅噶爾轉戰，斬首四千七百餘級，獲生口八萬餘，擢憲等官。八年三月，神宗崩，四月，知太原府吕惠卿遣將入西界，破六寨，斬首六百餘級。五月，西人犯邊復仇，供奉官王英戰死，陷没者六千餘人。見劉摯、王覿等劾疏。夏尋遣人進慰表，賜帛有差。是年，夏梁氏卒，遣杜鎬往弔慰；夏使來謝。先是，惠卿在延州，首以邊事迎合朝廷；既去官，沈括繼之，遂請討伐。种諤深入無功，遵裕以環慶之師至靈州城下，狼狽而還。西邊困敝，天下共望息兵，而沈括、种諤復陳進取之策，請築城。禧用惠卿薦，得驟用。好言邊事，故遣往經畫。既至，不設備，寡謀，致敗。上始知邊臣不可信，無意西伐矣。按，元豐八年，即遼大安元年也。外紀未載宋、夏戰事。

二年（丙寅一〇八六）冬十月，李秉常卒。丁亥，遣使詔其子乾順知國事。

十二月己亥，夏遣使進其父遺留物。〔攷異〕續綱目云，哲宗元祐元年七月，秉常卒，遣使告哀；命穆衍往弔祭，封乾順夏國王。即大安二年也。惟作七月，異。李燾長編云，夏遣吕則依、綱裕瑪等八人來告哀，命金部員外郎穆衍充祭奠使，供備庫副使張懋充弔慰使。尋復遣使會葬，賜賻物。命學士院別降祭文、詔録各一。詔元豐四年用兵所得城寨，除元係中國及西蕃舊地外，候送到陷没人口，當委邊臣分畫給賜夏。尋遣使進馬匹，附表陳謝。

四年（戊辰一〇八八）秋七月丙辰，遣使册李乾順爲夏國王。〔攷異〕李燾長編云，元祐二年正月，李乾順遣使獻遺物。命樞密都承旨劉奉世、崇儀副使翟象先册乾順爲夏國王。五月，西蕃果莊舉兵寇洮州，殺掠數千人，進圍河州南川寨，并導夏人數萬攻定西城，敗官軍，殺都監吳猛而去。七月，夏寇鎮戎軍諸堡。八月，知岷州种誼復洮州，擒果莊及大首領九人，斬馘數千，牛馬器械數萬。後章楶謂爲游師雄功，録用其子。復寇涇原諸寨，敗之。九月，復犯鎮戎軍，經畧范純粹遣將曲珍疾馳赴援，斬千二百級，俘六百餘人，涇原圍解。三年二月，夏侵德靖寨，張誠敗之。四月，攻寨門砦，米斌、郝普、吕惟正戰死。趙卨遣劉安、李儀襲洪州，大敗之。按，元祐二年、三年，卽遼大安三年、四年也。外紀未載戰事。

五年（己巳一〇八九）夏六月甲寅，夏遣使來謝封册。〔攷異〕李燾長編云，元祐四年二月，夏遣使來謝封册，令降回詔。五年六月，夏犯智固、勝如二堡。七月，遣使賀坤成節。六年閏八月，夏兵十五萬寇麟州及神木等寨，殺掠甚衆，經畧范純粹請止歲賜勿往。續綱目云，五年二月，夏歸永樂俘，以米脂四砦畀之。宋史哲宗紀，四年，夏犯麟州神堂寨，出兵討之（按，宋史卷一七哲宗紀未載此事）。神堂寨在神木縣東南六十里。按，元祐四年、五年、六年，卽遼大安五年、六年、七年也。畢沅續通鑑云，大安七年四月，夏寇熙河等路。八月，寇懷遠砦。九月，寇麟、府二州。十二月，復犯邊。宋史盧秉傳，夏酋仁多嵬丁舉國入寇，犯熙河定西城，秉治兵瓦亭，分兩路駐靖邊砦，指夏人來路曰：「吾遲明坐待捷矣。」及明，果至，驚曰：「天降也。」衡擊之，皆奔潰。按，保安縣西南一百里有靖邊砦，卽靖邊鎮也。熙州鎮洮軍，本武勝軍，治狄道。河州安鄉郡，治甯河。府州靖康軍治府谷。詳宋史地理志。外紀未載戰事。

八年（壬申一〇九二）夏六月乙丑，夏爲宋侵，遣使乞援。〔攷異〕李燾長編云，元祐七年二月，游師雄請自蘭州定遠城至安西城與通渭寨間築三寨七堡，以固藩籬；不從。時夏相梁乞普專政，屢入寇侵綏德及涇原各處。十月，夏寇環州，章楶大破之於洪德城，斬首千級，俘獲萬計，梁氏逃歸。畢沅續通鑑云，大安八年十月，夏寇環州及永和諸砦。又，十年三月，夏遣使入貢於宋。環州，本通遠軍，今環縣有永和、平遠等八砦。史未言宋侵事。

壽隆元年(乙亥一〇九五)冬十一月甲辰,夏進貝多葉佛經。

二年(丙子一〇九六)冬十二月乙亥,夏人獻宋俘。〔攷異〕續綱目云,紹聖三年十月,夏寇鄜延,陷金明砦。夏人自得四砦,以畫界未定,連歲侵擾,且欲以蘭州易塞門二砦;不許。乾順奉母率衆五十萬入寇,鄜延二百里間,相繼不絶。馳至金明砦,親督桴鼓,縱騎四掠,金明遂陷,守兵二千八百人,惟五人得脱,將官張輿戰死,糧草皆盡。四年三月,知渭州章楶置平夏城、靈平砦以備邊,二旬畢功。章惇請絶歲賜,命沿邊築城,凡五十餘所。八月,呂惠卿遣將王愍復宥州,奏築威戎、威羌二城。惇肆開邊隙,楶倚惇勢,諸路效尤,紛紛進築,共邀爵賞,國爲困弊。按,紹聖三年、四年,即遼壽隆二年、三年也。畢沅續通鑑云,壽隆二年二月,夏寇義合砦。八月,寇甯順砦。張輿作張諭,官皇城使。餘同。宋史哲宗紀,紹聖四年正月,王文振敗夏人於没煙峽。二月,寇綏德城。三月,寇葭蘆城,張構等擊走之,折克行破之於長波川,斬二千級。四月,李沂破夏洪州,張存入鹽州。八月,王愍復宥州。李燾長編云,紹聖四年四月,夏寇涇原,統制折可適禦却之;張德等陷没,悉贈官。密院言鄜延、環慶、涇原、河東四路斬獲首級共二萬餘。八月,劉安攻夏州,至朗沁沙,大敗賊衆。十月,北朝牒雄州,稱西夏本當朝建立,兩曾尚主,近聞南朝屢次侵奪地土,修築城寨,顯有害和好,請退兵毁寨,盡復侵地,否則當遣人别議。章惇謂元豐中曾如此,牒一回,更不復來。檢閲果然。所載較詳。楶字質夫,建州浦城人。平夏故城在今平涼府固原州北。時出葫蘆川,築二砦於石門峽江口好水河之陰。續通考云,葫蘆河,本名蔚茹河,源出鎮原西南頹沙山,下流入涇河。涇河在平涼府城東南白岩發源,至涇州東南入邠州界,東北至西安高陵縣界。葭州志云,宋將薛義嘗敗夏人於葭蘆西嶺,其山在州西五里,有葭蘆川,即諸次水,一名沙河。雍大記云,源自沙漠來,東南流入黄河。見酈道元水經注。

四年(戊寅一〇九八)夏六月戊寅朔,夏爲宋攻,遣使乞援。

冬十一月乙巳朔，知右伊勒希巴事蕭藥師努、原作藥師奴樞密直學士耶律儼使宋，諷與夏和。辛酉，夏復遣使求援。〔攷異〕續綱目云：元符元年十月，夏寇平夏城，章楶大敗之，獲其勇將威明阿密。夏不復振。二年三月，遼爲夏請和，許之。畢沅續通鑑云，舊作嵬名阿理。又擒監軍穆爾塔布，一作穆爾圖卜。外紀未載其將爲宋所獲事。李燾長編云，元年正月，呂惠卿奏王愍出界討賊，斬首千三百餘級；將官石福陣亡。詔章楶孫傅進築天都城等堡寨。尋以奏報失實，坐降官。三月，章惇、曾布欲令諸路會兵取興、靈；知河東孫覽力言不可，謫官。五月，苗履、劉安大敗夏兵於大沙堆等處，斬首八百級。十月，劉安、張誠出界討賊，斬獲甚衆。西賊攻圍平夏城，凡十三日，副將寇士元禦卻之；郭成追擊，復敗之。總管王愍大破賊於羅薩爾，斬首千三百級，牲口數萬。十二月，涇原經略司言折可適捕到西羌統軍威明阿邁、監軍穆賚多卜，詔送赴闕。是役也，章楶遣可適出盪羌，六道襲取之，及其家屬，俘馘三千，牛羊十萬。其所得地卽天都山也。百官入賀，楶等進官。

五年（己卯一〇九九）春正月（乙丑）〔己酉〕（據遼史卷二六道宗紀改），詔李乾順伐博索摩原作拔思母。〔攷異〕西夏外紀作布木喇實，云原作拔母來思。等部。

夏五月壬戌，藥師努等還，奏宋罷兵。

冬十一月乙酉，夏遣使來謝。〔攷異〕畢沅續通鑑云，元符二年二月，夏遣使告國母喪，且謝罪，宋卻之。鄜延鈐轄劉安敗夏人於神堆。夏告敗於遼。遼遣蕭德崇代夏乞緩師，仍獻玉帶。十二月，夏遣令能、威明結進誓表，許通好，歲賜如舊。令能一作凌囊。威明結，一作威明節、又作嵬名濟。李燾長編云，元符二年三月，遼泛使蕭德崇、李儼見於紫宸殿，曲宴垂拱，蓋爲夏國游說息兵及還故地也。上令張崇卨答曰：「西人累年犯順，理須討伐，何煩北朝遣使？

德崇等唯唯而退。時稱有玉帶并小繫腰，元無封印，館伴蔡京等詰德崇，答曰：「常禮是有司排辦，金玉帶珠子繫腰是國主親繫者，臨行時當面付授，故無封印。」詔劄與御藥院取旨回答。德崇致國書曰：「肇自祖宗開統，神聖貽謀，三朝通五世之歡，二國敦一家之睦，阜安萬宇，垂及百年。粵惟夏台，實乃藩輔，累承尚主，迭受封王。近歲以來，連表馳奏，稱南兵之大舉，入西界以深圖；懇求救援之師，用濟攻伐之難。理當依允，事貴解和。蓋念遼之於宋也，情重祖孫；夏之於遼也，義隆甥舅。必欲兩全於保合，豈宜一失於綏存。而況於彼慶曆、元豐中，曾有被聞，皆爲止退；甯謂輒違先旨，仍事遠征。爾復移問稠重，諭言委細；已許令於應接，早復罷於侵爭。倘蔽議以無從，慮造端而有自，則於信誓諱茲；謀維與其小不忍以窮兵，民罹困弊；曷若大爲防而計國，世固和成。特戒使報往達誠，素向融淑，律加裕沖，襟德崇儼！」凡留三十七日迺歸。宋報國書云：「惟西夏之小邦，乃本朝之藩鎮；曲加封植，俾獲安全。雖於北嘗與婚姻之親，而在南全居臣子之分；含容寖久，變詐多端。爰自累歲以來，無復事上之禮；賜以金繒而不已，加之封爵而愈驕。殺掠吏民，圍犯城邑，推原罪惡，在所討除。聊飭邊野，稍修武備，據守要害，控扼奔衝。輙於去歲之冬，復驅竭國之衆，來攻近寨，凡涉兩旬。自取死傷，數以萬計，糧盡力屈，衆潰宵歸。更爲詭誕之辭，往求拯救之力。狡獪之甚，於此可知，采聽之間，固應洞曉。必謂深加阻御，乃煩曲爲勸和，示以華緘，將之聘幣，禮雖形於厚意，事實異於前聞。緬料雅儀，誠非得已，顧於信誓，殊不相關。惟昔興宗致書仁祖，諭協力盪平之意深，同謀外禦之情至，欲全除使無噍類，謂有稽於一舉，誠無益於兩朝。祖宗貽謀，斯爲善美，子孫繼志，其可弭忘！今者，詳味縟辭，有所未喻，輙違先旨，諒不在茲。加永念於前徽，宜益敦於大信，相期固守，傳示無窮。矧彼夏人，自知困蹙，哀祈請命，屢叩邊關，已戒封疆之臣，審觀情僞之狀。載惟達聽，必亮悃悰。方屬清和，冀加保嗇。」四月，遣郭知章爲回謝使，曹誘副之，仍以一真珠鼜金閙裝鞍轡遺遼主，不封角，答玉帶與小繫腰也。知章至遼，蕭德崇語及夏事，請還侵疆，歲賜如舊。知章曰：「夏若恭順修臣子禮，本朝自有恩賞，豈可豫知？但累年犯邊，理宜致討，因北朝勸和，務敦大信，聊爲優容。今既罷問罪，令進誓表，卽無可復問也。」所載較詳。續綱目云，七月，洮西安撫王贍取吐蕃邈川、青唐，降其酋轄戩，卽阿里庫子也。宋史哲宗紀作隴栘建。青唐爲鄯州。邈川爲湟州，後改樂州。按，西蕃自嘉勒斯賚以來，世受封爵，因董戩無後，鄂特凌父子篡奪，會部族逼逐，轄正歸附，而溪巴溫及子隆贊並係房族，初非親屬，迨青唐復叛，仍命隆贊世守青唐云。建炎初，用錢蓋言立青唐後益麻黨征，賜姓名趙懷思。後爲金攻，奔蜀，除觀察使。時紹興五年也。

天祚帝乾統二年（壬午一一〇二）夏六月壬子，夏爲宋所攻，遣李造福、田若水求援。

三年（癸未一一〇三）夏六月辛酉，夏遣使請尚公主。

冬十月庚申，復遣使求援。〔攷異〕畢沅續通鑑云，是歲，宋童貫、王厚遣兵復河、湟，夏蓋聞之而求援耳。

四年（甲申一一〇四）夏六月甲寅，夏遣李造福、田若水求援。

五年（乙酉一一〇五）春正月乙亥，夏遣李造福等求援，且乞侵宋。丁酉，遣樞密直學士高端禮〔攷異〕契丹國志作蕭良。諷宋罷兵。

三月壬申，以族女南仙爲成安公主，下嫁李乾順。

夏五月壬子，宋遣曾孝廣、王戩報聘。

六月甲戌，夏遣使來謝。

冬十二月己巳，夏復乞援。宋遣林洙來議與夏約和。〔攷異〕宋史徽宗紀，崇甯四年三月，夏攻(寨)〔塞〕門砦。（據宋史卷二〇徽宗紀改）四月，攻臨宗砦，寇順甯，爲劉延慶破。攻湟州北蕃市城，辛叔獻擊卻之。五月，因遼爲夏請和，遣翰林學士林攄報聘。八月，遣禮部侍郎劉正夫使遼。續綱目云，四年三月，夏寇涇原，入鎮戎，畧數萬口，與羌酋希斯羅斯合兵逼宣威城，知鄯州高永年出戰，被執，爲所殺。貶王厚官。四月，寇鄜延，劉延慶等敗之。遼聘宋，宋遣林攄報之。攄失禮，出知潁州。西夏外紀未載宋敗事。地理志，鄯州，舊青唐城，改爲西甯州。又，西平北至宣威城五十里。希斯羅斯一作希卜薩羅桑。延慶，保安軍人，攄，長樂人。薛應旂通鑑云，崇甯四年十一月，林攄使遼，蔡京使激怒以啓釁，遂恣情不遜；遼人大怒，空客館，絶烟火三日乃遣還。議者謂怒鄰生事，猶除禮部尚書。遼來言，始出知潁州。大觀三年，自揚州徙大名，過闕爲帝言遼國攜貳可取狀，蓋欲報其辱也。帝始有北伐意。洪皓松漠紀聞云，初，大觀中，攄使遼，命習儀，以蕃狗詆伴使，天祚怒，欲致之死，在廷恐兆釁，皆泣諫，杖半百而釋之。後天祚窮，將來歸，以是故恐不加禮，乃走小勃律。趙彦衛雲麓漫鈔云，攄使遼，國中新爲碧室如明堂之制，伴使舉令曰：「白玉石，天子建碧室。」答曰：「口耳王，聖人坐明堂。」伴使曰：「奉使不識字，只有口耳壬，却無口耳王。」攄語屈，幾致辱命焉。然據實襲陶穀對吴越王語也。

六年（丙戌一一〇六）春正月辛丑，遣知北院樞密使事蕭塔喇台、原作得里底。〔攷異〕畢沅續通鑑作德勒岱，契丹國志作蕭保先，官平章事。知南院樞密使事牛温舒使宋，勸歸所侵夏地。方大燕，優人爲道士裝，索土泥藥爐，優曰：「土少不能和。」温舒遽起，以手藉土懷之，宋帝問其故，對曰：「臣奉天子威命來和，若不從，則當卷土收去。」宋帝大驚，遂許夏和。還，加温舒中書令。本傳，范陽人，剛正尚節義。咸雍中擢進士第，嘗知三司使，國、民並足。

冬十月（己）〔乙〕（據遼史卷二七天祚紀改）亥，宋與夏通好，遣劉正符、〔攷異〕宋史作劉正夫。曹穆來告。〔攷異〕續綱目云，政和五年正月，童貫遣劉法敗夏兵於古庫勒。乃遼天慶五年也。九月，王厚等攻夏臧底河城，敗績，遂大掠蕭關。六年正月，劉法攻夏日本多泉城，屠之；种師道克臧底河城。十月，夏冦涇原，屠靖夏城。宣和元年三月，劉法敗於統安城，爲夏殺。卽天慶九年也。尋復與宋和。古庫勒，一作古骨龍，城名，在今西甯府碾伯縣北，大通衞界，號震武軍。日本多泉，作仁多泉，城在西寧府西寧縣北。臧底河在米脂砦旁。蕭關，屬懷德軍，去葫蘆河十五里。靖夏城，屬渭州。畢沅續通鑑云，宣和元年四月，童貫大破夏兵，平其三城。是時遼事亟，夏不復來告，故外紀均未載。

保大二年（壬寅一一二二）夏六月，李乾順聞天祚播遷，率兵來援，爲金人所敗。

三年（癸卯一一二三）夏五月乙卯，李乾順請天祚臨其國。

六月，遣使册乾順爲夏國皇帝，而遼亡矣。〔攷異〕康譽之昨夢録云，西夏有竹牛，重數百斤，角甚長而黃黑相間。用以製弓極佳，尤勁健。其近弝黑者謂之後醮，近弰及弝俱黑而弓面黃者謂之玉腰。夏人常雜犀角以市，人莫有知者。莊綽鷄肋編云，西夏興州出良弓，中國購得之，每張數百千。太平老人袖中錦云，契丹鞍，夏國劍，高麗秘色，皆爲天下第一。他處雖效之，終不及。外紀均未載。

遼史紀事本末卷二十六

齊天蕭后之誣　法天后事附

聖宗統和十九年（辛丑一〇〇一）夏五月丙戌，册蕭氏爲齊天皇后。后爲承天太后弟烏還原作（限）〔隗〕因（據遼史卷七一后妃傳改）之女，小字菩薩格。原作菩薩哥美而才，嘗以草莛爲殿式，密付有司，命造清風、天祥、八方三殿。既成，益寵異。所乘車置龍首鴟尾，飾以黃金。又造九龍輅、諸子車，以白金爲浮圖，各有巧思。夏秋從行山谷間，花木如繡，車服相錯，望若神仙。生皇子二，皆不育，至是册爲后。〔攷異〕宏簡録云，后母，公主粘米袞。后年十二選入掖庭。是年，蕭后以罪降爲貴妃。五月，册后爲齊天后。東都事略云，后爲平州節度蕭猥思女，隆運甥。有容色，隆緒寵愛之。燕燕亦以隆運故，深愛之。李燾長編，猥思作錫珪，畢沅續通鑑作輝依。徐乾學後編，册后作六月事。所載各異。趙翼劄記云，蕭后降惠妃，係聖宗原配。爲何人女？以何事得罪？后妃傳内宜有專傳，乃絶無一字，史亦未免疏略。

開泰三年（甲寅一〇一四）春正月壬子，聖宗與后獵瑞鹿原。

五年（丙辰一〇一六）春二月戊戌，皇子宗真生，〔攷異〕契丹國志云，名木不孤。史稱字雅布濟，小字濟古爾，生於顯州東錐子河。宮人訥木錦原作耨斤。〔攷異〕畢沅續通鑑作納木錦，通鑑輯覽作訥木謹，即法天后也。所出，后養爲子，〔攷異〕李燾長編云，元妃生二子：長名珠卜袞，次名尚達里。所載各異。聖宗顧待隆渥。尋以訥木錦爲順聖元妃。元妃妬恩娼寵，譏后百端，不之信。〔攷異〕東都事畧云，齊天善琵琶，與樂工燕文顯、李有福通。元妃以白隆緒，不見聽。又爲蕃書投寢中，隆緒得之，曰：「此必元妃所爲也。」命焚之。契丹國志同，惟李有福作李文福。稍異。畢沅續通鑑云，事畧以元妃誣言爲實事，蓋傳聞之誤。又，燕文顯作燕文顥。更異。

太平元年（辛酉一〇二一）冬十一月，册皇子梁王宗真爲皇太子。

三年（癸亥一〇二三）秋七月丙戌，以齊天后生辰爲順天節。宋遣薛奎、郭盛來賀。〔攷異〕東都事畧云，燕燕卒，齊天乃與國事，權勢日盛，置宮闈司，補官屬，出教命，號仁慈翊聖彰德皇后。后妃傳未載。

七年（丁卯一〇二七）秋七月庚子，詔諭駙馬蕭楚布、原作鉏不公主諸木歡：原作粘米袞（爾）（據遼史卷一七聖宗紀，「爾」字衍，今删）。〔攷異〕游幸表作湼朮袞，係一人。「〔爾〕（同上書補）於后有父母之尊，后或臨幸，祗謁先祖，祗拜空帳，失致敬之禮。今後可設像拜謁。」〔攷異〕宏簡録云，是年，上與后臨幸，祗拜后父母空帳，失致敬禮，今後可設像拜謁。語較明晰。

十一年（辛未一〇三一）夏五月，大雨水，諸河横流，皆失故道。

六月丁丑，帝駐蹕大福河之北。己卯，崩於行宮。太子宗真即位，是爲興宗。元妃自立爲太后，攝國政，曰法天皇后。〔攷異〕契丹國志云，聖宗遺命以齊天爲皇太后，元妃爲太妃。元妃匿之，自立爲太后。齊天后生子皆不育，元妃生子，長即今帝也，次曰達妲李，又生楚國公主、燕國公主。承天太后以楚國公主嫁其弟蕭姑從撒，爲築城以居，曰睦州，號長慶軍，徙户一萬實之，曰從嫁户。李燾長編，姑從撒作托郭斯。薛應旂通鑑云，聖宗疾革，謂子宗真曰：「皇后事我四十年，以其無子，命汝爲嗣。我死，汝母子切勿殺之。」宏簡録云，聖宗疾大漸，法天后令扶后出，詈曰：「老物寵亦有既耶？」所載較詳。辛丑，法天太后賜駙馬蕭楚布、原作鉏不里國舅蕭必塔原作匹敵。〔攷異〕外戚表作恒敵。查卷八十八恒德傳，止一子匹敵，以功封蘭陵郡王。紀、傳屢見。是恒敵乃匹敵之訛，係一人。死。〔攷異〕宏簡録，蕭楚布作蕭浞卜。時爲北府宰相，與國舅蕭匹敵均被誣下獄，後另載賜駙馬蕭鉏不里、蕭匹敵死，殺其黨彌勃奴、觀音奴等七人。似此，則浞卜與鉏不里係二人。而興宗紀於蕭楚布注云，原作鉏不里。欽哀后傳注云：原作浞卜，又係一人，未知孰是。契丹國志，匹敵作疋梯，駙馬懇特子，幼爲承天后襁育之，聖宗視之如子，尚韓國公主，後平渤海，封蘭陵王，后媢殺之。連坐如木拙里太師、觀音太師、彌勒太師等十餘人，皆功臣。駢首誅夷，內外憤歎。刑法志云，時坐仁德姻援得罪者四十餘輩，皆被大辟，仍籍其家。所載亦異。又，蕭孝先傳，興宗諒陰，召孝先總禁衛事。欽哀后弒仁德后，孝先與蕭楚布、蕭必塔謀居多。與紀、傳又異。疑誤。圍場都太師女直珠格爾、原作著骨里右祗候郎君詳袞原作詳穩蕭雅嚕原作延留。〔攷異〕章努傳，延留以廢立事報渲。另一人。等七人皆棄市，籍其家。遷齊天后於上京。

先是，護衛馮嘉努、原作馮家奴耶律吉遜原作喜孫，字盈隱，永安宮分人，仕終南府宰相，出爲東北路詳袞。等希旨，誣告蕭楚布等謀逆。詔令鞫治，辭連及后。興宗聞之曰：「皇后侍先帝四十年，撫育眇躬，當爲太后；今不果，反罪之，可乎？」法天后曰：「此人若在，恐爲後患。」興宗曰：「皇后無子而老，雖在，無能爲也。」不從，卒遷於上京。〔攷異〕畢沅續通鑑云，時遼臣懼太后威，無敢言者。樞密使蕭朴獨上書白其誣，不報；朴感憤，至嘔血。後屢言其黨，出爲東京留守。太后廢，召爲南院樞密使，封楚王，卒，贈齊王。本傳，字延寧，國舅父房後。延琳叛時，官中書令，奉詔安撫東京，便宜從事。名列外戚表。子道拉，國舅詳袞。表未載。

興宗重熙元年（壬申一〇三二）春，法天太后誣奏齊天后以罪，遣人卽上京行弒。后請沐浴以就死，許之。有頃，后崩。年五十。是日，若有見於木葉山陰者，衞從甚嚴。後追尊爲仁德皇后，祔葬慶陵。〔攷異〕東都事畧云，以小車囚於上京。未幾，縊殺之。坐死者百餘人。契丹國志同，謂以庶人禮葬於祖州北白馬山。重熙三年，命改葬祖陵。按，本傳，后遷上京，會車駕春蒐，欽哀慮帝懷鞠育恩，遣人加害。宏簡錄作自縊。薛應旂通鑑云，三月，主蒐於雪林，耨斤遣人馳至臨潢，賜后死。后曰：「我實無辜，天下共知，待我浴而後就死。」使者退。比反，則后已死矣。所載各殊。

法天太后蕭氏，小字訥木錦，舒嚕原作述律太后弟阿古齊原作阿古只五世孫。〔攷異〕契丹國志云，父突忽，追封陳王。又云，后爲平州節度蕭思隈女，隆運甥，有容色，聖宗愛幸特甚，事承天后尤謹。與東都事畧所載齊天后事同。疑誤。黝面，狠視。其母嘗夢金柱擎天，諸子不能上，后至，與僕從皆升，異之。久之，入宮。嘗拂承天太后榻，得金鷄，吞之，膚色光澤勝常，太后驚異曰：「是必有奇子。」已而生興宗，爲齊天后所養，如己出。后以興宗事齊天后謹，不悅。聖宗崩，令馮嘉努等誣奏齊天后與蕭楚布等謀亂，徙上京，害之。自爲太后，稱制，改元景福，以生日爲應聖節。

重熙元年（壬申一〇三二）尊爲法天應運仁德章聖皇太后。〔攷異〕宏簡録云，法天攝政，封曾祖爲蘭陵郡王，父齊國王，諸弟亦皆王封。　東都事畧云，后總國事，多殺其功臣，專用兄弟分監南北蕃、漢事。至家奴授團練、觀察、節度使四十餘人。幽人無賴者，往往願爲蕭氏奴。　契丹國志云，后三兄弟皆尚主封王，納兄孝穆女爲興宗后，弟高九女爲皇弟妃。殘忍陰毒，先朝法制變更始盡。姊秦國夫人早寡，見長沙王謝家奴美姿容，殺其妃而妻之。妹晉國夫人喜户部使耿元吉貌美，亦殺其妻妻之。刑政弛紊，臨朝凡四年，國中困弊。所載較詳。　按，謝家奴後封陳王。卷二十七，天祚乾統六年，南院大王謝家奴。另一人。　三年，后陰召諸弟議，欲立少子重元，重元以所謀白帝。帝收太后〔符〕（據遼史卷七一后妃傳補）璽（綬）（同上書删），遷於慶州七括原作齊克（按，此處當云「齊克」原作「七括」）宫。〔攷異〕興宗紀，三年五月，太后還政於帝，躬守慶陵。宋史畧同。　東都事畧云，宗真嘗以酒一器賜琵琶樂工，蕭氏怒，乃加朴箠。宗真疑内品所告，陰遣人殺之，下吏雜治。宗真語人曰：「我貴爲天子，與囚同答狀。」不平，遂率兵逐其母，以黄布車送至慶州守隆緒冢。殺都統高常哥及内侍數十族。　契丹國志，樂工爲孟五哥，内品係高慶郎。同率兵逐母者爲耶律孫謀。又，梁王信甯，番名解里，北大王烏斡子，由祗候郎君授林牙、雲中等處節度使、同平章事，與帝同謀逐太后出宫，拜南宰相，封梁王，加尚父致仕。后傳云，帝與耶律喜孫、劉三等謀廢后，分兵捕諸舅，或死或徙，餘黨並誅。其不便軍民三十餘事，立改之。所載各異。

八年（己卯一〇三九）秋七月，興宗悔，親馭奉迎〔攷異〕徐乾學後編繫於康定九年四月，爲重熙九年。契丹國志云，遣中使迎至中京門外，筵日相見，均與史異。又云，帝聽講報恩經，感悟，迎歸，母子如初。相去常數十里，陰爲之備。宏簡録云，七年春，遣使問安，迎居太安宮。八年，迎至顯州，共謁園陵。十一年，奉迎於内殿。二十三年，加上尊號。所載年月又與后傳不合。按，趙安仁傳，幼被俘爲黄門令，法天后使伺齊天后動静，無不知者。尋懼禍南奔，齊天后欲誅之，法天后營救得免。後復與帝謀廢法天后，充内侍都提點。后還宫，責其離間，不能答。後不知所終。宏簡録謂后責安仁，無以答，遂死。又異。侍養，益孝謹。后終不懌。嘗召僧論佛法。帝崩，無戚容。

〔攷異〕畢沅續通鑑云，太后見后悲泣如禮，乃曰：「汝年尚幼，何悲痛乃爾！」其狠戾如此。時欲干預政事。郡王特布家奴濟哩節誣告其主怨望，非實，當反坐，欽哀言而免。節度使蕭白掠詳衮迪魯女强爲妻，亦因欽哀言，僅杖而奪其官。興宗末年，刑政廢弛，由后使然。史均未載。

道宗清寧元年（乙未一〇五五），尊爲太皇太后。三年，崩，謚曰欽哀。

遼史紀事本末卷二十七

渤海延琳之叛 高永昌附

聖宗太平九年（己巳一〇二九）秋八月己丑，東京錫里原作舍利軍詳袞原作詳穩大延琳因留守、駙馬都尉蕭孝先及南陽公主，殺户部使韓紹勳、係延徽孫副使王嘉、都指揮蕭佛德原作頗得。〔攷異〕道宗紀：清甯四年知易州事頗得，另一人。等，遂僭位，號其國曰興遼，改元天慶。〔攷異〕東國通鑑作天興。初，東遼之地，自神册時來附，未有榷酤鹽麴之法，關市之征亦甚寬弛。馮延休、〔攷異〕畢沅續通鑑作馮延修。韓紹勳相繼以燕地平山之法繩之，民不堪命。〔攷異〕續通考云，時耶律制心守上京，有捕獲私醖者，制心一飲而盡，笑不治。興宗時禁職官不得擅造酒糜穀，有婚祭者，有司給文始聽。道宗清甯八年十一月，禁南京不得非時飲酒。燕又洊饑，户部副使王嘉復獻計造船，使其〔民〕（據遼史卷一七聖宗紀補）諳海（道）〔事〕（同上書改）者漕粟以振燕民。水路艱險，多至覆没。違者搒掠，（按，遼史卷一七聖宗紀，「違者搒掠」作「雖言不信，鞭楚搒掠」，文義爲優）民怨思亂。故延琳乘之以起，首殺紹勳、嘉，以快人心。延琳先事與副留守王道平謀，道平棄家走，至行在告變。〔攷異〕方輿紀要云，時聖宗敗於黑嶺，延琳作亂，副留守王道平走黑嶺告變。聖宗卒，葬此，曰永慶陵。在慶州東北，一名慶雲山。黑水出其下，水西有夜來山，極高峻，契丹墳墓皆在山之東南麓。又有勃突山，在慶州西北二百里，遼五代祖勃突生此，因名。契丹國志云，聖宗葬上京西北二百里赤山。所載各異。聖宗卽徵諸道兵以討之。時國舅詳衮蕭必塔原作匹敵。〔攷異〕畢沅續通鑑作蕭實迪。本傳，字蘇隱，一名昌裔，恒德子。尚秦晉王公主。爲殿前副點檢，出爲詳衮。從平延琳亂，後以齊天后事爲法天后所誣，被殺。見上卷。先引兵據其要害，絕其西渡之計。渤海太保夏行美時戍保州，延琳密馳書，使圖統帥耶律博諾。原作蒲古。〔攷異〕畢沅續通鑑作普古。本傳，字提隱，太祖弟蘇四世孫。官東京統軍使，以功拜特里衮，後爲子鐵驪所弑。行美陰洩其書，博諾遂殺渤海兵八百人，而斷其東路。〔攷異〕行美傳，渤海人，時總渤海軍於保州。延琳使人說與俱叛，行美執送博諾，又殺賊黨百人。延琳氣沮。又，博諾傳，謂博諾入據保州。均未言其使圖博諾事。延琳知黃龍、保州皆不附，遂分兵西取瀋州，其節度使蕭旺祿原作王六初至，副使張傑聲言欲降，故不急攻。及知其詐，而已有備，攻之不克而還。時南、北女直皆叛附之，高麗亦稽貢期。〔攷異〕東國通鑑云，延琳遣太府丞高吉德告建國並求援。延琳，渤海始祖大祚榮七世孫也。又云，顯宗二十年十二月，與遼國太師大延定引東北女真與契丹相攻，遣使乞援。王與輔臣侍中崔士成、平章蔡忠順議，皆言宜修城池，謹烽燧以覘變，王從之，自此路梗不通。所載較詳。及諸道兵至，延琳懼，嬰城拒守。

冬十月丙戌朔，命南京留守蕭孝穆〔攷異〕契丹國志云，名陳六，法天后兄，其女爲興宗后。小字和多郭沁，舊作胡獨堇。本傳，字和爾沁，阿古齊五世孫。初官西北招討都監，擊走珠拉，討平準布亂，拜北府宰相、平章事、知樞密院事。爲都統，國舅詳袞蕭必塔副之，率諸軍進討。

十一月丙寅，以瀋州節度副使張傑爲節度使，賞其守城之功。其防城進士張人紀、趙陸等二十二人入朝，試以詩賦，皆賜第，〔攷異〕防城，舊作皇城，與下入朝文義不屬，今據永樂大典改正。超授保州戍將夏行美平章事。

十年（庚午·一〇三〇）春三月甲寅朔，詳袞蕭必塔至自遼東，都統蕭孝穆討延琳，進攻其城。時蕭博諾〔攷異〕畢沅續通鑑作普努，云舊作蒲奴。本傳，字留隱，奚王楚不甯之後。官都監，討平東京諸叛邑，平吼山賊，以功加侍中，終奚六部大王。將右翼軍，遇賊，戰蒲水。中軍少卻，會左翼軍夾攻之，〔攷異〕蕭孝穆傳，副部署蕭必塔、都監蕭博諾以兩翼軍夾擊，賊潰。據聖宗紀，則必塔方在京。所載互異。先據高麗、女直要衝，使不得求援，賊遂潰，追敗之於手山北。〔攷異〕蕭巴拉傳，原作拔剌，字布琳，迪里弟。時將北、南院兵討延琳，遇於蒲水，南院軍少卻。至手山，巴拉易兩院旗幟，鼓勇力戰，破之。紀未載。地理志，手山卽駐蹕山。唐太宗征高麗，於此勒石紀功。薛延寵全遼志云，首山，在遼陽城西南十五里，晉司馬懿圍公孫淵於襄平，有星隕首山，墜城東南。卽此。一作手山。方輿紀要云，山連海州衞界，頂有平石如掌指之狀，泉出其中，挹之不竭。唐征高麗，車駕渡遼水，軍於馬首山。卽此。今考駐蹕山凡數處：一爲首山，唐書稱馬首，遼史稱手山，在遼陽城西南，接海城縣界，唐太宗初渡遼水攻遼州駐營之山也；一在安市城外，唐太宗既得遼州、巖州，進攻安市所駐之山，唐書呼爲駐蹕山，及李勣從戰功最多者是也；又，駐蹕山，一名六山，卽醫巫閭也。又，蓋平東北十餘里分水嶺諸山，相傳唐太宗駐蹕處。又，海城西南十里有平頂山，一名車駕山，亦稱唐太宗駐蹕處，而首山與安市城外之駐蹕山，地志多誤爲一山。故附訂之。見滿洲源流考。延琳走入城，博諾不介馬而馳，追殺餘賊。延琳深溝自衛，孝穆圍之，築重城，起樓櫓，使內外不能通。城中撤屋以爨。〔攷異〕契丹國志云，時渤海大酋柵於金間上，險峻不可攻。孝穆宣揚德意，招降七百餘户。紀未載。駙馬延甯與其妹穴地遁去，惟公主吹巴勒原作崔八。按，公主表，聖宗十四女，貴妃生雅克，原作燕哥，第一，封秦國公主，嫁蕭匹勒，原作匹里；法天后生伊木沁，原作巖母堇，第二，封魏國公主，改適蕭惠；碩格原作槊古，第三，封越國公主，下嫁蕭孝忠；蕭氏生二女：吹巴勒原作崔八，第四，封南陽公主，嫁蕭孝先；陶格，原作陶哥，第五，封長甯公主，嫁蕭揚魯；蕭氏生一女：塔納，原作鈿匿，第六，封荆國公主，嫁蕭雙寬；馬氏生一女：玖格，原作九哥，第七，封潯陽公主，嫁蕭璉；大氏生一女：長壽，第八，封臨海公主，嫁大力秋，坐延琳誅，改適蕭纈古；白氏生四女：巴格，原作八哥，第九，封同昌公主，嫁劉三嘏；實格，原作十哥，第十，封三河公主，嫁奚王蕭噶濟；丕紳，原作擘失，第十一，封仁壽公主，嫁劉四端；泰格，原作泰哥，第十二，嫁蕭呼哩；李氏生一女：賽格，原作賽哥，第十三，封金鄉公主，嫁蕭托雲；艾氏生一女：興格，原作興哥，第十四，嫁蕭旺禄。〔攷異〕畢沅續通鑑云，公主爲遼主第四女，爲守陴者所覺，遇害。蕭孝先傳，字延甯，尚南陽公主，即吹巴勒，史蓋稱其字。又，續通鑑駙馬大力，疑即大力秋也。在後，爲守陴者覺而止。

秋八月丙午，東京賊將楊詳世密送欵，夜開南門納王師，擒延琳，渤海平。

冬十一月辛亥，孝穆凱還，戎服見帝，大加宴勞。封爲東平王、東京留守。〔攷異〕契丹國志云，封東遼王，馳馬立射五的，時人莫及。畢沅續通鑑云，東京殘破之後，孝穆撫御流民，爲政寬簡，民安之。本傳，興宗立，徙王秦，進王吴，拜北院樞密使。卒官，贈大丞相、晉國王，謚貞。與人交，始終如一。所薦拔皆忠直，時稱爲

「國寶臣」，孝先，官北院樞密使，封楚王。好惡自恣，權傾人主。法天后廢，徙王晉，改南京留守，卒。孝友，官南院樞密使，封豐國公。坐子呼都克與重元謀叛，伏誅。小字陳留。見八十七卷，北府宰相豐國王。又卷二十二，道宗太康三年被殺，另一人。本傳，十年，加政事令，後拜中書令。按，中書令卽政事令。考百官志，十年，孝友知中書省事，較爲得實。又，孝穆二子：阿拉、薩巴。考聖宗紀太平四年，以孝穆子蕭順爲千牛衛將軍。百官志同。然孝穆子無名順者。薩巴傳，加千牛衛將軍，正與紀合，疑蕭順卽薩巴之賜名。阿拉，官北樞密使，薩巴官北宣徽使。均列外戚表。惟阿拉子額哩頁未載。續通考云，孝穆有寶老集行世。子撒八，重熙中尚魏國公主，總知朝廷禮儀，轉西北招討使，封武甯郡王，卒，追封齊王。又，阿剌幼養宮中，重熙末官西北招討使，封西平郡王，尚晉國長公主，進王陳，爲蕭革中傷，帝怒，縊殺之。孝穆又有弟名木哲。高九子，官西北招討使，安邊有功，封柳城郡王。又，高九孫名撻不也，太康元年尚趙國公主，爲乙辛誣廢立事見殺，追封蘭陵郡王，孝穆後。又有弟別里剌，道宗皇后父，封趙王。別里剌子名酬斡，年十四，尚越國公主，封蘭陵郡王。孝先孫名得里底，天慶三年封蘭陵郡王。天祚殺晉王，坐不能伸理，被逐。均見封建考。蕭必塔封蘭陵郡王，奚王博諾加侍中，奚王府都監蕭阿克展原作阿古軫爲東京統軍使，夏行美爲〔惠〕〔忠〕順（據遼史卷四一地理志、卷八七夏行美傳改）節度使。本傳，尋遷副部署，從討富珠哩，獲其酋托多羅以歸，致仕，卒。詔渤海舊族有勳勞材力者敘用，餘分居來、溼、遷、〔閏〕〔潤〕（據遼史卷三九地理志改）等州。〔攷異〕地理志云，易俗縣，本遼東渤海民。太平九年，大延琳結構遼東夷叛，圍守經年乃降，盡遷於京北，置縣居之。又，遷遼縣，本遼東諸縣，渤海人大延琳叛，擢其謀勇者置左右，後降，戮之，徙其家屬於京東北，故名，均隸臨潢府。紀未載。越數十年而有高永昌之事。

天祚帝天慶六年（丙申一一一六）春正月丙寅朔，東京軍亂，殺留守蕭保先。户部使大公鼎大定府人，咸雍十年第進士，歷州縣，部民服化。本渤海人，仕至東京留守。時蕭文，字國華，以才幹稱，歷唐古部節度。均見能吏傳。聞變，卽攝留守事，與副留守高清明集兵討捕亂黨，撫定其民。東京故渤海地。保先係奉先之弟，嚴酷寡恩，渤海苦之，故有是變。其裨將渤海高永昌僭號，稱隆基元年。〔攷異〕契丹國志云，高永昌率凶徒十餘人入府署殺蕭保先。時大公鼎等捕亂黨，越三日，登首山門説諭使歸，不從；尋出陣於通衢，大公鼎擊之，不克，奪門出奔。永昌遂稱大渤海帝，改元應順，據遼東五十餘州。東國通鑑云，睿宗文孝王二十一年，永昌僭號，國號大元，建元隆基。畢沅續通鑑云，時遼遣蕭伊蘇、高興順招之，不從。史均未載。金史呼實默傳，哈斯罕人，始祖兄阿庫納後。父托卜嘉，事遼爲太尉。高永昌據東京，招哈斯罕人，衆欲歸之，呼實默不從，曰：「吾遠祖兄弟三人，同出高麗。今大聖皇帝之祖入女直，吾祖留高麗，尋歸於遼。今皇帝卽大位，遼亡有徵，吾豈能爲永昌之臣哉！」遂率族屬降薩哈馬珍。嘗於托輝山下，兵敗，奔薩哈，後爲哈斯罕七路貝勒，卒，贈驃騎衛上將軍。

閏月，遣蕭罕嘉努、原作韓家奴張琳討之。貴德州守將耶律伊都原作余覩。〔攷異〕畢沅續通鑑作余都。以廣州渤海叛附永昌，國兵擊敗之。

夏四月，蕭罕嘉努與高永昌戰，大敗。〔攷異〕契丹國志云，五月，張琳遣羸卒疑敵，以精騎間道趨瀋州，與戰，渤海軍少卻，退保東京。琳率騎徑渡太子河，爲鐵騎所乘，敗歸。方議再舉，忽女真闍母軍至，迎敵，大敗，孟初、劉思温等死之。琳遁入遼州，盡失軍實，坐謫遼興節度。史未言爲金所敗。方輿紀要云，太子河在遼陽衞東北五里。薛延寵全遼志云，一名東梁河，又名大梁水。源出幹羅山，西流五百里，至遼陽城東北五里許，折而西南流，入渾河，合爲小口，會遼河入於海。司馬懿斬公孫淵父子於梁水之上，即此。或曰，即故衍水，燕太子丹匿於衍水中，後人因名爲太子河。續通考云，渾河源出塞外，西南流，至瀋陽衞，合沙河，又西南流，至都司城西北入太子河。瀋州，今奉天府是，本瀋陽中衞，在遼陽府城北一百二十里。

五月，金兵克東京，擒高永昌。東京州縣族人赫伯、原作痕孛道拉原作鏵剌。〔攷異〕卷二十三，道宗太康元年夷离畢，姓蕭，另一人。等十三人皆降金。〔攷異〕王宗沐續通鑑云，高永昌時以兵三千屯八甔口，叛入遼陽，旬日至八千人。尋求援於金，且乞并力取遼。金太祖曰：「同力取遼固可，東京邊地，汝輒據之以僭大號則不可。若能歸欵，當授王爵。」永昌不從。乃率諸軍伐之。聞張琳軍敗，永昌大懼，敗於城下，遂以五千騎奔長松，遼陽人托卜嘉執之以獻，金主殺之，於是東京州縣及南路繫遼女直皆降於金。續綱目云，金以斡魯爲南路都統，賞其戰功也。契丹國志云，永昌敗，遁入海，女真遣兀室訥波勃堇追及於長松島，斬之。其潰散漢兒軍，多相聚爲盜，以千百計，自稱雲隊、海隊之類。是永昌非托卜嘉所獻。紀載各異。方輿紀要云，長松，地名，在遼陽東。八甔口在承德縣東。

遼史紀事本末卷二十八

重元父子之亂　叛黨附　蕭阿拉等附

聖宗太平三年（癸亥一〇二三）冬十二月己卯，封皇子重元爲秦國王。重元，〔攷異〕契丹國志作宗元。小字博齊希。原作孛吉只，改作伯奇展。聖宗次子，法天后所生。材勇絶人，眉目秀朗，寡言笑，人望而畏之。至是封秦國王。〔攷異〕皇子表，聖宗六子：興宗第一，重元第二，皇后蕭氏生；布古德第三，未詳所出；烏格第四，開泰二年爲特哩袞；格爾第五，布威氏生；海古勒第六，重熙初王子郎君班詳袞，後至上京留守，姜氏生。按，烏格於開泰二年爲特哩袞。聖宗紀，皇子宗訓爲大内特哩袞，卽此人。至五年，興宗始生，則烏格爲興宗庶兄。因庶出，或表列於後。通考及葉志均稱興宗爲聖宗第八子。表稱第一，蓋係嫡子之長也。又，紀稱開泰七年，宗眞封梁王，宗元永清節度使，宗簡右衛大將軍，宗愿左驍衛大將軍，宗偉右衛大將軍。其名不同，而又只五人，蓋名乃後時改易；而狗兒暴卒，故祇五耳。宗元疑卽重元。宏簡録以宗簡爲布古德，宗愿爲烏格，宗偉爲海古勒，不知何據。又，聖宗紀統和七年三月，皇子佛寶努生；開泰六年九月，以皇子舒蘇生，大赦；太平元年三月，皇子博齊希生。原作勃乙只，表無其名。又，格爾原作狗兒。皇族表實默克子狗兒，另一人。又，道宗紀，清甯元年，以南院大王海古勒爲中京留守。四年復自同知東京留守爲南院大王，與表異。續通考云，聖宗子柳城郡王別古特不詳所出。僕隈氏生燕王吳哥、南府宰相狗兒；姜氏生混同郡王侯古。紀載各異。

興宗重熙三年（甲戌一〇三四），法天太后密謀立重元，重元以所謀白帝。帝重之，尋立爲皇太弟。

六年（丁丑一〇三七）夏五月庚申，出飛龍厩馬賜重元。

秋七月，重元生子，帝賜以詩及寶玩器物，曲赦死罪以下。

七年（戊寅一〇三八）春三月戊戌朔，帝幸重元帳。

冬十二月己巳，以重元判北、南院樞密使事。〔攷異〕本傳，歷北院樞密使、南京留守、知元帥府事。其處戎職，未嘗離輦下。先是，契丹人犯法，例須漢人禁勘，受枉者多。因奏五京各置契丹警巡使，詔從之。續通考云，遼無司隸校尉官，惟五京各置警巡院，官曰警巡使。東京別置軍巡院，官曰東京軍巡使。中京別置巡邏司，官曰中京巡邏使。重熙十三年，又置契丹警巡院。所載較詳。

十一年（壬午一〇四二）冬十二月甲辰，封重元子尼嚕古原作湼魯古。〔攷異〕汪輝祖遼史同名録云，卷二，太祖天贊元年四月，典薊州軍民事，卷八十五轄哩傳，太平六年都監，亦作湼里姑；卷八十八博諾傳，祖特哩衮；卷九十二道拉傳，祖北樞副，五人同名湼魯古。又，契丹國志，此之湼魯古作洪孝。畢沅續通鑑作尼嚕固。通鑑輯覽云，小字伊囉斡，又作邪魯綰。爲安定郡王。

十三年（甲申一〇四四）秋九月壬申，帝會軍於九十九泉，命重元及韓國王蕭惠將先鋒兵討西夏，元昊等伏罪，班師。語詳西夏封貢事中。

十七年（戊子一〇四八）冬十一月丁巳，賜重元金券，進封尼嚕古爲楚王。〔攷異〕本傳，進王楚，爲特哩袞。紀未載。時帝與重元宴，酣，許以千秋萬歲後傳位，重元大喜，驕縱不法。又因雙陸賭居民城邑，帝屢不競，前後已償數城。一日，復博，伶人羅衣輕指其局曰：「雙陸休癡，和儞都輸去也。」帝悟不復戲。〔攷異〕宏簡録賜重元金券誓書，繫之十八年，稍異。

二十四年（乙未一〇五五）春三月，重元生子，曲赦行在及長春、鎮北徒以下罪。

道宗清甯元年（乙未一〇五五　按，道宗八月改元）秋八月壬辰，以重元爲皇太叔，免漢拜，不名。甲午，遣安撫南京軍民。

冬十二月戊子，尼嚕古徙王吳，尋復王楚。

二年（丙申一〇五六）冬十一月乙巳，以重元爲天下兵馬大元帥。四頂帽，二色袍，尊寵所未有。〔攷異〕道宗紀，時徙封趙國王察克爲魏國王，魯國王和囉噶爲宋國王，陳國王阿林爲秦國王，吳王尼嚕古進封楚國王，百官遷秩有差，以上尊號加恩故也。契丹國志云，以鄭王宗元爲兵馬大元帥，封晉國王，樂郡王宗德進封豳王，中山王宗正進封魯王，豫章王宗熙進封齊王，節度宗哲進封長沙王。所載又異。

三年（丁酉一〇五七）春三月辛巳，以尼嚕古爲武定節度使。〔攷異〕本傳謂爲清甯二年。

四年（戊戌一〇五八）閏十二月己巳，復賜重元金券。會皇太子濬生，重元妻入賀，以豔治自矜，懿德皇后素端重，見之弗善，戒曰：「爲貴家婦，何必如此！」〔攷異〕畢沅續通鑑云，其妻歸，罵重元曰：「汝是聖宗兒，乃使人以哈屯加我！汝若有志，當答此婢。」子尼嚕古素有其志，故婦言如此。所載較詳。

七年（辛丑一〇六一）夏六月丁丑，以尼嚕古知南院樞密使事。

八年（壬寅一〇六二）春三月戊申朔，楚王蕭格原作革致仕，進封鄭國王。〔攷異〕畢沅續通鑑云，革官北樞密，以諂佞結主知，怙權黷貨，戕害忠直。主漸悟其姦，寵遇日衰，故罷。按，李燾長編云，宗元與其相某謀作亂，及相以貪暴黜，宗元懼，謀愈急。所謂相某者，當指革。以重元爲宗元，亦傳聞之誤。契丹國志云，宗元性極殘忍，每出一死四，命衆聚射，斬而臠之，流血滿前，飲啖自若。意趣不臣，常伺時釁。洪基嗣位，奉長樂之命，以爲皇叔。後因遊獵，乘間弒帝，左右遮救得免。所載較詳。

九年（癸卯一〇六三）秋七月丙辰，帝如太子山。在大甯衞西南。戊午，皇太叔重元與其子尼嚕古謀亂。先是，尼嚕古說其父詐病，俟車駕臨問，因行弒逆。至是獵灤水，帝知其謀，用耶律良計，遣人急召。尼嚕古知事泄。〔攷異〕良傳，良告太后轉白帝。帝責良曰：「汝欲間我骨肉耶？」良曰：「臣若妄言，甘伏斧鑕！不早備，恐墮賊計。如召不至，可卜其事。」使者及門，羈於帳下。使者以佩刀斷帘出；馳白帝，始信。所載較詳。遂與其黨陳國王辰禄、原作陳六同知北院樞密使事蕭呼都克、原作胡覩，字伊遜，孝穆姪。衞王特布原作貼不等凡四百人，誘脅弩手軍犯行宮。時南院樞密使許王仁先等率宿衞士卒數千人禦之。尼嚕古將戰，躍馬突出，爲侍衞詳衮渤海阿蘇、原作阿〔斯〕〔廝〕（據遼史卷二二道宗紀改）。本傳，字撒班，以功進契丹行宮都部署，歷北院大王，加尚父，封趙王。護衞蘇射殺之。〔攷異〕蕭德傳，字特們，卓特部人，官南府宰相。值重元亂，力戰，斬尼嚕古首以獻。論功封漢王，加尚父。紀作蕭唐古，又未載封王事。

李燾長編云，是日戊午，宗元從洪基獵於凉淀，洪基讓宗元先行，依山而左，宗元子洪孝以百餘騎直前射契丹主，傷臂，又傷馬。太師某乘以己馬。點檢蕭福美射殺洪孝。所載均與史異。逆黨均族誅。庚申，重元亡入大漠，嘆曰：「尼嚕古使我至此！」遂自殺。〔攷異〕本傳，重元將戰，其黨多悔過効順，各自奔潰。重元既知失計，遂北走。李燾長編云，宗元遁走幽州，自殺。燕京留守耶律明領奚兵入城，授甲，將應之，副留守某將漢兵距焉。會使者以金牌至，遂擒斬明。洪基尋亦至，陳王蕭孝友等皆坐誅。先遣來使者數人，皆宗元黨，過白溝，悉以檻車載去，誅之。獨蕭福延以兄福美有功，得免。紀未載。先是，兵將起帳前，雨赤如血，識者知爲敗亡之兆。

初，重元變作，帝欲幸北、南院，仁先曰：「陛下若舍扈從而行，賊必躡其後；且南、北大王心未可知。」仁先子托卜嘉曰：「聖意豈可違乎？」仁先怒，擊其首。帝悟，悉以討賊委之。乃環車爲營，(折)〔拆〕(據遼史卷九六耶律仁先傳改)行馬，作兵仗，率三十餘騎陳(抵)〔柢〕(同上書改)拞外。及戰，賊衆多降，尼嚕古中矢死。本傳，性陰狠，興宗一見，謂曰：「此人目有反相。」重元被傷，退。仁先以五院部節度使蕭塔喇所居近，亟召之，分遣人集諸軍。黎明，重元率奚人二千犯帷宮，塔喇兵適至，乃背營而陣，乘便奮擊，賊奔潰，追殺二十餘里，重元走死。(按，遼史卷九六耶律仁先傳作「重元與數騎遁去」)帝執仁先手曰：「平賊皆卿功也。」拜北院樞密使，封宋王，加尚父，并爲畫灤河戰圖以旌其功。本傳，字札林，孟父房後，燕王貴音子。後加裕悅，爲伊遜忌，出爲南京留守，卒，年六十。議者謂休格後，惟仁先一人而已。後改王晉。〔攷異〕興宗紀，重熙十二年，仁先以北樞密副同知東京留守；十五年，自契丹行宮都部署爲南院大王；十九年，自南院大王知北院樞密使事。傳載東京爲南京，由都部署遷北院大王，清甯初，改南院樞密使，爲北院大王。平亂，加北院樞密使，初封吳王，旋封宋，改王遼，後王晉。所載互異。仁先，一字濟蘭，原作糺隣，小字查剌。傳見卷九十六。續通考云，仁先，隗引子，始封吳王，清甯初，徙王隋，後進王宋，咸雍時改遼王。又，按，隗引封燕王，巖木之後。巖木，元祖子，身長多能，語言如鍾，三爲迭剌部夷离菫，年四十五卒，重熙中追封蜀國王。頹昱亦巖木後，封漆水郡王，世宗時爲惕隱。化哥，巖木後，道宗時爲北樞密，封豳王。仁先弟名義先，封武昌郡王，進王富春，卒，追贈許王。見封建攷。按，隗引，一作貴音，信先父。上以貴音爲刺血交，官信先右祗候郎君班詳衮。後因信先言，追封貴音燕王。信先於重熙十五年改漢人行宮都部署。傳未載。耶律伊遜原作乙辛爲南院樞密使；蕭罕嘉努原作韓家奴爲殿前都點檢，封荊王；本傳，字固甯，奚長布掄之後。時聞亂作，馳詣行宮，帝欲出避北、南院，與仁先執轡，固諫乃止。及重元誘奚獵夫來，罕嘉努諭之曰：「汝曹去順效逆，徒取族滅，何若悔過，轉禍爲福！」均授仗投首降。後徙王吳，終西南招討使。紀未載。蕭惟信、耶律馮嘉努原作馮家奴并加太子太傅；按惟信傳，時官北面林牙，以功歷南京留守，進北院樞密副使。馮嘉努無傳，未知即誣告蕭楚布者否？宿衛官蕭伊遜、原作乙辛回鶻海蘭、原作海隣紐斡哩、原作褭里耶律托卜嘉；原作撻不也。〔攷異〕是年八月，永興宮使耶律托卜嘉，原作塔不也。有定亂功，爲同知點檢司事，與卷九十九傳所載合。官至北宣徽使，封漆水郡王。又，卷六十二刑法志作撻不也，係一人。阿蘇、原作阿厮宮分人濟嚕克、原作急里哥錫默、原作霞抹伊遜、原作乙辛珠嚕原作只魯並加上將軍；耶律良密告逆謀，命隸橫帳額爾奇木房，爲漢人行宮都部署。本傳，字錫納。著帳郎君後。時官敦睦宮使，以反狀密告道宗母仁懿蕭太后。后言於帝曰：「此社稷大事，宜早爲計！」帝始戒嚴。太后親督衛士破逆黨。后後夢重元曰:「臣骨在太子山北,不勝寒栗。」卽命屋之。良歷官同知南院樞密事,中京留守。卒,謚忠成,贈遼西郡王。嘗編道宗御製清甯集。重熙時,修興宗起居注,自著慶會集。均見續通考。〔攷異〕畢沅續通鑑云,良,一作白。道宗紀,耶律伯,一作白,係一人。仁懿太后,道宗生母,爲蕭孝穆長女,小字托里,原作撻里。興宗立,入宮,生道宗,重熙四年立爲后。道宗卽位,尊爲太后。太康二年崩,生二女:長巴戩,原作跋芹,封魏國公主,嫁蕭薩巴,原作撒八,不諧,改適蕭阿蘇,後嫁蕭沃聶;次烏拉台,原作斡里太,封鄭國公主,嫁蕭額哩頁。契丹國志云,興宗酷好沙門,縱情無檢,仁懿后每伺帝有所失,隨時匡諫,多所裨益。又,興宗貴妃蕭氏,小字鐵察,一作三嬑。駙馬都尉匹勒女。選入東宮,卽位,立爲后。尋以罪降貴妃。續通考云,太平八年十一月,諸族備會親之帳。十二月,太子納妃蕭氏,卽此。其餘宿衛有功將士,陞賞有差。〔攷異〕畢沅續通鑑云,時耶律迪里赴援,力戰,遙授臨海節度使。蕭約音努亦以功遷護衛太保。又,北府宰相姚景行以疾告歸,中道聞變,收集得三百餘騎,偕南府宰相楊續勤王。比至,賊已平,主嘉之,賜以逆產。蕭烏頁,原作烏野,官護衛太保,從仁先平亂,加團練使。迪里,原作敵烈,字薩蘭,採訪使叱後。仕至南院大王兼侍中。約音努,原作樂音奴,字布索,圖魯卜後,終五番部節度。景行,漢人,籍興中縣,終南院樞密使,兼中書令、太師,卒,贈柳城郡王,謚文憲。續,良鄉人,歷南院樞密使,封趙王,改王遼西,加守太保,卒。均見本傳。道宗紀未載。續通考云,時興宗子宋魏王和魯斡值重元亂,夜赴戰。初封越王,官上京留守,徙王晉,進王宋魏,乾統三年,册爲皇太叔。又,秦晉國王阿璉,亦興宗子,歷西京、上京留守。是冬,以南院宣徽使蕭玖格爲北府宰相,以太保耶律和卓知南院大王事。未知是賞戰功否?

衛王特布以脅從削爵,流鎭州。鄭王蕭格子,爲重元壻。格與逆謀,淩遲死。畢沅續通鑑云,革得倖兩朝,恣爲姦惡。至是始正典刑,聞者快之。

時蕭呼都克〔攷異〕本傳，原作胡覩，孝穆姪。清甯中，代族兄珠展爲西北招討使。時蕭格與蕭阿拉俱官樞密使，不協，珠展爲阿拉所愛，呼都克希格意，發其借官粟事，珠展得罪。呼都克又欲要權，歲時獻遺珍玩、畜産於格，二人相愛過於兄弟。又，其族弟迪里，薦蕭呼敦可用，呼都克轉言於帝，用爲（直宿）〔宿直〕（據遼史卷一一四蕭胡覩傳改）官。及格構陷其兄阿拉，呼敦陰爲之助，時人醜之。按，呼都克傳，重熙中，由祗候郎君，俄遷興聖宫使。考宏簡録，係由敵史遷興聖宫使。尚秦國公主，授駙馬都尉，不諧，離婚，復尚齊國公主。而公主表不載其尚主事。汪輝祖遼史同名録云，呼敦，原作胡篤。卷八十九，耶律庶成妻；卷一百一，傳，知樞密院事，三人同名胡篤。畢沅續通鑑謂呼都克卽係呼敦，云爲蕭阿喇從父昆弟。疑誤。勸尼嚕古速發，信之，中流矢死，是夜，同黨挾重元僭位，呼都克自爲樞密使。明日，戰，敗走，至十七濼，投水死。五子，同日誅。本傳謂呼都克因位在伊遜下，意不平，遂從逆。

餘黨：南京統軍使蕭塔喇台、原作（迪）〔迭〕里得（據遼史卷一一四蕭迭里得傳改）。〔攷異〕本傳，國舅少父房後。父雙古，尚塔納公主。仕至國舅詳衮。公主表同。而外戚表云雙寬，原作雙谷。卽此人。興聖宫太保庫德、原作古迭。〔攷異〕本傳不知姓氏，而宏簡録謂姓耶律。殿前都點檢薩爾珠，原作撒剌竹均伏誅。〔攷異〕畢沅續通鑑，薩爾珠作薩喇圖，云，時在圍場，聞變，刼奚獵夫來援。既至，聞尼嚕古已死，大慟，勸重元乘夜刼行宫，大事可濟。用蕭呼敦計，不允。已而陣斬薩喇圖，擒特里德、古迪殺之。特里德，少不羈，以詳衮從伐夏，失利，決杖削官。古迪，膂力過人，善擊鞠。薩喇圖尤凶暴。尼嚕古與交結，故速敗。均見本傳。惟塔喇台傳謂伐夏獲勝，授觀察使，進漢人行宮都部署，改西南招討使，因族弟黃巴家奴告其主私議宮掖事，寢之；事覺，决杖削籍爲民。稍異。又，薩爾珠傳，勸乘夜刼行宮，呼都克等曰：「今夕但可四面圍之，勿令外軍（同）〔得〕（據遼史卷一一四撒剌竹傳改）入，彼何能備？」不從。遲明，投杖走，薩爾珠戰死。而呼都克傳但謂其黨勸乘夜决戰，呼都克曰：「倉卒中，黑白不分，若内外軍相應，則吾事去矣。黎明而發，何遲之有？」重元聽其計。明日戰，敗，呼都克被創，遁。二傳所載各異。又，蕭特古斯原作圖古辭。〔玫異〕畢沅續通鑑作圖固哩，云舊作圖古哩。官南府宰相、北院樞密使，帝及太后倚任之。姦佞黷貨，變更法（令）〔度〕（據遼史卷一一一蕭圖古辭傳改）。爲樞密數月，引用多重元黨，坐免爲庶人。後没入興聖宮，死。

其時與蕭格同柄政者蕭阿拉，原作阿剌字額里埒，原作阿里懶樞密孝穆子。尚秦晉國王公主，累官北院樞密使，封陳王。惡格諂諛不法，争之不能得，請告歸。帝惡之，除東京留守。會行色克色原作瑟瑟禮，〔玫異〕陳樫五代史補編云，契丹自遥輦氏胡剌可汗制祭山儀，蘇可汗制瑟瑟儀，阻午可汗制柴册儀、再生儀，情樸用儉，後世遵之。瑟瑟儀，禱雨之祭也。禮志載色克色儀，若旱，擇吉日行禮以祈雨。前期，植百柱天棚。及期，皇帝致奠於先帝御容，乃射柳。帝再射，親王、宰執以次各一射。中柳者質誌柳者冠服，不中者以冠服質之。不勝者進飲於勝者，然後各歸其冠服。又，翼日，植柳天棚之東南，巫以酒醴、黍稷薦植柳，祝之。帝、后祭東方畢，子弟射柳。皇族、國舅、羣臣與禮者，賜物有差。既，三日雨，則賜多囉倫穆騰馬四匹，衣四襲。否則，以水沃之。道宗清甯元年，帝射柳訖，詣風師壇再拜。按，金史禮志曰，射柳之戲，遼俗也，金因尚之。凡重五日拜天禮畢，插柳爲兩行，

(尚)〔當〕(據金史卷三五禮志改)射者以尊卑爲〔序〕，(同上書補)先以一人馳馬前導，後馳馬以無羽橫鏃箭射之。既斷柳，又以手(按)〔接〕(同上書改)而馳去者爲上。斷而不能接去者次之。其中而不能斷與不能中者爲負。每射，必伐鼓以助其氣。所載小異。又，禮志載柴册儀甚備，而王易燕北録所紀柴册儀，内有拜日、拜七祖殿、拜木葉山神、拜金神、拜册太后、拜赤娘子、拜七祖眷屬畢，次上柴籠受册，次入黑龍殿受賀。行禮罷，又有燕飲。與志迥異。入朝陳時政得失，格以事中傷，帝怒，縊殺之。〔攷異〕畢沅續通鑑云，據蕭格傳曰：「會南郊，以例赴闕。」而本紀則因主謁陵來朝。所載各異。太后營救不及，大慟曰：「阿拉何罪而遽見殺？」乃厚加贈賻。

性忠果，曉世務，有經濟才。議者謂阿拉若在，無重元、伊遜之亂。

又，耶律義先，裕悦仁先弟，官南院宣徽使。惡蕭格，言於帝曰：「格狡佞喜亂，大用必負國家。」言雖激切，不納。它日侍宴，帝命羣臣博，義先當與格對局，憮然曰：「臣縱不能進賢退不肖，安能與國賊博！」帝怒，賴后救得解。歷官特哩袞，封富春王，追贈許王。

弟信先，官南面林牙。

遼史紀事本末卷二十九

重熙增幣之議

興宗重熙元年（壬申一〇三二）春正月壬辰朔，宋遣任布、王遵範、陳琰、王克善來賀。乙亥，復遣鄭向、郭遵範來賀永壽節。

秋七月，以蕭達溥、王英秀、蕭麓、張素羽賀宋來歲正旦生辰。

冬十一月癸未，宋遣劉隨、王德本來賀應聖節。

十二月庚戌，宋遣胥偃、王從益、崔暨、張懷志來賀明歲正旦；楊日嚴、王克纂來賀永壽節。

〔攷異〕李燾長編云：仁宗明道元年正月，契丹耶律順、王義府賀長甯節，舍人夏元正坐捧書失儀，貶官。四月，契丹蕭好古、王永孚賀乾元節。八月，以鹽鐵副使劉隨賀契丹主母生辰，祇候王德基副之；開封判官楊日嚴賀國主生辰，客省副使王克基副之；太常博士胥偃賀國母正旦，舍人王從益副之；監察御史崔暨賀國主正旦，東染院副使趙振副之。尋改張懷志代振。十二月，契丹蕭式、張推保賀太后正旦，蕭察、夏亨謐賀正旦。時契丹改元重熙，邊吏言牒知契丹將大入寇，輔臣爭言擇帥備邊之要，參政薛奎獨曰：「先帝與契丹約和，歲遺甚厚，必不肯輕背約。」已而果然。所載姓名各異。

二年（癸酉一〇三三）春正月壬辰，宋遣曹琮來告母后劉氏哀，章得象、安繼昌來饋母后遺物。卽命(延昌)〔興聖〕宮(據遼史卷一八興宗紀改)使耶律壽甯、給事中李奎充祭奠使；天德節度使耶律卿甯、大理卿和道亨、河西節度使耶律嵩、引進使馬世卿充兩宮弔慰使。

秋七月甲子朔，以耶律(楚)〔寔〕(同上書改)、〔攷異〕永樂大典作耶律實。高升、耶律迪、王惟允充兩宮賀宋生辰使副；耶律師古、劉五常賀宋來歲正旦。

冬十一月甲申，宋遣劉寶、符忠、李昭述、張茂實來謝慰奠。

十二月乙未，宋遣丁度、王繼凝來賀應聖節。甲寅，復遣章頻、李懿、王冲睦、張緯、李(絃)〔紘〕(同上書改)、李繼一來賀永壽節及來歲正旦。〔攷異〕李燾長編云，明道二年正月，契丹耶律霸、韓椅賀長甯節。三月，章獻太后崩。四月，遣東上閤門使曹琮告哀於契丹。八月，契丹國主及國母遣耶律信甯、和道亨、耶律嵩、馮世卿來弔慰；耶律守甯、李奎來祭奠。詔契丹所獻禮樂甚厚，其於常所遺物外，增黄金三百兩。尋遣度支判官劉賽、舍人符惟忠、司封員外郎李昭述、東染院副使張茂實使契丹謝國母及其主。復命兵部員外郎丁度、右騏驥使王繼凝賀國母生辰；度支副使李紘、禮賓副使李繼一賀國主生辰。刑部郎中章頻、禮賓副使李遵懿賀國母正旦，推官王仲睦、祇候郭崇賀國主正旦。崇留不行，以供備庫副使張瑋副之。十一月，以章頻兼侍御史，知雜事。頻時奉使契丹，未還，尋卒於紫濛館。契丹遣內侍奠祭。命接伴吴克荷護其喪，以錦車駕橐駞載至中京，斂以銀飾棺，具鼓吹羽葆，吏士持甲兵，衛送至白溝。詔其子訪乘傳護柩歸。録用其子。十二月，契丹國母遣蕭傳、王秀英；國主遣蕭麗、張素羽賀正旦。所載姓名互異。紀於章頻之卒，繫於明年正月。又異。

三年(甲戌一〇三四)秋七月戊子朔，帝始親政，以耶律庶徵、劉六符、耶律睦、薄可久賀宋來歲正旦。

冬十二月，宋遣段少連、杜仁贊來賀明歲正旦，楊偕、李守忠來賀永壽節。〔攷異〕李燾長編云，景祐元年三月，契丹國母遣耶律迪、王惟永，國主遣耶律述、高昇賀乾元節。五月，以劉隨爲工部郎中，知應天府。故事，奉使契丹者，遣皇城卒二人與俱，察其舉措；使者悉姑息以避中傷。隨前使契丹賀國母生辰，以病足痺不能拜，歸，爲卒所誣，不知信，徙宣州；已而李紘使還，言其枉，乃還官。八月，度支判官謝絳、閤門祗候李守忠爲契旦生辰使副，刑部員外郎杜少連、閤門祗候杜贇爲正旦使副。十二月，命張亢知安肅軍。時傳契丹聚兵幽、涿間，河北皆警。亢力言非實。參政蔡齊畫三策，料其必不渝盟。已而果契丹祭天幽州，以兵屯境上。尋遣耶律師古、劉五常賀正旦。

四年（乙亥一〇三五）夏六月癸丑朔，以耶律信、呂士宗、蕭（拱）〔袞〕（據遼史卷一八興宗紀改）、郭揆賀宋生辰及來歲正旦。

冬十二月庚申，宋遣鄭戩、柴貽範、楊日華、張士禹來賀永壽節及正旦。〔攷異〕李燾長編云，景祐二年四月，契丹遣耶律庶箴、舍人劉六符賀乾元節。八月，命度支郎楊日華、禮賓副使張士禹賀契丹生辰；太常博士鄭戩、祗候柴貽範賀正旦。十二月，契丹耶律睦、薄可久賀正旦。所載各異。

五年（丙子一〇三六）冬十月壬子，宋遣宋郊、王世文來賀永壽節；甲子，以耶律祥、張素民、耶律甫、王澤賀宋生辰及來歲正旦。〔攷異〕李燾長編云，景祐三年四月，契丹耶律信、呂士宗賀乾元節。八月，命左正言宋祁、禮賓副使王世文賀契丹生辰；工部郎中李宗詠、祗候崔準賀正旦。十二月，契丹耶律克、郭揆來賀正旦。契丹使還，出京畿，聽用樂。時值保慶太后喪故也。所載互異。王闢之澠水燕談云，景祐中，蔡君謨作四賢一不肖詩，布在都下，人争傳寫。契丹使適至，買以歸，張於幽州館。

六年（丁丑一〇三七）冬十二月，遣耶律斡、秦鑑、耶律德、崔繼芳賀宋生辰及來歲正旦。〔攷異〕李燾長編云，景祐四年四月，契丹耶律祥、張素民賀乾元節。八月，命兵部員外郎謝絳、供備庫使張茂實賀契丹生辰；舍人高若訥、夏元正賀正旦。十二月，契丹耶律甫、王澤賀正旦。所載各判。

七年（戊寅一〇三八）春正月戊戌朔，宋遣高若訥、夏元正、謝絳、張茂實來賀正旦及永壽節。

冬十一月癸巳朔，以耶律元方、張泥、韓至德、蕭傅賀宋生辰正旦。

十二月癸未，宋遣王舉正、張士禹來賀永壽節。〔攷異〕李燾長編云，寶元元年四月，契丹耶律斡、秦鑑來賀乾元節。八月，遣工部郎中王舉正、禮賓副使張士禹賀契丹生辰；右司諫韓琦、左藏庫使高繼嵩賀正旦。繼嵩時得匿名文字，誣其將叛；因琦言復知環州，以舍人王從益代。十二月，契丹耶律德、崔繼芳賀正旦。

八年（己卯一〇三九）春正月壬辰朔，宋遣韓琦、王從益來賀。丁巳，禁朔州鬻羊於宋境。

冬閏十二月壬辰，宋遣龐籍、杜贇來賀永壽節。〔攷異〕李燾長編云，寶元二年四月，契丹耶律九方、張渥賀乾元節。六月，詔河東安撫使移文諭契丹，以元昊反，已奪官除籍，及緣邊益兵之意。八月，命天章閣待制龐籍、祇候杜贇賀契丹生辰；右正言王拱辰、左藏庫副使彭再問賀正旦。籍不行，以兵部郎中聶冠卿代。冠卿五世祖師道楊行密，（叛）〔版〕（據宋史卷二九四聶冠卿傳改）奏號問政先生，鴻臚卿。及使契丹，主謝曰：「君家先世奉道，子孫固有昌者。嘗觀所著蘄春集，詞林清玩。」因自擊毬縱飲，命冠卿賦詩，禮遇特厚。韓琦安陽集，使回戲成詩曰：「專對慙非出使才，拭圭申好斂旌回；禮煩偏苦元正拜，户大猶輕永壽杯。欹枕頓無歸夢擾，據鞍潛覺旅懷開；明朝便是侵星去，不怕東風拂面來。」北廷元日，拜禮最煩。永壽節，戎主生辰，其日以大白酌南使。故云。

九年（庚辰一〇四〇）春正月丙辰朔，宋遣王拱辰、彭再思來賀。

秋七月癸酉，宋遣郭禎以伐夏來告，遣樞密使杜防報聘。

冬十一月甲子，宋遣蘇伸、向傳範來賀應聖節。

十二月辛卯，以蕭迪、劉三嘏、耶律元方、王惟吉、耶律庶忠、孫文昭、蕭紹筠、秦德昌賀宋生辰及來歲正旦。〔攷異〕李燾長編云，康定元年正月朔，日食，知諫院富弼請罷宴徹樂。北使在館，就賜飲食。參政宋庠不可，弼曰：「萬一契丹行之，爲朝廷羞。」後使北者還云：「契丹罷宴。」如弼言。上深悔之。四月，契丹法天后遣耶律元、王惟吉，主遣蕭迪、劉三嘏賀乾元節。七月，遣集賢校理郭稹、供備庫副使夏防使契丹，告以方用兵西邊也。議者謂元昊潛結契丹，恐並爲邊患，故遣諭意。主厚禮之，同出觀獵，延稹射，一發中走兔，敵人驚愕，主賜以所乘馬及他物甚厚。八月，遣刑部員外郎蘇紳、左藏庫副使向傳範賀國母生辰；右正言吳育、祗候馮載賀國主生辰。右正言梁適、西染院副使張從一賀國母正旦；太常丞富弼、供備庫副使趙日宣賀國主正旦。十二月，契丹杜防來聘，報郭稹也。國母遣耶律庶忠、孫文昭，主遣蕭紹筠、秦德昌來賀正旦。史多未載。沈括夢溪筆談云，慶曆中，王君貺使遼，宴於混融江，觀釣魚。臨歸，戎主置酒，謂之曰：「南北修好歲久，恨不得見南朝皇帝兄，託卿爲傳一杯酒到南朝。」乃自起酌酒，容甚恭，自鼓琵琶，上南朝壽。先是，戎主弟重元蓄異謀，戎主恐其附宋，故特效恭順。重元後卒以稱亂誅。按，括世父名同，故諱混同江爲混融江。君貺，名拱辰。爲副者彭再思。見興宗紀。此重熙九年，即宋康定元年。括謂慶曆中。疑誤。

十年（辛巳一〇四一）春正月辛亥朔，宋遣梁適、鄆州項城人，顯子。張從一、富弼、字彥國，河南人，時官太常丞。趙日宣來賀。甲子，復遣吳育、字壽卿，建州建安人。馮戴來賀永壽節。

夏六月戊寅，以蕭甯、耶律坦、崔禹稱、馬世良、耶律仁先、劉六符賀宋生辰；耶律庶成、趙成、耶律烈、張旦賀宋來歲正旦。

冬十二月丙子朔，宋遣劉沆、字冲之，永新人。王整來賀應聖節。〔攷異〕畢沅續通鑑云，沆使遼，館伴杜防强以酒，沆醉，拂袖起，罵曰：「我不能飲，何强爲！」後遼使以爲言，出知潭州。詔使遼及接伴、送伴燕會，毋過飲，務存大體。沆時官右正言，整官崇儀副使。劉攽中山詩話云，沆使北，館客曰：「有酒如澠，繫行人而不住。」沆應聲曰：「在北曰狄，聽出塞以何妨。」史均未載。李燾長編云，慶曆元年四月，契丹國母遣耶律仁先、張宥，主遣蕭福善、王綱來賀乾元節。八月，遣右正言劉沆、崇儀副使王整賀國母生辰；侍御史福昌言、祗候何九齡賀國主生辰；工部郎中張沔、內殿崇班侯宗亮賀國母正旦；兵部員外郎王球、祗候侍其濬賀國主正旦。十二月，代州言契丹舊封界在蘇直等見耕之地，而近輒移文，欲以故買馬城爲界，慮寖有侵耕不便，詔本府諜諭之。契丹國母遣耶律元德、韓永錫，國主遣耶律福、韓保衡來賀正旦。所載各異。乙未，遣蕭英、劉六符使宋。時興宗聞宋設關河、治壕塹，恐爲邊患，〔攷異〕沈括夢溪筆談云，仁宗時，六宅使何承矩守瓦橋關，因其素無關河爲阻，建議於陂澤之地，臨水爲寨。後內侍楊懷敏踵爲之，熙甯中又開徐村、柳莊等濼，合滹沱、易、白等水并太河，自保州至滄州，凡八百里，悉爲瀦潦，倚爲藩籬。又，承矩節度滄州，建議於順安砦西瀦水興屯，於是雄、英、霸州，平戎、破虜、順安等軍興堰六百里，公私利之。承矩初議瀦水，恐謀泄，日汎船置酒高會，賞蓼花，作蓼花游數十首，繪圖傳至汴京，時人莫喻。王珪宋會要云，自邊吳淀至泥沽海口，綿七州軍，且九百里。按，泥沽海口，即今直沽口也。李燾長編云，承矩疾，徙齊州，到方七日，卒。緣邊軍民聞皆揮淚。至雄州，發哀，飯僧。承矩習戎事有方略，能撫綏異俗，北人畏服。李沆、王旦嘗爲其佐屬，均以公輔期之。玉海云，端拱二年二月，以陳恕、樊知古爲河北營田使。先是，自岐溝關、君子館，河朔之地，耕桑失業者衆，屯戍倍於往日，故遣恕等爲方田，積粟備邊。淳化四年，命承矩別置河北沿邊屯田，黄懋充判官。咸平元年，馬濟建議：自靜戎軍鮑河開渠入順安威鹵軍，置水陸營田以隔胡騎，詔石普護其役。六年，知保州趙彬奏：決雞距泉，又分徐河水南注運渠，置水陸營田；詔王昭遜同領之。明道二年，劉平奏：自邊吳淀望趙曠川、長城口，乃契丹出入要害地，東西不及百五十里。今契丹多事，我乘此以引水植稻爲名，開方田，四面穿溝渠，縱廣一丈，深二丈，兩溝間屈曲爲徑路，才通步兵，引曹、鮑、徐河、雞距泉分注溝中；地高則用水車汲引灌溉，遂密敕平與楊懷敏漸建方田，塘日益廣。景祐二年，知雄州葛懷敏請立木爲水則，以限盈縮。慶曆二年，中明誓約，兩界塘泊如舊，第罷增廣。始，懷敏謂塘水捍寇功愈於兵，奏稱：臣爲陛下置水虎翼軍一百萬矣。時朝廷重生事邊臣利害，必戒勿張皇，使敵有詞；懷敏獨治塘益急，奏勿妄改水口及塘泊。從之。續通考云，直沽在武清縣東南，衞河、白河、丁字沽合流於此入於海。衞河源自衞輝府輝縣，經濬縣、內黄下流，與淇、漳、滹沱等河合入於海，亦名御河。漳河源發山西界，東南流，經甯晉縣，過州境及武邑縣，達滹沱河。淇水源出林慮山下，綿歷太行而東，至濬縣枋頭，東流入衞河。又，順德府平鄉縣南十里有濁漳河，源出山西潞州發鳩山，流經平鄉至南和，即禹貢之漳水也。與南、北樞密院謀取宋舊割關南十縣地故也。庚寅，宋遣張沔、侯宗亮、薛中、侍其濬、施昌言、潘永照來賀永壽節及來歲正旦。丁酉，議侵宋，詔諭諸道。

十一年（壬午一〇四二）春正月庚戌，遣南院宣徽使蕭特默、原作特末。〔攷異〕本傳，字和甯。官北院宣徽使，使宋還，加平章事。契丹國志謂即蕭英，國舅大父房後。陳浩遼史攷證云，卷二十五，道宗大安九年南院大王，同知南京留守事；卷二十八，天祚天慶二年駙馬，南院宣徽使，爲漢人行宮都部署；卷七十屬國表，天慶八年歸金，四人同名特末。兄和尚，字洪甯。官都林牙，使宋賀正旦，將宴，典儀者告班節度下，且以錦服爲貺，斥其非禮；尋易以紫服，位視執政，使禮始定。終唐古部節度。

翰林學士劉六符〔攷異〕本傳，河間人。祖景，官禮部尚書兼侍中；父愼行，仕至北府宰相。子六人：一德，早世；二元，終上京留守；五常，歷武定節度；三嘏，四端，與六符均第進士。嘏、端皆尚主。嘏後與主不諧，奔宋，歸，殺之。四端官樞密直學士。六符有志操，能文，由政事舍人擢學士。唐節度劉怦後。田況儒林公議謂嘏以昴弟方皆委任，貸死，監錮之。稍異。李燾長編云，嘏惡其妻淫亂，遁至廣信軍，知軍劉貽孫聽其自還，嘗留所賦詩。及余靖使北，留守仁先言三嘏尚在漢界。時蓋擒其子及婢從間道走定州，匿望都民楊均慶家。至是，北界復移文索取，詔河北安撫司械送至涿州。先是，輔臣議厚館三嘏，以詰契丹陰事，諫官歐陽修請留之，杜衍不可，乃還之。周春遼詩話載嘏投廣信軍，獻詩曰：「雖慚涔勺赴滄溟，仰訴丹衷不爲名；寅分星辰將降割，兑方疆寓即交兵。春秋大義惟觀釁，王者雄師但有征；救得燕民歸舊主，免於通問自稱兄。」時宋恐開邊隙，因送還遼。景有集四十卷行世，見宋史藝文志。嘏所尚主爲聖宗第九女同昌公主巴格，原作八哥；四端所尚主爲聖宗第十女丕紳，原作擘失，封仁壽公主，皆白氏生。見公主表。又，武白傳，先是有訟劉愼行私其子婦者，有司出其罪，聖宗詔白鞫之。白正其罪。使新羅還，權中京留守。時愼行諸子皆處權要，以白斷百姓分籍事不直，坐左遷，尋擢左丞知樞密，拜遼興節度，卒官。使宋，取晉陽及瓦橋以南十縣地，且問興師伐夏及沿邊疏濬水澤、增益兵戍之故。時宋仁宗慶曆二年也。

興宗欲一天下，謀取三關，集羣臣議。〔攷異〕薛應旂通鑑云，契丹主漸長，國內無事，戶口蕃息，會元昊反，中國旰食，欲乘釁南侵。南院樞密使蕭惠曰：「兩國强弱，聖慮所悉。宋人西征有年，師老民疲，陛下親率六軍臨之，其勝必矣。」北院樞密使蕭孝穆曰：「我先朝與宋和好，無罪興師，曲在我；況勝敗未可逆料。願陛下熟察！」卒從惠議。〔攷異〕畢沅續通鑑云，遼興宗紀，上與南北樞密吳國王蕭孝穆、趙國王蕭固甯，一作貫甯，謀取關南地。據本傳則孝穆力諫南侵，未嘗與謀，本紀誤也。孝穆以六年封吳，九年徙王楚，而紀仍書吳，亦誤。又，與謀侵宋者蕭惠耳，紀作蕭固甯，疑惠亦名固甯也。惠於六年封趙王，至是已徙齊，紀仍作趙，非也。孝穆以言不用，徙南院，其弟孝忠代。及孝忠疾，仍官北院。續通考云，孝忠尚聖宗第三女槊古，封越國公主。姿質娟秀，禮法自將。欽哀后生。孝忠拜駙馬都尉，東京留守，終北院樞密使，追封楚國王。子阿克蘇，亦作阿速，官南院樞密使。宏簡録謂清甯中爲北府宰相。傳未載。遣使索十城，會諸軍於燕。

惠與太弟帥師壓宋境。〔攷異〕契丹國志云，劉六符說其主集兵南侵。與蕭英先以書求地，書皆六符所撰。初，涿州進士梁濟世嘗主文書，得罪，歸宋，言於朝。又，知雄州杜惟序亦先以聞。至是，仁宗發書示輔臣，色皆不動。六符疑其書先漏。李燾長編云，二月，知保州衣庫使王果先購得其書藁以聞。且言契丹潛與元昊相結，將必渝盟；請自廣信軍以西緣山口賊馬出入之路，預爲控守。詔劄付河北安撫司密修邊備。崇儀副使王整同提點河北刑獄。詔整嘗假六宅使奉使北朝，今北使過境，恐訝其官名不同，特與改此使額。知諫院張方平諫，尋徙他官。詔真定各州預備兵糧。河北强壯，自二月後赴州教閱。委知州揀刺義勇提刑，按視城隍，應修者修。令京東西路造戰船五百隻赴河北。又載契丹書云：「粤自世修歡契，時遣使軺。封圻殊兩國之名，方册紀一家之美。蓋欲（治）〔洽〕（據契丹國志卷二〇契丹興宗致書改）於緜永，固將有以披陳。切緣瓦橋關南是石晉所割，迄（至）〔平〕（同上書改）柴氏以代郭周，興一（旦）〔時〕（同上書改）之狂謀，掠十縣之故壤，人神共怒，廟社不延。（致）〔至〕（同上書改）於貴國祖先，肇創基業，尋與（故）〔敵〕（同上書改）境，結爲善鄰。暨乎太宗，紹登寶位，於有征之地，才定并、汾；以無名之師，克抵燕、薊，羽（召）〔石〕（同上書改）精銳，禦而獲退，遂致移鎮國强兵，南北三府并內外諸軍，彌年有戍境之勢，繼日備渝盟之事；始終反覆，前後變常。竊審專命將臣，往平河右，炎涼屢易，勝負未聞；兼李元昊於北朝久已稱藩，累曾尚主，克保君臣之道，實爲甥舅之親。設罪合加誅，亦宜垂報。邇者，郭稹（特）〔使〕（同上書改）至，杜防又回，雖具音題，但虞詐牒。已舉殘民之伐，曾無忌器之嫌，營築長隄，填塞隘路，開決溏水，添置邊軍。既潛稔於猜嫌，慮難敦於信睦。儻思久好，共遣疑懷，曷若以晉陽舊附之區，關南元割之縣，俱歸當國，用康黎人。如此，則益深兄弟之懷，長守子孫之計。緬維英悟，深達悃悰。適屆春陽，善綏冲裕。陸游老學菴筆記云，六符欲大減燕民賦，建議使南朝求割地，俟得增歲幣，則減民賦可也。主竟用其策。嗣大臣背約，纔以幣之十二減民賦。及洪基立，六符爲相，請用原議，始如數減燕民租賦。按，興宗卽位，詔供辦者廣務耕耘，空閒輪納；家貧者全虧移植，多致流亡。宜通檢括，普遂均平。二年八月，復遣使閱諸道禾稼。迨道宗太康六年十二月始載詔減民賦。見續通考。所載較詳。

夏六月乙亥，宋遣富弼、張茂實〔攷異〕畢沅續通鑑作符惟忠，宋使臣年表謂初遣惟忠，五月病卒，以供備庫使張茂實代。奉使來聘，〔攷異〕李燾長編載宋復書云：「昔我烈考章聖皇帝，保有基圖，惠養黎庶，與大契丹昭聖皇帝弭兵講好，通聘著盟。肆予纂承，共遵（漢）〔謨〕（據契丹國志卷二〇宋朝回契丹書改）訓，邊民安堵，垂四十年。茲者，專致使臣，特詒緘問，且以瓦橋（內）〔舊〕（同上書改）地，晉陽故封，援石氏之割城，述（國）〔周〕（同上書改）朝之復境，繫於異代，安及本朝？粵自景德之初，始敦鄰國之信，凡諸細故，咸不實懷。況太宗皇帝親駕并郊，匪圖燕壤，當時貴國亟發援兵，既交石嶺之鋒，遂舉薊門之役，義非反覆，理有因緣。元昊賜姓稱藩，稟朔受祿，忽謀狂僭，俶擾邊陲，曷議討除，已嘗（問）〔聞〕（同上書改）達，杜防、郭稹，傳導備詳。及此西征，豈云無報！聘軺旁午，屢聞嫉惡之談；慶問交馳，未諭聯親之故。忽窺異論，良用憫然！謂將軫於在原，反致譏於忌器。復云營築隄埭，開決陂塘。昨緣霖潦之餘，大爲衍溢之患，既非疏導，當稍繕防。豈蘊猜嫌，以虧信睦。至於備塞隘路，閱習兵夫，蓋邊臣謹職之常，乃鄉兵充籍之舊。在於貴境，甯撤戍兵。一皆示於坦夷，兩何形於疑阻！（願）〔顧〕（同上書改）惟歡契，方保悠長。遽興請地之言，殊匪載書之約！信辭至悉，靈鑒孔昭。兩地不得相侵，緣邊各守疆界，誓書之外，一無所求。期在久要，勿違先約，諒惟（聽）〔聽〕（同上書改）違，應切感思。甫屬清和，妙臻戩穀！」翰林學士王拱辰所撰也。見宋仁宗實録，史未載。以書答之。〔攷異〕薛應旂通鑑云，特默至，呂夷簡奏富弼爲館伴使，與中使迎勞。特默托疾不拜，弼曰：「吾嘗使北，病卧車中，聞命輒起。今中使至而子不拜，何也？」特默矍然起拜。弼開懷與語，特默感悦，密以其主所欲得者告。弼具以聞。帝令夷簡擇報聘者，因薦弼。歐陽修引顏真卿使李希烈留之，不報。契丹國志云，四月，弼等至契丹，謂帝曰：「兩朝繼好垂四十年，一旦求割地，何也？」帝曰：「南朝違約，塞鴈門，增塘水，治城隍，籍民兵，意將何爲？羣臣請舉兵南向，寡人謂不若遣使求地；求而不獲，舉兵未晚。」弼曰：「北朝忘章聖皇帝之大德乎？澶淵之役，若從諸將言，北兵無得脱者；且兩國通好，則人主專其利，而臣下無所獲；若用兵，則利歸臣下，而人主任其禍。故勸用兵者，皆爲身謀爾！」帝大悟。弼曰：「塞鴈門，備元昊。塘水始於何承矩，事在通好前。城隍皆修舊，民兵亦補闕，非違約也！且晉以盧龍一道（賜）〔賂〕（據契丹國志卷八興宗紀改）北朝，周取關南地，皆異代事。若各求地，豈北朝之利哉！」帝感其言，遂欲求婚。弼又爲解説。帝令再以誓書來。弼歸復命。夷簡字世夫，蒙正兄子。續綱目云，主召弼同獵，引弼馬自近，謂曰：「得地則歡好可久。」弼反復陳其不可狀，且言：「北朝既以得地爲榮，南朝必以失地爲辱，兄弟之國，豈可使一榮一辱哉！」主甚感悟。餘同。葉夢得石林燕語云，時王武恭帥定州，敵遣人來覘；得之，皆請斬以徇。武恭特不問。明日，出獵近郊，號三十萬，親執桴鼓，下令曰：「具糧糗，視大將軍旗所向卽馳，後者斬！」覘者歸，告敵，皆疑漢兵將深入，無不懼。仁宗遣問計，對曰：「咸平、景德邊兵二十萬屯定武，不分扼要害，故得徑犯澶淵。且以陣圖賜諸將，皆謹守不敢設方畧，緩急不相援，多敗。今願無賜陣圖，擇將出奇，則無不濟！」上然之。蘇轍龍川别志云，時契丹求和親，館伴賈昌朝未有以拒之。先是，宗真弟重元用事，橫國中，因信使常通書幣。仁宗使昌朝謂六符，欲因今使答之，辭曰：「此於太后甚善，然於本朝不便。」昌朝因曰：「即如此，欲以太宗、真宗之子求和親，皇帝豈安心乎？」六符不能答，和親議頓息。史均未載。

秋八月丙申，宋復遣富弼等奉書來聘，乞增歲幣銀絹，以書答之。〔攷異〕續綱目云，契丹聲言南下，朝議請城洛陽。因夷簡言，建大名爲北京。識者韙之。六月，以王德用判定州，大閱士卒。契丹知有備，和議益決。帝復使弼持和親增幣二議，及誓書往，且命受口傳之辭於政府。行次，樂壽，啓視不符；馳還都，仍易書行。契丹國志載〔回〕（據契丹國志卷二〇契丹回宋誓書補）宋第二書云：「章聖皇帝與昭聖皇帝誓書，每歲以絹二十萬匹，銀十萬兩助軍旅之費。今兩朝修好，三紀於茲。關南縣邑，本朝傳守已久，懼難依從。每年更增絹十萬匹，銀十萬兩。恭惟二聖，威靈在天，（顧）〔願〕（據契丹國志卷二〇契丹回宋誓書改）茲纂承，各當遵奉，共循大體，無介小嫌。餘依景德、統和兩朝誓書。」王鞏聞見近録云，弼受國書五函，皆許其添歲賜也。每出一函，待不從，然後復出之。弼留二函於雄州。既至，抗論不屈，徐出一書，遼人意未厭，復出一書，至於三。遼人密探其篋中止有三書，遂從約。及使還，持二函歸，歲減聘幣者二十萬。彭百川太平治迹統類云，弼等至契丹清泉淀金氊館，持國書二、誓書三，以語館伴仁先。六符問所以然者，弼曰：「姻事合，則以姻事誓；能令夏國復歸欵，則歲幣增二十萬，否則十萬，國書所以有二，誓書所以有三也。」史未載。

九月壬寅，遣北院樞密副使耶律仁先、〔攷異〕宋史作仁起，疑傳寫之誤。漢人行宮都部署劉六符使宋約和。

閏月癸未，仁先遣人報宋歲增銀絹十萬兩匹，文書稱「貢」，送至白溝。〔攷異〕方勺泊宅編云，歲賜遼金三十萬兩，絹二十萬匹。正旦衣著四千匹，銀器二千兩。生辰衣著五千匹，銀器五千兩。神宗嘗曰：「遼曾貢衮冕一襲，其繪星辰在背，疑有所傳。」帝喜，宴羣臣於昭慶殿。蕭惠以首事功，進封韓王。初，仁先與六符使宋，議書「貢」，宋難之。仁先曰：「曩者，石晉報德本朝，割地以獻，周人攘而取之，是非利害，灼然可見。」六符曰：「本朝兵强將勇，海内共知，人人願從事於宋。若恣其俘獲，以飽所欲，與『進貢』字孰多？況(六)〔大〕(據遼史卷八六劉六符傳改)軍駐燕，萬一南進，何以禦之？顧小節，忘大患，悔將何及！」宋乃從之。〔攷異〕李燾長編載契丹誓書云：「兩朝修睦，三紀於此，邊鄙用甯，干戈載偃。追懷先約，炳若日星。今綿禩已深，敦好如故。關南縣邑，本朝傳守，懼難依從，別納金帛之儀，用代賦稅之物。每年增銀絹各十萬兩匹，搬至雄州白溝交割。兩界(洩)〔溏〕(據契丹國志卷二〇契丹回宋誓書改)淀已前開畎者，並依舊例，嗣今以後，不得增添。其隄堰水口，逐時決洩壅塞，量差兵夫，取便修疊疏導，非時霖潦，別至大段漲溢，並不在關報之限。南朝河北沿邊州軍，北朝自古北口以南沿邊軍民，除見管數目，依常教閲，無別故不得大段添屯兵馬，如有事故添屯，即令關報。餘並依前朝誓書。恭惟二聖，威靈在天，(顧)〔顯〕(同上書改)茲纂承，各當遵奉，共循大體，毋介小嫌。且夫守約爲信，善隣爲義，二者缺一，罔以守國。皇天厚地，實聞此盟。文藏宗廟，副在有司。顧惟不(法)〔德〕(同上書改)，必敦大信，苟有食言，必如前誓。」弼與六符言，指帳前高山曰：「此尚可踰，若欲『獻納』二字，則如天不可得而升也。使臣頸可斷，此議決不敢諾。」時契丹實固惜盟好，特爲虛聲以動中國。中國方困西兵，夷簡持之不堅，許與過厚，遂爲無窮之害。續綱目云，弼至契丹，專議增幣，且争「獻納」二字，聲色俱厲。乃命仁先等與弼偕來。弼入對曰：「二字臣以死拒之，敵氣折矣，可勿許也！」帝用晏殊言，竟以「納」字與之。仍遣梁適持誓書報聘，遂撤兵，通好如故，并無文書稱貢事。殊，字同叔，臨川人。韋居安梅磵詩話云，弼使遼，伴使云：「蚤登雞子之峯，危如累卵。」答曰：「夜宿丈人之館，安如泰山。」又曰：「酒似線，因針乃見。」答曰：「餅如月，遇食則缺。」伴使服其機警。弼歸著奉使别録一卷，其機宜事節，見於此録。又一本，有兩朝往來書附於末。見陳振孫直齋書録解題。又，契丹講和記一卷，不著名氏，載契丹初講和本末，附慶曆增幣後契丹誓書。朱翌猗覺寮雜記云，鄭公争「獻納」二字甚切，議者非之。孔子適季孫，其宰曰：「君使人假馬，將與之乎？」孔子曰：「吾聞君取於臣謂之取，與於臣謂之賜，臣取於君謂之假，與於君謂之獻。」季孫悟，命自今往君有取之，一切不得復言假也。鄭公力持，其以此夫。然非博學通古今，其可出疆？玉海云，慶曆四年六月，弼官樞副，上河北守禦十二策。自庚辰、壬午年使北，日詢土豪父老，博採參較，得之其詳。及宋幣至，命六（甚）〔符〕（據遼史卷八六劉六符傳改）爲三司使以受之。六符與參知政事杜防有隙，防以六符嘗受宋賂，白其事，本傳，防，涿州歸義人。第進士，擢樞副，爲韓紹芳、劉六符所忌，防待以誠。遷南府宰相。道宗時拜右丞相，卒，贈中書令，謚元肅。按，防拜南府宰相，傳載在重熙十二年。生子，帝幸其第。紀載在重熙十三年，游幸表載在十五年（按，遼史卷八六杜防傳云：「十二年，拜南府宰相，十五年，防生子，帝幸其第」，與表未「異」）。稍異。陳師道後山談叢云，防爲契丹名相，謂和親爲便民，勸世世謹守其約。又虞中國之敗約也，凡十年，遣使以事動中國，而堅其約。史未載。出爲長甯節度使，俄召爲三司使，卒官。〔攷異〕契丹國志云，六符事聖宗，爲著作郎、中允、詹事、國子祭酒。興宗時爲諫議大夫，使還，擢樞密使，同修國史、政事令。子孫顯貴，爲節度、觀察者十餘人。沈炳震廿一史四譜只列六符名於參知政事，未載其爲政事令。本傳謂爲同平章事，而譜載平章事只耶律求翰一人，又無六符名。查興宗朝爲北府宰相者：則蕭孝先、蕭八撒、撒八甯、蕭孝忠、蕭惠、蕭塔烈葛、蕭阿剌、蕭孝友、蕭革、蕭虚烈。爲南府宰相者：則蕭孝穆、耶律查葛、耶律應穩、張克恭、韓紹芳、耶律喜孫、杜防、耶律高十、韓知白、耶律貼不，六符亦未與其列。志恐誤。陳師道後山談叢云，六符貴，用事，建議割地。及館客，怒謂鄭公曰：「公爲主言，諸臣利於用兵，不爲國計，六符豈欲間兩國者耶？」公曰：「君甯出此，顧餘人爲之耳。如宋，不過弼數輩不欲戰爾，其以戰説者，何限！」六符即喜且懼。然終以此得罪也。　郝經陵川文集，房山先生墓銘曰，漢中山靖王後，後唐盧龍節度使〔伻之裔孫也。自伻〕（據陵川文集卷三五房山先生墓銘補）有幽州，傳姓授節數世。入契丹，爲王公數十人，如劉六符等，尤其貴顯者也，終（於）〔始〕（同上書改）契丹二百餘年，入金源氏爲燕四大族，號劉、韓、馬、趙氏。　顧炎武日知録云，遼史劉六符傳，似本其家誌狀，與其祖景同爲一傳，而有重文。　陸游老學菴筆記云，仁宗嘗賜六符扇，飛白書八字，曰：「南北兩朝，永通和好。」會六符知貢舉，乃以「兩朝永通和好」爲賦，而以宋朝皇帝御書飛白爲韻焉。　孔平仲談苑云，張安道言，嘗使遼，方燕見，戎主在廷下打毬，安道見其纓紱諸物鮮明有異，知其爲戎主也。不敢顯言，但再三咨其藝之精耳。接伴劉六府覺，安道知之，色甚怍云。史均未載。

冬十二月己未，宋遣賀正旦及永壽節使居邸，帝微服往觀。〔攷異〕李燾長編云，慶曆二年四月，契丹國母遣耶律坦、蕭甯，主遣馬世良、崔禹來賀乾元節。八月，以侍御史程戡、張得一賀契丹國母生辰，太常丞張方平、祇候劉舜臣賀國主生辰，集賢校理楊偉、禮賓副使王仁旭賀國母正旦，鹽鐵判官方偕、禮賓副使王易賀國主正旦。十月，命右正言梁適回謝契丹國信使，契丹尋遣蕭偕來報撤兵。十一月，詔閤門，自今北使不以官高下，並移坐近前。舊例，垂拱殿燕，北使坐在西，皇親、節度位少後。集英殿大燕，在學士少後，并近南、別行。至是，蕭偕言北朝坐南使班高，而南朝坐北使位絶下，既，許陞坐。又言與北朝儀制未同。又遇大燕，移參政皆在東，升契丹使坐自此始。又偕初入境，接伴未至，通判梁蒨引至京，坐不俟，命，徙官。杜惟序專遣蒨，徙知滄州。十二月，契丹國母遣耶律庶成、趙成，主遣耶律甯、張旦賀正旦。史均未載。

十二年（癸未一〇四三）春正月辛未，遣耶律迪里、王惟吉諭夏與宋和。還奏罷兵，卽遣使報宋。〔攷異〕李燾長編云，慶曆三年正月，皇第三子鄂王曦　會契丹使燕辭，及休假無廢朝之日，後詔自今復三不視朝。四月，契丹國母遣耶律希烈、馬貽教，主遣蕭日休、趙爲節賀乾元節。八月，遣舍人孫抃、洛苑副使馮行己賀國母生辰；鹽鐵副使張顯之、祗候丁億賀主生辰。侍御史魚周詢、舍人李惟賢賀國母正旦；工部郎中李鉞、祗候趙牧賀正旦。仍命惟賢權更名寶臣，億爲意，以避契丹諱。十二月，契丹國母遣蕭運、李坤；主遣耶律順、郭瑋賀正旦。史均未載。

十三年（甲申一〇四四）夏六月甲午，以將伐夏，遣使告宋。〔攷異〕東都事略云，契丹來告伐夏。時册命元昊爲夏國王，使將行而止之，以俟契丹使。富弼曰：「若北使未至而行，則事在我出；既至，則恩歸契丹矣。」從之。是歲，契丹受禮雲中，且發兵；會元昊伐呆兒族，於河東爲近，仁宗疑其來襲，弼曰：「元昊本約契丹困中國，今契丹背約结好，夏有怨言，故契丹築威塞州以備之。呆兒屢殺威塞人，契丹疑元昊使之，故爲是役，安能合而寇我哉？」或請調發爲備，弼固止之。契丹卒不動。

秋九月戊辰，宋遣余靖致贐禮。靖，字安道，曲江人。〔攷異〕靖曾兩使遼，情益親，嘗爲番語詩曰：「夜筵設罷（侈盛）臣拜洗（受賜），兩朝厥荷（通好）情感動（厚重）。微臣雅魯（拜舞）祝若統（福禱），聖壽鑄擺（嵩高）俱可忒（無極）。」戎主大笑，遂爲釂觴。後御史王平劾其失體，出知吉州。見劉攽中山詩話。玉海云，諫官余靖於慶曆三年十月使契丹，辭，書所當奏事於笏，各以一事爲記。上顧見之，指其字令一一盡對，凡數十條，日昃乃罷，蓋上之聽納無倦也。本實録。陳振孫直齋書録解題云，慶曆正旦國信語録一卷，余靖於慶曆三年使北所記。二書均作三年，乃重熙十二年也。與史異。李燾長編云，慶曆四年四月，御史李京言，聞契丹築二城於西北，南接代郡，西交元昊，廣袤數百里，盡徙緣邊生户及豐、麟俘户居之，使絶歸漢之路，違先朝誓書，爲賊聲援，蓄計不淺。況我前年修故滿城、陰城，盟後卽爲罷役，請下河東安撫詰其罷役。從之。契丹國母遣蕭忠孝、劉從順；主遣蕭詣、趙柬之賀乾元節。七月，契丹遣耶律元衡來告伐夏，書略曰：「元昊負中國，當誅，故遣林牙耶律祥等問罪，而頑獷不悛，載念前約，深以爲愧；今議將兵臨賊，或乞稱臣，幸無亟許！」其實納契丹降人，契丹討之，託中國爲名也。遣余靖回謝，復書，略曰：「若以元昊於北朝失事大之禮，則自宜問罪，或謂元昊於本朝稽效順之故，則無煩出師。」矧延州昨奏，元昊已遣楊守素將誓文入界。儻不依初約，猶可沮還；如盡遵從，則亦難卻也。八月，遣右正言孫甫如、京使夏防賀國母生辰，太常少卿劉夔、崇儀使楊宗讓賀主生辰。祕閣校理張瓌、內園副使焦從約賀國母正旦；御史劉湜、祗候李士勳賀主正旦。十二月，契丹國母遣耶律袞、星齊；主遣蕭玖、姚景禧賀正旦，靖前後三使契丹，益習外國語，嘗對契丹主爲番語詩，御史王平、劉元瑜劾其失使體。元瑜又言知制誥不當兼領諫職，出知吉州。又巽。

冬十一月丁卯，以雲州爲西京。號大同府。於是境內上京曰臨潢府，東京曰遼陽府，中京曰大定府，南京曰析津府。凡京五，府六，州軍城一百五十六，縣二百九，部族五十有二，屬國六十。東至海，西至金山暨流沙，北至臚朐河，南至白溝。幅員萬里。詳見地理志。又兵衞志云，凡二帳，十二宮，一府，五京，共有兵百六十四萬二千八百人。

十二月戊申，蕭呼都克原作胡覩自夏來歸。〔攷異〕李燾長編云，慶曆四年，興宗致書仁宗云：「夏國元昊，早負貴朝，疊遣林牙齎詔問罪，尚不悛心，近誘去邊民三二百户，今議定秋末親領師徒，直臨賊境。」又云：「恐因北軍深入，卻附貴朝，或再乞稱臣，或依常作貢，緬維英晤，勿賜允從。」是年七月，耶律元衡來告西征，實録具載其書，與此小異。又，慶曆五年，致書云：「元昊縱其凶黨，擾我親鄰，屬友愛之攸深，在蕩平之亦可。」又云：「藩服亂常，致貢修之不謹；親鄰協力，務平定以永綏。」是年正月，耶律宗睦告西征回，兩朝誓書，册內載之，實録未書，當考。畢沅續通鑑云，時遼都監耶律哈里濟以賀生辰使宋，館於白溝驛。及設宴，優人嘲蕭惠河西之敗，哈里濟答以俘石重貴事。遼主聞之，責其失兩朝和好，鞭之二百，免其官。紀未載。本傳作哈爾吉，一作合里只，字特們，六院巴古濟後。後起官北院大王，兼侍中，卒。

十四年（乙酉一〇四五）春三月己卯，宋以伐夏師還，遣使來賀。〔攷異〕李燾長編云，慶曆五年四月，契丹國母遣耶律祐、劉積善；主遣耶律運、楊哲賀乾元節。八月，遣右正言楊察、新州刺史王克忠賀國母生辰；祠部郎中王堯臣、閤門副使張希一賀主生辰。集賢校理李昭遘、舍人李璋賀國母正旦；御史包拯、舍人郭琮賀正旦。時北館伴謂拯曰：「雄州新開便門，欲誘納叛人刺候疆事乎？」拯曰：「欲刺知北事，自有正門，何必便門也。本朝豈嘗問涿州開門耶？」敵折，不復言。使還，具奏。敵自創雲州，添置營寨，招集軍馬，意不可測。宜令執政選任邊材，代州尤勿輕授。時歐陽修亦論侵界事。十月，契丹遣耶律翰、王綱來獻西征所獲馬三百匹，羊二萬口，又獻元龍車一乘。按，契丹傳並不載翰等來使，惟實錄、本紀、會要載之，亦不知報聘者爲誰？當考。十二月，契丹國母遣耶律觀、趙靈龜，主遣耶律同、馬公壽賀正旦。按，慶曆五年，卽重熙十四年也。昭遘從者盜敵中銀杯。從者杖死，昭遘貶知澤州。詔以銀杯送敵中，知雄州王仁旭直納軍資庫。時稱得體。畢沅續通鑑云，十月，遼遣使來致元龍車及所獲夏國羊馬。尋詔送伴劉湜：北界邊築寨於銀坊城，侵漢界十里，其以誓約諭使人，令毁去之。郭若虛圖畫見聞志云，興宗時，以五幅縑畫千角鹿圖獻宋帝，題年月御畫，仁宗命張圖於大清樓下，召近臣縱觀。藏於天章閣。又嘗以所畫鵝雁來獻，帝作飛白書答之。見長編。史未載。

十八年（己丑一〇四九）春正月己亥，遣北院樞密副使蕭惟信以伐夏告宋。

夏六月己巳，宋遣錢逸致賻禮。〔攷異〕李燾長編云，慶曆六年四月，契丹國母遣蕭德、姚居化；主遣蕭伸、李雲從賀乾元節。七月，遣知制誥王琦、六宅使錢晦賀國母生辰；右司諫錢明逸、舍人楊宗說賀主生辰。侍御史王平、祗候王道恭賀國母正旦；金部郎中許宗壽、內殿承制夏元吉賀正旦。十二月，契丹國母遣耶律洞、石古；主遣耶律宜、韓運賀正旦。慶曆七年四月，契丹國母遣蕭德潤、韓紹文，主遣耶律質、陳詠賀乾元節。七月，遣知諫院吳鼎臣、崇儀副使柴貽慶賀國母生辰；太常博士韓綜、供備庫副使柳涉賀生辰。刑部郎中崔峯、祗候侍其演賀國母正旦；鹽鐵判官劉立之、內殿崇班李中祐賀正旦。尋命祗候夏佺代貽慶。十二月，契丹國母遣耶律壽、鄭全節；主遣耶律防、韓迥賀正旦。慶曆八年四月，契丹國母遣蕭惟信、趙爲航，主遣耶律章、吴湛來賀乾元節。八月，遣太常丞李絢、舍人李珣賀契丹國母生辰，度支判官何中立、祗候鄭餘懿賀主生辰，工部郎中李仲偃、祗候孫世京賀國母正旦，司勳郎中李永德、祗候康遵度賀正旦。既而絢辭不行，改命集賢校理胡宿。十二月，契丹國母遣蕭侶、馬詠，主遣耶律慶、王元基賀正旦。慶曆六年、七年、八年，卽重熙十五、十六、十七年也。史均闕書。又云，皇祐元年三月，蕭惟信再告西征，書曰：「元昊伺窺邊事，特議討除，再告邊方，欲殲元惡。」而夏國馳告：「元昊云亡，嗣童未識。於今狡佐，猶懷於背誕。載念非緣逃户，可致親征；孰料凶頑，終合平蕩。苟有稽於一舉，誠無益於兩朝。」此書實録具載。按，長編於蕭惟信之來告西征，錢明逸、向傳範爲回謝使副，皆繫之皇祐元年三月。而四月，國母遣蕭祐、姚禧；主遣耶律逵、李仁友賀乾元節。五月，賜太常博士張碩五品服。先是，安撫王拱辰得契丹宗真所下遺令上之，朝廷以爲疑；而碩言此乃隆緒死日所頒者，蓋邊人規賞而妄陳之爾。驗實果然，故有是賜。八月，遣右正言李絢、供備副使曹偕賀國母生辰，度支副使梅摯、祗候李永寶賀生辰；侍御史何郯、祗候柴貽範賀國母正旦；著作佐郎吕溱、祗候魏公佐賀正旦。尋，陳旭言公佐曾爲上節，改命舍人侯宗亮。十二月，契丹國母遣耶律瑛、邢熙年；主遣蕭能、常守整來賀正旦。史均未載。畢沅續通鑑錢逸作錢明逸。遼史避諱，止稱一字。時官知開封府事，吴越王倧裔。考明逸時官翰林學士，爲副者滎州刺史向傳範。又明逸曾於十五年以右司諫使遼賀生辰。見宋使臣年表。

十九年（庚寅一〇五〇）夏六月甲戌，宋遣使來賀伐夏捷。〔攷異〕宋史仁宗紀，皇祐二年三月，契丹告伐夏師還。遣翰林學士趙槩報使，時爲副者西上閤門使錢晦。東都事略云，槩聘遼，請賦信誓如山河詩，酌以玉杯，且命劉六符書槩詩於素扇，置之懷袖。紀未載。李燾長編云：蕭惟信於皇祐二年報西征回，則云：「爰自首秋，親臨戎境；先驅戰艦，直濟洪河。尋建浮梁，洎成戍壘；六軍蓄鋭，千里鼓行。」又云：「專提騎旅，徑趨梟巢，羣物貨財、戈甲、印綬、廬帳、倉廒、駞橐之屬，焚燒殆盡，螫毒尋挫，噍類無遺，非苟竄殘旅，全除必矣。」又云：「兼於恃險之津，已得行軍之路，時加攻擾，日蹙困危，雖悔可追，不亡何待！載想同休之契，頗協外禦之情。」史失書。又云，四月，契丹國母遣耶律可久、龔湜；主遣耶律霸、李軻賀乾元節。八月，命工部郎中李東之、左藏庫副使李綬賀國母生辰；户部員外郎李兑、供備副使李賡賀生辰；鹽鐵判官孫瑜、舍人王道恭賀國母正旦，司勳員外郎寇平、祗候鄭餘慶賀正旦。十二月，國母遣蕭槩、劉從正，主遣耶律素、李韓賀正旦。史均未載。

二十年（辛卯一〇五一）夏六月丙戌，詔以伐夏所獲物遣使遺宋。〔攷異〕宋史仁宗紀未載。李燾長編云，皇祐三年四月，契丹國母遣耶律純、曹昌，主遣蕭果、劉永端賀乾元節。八月，命翰林學士曾公亮、左藏庫使郭廷珍賀國母生辰，工部郎中王洙、舍人李惟賢賀生辰，屯田郎中燕虔、祗候張克己賀國母正旦，太常博士王珪、祗候曹渥賀正旦。使至韃淀，契丹使劉六符來伴宴，且言耶律防善畫，向持禮南朝寫聖容以歸，欲持至館中。王洙曰：「此非瞻拜之地也。」六符言：「恐未得其真，欲遣防再往傳繪。」洙力拒之。十二月，國母遣耶律照、荊詩言；主遣蕭述、吳昌稷賀正旦。皇祐四年四月，國母遣蕭昌、劉嗣復；主遣蕭顯、劉士方賀乾元節。其國書始去國號，稱南北朝。且言書稱大宋、大契丹，非兄弟之義。帝召二府議，參政梁適曰：「宋之爲宋，受於天，不可改。自古豈有無名之國？」又下兩制臺諫官議，皆謂不可許。乃詔學士院答書，仍舊稱大宋、大契丹。後契丹復書亦如故。初，契丹使來，韓綜館伴，使欲後書南北朝。綜曰：「自古未有建國而無號者！」契丹使恐，不復言。八月，遣户部副使傅永、文思副使潘永嗣賀國母生辰；侍御史張擇行、舍人夏倚賀生辰；鹽鐵判官蔣貢、祗候李中謹賀國母正旦；太常博士韓絳、祗候王易賀正旦。十二月，契丹國母遣耶律元、劉需；主遣蕭良德、陸孚賀正旦。　按，皇祐三年、四年，即重熙二十、二十一年也。史均未載。祝穆方輿勝覽云，昌元縣南二十里老鴉山，有李戩、李戣兄弟善棊。會敵索棊戰於國朝，詔求天下善弈者，蜀帥以戩應詔。敵望風知畏，不敢措手。此係皇祐間事。見楊復吉遼史拾遺補。

二十二年（癸巳一〇五三）冬十二月壬子，詔大臣曰：「朕與宋主約爲兄弟，歡好歲久，欲見其繪像，可諭來使。」〔攷異〕李燾長編云，皇祐五年二月，詔儀鸞司，自今毋得以天下州府圖供張都亭驛。初，户部副使傅永言奉使契丹，而接伴者問益州事。且云：「曾見驛中畫圖，故請禁之。」四月，契丹國母遣蕭全、王守道；主遣耶律述、田文炳賀乾元節。八月，遣工部郎中周沆、左藏庫副使錢昞賀國母生辰；舍人韓贊、供備副使彭再昇賀生辰；户部判官張去惑、內殿崇班夏禧賀國母正旦；右正言賈黯、祗候王咸宜賀正旦。十二月，國母遣耶律庶忠、李仲僖；主遣耶律祁、周白賀正旦。　畢沅續通鑑云，時遼使請觀廟樂，帝問宰執，陳執中曰：「樂非廟享不作，請以是告之。」樞副孫沔曰：「此可告而未能止也，當告之曰：『廟樂之作，歌詠祖功宗德，使者能留與吾祭，則可觀。』」帝從之。使者乃止。史均未載。　江鄰幾雜志云，蘇儀甫北使至戎廷，傳宣求紫魚。答曰：「雖是某鄉中物，偶不齎來。」又曰：「某篋中恐有，試搜之。」得獲，乃家人納楮中，忘告之也。　又云，高敏之奉使，接伴北使走馬墜地，前行不顧，翼日，高馬蹶墮地，戎使亦不下馬。　張唐公將奉使，王景彝曰：「某接伴時，舊例，使副每日早先立驛廳，戎使方出相揖；某則不然，先請戎使立堦下，然後前揖登階。」唐公曰：「我出疆，彼亦如此，奈何？」遂如舊例。

二十三年（甲午一〇五四）夏四月。〔攷異〕李燾長編云，至和元年四月，契丹國母遣耶律秦、趙翊；主遣蕭璉、趙徽賀乾元節。八月，遣起居舍人吳奎、禮賓副使郭逵賀國母生辰；主客郎中宋選、都監王士全賀生辰；侍御史俞希孟、舍人夏伸賀國母正旦；直龍圖閣盧士宗、祗候李惟賓賀正旦。九月，契丹遣蕭德、吳湛來告與夏平。且言通好五十年，主思南朝皇帝，無由一見，嘗使耶律防來竊畫帝容，未得其真，欲交馳畫像觀覿，以紓兄弟之情。又乞親進本國酒饌。不許。　按，交馳畫像，朝廷多有議論，趙忭疏其一也。蘇頌作孫忭行狀云：「或慮敵得御容，敢行咒詛；忭言其不然。卒許之。」張唐英政要云，敵後得御容，具儀仗拜(竭)〔謁〕，(據文義改)驚嘆。今皆不取。尋遣三司使王拱辰爲回謝使，德州刺史李珣副之。見於混同江，置宴鈎魚，每得，必親酌勸，親鼓琵琶侑之，謂劉六符曰：「南朝少年狀元，入翰林十五年矣，故厚待之。」國母愛其少子宗元，欲以爲嗣。問曰：「南朝太祖、太宗何親屬也？」曰：「兄弟也。」曰：「善哉！何其義也。」主曰：「太宗、真宗何親屬也？」曰：「父子也。」曰：「善哉！何其禮也。」既而主屏人謂拱辰曰：「吾有頑弟，他日得國，恐兩朝未得安枕也。」又與主論夏事，諷勿和親。　見拱辰別録。　十二月，國母遣耶律昌世、馮見善；主遣蕭福延、劉九言賀正旦。　宋史仁宗紀，至和元年九月，契丹告夏國平，遣三司使王拱辰報使。　趙清獻奏議云，拱辰至靴甸赴筵，狂醉無狀，致副使宋選、王士全等歌舞失儀。　拱辰詩有「兩朝信使休辭醉，皆得君王帶笑看」之句。　遼人號爲王萬年、王見喜。還坐責，通判宿州，釋拱辰不問。抃言：「比韓綜坐私勸契丹主酒，知許州。嗣泛使欲援綜例，楊察以綜事止之。今不責拱辰，後將何辭拒之？」詔罰金二十斤。　江休復嘉祐雜志云，冀州城南張耳墓，在送客亭邊，戎使林牙者問知州王仲平，告之，不知張耳何代人。大使耶律防謝曰，契丹家翰林學士，名目而已。　薛應旂通鑑云，仁宗以文彥博、富弼同平章事；會遼使耶律防至，王德用與謝於玉津園，防曰：「天子以公典樞密，而用富公爲相，皆得人矣。」　按，耶律褭履傳，宋使賀正，寫宋主容歸。清甯間復使宋，宋主賜宴，瓶花隔面，未得其真，陛辭僅一視，及境以像示餞者，駭其神妙。　趙翼劄記云，褭履，即紐斡哩，字海蘭，六院巴古濟後，卒官太子太師。　韓昂圖繪寶鑑補遺云，褭履，字德隣，工於畫。　契丹國志云，是年夏，主遣使以其畫像獻宋，求易仁宗御容，以代相見，篤兄弟之情。　史均未載於是年，宋史繫之明年四月。又異。

二十四年（乙未一〇五五）八月，道宗即位，改元清甯。春正月辛巳，宋遣使來賀，兼饋馴象。

二月己丑朔，召宋使釣魚、賦詩。〔攷異〕蔡絛鐵圍山叢談云，李士美嘗使遼，赴花宴，戎主坐御床上，後有烏熊皮蒙一物，頗高。及日宴，見數番小兒在其中。余曰：「此鮮卑舊俗。如高歡立孝武，以黑氊蒙七人，拜其上，而歡居其一，殆此類也。」龐元英文昌雜録云，余奉使至遼，至松子嶺，互置酒，三行，有北京壓沙梨，冰凍不可食；伴使耶律筠取冷水浸良久，冰皆外結，已而敲去，冰皆融釋。自爾所攜柑橘，皆用此法，味如故。張舜民使遼録云，過蘆溝河，伴使曰：「恐乘轎危，莫若車渡，極安，且可速濟。」南人不曉其法。阮閱詩話總龜云，吴長文使北詩曰：「奚車一牛駕，朝馬兩人騎。」王君玉國老談苑云，滕涉使遼，主客曰：「南朝食肉何故不去皮？」涉曰：「本朝出産絲蠶，故肉不出皮耳。」又云，趙世長北使，時九月，既宴，薦瓜，主客曰：「北方氣候誠早，彼恐未也。」對曰：「本朝來歲季夏，此味方盛。」東坡全集云，雲菴有墨，銘曰「陽巖鎮造」。稱是北方墨，陸子履奉使得之者。呂大臨考古圖云，携壺，得於京師，高八寸有半，深七寸有半，徑寸有三分，容二升二合，無銘識。李氏録曰，蘇子容吏部使北，於帳中親見之。錢世昭錢氏私誌云，燕北風俗，士庶皆自稱小人。宣和間，有遼將軍韓正歸朝，授少保節度使，對中人以上説話，即稱小人，中人以下，即稱我家。每日到漏舍誦天童經數十遍。

秋八月己丑，興宗崩。〔攷異〕契丹國志繫於二十三年。本紀作年四十，東都事略謂年四十三，長編作四十一。紀稱謚神聖孝章皇帝，事略、長編均作文成皇帝。所載各異。志云，時南北無事，歲受宋饋百四五十年，内府之儲珍異囷山積也。先是，日食，正陽客星出於昴。宋著作佐郎劉羲叟曰：「遼主其死乎？」已而果驗。葉夢得石林燕語云，契丹既修和好，初，隆緒在位，於仁宗爲伯；故明蕭太后臨朝，生辰、正旦，主皆遣使致書太后。本朝亦如之。迨興宗殂，道宗立，其太后則仁宗弟婦也，衆議但致書洪基，專達禮意，其報亦如之。最爲得體。元祐初，宣仁稱制，洪基亦英宗之弟，因用至和故事。癸巳，遣使報哀於宋。

九月辛未，遣左伊勒希巴蕭穆嚕、原作謨魯翰林學士韓運以先帝遺物饋宋，且告卽位（按，據遼史卷二二道宗紀，「告卽位」爲癸酉再遣使，與此非一事也）。

冬十一月甲子，宋遣使來會葬。

十二月丙申，宋遣歐陽修等來賀卽位。〔攷異〕李燾長編云，至和二年四月，出吳奎知壽州。奎前使契丹，會主加稱號，邀使者入賀，不往，因別設次就令觀。比還，道與契丹使遇，其國本以金冠爲上，紗冠次之，而北使輒欲以紗冠邀漢使盛服，奎不許；殺其禮見之。既而，契丹言每北使至南朝，遇盛禮皆入賀，奎坐是出。郭逵爲副，亦責汾州都監。見遼傳。己亥，國母遣蕭知微、王澤；主遣耶律防、王懿賀乾元節。八月，命翰林學士歐陽修、四方館使向傳範賀國母生辰，右正言劉敞、文思副使竇舜卿賀生辰，知諫院范鎮、祇候王光祖賀國母正旦，度支判官李復奎、祇候李克忠賀正旦。因趙抃言，改命柴貽範代克忠。未幾，雄州以契丹主喪來奏，改命修、傳範賀登寶位，兵部郎中呂公弼、閤門使郭諮爲祭奠使，工部郎中李參、舍人夏佺爲弔慰使，敞、舜卿賀國母生辰，户部副使張揖、舍人王道恭賀生辰。九月，詔爲契丹主輟朝七日，禁沿邊音樂七日。詔河北州、軍，契丹葬日勿舉樂。契丹遣耶律元亨來告哀，上爲成服於内東門幄殿，百官進名奉慰。十二月，遣蕭運、史運來獻遺留物，國母遣蕭袞、杜宗鄂，主遣耶律達、劉日亨賀正旦；蕭繆、寇忠來謝册立。歐陽發文忠事迹云，先公使契丹，使其貴臣陳留郡王宗愿、惕隱大王宗熙、北宰相蕭知足、晉王蕭孝友來押宴，曰：「此非常例，以卿名重故爾。」送伴使耶律元甯言，自來不曾如此併差親貴大臣押宴。周煇清波雜志云，至和二年，劉敞使契丹，檀州守李輸勞其行役，敞曰：「跋涉不辭，但山路迂曲，自過長興，卻西北行六程到柳河，方稍南行，意甚不快。聞有直路自松亭關往中京纔十餘程，自柳河纔二百餘里。」輸笑曰：「盡如斯示，乃初踏修館舍已定，至令迂曲。」王洙宋元史質云，鳳翔閻詢嘗使遼，頗知北方疆理。時主在錫津，迓者王惠導詢由松亭往，詢曰：「此松亭路也，胡不徑葱嶺，而迂枉若是，豈非誇大國地廣以相欺耶？」惠慚不能對。按，「錫津」，滿州語釣魚絲綫也。舊作「韃淀」，今譯改。又，羅願爾雅翼云，劉原父使遼，時聞順州山中有異獸如馬，食虎豹，戎人不識，以問之，曰：「此所謂駮也。」爲言形狀、聲音，皆是。戎人嘆服。江隣幾雜志云，陳執中館伴北使，問隨行，儀鸞司緣何有此名。不能對。或曰，隋大業中，鸞集於供帳庫，遂名。見趙德麟侯鯖録。史多未載。

道宗清甯二年（丙申一〇五六）春正月。〔攷異〕李燾長編云，嘉祐元年正月，契丹使入辭，置酒紫宸殿，使至庭中，上疾作，曰：「趣召使者陞殿，朕幾不相見。」語言無次，退入禁中。彦博以上旨諭北使云，昨夕宫中飲酒稍多，今不能親臨，遣大臣就驛賜宴，仍授國書。三月，契丹遣蕭信、王行己來謝，名爲都謝使，以屢遣使恤其喪也。六月，供備庫使蕭安静領忠州刺史，留再任。安静與契丹争辨甯化軍天池廟地界，既定，特擢之。先是，甯化軍天池顯應廟在禁地中，久不葺，契丹冒有之。韓琦遣安静抵境上，召其酋豪諭曰：「爾嘗求我修池神廟，爾移文固在，今曷爲見侵也。」契丹無以對，遂歸我冷泉村。代州陽武寨地，舊用黄嵬山麓爲界。契丹侵耕不已，琦令安静塹地立石限之，自此不敢耕山上。事在皇祐五年正月也。八月，遣知制誥石揚休、文思使沈惟恭賀國母生辰；刑部員外郎唐詢、祗候王鍇賀生辰；侍御史范師道、供備庫副使劉孝孫賀國母正旦；右司諫馬遵、祗候陳永圖賀正旦。師道疾，以刁約代。十二月，國母遣蕭扈、韓孚；主遣耶律煜、韓惟良賀正旦。扈等言陽武寨天池廟侵北界兩府。按，舊籍陽武寨地，本以六蕃嶺爲界。康定中北界耕户聶再友、蘇直等南侵嶺二十餘里，代州累移文朔州，朝廷以和好存大體，命徙石峯開塹爲限。天池廟屬甯化軍横嶺舖，慶曆中北界耕户杜思榮侵入，冷泉村邊亦有石峯爲表。詔館伴王洙以圖及本末諭扈等。史均未載。

三年（丁酉一〇五七）春二月。〔攷異〕李燾長編云，嘉祐二年二月，契丹遣耶律防、陳顗來求聖容；壽命中丞張昇、單州防禦使劉永年爲回謝使。先是，宗真送其畫像及隆緒畫像凡二軸，求易真宗及上御容。既許，而宗真殂，遂寢。至是再求，故命昪等諭令，更持洪基畫像來，即予之。胡宿諫，不從。至是，契丹果欲先得聖容，昪曰：「昔文成，弟也。弟先兩兄，於禮爲順。今南朝乃伯父，當先致恭。」契丹不能對，夜以巨石塞其門，衆皆恐，永年擲去之，世傳永年有神力。四月，契丹國母遣耶律昌福、劉雲；主遣蕭矩、劉從備賀乾元節。殿中丞趙至忠上契丹地圖及雜記十卷。王珪仁宗實録云，獻契丹建母子孫圖及纂録事三册，又上國俗官稱儀物録及蕃漢兵馬機事十册，并契丹出獵圖。仕遼，官中書舍人兼史職，來歸在慶曆元年八月也。八月，命鹽鐵副使郭申錫、左藏庫副使王世延賀國母生辰；右司諫呂景初、左藏庫副使張利一賀生辰；度支判官王疇、西染院使李珹賀國母正旦；侍御史吴中復、祗候宋孟孫賀正旦。九月，契丹遣蕭扈、吴湛再求御容，且言當致洪基像。十月，命翰林學士胡宿、禮賓使李綬爲回謝使，且許以御容。因賀正使置衣篋中，交致焉。十二月，國母遣耶律世達、張嗣復；主遣耶律充、張拱賀正旦。邵博聞見後録云，是年秋，遼求仁宗御容，議者慮有厭勝之術。帝曰：「吾待彼厚，必不然。」乃遣昪往報。昪字果卿。周煇清波雜志云，杜正獻以翰林學士館伴北使，使頗桀黠，語屢及朝政，公摘契丹隱密諭之曰：「北朝嘗試進士，出聖心獨悟賦，無出處，何也？」使愕然語塞。玉海云，嘉祐二年三月，命契丹使觀金明池水嬉，賜宴瓊林苑。史均未載。

四年（戊戌一〇五八）春正月壬（辰）〔申〕（據遼史卷二一道宗紀改）朔，以太皇太后喪報哀於宋。〔攷異〕太后崩於三年冬十二月己巳，至是始往告耳。

癸酉，宋遣使奉宋帝繪像來。〔攷異〕東都事略云，洪基立，復遣使求御容，仁宗遣張昪送之。具儀仗迎謁，驚爲聖人，自許爲一都虞候而已。續綱目云，遼初求御容，遣張昪報之。復遣其臣蕭扈來致其像；乃命胡宿奉御容往。契丹國志云，帝以御容於慶州崇奉，每夕，宮人理衣衾，朔望上食，〔食〕（據契丹國志卷九道宗紀補）氣盡登臺而燎之，曰「燒飯」，惟（視）〔祀〕（同上書改）天與祖宗則然。所載互異。

夏四月丁卯，宋遣使弔祭。〔攷異〕李燾長編云，嘉祐三年二月，契丹遣蕭福延來告其祖母喪，上爲發哀，輟祝朝七日。遣侍御史朱處約、宫苑使潘若沖往祭奠；集賢校理李仲師、六宅副使雍規往弔慰。五月，契丹遣耶律嗣臣、劉伸來獻其國母遺留物。八月，命度支副使周湛、舍人王咸有賀國母生辰；度支郎中李及之、祗候王希甫賀生辰；度支判官朱壽隆、禮賓使王知和賀國母正旦；太常博士祖無擇、祗候王懷玉賀正旦。湛辭，改命吏部楊畋。畋以曾伯祖業嘗陷敵辭，以工部郎中王鼎代。朝廷以今契丹母子上弟婦行也，禮不可通問。敕使者但遺書契丹，傳達聘物。而契丹人必欲面見使者致書，鼎以禮折之始詘服。自是爲常。九月，契丹遣蕭蠧、郭竦來謝慰奠。十二月，國母遣耶律通、馬佑；主遣耶律維新、王實賀正旦。

五年（己亥一〇五九）夏四月。〔攷異〕李燾長編云，嘉祐四年四月，國母遣耶律偘、王觀；主遣蕭拱、馬堯咨賀乾元節。八月，遣元章閣待制唐介、六宅使桑宗望賀國母生辰；侍御史丁詡、左藏庫副使劉建勳賀生辰；工部郎中張中庸、左藏庫副使馮文顯賀國母正旦；太常博士沈遘、供備副使高繼芳賀正旦。十二月，國母遣耶律思甯、韓造；主遣耶律嘏、王崇賀正旦。五年四月，國母遣耶律格、呂士林；主遣耶律素、張戩賀乾元節。八月，命刑部郎中錢象先、舍人夏偉賀國母生辰；侍御史陳經、祗候郭靄賀生辰；鹽鐵判官閻詢、左藏庫副使劉禧賀國母正旦；度支判官王安石、祗候趙元中賀正旦。安石辭，改命校理王繹。十二月，國母遣耶律道、柴德滋；主遣耶律嘏、王業賀正旦。六年四月，國母遣蕭扆、韓貽孫；主遣蕭礪、李庸賀乾元節。閏八月，遣户部郎中張瓌、如京使朱克明賀國母生辰；集賢校理宋敏求、舍人張山甫賀生辰；司封郎中楊佐、供備庫副使李宗賀國母正旦；鹽鐵判官王益柔、祗候王淵賀正旦。十二月，國母遣蕭傳、晉昌裔；主遣蕭韡、王正辭賀正旦。　按，嘉祐四年、五年、六年，即清甯五年、六年、七年也。史皆闕書。

九年（癸卯一〇六三）春三月，宋仁宗崩，以姪曙爲嗣，即位。〔攷異〕邵博聞見後録云，仁宗崩，遣使赴於契丹，燕境人無遠近皆聚哭。戎主執使者號慟曰：「四十二年不談兵革矣。」陳師道後山談叢云，仁宗之訃至契丹，葬而來祭以黃白羅爲鉞，他亦稱是。　李燾長編云，嘉祐八年四月，命引進副使王道恭告哀契丹。命契丹賀乾元節使耶律穀等進書，奠梓宮，見上於東階。始，北使至德清，廷臣有欲却之者，有欲候其至諭令出者，議未決；太常丞邵亢請許其使奉國書置柩前，俾得見上，以安遠人。詔從之。學士周沆充館伴北使，初未許見，詔取書置柩前。使者不肯授閤門，因沆言，使者立授書，然上亦卒見穀等。朝廷未知契丹主之年，沆從容雜他語問使者，出不意，對以實，既而愕然曰：「今復兄事南朝矣。」七月，契丹使祭大行皇帝於皇儀殿，遂見上於東朝，上慟哭久之；使言及大行輒出涕，尋辭於紫宸殿，命坐賜茶。故事，當賜酒五行，自是終諒闇，皆賜茶而已。　宋史仁宗紀，嘉祐八年四月癸酉，遣王道恭告哀於契丹。乙亥，復遣韓贄等告卽位。六月辛卯，契丹遣蕭福延等來弔祭。英宗紀，治平元年八月，宋遣兵部員外郎呂誨等四人賀國母生辰、正旦；遣刑部郎中章岷等四人賀國主生辰、正旦。十二月，契丹遣耶律烈等來賀壽聖節；蕭禧等賀明年正旦。史及長編均未載。

咸雍元年（乙巳一〇六五）。〔攷異〕宏簡錄云，是歲，宋遣使來定疆界。史未載。　契丹國志云，遼境四至：正西與西夏黃河爲界，西南至麟州、府州界，次南近西定州北平山爲界，又南至霸州城北界河，又次南至遂城北鮑河爲界，又南近東至滄州北海，又南至安肅軍白澗河爲界，又南近東至登州北海，又南至雄州北拒馬河爲界，又南至海。所載較詳。　按，蕭頁魯傳，初，爲牌印郎君，討平重元黨，遷護衞太保。咸雍元年，使宋議邊事，稱旨，知殿前副點檢事。紀亦未書。

二年（丙午一〇六六）春正月丁巳，宋賀正使王嚴卒，以禮送還。〔攷異〕薛應旂通鑑云，正月癸酉，契丹復改國號爲遼。續綱目載於太康十年。所紀各異。　畢沅續通鑑云，時主有意南侵，問南院樞密使姚景行曰：「宋好生邊事，如何？」對曰：「自聖宗與宋和好，迨今凡六十年，若以細故用兵，恐違先帝成約。」主以爲然。　契丹國志云，是年三月，彗見西方。庚申，晨見於室，本大如月，長七尺許。辛巳，昏見於昴，如太白，長丈有五尺。壬午，孛見於畢，如月，至五日没。史未載。

三年（丁未一〇六七）春三月，宋英宗崩，子神宗卽位，〔攷異〕畢沅續通鑑作正月。遣使來告哀；卽遣右護衛太保蕭托卜嘉、原作撻不也。累官契丹都（官使）〔部署〕（據遼史卷九九蕭撻不也傳改）。〔攷異〕卷二十三，太康元年爲南院統軍；卷二十八，天慶八年副元帥；卷九十八兀納傳，一作撻不也。均係一人。翰林學士陳覺等弔祭。

夏六月庚戌，宋遣使饋其先帝遺物。辛亥，復遣陳襄字述古，侯官人。〔攷異〕陳襄古靈集云，襄還至咸熙館，道中有詩曰：「土曠人稀使驛賒，山中殊不類中華；白沙有露鴛鴦泊，芳草無情妯娌花。氈館夜燈眠漢節，石梁秋吹動胡笳；歸來攬照看顏色，斗覺霜毛兩鬢加。」所著有國信語録一卷。見宋史藝文志。以卽位告，卽遣知黄龍府事蕭特古斯、原作圖古辭中書舍人馬鉉往賀。〔攷異〕宋史神宗紀，是歲，宋告哀使爲馮行己，告卽位爲孫坦，報謝爲孫思恭。遼弔祭使爲蕭餘慶，賀卽位爲耶律好謀，賀正旦爲蕭傑。均與史異。宋史蘇寀傳，使契丹還，道聞英宗晏駕，契丹置宴，仍用樂，撤之。楊佐傳，英宗升遐，奉遺留物再往使，卒於道，均治平四年事。史未載。李燾長編云，四年正月，契丹賀正使在館，故事，賜宴紫宸殿。時上不豫，命宰臣就館宴之。使者不卽席。曾公亮責以「賜宴不赴，是不虔君命也。人主不便，必待親臨，非體國也。」使者乃卽席。時樞密院召禮官，問貽遼母后書當何稱？欲自稱重姪，稱彼爲太母。判太常寺李柬之、宋敏求等請稱姪孫、叔祖母。從之。葉夢得石林燕語云，大遼國信書式：前稱月日，大宋皇帝謹致書於大遼國徽號皇帝闕下。入辭，次具使副全銜稱，今差某官充某事國信使副，有少禮物，具諸別幅，奉書陳賀，不宜！謹白。其辭率不過八句。回書其前式同，後具所來使銜稱某官等，亦不過八句。元祐間，宣仁后臨朝，別遣太后使副，以皇帝書達意，式皆如前，但云今差某官充太皇太后某使爾。賀書亦如之。

六年（庚戌一〇七〇）夏四月。〔攷異〕李燾長編云，神宗熙甯三年四月，遼遣耶律寬、程冀；國母遣蕭禧、張冀來賀同天節。按，南北使往來，長編所書甚詳。惟仁宗嘉祐七年及英宗一朝俱未書，至是始備書之。時國信所言遼使至臨清驛，迪烈子伊爾根夜刺同宿契丹，死者四人，傷者十二人。除孝贈錢絹外，餘未敢支賜。詔傷死者更給對見生餼節衣，朝辭例物等，如病死者例。其迪烈子伊爾根亦準此給。如死，亦以孝贈賜之。八月，命司勳郎中張景憲、供備庫副使劉昌祚賀生辰，天章閣待制孫永、供備庫使楊宗禮賀國母生辰，主客郎中李立之、内殿承制劉鎮賀正旦，直舍人院呂大防、供備庫副使張述賀國母正旦。大防辭，改命禮部郎中趙瞻。十二月，遼遣蕭遵道、楊規訓，國母遣耶律甯、成堯錫賀正旦。熙甯四年四月，遼主遣蕭廣、張遵度；國母遣耶律鞏、張少微賀同天節。八月，遣度支副使楚建中、左藏庫副使夏倈賀生辰；秘閣校理韓忠彥、舍人李惟賓賀正旦。兵部員外郎陳繹、皇城使馬偁賀國母生辰；司勳郎中王誨、文思使郭宗古賀國母正旦。偁辭，以文思副使梁交代。十二月，遼主（遼）〔遣〕（據文義改）耶律紀、邢希古；國母遣耶律德誠、馬諲賀正旦。熙甯五年四月，遼主遣耶律適、張靄，國母遣蕭利民、王經賀同天節。時河北緣邊安撫言北人漁於界河，及奪界河西船，并射傷兵級。詔送伴使晁端彥等諭北使，以朝廷務敦信誓，未嘗先起事端，請聞之本朝，嚴加約束。七月，安石主經略孫永議，盡罷御巡弓手，馮京等争，不從。已而，北界巡馬不爲止，盜賊滋多，州縣不能禁；詔降巡檢趙用等官。初，北人漁於界河，因刼界河司虎頭船，用等擅縱兵過河，追捕交射，越北界十餘里，焚廬舍，拆橋梁，奪漁船，北人以爲言故也。時，北人稱將禮物來白溝驛，送納原書作交割，文彥博欲先事理會，安石謂不足校而止。八月，遣司勳員外郎崔台符、皇城副使田諲賀遼生辰；比部員外郎沈希顏、舍人王文郁賀正旦。龍圖閣待制鄧綰、皇城使曹偃賀國母生辰；

度支郎中王克臣、皇城副使劉舜卿賀正旦。綰、克臣辭行，以工部郎中沈起、舍人章衡代。十二月，遼主遣蕭瑜、王惟教；國母遣耶律什、韓煜賀正旦。熙甯六年四月，遼遣耶律甯、馬永昌；國母遣耶律昌、梁穎賀同天節。甯等請合使副班爲一，乃入見安石，勸上許之。又請嗣後遣使差高官，上許以學士以上官。彥博爭，不聽。八月，遣太常少卿賈昌衡、左藏庫使許咸吉賀生辰；中允蔡確、供備庫使李諒賀正旦。龍圖閣學士張燾、西上閤門使种古賀國母生辰，金部員外郎范子奇、文思使夏元象賀正旦。十二月，遼遣耶律洞、竇景庸，國母遣耶律榮、梁授賀正旦。按，熙甯三年、四年、五年、六年，即咸雍六年、七年、八年、九年也。史多未載。蔡寬夫詩史云：漢南女子韓襄客有閨愁詩曰：「連理枝前同設誓，丁香花下共論心。」先公熙甯中迓遼使成堯錫，見遺衣服，刺此聯曰：「遼人重此句以爲佳製。」崇甯三年，遼賀生辰使有謝賜柑表，略曰：「聘禮通陳，祝帝齡於紫闕；恩華固異，錫仙實於公郵。方厥包來貢之期，捧兹德惟馨之賜，天香滿袖，染淮水之清霜；雲液盈盤，挹洞庭之餘潤。梓里豈遑於遺母，楓朝切願於獻君。感德滋深，諭言罔既！」駢偶甚工。見吳曾能改齋漫録。郭若虛圖畫見聞志云：余熙甯辛亥冬接伴北使，與其副燕人馬諲、邢希古結騶并轡。希古詳敏，有儒者風，從容語及圖畫曰：「燕京有布衣常思言，善畫山水林木，求之者衆，不爲勢力誘，所以難得也。」王闢之澠水燕談云：韓魏公，元勳舊德，夷、夏具瞻。熙甯中留守北都，遼使每過境，必先戒其下曰：「韓丞相在此，毋得過有需索。」遼使與京尹書，故事，紙尾止押字，是時悉書名，其爲遠人畏服如此。每使至，必問「侍中安否？」後公子忠彥使遼，主問嘗使中國者曰：「國使類丞相否？」曰：「類。」卽命工圖之。張淏雲谷雜記同。又，安陽集有使契丹謝春槃幡勝狀，則遼於立春日，固有賜諸國使臣幡勝之儀。禮志未載。龐元英文昌雜録云：余使北至雄州，五月二十一日次白溝驛，是晚雨雹大如拳，屋瓦多碎，彼人云：「歲常如此。」尤有甚者，目所未睹也。宏簡録云：蔡卞使遼，遼人聞其名。適有寒疾，命載以白駝車。車爲國主所乘，乃異禮也。

十年(甲寅一〇七四)春三月。〔攷異〕契丹國志云，十年三月，遼遣蕭禧詣宋爭河東地界，神宗面諭差官，「與北朝職官就地頭」(據契丹國志卷九道宗紀補)檢視。九月，遣蕭素再來議，宋遣劉忱、呂大忠往，會議於代州境上，指蔚、應、朔三州分水嶺土隴爲界，相持久之。十一年三月，蕭禧復來，宋遣沈括報聘，得樞密故牘始議地畔書，指古長城爲分界，今所爭乃黃嵬山，相距三十里，議遂決。續綱目云，劉忱議不合，遣韓縝往，亦與禧爭辨。會沈括表上故牘，帝悦，命括往，凡六會議，竟不可奪；還，爲使契丹圖上之，卒用王安石言，使縝如河東，割地與之。凡東西失地七百里，遂爲異日興兵之端。宋史呂大忠傳，禧復來，神宗但召執政及劉忱與大忠議，而無遣往代北事。沈括傳，至北廷，其相楊益戒來就議，括得地訟之，籍數十，預使吏士誦之，益戒有所問，則顧吏舉以答。沈括夢溪筆談云，熙甯中，予使契丹，至其極北黑水境永安山下卓帳，時新雨甫霽，見虹下帳前澗中，兩頭皆垂澗內，使人過澗，隔虹對立，相去數丈，中間如隔綃縠；自西望東，則見，蓋夕虹也。立澗之東西望，則爲日所鑠，都無所覩。久之，稍稍正東，踰山而去。次日行一程，又復見之。孫彥先曰：「虹，雨中日影也。日照雨則有之。」余奉使按邊，始爲木圖，寫其山川道路。其初，徧履山川，旋以麪糊木屑寫其形勢於木案上，未幾寒凍，木屑不可爲，又鎔蠟爲之，皆欲其輕易齎故也。至官所，則以木刻上之。上召輔臣同觀，乃詔邊州皆爲木圖，藏於內府。韓元吉桐陰舊話云，北使每歲至中國，索食料多不時珍異物，州縣騷動。縝使北，入境深，必索猪肉及胃臟，疲於奔命，蓋燕北產羊不畜猪，故以困之也。回程與送伴者飲，率盡醉。縝初不病酲，臨別痛飲達旦，及敍違馬上，幾不能相揖。契丹後責伴者失儀，擊以沙袋死。葉夢得石林詩話云，縝出畫界，愛妾劉作樂府贈別，帝知之，遣人追送。劉貢父寄詩調之曰：「嫖姚不復顧家爲，誰謂東山久不歸；卷耳幸逢攜婉孌，皇華從此有光輝。」按，張方平墓志云，蕭禧至，言河東疆事。公言蕭扈嘗言之，當命館伴王洙詰之，扈不能對，録其條目付扈以歸，因以藁上。禧當辭，卧驛中不起，公語密院吳充曰：「禧不即行，使主者日致饋而勿問，使邊吏檄敵中充奏行。」禧即辭。是時，方平不在朝，或是再來時耳。畢沅續通鑑云，遼主以争地，議始耶律普錫，擢南院宣徽使。又，耶律佛德傳，原作頗的，官彰國節度。道宗問邊事，對曰：「自應州至天池，皆我耕牧之地。爲宋所侵，烽堠内移，似非所宜。」帝然之。拜北面林牙。後地還，命佛德往定邊界。〔還〕，（據遼史卷八六耶律頗的傳補）拜南院宣徽使。未知即普錫否。紀均未載。黄嵬山在代州崞縣西南，接寗武府界。李燾長編云，熙寗七年三月，遼遣林牙蕭禧致書曰：「爰自累朝而下，講好以來，互守成規，務敦夙契，雖境分二國，克保於驩和；而義若一家，若思於悠永。事如間於違越，理惟至於敷陳。其蔚、應、朔三州土田一帶疆里，祇自早歲，曾遣使人止於舊封，俾安鋪舍，庶南北永據於定限，往來悉絶於姦徒。洎覽舉申，輒有侵擾，於全屬當朝地分，或營修戍壘，或存止居民，皆是守邊之冗員，不顧睦隣之大體，妄圖功賞，深越封陲。今屬省巡，遂令案規，備究端實，諒難寢停。至於縷細之緣由，分白之事理，已具聞達，盡合折移。既未見從，故宜伸報。爰馳介馭，特致柔緘，遠亮周隆，幸希詳審！據侵入當界地里，所起鋪形之處，合差官員同共檢照，早令毁撤，都於久來。元定界至，再安置外，其餘邊境，更有生創事端，委差去使臣到日，一就理會。如此，則豈惟疆場之内，不見侵踰；並於信誓之間，且無違爽。茲實便穩，顯俟準依！」時道宗咸雍十年也。帝許差官共往計會。又言雄州展托關城，許令拆去。報書曰：「辱迂使指，來貺函封，歷陳二國之和，有若一家之義，固知隣寶，深執信符。獨論邊鄙之臣，嘗越封陲之守，欲令移徙，以復舊常。竊惟兩朝，撫有萬守，豈重尺土之利，而輕累世之懽。況經界之間，勢形可指；方州之内，圖籍具存。當遣官司各加覆視，倘事由夙昔，固難詢從；或誠有侵踰，何悋改正！而又每戒疆吏，令遵誓言。所論創生之事端，亦皆境候之細故，故已令還使，具達本國。緬料英聰，洞加照悉！」呂惠卿辭也。尋遣韓縝爲回謝使。四月，遼遣耶律永寗、韓宗範；國母遣耶律和、趙孝傑賀同天節。八月，遣兵部郎中張芻、皇城使石鑑賀生辰；屯田郎中韓鐸、内殿崇班王謹賀正旦。遣知制誥章惇、引進使苗綬賀國母生辰；衛尉少卿宋昌言、左藏庫副使郭若虚賀正旦。尋改命許將代惇行。館伴蕭禧同代州事，將屢屈之，乃不敢言。時遼遣蕭素、梁穎議地界於代州境上，遣劉忱、蕭士元會於大黃平，以呂大忠丁父憂不至也。士元罷，仍令大忠往議，迄不諧。十二月，遼遣耶律甯、李貽訓，國母遣耶律用政、李之才賀正旦。熙甯八年正月，敵以河東地界議久不決，復遣蕭禧來，詔向宗儒、王澤接伴，尋以王欽臣、夏仲代。遼書略曰：「昨馳一介之輶傳，議復三州之舊封，蕭禧才廻，韓縝復至。薦承函翰，備識誠悰。言有侵踰，理須改正，斯見和戒之義，且無違拒之辭。近覽所司之奏陳，載詳茲事之縷細。謂劉忱等雖曾會議，未見準依，自夏及冬，以日逮月，或假他故，或飾虛言，殊無了絕之期，止有遷延之意。若非再憑緘幅，更遣使人，實慮詭曲以相蒙，罔罄端倪而具達。更希精鑒，遐亮至懷，早委邊臣，各加審視，別安戍壘，俾返故常。」云云。令韓縝、張誠一往河東，速定地界，罷大忠。禧久留不肯還，遣右正言沈括、閤門使李評爲回謝使，詣敵廷面議。四月，禧辭行。答遼書，略曰：「比承使指，諭及邊陲，已約官司，偕從辨正，當守封圻之舊，以需事實之分。而信介未通，師屯先集，侵焚堠戍，傷射巡兵，舉示力爭，殊非和議。至欲當中獨坐，特改於臣工；設次橫都，又難於賓主。數從理屈，纔就晤言，且地接三川，勢非一概，輒舉西陘之偏說，要該諸寨之提封，屢索文憑，既無據驗；欲同案視，又不準從。茲枉軺車，再垂函問，重加聘幣，彌見歡悰。特欲辨論，使無侵越，而行人留館，必於分水以要求；樞府授辭，期以興師而移拆。豈其歷年之信約，遂以細故而變渝？已案輿圖，遥爲申畫，仍令職守，就改溝封。遐冀英聰，洞加照悉！」呂惠卿筆也。又命李憲齎詔示之，許以長連城六蕃嶺爲界，禧猶不從，故遣括報聘。至雄州，不納，留二十餘日，禧還乃納。括草遺奏付其兄披。至則與遼相楊益戒議，凡六會不可奪，得其職還。同鎮往者有周永清、李評。四月，遼遣耶律京熙、韓詵；國母遣耶律達、劉從祐賀同天節。八月，遣直龍圖閣謝景温、文思使高遵路賀遼主生辰，太常丞李定、皇城使李惟賓賀正旦，侍御史張琥、皇城使姚麟賀國母生辰，集賢校理竇便、皇城使曹誦賀正旦。後以文思使王崇拯代遵路，校理孫洙代定，東作坊使向綽代麟。十二月，遼遣耶律世通、李仲咨，國母遣蕭達、王籍賀正旦。按，熙甯七年，即咸雍十年；八年，即太康元年也。史均未載。

太康二年（丙辰一〇七六）春三月辛酉，太后崩。壬戌，遣殿前副點檢耶律轄呼原作轄古報哀於宋。戊寅，以太后遺物遣使饋宋。

夏六月戊子，宋遣使弔祭。〔攷異〕李燾長編云，熙甯九年四月，禮院言遼使告哀。故事，待制以上至宰臣弔於韓亭驛，黑帶，去魚，繫鞵。今遼使在館，聞哀請如故事。從之。時雄州言遼國母以三月六日卒故也。主遣耶律庶箴、韓君授，國母遣耶律測、杜君渭賀同天節。是日，測等已對。詔以聞遼國母服，罷垂拱殿宴與同天節上壽及大燕。令測等成服於開寶寺，百官往慰。令學士院別撰與遼主書，謝國母遣使，致感愴之意，更不報國母書。尋遣户部副使王克臣、閤門副使張山甫爲遼祭奠使，太常丞蒲宗孟、閤門副使王淵爲弔慰使。遼遣林牙耶律孝淳來告哀，上發哀成服於內東門，羣臣進名奉慰。輟視朝七日。遼使見於幕殿。八月，命給事中程師孟、皇城使劉永壽賀遼主生辰；秘閣校理安燾、文思使高遵治賀正旦。遼國母遣林牙蕭質、成堯錫來，見紫宸、垂拱二殿，燕，均不作樂。九月，遼回謝使耶律英、韓君儀見於紫宸殿，置酒垂拱殿。館伴所言耶律英等使人來，言昨蕭燾、郭諫回謝，蒙賜珠子及銀合，今不蒙賜，非爲愛物，恐損體例。臣等言恩賜出自特旨，館伴無由知。英等再言，詔令送伴使以無此例，婉轉諭之。十一月，縝等與北人分畫瓦窰塢地界，詔依分流南北分水嶺爲界。棄地七百里，沿邊險要舉以資敵。敵得乘高以瞰并、代，邊民數千家，田廬皆入異域，驅迫內徙，哭聲震天。縝用唐隆鎮商人燕復爲腹心。遼之始謀，出耶律用正，後爲相。見蘇轍劾疏。十二月，遼耶律運、李逵賀正旦。熙甯十年四月，遼遣蕭儀、鄭士兼來賀同天節。八月，遣秘書監蘇頌、閤門使姚麟賀遼生辰，集賢校理劉奉世、國信使張正矩賀正旦。故事，使北者，冬至日與北人交相慶，是歲，本朝曆先契丹一日，契丹固執爲是。頌曰：「曆家算術小異，則遲速不同，謂如亥時節氣當交，則猶是今夕；若踰刻，則屬子時爲明日矣。先後各從本朝之曆可也。」契丹不能屈，從之。事聞，上曰：「朕思之，此最難處，卿對極得宜。」十二月，遼遣耶律孝淳、李儼賀正旦。按，熙甯十年，即大康三年也。史均闕書。張舜民畫墁録云，頌使遼，姚麟爲副，曰：「盍載些小團茶乎？」頌曰：「此乃供上物，疇敢與遼人？」未幾，有貴公子使遼，廣貯團茶。自爾遼人非團茶不貴，常以二團易番羅一匹。葉夢得石林燕語云，蘇頌，字子容。過省，賦曆者天地之大統，爲本場魁。既登第，遂留意曆學。元豐中使北，會冬至，彼曆先一日，趣使者入賀，其實本正。然勢不可從，子容乃爲泛論曆學，援據詳確，戎人莫測，聽之。歸奏，神宗喜，即問二曆孰是？頌以實言，太史坐罰金。元祐初，遂命重修渾儀，制作最精，其學略授冬官正袁惟幾，而創爲規模者吏部史張士廉。金陷京師，毁合臺取渾儀去，其法不傳云。袁氏楓牕小牘云，本朝曆凡十變，在建隆曰應天，在興國曰乾元，在咸平曰儀天，在天聖曰崇天，在治平曰明天，在熙甯曰奉天，在元祐曰觀天，在崇甯曰中天，又改紀元，在紹興曰統天。玉海云，元豐六年，侍郎蘇頌奉詔撰華戎魯衞信録凡二百二十九卷，事目五卷，總二百册。敍事、書詔、誓書、國信、國書、奉使、驛程、地圖、名銜、年表、儀式、賜予、交馳、詔録、書儀、例物、市易、條例、泛使、文移、河東地界邊防、契丹世系、國俗、官屬、關口、道路、蕃軍馬州縣，終於蕃夷雜録。而經制、方略、論議、奏疏附焉。至紹聖五年，復置局續編焉。厲鶚宋詩紀事云，頌使北時，贈同事閤使姚麟詩云：「山路盡陂陁，行人失險多；風頭沙磧暗，日上雪霜和。草淺鷹飛地，冰流馬飲河；平生畫圖見，不料此經過。」吳曾能改齋漫録云，王仲至使遼回，謁恭敏李公，席上賦詩曰：「穹廬三月已淹留，白草黄雲見即愁；滿袖塵埃何處洗，李家池上海棠洲。」

八年（壬戌一〇八二）春二月己巳，夏獲宋將張天一，遣使來獻。〔攷異〕李燾長編云，元豐元年四月，遼遣耶律永甯、劉霑賀同天節。八月，命知制誥黄履、皇城使姚兕賀生辰；太常博士周有孺、左藏庫副使楊從先賀正旦。兕不行，以榮州刺史狄諮代。十二月，遼遣耶律隆、王安期賀正旦。上每憤北人倔强，慨然有恢復幽、燕志，即景福殿庫，聚金帛爲兵費，因更庫名，製詩以揭之，曰：「五季失圖，玁狁孔熾。藝祖造邦，思有懲艾。爰設內府，基以募士。曾孫保之，敢怠厥志！」凡三十三庫。後積羨贏，又揭以詩曰：「每虔夕惕心，妄意遵遺業；顧予不武姿，何日成戎捷。」元豐二年四月，遼遣蕭晟、張褒賀同天節。八月，命知制誥李清臣、閤門使曹評賀生辰；主客郎中范子淵、皇城使姚兕賀正旦。子淵免行，以太常丞畢仲衍代。九月，太皇太后曹氏崩，令評乘驛還闕，命雄州只以評疾報北界，以舍人劉琯代。十二月，遼遣蕭甯、韓君俞賀正旦，詔送伴李琮以太后喪未葬，勿過白溝橋，給樂人例物如故事。元豐三年四月，遼遣耶律永芳、劉彥先賀同天節。先是，詔遼賀同天使見辭日止賜茶餅。十日，拜表，賜節衣，並遣執政就驛賜御筵。十一日，就驛賜射，多例賜。十三日，不賜御筵。餘如故事。以在慈聖年內故也。八月，遣知制誥王存、皇城使劉永保賀遼生辰；太子中允舒亶、左藏庫副使王景仁賀正旦。亶辭，以司門員外郎錢勰代。十二月，遼遣蕭偉、石宗回賀正旦；北使劉永保回至莫州，遣楊安民赴闕，照管般挈付其家。時劉舜卿知雄州，遼遣諜盜城門鎖，舜卿密令易去舊鑰而大之。數日以鎖來歸。舜卿曰：「吾未嘗亡鎖也。」引視，納之不能受，乃慚去。諜者因得罪。初更時，有告以巡馬大至，請甲以俟，舜卿不爲變，卒無事。詔三司給銀千兩、金百兩聽用，間於繩墨之外。元豐四年四月，遼遣耶律祐、韓昭愿賀同天節。十一月，禮院言十二月壬申，慈聖后禫祭；戊寅，遼使見。 謹按，禮曰：「是月禫徙月樂。」又曰：「禫而醴酒。」今遼使見在禫祭後，未踰月，可以置酒而不可用樂。詔遼使朝見不置酒，就館賜燕。十二月，遼遣蕭福全、鄭顓賀正旦。元豐五年四月，遼遣耶律永端、韓資襄賀同天節。五月，詔遼使人，不可禮同諸蕃，付主客掌之，非是，還隸密院。八月，遣寶文閣待制韓忠彥、引進使曹詩賀遼生辰，禮部郎中劉贄、內殿承制張赴賀正旦。遼使趙資睦迓，語及西事，忠彥曰：「此固小役也，何問爲？」參政王言敷燕於館，言「夏有何大罪，而中國兵不解也。」忠彥曰：「夏罪中國，已報北朝，盍取而視諸！」言敷曰：「聞已還兵塞上，如此，則南北之好可保也。」忠彥曰：「問罪西夏，於二國之好何與！」及還，資睦曰：「先侍中制置西事有攻策，今取城砦數十，侍中見之，快可知也。」歸，上嘉勞之。十一月，上批：「諜傳遼令正旦使趙庭睦覘朝廷西事，命三省密院議定酬應之辭，劄與館伴。」先是，劉摯等使遼，陛辭，值永樂已陷，上面授十餘條，預爲問答之語。且曰：「敵多辨詐，毋爲所勝。」對曰：「臣以誠信自將，問對之際，不必過爲遷就。」上喜曰：「誠是。」郊賜茶六十斤，諭曰：「非常例也。」十二月，遼遣耶律儀、趙庭睦賀正旦。　按，元豐元年至五年，即大康四年至八年也。史均闕書。　龐元英文昌雜録云，元豐五年，余充賀遼正旦使，行至神水驛，苦風眩，昏亂不記省，侍吏皆環泣，一夕方稍安。是年，正旦接伴爲杜(工)〔刑〕部紘(據文昌雜録卷四改)，至深澤縣界咯血(按，同上書作「中浴」)，幾莫救。劉右司摯充同天節接伴，沿路病傷寒，及歸，累月方愈。一歲中，奉使者皆得危疾，可怪也。

大安元年(乙丑一〇八五)夏四月乙酉，宋神宗崩，子哲宗即位，使來告哀。

六月丁丑，遣使弔祭。戊寅，宋遣王真、甄祐等饋其先帝遺物。

秋七月乙巳，遣使如宋賀即位。〔攷異〕李燾長編云，元豐六年四月，遼遣蕭固、楊執中賀同天節。八月，詔聞契丹遣使夏國及總噶爾，慮是西人干求契丹，欲因和解董戩，可下李憲選使開諭董戩、鄂特凌古，以契丹與總噶爾相去極遠，利害不能相及，今監守前後，要約竭力出兵，攻討西賊。八月，遣起居郎蔡京、閤門使狄詠賀生辰；駕部郎中吳安持、供備庫使趙思明賀正旦。京將歸前十餘日，降出一黃旗，題曰：「御容中軍旂第一面」。時上有親征意，京入對，謂爲未可取，上以爲得安石議論，蓋安石臨行，嘗戒以此。見蔡絛北征紀實，疑飾說，姑存之。九月，蘇頌上華戎魯衞信録。先是，遼使鄭顓賀五年正旦，顓明辨有才智，頌館伴，上命諭顓修信録，欲以固兩朝盟好。顓見頌益恭，私覿禮物異常，時復遺頌異錦，即日進之，上曰：「宮中所無也。」七年四月，遼遣蕭浹、侯摩賀同天節。八月，命鴻臚卿陳睦、閤門使曹誘賀生辰；奉議郎范純粹、文思副使侍其璀賀正旦。十二月，遼遣耶律襄、賈師訓賀正旦。八年三月，帝崩，命舍人宋球告哀於遼，權改名淵。四月，遣中書舍人王震、內殿承制霧育饋遺留物。左司郎中滿中行、祗候焦顔叔告登寶位。七月，遼遣耶律琚、王師儒來祭奠；蕭傑、韓昭愿來弔慰。八月，太后遣刑部侍郎楊級、皇城使王澤賀生辰，光禄卿呂嘉問、左藏庫使劉永淵賀正旦。帝遣户部郎中韓宗道、崇儀使劉承緒賀生辰，朝請郎陳侗、左藏庫使高遵治賀正旦。詔太皇太后特送遼主生辰禮物，令御藥院依章獻太后物數排辦。太后復遣龍圖閣學士蔡卞、沂州防禦使曹評；帝遣中書舍人范百禄、舍人高士敦爲回謝遼國使。士敦疾，以知冀州劉惟清代。密院言請依嘉祐故事，北朝弔慰太后，太后問北朝聖體，使人傳達禮意，皆自北朝皇帝轉達。從之。十一月，遼賀登寶位使琳雅、耶律白及副使牛温舒以下見於紫宸殿，次見太后於崇政殿。十二月，遼賀正旦使蕭洽、蕭嘉，副使李炎、趙金見太后於崇政殿，次見上於紫宸殿。按，元豐六年、七年，即大康九年、十年。八年，即大安元年也。史均未書。葉夢得石林燕語云：哲宗初即位，契丹弔哀使入見，蔡確以衣服特異，恐上驟見懼，前一日奏事及之，重複數十語，皆不答。俟語畢，忽正色問：「此亦人否？」確言「固是人類，但夷狄耳！」上曰：「既是人，怕他做甚！」確悚而退。

五年（己巳一〇八九）秋九月辛卯，遣使遺宋鹿脯。〔攷異〕李燾長編云：元祐元年七月，遼遣耶律純嘏、呂嗣立賀坤成節。至日，與羣臣拜表稱賀於内東門。八月，太后命給事中胡宗愈、客省副使李琮賀生辰；直龍圖閣高遵惠、左藏庫使李嗣徽賀正旦。帝遣中書舍人蘇軾、舍人高士敦賀生辰；司勳郎中晁端彦、供備庫使楊安立賀正旦。十一月，詔自今北使見辭日，令朝參官起居。十二月，遼遣耶律永昌、劉宥來賀興龍節；復遣使蕭睦、耶律度，副使趙微、劉彦温賀正旦。元祐二年七月，遼遣蕭德、張琳來賀坤成節。八月，太后遣户部侍郎張頡、皇城使楊永節賀生辰；太僕少卿王欽臣、西作坊使劉用賓賀正旦。帝遣中書舍人曾肇、皇城使向綽賀生辰，工部郎中盛陶、衹候趙希魯賀正旦。十一月，遼遣耶律拱辰、韓懿賀興龍節，及期，上壽於紫宸殿。復遣耶律仲宣、耶律淨、郭牧、姚企程來賀正旦。三年六月，遼遣蕭孝恭、劉慶孫賀坤成節。八月，太后遣工部侍郎蔡延慶、皇城使劉永壽賀生辰；司農少卿向宗旦、左藏庫使高遵禮賀正旦。帝遣給事中顧臨、文思副使段綽賀生辰，户部郎中王同老、祗候賈祐賀正旦。十二月，遼遣耶律迪、鄧中舉賀興龍節。閏十二月，遼遣蕭京、耶律睦，副使劉詠、劉彦昇賀正旦。四年七月，遼遣蕭寅、牛温仁賀坤成節。十二月，遼遣耶律常、史善利賀興龍節；復遣蕭永誨、耶律寬，副使劉從誨、姚景初賀正旦。按，元祐元年、二年、三年、四年，即大安二年、三年、四年、五年也。史均未載。宋使臣年表，大安二年八月，蘇軾賀國主生辰，辭不行。五年八月，刑部侍郎趙君錫及翰林學士蘇轍等賀國主生辰，故東坡有次韻子由使契丹經涿州見寄四首，與潁濱原唱，均載集中。又，古北口一寺，石刻子由詩，乃使北時作，而遼人刻石者。見陸嘉淑辛齋詩話。又，子由曾作木葉山詩，辛齋夜話云，子由使遼，國人每問大蘇學士安否！後經涿州，寄詩曰：「誰將家譜到燕都，識底人人問大蘇；莫把聲名動蠻貊，恐妨他日卧江湖。」子瞻和曰：「氈毳年來亦甚都，時聞鴂舌問三蘇；那知老病渾無用，欲向君王乞鏡湖。」聞曩時有刻於使館者，今無存矣。王士禎香祖筆記云，東坡作墨，以高麗煤、契丹膠爲之。陸友墨史云，契丹墨二品，陸子履所得者精品也。滕子濟亦得墨一大笏，爲龍鳳之文，卣曰：「鎮庫萬年不毁。」王闢之澠水燕談録云，張芸叟使遼，宿幽州館中，有題子瞻老人行於壁間，聞范陽書肆亦刻子瞻詩數十篇，曰大蘇集子。瞻才名重當代，外至夷狄亦畏服如此。芸叟題其後曰：「誰題佳句到幽都，逢着胡兒問大蘇。」岳珂桯史云，元祐間，東坡接伴北使，使素聞其名，思以奇困之。其國舊有一對，曰：「三光日月星。」偏國中無能屬對者，以語坡。坡告其介，先對以「四詩風雅頌」。方共歎賞，坡徐曰：「某亦有一對，曰『四德元亨利』。」使欲起辯，坡曰：「爾謂我忘其一耶？兩朝兄弟邦，卿爲外臣，此固仁祖之廟諱也。」使大駭服。迄往反不敢復言他。蘇轍欒城集，北使還，上劄子曰：戎主在位，知利害，與民休息，不樂戰鬭。孫燕王幼弱，欲報父仇，故欲依倚漢人，託附本朝爲自固計。接伴耶律恭輩言及和好，咨嗟歎息，謂古所未有。又稱道北朝館待南使之厚，其接伴南使者，皆蒙顯擢。

八年（壬申一〇九二）冬十月庚戌朔，遣使遺宋鹿脯。〔攷異〕李燾長編云，元祐五年七月，遼遣耶律永孚、劉彥儒賀坤成節。八月，遣樞密都承旨王巖叟、兵部侍郎范純禮賀生辰，引進副使王舜封、莊宅使張佑副之；吏部郎中蘇注、户部郎中劉昱賀正旦，供備庫使郭宗顏、左藏庫副使畢可濟副之。巖叟、純禮辭，以中書舍人鄭雍、太僕卿林旦代。宗顏病，以閤門陸孝立代。十二月，遼遣蕭固、閻之翰賀興龍節；復遣耶律慶光、蕭忠孝，副使趙圭延、韓宲賀正旦。六年四月，鄭雍言：昨充北使，伏見朝廷歲以玉帶遺遼，恐歲久有時而盡，請自今後苑作玉工揀擇精玉旋琢新帶，以充歲用。從之。七月，遼遣耶律純嘏、韓資睦賀坤成節。八月，太后遣中書舍人韓川、皇城使訾虎賀生辰；吏部郎中趙偁、左藏庫使王鑒賀正旦。帝遣刑部侍郎彭汝礪、左藏庫使曹諮賀生辰；司農少卿程博文、左藏庫副使康昺賀正旦。川辭，以户部侍郎韓宗道代。宗道辭，改命汝礪；而汝礪生辰使，以鴻臚高宗惠代。十一月，遼遣蕭偶、王初賀興龍節；復遣耶律迪、蕭仲奇，副使高端禮、劉彥國賀正旦。迪尋歿於滑州，差知通利軍趙齊賢充監護使，王遵治喪事，賻贈加等，輟朝一日。迪喪歸，州守倅皆致奠。七年七月，遼遣蕭迪、王可見賀坤成節。八月，太后遣刑部侍郎王覿、皇城使張藻賀生辰；太常少卿宇文昌齡、供備庫使曹諼賀正旦。帝遣兵部郎中杜純、六宅使郝惟幾賀生辰；侍御史吳立禮、祗候向綽賀正旦。又，十二月，遼遣耶律可舉、鄭碩賀宋興龍節；復遣蕭昌祐、蕭福，副使劉福昌、韓括賀宋正旦。按，元祐五年、六年、七年，卽大安六年、七年、八年也。史均未載。

九年（癸酉一〇九三）**冬十月甲子，宋遣使以曹太后喪來告，卽遣使弔祭。**

冬十二月丙辰，宋以母后遺物來饋。〔攷異〕宋史哲宗紀，是歲爲元祐八年，高太后崩，非曹氏。史誤。宋使臣年表云，按呂陶傳，以中書舍人使遼，在哲宗親政之前，當是此年事。又，東坡有送王敏仲北使詩，施元之注：敏仲名古。以太常少卿使北，亦當在此年。史均未載。朝奉大夫暐道山清話云，元祐五年，先公爲契丹賀正使，戎主聞范純仁以病足補外，呂公著卒於位，謂朝廷闕人。先公曰：「見在召用舊人。」及歸，嘗因便殿奏陳，上曰：「通書說與純仁，未幾，先公捐館舍。八年，純仁再入相，上首以此告之。　劉跂暇日記云，元祐七年，賀正旦使耶律迪殁於滑州，戎人倒懸其尸，出滓，穢口[illegible]中，又以筆管刺皮膚，出水，以白礬運尸，令瘦，但令支骨以歸。　按，元祐五年、七年，卽大安六年、八年也。　史未載。　晁公武郡齋讀書志云，浮休居士使遼録一卷，元祐甲戌春張舜民奉命使遼謝弔祭所撰。　鄭介爲副。舜民，字芸叟，浮休居士其自號也。　按，宋史宣仁以元祐八年九月崩，遣使告哀於遼。十二月，遼遣使來弔祭，史不書姓名，宋史失書遣使報謝。　據此，知爲張舜民。　但甲戌春爲紹聖元年，而晁氏以爲元祐者，是年夏四月曾布始請改元故也。見厲鶚遼史拾遺。　張舜民畫墁録云，元祐末，宣仁上賓，遼使弔祭，回至滑州死，剖其中央，以頭納孔中，植其足，又取葉數百披搨徧體，以疏别造轂車，方能行。　次年春，予被差報謝入蕃，見其轍路方尺餘。　此蕃國貴人禮也，賤者則燔之以歸。　耶律之殍，尚矣。　又，元祐末，宇文昌齡聘遼，皇城使張璪价焉。　張頳齡樞府難其行，璪固請。　故事，死於北，朝廷恩數甚渥。　北廷棺銀，裝校三百兩。　既行，三病三愈，竟復命。　上哂其生還。　詣政事堂，諸公亦大笑。　周煇清波雜志云，遼遣耶律迪，卒於滑州，賻贈外，加賜黄金百兩，使守臣充監護使，內侍馳驛治喪事，輟朝一日。　用章頻、王咸宜奉使、殁於契丹，北人津送體例，從密院言也。　陸游老學庵筆記云，趙相使北，方盛寒，在殿上，戎主忽顧挺之耳，愕然，（争）〔急〕（據老學庵筆記卷七改）呼小閹，持一小玉合　中有藥，色黄，塗挺之耳周匝，去，熱如火。　既出，主客者賀曰：「大使耳若用藥遲，且拆裂，甚且全墮而無血。」扣其藥價，甚貴，方匕值錢數千。　某輩早朝，遇極寒卽塗少許，吏卒則以狐溺塗之，亦效。　又云，王子韶，元祐[illegible]，以大蓬送伴北使至瀛。　賜宴罷，有振武都頭卒，不堪須索，忽（搽）〔操〕（同上書卷二改）白刃入，斫子韶，傷腦及耳，明日不能與戎使相見，告以冒風得疾，北使戲之曰：「曾服花藥石散否？」以上事皆元祐末，未知係何年。　史均未載。

十年（甲戌一〇九四）**夏六月辛未，宋遣使來謝弔祭。**

壽隆三年（丁丑一〇九七）夏六月辛丑，夏告宋城要地，遣使如宋，諭與夏和。〔攷異〕李燾長編云，紹聖四年九月，遣禮部侍郎范鏜、舍人向繹如遼賀生辰；太常少卿林師、舍人張宗卨賀正旦。十一月，遼遣耶律永芳、張商英賀興龍節，復遣蕭括、張搋賀正旦。紀未載。楊復吉遼史拾遺補云，按：中書舍人朱服、右司員外郎時彥奉使，本傳不載其年，當在哲宗紹聖中也。毗陵志，余中於紹聖中使北，不知何年。又，長編載元符二年，蹇序辰奏取勘客省帳，茶酒有王曉例，是曉亦從前奉使者也。王君玉國老談苑云，吳長文使遼，遼人打圍得一鹿，請南使觀之。迨夜，數兵煮食其骨，皆嘔血。吳左丞留雙骨於銀器中，云此最補煖，且欲薦之。翼日，銀器内皆黑色，乃毒矢所斃爾。不敢洩，埋之而去。長編又云，元符元年八月，遣禮部尚書蹇序辰、皇城使季嗣徽如遼賀生辰；度支郎中王紹、左藏庫副使曹滕賀正旦。十二月，遼遣蕭昭彥、王宗度賀興龍節；復遣耶律遵禮、邢秩賀正旦。按，元符元年，即遼壽隆四年也。紀均未載。

六年（庚辰一一〇〇）春二月，宋哲宗崩，弟徽宗卽位，遣使弔祭。

夏五月辛卯，宋遣使饋先帝遺物。

六月庚子，遣使賀宋主。辛丑，以有司案牘書宋主「嗣位」爲「登寶位」，詔奪宰相鄭顓以下官。出顓知興中府事，韓資讓爲崇義節度使，韓君義爲廣順節度使。〔攷異〕李燾長編云，元符二年九月辛酉，曹評生辰副使，李希道正旦副使。十月丁巳，希道死。政和八年正月，韓粹彦傳可考。或是紹聖三年、四年，元符元年更詳之。本曾布日録。又云，北主是歲於雲中甸，受回謝生辰、正旦國信禮。十月，以供備庫副使賈裕充賀正旦副使，代李希道。十二月，遼遣耶律應、王衡賀興龍節；復遣蕭括、王慶臣賀正旦。元符三年正月，哲宗崩，遣通事舍人宋淵告哀於遼。史未書。

七年（辛巳一一〇一）春正月甲戌，道宗崩於混同江行宮，年七十，謚仁聖大孝文皇帝。梁王即位，遣使告哀於宋。

夏六月甲午，宋遣王潛等來弔祭。〔考異〕宋史徽宗紀，三月，遣給事中謝文瓘、中書舍人上官均等爲弔祭使，與史不合。

冬十二月癸巳，宋遣黃實來賀即位。〔考異〕契丹國志云，道宗大漸，戒孫延禧曰：「南朝通好歲久，汝性剛，切勿生事。」又戒大臣曰：「嗣君若妄動，卿等當力諫之。」帝聰達明睿，端嚴若神，觀書通其大略，神領心解。嘗有人講論語，至北辰居所而衆星拱之，帝聞，吾聞北極之下爲中國，此豈其地也。潘永因宋稗類鈔云，章惇之貶，遼主方食，聞之，放箸而起，稱善者再，謂南朝錯用此人。又問：「何爲只若是行遣？」及聞温公相，敕邊吏曰：「中國相司馬矣，愼勿生事開邊釁。」續通考云，七年六月，道宗崩於遊仙殿，天祚帝因總知翰林事耶律固言，始服斬衰。皇族、外戚、使相、矮墩官及郎君服如之，餘官及承應人皆白皁衣巾以入哭臨，惕隱、三父房、南府宰相、遥輦、常衮、九奚首、郎君、夷离堇、國舅詳穩、十押撒郎君、南院大王郎君各以次薦奠，進鞍馬衣一襲、犀玉帶等物，表列其數，讀訖，焚表。諸國所賻器物，親王諸京留守奠祭進賻物亦如之。小斂前一日，帝喪服上香，奠酒哭臨。其夜北樞密使、契丹行宮都部署入小斂。翼日遣北樞密、副林牙以所賻器物置之幽宮待葬。禮，靈柩升車，親王推之至食羖之次；蓋遼俗於此刑羖羊以祭，諸臣以次祭至葬所。靈柩降車升轝，帝免喪服，步引至長禄閣。是夕，陵寢授遺物於諸臣，乃出，命帝入，以先帝寢幄過陵前神門之木。初奠，帝、后以下拜祭，循陵三匝而降，再奠如初，辭陵而還。外有宋使祭奠、弔慰儀，又有宋使告哀儀及進遺留禮物儀，并高麗、西夏告終儀。所載甚詳。

天祚帝天慶五年（乙未一一一五）秋七月辛未，宋遣使來致助軍銀絹。〔考異〕契丹國志云，是歲，宋遣羅選、侯益充賀生辰及正旦使。入境道梗，中京阻程，兩月不得見天祚而回。史未載。按，徽宗朝使遼者，有工部侍郎王漢之，右司員外郎張叔夜、陳過庭，衛尉少卿韓肖胄，太府少卿盧法原，監察御史李彌大。皆見宋史本傳。施元之注蘇詩云，范坦於徽宗時再使遼。時邊議萌芽，故非時遣使以覘釁。坦言不宜始禍，力辭行。帝怒，責團練副使。宋使臣年表云，宣和六年，遣國子司業權邦直使遼。其冬，以右司員外郎周武仲賀遼正旦，係天慶十年事。見楊龜山集。周春遼詩話云，少陵詩：「黄羊飫不羶。」注曰：大觀四年郭隨使遼舉此詩以問遼使時立愛。立愛曰：「黄羊野物，可獵取，食之不羶。」周煇清波雜志云，徽宗嘗出玉琖、玉卮示輔臣曰：「欲用此於大宴，恐人以爲大華。」京曰：「臣昔使北，見有玉盤盞，皆石晉時物，指以示臣曰：『南朝無此。』今用之上壽，於理無嫌。」陳振孫直齋書録解題有李罕使遼見聞録二卷。罕官膳部郎中，其奉使年代未詳。

遼史紀事本末卷三十

昭懷太子之誣

道宗清甯九年（癸卯一〇六三），封皇長子濬爲梁王，〔攷異〕宏簡録作是年五月丙午，紀未載月日。小字伊囉斡。原作耶魯斡宣懿皇后蕭氏生。幼卽好學能文，道宗嘗曰：「此子聰慧，殆天授歟！」至是六歲，封梁王。明年，從道宗獵，矢連發三中。道宗顧左右曰：「朕祖宗以來，騎射絶人，威震天下。是兒雖幼，不墜其風。」後遇十鹿，射獲其九。道宗喜，爲設宴。

咸雍元年（乙巳一〇六五）春正月辛酉朔，百僚上尊號曰天祐皇帝。册梁王爲皇太子，內外官賜級有差。〔攷異〕是年八月，客星犯天廟，詔諸路備盜賊、嚴火禁。見續通考。

五年（己酉一〇六九）冬十二月甲子，皇太子行再生禮，減諸路徒以下罪一等。

太康元年（乙卯一〇七五）春三月乙巳，命皇太子寫佛書。〔攷異〕日下舊聞考云，大覺寺，卽金章宗西山八院內之清水院也。寺內龍王堂，遼碑一，僧志延撰。寺旁有僧性音塔。附録，僧志延（暘）〔陽〕臺山（據遼文滙卷七陽臺山清水院藏經記改，下同）清水院創造藏經記云：「（暘）〔陽〕臺山者，薊壤之名峯，清水院者，幽都之勝概。山之名，傳諸前古，(院)〔廟〕(同上書改)之興，止於近代。將構勝緣，旋逢信士，今優婆塞南陽鄧公從貴，善根生得，淨行日嚴。咸雍四年三月，捨錢三十萬，葺諸僧舍；又五十萬，募同志印大藏經，凡五百七十九帙，創内外藏而龕措之。藏事既周，求爲之記，聊敘勝因，俾信來裔。咸雍四年，歲次戊申，三月癸(酉)〔未〕(同上書改)朔，四日丙子記。」釋明河補續高僧傳云，法均，族里未詳。蘭茁幽潛，珠英秘潤，人莫之知；唯京西紫金寺非辱律師異之，收爲童子。究律學，謹持犯，得性自然，非矯揉也。雖行在毗尼，而志尚禪悅，尋師求指決者十餘年，封被危坐，切甚頭然，似有發明者。清甯中，被徵較定諸家章鈔。或有豔之謀爲代者，師力求退，與息貪競。時議多之。道聲遐震，授紫方袍師號。久之，歸隱馬鞍山，遠近挹其清風。咸雍間，上以金臺僧務煩劇，須才德並茂者録其事，僉以非師不可；命亟下，雖欲退辭不得也。當是時，戒壇肇闢，來集如雲，師爲大和尚，儼臨萬衆；雖遐荒絶域，冒險輕生，自萬里而來，冀一瞻慈範，一領音教，如獲至寶而還，似有神物告語而然者。遼主渴想一見。上待以師禮，后妃以下皆展接足之敬。特旨授崇禄大夫、守司空并傳戒大師之號。寵以詩章，有「行高峯頂松千尺，戒淨天心月一輪」之句。其見重如此。大康元年三月四日，怡然别衆而逝，世壽五十五，僧臘三十九。訃聞，遼主悼歎。命太常卿楊温嶠董後事，荼毗，收靈骨，塔於方丈之右。繼其道者曰裕窺，守德嚴戒，有師之風，遼主嘉之，仍襲傳戒大師，賜崇禄大夫、檢校太尉，提點天慶寺，并賜御製菩提心戒本；命開戒壇説戒，一如師在日。年七十而化。按，法均，史作法鈞，於咸雍六年十二月，與圓釋並守司空，係一人。釋智朴盤山志云，遼非覺大師塔，太康三年癸亥七月十七日建。其文曰：「師諱非覺，俗姓劉氏，析津良鄉人。有大名聞。車駕幸燕，重師道德，詔入内説法，特賜紫衣，並賜號儀範大師。春秋七十二，僧臘四十七，示化大昊天寺，歸葬甘泉普濟寺。」又，嚴慧大師，名等偉，俗姓李氏，析津龐村人。太康元年剃落，禮儀範大師爲師，從師住慧濟寺受戒。宣充三學殿主，賜號嚴慧。後示疾而終。荼毗，舌根不燼如青蓮色。道宗紀，太康十年正月，復建南京奉福寺浮圖。朱彝尊日下舊聞載奉福寺佛頂尊勝陀羅尼幢記曰：

「京師奉福寺懺悔主、崇禄大夫、檢校太尉純慧大師之息化也，附靈塔之巽位，樹佛頂尊勝陀羅尼幢，廣丈有尺，門弟子狀師實行，以記爲請。大師諱非濁，字貞照，俗姓張氏。其先，范陽人，重熙初，禮故守太師兼侍中圓融國師爲師。居無何，嬰脚疾，乃遯匿盤山，敷課於白繖，蓋每宴坐誦持，常有山神敬持，尋克痊。八年冬，有詔赴闕，興宗皇帝賜以紫衣。十八年，敕授上京管内都僧録，秩滿，授燕京管内左街僧録，屬鼎駕上仙，驛徵赴闕。今上以師受眷先朝，乃恩加崇禄大夫、檢校太保；次年，加檢校太傅、太尉。師搜訪闕章，聿修睿典，撰往生集二十卷進呈。上嘉賛。久之，親爲賛引。尋命龕次入藏。清寧六年春，鑾輿幸燕回，次花林，師侍坐於殿，面受燕京管内懺悔主菩薩戒師。明年二月，設壇於本寺，懺受之徒，不可勝紀。九年四月，示疾告終於竹林寺，卽以其年五月移窆於昌平縣。司空豳國公仰師高躅，建立寺塔，并營是幢，庶陵壑有遷，而音塵不泯。清寧九年五月，講僧真延撰并書。」按，周篔析津日記云，廣恩寺，遼之奉福寺也。在白雲觀西南，地名栗園。遼史南京有栗園，蕭韓家奴嘗典之，疑卽此地也。見厲鶚遼史拾遺。括地志云，固安之栗，天下稱之爲御栗。據此，則栗園當在固安界。日下舊聞考云，今白雲觀之西，土人猶呼三教寺，遺址已廢。又云，慈悲菴在黑窰廠，菴西偏爲陶然亭，菴北院内有遼壽昌五年慈智大德師佛頂尊勝大悲陀羅尼幢并記。又庭前有金天會九年四月石幢四面，皆鏤佛像，其三隅刻咒文，皆用西域梵書，而標以漢字，曰：「淨法界陀羅尼、觀音菩薩甘露陀羅尼、智矩如來心破地獄陀羅尼。」餘漫漶不可辨。附録，遼慈智師記畧云：「師諱〔惟〕賑（據遼文滙卷七燕京大憫忠寺故慈智大德幢記補），俗姓魏氏，瀎陰田陽人也。丱歲禮憫忠寺守浄上人落髮，頌白蓮經，遇恩得度。後因遊方，止於上都，別創精藍，掛錫而住。大安九年，會門人覺智大師詔赴闕庭，因（連）〔達〕（同上書改）黈聽，乃特賜（慈）〔紫〕衣慈智（同上書改）之號。壽昌四年三月九日，因疾奄化於臨燕講院，至五年四月十三日，葬於京東先師塋側。師〔行〕（同上書補）以精進，心脂不退；輪以勇健，力竭無畏鼓。儀範所（□）〔攝〕（原缺一字，同上書補）惠用所誘，貴高僧慢，罔不欽服。其威重如是。心約禮

（按，同上書，此處作「心行禪」），身持律，起居動息皆有常節，雖沍寒隆暑，風雨黑夜，禮佛（頌）〔誦〕（同上書改）經，手不釋卷，四十餘年，凡十二時，未嘗闕一。其精進如是！（卽至）〔師既〕（同上書改）疾亟，四大將壞，無戀著念，無厭離想，門弟子饋藥數四，師報之（去）〔云〕（同上書改）：「色身終壞，烏用藥爲？」言（説）〔訖〕（同上書改），怡然就化。其了悟如是！臨終之日，暴風（急）〔忽〕（同上書改）起，晝如暗夜，對面莫覩。洎師遷逝，倏然乃止。門人仰師之德，感師之恩，建靈骨於（□）〔其下〕（原缺一字，同上書補），樹窣幢於其上，欲存不朽，以示將來。時壽昌五年歲次己卯，四月十三日（巳）〔乙〕（同上書改）時。門人管内左街僧録判官覺智大師、賜紫沙門文傑、門人參□沙門文偉法師五人：圓心、圓同、圓成、圓翼、圓歛。詠歸録云，普會寺，遼之駐蹕寺也，在玉河鄉池水村。殿後松一本，極蒼古，意遼時所植。松下石幢一，上鐫沙門奉航塔記文曰：「師諱奉航，俗姓李氏，涿州新城縣渠村人。幼入緇門，訪道尋師，就至燕京左街駐蹕寺，禮祥玉上人爲親教焉。清甯元年受具，自後負笈遊方，復歸本寺，辦修殿宇。大安五年，涿州惠化寺請爲提點。壽昌二年秋九月，京兆華嚴寺請爲提點。乾統八年〔四月〕，（據遼文滙卷八僧奉航塔記補）遷化於駐蹕之本院。門弟子善（監）〔堅〕（同上書改）葬之祖師塋側，刻石爲窣堵坡，述師實行焉。」

（夏）〔閏〕（據遼史卷二三道宗紀改）四月庚戌，皇孫延禧生。

五月甲子，賜妃之親及東宮僚屬爵有差。

六月丙辰，詔皇太子總領朝政，仍戒諭之。兼知北南樞密院事。〔攷異〕畢沅續通鑑云，時主爲太子選僚屬，以客省使耶律寅吉秉直好義，命爲輔導。伊遜謀搖太子，惡寅吉，出爲羣牧林牙。又云，伊遜請賜牧地，寅吉諫而止，爲伊遜忌，除懷遠節度使，貶漠北馬羣太保，卒。紀均未載。按，耶律音濟傳原作引吉，字阿括，丕勒部人。疑卽寅吉也。所載事亦同。

冬十(二)〔一〕(據遼史卷二三道宗紀改)月辛酉，宣懿蕭后被誣，賜死。殺伶官趙惟一、高長命，並籍其家。后爲欽哀皇后弟樞密使惠之女，太子母也。姿容冠絶。工詩，〔攷異〕王鼎焚椒録云，后字觀音努，清甯元年册爲后。方出閤升座，扇開簾捲，忽白練一段吹至前，上有「三十六」三字。后問左右，以可敦領三十六宫對，始大喜。畢沅續通鑑云，主嘗如秋山，后從行。至殺虎林，命后賦詩，后應聲而成；主大喜，出示羣臣。次日，行獵，殪一虎，謂左右曰：「力能伏虎，不媿皇后詩矣。」詩曰：「威風萬里壓南邦，東去能翻鴨淥江；靈怪大千俱破膽，那教猛虎不投降。」後作君臣同志華夷同風詩，后亦屬和，詩曰：「虞廷開盛軌，王會合奇琛；到處承天意，皆同捧日心。文章通鹿蠡，聲教薄雞林；大寓看交泰，應知無古今。」后本傳及紀俱未載。善談論。自制歌詞，尤善琵琶。有專房寵。〔攷異〕畢沅續通鑑云，國俗尚獵，而主尤善騎射。所乘馬號「飛電」，瞬息百里，嘗馳入深林邃谷，扈從求之不得。后素慕唐徐賢妃之爲人，上疏力諫，畧曰：「妾聞穆王遠駕，周德用衰；太康佚豫，夏社幾屋。此遊佃之往戒，帝王之龜鑑也。(項)〔頃〕(據續通鑑卷七〇宋紀改)見駕幸秋山，不閑六御，特以單騎從禽，深入不測，此雖威神所屆，萬靈自爲擁護，儻有絶羣之獸，果如東方所言，則溝中之豕，必敗簡子之駕矣。妾雖愚闇，竊爲社稷(愛)〔憂〕(同上書改)之。惟陛下遵老氏馳騁之戒，用漢文吉行之旨，不以其言爲牝雞之晨而納之。」主雖嘉納，心頗厭遠，自後稀得進見。紀及后傳均未載。好音樂，伶官趙惟一得侍左右。至是，宫婢單登、教坊朱頂鶴誣后與惟一私，樞密使伊遜原作乙辛以聞。詔與張孝傑劾狀，附會成獄。〔攷異〕畢沅續通鑑云，時北院樞密副使蕭惟信聞之，馳語伊遜、孝傑曰：「皇后賢能端重，誕育儲君，不可以叛家仇婢一語動摇之。」不聽。按，單登，重元妻婢也。史未載。族誅惟一，賜后自盡，歸其屍於家。〔攷異〕王鼎焚椒録云，后嘗作回心院詞，被之管絃，唯伶官趙惟一能演此曲，乙辛因誣后與惟一通。又爲單登手書十香詞及己所作懷古詩，以是被搆。賦絶命詞自盡。懷古詩曰：「宮中只數趙家妝，敗雨殘雲誤漢王；惟有知情一片月，曾窺飛燕入昭陽。」絶命詞曰：「嗟薄祐兮多幸，羌作儷兮皇家；承昊穹兮下覆，近日月兮分華。託後鈞兮凝位，忽前星兮啟曜；雖釁累兮黄牀，庶無罪兮宗廟。欲貫魚兮上進，垂陽德兮天飛；豈禍生兮無朕，蒙穢惡兮宮闈。將剖心兮自陳，冀回照兮白日；寧庶女兮多慙，遏飛霜兮下擊。顧子女兮哀頓，對左右兮摧傷；共西曜兮將墜，忽吾吾兮椒房。呼天地兮慘悴，恨今古兮安極；知吾生兮必死，又焉愛兮旦夕。」史均未載。按，焚椒録鼎敘曰：「鼎於咸、太之際，方侍禁近，會有懿德皇后之變，一時南北兩宮悉以異說赴權，互爲證足，遂使懿德蒙被淫醜，不可湔洗。嗟嗟！大墨蔽天，白日不照，其能户説以相白乎？鼎婦乳媪之女蒙哥，爲乙辛寵婢，知其姦搆最詳，而蕭司徒復爲鼎道其始末，更有加於嫗者，因相與執手嘆其寃誣，至爲涕淫淫下也。覩變以來，忽復數載，頃以待罪可敦城，去鄉數千里，視日如歲，觸景興懷，舊感來集，乃直書其事，用竢後之良史。若夫以海翻波，變爲陰陸，則有司徒公之實録在。大安五年春三月，前觀書殿學士臣王鼎謹述。」鼎擢清甯五年進士第，道宗紀作八年，後坐杖黥奪官，流鎮州，會赦不免，因以詩貽使者，有「誰知天南露，獨不到孤寒」之句。帝憐之，召還，復職。是書疑僞託，徐乾學嘗辨之。見周春遼詩話。高麗史云，崔思諏爲西京副留守，宣宗駕幸西京，時遼使王鼎來，思諏爲館伴，問鼎每夜獨坐爲文，以計取其書奏之，乃諫疏也。其疏極言遼太平日久，不修武備，及大宋伐西夏事。史未載。續通考云，乾統六年，王鼎宰淶水縣，時憩於庭，有暴風舉卧榻空中，鼎無懼色，但覺枕榻俱高，乃曰：「吾中朝正士，邪無干正，可徐置之。」須臾，榻復故處，風遂止。見本傳。后既死，太子有憂色，伊遜不自安。會護衛蕭和克原作忽古，一作和爾郭，字阿斯里斯，舊作阿斯隣。謀誅伊遜，事覺，下獄。〔攷異〕蕭珠展傳，字實倫，孝穆姪。官北府宰相，封柳城郡王，爲伊遜所忌，誣其與蕭和克等謀。詔獄無狀，出鎮順義軍。卒，追王晉、宋、梁三國。紀未載。副點檢蕭錫沙原作十三，一作實沙，穆爾古納部人，舊作茂古乃。謂伊遜曰：「臣民心屬太子，公非閥閱，一日若立，吾輩措身何地？」乃與同知樞密事蕭特爾特原作得裏特謀搆陷焉。

二年（丙辰一〇七六）夏六月壬寅，出北院樞密使伊遜爲中京留守。〔攷異〕蕭巖壽傳中京作上京。

冬十月戊戌，召伊遜還，復爲北院樞密使。

十一月甲戌，流林牙蕭巖壽於威原作烏隗部。本傳，伊實部人。性剛直，尚氣。爲北面林牙，密奏伊遜〔恐有陰謀〕，（據遼史卷九九蕭巖壽傳補）出之。及復召，流巖壽威路，復誣其與謀廢立，殺之，年四十九。贈平章事，繪像宜福殿。〔攷異〕蕭頁魯傳，弟都勒幹，給事北院，素與巖壽善，伊遜誣以罪，戍西北部。坐太子事，減死，錮終身。事直始歸里。卒，贈彰義節度使。孩里傳，字呼紐，回鶻人。官平章事，會伊遜出守，入賀。及議復召，陳其不可。弗聽，出爲廣利節度使。太子被廢，當連坐，詔勿問。自言壽數，卒，官使相。帝命書其言於牘。後皆驗。畢沅續通鑑作諧里。按，太宗紀會同四年十二月，命轄哩勞軍，原作諧里，官控鶴指揮使。卷九十三蕭惠傳，太平時，圖吉部節度，均另一人。耶律孟簡傳，字復易，裕悦烏哲後。當伊遜出時，與耶律庶箴表賀。後坐謫巡磁窰關，流保州。痛太子被害，作放懷詩二十首。事直歸里。歷昭德節度。庶箴，字辰富，季父房後，庶成弟。時官都林牙。後伊遜起用，庶箴私見而泣，言抗表非所願，得免。聞者鄙之。子富魯，皇族表未書。庶成，字辰禄，官樞密直學士，善遼、漢文字，尤工詩，有集行世。與蕭罕嘉努、耶律古雲等撰實録及禮書，偕樞副耶律德修定法令。帝稱善。曾譯方脉書。古雲，字糾堅，六院部人。工文章，官南院大王，有集曰谷欲集。卷二十五，道宗大安七年知伊實大王事谷欲，另一人。

三年（丁巳一〇七七）夏五月乙亥，伊遜奏，右護衛太保〔察喇〕（據道光四年殿本遼史卷二三道宗紀補）原作查剌。〔攷異〕伊遜傳作朮剌。畢沅續通鑑作扎喇，一作扎拉。等告〔知〕（據遼史卷二三道宗紀補）北院樞密〔副〕使〔事〕（同上書删補）蕭蘇色原作速撒。〔攷異〕聖宗紀，太平七年蕭速撒賀宋正旦，當即此人。卷九十四，九部都詳袞，另一人。等八人謀立太子。案治無狀，出蘇色等三人補外，餘杖徙邊。〔攷異〕時告謀逆，同受賞者尚有室韋察喇及蕭寶神努、穆爾古，並加左衛大將軍。蕭特古斯加監門衛上將軍，名未列姦黨。至道宗紀清甯九年副宮使寶神努以叛誅，另一人。

六月己卯，伊遜令牌印郎君蕭額圖琿原作訛都（幹）〔斡〕（同上書改），一作額圖緷。畢沅續通鑑作額都溫。〔攷異〕陳浩遼史攷證云，卷一百十一有傳，官始平節度；卷六十七外戚表；卷二十四道宗紀，大安二年德哷統軍使托雲孫訛都斡，另一人。誣首嘗預蘇色等謀，籍其姓名以告。卽令伊遜與耶律仲禧、蕭額里頁、原作余里也耶律孝傑、楊遵勗、字益誠，范陽人，官北府宰相。與雅克案太子事，不敢正言。時議短之。見本傳。雅克、原作燕哥。卷一百十有傳，官西京留守。〔攷異〕卷六十五公主表，聖宗女同名燕哥。綽奇、蕭錫沙等鞫治，杖皇太子，囚之宮中。太子謂雅克曰：「吾爲儲副，復何所求？公當爲我辨之。」雅克易其言爲欵伏；〔攷異〕畢沅續通鑑雅克作延格，云，蕭錫沙謂之曰：「如此奏，則大事去矣，當易其辭爲欵伏。」延格如其言奏之。延格狡佞而敏，爲伊遜耳目，凡有見聞必以告。所（奏）〔載〕（據文義改）較詳。帝怒，廢爲庶人。太子將出，曰：「我何罪至是！」錫沙叱登車，遣衞士闔其扉，徙上京，因圜堵中。〔攷異〕蕭罕嘉努傳，當太子被誣時，官西南招討使，封吴王，嘗上書力言其冤。不報。蕭惟信傳，伊遜譖廢太子，中外知其冤，無敢言者，惟信數廷争不得，加守司徒。紀均未載。伊遜尋遣蕭達囉克、原作達魯古。〔攷異〕畢沅續通鑑作達和克。薩巴原作撒巴。〔攷異〕伊遜傳作撒把，又作撒八。汪輝祖遼史同名録云，卷十九，興宗重熙十年，東京留守；卷八十七有傳，官西北招討使，武甯郡王；卷二十五，道宗大安九年，圍場都管；卷二十八，天祚天慶九年，叛人，姓張；卷二十九，保大二年伏誅，四人同名撒八。按，重熙六年北宰相蕭撒八，疑即官招討者。往害之。年方二十。留守蕭塔坦原作撻得以疾薨聞。帝哀之。命有司葬龍門山。在今宣化府赤城縣北。欲召其妃，伊遜復使人殺之以滅口。〔攷異〕畢沅續通鑑云，時其子延禧及女延壽俱養於蕭懷忠家。伊遜黨互相慶賀，聚飲幾日。及延禧等寄食久，會宫中李氏進挾穀歌文，主感悟，召入，鞠養於宫中。史均未載。陳浩遼史攷證云，延壽初封楚國公主，進封趙國，嫁蕭孚嘉努；乾統中，加晉國大長公主；卷十二，聖宗統和七年，御史大夫及皇女；卷十五，開泰二年右皮室詳穩；卷十七，太平八年，北敵烈部節度，五人同名延壽。帝後知其冤，悔恨無及。

九年（癸亥一〇八三）夏閏六月戊寅，追謚爲昭懷太子。以天子禮改葬玉峯山。

乾統元年（辛巳一一〇一）冬十月甲辰，上皇考昭懷太子，謚曰大孝順聖皇帝，廟號順宗；皇妣蕭氏曰貞順皇后。追謚懿德皇后爲宣懿皇后，合葬慶陵。〔攷異〕畢沅續通鑑云，天祚雖追尊順宗，究莫知其瘞所，亦不亟求，後遂不建陵寢。所載稍異。契丹國志云，后生有神光之異，後入宫爲芳儀，進昭儀。道宗立，正位中宫。性情恬淡寡慾。魯王宗元之亂，道宗與同射獵，內外震恐，未知音耗，后勒兵鎮帖中外，甚有聲稱。後崩，葬祖州。王士禎居易録云，國志蕭后傳云云，焚椒録所紀耶律乙辛、張孝傑輩讒構賜死之事，絶無一字及之。又，録稱后爲南樞密蕭惠女，而志曰贈平章顯烈女，志言勒兵，似嫻武畧者，而録言幼能誦詩，旁及經史，其所載射虎應制諸詩，及同心院詞皆極工，而無一語及武事。且本紀，道宗在位四十七年，改元者三：清甯、咸雍、壽昌。初無太康之號，而録載乙辛密奏：太康元年十月，據宫婢單登及教坊朱頂鶴陳首云云。已上皆牴牾不合，不可解也。按，遼史宣懿皇后傳雖畧，而與焚椒録所紀同，蓋國志誠疏耳。姚士麟書焚椒録後云，鼎作此録，在謫居鎮州時。時乙辛已囚萊州，孝傑亦死，故敢實録其事。但天祚時，鼎當在，如懿德皇后第二女趙國公主以匡救天祚竟誅，乙辛、孝傑剖棺戮尸，以家屬分賜羣臣事，並不補録一快觀者，何耶？　日下舊聞考云，馬鞍山萬壽寺内有戒壇，遼咸雍間僧法均始闢之，即唐之慧聚寺，有活動松。壇前遼碑一，乾文閣直學士王鼎撰，大安七年立；金碑一，開府儀同三司致仕韓昉撰，天德四年立。又已泐遼碑一，起復知樞密院直學士虞仲文撰，建福元年立；已泐金碑一，翰林直學士施宜生撰，貞元三年立。此二碑今寺僧猶傳其文，而訛脱頗多。戒壇之前爲明王殿，殿門右石幢二：刻尊勝陀羅尼咒并序。右幢題識云：太康三年歲次丁巳，奉爲故壇主崇禄大夫守司空傳菩薩戒大師、特達法幢門人傳戒大師、講經律論賜紫沙門裕經等立。左幢題識云：受戒弟子范陽王鼎撰文，太康元年歲在乙卯建。階下塔二：右塔爲普賢衣鉢塔；左塔石刻云：遼故崇禄大夫守司空傳菩薩戒壇主普賢大師之靈塔。明正統十三年築壇如約，道孚建。

當時連及者：宿直官德哷里原作敵里剌等三人，北院宣徽使耶律托卜嘉原作撻不也。本傳，字撒班。系出季父房。官永興宫使，平重元亂，遷懷德節度，改今官。欲殺伊遜及其黨，事覺，被執。追封漆水郡王，繪像宜福殿。〔攷異〕陳浩遼史攷證云，同時，宣徽使同殺，又祗候郎中；卷二十二，道宗清甯九年宿衛官；本卷，咸雍三年右護衛太保；卷二十五，太康九年，西北招討使，戰死；卷二十八，天祚天慶六年，侍御司徒；又是年，東京族人；又是年中丞；又十年，上京留守；卷二十九，保大二年，典禁衛；又四年，國舅詳衮；卷三十，雅里，神歷時德哷部統軍；卷四十八百官志，太康三年，同知度支使事；卷九十九，太康時，同知漢人行宮都部署，十五人同名撻不也。按，此之撻不也，一作塔不也。卷九十九本傳作撻不也，刑法志亦作撻不也，均係一人。又卷一百十一塔不也傳，西北路招討使，另一人。及其弟辰賫、原作陳留。〔攷異〕蕭孝友傳，小字陳留，疑即此人。卷二十三，太康三年，陳留被殺，另一人。同知漢人行宮都部署蕭托卜嘉原作撻不也。本傳，字烏拉丹。郡王噶濟孫。性剛直。由彰愍宮使，尚趙國公主，拜駙馬都尉，改今官。爲伊遜所嫉，誣告謀廢立事，不勝榜掠，誣伏。上引問，昏瞶不能自陳，遂見殺。追封蘭陵郡王，繪像宜福殿。〔攷異〕卷二十三道宗紀，六月壬午，殺宣徽使托卜嘉等二人；乙酉，殺耶律托卜嘉及其弟辰賫。按，二人同名，同死一事。但蕭托卜嘉傳，未嘗爲宣徽使，耶律托卜嘉傳則以宣徽使見殺。是殺於壬午者爲耶律托卜嘉，殺於乙酉者爲蕭托卜嘉。見陳浩遼史攷證。等二人；始平節度使薩剌原作撒剌。本傳，字董隱，南院大王穆爾古孫。性忠直。官北院大王。帝復召伊遜，薩剌諫者三。不聽，出鎮始平，誣以廢立事，遣使殺之。追封漆水郡王，繪像宜福殿，并追贈三子官爵。〔攷異〕道宗紀咸雍九年，以南院宣徽使薩剌爲南院大王，與傳異。等十人；上京留守蘇色本傳，字禿魯堇，圖魯卜部人。性沈毅。歷官樞副，經畧西南邊有功。因與伊遜忤，誣其首謀廢立，按之無驗，改上京留守，尋以前事殺之。方盛暑，尸諸野，色不變，烏鵲不敢過。追封蘭陵郡王，繪像宜福殿。及已徙護衛薩巴原作撒撥等六人；東京留守同知耶律和勒博原作回里不。〔攷異〕壽隆六年，奚六部大王回里不，另一人。等皆被害，并殺蘇色等諸子，籍其家。〔攷異〕耶律古雲傳，子鄂摩，官漢人行宮副部署。太子被誣，詞連鄂摩，帝釋之。尋復奏與蕭揚珠私議宮壼事，被害。後贈平章事。畢沅續通鑑云，時徙太子黨於邊。耶律努嘗忤伊遜，在徙中，其妻蕭意辛爲呼圖公主女，公主欲使離婚，意辛不可，隨在流所，事夫禮敬有加。紀俱未載。

乾統初，御史中丞耶律實嚕原作石柳上書請誅姦黨，并録順宗升遐及伊遜搆陷等事以聞，不報。論者惜之。卒官靜江節度使。子瑪格原作馬哥同平章事。〔攷異〕金史王賁傳，字文孺，宛平人。曾祖士方，正直敢言。遼道宗信伊遜之讒，殺其太子，世無敢白其冤者，士方擊義鐘以訴之。主悟，卒誅伊遜，厚賞士方，授承奉官。史未載。畢沅續通鑑實嚕作實哷，云，以附太子，流鎮州，召入爲御史中丞。時治伊遜黨，多以賄免。實哷上疏請盡誅姦惡，并求順考瘞所，不報。所載較詳。

遼史紀事本末卷三十一

耶律伊遜之姦 姦黨附

道宗清甯九年（癸卯一〇六三）夏（六月己丑）〔七月壬戌〕（據遼史卷二二道宗紀改），以耶律伊遜原作乙辛。〔攷異〕汪輝祖遼史同名録云，卷二十二，清甯九年宫分人；又，是年護衛官，三人同名乙辛。爲南院樞密使。伊遜，字呼圖克琨。原作胡都袞，又作胡圖克。五院部人。父特爾格，原作迭剌家貧，服用不給，部人號「窮特爾格」。母方娠，夜夢手搏羖羊，拔其角尾。既寤，占之，術者曰：「此吉兆也，羊去角尾爲王，汝後有子當王。」及生而慧黠。嘗牧羊，熟寢，至日昃，父驚覺之，伊遜怒曰：「適夢人執日月以食我，我方食月，啖日方半而遽覺，惜不盡食之。」及長，美丰儀，外和內狡。興宗重熙中爲文班吏，掌太保印，陪從入宫。仁懿皇后見其詳雅如素宦，令補筆硯吏。興宗亦愛之，遷護衛太保。道宗卽位，以先朝任使，賜漢人户四十，同知點檢司事。帝召決疑獄，擢北院同知，歷樞密副使。至是，用爲南院樞密使。

七年（辛丑一〇六一）春三月庚戌，以伊遜知北院樞密使事，封趙王。

九年（癸卯一〇六三）秋七月壬戌，以討平重元功，加伊遜太子太傅、北院樞密使，進王魏，賜匡時翊聖竭忠平亂功臣。

咸雍五年（己酉一〇六九），加伊遜守太師，詔四方有軍旅，許以便宜從事。由是勢震中外，門下饋賂不絶，凡阿順者蒙薦擢，忠直者被竄逐。〔攷異〕畢沅續通鑑云，時遼人諺曰：「甯違敕旨，毋違魏王白帖子。」按，文獻通考云，洪基幸其臣耶律英弼，累封魏王，北人諺云云，英弼即伊遜之訛。又，金史左企弓傳謂蕭英弼賊昭懷太子。蓋時方易代，傳聞異辭也。

太康元年（乙卯一〇七五）夏六月丙辰，皇太子始總朝政，法度修明。伊遜不得逞，謀以事誣皇后。

冬十一月辛酉，后被誣，賜死。太子有憂色，伊遜懼，欲并害之。乘間入奏曰：「帝與后如天地並，不可曠。」盛稱其黨駙馬都尉蕭錫默原作霞抹。〔攷異〕汪輝祖遼史同名録云，卷二十二，道宗清甯九年宮分人；卷八十六耶律頗的傳，頗的子，北樞密副使，三人同名霞抹。通鑑輯覽作薩滿。之妹美而賢。帝信之，册爲后。〔攷異〕畢沅續通鑑云，后居二年未有子。其妹嫁伊遜子舒嘉。后稱其宜子，遂離婚，納於宮中。蕭呼哩勒即以女妻舒嘉。恃勢橫肆，至有無君之語，朝野側目。后尋降爲惠妃，出居乾陵，還其妹於母家。大安二年，妃母燕國夫人以巫蠱壓魅皇太孫，事覺，伏誅。妃弟蕭酬斡流烏爾古部。又，錫默係后兄，本紀書爲叔，疑誤。惠妃，字塔斯，原作坦思。其妹字額特埒，原作斡特懶。舒嘉，一作蘇葉，原作綏也。妃以厭魅事貶爲庶人，諸弟没入興聖宮。天慶六年召還，封太皇太妃。後二年，奔黑頂山，卒，葬太子山。蕭酬斡，紀作蕭緯哈，封蘭陵郡王，除名，置近郡，仍隸興聖宮。所載各異。時護衛蕭和克原作忽古惡伊遜姦，伏橋下，欲殺之。俄暴雨壞橋，謀不遂。〔攷異〕本傳，字阿爾斯蘭。性忠直，趫捷多力。既伏橋下，欲殺伊遜，不果。後又欲殺於獵所，爲親友阻。三年，復謀殺伊遜及蕭特爾特等，事覺，戍邊。太子死，召至殺之。後贈龍虎衛上將軍。所載較詳。林牙蕭巖壽密奏曰：「伊遜自太子秉政，内懷疑懼，又與宰相張孝傑附會，恐有異圖，不可使居要地。」明年夏六月，出伊遜爲中京留守。（按，據遼史卷一一〇耶律乙辛傳，此下有「乙辛泣謂人曰：『乙辛無過，因讒見出』」句，方與下文銜接）〔攷異〕畢沅續通鑑謂伊遜外遷在册后之前，與史及徐乾學後編不合。又云，時伊遜既出，羣稱主能納忠言，宣徽使諧里等各以表賀。詳見上卷。紀及伊遜傳均未載。適其黨蕭錫默言於帝，帝悔，召還，復爲北院樞密使。出巖壽爲順義節度使，尋流於威原作烏隗部。時召近臣議〔召伊遜事〕，（據同上書道光四年殿本補）北面官屬無敢言者，耶律薩喇原作撒剌曰：「初以蕭巖壽奏，出伊遜。若所言不當，宜坐以罪；若當，則不可復召。」累諫不從。〔攷異〕蕭巖壽傳，會伊遜生日，上遣近臣白斯本賜物爲壽，伊遜因私囑白上：「臣見姦人在（側）〔朝〕（據遼史卷九九蕭巖壽傳改），陛下孤危。身雖在外，竊用寒心。」白斯本還，以聞。後遣人賜以車，諭曰：「無慮弗用，行將召矣。」由是反疑巖壽。所載較詳。又，宏簡録白斯本作布色貝。由是讒謗忠良，斥逐殆盡。復因蕭錫沙原作十三之言，夜召蕭特爾特原作得裏特。〔攷異〕太子濬傳作特裏特，托卜嘉傳作特里得，均係一人。謀搆太子。遂於三年夏五月，令護衛太保察喇原作查剌。〔攷異〕卷一百十伊遜傳作朮剌，係一人。等誣告蕭蘇色原作速撒等謀廢立。詔案無狀而罷。尋令牌印郎君蕭額圖琿原作訛都（斡）

〔斡〕（據遼史卷一一〇耶律乙辛傳改）誣首與謀，伊遜等鞫治，逼令具伏。帝怒，命誅薩喇及蘇色等。伊遜恐帝疑，引數人庭詰，各令荷重校，繩繫其頸，不能出氣，均不堪其酷，求速死。反奏曰：「別無異辭。」時方暑，尸不得瘞，以至地臭。乃囚太子於上京。尋害之，及其妃。語詳昭懷太子事中。〔攷異〕畢沅續通鑑云，初，遼太師迪嚕妹名常格，操行修潔，自誓不嫁。嘗作文述時政，主善其言而不能用。伊遜聞其才，屢求詩，常格遺以回文。伊遜知其諷己，銜之。及太子廢，誣以罪，案之無迹。其兄迪嚕謫鎮州，因隨往。布衣蔬食終其身。有常哥集行世。又，卷八十二常哥傳，官北府宰相常哥，另一人。時參政劉伸亦與伊遜忤，出鎮雄武。字濟時，宛平人。官南院樞密副使。道宗嘗謂大臣曰：「今之忠直，耶律玦、劉伸而已。」玦字烏展。約尼森濟汗後，官樞密副使。均見本傳。

五年（己未一〇七九）春正月，帝將出獵，伊遜奏留皇孫，帝欲從之。同知點檢蕭兀納一名托卜嘉。〔攷異〕畢沅續通鑑作烏納。諫曰：「皇孫尚幼，左右無人，願留臣保護，以防不測。」遂與皇孫俱行。帝始疑伊遜姦。〔攷異〕兀納傳，字特默，六院部人。伊遜既害太子，請立魏王淳。兀納時爲北院宣徽使，諫止之。復因保護皇孫事，嘉其忠，封蘭陵郡王，比狄仁傑。令輔導皇孫。尚越國公主。拜南院樞密使，北府宰相，歷副元帥。一作撻不也，累官契丹都宮使。天祚紀作契丹行宮都部署。會北幸，將次黑山在朶顏衞東，今喀喇沁地。見方輿紀要。之平（定）〔淀〕（據遼史卷一一〇耶律乙辛傳改），帝見扈從官多隨伊遜後，益惡之，出知南院大王事。加裕悅，原作于越削一字王爵，改封混同郡王。〔攷異〕畢沅續通鑑云，時遼定王爵之制，惟皇子仍一字王，餘並削降。於是趙王楊績降封遼西郡王，吳王蕭罕嘉努降封蘭陵郡王，伊遜亦降封混同。是削一字王爵，初非因事，并非伊遜一人。所載互異。及赴闕入謝，卽日遣還，改知興中府事。〔攷異〕史稱六年正月辛卯，出知興中府事。而宏簡録云，五年三月壬辰，加於越，出之，以耶律霖爲北院樞密使。所載各判。

七年（辛酉一〇八一）冬十一月，伊遜坐以禁物鬻於外國，罪當死。詔擊以鐵骨朶，因之來州。〔攷異〕本傳作萊州。遼置，廢城在今錦州府甯遠州。紀作十二月辛未。本傳，時下有司議，法當死。其黨雅克獨奏當入八議，得減死論。王易燕北録云，鐵骨朶，亦曰鐵爪。番呼髮覩。以熟鐵打作，八片虛合，或用柳木作柄，約長三尺，兩邊鐵裹。打數不過七下。又，沙袋以牛皮夾縫如鞋底，内盛沙半升，柄以木作胎，亦用牛皮裹，約長二尺。打數不過五百。刑法志云，沙袋者，穆宗時制。長六寸，廣二寸，柄一尺許。又有木劍大棒者，太宗時制。木劍面平背隆，大臣犯罪重，欲寬則繫之。其數三：自十五至三十；鐵骨朶之數，或五或七；有重罪者將決以沙袋，先於腓骨之上及四周繫之。又凡杖五十以上者，以沙袋決之。所載甚詳。

九年（癸亥一〇八三）冬十月，伊遜謀叛亡入宋，及私藏兵甲，事覺，伏誅。〔攷異〕本傳，事覺，縊殺之。

天祚帝乾統二年（壬午一一〇二）春（三）〔四〕（據遼史卷二七天祚紀改）月，詔誅伊遜黨，徙其子孫於邊；發伊遜家，剖棺、戮屍，以其家屬分賜被殺者之家。

同黨張孝傑，重熙中擢進士第一，建州永霸縣人。〔攷異〕續通考云，重熙二十四年，孝傑及第。諂佛寺，忽迅風吹其幞頭與浮圖齊，墮地而碎。老僧曰：「此人必驟貴，然亦不得其死。」後果驗。累官北府宰相，封陳國公，賜國姓，漢人中貴幸無比。〔攷異〕畢沅續通鑑云，伊遜薦，賜國姓。又謂其忠於社稷，可方唐之狄仁傑。賜名仁傑。許放「海東青」鶻以寵異之。尋因從獵得頭鵝，帝甚喜，命加侍中。所載較詳。伊遜之害太子，其謀居多。伊遜敗，帝始悟其姦佞，出爲武定節度使。〔攷異〕畢沅續通鑑云，仁傑久在相位，貪貨無厭。時與親戚會飲，嘗曰：「無百萬兩黃金，不足爲宰相家。」見本傳。按，道宗朝爲北府宰相者：孝傑外，尚有耶律陳留、蕭阿速、蕭九哥、蕭朮者、蕭兀吉、楊績、蕭余里也、蕭撻不也、蕭袍里；而南府宰相，則耶律塗孛特、耶律滌魯、蕭德、蕭唐古、蕭圖古辭、耶律藥奴、蕭惟信、趙徽、王棠、耶律燕哥、耶律頗德、耶律巢哥、蕭何葛、王績、耶律王九、竇景庸、王經、杜公渭、耶律鐸魯斡、趙廷睦、耶律斡特剌；宰相則梁穎、韓資讓、鄭顓。見沈炳震廿一史四譜。坐私販廣濟湖鹽及擅改詔旨，削爵，貶安肅州。數年歸，死於鄉。乾統初，剖棺戮屍，籍其家。

耶律雅克，原作燕哥，一作休格，字善甯。〔攷異〕陳浩遼史攷證云，卷六十五公主表，聖宗女亦名燕哥。又，卷十五，聖宗開泰四年，東京留守；卷十八，興宗重熙六年，殿前都點檢，均名善甯。本傳，季父房後，四世祖托魯，原作鐸穩，太祖異母弟。皇子表德祖子無此人。宗室，太師呼魯蘇原作豁里斯子。附伊遜，官北面林牙。訊太子獄，改其言爲欵伏。及太子廢死，伊遜殺害忠良，多其謀。後終南府宰相，西京留守，以疾死。

蕭錫沙，摩和納原作蔑古乃部人，節度都勒斡原作鐸魯斡子。出入伊遜家，官殿前副點檢。排擊善良，首勸搆陷太子；前後皆其計。伊遜復召，亦出其謀。尋由樞副出爲保州統軍使。乾統初，剖棺、戮屍。二子：的里得、年結，原作念經皆伏誅。

蕭額哩頁，原作余里也。〔攷異〕卷二十八，天慶七年，北院大王，另一人。畢沅續通鑑作呼哩額，孝穆孫，便佞滑稽，尚鄭國公主，拜駙馬都尉。國舅阿拉次子。附伊遜，由甯遠節度使薦爲國舅詳衮，原作詳穩封遼西郡王，北府宰相。太子之禍，多助成之。以女姪妻伊遜子蘇葉，原作綏也遂知北院樞密事。恃勢橫恣，朝野側目。坐黨免官，起西北招討使。母憂去職，死。

耶律嚇嚕，原作合魯。卷一百十一有傳。〔攷異〕陳浩遼史攷證云，卷六十六皇族表，懿祖系尼古察裔曷魯，係一人。又卷二十八，天慶七年，東北面行軍將；卷七十八耶律伊勒哈傳，父，檢校太師；卷九十三蕭托雲傳，三韓郡王；卷九十六耶律阿蘇傳，道宗時臣，五人同名合魯。六院錫里原作舍利尼古察原作褭古直後。柔佞，附伊遜，爲北院大王。其弟烏頁原作吾也亦黨附，官南院大王。伊遜之害太子，殺忠直，嚇嚕多預其謀，時號「二賊」。

蕭特爾特，約尼原作遙輦温汗原作洼可汗宮分人。伊遜用事，甚見倚任。其監送太子赴上京，摧辱倍至，至則築圜土囚之。官西南招討使，轉國舅詳衮。尋坐怨望，以老免死，貶官，（閤）〔闔〕（據遼史卷一一一蕭得裹特傳改）門籍興聖宮，死。乾統間，二子：得末、額哷原作訛里坐誅。

蕭額圖琿，國舅少父房後。希伊遜意，誣告廢立事，並云「臣亦預謀，恐事洩連坐」。帝暴怒，太子遇害。由牌印郎君，尚皇女趙國公主，爲駙馬都尉。〔攷異〕公主表，道宗第二女，封趙國公主，下嫁蕭托卜嘉，坐太子事被害。其弟額圖琿欲逼尚公主，公主以其爲姦黨，意甚惡之。未幾誅。似公主未改適，與道宗紀及本傳不合。續通考亦云，訛都斡欲逼尚公主，以其黨乙辛，惡之。未幾誅。天祚幼，乙辛用事。公主每以匡救爲心，竟誅乙辛。大安五年薨。按，宣懿后生三女：長蘇克濟，原作撒葛只，封鄭國公主，進封魏，下嫁蕭茂；次扎里，原作糺里，封趙國公主，即下嫁蕭托卜嘉者；三托里，原作特里，封越國公主，嫁蕭緈哈，得罪，離之，改適蕭特默。爲金所擒。公主從天祚出奔，亦被獲。所載甚詳。後與伊遜議事不合，銜之，復以衣服僭擬乘輿，被誅。語人曰：「前事皆伊告我，恐事彰，殺我以滅口耳！」

蕭達嚕克，原作達魯古約尼兆古汗原作潮古可汗宮分人。性姦險。太子廢，徙上京，伊遜使與薩巴原作撒八往害之。同留守蕭塔坦原作撻得夜引力士至囚室，詐云：「有詔召太子。」出，殺之。函其首以歸。紿云「疾薨」。復恐事白，出入常帶佩刀，急即自殺。官國舅詳衮。乾統間，大索黨人，以賄免，疾死。

耶律托卜嘉，原作撻不也仲父房之後。蕭額圖琿誣告太子，托卜嘉亦以預謀實其事，授延慶宮副使。乾統間，大索黨人，亦以賂免。後官德哷原作敵烈部節度使，以疾死。

遼史紀事本末卷三十二

金人兵起

天祚帝乾統二年（壬午一一〇二）冬十月乙卯，國舅蕭哈里原作海里。〔攷異〕畢沅續通鑑作諧里。叛，刧乾州武庫兵甲。命北面林牙赫嘉努原作郝家奴往捕，亡入女直彭楚原作陪朮水阿克展原作阿典，改作阿克占部。赫嘉努以不獲免官。明年春正月，女直函其首來獻。

女直，原作女真，避興宗諱改。後改號金。〔攷異〕北盟會編云，本名朱理真，番語訛爲女真。李心傳建炎以來繫年要録云，其國在漢稱伊掄，南、北朝稱和奇，隋、唐稱默爾赫，五代稱女真，本新羅人。其先出靺鞨氏，號勿吉，古肅慎氏地也。元魏時，勿吉有七部，至唐初，祇存黑水靺鞨、粟末靺鞨二部。粟末靺鞨始附高麗，姓大氏，嗣保東牟山，後爲渤海，稱王。黑水靺鞨亦附高麗，嘗拒唐太宗於安市。開元中入朝，置黑水府，拜都督，賜姓名李獻誠。〔攷異〕王溥五代會要云，在京師東北六千餘里。開元十年二月，安東都督薛泰請置黑水郡，其酋爲都督，置長史一人以監領之。其後服屬渤海，朝貢遂絶。迨太祖天顯元年，國兵平渤海，而黑水靺鞨來附。其地有混同江，卽黑龍江。在江南者入遼籍，號熟女直；在江北者不入遼籍，號生女直。〔攷異〕北盟會編云，本高麗朱蒙之遺。世居阿芝川淶流河，後名會甯府。生、熟女真外，尚有東海女真、黃頭女真二部。所居地亦名阿木火。熟女真一名合蘇欵。來流河，即拉林水。金史地理志，在上京會甯府。今甯古塔地。汪若海麟書云，射鹿以聲。自注曰，女真善射，能爲鹿鳴，呼羣鹿而射之。奉朝貢如例。

其始祖名函普，居完顏部，傳至烏古鼐，原作烏古迺。〔攷異〕畢沅續通鑑作阿庫納，云舊作烏古納。凡六世，始拜節度使，稱爲都太師，〔攷異〕薛應旂通鑑云，烏古鼐始役屬諸部，會五國富聶赫部巴延瑪勒叛，遼致討，烏古鼐襲而擒之，獻於遼。主召見，燕賜加等，拜節度使。始有官屬，紀綱漸立。及五國穆延部舍音叛，復擊敗之。畢沅續通鑑富聶赫作佛甯，云舊作蒲聶。巴延瑪勒作巴哩美，云舊作拔乙門。號景祖。卒，子和哩布原作劾里鉢，一作合理博。〔攷異〕續綱目云，嚴重多智，因敗爲功，基業始大，增建官屬，統諸部官之長者，稱貝勒。子十一，長爲烏雅舒，次即阿古達也。嗣，號世祖。卒，弟頗拉淑原作頗剌淑，又作蒲拉舒。嗣，號肅宗。卒，弟英格原作盈哥嗣，亦曰揚割太師。討紇石烈原作赫舍哩部阿蘇。原作阿踈蘇來訴，詔止使勿攻。至是，哈里叛，英格擒而獻之，得甲五百副，始知國兵易與，益自肆矣。英格尋卒，號穆宗。兄子武雅淑原作烏雅束。〔攷異〕續綱目作烏雅舒。嗣，號康宗。卒，弟阿固達原作阿骨打。〔攷異〕續綱目作阿古達。自稱遼貝勒。史愿亡遼録作阿姑打。鍾邦直行程録云名文，小字阿古忽。嗣。〔攷異〕天祚紀，英格之卒，載在乾統元年，而擒哈里事又繫之英格卒後。今從金史世紀改正。

天慶二年（壬辰一一一二）春二月丁酉，帝如春州。〔攷異〕地理志無春州。續綱目亦誤，蓋當作長春州。今爲鄂爾羅斯地。又，地理志云，（龍）〔韶〕陽軍（據遼史卷三七地理志改）古鴨子河，春獵之地，重熙八年置，隸延慶宮，統縣一：長春，本混同江地，燕、薊犯罪者配流於此。幸混同江。〔攷異〕續通考云，源出長白山。北流經五國城，又北合松花江，東入海。松花江源出長白山湖中。北流經（南）〔上〕京城，會灰扒江至海，西合混同江。又，兀良河，源出沙漠。南流合洮兒河、腦濕江，入混同江，東入於海。通鑑輯覽云，混同江卽松花江，在今吉林烏喇城東南，發源長白山，北流會鄂諾河。又東合黑龍等江入於海。鄂諾河舊作鄂婹河，今改。聖宗紀，太平四年，改鴨子河爲混同江，塔魯河爲長春河。蓋二河均在長春州近地。釣魚。生女直部長來朝。故事，生女直部長在千里內者皆來朝，置（魚）「頭〔魚〕宴」（據遼史卷二七天祚紀乙正）。〔攷異〕國語解，帝歲時鉤魚，得頭魚，輒置酒張宴，曰「頭魚宴」，與「頭鵝宴」同。史及續綱目諸書作魚頭宴。蓋誤。武珪燕北雜記云，達魯河鉤牛魚，以其得否占歲好惡。做中國賞花釣魚，然非釣也，鉤也。達魯河東與海接，歲正月方凍，至四月而泮。其鉤是魚也，戎主與其母皆設帳冰上，先使人於河上下驅使集，戎主於斵透冰眼中用繩鉤擲之，無不中者。遂縱繩令去，其魚倦，卽曳繩出之，謂之得頭魚；遂相與作樂上壽。按，「達魯」，滿州語飲馬處也。今譯改作達掄。周必大二老堂雜誌云，贊甯物類相感志引博物志曰：東海有牛魚，其形似牛。剥其皮懸之，潮水至則毛起，退則毛伏。今東牟有海牛島，其牛無角、足，似龜，長丈餘，尾若鮎焉。王易燕北録云，牛魚卽鱘之大者。程大昌以爲牛魚似牛形，蓋祖贊甯之説，其實非也。周麟之海陵外集云，牛魚出混同江，其大如牛，或云可與牛同價，故名。方以智通雅云，牛魚，北方之鮪類也。李燾長編云，蕃俗喜罩魚，設氊廬於河水之上，密掩其門，鑿冰爲竅，舉火照之，魚盡來湊，卽垂釣竿，罕有失者。宋綬等使北，至張司空館，聞國主在土河罩魚，以魚來饋。江休復嘉祐雜志云，鴨淥水牛頭鰾，製爲魚形，遼婦人貼面花。紀載各異。酒半酣，帝臨軒，命次第起舞；獨阿固達辭。諭之再三，不應。帝語蕭奉先以邊事誅之。奉先諫，謂恐傷向化心而止。〔攷異〕東都事畧云，主以阿骨打顧視不常，欲誅之，蕭奉先不可，遂止。初非因不肯起舞也。契丹國志云，道宗末年，阿骨打入朝，以悟室自隨，朝貴與爲雙陸戲，相爭，阿骨打怒，以刀𢧵其胸，不死。侍臣請誅之，道宗不許；侍臣因以王衍縱石勒、張守珪赦祿山比之。終不聽。史亦未載。阿固達疑帝知其有異志，遂稱兵。先併旁近部落。女直卓克算、原作趙三。〔攷異〕卷二十二，道宗咸雍四年，北院大王趙三，姓耶律氏，詳耶律那也傳，另一人。阿古齊原作阿鶻産拒之；阿固達虜其家屬。二人走訴咸州，地理志云，本高麗銅山縣地。渤海置銅山郡，地在漢侯城縣北，渤海龍泉府南。初號和掄台布城，開泰八年置州，號安東軍，治咸平。故城在今奉天府鐵嶺縣。詳衮原作詳穩司轉送密院。事聞，命送咸州詰責，使自新。後頻召之，悉辭不至。

三年（癸巳一一一三）春三月，阿固達率五百騎突至咸州，吏民大驚。翼日，赴詳衮司，與卓克算等庭辨，不屈，送所司問狀，遁去。遣人訴於上。仍召不至。

四年（甲午一一一四）秋（九）〔七〕（據遼史卷二七天祚紀改）月，女直叛，攻甯江州。地理志云，號混同軍，清甯中置，屬東北統軍司，治混同縣。故城在今吉林烏喇北、混同江東。〔攷異〕洪皓松漠紀聞云，州去冷山百七十里，地苦寒，多草木。每春冰泮，戎主必至其地，鑿冰鉤魚，放弋爲樂。女真來獻方物，若貂鼠之類，各以所産量輕重打搏，謂之打女真。後多强取，女真始怨。暨兵起，首破此州，馴至亡國。冷山去燕山三千里。楊賓柳邊記畧云，冷山，土人呼白山，以其無冬夏雪白也。方輿紀要云，州東北有寥晦城。所載較詳。

初，女直起兵，赫舍哩原作紇石烈部人阿蘇原作阿踈不從，遣薩該原作撒改討之。阿蘇弟達呼布原作狄故保來告，詔止之，弗聽。阿蘇來奔，女直屢索之，不發。〔攷異〕薛應旂通鑑云，盈格聞阿蘇奔遼，留和琢守阿蘇城而還。久之，阿蘇不敢還，遂攻取其城。使侍御阿息保〔攷異〕通鑑輯覽作愛錫拉布。詰其建城堡之故。曰：「若還阿蘇，朝貢如故，不然，城未已也。」遂發渾河北在今奉天府承德縣南，源出邊外，下流至海城縣，入遼，卽小遼水也。〔攷異〕林本裕遼載云，渾河在遼陽城南十里，一名小遼水。按，漢書及水經注俱云，高句驪縣有遼山，小遼水所出。又，明一統志云，蒲河，源出輝山，流經瀋陽衞界，入於渾河。諸軍，益東北路統軍司。〔攷異〕續綱目云，主好畋獵，酗酒怠政，歲使市名鷹「海東青」於海上。道出生女直，使者貪縱，部人苦之，乃謀集諸軍次寥晦城。畢沅續通鑑云，宋梁子美初轉運河北，傾漕計奉上，至捐緡錢三百萬市北珠以進。珠出女直，子美市於遼，遼嗜利，虐女直捕「海東青」以求珠。女直深怨之，而子美用是顯。圖經志書云，翎之品：「海東青」、白「海青」、青「海青」、白黃鷹、黃鷹、皂鵰、鴉鶻、赤鶻、兔鶻、角鷹、白鷂、崖鷹、魚鷹、鐵鷂、木鶻鷂、崧兒、百雄、茸垜兒，以上皆爲羽獵之雄者。析津志云，「海東青」產遼東海外，隔數海而至，常以八月十五渡海而來者甚衆，古人云：「疾如鷂子過新羅」是也。尼嚕罕田地是渡海第一程，至則人收之，不能飛動矣。自此始入東國，流人獲之，卽贖罪，傳驛而歸。嘗詢錫寶齋云，「海青」一翅，七日或八、九日始得至尼嚕罕，或饑渴多溺死。凡得至此地者，皆健奮，獨能破駕鵝之長陣，絕雁鶩之孤騫，雲間獻奏，臂上功勳，此其功也。「錫寶齋」者，蒙古養禽鳥人也，舊作「昔寶赤」。「尼嚕罕」，滿州語「畫」也，舊作努兒干。今俱譯改。志又云，大鵝，又名駕鵝，大者三五十斤，小者廿餘斤，俗稱「金冠玉體乾皁靴」是也。彼中每歲柳林中，湖內多種茨菰誘致之。千萬爲羣，飛放「海青」、鴉鶻，所獲多者，大張筵會飲，數宿而返。姜夔白石道人集契丹歌云：「平沙軟草天鵝肥，契丹千騎勝打圍；皂旗低昂圍漸急，驚作羊角凌空飛。海中健鶻健如許，鞲上風生看一舉；萬里追奔未可知，劃見紛紛落毛羽。」陳元龍格致鏡原云，北山產「海青」鳥，小而捷，能擒天鵝；然羣燕撲之則墜。亦謂之「海東青」，爪白者尤異。五國城東出頭鵝。葉子奇草木子云，「海東青」能得頭鵝者，元朝宮裏賞鈔五千錠。楊瑀山居新語云，頭鵝，即天鵝也。李燾長編云，遼人皆佩金玉錐，號殺鵝殺鴨錐，每初獲，即拔毛插之，以鼓爲坐，遂縱飲，最以此爲樂。又好以銅及石爲鎚以擊兔，每秋則衣褐裘呼鹿射之，夏以布衣帳氊，藉草圍棊雙陸或深澗張鷹。吴坰五總志云，遼人致守邊兵，獨在北曰强軍，蓋以禦女真也。末主好獵，求「海東青」於女真，且抽强軍爲從衞，後求愈急，强兵日削，遂爲女真窺伺。悲夫！阿固達乃與弟尼雅滿、原作粘罕瑚實原作胡舍等謀，以尼楚赫、原作銀朮割伊哷、原作移烈羅索、原作婁室棟摩原作闍母等爲帥，集諸部軍擒障鷹官。〔攷異〕薛應旂通鑑云，阿骨打會兵於拉林水，得二千五百人。至遼界，遇渤海軍來攻，衆少卻，遼兵直攻中軍。遼耶律色錫墜馬，阿骨打射殺之。遼軍大奔，蹂踐死者什七八。所載較詳。及攻甯江州，蕭托卜嘉與戰，敗績。原作撻不野，即兀納。〔攷異〕本傳，官東北統軍使。嘗上書「請乘其未發，舉兵圖之」。章數上，不聽。金兵攻甯江州，戰敗；留官屬守城，自以騎三百渡混同江而西，城遂陷。其孫伊德濟死之。坐免官。起上京留守。章努叛，來攻，拒卻之。卒，官副元帥。蕭托斯和傳，甯江陷，天祚召羣臣議，托斯和曰：「女直國雖小，勇而善射。自執蕭哈里，勢益張；我兵久不練，若遇强敵，稍不利，諸部離心，不可制矣。今宜大發諸道兵，以威壓之，庶可服也。」蕭塔喇台曰：「如此，徒示弱，但發滑水以北兵，足拒之！」遂不用其計。數月間，邊兵屢北，人益不安。方輿紀要云，滑河，在甯塞縣。紀未載。

冬十月壬寅，以守司空蕭嗣先爲東北路都統，率諸道兵討之。引軍屯出河店，兩軍對壘。女直兵潛渡混同江掩擊，嗣先軍潰，崔公義、邢穎、耶律佛哩、原作佛留蕭噶克實原作葛十等死之。〔攷異〕薛應旂通鑑云，時以司空蕭嗣先爲都統，蕭托卜嘉副之。史愿亡遼録，嗣先作嗣光。契丹國志云，嗣先等兵屯出河店，臨白江；女真潛渡江，未陣來襲，遼軍潰，輜械悉爲女真所得。出河店即珠赫店。金史太祖紀云，遼都統蕭嘉哩等會兵鴨子河北，太祖自將擊之。未至鴨子河，會夜，方就枕，若有扶其首者三，寤而起曰：「神明警我也。」即鳴鼓舉燧而行，遇遼兵擊走之，遂登岸，乘風奮擊，大敗之。所載較詳。

十一月壬辰，都統蕭敵里等營於沃稜原作斡鄰。〔攷異〕續綱目作噶琳，通鑑輯覽作沃楞，在黃龍府東北。濼東，又爲女直所襲，卒死甚衆。敵里坐免官。〔攷異〕蕭兀納傳，與蕭敵里拒金兵於長濼，以軍敗免官。紀未載。　按，金太祖紀，兩敗俱作蕭嘉哩，即敵里，未書嗣先名。今從天祚紀。辛丑，命耶律斡里朵〔攷異〕續綱目作鄂爾多，滿州語宫也。舊作斡耳朵，今譯改。通鑑輯覽作鄂爾德。等代之。

十二月，咸、賓、祥三州地理志云，賓州懷化軍，本渤海城，統和中置。祥州瑞聖軍，興宗時置，均隸黃龍府。及鐵驪、兀舍原作兀惹皆叛入女直。〔攷異〕續綱目云，遼人嘗言，女真兵滿萬則不可敵。至是始滿萬云。契丹國志云，女真入攻前後，多見天象，或白氣經天，或白虹貫日，或天狗夜墜，或彗掃東南，赤氣滿空，遼兵輒敗。史多未載。

五年（乙未一一一五）春正月，阿固達稱帝，國號金，改元收國。用鐵州降人楊朴策也。〔攷異〕史於金稱帝載在天慶七年，今從金史改正。蓋五年建號，改元收國；至七年，改元天輔，非於七年始稱帝也。契丹國志、大金國志繫於天慶八年，惟續綱目及通鑑輯覽與金史同，時宋政和五年也。並云，改名旻。色尚白，以烏奇邁爲安班貝勒，薩哈舍音爲古倫貝勒。宋史云，以吳乞買爲諳班勃極烈，撒改斜也爲國論勃極烈。北盟會編又作諳版孛極烈。糾官也，猶中國總管。自五户孛極烈至萬户孛極烈，皆自統兵。通鑑輯覽云，以武奇邁爲阿木班貝勒，薩拉噶舍音爲固倫貝勒，名稱互異，皆官之最貴者，所謂國相也。金史國語解，以金爲愛新，所居在愛新水之上，水源於此，因又謂之金源。愛新水，即今呼爾哈河，在甯古塔城東南。源出吉林烏喇東北，流入混同江，唐曰忽汗河，金曰金水河。所載較詳。

是月，帝使僧嘉努原作僧家奴持書約和，斥金主名。金遣賽剌一作薩剌。〔攷異〕屬國表作塞剌，係一人。卷十六，聖宗開泰五年，鼻骨德長；開泰八年哈斯罕宰相，均另一人。復書，若歸叛人阿蘇，遷黃龍府〔攷異〕地理志云，龍州黃龍府，本渤海扶餘府，太祖至此崩，有黃龍見，更名。保甯七年，軍將雅爾丕勒叛，府廢。開泰九年復置，統縣三：黃龍、遷民、永平。州五：益州，治靜遠縣；安遠州，懷義軍；威州，武甯軍，清州，建甯軍，雍州。皆隸黃龍府。於別地，然後議之。耶律斡里朶與金兵戰於達里庫城，敗績。原作達魯古。〔攷異〕金史作達嚕噶，通鑑輯覽作達囉克，方輿紀要作斡魯古。續綱目云，遼遣都統鄂爾多等戍邊，且屯田爲長久計。金主自將擊之於達嚕噶城，大敗之，逐北至阿嚕岡，步卒盡殪，并耕具盡失之。所載較詳。輯覽阿嚕作阿婁。

三月，遣耶律章嘉努原作張家奴。〔攷異〕通鑑輯覽作卓諾。等六人齎書〔使女直〕（據遼史卷二八天祚紀補），書斥其主名，冀以速降。

夏五月，章嘉努持阿固達書還，復遣之往。

六月壬子，章嘉努等還，阿固達復書，亦斥名諭降。蕭色埒原作薛剌，一作剌辭。〔攷異〕通鑑輯覽作齊剌。使金，以不屈見留。

秋七月，都統斡里朶等與金兵戰於白馬濼，敗績。坐免官。

八月丙寅，以圍場使鄂博原作阿不爲中軍都統，耶律章嘉努原作張家奴爲都監，率番、漢兵十萬，蕭奉先爲御營都統，耶律章努原作章奴，字特們。本傳，字搭瑪雅，舊作特末衍，季父房之後。〔攷異〕皇族表作張奴，傳載父爲察喇，皇族表未列名。充諸行營都部署爲副，以精兵二萬爲先鋒。餘分五部爲正軍，貴族子弟千人爲硬軍，扈從百司爲護衞軍，北出駱駝口。以都點檢蕭呼塔噶原作胡覩姑爲都統，樞密直學士柴誼爲副，將漢步騎三萬，南出甯江州。自長春州分道而進，發數月糧，期必滅金。

九月丁卯朔，金陷黃龍府。〔攷異〕續綱目云，時金兵攻混同江，無舟以渡。金主使一人導前，乘赭白馬徑涉，曰：「視吾鞭所指而行。」金兵遂濟，克黃龍府。史未載。

六年（丙申一一一六）夏五月，金兵取瀋州，地理志云，瀋州昭德軍，本挹婁國地。渤海置州，太宗改興遼軍，後更名，屬敦睦宮，縣二：樂郊、靈源。州一：巖州，白巖軍，治白巖縣。遂克東京，擒高永昌。東京族人赫伯等降金。

是月，烏舍原作吴十歸金。〔攷異〕屬國表，歸金者二人，同名吴十。

七年（丁酉一一一七）春正月，金兵攻春州，國兵不戰自潰，孟古、一作女古皮室四部及渤海人皆降金。金復下泰州。方輿紀要云，泰州在臨潢東南，亦曰德昌軍，本契丹二十部族放牧之地。因黑鼠族衆犯龍化州，遷其民於此。金廢。〔攷異〕地理志云，黑鼠族，穴居，膚黑，吻鋭類鼠，故名。州隸延慶宮，縣二：樂康、興國。

冬，十二月丙寅，都元帥秦晉國王淳遇金軍，戰於蒺藜山，敗績；金遂拔顯州今錦州府廣甯縣是。〔攷異〕地理志云，號奉先軍，本渤海顯德府地。世宗置以奉顯陵，即東丹王墓也。州在醫巫閭山東南。應曆元年，穆宗復葬世宗於顯陵西山，仍禁樵採。有十三山及沙河。隸長甯、積慶二宮。統州三，縣三。奉先縣，本漢無慮縣；山東縣，本漢望平縣；歸義縣，以渤海户置。又，嘉州，嘉平軍；遼西州，阜平軍，本漢遼西郡地，治長慶縣；康州，治率賓縣，均屬顯州。旁近州郡。〔攷異〕續綱目云，金烏楞古攻顯州，遼怨軍元帥郭藥師乘夜襲走之；烏楞古遂與王戰，敗績，追至額勒錦陂，遂拔顯州。於是乾、懿、豪、徽、成、川、惠皆降金。薛應旂通鑑云，時楊朴言於金主曰：「自古英雄開國，每先得大國封册。」從之。使至遼，值大饑，蕭奉先勸遼主許之。史未載歲饑事。又，豪作壕，徽作復，皆遼置。乾、懿、川、壕四州故城皆在今廣甯縣境；復州故城在今錦州府；義州、惠州故城在今喀剌沁右翼。王宗沐續通鑑，豪作蒙。餘同。方輿紀要云，惠州亦曰惠和軍，唐歸義州地。遼初俘漢民，於菟麛山下築城居之，曰惠州。徽、成、懿、壕皆係頭下軍州，隸上京，詳卷九。復州懷德軍統縣二：永甯、德勝。乾州詳卷二十。薛延寵全遼志云，廣甯在遼陽城西二百三十里，本漢遼東無慮縣，晉屬平州，唐置巫閭，守捉城，渤海爲顯德府地，遼置乾州廣德軍。復州在遼陽城南四百二十里，遼爲遷民縣，屬黄龍府，後又置復州懷德軍。遼東志云，廢懿州在廣甯城北二百二十里，遼置。祝穆輿地要覽云，懿州有羊腸河、大斧山。北番地里志云，川州在中京東四百三十里，亦爲長甯軍。高士奇松亭行紀云，喜峯，古松亭山也，奇峯削下，腰有洞，高二丈餘，深倍之，遼史爲松亭關，隸中京留守司。開泰中置澤州，俘蔚州民立寨居之。彭汝礪鄱陽集惠州詩曰：「城壘四五尺，閭閻千百家；朝壟疑作雨，暮雪欲飛花。舊寺僧何在？空堂鬼自邪；三更愁不寐，相笑是皇華。」蘇轍欒城集惠州詩曰：「孤城千室閉重闉，蒼莽平川絶四鄰；漢使塵來空極目，沙場雪重欲無春。羞歸應有李都尉，念舊可憐徐舍人；會逐單于渭城下，歡呼齊拜屬車塵。」

八年（戊戌一一一八）春正月丁亥，遣耶律努克原作奴哥。〔攷異〕卷十一，聖宗統和四年，黄皮室詳衮，另一人。通鑑輯覽作訥格。等使金議和。

二月，努克等還，復書：「能以兄事，歲貢方物，歸上、〔中〕京、（據遼史卷二八天祚紀補）〔興中府〕（同上書補）三路州縣，以親王、公主爲質，還行人及元給信符，并宋、夏、高麗往反書詔表牒，則如約。」

三月，努克復往。

夏五月，努克還，以書來，限此月見報。戊戌，復往，要以酌中之議。金使胡圖克琨原作胡突衮。〔攷異〕通鑑輯覽作呼塔噶。與努克報如前約。

六月丁卯，努克賫宋、夏、高麗書詔、表牒至金。金遣胡圖克琨來，祇能以兄事，册用漢儀，卽如約。

秋八月庚午，努克、托迪原作突迭如金議册禮。

冬十月，持金書來。

十二月甲申，議定册禮。

是歲，保安節度使張崇以雙州二百户、甯昌節度使劉宏〔攷異〕屬國表作劉完。以懿州户三千皆降金。通、祺、雙、遼地理志云：通州安遠軍，在扶餘國王城，太祖改龍州，聖宗更今名，領縣四。祺州，本渤海蒙州地，太祖於此建檀州，後更名，金史作棋；雙州保安軍，本渤海安定郡，太祖置州，治雙城縣；遼州見前。四州八百餘户與蕭博、和哩原作寶、訛里等十五人皆相繼降金。

九年（己亥一一一九）春正月，金遣烏林達原作烏林答。〔攷異〕通鑑輯覽作烏凌噶。贊謨持書來迎册。

三月丁未朔，遣右伊勒希巴原作夷离畢蕭實訥埒原作習泥烈等册金主爲東懷國皇帝。不受，仍遣烏林達贊謨來，册不如式。

九月，至西京。復遣實訥埒、楊立忠〔攷異〕屬國表作楊近忠。先持册藁使金。

冬十月，復遣使持書還金。

十年（庚子一一二〇）春二月，金遣烏林達贊謨持書及册文副本來，并責乞兵於高麗。

三月庚申，以册内所定「大聖」二字，與先世稱號同，遣蕭實訥埒往議。金主怒，和議遂絶。〔攷異〕金史諾延温都思忠傳，本名伊里布，阿卜薩水人。太祖伐遼時，未有文字，軍事皆口授。思忠傳達，雖往復數千言，無少誤。與遼議和約，思忠與贊謨專對。遼人前後十三遣使，和議終不成。思忠累官中書令，封廣平郡王。洪皓松漠紀聞云，時天祚封阿骨打爲國王，留其使，邀請十事，欲爲兄弟國及尚主；天祚怒，囚其使不報。按十事：徽號大聖大明，一也；國號大金，二也；玉輅，三也；衮冕，四也；玉刻御前之寶，五也；以兄弟通問，六也；生辰正旦遣使，七也；歲輸銀絹二十五萬兩匹，南宋歲賜之半，八也；割遼東長春路，九也；送還女真阿骨產、趙三大王，十也。北盟會編載遼册文曰：「朕對天地之閎休，荷祖宗之丕業，九州四海，屬在統臨；一日萬幾，敢忘重任！宵衣爲事，嗣服宅心。眷惟蕭愼之區，實界扶餘之俗，土瀆巨浸，財布中區，雅有山川之名，承其祖父之構，碧雲袤野，固須挺於渠材；皓雪飛箱；疇不推於絕駕。封章屢報，誠意交孚，載念遥芬，宜膺多戩。是用遣蕭習泥烈等持節備禮，策爲東懷國至聖至明皇帝。嗚乎！義敦友睦，地列豐腴，惟信可以待人，惟誠可以馴物。戒哉，欽哉，式孚於休！」使至，阿骨打大怒，鞭其使，卻回之。天祚紀，謂責册文無兄事之語，不言大金而云東懷，乃小邦懷其德之義。及册文有「渠材」二字，語涉輕侮；若「遥芬」、「多戩」等語，皆非善意，殊乖體式。未言鞭使事。

夏五月，金主親攻上京，克外郛，留守托卜嘉原作撻不野率衆出降。〔攷異〕方輿紀要云，金陷上京，延禧謀拒之；至中京；獵於胡土白山。金志云，山在撫州境。即麻達噶山。史未載。

保大元年（辛丑一一二一）夏四月，統軍耶律伊都原作余覩率衆叛降金（按，伊都降金事，遼史卷二九天祚紀在是年正月，契丹國志卷一一天祚紀爲「時方盛夏」，金史卷二太祖紀在五月，疑五月是）。

二年（壬寅一一二二）春正月乙亥，金師克中京，地理志云，中京本秦遼西郡地，幅員千里。當饒樂河南，溫榆河北。唐置饒樂都督府，奚酋居之，後内屬。聖宗建爲中京，號大定府，領州十：恩州懷德軍，治恩化縣；惠州惠和軍，治惠和縣；高州治三韓縣；武安州治沃野縣；利州治阜俗縣；榆州高平軍，領縣二：和衆、永和；潭州廣潤軍，治龍山縣；松（江）〔山〕州（據遼史卷三九地理志改）勝安軍治松（江）〔山〕縣（同上書改），并澤州（大）〔北〕安（同上書改）爲十州。縣九：大定、長（安）〔興〕（同上書改）、富庶、勸農、文定、升平、歸化、神水、金源，共九縣。今喀喇沁右翼南有故大甯城廢址，即中京也。〔攷異〕北蕃地理志云，中京大定府，東爲營州界青山嶺百七十里西山後；儒州界東南至建州三百三十里，西南至幽州九百里。其泊曰軒車。李燾長編云，祥符初，李搏等使遼，至中京，城壘卑小，鮮居人。宮中有武功殿，國主居之；文化殿，國母居之。又有東掖、西掖門。祝穆輿地要覽云，大甯路，遼爲中京，有壻瑁山、熊山。契丹國志云，本奚王牙帳所居，東過小河，唱呌(王)〔山〕(據契丹國志卷二二州縣載記改)道北，奚王避暑莊有亭臺，由古北口至中京北皆奚境，西臨馬盂山六十里，其山南北一千里，東西八百里，連亘燕京西山。進下澤州。地理志云，澤州廣濟軍，本漢土垠縣地。太祖俘蔚州民居此，開泰中置州，屬中京。縣二：神山、灤河。故城在今喀喇沁右翼南，古右北平郡。金改惠州。

二月，金兵敗奚王哈瑪爾原作霞末於北安州，地理志云，號興化軍，本漢女祁縣地。聖宗以漢户置，屬中京，縣一：利民。本漢且居縣地，今曰興州。故城在今熱河南喀喇河屯。〔攷異〕北蕃地理志云，州在中京西南二百五十里。其墨斗嶺，亦名度雲嶺，唐置墨斗軍，使捍禦奚界。灤河柳城在州西北五十里，有牛山、有會仙石。蘇轍欒城集會仙館詩曰：「北嶂南屏恰四周，西山微缺放溪流；胡人置酒留連客，頗識峯巒是勝遊。」「嶺上西行雙石人，臨溪照水久逡巡；低頭似媿南來使，居處雖高已失身。」彭汝礪鄱陽集過墨斗嶺詩云：「有鳥羽毛非子規，向人如道不如歸；使軺不用君多勸，未到歸心已似飛。」蘇頌過度雲嶺詩云：「磴道青冥外，攀躋劇箭飛；朔風增凜冽，寒日減清輝。使者手持節，征人淚濕衣；此時仁傑意，心向白雲歸。」降其城。

三月辛酉，帝聞金師將出嶺西，遂趨白水濼。在六同府北。羣牧使穆喇韓原作謨魯斡(按，遼史卷二九天祚紀「斡」作「斡」)歸金。尋聞金師將及，輕騎遁。殿前點檢耶律果巴原作高八率衛士降金。

夏四月，金師取西京。地理志云，西京，本趙雲中郡。元魏於此建都邑。唐改雲中州，後爲雲州，後唐爲大同軍，晉以代北地來獻，因建西京，府曰大同，統州二，縣七：大同、雲中、天成、長青、奉義、懷仁、懷安。州二：

宏州，領縣二：永甯，順聖；德州，治宣德縣。通鑑地理通釋云，雲州雲中郡，本馬邑郡雲內之懷安鎮。武德元年置北恆州，貞觀十四年置定襄縣，開元十八年更名雲中州，天寶元年曰雲中郡，升大同軍節度，會昌三年置大同都團練使，治雲中，乾符五年升大同都防禦使爲節度使。酈道元水經注云，平城，王莽之平順也。魏天興二年，遷都於此。太和十六年，造太極殿東西堂及朝堂夾建象。魏乾元中，陽端門東西二掖門，雲龍、神虎、中華諸門皆飾以觀閣。按，魏道武遷都平城，魏書在天興元年。汪承霈大同府志云，華嚴寺在府城舍和坊，遼建，奉安諸帝石像、銅像。石麟山西通志云，張起巖崇文堂記曰：雲中在遼、金爲陪京，卽遼國子監。宏敞靜深冠他所。潘自牧記纂淵海云，周大同川地，戰國趙置雲中，漢爲雁門郡平城地，遼置大同縣。金龍山在懷仁縣西南。又縣東有海子，深不可測。孫體元大同縣志云，方山在城北五十里，山有拓跋魏二陵及方山宮故基，禪房山在城西南六十里，上有寺塔，創自遼。通典云，雲中縣有高柳城參會陂。李吉甫元和郡縣志云，紇真山在縣東三十里，虜語紇真，漢言三十里。其山夏積霜雪。縣西北有單于臺，漢武出長城塞登此。有長育縣，本白登臺地。服虔云，去平城七里。如淳云，今平城東十七里有白登臺，臺南卽白登山。石麟山西通志又云，府城外有劉鑾寺。鑾，遼人，能塑諸佛像，因以名寺，乃其家佛堂也。周篔析津日記云，京師像設之奇古者曰劉鑾塑，說者疑鑾與元音相近而誤。考郝經陵川文集，燕有四賢祠，其像塑自劉鑾，則鑾別是一人，著名於正奉之先者也。元史方伎傳，劉元，字秉元，薊之寶坻人。四賢者，郭隗、樂毅、劇辛、鄒衍。拱而侍側者則燕昭王也。樂史太平寰宇記云，德州有金河水，在紫河鎮界內。其泥色紫，故名。又有陰山道。按，冀州圖曰，雲中周迴六十里。北去陰山八十里，南去通漢長城百里，卽白道川也。當原陽鎮北卽是陰山路，道通方軌，自外道皆小。續綱目云，金攻大同府，遼耿守忠救之，爲尼瑪哈等所敗，其衆殲焉，西京諸州縣皆降金。所載較詳。

六月，夏國遣兵來援，爲金人所敗。〔攷異〕薛應旂通鑑云，夏將李良輔將兵三萬救遼，金婁宿、斡魯敗之於宣水，追至野谷，澗水暴至，夏人漂没者不可勝計。所載較詳。續綱目宣水作宜水，在榆林府東北邊外。東都事畧云，宣和中，夏人知中國有事北邊，遂與遼書約夾攻中國，天祚不聽。金既滅遼，夏人乃與粘罕約犯塞。

秋八月戊戌，帝親遇金師，戰於石輦驛，〔攷異〕蕭阿息保傳、蕭圖烈傳均作石輦鐸。續綱目同。通鑑輯覽作錫訥圖。方輿紀要云，地在大同府西北邊外。敗績。

九月，奉聖州降金。

冬十月，蔚州降金。

十二月，金撫定南京。

三年（癸卯一一二三）春正月，遼興軍宜、錦、乾、顯、成、川、豪、懿等州地理志云，宜州崇義軍，興宗以定州俘户置，統縣二：宏政、聞義。錦州臨海軍，本遼東無慮縣，太祖置州，統州一。（嚴）〔巖〕州（據遼史卷三九地理志改）保肅軍，治興城縣。縣二：永樂、安昌（按，據同上書，永樂、安昌屬錦州臨海軍，此處誤）。〔攷異〕薛延寵全遼志云，宜州，即義州衛，在遼陽城西四百二十里。唐始建城。郭造卿永平府志云，宜州有江南水軍，號通吴軍壘。祝穆輿地要覽云，離營州東行六十里至渝關，五百八十里至錦州。林本裕遼載云，奉國寺，在義州城内，殿高七丈，佛像稱是。一名七佛寺，搬於遼開泰中。又，大廣濟寺，在錦州城内，唐末建有白塔，十三層，高二百五十丈，造於遼清甯間。後降舍利藏之。金高琏有記。降金。

二月，興中府遼置，即霸州地。地理志云，興中府爲彰武軍，古孤竹國，領興中、營邱、象雷、閭山四縣及安德州、黔州。興中，本霸城縣；象雷，以婆務川置；閭山，本漢且慮縣。安德州爲化平軍，黔州爲阜昌軍。〔攷異〕趙一清水經注釋云，營邱城在營州南，慕容廆以宥州流人置營邱郡，重熙初析霸州置營邱縣，蓋因故郡爲名也。潛研堂金石文跋尾云，右安德州𢭏建靈巖寺碑，朝請大夫、守殿中少監、知安德州軍州事耶律助撰文，沙門恒劬正書。碑陰記則恒劬撰文，而助篆書。今在興中故城東南七十里柏山之巔，字畫完好，小篆尤工，不減夢瑛、黨懷英也。北蕃地理志云，興中府在中京東三百里，有松陘嶺，本漢柳城縣地。酈道元水經注云，燕慕容皝以柳城北、龍山南福地也，使陽裕築龍城，改柳城爲龍城縣。十二年，黑龍白龍見龍山，皝往觀，祭以太牢，立龍翔祠於山上，號新宫，曰和龍宫，遷都焉。即此地。郎蔚之隋圖經云，鮮卑山在柳城縣東南。崔鴻十六國春秋云，慕容廆世居遼左，號東胡，爲匈奴所敗，分保鮮卑山，因名。齊召南水道提綱云，興中城，俗稱古爾板蘇巴漢城，遼、金時三塔猶存。紀昀姑安聽之云，三座塔，蒙古名古爾板蘇巴爾漢，唐之營州柳城縣，遼之興中府也。今爲喀喇沁右翼地。降金。歸德軍及隰、遷、潤三州地理志云，歸德軍，即來州，聖宗置，治來賓縣；隰州平海軍遼置，治海(陽)〔濱〕縣（據遼史卷三九地理志改）；遷州興善軍，本漢陽樂縣地，遼置州，治遷民縣；潤州海陽軍，治海(濱)〔陽〕縣（同上書改）。俱屬來州。降金。〔攷異〕趙翼陔餘叢考云，天祚紀載是時遷州刺史係高永昌。按，永昌於天慶六年爲金將所殺，安得此時又降金？誤也，宜從金史作高永福爲是。又，紀載歸德節度田灝、隰州刺史杜師回、潤州刺史張成皆籍所管户降。

夏四月丙申，金師至居庸關，耶律達實原作大石被擒。金師圍輜重於青冢，(硬寨)（按，據遼史卷二九天祚紀，「硬寨」屬下句，此節刪誤衍，今刪）地理志云，豐州有青塚，即王昭君墓，在今歸化城内。金以書來招，回書請和。金人以兵送族屬東行，乃遣兵邀戰於白水濼，敗績。金以書來議和。

五月，回金書，乞爲弟若子，量賜土地。

四年（甲辰一一二四）春正月，金師來攻，帝棄營北遁。特默格原作特母哥叛降金。

夏五月，金人以燕京、地理志云，燕京析津府，以燕分野，作析木之津，故名。〔攷異〕朱彝尊日下舊聞云，燕角樓在府西南十五里，遼建，今其地猶名燕角。日下舊聞考云，遼燕角樓今無攷，惟土地廟之西，其地猶有燕角兒之名。閣讀如藁。更攷明張樹五城坊巷衚衕集，於白紙坊亦載有燕角兒，正在廣甯門右安門內西南角。是明一統志所載，正指其地。況遼時城址，其半在今外城之西，則今燕角之地，適當其東，遼時樓址，或即在是。元一統志，遼保甯中，建殿九間，窮極壯麗。慈悲菴北院內有遼壽昌五年慈智大德師佛頂尊勝大慈陀羅尼幢并記。竹林寺，遼道宗八年楚國大長公主捨私第爲寺，賜額竹林寺。僧曰：「一塔無影真常觀。」南五六里爲蕭太后運糧河。劉侗帝京景物畧云，海子西北隅有數邱，俗呼螞蟻墳，云是遼將伐金，全軍没此。吳長元宸垣識畧云，大覺寺，遼築義井精舍於開陽門之郭，傍有古井，清涼滑甘，因名。永平館，一名碣石館，遼時朝士宴集之所。舊聞又云，香山寺，遼中丞阿里吉所捨。殿前二碑，載其始末。碑石光潤如玉，目爲鷹爪石。孫承澤春明夢餘録云，平遼碑立燕都豐宜門外，使臣韓昉撰文，宇文虛中書，舊有詩云：「十丈豐碑勢尚空，風雲猶憶下遼東；百年功業秦皇帝，一代文章太史公。石斷雲鱗秋雨後，苔封龜背夕陽中；行人立馬空惆悵，禾黍離離滿故宮。」及薊、景六州歸宋以塞盟。〔攷異〕陳邦瞻宋史紀事本末云，重和元年三月，遣武義大夫馬政同高藥師浮海使金，約夾攻遼。宣和元年正月，金主與粘没喝議：遣渤海李善慶、女真散覩持國書并生金、北珠等物同馬政來聘；尋使軍校呼慶送善慶還。二年二月，遣趙良嗣使金。八月，金人來議攻遼及歲幣，遣馬政報之，如約夾攻。歲幣同遼，毋聽遼講和。四年三月，遣童貫、蔡攸勒兵應金，敗於白溝及范村，种師道退保雄州。七月，復使劉延慶襲燕京，爲蕭幹敗。貫懼得罪，密遣王環如金請夾攻，金分兵三道克燕京。五年正月，貫遣趙良嗣如金，求石晉賂契丹故地，而不知營、平、灤三州非晉賂，乃劉仁恭所獻以求援者。至是，王黼悔，欲并得之。復遣良嗣往金，祇許燕京及六州，且議代稅錢一百萬緡；帝曲意從之。四月，金使楊璞以誓書及地來歸。所載甚詳。張滙節要璞作樸。周煇清波雜志云，宣和五年，既俞金人乞盟之請，明年遣校書郎衛膚敏假給事中往賀生辰，竣事而旋。常膳外，別贈使介各一玉錢。戎主卽宴坐起離席躬奉之。左右傳觀，皆驚愕太息。錢之製如今之大者。其文皆兵端，豈虞我或覘其國，故外示厚禮，俾叵測歟？錢今藏衛氏。繫年要録作檀、順、薊、景四州，蓋涿、易二州，係宋人自取也。羅壁識遺云，自石晉割關南十六州，劉仁恭割營、平、灤三州賂契丹，由縣北自定武達灤、海，千里失險。歐史四夷附録云，契丹當莊宗、明宗時攻陷營、平二州，唐亦無灤州，劉仁恭并無割地遺契丹事。王應麟困學紀聞云，唐無灤州。武經總要，易定帥王都驅其民入契丹，因以烏灤河爲名以居之。烏灤河，宋史及通考均同，惟史作烏灤河，稍異。地理志，灤州永安軍，本古黄洛城，在永平府南四十里，太祖以俘户置灤州。灤河環繞，在盧龍山南，爲形勝之地。營州，本漢昌黎郡，元魏立營州，唐改柳城郡，又爲平盧軍，後唐復今名，太祖以居定州俘户，均非仁恭所賂也。其說沿通考而誤。方輿紀要云，契丹以定州俘户置廣甯縣，兼置營州隣海軍，後徙昌黎縣治此，屬平州。顧炎武京東考古録云，昌黎有五：漢書遼西郡之縣，八曰(昌)〔交〕黎(據京東考古録改)。通鑑注，昌黎，漢交黎縣，屬遼西郡，慕容皝自昌黎東踐水而進，凡三百里至歷林口，是則渝水下流當海口。此一昌黎也。晉書記載慕容皝徙昌黎郡。又云，遷宇文歸五萬餘落於昌黎，當去龍城不遠。此又一昌黎也。魏并柳城、昌黎、棘城於龍城，而立昌黎爲郡。志云，有堯祠、榆頡城、狼水，卽燕之舊都龍城。此又一昌黎也。齊後昌黎之名廢，至唐貞觀二年更崇州爲北黎州，治營州之東北廢陽師鎮，八年，復爲崇州，置昌黎縣，後淪於奚，遼史建州永康縣，本唐昌黎縣地。此又一昌黎也。遼太祖所置營州，其縣一曰廣甯，金大定末改爲昌黎，相沿至今，在永平府城東南七十里。此文一昌黎也。郭造卿永平府志辨昌黎有二，而不知有五，論古者可以無惑焉。又云，晉書平州，禹貢冀州域，周爲幽州界，漢屬古北平郡，後漢末公孫度自號平州牧，據遼東，治肥如。魏分遼東、昌黎、元菟、帶方、樂浪五郡爲平州，後還合爲幽州。咸甯二年十月，分昌黎、遼東、元菟、帶方、樂浪等郡國五置平州，治昌黎，是則公孫度之平州，乃遼東；而咸甯所置之平州乃遼西之柳城，卽昌黎也。遼史於平州遼興軍下云，漢末公孫度據，傳子康、孫淵。是誤以拓跋氏之平州爲公孫度之平州矣。又，厲鶚云，遼史旣載慕容皝柳城於中京興中府之下，則平州所屬之營州柳城，自屬唐時僑置之名，何得復以和龍之地混之乎？明一統志及永州府志俱沿遼史之誤。樂史太平寰宇記云，黃洛城，殷諸侯之國，有卑耳溪。管仲從齊桓公伐孤竹至卑耳溪見登山之神名俞兒。卽此。陳士元灤志云，華嚴寺，在城西五十里，遼壽昌年建。卑家寺，在城西南七十里，乾統年建。偏涼亭，在城東北五里橫山頭灤河西岸，遼乾統元年建。

秋八月，蕭托卜嘉、原作撻不也察刺降金。

九月，建州地理志云，建州保靜軍，唐爲昌樂縣，太祖置州，統縣二。降金。

冬十月，興中府降金。

五年（乙巳一一二五）春正月，党項小呼嚕原作斛祿。〔攷異〕畢沅續通鑑作舒和倫，通鑑輯覽作沙呼掄。請帝臨其地。金兵忽至，徒步出走，至應州新城爲金將所獲。

遼史紀事本末卷三十三

天祚播遷

道宗壽隆七年（辛巳一一〇一）是年二月後改元乾統春正月甲戌，道宗崩，皇太孫卽位，是爲天祚皇帝。諱延禧，小字阿果。〔攷異〕畢沅續通鑑作阿适。父順宗，卽昭懷太子也。母貞順蕭后。生六歲，封梁王，〔攷異〕畢沅續通鑑云：初，伊遜既害太子，因爲主言皇弟宋魏國王和囉噶子淳可爲儲嗣。羣臣莫敢言。蕭烏納及蕭托輝諫曰：「舍嫡不立，是以國與人也。」主猶豫不決。久之，乃出湻於外，封延禧爲梁王。續通考云，道宗以太子爲盜所害，太康六年，設旗鼓拽剌六人護衞太孫延禧。十年三月，命知制誥王師儒、牌印郎君耶律固傅導燕國王延禧。壽隆六年十二月，詔延禧擬注大將軍以下官。又，契丹國志，初封齊王。由齊王卽位。與史異。按，託輝，一作陶海，舊作陶隗，字烏庫哩，舊作烏古隣。宰相轄達六世孫。後因言阿蘇不可相，爲所陷，免官；起塔布城節度，卒。「阿蘇」，滿州語綱也。舊作「阿速」。進燕國王、尚書令、大元帥。〔攷異〕道宗喜作字。秦越大長公主捨棠陰坊第爲大昊天寺，帝爲書碑及額。今在燕京舊城。墨池編以爲元碑，誤，胡文煥古今碑帖考已辨正。末帝亦能書，嘗奉道宗敕寫尚書五子之歌，見陶宗儀書史會要。續通考云，大定二十四年二月，大長公主降錢三百萬建昊天寺，給田百頃，每歲度僧尼十人。周篔析津日記云，昊天寺碑記無一存者，惟有萬歷間山陰朱敬循一碑。塔址爲民侵伐，寺門一井泉，特清冽，不下天壇夾道水也。日下舊聞考云，寺故基在西便門大街西，道宗碑額外，尚有乾文閣待制孟初碑。見元一統志。又，王惲秋澗集有登昊天寺寶嚴塔詩云：「高標直上跨蒼穹，物外方知象教雄；九陌市聲開曉色，兩都喬木動秋風。遥憐汗馬屯湖渚，安得長書附去鴻？寂歷村墟野烟外，誰家簾幔夕陽紅。」至是嗣立。

二月壬辰朔，改元乾統，大赦。詔爲耶律伊遜原作乙辛所誣陷者，復其官爵，籍没者出之，流放者還之。乙巳，以北府宰相蕭兀納一作烏納，即托卜嘉，字特默，舊作特免。詳上卷。爲遼興節度使，加守太傅。〔攷異〕畢沅續通鑑云，主惡直言，心嗛烏納，殿直達爾旺哈知之，誣其私借内府犀角；命鞫之，不伏，奪官，降甯邊州刺史。自是，廷臣益務柔佞。范仲熊北記云，天祚身長六尺，善騎射。即位後，拒諫飾非，窮奢極侈，盤於遊畋，信用讒諂，紀綱廢弛，人情怨怒。洪邁夷堅志云，孫僑家藏寶劍，絶異。夜置庭中暗處，則星象燦列其上。統制趙嚴自北來，爲予弟景裴言。頃天祚在位，日有星隕於燕，徹禁廷，既入土，猶熒熒然，召太史占之，對曰：「其下必有異。」掘之，深入七八尺，得鐵鑛一塊，重百餘斤，命付八作司鑄爲十劍。唤一死囚，被以厚甲三重，舉劍斫其腰，并三甲皆斷。其堅利若是。嘗以一與駙馬都尉孫君，蓋得此云。續松漠紀聞云，契丹重骨咄犀，犀不大，萬株犀無一不曾作帶，紋如象牙，帶黄色，止是作刀把，已爲無價。天祚以此作兔鶻押垂頭者，中國謂之腰條皮。周密雲烟過眼録云，伯幾曰骨柮犀，乃蛇角也，其性至毒而能解毒。葉森於延祐庚申得骨柮犀刀欛二，來，看其花紋，如今市中所賣糖糕，或有白點，以手摩之作巖桂香。若摩之無香者，僞物也。劉郁西使記云，骨篤犀，大蛇之角也，解諸毒。愼懋官華夷鳥獸考云，骨咄犀，蛇角也，一曰蠱毒犀，唐書有古都國，必其所産，今人譌作骨柮耳。遼史作榾柮犀。

三月丁卯，詔以張孝傑家屬分賜羣臣。召僧法〔順〕〔頤〕（據遼史卷二七天祚紀改）放戒於內庭。

夏六月壬寅，以宋魏國王和囉噶原作和魯斡爲天下兵馬大元帥。進封其子淳爲鄭王。丁未，北院樞密使耶律阿蘇原作阿思加裕悅。原作于越

是冬十二月(己)〔乙〕(同上書改)巳，詔先朝已行事，不得陳訴。〔攷異〕畢沅續通鑑云，時方治伊遜黨，其黨多賂權貴求寬免，主不悟而下此詔。所載較詳。

天祚帝乾統二年(壬午一一〇二)夏四月辛亥，詔誅伊遜黨，徙其子孫於邊。戮伊遜、特爾特原作得里特屍，以其家屬分賜被殺者之家。〔攷異〕畢沅續通鑑云，此外尚有張孝傑、蕭錫沙亦戮屍。時北樞密使阿蘇納賄，多出姦黨罪。蕭德勒岱不能制，亦附會之。馬人望傳，天祚嗣位，將報父仇，選人望與蕭報恩究其事。人望平心以處，多所全活。改上京副留守。人望，字儼叔。咸雍中第進士，歷州縣，仕至南院樞密使兼侍中。有操守，人不敢干以私，卒，謚文獻。時耶律都勒斡，字伊實揚，季父房後，官南府宰相，所至有聲，吏民畏愛。王棠，涿州新城人。擢進士，鄉貢、禮部廷試皆第一。歷樞副、南府宰相，練達朝政。皆見能吏傳。棠有集行世。續通考云，楊晳，安次人。太平中擢進士乙科，清甯中知南樞密，封趙王。竇景庸，中京人。清甯中第進士，累官知樞密事，監修國史，封陳國公。馬續，良鄉人。太平中進士及第，官南樞密使，封趙王。均見本傳。金史左企弓傳，字君(財)〔材〕(據金史卷七五左企弓傳改)，薊人。第進士。遷來州判官，蕭英弼賊昭懷太子，窮治黨與，多連引，企弓辨析其冤，免者甚衆。史亦未載。

冬十月乙卯，蕭哈里原作海里叛，劫乾州武庫器甲。命赫嘉努原作郝家奴捕之，哈里亡入

阿克展原作阿典部，赫嘉努坐免官。

十一月壬寅，以生日爲天興節。〔攷異〕元一統志云，遼乾統二年，沙門了銖作崇孝寺碑銘，謂析津府都總管之公署左有佛寺，殿名崇孝。按，幽州土地記則有唐初軍置，而里俗相沿，則謂德宗貞元五年幽帥彭城太師劉莊武公濟捨宅爲寺，以前殿梁板及後殿左幢文考之，良是。

三年（癸未一一〇三）春正月辛巳朔，帝如混同江。女直函哈里首來獻，賜予加等。〔攷異〕契丹國志云，哈里奔女直，命圖之。數月，獨斬其首獻，餘悉留不遣。是年正月，彗出西方，其長竟天。畢沅續通鑑云，時蕭哈嚕言於主，請修邊備，北樞密使阿蘇力阻之。時（議）〔識〕（據續通鑑卷八八宋紀改）其以金寶國云，紀均未載。周筼析津日記云，慈仁寺，亦呼報國寺，蓋先有報國寺在寺之西北隅也。今僧院中尚存遼乾統三年尊勝陀羅尼石幢。國朝一統志云，慈仁寺，在廣甯門內，本遼、金時報國寺，明憲宗爲孝肅周太后弟吉祥建，俗仍呼報國寺。有二松，相傳金時舊植，後有毘盧閣，左有松樓。李日華六研齋筆記云，報國寺古松二株，在佛殿前，低枝曲幹，偃罩九十餘步，望之如青鳳展翅；處其下，如山間松棚，六月消夏，尤所宜也。百川書志云，音韻直指玉鑰匙門法一卷，大慈仁寺沙門清泉真空編，凡二十門。周仲士懷柔縣志云，雲巖寺，在栲栳山，向有道院，遼乾統中，華嚴祖師居此。有沙門圓揆塔記，祖師乂琛，玉田李氏子。幼喪母，事繼母以孝聞。長，辭家訪道，得淸虛修煉之術；父訪，令還家，更習儒業，通文史，壽昌五年，試中甲，薦名上，不赴，遂爲僧。乾統初，以栲栳磚立小院，受法者二百餘人，後染末疾，入定如眠，有紅光發於頂面，照滿一室。今塔尚存。又，延洪寺，統和六年三月，聖宗嘗幸之。析津志云在崇智門內，時稱爲甲刹。至元猶存。見圖經、志書。又，上林彙考云，永清縣城西有隆慶寺，地名乂口村，殿前香爐石基，遼乾統年所立。又，金鵲廟，在縣南三里，廟祀關侯，草中有遼大安年所立石幢。

六年（丙戌一一〇六）冬十一月戊戌，以和囉噶爲義和仁聖皇太叔，封皇子額魯温原作敖盧斡爲晉王，實訥埒原作習泥烈爲饒樂郡王。〔攷異〕畢沅續通鑑云，封趙王。

天慶二年（壬辰一一一二）春二月丁酉，帝如春州，攷見上卷。幸混同江（鈞）〔鉤〕（據遼史卷二七天祚紀改）魚。命女直阿固達原作阿骨打起舞，辭。欲殺之，不果。其弟武奇邁、原作吴乞買尼雅滿、原作粘罕瑚實原作胡舍等嘗從獵，能呼鹿、刺虎、搏熊。帝喜，輒加官爵。

秋（七）〔九〕（據遼史卷二七天祚紀、金史卷二太祖紀改）月，阿固達稱兵，先併旁近部族。〔攷異〕潛研堂金石文跋尾云，右釋迦、定光二佛的身舍弟塔記，在重熙鐵塔記之旁，天慶二年，釋慧材撰，文作駢體，亦琅琅可誦。敍重熙十五年鑄鐵塔事。以重熙爲重和，初疑其誤，後讀陸游老學菴筆記，乃知改「熙」爲「和」，蓋避天祚嫌名。碑文刻於當時，果無誤也。遼史亦未及之。

三年（癸巳一一一三）夏閏四月，李弘以左道惑衆作亂，伏誅。

冬十一月甲午，以三司使虞融知南院樞密使事，西南招討使蕭樂古爲南府宰相。〔攷異〕興宗紀景福元年，橫帳郎君樂古，另一人。

四年（甲午一一一四）秋七月，詔發渾河北諸軍防女直，女直遂集諸部兵攻甯江州，統軍司以聞。時上在慶州射鹿，畧不介意。遣海州今奉天府海城縣是。〔攷異〕薛延寵全遼志云，海州衞，在遼陽城南一百二十里。唐置澄州，遼爲海州南海軍。方輿紀要云，今海州衞城亦曰卑沙城，高麗所築，幅員九里，或訛爲卑奢城。自登、萊海道趨高麗之平壤，必先出此。隋大業十年，來護兒出海道至卑奢城，敗高麗兵，將趨平壤，高麗懼，請降。唐貞觀十八年，伐高麗，張亮自東萊渡海襲卑沙城，攻拔之。總章初，李世勣復得其地。後復於渤海置南京南海府，兼置沃州，領縣六。遼改置臨溟縣爲州治。又，耀州，本渤海椒州，治巖淵縣；濱州柔遠軍，本渤海晴州，皆隸海州。見地理志。刺史高仙壽統渤海軍應援。蕭托卜嘉與戰於甯江東，敗績。〔攷異〕薛應旂通鑑云，十月朔，甯江陷，遼防禦使大藥師奴被獲，阿骨打縱之，使招諭遼人，遂引軍還。所載較詳。

冬十月壬寅，命東北路都統蕭嗣先偕靜江節度使蕭托卜嘉等往討女直。女直來襲，軍潰，崔公義等死之。其兄奉先懼其弟獲罪，奏赦潰軍不誅，士益無鬭志。

十一月壬辰，都統蕭敵里等敗於沃稜濼，原作斡鄰濼免官。辛丑，以西北招討使耶律斡里朶爲行軍都統，副點檢蕭伊實原作乙薛，一作伊錫，字圖敏，國舅少父房後。同知（北）（據遼史卷二七天祚紀删）南院樞密使事耶律章努原作章奴副之。〔攷異〕契丹國志云，時番、漢軍分出四路：耶律斡里朶，淶流河路，蘇壽吉副之；耶律甯黄龍府路，耿欽副之；蕭格咸州路，龔誼副之；蕭和古努，草谷（按，契丹國志卷一〇天祚紀作「草峪」）路，張維協副之。獨淶流河路深入，交鋒，稍却，斡里朶誤聽漢軍已遁，卽棄營走。大金國志云，斡里朶既奔，漢軍尚餘三萬衆，推武朝彦爲都統，復戰，大敗；餘三路各退保其城，悉被攻陷。紀載各異。

十二月，咸、賓、祥三州叛。伊實往援賓州，諸將實喇、原作實婁圖烈原作特烈。卷一百十四有傳。又，卷二十九，保大三年，突烈爲衆所殺，與傳合，係一人。往援咸州，並爲女直所敗。

五年（乙未一一一五）春正月，帝下詔親征。遣僧嘉努原作僧家奴如金議和。都統斡里朶戰敗於達里庫原作達魯古城。

二月，饒州渤海古欲〔攷異〕畢沅續通鑑作摩哩。等反，自稱大王。以蕭色佛咵原作謝佛留討之，大敗；命南面副部署蕭托斯和原作陶蘇斡爲都統，赴之。

五月，及古欲戰，敗績。

六月丙辰，招古欲等，獲之。〔攷異〕托斯和傳，渤海結構頭下城，叛，衆至三萬，托斯和擒其渠魁，斬首數千級，得所掠，悉還其主。兵未嘗敗，與紀異。字伊實揚，正直，爲阿蘇所忌，沮不用，後召知南樞密院事。

秋七月，斡里朶與金兵戰，敗於白馬濼，免官。

八月，命蕭奉先爲御營都統，率諸將分道進兵，帝親征。

〔九月〕，（據遼史卷二八天祚紀補）尼雅滿等以書來，欲求戰，帝大怒，下詔，有「女直作過，大軍翦除」之語。〔攷異〕薛應旂通鑑云，主率蕃、漢兵十餘萬出長春路，命蕭奉先偕章努等以精兵二萬爲先鋒，餘分五部，北出駱駝口，別以兵三萬出甯江州。駱駝山口在今札賚特西北。北邊紀事云，長春州亦曰長春路。通鑑輯覽奉先作呼都克，原作胡篤。金主剺面慟哭曰：「始與汝等起兵，蓋苦契丹殘忍，欲自立國。今主上親征，奈何？非人人死戰莫能當也。不如殺我一族，汝等迎降，轉禍爲福。」諸軍皆曰：「事已至此，惟命是從。」乙巳，章努反，奔上京，〔攷異〕章努傳，攻上京，北走降虜。（上）（據遼史卷一〇〇耶律章奴傳刪）按，「降虜上」，文義難解。考地理志，上京道有降聖州，或係刊刻之訛。見陳浩遼史攷證。謀立魏國王淳。遣蕭諦里說王，王不從，斬其首以獻。已而章努率兵掠慶、（曉）〔饒〕（據遼史卷二八天祚紀改）、懷、祖等州，爲文告太祖廟，移檄州縣，衆至數萬。犯行宮，順國女直阿古齊原作阿鶻産，又作阿果展。擊敗之。章努詐爲使者，欲奔金，爲邏者所獲，縛送行在，伏誅。

冬十一月，遣駙馬蕭特默、原作特末林牙蕭察喇等將騎兵五萬、步卒四十萬、親軍七十萬至駞門。〔攷異〕金史作圖門，通鑑輯覽作圖歛。

十二月乙巳，耶律章嘉努原作張家奴叛。戊申，親戰於科卜多原作護步答。〔攷異〕金史作呼岱巴。畢沅續通鑑作呼卜圖，通鑑輯覽作和斯布達，在混同岡西。岡，敗績。〔攷異〕宏簡録云，十一月，命蕭特末等率兵至駞門。十二月，戰於護步答岡，敗績，蓋與金戰也。又載，耶律張家奴叛，以耶律馬哥致討。綱目云，十二月，遼主自將至駞門，號七十萬。金主牒知，因章努反，西還已二日，遂追及於護步答岡，大敗之，遼軍潰遁，枕藉百餘里，所遺軍資無算。契丹國志云，八月，天祚親征。一夕，軍中戈戟有光，馬皆嘶鳴，咸謂不祥，宰相張琳謂爲唐莊宗滅梁之兆。帝喜甚。十一月，與金兵遇，戰敗，大潰，帝一日夜走五百里，退保長春，女真遂乘勝并渤海、遼陽等五十四州。均與史異。己未，錦州刺史耶律珠展原作朮者。〔攷異〕汪輝祖遼史同名録云，卷二十，興宗重熙十七年，東北面詳衮，卷二十二，道宗清甯九年，以叛誅；咸雍二年，北府宰相；卷二十九，天祚保大四年，北護衛太保；卷一百七列女蕭氏傳，蕭氏夫；卷一百十三德哷傳，大同時，相州偏將，七人同名朮者。畢沅續通鑑作珠澤。又異。叛應之，命耶律瑪格原作馬哥往討。〔攷異〕珠展傳，時與章努謀立淳，及聞章努自鴨子河亡去，即往會，遂爲游兵執送行在。上問故，對曰：「天下大亂，已非遼有，不忍見天皇帝艱難之業一旦土崩，故有此舉。」後復問，厲聲數上過及社稷危亡之本，遂殺之。據此，則應章奴，非應章嘉努。更異。

是歲，阿固達稱帝，國號金。

六年(丙申一一一六)春二月戊辰，侍御司徒托卜嘉原作撻不也討章嘉努，戰於祖州，敗績。乙酉，遣都部署蕭特默原作特末率諸將進討。戊子，章嘉努誘饒州、渤海及中京賊侯槩等萬餘人，攻陷高州。地理志云，高州，開泰中伐高麗以俘户置，治三韓縣。辰韓爲扶餘，弁韓爲新羅，馬韓爲高麗。聖宗俘三國之遺人置縣，屬中京。

三月，東面行軍副統蕭綽哈原作酬斡。〔攷異〕卷二十八，天慶六年，族人，同名酬斡。等擒侯槩於川州。〔攷異〕綽哈傳，字額勒本，國舅父房後，尚越國公主。官行軍副統軍，討平饒州渤海，擊散侯槩；未幾，東京陷，綽哈戰没，贈龍虎衛上將軍。紀未載。潛研堂金石文跋尾云，興中故城東北六十七里有古城址，周不及三里，遼白川州地也。城中有遼石幢記，首云：「奉爲神贊天輔皇帝齊天彰德皇后萬歲，親王公主千秋，文武百僚恒居禄位，風調雨順，海晏河清，一切有情，同霑利□。」按，聖宗加上尊號凡六，加神贊天輔，係開泰元年，此云神贊天輔皇帝，則石幢之立，當在開泰以後矣。遼史仁德皇后傳，統和十九年，册爲齊天皇后。本紀亦同。自後别無加上尊號之事。史文闕畧，當據此以補之，但不知在何年耳。又云，親王者，大丞相晉國王耶律隆運也。記文爲長甯節度掌書記、儒林郎、試大理評事、武騎尉王桂撰。後有長甯軍節度管内觀察處置等使，金紫崇禄大夫、檢校太傅、使持節白川州諸軍事、白川州刺史兼御史大夫上柱國。丁巳下俱闕，疑書石人名也。遼史地理志，川州，明王安端置，會同三年詔爲白川州。安端子察割以大逆誅，没入，省白川州。不知省於何年。金史則云天禄五年去白字。今此幢立於聖宗時，猶云白川州，可見金史攷之未審也。左方列銜可辨識者，有銀青崇禄大夫兼監察御史、武騎尉、同監麴務都點王元泰，銀青崇禄大夫兼監察御史、武騎尉、同監麴務張翼，三司押衙麴務判官兼知商務事翟可行，銀青崇禄大夫、檢校工部尚書兼御史大夫、上柱國崔宬，儒林郎、試大理評事、守白川州咸康縣令、武騎尉王□，銀青崇禄大夫，檢校左散騎常侍兼殿中侍御史、驍騎尉江濤，觀察判官、儒林郎、試大理司直、雲騎尉賜緋魚袋田能成，管内觀察處置等使、金紫崇禄大夫、檢校太傅、使持節、白川州諸軍事、白川州刺史兼御史大夫、上柱國、鉅鹿縣開國子、食邑五百户耿延□。諸人於史無所表見，惟聖宗紀有昭德軍節度使耿延毅，其爲一人與否，惜石文斷裂，無從知之矣。遼史志百官，於南面尤略。此所載結銜，有散官，有檢校官，有憲官，有試秩，有勳，有爵，有賜，有食邑，皆史所未詳。至商税麴務都監、同監麴務、麴務判官之設，百官、食貨兩志，均遺之，所宜特書，以補正史之闕漏也。

夏四月戊辰，親征章嘉努，誅之，及其叛黨，饒州渤海平。〔攷異〕阿息保傳，是年從阿蘇討章努，加領軍衛大將軍。阿蘇將兵而東，阿息保送至軍，乃還。帝怒，鞭三百。後阿蘇反，阿息保被擒，因有舊，得免。時阿蘇好殺，勸曰：「欲舉大事，何以殺爲？」全活甚衆。會阿蘇敗，乃還。紀均未載。且章努疑是章嘉努之誤。阿蘇原作阿疏，乾統初，北樞密阿蘇，原作阿思，疑另一人。

是年，東京高永昌叛，張琳討之，不克；金人(攷)〔攻〕(據遼史卷二八天祚紀改)陷東京，擒永昌。〔攷異〕契丹國志云，舊例，漢人不預軍政。自兩戰之敗，主始疑奉先不知兵，遂召宰相張琳、吴庸付以東征事，計户出軍，兵分四路，爲女真敗。及東京潰陷，坐謫官。乃授淳爲都元帥，蕭德恭副之。按，天祚紀，時爲副元帥者係上京留守、契丹行宫都部署蕭托卜嘉，原作撻不也。所載各異。

七年(丁酉一一一七)春二月，淶水縣地理志，本漢道縣，今縣北一里故道城是也。元魏移於故城南，即今縣。周大象末改今名，在易州東四十里。有淶水。桑欽水經云，拒馬河出代郡廣昌縣淶山。酈道元注云，即淶水也。賊董龐兒聚衆作亂，西京留守蕭伊實原作乙薛等破之於易水西。其黨復聚，戰於奉聖州，大敗之。〔攷異〕北盟會編云，蔡京招董龐兒降，許王燕地。因上表自號扶宋破虜大將軍董才。後兵敗入雲、應、武、朔，斬牛欄監軍，函其首來獻。賜姓名趙詡。乞遣兵爲援，取中國故地，京大喜，鄧洵武諫議爲之緩。政和七年，知岢嵐軍解潛招之，并其黨以聞。上召見，陳契丹可取狀甚切。至宣和初，竟出師矣。 繫年要録云，政和七年春，陶悅使遼歸，具言敵未可圖。會洵武亦言，事得暫止。陶悦奉使録亦云，貫北伐，前軍發，悦歸奏：「事未可圖。」乃寢。後因贈祕閣修撰。契丹國志趙詡作趙翊。 周煇清波雜志云，陳公輔，南渡初兩爲諫官，嘗記高揀之言曰：揀嘗事蔡京，言童貫欲謀取燕山，度大臣無可議。京方閒居錢唐，會副鄭允中使遼，以珍異獻遼主，果大喜，置酒密室，獨召貫與飲，因撰密室録。歸奏，具載遼主盛道京德望，得復相。貫以所謀白京，未敢許，及廷議，王黼先奏贊成之，王安中亦願書名，議遂決。故貫、黼首被誅戮，惟安中得全腰領，議者怪焉。余觀安中居燕山二年，父事藥師，脱身歸，備知反狀，無一語，猶推譽之，希再用。罪無與比。而京與鄭允中、余深六七大臣，皆深知不可不力争，豈不真負國家哉！ 按，揀爲是説，意似尤京。然首建平燕議，招納李良嗣，良嗣乃上北夷録、平夷書，其誰主之？黼晚乃推行京意。朋姦誤國如此。時有謡語：「打破筒，潑乃菜，便是人間好世界。」可見人心也。 朱翌猗覺寮雜記云，予在史館(修)〔讀〕(據猗覺寮雜記卷六改)真宗實録，雄州言契丹移遼陽城，言征高麗，且涉女真境，女真衆雖少，契丹必不能勝，仍畫圖以獻。又云，遼俗，既葬，必守墳，或云國主欲守其母墳，聲言征高麗駐遼陽城也。上以問王旦，對曰：「當顧其大者，契丹方固盟好，高麗貢奉累歲不至。」上曰：「然！可諭登州侍其旭，如高麗有使來乞師，即語以累年貢奉不入，不敢聞於朝。如有歸投者，第存撫之，亦勿以聞。」宣和間，女真遣使海上，結約攻遼，時未聞有以此事奏上者。 張端義貴耳集云，宣和初，高麗求醫，帝遣二良醫往，歲餘方歸，奏曰：「王館醫甚勤。」謂曰：「高麗小國，世受國恩，不敢忘。聞天子用兵，遼實兄弟國，存之猶足捍邊，女真乃虎狼，不可交也。顧回告天子早爲備。」方輿紀要云，牛欄，山名，在順義縣北二十里。自順州至檀州漸入山，牛欄是其要地。見王曾上契丹事。高士奇塞北小鈔云，牛欄山，相傳有中峯洞，洞內金牛時常出見。然山不甚高，遠望之，僅蜿蜒一邱耳。遼置牛欄都統領司。見百官志。顧炎武昌平山水記云，洞前石壁有飲牛池，昔有仙人騎牛來游，因名。靈蹟山，山東麓潮、白二河合焉。有龍王廟。山東南爲漕河營，有城。畿輔山川志亦名金牛山。伊實以功擢北府宰相，加左僕射。本傳，字特默，國舅少父房後。討平董（龐）〔厖〕兒（據遼史卷一〇一蕭乙薛傳改），歷東北統軍使，政兼寬猛。金兵至，軍潰，坐左遷；起上京留守，盧彥倫以城叛，伊實被執。得釋後，爲達實所殺。〔攷異〕天祚朝爲北府宰相，伊實外，尚有蕭常哥、蕭德恭；而南府宰相，則魏王淳、蕭樂古。宰相則張琳、李處溫。見沈炳震廿一史四譜。又，契丹國志有宰相吳庸，譜未列其名。

夏五月庚寅，東北面行軍將聶哷、原作湼里赫嚕、原作合魯尼格、原作湼哥。〔攷異〕卷十八，興宗重熙六年，同簽點檢司，另一人。錫庫原作虛古等棄市。

秋九月，帝自燕至陰涼河，方輿紀要云，在大甯衛北，發源松林中，流經臨潢府南，合於潢河。在今札嚕特右翼西北。置淵原作怨軍八營，凡二萬八千餘人，屯衛州〔攷異〕當作渭州，遼置，廢地在今錦州府甯遠縣界。胡嶠陷北記云，又東行數日，過衛州，有居人三千餘家。蓋遼所虜中國衛州人築城居之。地理志云，渭州高陽軍，秦國王隆慶女韓國長公主置，係頭下軍州。蒺藜山。在甯遠州邊外。〔攷異〕薛應旂通鑑云，以渤海鐵州郭藥師等爲帥。紀未載。

冬十二月丙寅，都元帥淳敗於蒺藜山，顯州及旁近州郡悉陷。〔攷異〕汪藻謀夏録謂蒺藜山之敗係天慶八年事。與史異。

八年（戊戌一一一八）春正月，東路諸州盜賊蜂起，掠民以充食。

夏五月，安生兒、張高兒聚衆二十萬作亂，耶律瑪格原作馬哥等討之，斬生兒於龍化州，高兒亡入懿州，與霍六格原作霍六哥。〔攷異〕畢沅續通鑑作霍石。後降金，以爲千户。合。陷海北州，地理志，廣化軍，世宗以俘户置，在閭山西南海之北，初隸宜州，後屬乾州。縣一：開義。趣義州，軍帥和勒博原作回離保等擊敗之。

是歲，山前諸路大饑，民相食，斗粟直數（緡）〔縑〕（據遼史卷二八天祚紀改）。〔攷異〕續通考云，八年六月，射柳祈雨。時蕭文知易州，大旱，百姓憂甚，爲文禱之，輒雨。先是，壽隆四年七月，南京蝗，文知易州，屬縣議捕除之。文曰：「蝗乃天災，捕之何益！但反躬自責。」蝗盡飛去，遺者亦不食苗，尋爲烏鵲所食。字國華，外戚之賢者。父直善，安州防禦使。文終唐古部節度，高陽勒石頌之。見本傳。

九年（己亥一一一九）春二月，張薩巴原作撒八作亂，誘中京射糧軍，僭號，南面軍帥伊都原作余覩討擒之。

冬十月甲戌朔，耶律辰圖努原作陳圖奴。〔攷異〕畢沅續通鑑作程古努，云舊作陳國奴。等二十餘人謀反，伏誅。〔攷異〕契丹國志云，契丹屢年困於用兵，應諸州富民自願進軍馬，人獻錢三千貫，特補進士出身。諸蕃部富人進軍獻馬、納粟出身，官各有差。因燕王言，令中京燕、雲、平三路諸色人收養遼東饑民，候次年等第推恩。官爵之濫，至此而極。紀未載。

保大元年（辛丑一一二一）春正月，樞密使蕭奉先使人誣告駙馬蕭昱等謀立晉王，殺昱等，伊都率衆叛入金。〔攷異〕洪皓松漠紀聞云：余都姑以十萬降，遼軍大震。天祚怒國人叛己，命漢兒遇契丹人則殺之。初，遼制，契丹人殺漢兒者皆不加刑。至是，見者必死。國中駭亂，皆莫爲用。史未載。

二年（壬寅一一二二）春正月乙亥，金克中京，遂下澤州。帝出居庸關，至鴛鴦濼。〔攷異〕方輿紀要云：在雲州堡西北百餘里，周八十里，今赤城縣西北。孫世芳宣府鎮志云：自遼、金爲飛放之所。蘇頌魏公集云：北人以百騎飛放，謂之羅草。終日獲兔數枚，有媿色，謂余曰：「道次小圍不足觀，常時千人以上爲大圍，則所獲甚多，其樂無涯也。」汪藻謀夏録云：契丹馬三萬餘匹，歲牧於雄、霸、滄州兩界之間，謂之南征馬，意欲誇示中國，實備燕、雲緩急之用。范鎮東齋紀事云：契丹牛馬有熟時，一如南朝養蠶也。有雪而露出草一寸許，此時牛馬大熟，若無雪或雪没草則不熟。食貨志云：太祖爲額爾奇木，羣牧蕃息，上下給足。及即位，伐河東，下代北郡縣，獲牛羊駝馬十餘萬。色珍討女直，復獲馬二十餘萬。分牧水草便地，所增無數。咸雍五年，蕭托輝爲馬羣太保，奏稱：羣牧名存實亡，上下相欺，宜括實數以爲定籍。厥後，東丹國歲貢千匹，女直萬匹，直不古等國萬匹，準布及武都溫特哩袞各二萬匹，西夏、室韋各三百匹，伊埒圖、博和哩、鄂羅木、富珠里、鐵驪等諸部三百匹。仍禁朔州路羊馬入宋，托歡、党項馬鬻於夏。以故羣牧滋蕃，數至百有餘萬，諸司牧官以次進階。天祚初，牛馬猶有數萬羣，每羣不下千匹。祖宗舊制：常選南征馬數萬匹，牧於雄、霸、清、滄間，以備燕、雲緩急；復選數萬給四時遊畋。餘則分地以牧，法至善也。至末年，累與金戰，番、漢戰馬損十六七。雖增價數倍，竟無所買。乃冒法買官馬從軍，諸羣牧私賣日多，畋獵亦不足用，遂爲金滅。松漠以北舊馬，又皆爲達實所得矣。聞伊都引金羅索原作婁室貝勒原作孛堇。〔攷異〕卷一百七列女傳，珠展孛堇妻蕭氏父，同名孛堇（按，此處孛堇係官稱，非人名也）奄至，用蕭奉先言，賜晉王死。由是人心解體。伊都引金兵逼行宫，帝率衛兵五千餘騎幸雲中，遣傳國璽於桑乾河。〔攷異〕畢沅續通鑑云，金史本紀及宗望傳，宗望擊敗遼主，獲其子趙王及傳國璽，獻於行在。按，遼史戰於白水濼，趙王被執，在保大三年，即金天輔七年。而遺傳國璽於桑乾河，在保大元年，即天輔五年。是宗望所獲者非即桑乾河所遺者也。二史互異。今從天祚紀載在保大二年。畢氏亦誤。

三月辛酉，帝聞金兵將出嶺西，遂趨白水濼。行至努克特原作女古底倉，聞金兵迫，計不知所出，乘輕騎入夾山。〔攷異〕方輿紀要云，在古雲内州北六十里。張欽大同志云，在朔州城北三百四十里。繫年要録云，在沙漠北，有泥潦六十里，惟契丹能達，他國不能至，金人每以爲恨。所載較詳。責蕭奉先不忠，并其子逐之，尋並賜死。逐北院樞密使蕭塔喇台。原作得里底召托卜嘉典禁衛，以蕭僧孝努知北院樞密使事。〔攷異〕契丹國志云，天祚謫奉先西南招討，擢用耶律大悲奴爲北樞密使，蕭査剌同知密院，間有軍國大事，與南面宰執吳庸、馬人望、柴誼等參議，皆昏謬不能裁決。諺曰：「五箇翁翁四百歲，南面北面頓瞌睡；自己精神管不得，有甚心情殺女直。」遠近傳爲笑端。及入夾山，金兵至雲中，留守蕭査剌降。金主自將追天祚，幾及，應行宫内庫三局珍寶，祖宗二百餘年所積，刼掠一空。雲中兵變，查剌復拒守，金兵還，攻破之，執馬權、韓執謙等，破朔、應諸州。所載較詳。

元好問續夷堅志云，雲中初降復叛，金人怒其反覆，破城後，驅壯士至榆坡，盡殺之。中有喉絲不斷者，枕藉積尸中，復甦，夜見吏卒至，呼姓名皆應，獨不呼此人，後竟平復，至七十餘病終。又，曹氏小兒被驅，羣兒皆擊死。至曹，忽二犬突出，觸軍士仆地，軍士怒，逐犬入人家，曹氏兒散走。忽有執黃旗者，大呼禁殺掠兒，因得免。後仕至節度。史未載。諸局百工多亡，凡扈從者，無論（人）〔吏〕（據遼史卷二九天祚紀改）民，皆官之。

是月，秦晉王淳自立於南京，據燕、(營)〔雲〕(同上書改)、平及上京、遼西六路。祇存沙漠以北，西南、西北兩招討諸蕃部族而已。

夏四月辛卯，西南招討使耶律佛騰原作佛頂叛降金，雲内、甯邊、東勝等州地理志云，雲内州爲開遠軍，有古哈屯城、大同(州)〔川〕(據遼史卷四一地理志改)、天安軍、永濟柵、安樂戍〔拂雲堆〕(同上書補)。統縣二：柔服、甯人。甯邊州屬(天德軍)〔鎮西軍〕(同上書改)。東勝州統縣二：榆林、河濱。〔攷異〕唐書地理志，榆林縣有隋故榆林宮，東有榆林關，貞觀十二年置。又，通考，河濱縣，漢河南縣地，唐置，東臨河岸，爲名。汪承霈大同府志云，雲内州，本秦、漢九原縣地，唐貞觀中立雲中都督府，後置横塞軍，遼置雲内州。西受降城去中受降城百餘里，古豐州西北八十里。許爾忠朔州志云，居延川在州北廢雲内州，一名居延澤，蘇武嘗困於此，旁有居延城。輿地廣記云，新城北三百里有鸊鵜泉。石麟山西通志云，李陵臺在古雲内州，臺高二丈餘。唐置雲中都護府，有燕然山，山有李陵臺，陵嘗登以望漢。其近有拂雲堆，堆上有祠。潘自牧記纂淵海云，君子津在古東勝州界，漢時有大賈齎金行至此，死，津長埋之。後其子至，悉以金付之，因名。明一統志云，河濱廢縣在大同府城西五百餘里，隋榆林縣地，唐析置此縣，屬勝州。縣東北有河濱關，後廢，遼復置，屬東勝州。方輿紀要云，雲内州，本中受降城地，在大同府西北五百餘里。甯邊州，在朔州西，號鎮西軍，卽唐隆鎮。東勝州，在大同府西五百里，亦曰武興軍，卽唐榆林郡。紀載各異。(等州)(據上文删)皆降。阿蘇原作阿踈爲金師所擒。〔攷異〕畢沅續通鑑云，初，起兵以阿蘇故，既獲，乃杖而釋之。或問之，答曰：「我破遼鬼也。」所載較詳。金已取西京，沙漠以南部族悉降。帝遂遁於額蘇掄。原作訛莎烈。〔攷異〕國語作鄂索勒，地名。時北部瑪克實原作謨葛失，又作瑪克錫。贐馬、駞、食羊。

五月甲戌，都統瑪格收集散亡；會於額勒錦，原作漚里謹擢知北院樞密使事。

六月，瑪克實以兵來援，敗於鴻和原作洪灰水，其子托果原作陀古及其屬阿敦原作阿敵音均被擒。

秋七月乙丑，上京茂巴克實原作毛八十率二千户降金。

八月戊戌，親遇金軍，戰於石輦驛，攷詳上卷敗績；都統蕭特默原作特末及其姪薩古原作撒古被執。〔攷異〕趙良嗣燕雲奉使録云，八月十二日戰於狗泊之地，生擒契丹都統駙馬蕭規，天祚引數騎脱身遁。所載稍異。辛丑，會軍於歡塔察拉，原作歡撻新查剌金兵追急，棄輜重以遁。〔攷異〕薛應旂通鑑云，金主聞天祚在大漁濼，自將親兵襲之，追及於石輦驛。斡离不力戰，短兵接遼兵，圍之數重，蕭特烈等殊死戰，天祚與妃嬪登高阜縱觀。余覩指示麾蓋，與諸將馳赴之，天祚驚遁，追至烏里質鐸。一作謂勒錐圖。大漁濼，亦曰魚兒濼，在古興和城，即撫州故城。在今張家口外開平衛西四百餘里，去宣府三百餘里，今爲柔遠鎮。見方輿紀要。

冬十一月乙丑，聞金兵至奉聖州，遂率衛兵屯於埒克塞。原作落昆髓。

十二月，金定西京，帝由薩里原作掃里關出居四部族詳衮之家。〔攷異〕阿息保傳，是歲，魏王僭號，屢招以書。阿息保封書獻，因諫曰：「東兵甚鋭，未可輕敵。」及石輦驛之敗，帝遁，召阿息保，不時至，疑有貳心，并怒爲淳所招，殺之。阿息保知國將亡，前後諫甚切。及死非其罪，人尤惜之。紀未載。〔攷異〕刑法志云，自太康間，伊遜用事，殺戮無辜，上下無復紀律。乾統改元，始竊治姦黨，而耶律托卜嘉、蕭達囉克等黨人之尤凶狡者，皆以賂免。至於覆軍失城者，第免官而已。行（營）〔軍〕（據遼史卷六二刑法志改）將軍耶律聶埒等三人有禁地射鹿之罪，皆棄市。其職官諸局人有過者，鐫降決斷之外，悉從軍。賞罰無章，叛亡接踵，乃務繩以嚴酷，由是投崖、砲擲、釘割、臠殺之刑復興焉。或有分尸五京，取心以獻祖廟。雖曰天祚救患無策，流爲殘忍，亦由祖宗有以啟之也。

是歲，宋人侵燕以應金，爲耶律達實原作大石等所敗，遁還；尋復來攻，復敗之，追擊至涿水而歸。〔攷異〕薛應旂通鑑云，宣和四年三月，燕王自立，命童貫勒兵十五萬巡北邊，蔡攸副之，付以三策。鄭居中、宇文虛中諫不聽。五月，攸陛辭，指二美嬪，請成功歸以賞功，帝笑而弗責。分兵兩道：命种師道總東路，趨白溝；辛興宗總西路，趨范村。師道至蘭溝甸爲耶律大石、蕭幹等所敗；興宗亦敗於范村。范村在涿州西北。師道退保雄州，坐免官。七月，王黼聞淳卒，命貫、攸治兵，劉延慶副之，郭藥師爲鄉導。至良鄉，爲幹敗，藥師襲燕京，復大敗，高世宣死之。延慶燒營遁，追至涿水而去，軍資喪盡。燕人作賦及歌詩誚之。藥師猶進承宣使。契丹國志云，凡駐白溝十二日乃還，退保雄州，未言兵敗事。北盟會編云，時眞定安撫使趙適疏乞拊存，契丹不報。東都事畧云，遼以敗盟責我，追我軍至古城南而還。貫歸罪於知雄州和詵，奏黜之。遣劉鞈卽驛與王介儒議再修好。命諸將分屯。貫自瓦橋關還。曾敏行獨醒雜志云，貫言面奉聖訓，不得擅殺北人。作黃旗，大書聖語立軍中以誓衆。种師道信之，敵薄我軍，不戰而退，自相蹂踐，兵甲塡滿山谷。知眞定府沈積中奏，聞罷師道兵柄，致仕。時蔡京以詩寄其子攸曰：「老嬾身心不自由，封書寄汝淚横流；百年信誓當深念，三伏征途盍少休。目送旌旗如昨夢，心存關塞起諸愁；緇衣堂下清風滿，早早歸來醉一甌。」觀此，雖其父亦知其非矣。周煇清波雜志云，攸副貫北伐，有少保節度使與宣撫副使二認旗從於後，次日執旗兵逃去，二旗亦失。識者知其不祥。既行，徽宗謂其父京曰：「攸辭日奏：功成後，要問朕覔念四、五都，知其英氣如此。」京但謝以小子無狀。二人乃上寵嬪，念四者，閻婕妤也。吳曾能改齋漫録云，元長所送行詩，蓋欲爲敗事張本，不知首建平燕議，招良嗣，又欲以妖人王仔息服錦袍鐵幞爲大將軍，會伏誅乃止。將明所爲，乃推行元長之意，世可盡欺乎？葉子奇草木子云，天祚親征阿骨打，刀槍皆放光；童貫出師，無故忽失二認旗。其後兵皆敗衄。蔡絛鐵圍山叢談云，貫出師之日，白虹貫日，軍行而牙旗折，伯氏繼之；抵雄州，地大震；天關地軸，出見於廳事上；龜大如錢，蛇猶朱漆，相逐而行，三帥拜而置諸城北樓真武祠中，已而不見。識者皆知其不祥。陸游老學菴筆記云，童汪錡能執干戈以衛社稷，本謂幼而能赴國難耳，非姓童也。翟公巽作童貫告詞曰：「爾祖汪錡。」誤也。或曰：「故以戲之。」繫年要錄云，吳曾曰：宣和四年，金攻遼，使王黼來乞師，許之。時金只檄代州不許受逃亡人，未嘗遣使，諸書亦無王黼乞和事。

三年（癸卯一一二三）春正月丁巳，奚王和勒博原作回离保僭號。甲子，張瑴據平州叛附金。

三月，帝駐蹕於雲內州南。

夏四月戊戌，金兵圍輜重於青家；硬寨太保特默格原作特母哥竊梁王〔攷異〕金史宗望傳作甯王。雅里遁，秦王、許王、諸妃、公主、從臣皆陷沒。庚子，梁宋大長公主托里原作特里。〔攷異〕汪輝祖遼史同名録云，卷一，太祖七年，迭骨离部人；卷十八，興宗重熙六年，都部署，三人同名托里。亡歸。壬寅，金遣人來招。癸卯，答書請和。丙午，金兵送族屬輜重東行，帝遣兵邀戰於白水濼，趙王實訥埒、原作習泥烈蕭道甯被執。迺遣牌印郎君穆喇斡原作謀盧瓦送兔紐金印偽降，遂西遁雲內。駙馬都尉（瀾）〔潤〕諾（據道光四年殿本遼史卷二九天祚紀改）原作乳奴詣金降。梁王雅里還。

五月庚申，雅里奔西北部稱帝。辛酉，帝渡河，止於金肅軍北。地理志云，重熙十二年伐西夏置，隸西南招討司。闕西京，故城在今鄂爾多斯右翼廢勝州東北。

冬十月，復渡河，東還，居圖魯卜部。

四年（甲辰一一二四）春正月，帝趨都統瑪格軍。金人來攻，棄營北遁，瑪格被執。瑪克實來迎，餽送馬、駝、糧餉，防衛甚至，封神裕悅王。至烏爾古原作烏古德哷原作敵烈部，以蕭伊實知北院樞密使事。

秋七月，天祚得林牙達實兵歸，又得陰山室韋瑪克實兵，自謂得天助，復謀出師，收燕、雲。達實力諫，不聽。率諸軍出夾山，下漁陽嶺，〔攷異〕畢沅續通鑑作潼陽嶺，疑悞。取天德、東勝、甯邊、雲内等州。南下武州，遇金人，戰於昂阿原作奄遏下水，方輿紀要云，在大同府西北二百里，納大澗、小澗、大滙、小滙四河入於黃河。〔攷異〕續通考謂爲奄遏下水海。云，水潮無常，所納又有銀海水諸細流。又，古雲内州東南百五十里有金河，西流入天瑞泊。又，紫河源出黑峪口；有黑河，源出官山，均至雲内州，歷東勝州入黃河。復潰，直趨山陰。〔攷異〕畢沅續通鑑云，主在夾山，宋欲誘致之。遣番僧齎御筆絹書通意，主許之。遂易書爲詔，待以皇弟禮，位燕、越二王上，築第千間，女樂三百，主大喜。童貫謀往迎。俄而主慮宋不足恃，遂直趨山陰。按，山陰，本遼河陰縣，金改山陰縣，屬大同府。此云山陰，史臣追敍之文。

秋八月，金主阿固達卒。〔攷異〕金史載在保大三年八月，宋史載在宣和五年五月，卽保大三年五月也。均與史異。

冬十月，納圖魯卜部人額爾克原作訛哥。〔攷異〕畢沅續通鑑作額格。妻恩克，以額爾克爲本部節度使。

十一月，行營兵亂，護衛太保珠展、原作朮者錫里原作舍利詳袞額布勒原作牙不里等擊敗之。

五年（乙巳一一二五）春正月戊子，帝幸天德。過沙漠，（聞）（據遼史卷三○天祚紀刪）金兵至，徒步走，乘張仁貴馬得脫，至天德。己丑，遇雪，無禦寒具，珠展進貂裘帽；途次絕糧，珠展進麨與棗，坐倚珠展以假寐。餘俱齧冰雪以濟饑。〔攷異〕金史蕭仲恭傳，本名珠嚕準，一作朮里者。父特默，官中書令，尚主，道宗季女也。仲恭留弟仲宣侍母，己扈從而西，進衣及乾糒，伏冰雪中，主藉以憩。俄俱被獲，仕至右丞相，越國王，謚貞簡。仲宣與母亦皆見獲，仕至武甯節度使。又，舒穆嚕榮傳，字昌祖，七世祖事遼，封順國王。主奔天德，榮父特頁挺身赴之。既見遼主，委以軍事。軍敗被執，將殺之，尼楚赫曰：「彼忠於所事，殺之何以勸後！」遂釋之。後從伐宋，卒於軍。榮累官開遠軍節度、山東路都統，卒，官臨洮尹。夜宿民家。數日，嘉其忠，拜節度使，遂趨党項。以小呼嚕原作斛祿。爲西南招討使。〔攷異〕蔡絛北征紀實云，天祚奔，舒和掄、尼雅滿討破其族帳，遂擒其子、后、妃、諸子、宗屬，獨天祚逸去。按，此時天祚家屬早爲金獲，非是。

二月，〔攷異〕馬擴茅齋自敍及汪藻背盟録作保大四年，則爲宣和六年秋。惟元符詔旨與童貫賀表均作宣和七年二月，與史合。至應州新城方輿紀要云，即新平城也，在大同府西南百里。東六十里，爲金將完顏羅索所獲。〔攷異〕金史太祖紀謂獲之於伊都谷。

秋八月癸卯，至金。丙午，降封海濱王。以疾終，年五十有四，改封豫王，葬於廣甯府閭陽縣乾陵傍。金史地理志云：「廣甯府舊名縣甯軍，本遼顯州奉先軍，漢望平縣地。天輔七年升爲府。統縣三：廣甯、望平、閭陽。」即遼乾州，有遼景宗乾陵。自太祖至此，凡九主，合二百一十九年。〔攷異〕契丹國志云：「天祚聞粘罕歸國，遂趨漁陽嶺。粘罕復回雲中，乃奔山金司，與小胡魯謀歸宋與夏。計未決，金使婁宿馳騎至，跪於前曰：『奴婢不佞，乃以甲冑犯天威。』因奉觴進，遂俘以還。時從騎尚千餘，有精金鑄佛，長丈六，他寶稱是。適時值大雪，車馬皆有轍迹，遂爲所及。初，女真入攻，時災異屢見，曾有人狂歌於市曰：『遼國且亡！』急追之，則人首獸身，連道『且亡』二字，遂入山中不見。又，保大元年春，日旁有青黑色如水波，周回而旋轉，將暮而止。蔡絛北征紀實云：「金於武、朔境上分兵布三百里，有一人馳駿馬走，騎兵圍之，即曰：『我天祚也。』欲加執縛，猶叱曰：『爾敢縛天子耶？』尼雅滿因使拜阿固達像，而送至金國。東都事畧謂爲兀室所擒，送長白山東，築城居之，四年卒。畢沅續通鑑云：「黑龍江有洛索碑，具載擒天祚事。是擒天祚者爲洛索，非粘罕，亦非兀室也。大金國志云：「天祚自親征敗績後，退保長春州，又退守廣平甸，又退保中京，繼走燕山；既而西走雲中，至於夾山，以保四部族。衙乃用余覩爲鄉導，自中京由平地松林徑赴雲中以追之，遂於山金司獲之。」所載各異。亡遼遺録載天祚降書云：「遼降臣延禧，謹伏斧鉞，躬詣大金國俯伏待罪。臣聞人不患其勇，患其爲暴也。伏念臣祖宗創二百年之基，承大統位，繼子傳孫，郊祀上帝，內外歡慶。豈意微臣骨寒命薄，無德可保，不能當此。夙夜惶駭，罔知過咎。冒犯忌諱，若曉霜而遇烈日，扁舟而遭怒濤，衆怒競興，譖辭蠭起。致茲慙德，激揚聖怒，轉加兵師，憂懼之極，如坐炭湯。蓋聞軹道之放，荷蒙記恤；況若新安之歎，例受無辜。念漢皇之仁恩，誕敷濡澤；誚項羽之過惡，奚免終傷！臣所懇者，乞諸軹道之留，免效新安之禍。戰栗之至，仰干聰聽！昧死謹言。」史未載。朱弁曲洧舊聞云：「宣和間，金得天祚，遣使來告，上喜，宴其使。既罷，召張虛白入，語其事。虛白曰：『天祚在海上築宮室以待陛下久矣。』左右皆驚，上亦不怒，徐曰：『張胡，汝又醉也。』」晁公武郡齋讀書志云：「北遼遺事二卷，遼人撰，記女真滅遼事。序曰：「遼自阿保機創業於其初，德光恢廓於其後，吞并諸蕃，割據漢界，南北開疆五千里，東西四千里，戎器之備，戰馬之多，前古未有。子孫繼統，二百三十餘年。迨至天祚失御，女真稱兵，十三年間，舉國土崩。古人謂得之難，失之易，非虛言也。元好問金漆水郡侯耶律公墓誌銘云，嗚乎！世無史氏久矣，遼人主盟將二百年，如南衙不主兵，北司不理民，縣長官專用文吏，其間可記之事多矣。泰和中，詔修遼史，書成，尋有南遷之變，簡册散失，世不復見。今人語遼事，至不知起滅凡幾，至下者不論也。李燾通鑑長編所附，見及史愿亡遼錄、北顧備問等書，多敵國誹謗之辭，可盡信耶？按，此文本遺山集，今從張天爵元文類錄出。見楊復吉遼史拾遺補正。閏考云，遼始梁太祖開平元年阿保機稱帝，至丙子始改元，終延禧乙巳，共九主，二百一十九年，金滅之。乙巳，宋宣和七年，金天會三年。楊維楨宋遼金正統辨云，凡七主，共二百一十五年。紀載各異。

遼史紀事本末卷三十四

蕭奉先誤國 塔喇台附

天祚帝天慶二年（壬辰一一一二）春二月丁酉，帝幸混同江（鈞）〔鉤〕（據遼史卷二七天祚紀改）魚，樞密使蕭奉先扈從。奉先，元妃兄也。外寬內忌。因元妃爲帝眷倚，歷官樞密使，封蘭陵郡王。〔攷異〕契丹國志云，奉先本后族，緣恩宮掖，專尚謟諛，朋結中人，互爲黨與，毬獵聲色，日蠱上心。由承旨歷吏部尚書、政事令兼樞密使。嗣先、保先皆其弟。通鑑輯覽謂卽呼都克，太和宮分人，云舊作胡篤，字哈準，舊作合朮隱。按，史另列呼敦傳，云原作胡篤，字哈準，太和宮分人。嘗從帝親征，爲先鋒都統，臨事猶豫，凡隊伍皆以圍場名號之。進至拉剌水，與金兵戰，敗；大軍亦却。呼敦工騎射，見帝好獵，每言從禽之樂，以逢其志。天祚悅而從之，國政墮廢自此始。據此，則奉先與胡篤，的係二人，未知孰是。又，卷八十九耶律庶成傳，庶成妻，與卷一百一知樞密院事蕭胡篤同名。見卷二十七。故事，生女直酋長在千里內者，皆朝行在。值（魚）「頭〔魚〕宴」，（同上書乙正）攷詳卷三十二。帝臨軒，命諸酋次第起舞。至阿固達，原作阿骨打辭不能；再三諭，弗從。帝密謂奉先曰：「阿固達跋扈若此，可託以邊事誅之。」奉先曰：「彼麤人，不知禮義，且無大過，殺之恐傷向化心。設有異志，蕞爾小國，何能爲？」帝乃止。

秋九月，阿固達起兵，女直卓克算、原作趙三阿古齊原作阿鶻產拒之，阿固達掠其家屬。二人走訴咸州，詳衮原作詳穩司轉送北密院。奉先作常事以聞，祗令仍送咸州詰責，使自新。自是屢召不至。

四年(甲午一一一四)冬十月壬寅，以蕭嗣先爲東北路都統，率諸將往討女直。嗣先，奉先弟也。將番、漢軍屯出河一作珠赫店，女直潛渡混同江，乘國兵未備，擊之，嗣先軍潰，獲免者十有七人。奉先懼其弟得罪，奏東征潰軍所至刼掠，不赦，必爲邊患。許之，嗣先但免官。由是士無鬭志，遇敵卽潰，郡縣所失日多。

五年(乙未一一一五)秋八月丙寅，以蕭奉先爲御營都統，率諸軍分道而進，誓必滅金。尋以耶律章努原作章奴之亂，止不行。時章奴以諸行營都部署爲奉先副。見本紀。

六年(丙申一一一六)春正月丙寅朔，東京軍亂，殺其留守蕭保先。保先亦奉先之弟。爲政嚴酷，渤海苦之，故有是變。裨將高永昌因據城僭號，尋爲金兵所破，伏誅。〔攷異〕契丹國志云，保先，時爲東京留守、太師，以女真之難，爲高永昌所殺。天慶九年，女真攻破上京，發掘陵寢，取其金銀珠玉，奉先皆抑而不奏。天祚問及，猶以不敢毀壞對。其蒙蔽欺罔類如此。本傳未載。

保大元年(辛丑一一二一)春正月，蕭奉先使人誣告耶律伊都原作余覩結駙馬蕭昱等謀立其甥晉王。昱等坐誅。初，帝有四子，〔攷異〕皇子表，晉王第一，雅里第二，塔魯第三，趙王第四，秦王第五，許王第六。共六子，不止四子。續綱目云趙王係長子。又，塔魯封燕王，後累封楚國王。汪輝祖遼史同名録云：卷二，太宗天顯十一年，近侍；卷十，聖宗統和元年，伶人，殉景宗，三人同名塔魯。長，趙王錫里，亦名實訥埒，原作習泥烈。〔攷異〕卷二十八，天慶九年，知左伊勒希巴事，另一人。母趙昭容；弟晉王，小字額魯温，原作敖盧斡，又作敖魯斡。見卷七十二傳，係一人。母文妃；〔攷異〕文妃傳，蕭氏，小字色色，原作瑟瑟，國舅大父房女。乾統初，帝幸耶律撻葛第，見而悦之，匿宫中數月，皇太叔和囉噶勸帝，以禮選納。三年，立爲文妃，生蜀國公主及晉王，尤被寵幸，以柴册加號承翼。善歌詩，女直見逼，帝畋遊，疏斥忠臣，因作歌諷諫，其詞曰：「勿嗟塞上兮暗紅塵，勿傷多難兮畏强隣，不如塞姦邪之路兮選取賢臣。直須卧薪嘗膽兮激壯士之捐身，可以朝清漠北兮夕枕燕、雲。」又歌曰：「丞相來朝兮劍佩鳴，千官側目兮寂無聲；養成外患兮嗟何及，禍盡忠臣兮罰不明；親戚並居兮藩屏位，私門潛蓄兮爪牙兵；可憐往代兮秦天子，猶向宫中兮望太平。」主銜之。趙德麟侯鯖録，後一首除兮字作詠史七言詩，「並居藩屏」作「並連藩翰」。所載各異。次秦王定、許王甯，皆元妃生。晉王幼，馳馬善射，出爲耶律隆運後。及長，積有人望，内外歸心。喜揚人善，勸其不能，中外稱其長者。元妃兄奉先恐其甥秦王不得立，潛圖之。文妃姊妹三：長適耶律達哈拉；原作撻葛里。〔攷異〕卷一百三伊都傳作撻葛里，係一人。次文妃；次適伊都。一日，其姊若妹均會軍前，奉先使人誣駙馬昱及伊都等謀立晉王。〔攷異〕晉王傳，保大元年，南軍都統伊都與晉王母文妃密謀立之。事覺，伊都降金，文妃被殺。晉王不與謀，免。據此，則實有謀立事，非誣也。皇子表所載亦同。均與紀異。當從紀。昱與達哈拉坐誅，賜文妃死。〔攷異〕后妃傳，元后蕭氏，宰相繼先五世孫。兄弟奉先等緣寵柄用。金亂，從帝西狩，以疾崩。妹元妃亦從行，以疾卒。德妃蕭氏，宰相常格女。生塔魯，封燕王，薨，妃以憂卒。文妃蕭氏，見前。契丹國志作渤海大氏女。生一女，爲余里衍，亦作額里魯，封蜀國公主，後歸宗望。元后爲金所擒，粘罕納爲次室，余覩之亂，爲兀室所殺。張滙節要謂余里衍爲余輦公主。粘罕妻，乃遼主元妃。曾生三女，宮人生二女，俱爲金獲。又，后妃傳，后小字多囉羅，原作奪里懶。元妃小字貴格，原作貴哥。德妃小字實古，原作師姑，後加號翼贊。通鑑輯覽謂元妃小字錫袞，原作師姑。大金國志云，太子妻余輦公主，爲天祚女。粘罕妻爲天祚元妃。各因間可入，勸之南侵。趙德麟侯鯖録云，文妃被害，晉王誦經受誅，母子皆賢也。紀載各異。伊都在軍中，聞之，卽率衆叛入金。遣知奚王府事蕭錫默、原作遐買北府宰相蕭德恭、大常袞耶律諦里姑、歸州觀察使蕭和尚努四軍，太師蕭斡將所部兵追之，不及，還。奉先恐諸校繼叛，遂勸驟加爵賞，以結衆心；封錫默爲奚王，德恭試平章事兼判上京留守，餘爲諸衛上將軍。

二年（壬寅一一二二）春正月乙亥，帝出居庸關，至鴛鴦濼。聞伊都引金兵至，蕭奉先曰：「伊都乃王子班之苗裔，此來欲立甥晉王耳。誅晉王，可不戰而退。」遂賜王死。〔攷異〕薛應旂通鑑云，時或勸王亡曰：「安忍爲蕞爾之軀，而失臣子之大節乎？」遂就縊而死。所載較詳。帝素服三日，殺耶律薩巴原作撒八等。王素得人心，諸軍聞其死，無不流涕，由是益解體。伊都引金兵逼行宮。

三月，帝入夾山，始悟奉先之不忠。當金兵之未至也，奉先逢迎主意，言金雖能攻我上京，終不能遠離巢穴；迨一旦越三千里，直指雲中，計無所出，惟請播遷夾山，帝乃召而責之曰：「汝父子誤我至此，殺之何益！無從我行，恐軍心憤怒，禍必及我。」奉先父子慟哭而去。

行未數里，左右縛之送金軍。金斬其長子昂，以其次子昱及奉先械送金主，道遇國兵，奪以歸，並賜死。〔攷異〕契丹國志云，奉先柄國垂二十年，以至於亡。及奔夾山，始逐之，行未十里，爲左右所殺。所載稍異。

當是時，與奉先同用事者曰蕭塔喇台。原作得里底。〔攷異〕續綱目作得勒岱，畢沅續通鑑作德勒岱，通鑑輯覽作達爾丹。所載各異。

乾統四年（甲申一一〇四）秋七月癸未，以西北招討使蕭塔喇台知北院樞密使事。塔喇台，晉王孝先孫，使相薩木原作撒鉢。〔攷異〕卷九十五耶律陳家奴傳，兄名撒鉢，另一人。外戚表云，原作撒磨。子，奉先之叔也。字札林，舊作糺隣。短而僂，外謹内倨。初治伊遜原作乙辛黨與，多所縱捨，至是由招討使改知北密院。

六年（丙戌一一〇六）春正月辛丑，遣蕭塔喇台等使宋，諷歸所侵夏地。

天慶三年（癸巳一一一三），加蕭塔喇台守司徒，封蘭陵郡王。女直初起兵，廷臣請乘其未備，舉兵往討，塔喇台獨阻之，以至敗衂。尋出爲西南招討使。〔攷異〕耶律唐古傳，時塔喇台以都統率兵與金人戰，敗績；唐古請以軍法論，且曰：「臣雖老病，願爲國破敵。」不納，聽致仕。塔喇台傳未載。

八年（戊戌一一一八）夏四月辛酉，復以蕭塔喇台爲北院樞密使。時再入密院，寵任益篤。值諸路大亂，飛章告急者絡繹而至，不即上聞，有功不録，將校怨怒，軍無鬭志。

保大二年（壬寅一一二二）春正月，金兵至嶺東，會耶律薩巴謀立晉王，事覺，帝召蕭塔喇台與議，不爲申理。王死，人心益離。金兵踰嶺，帝西遁，其姪元妃責之曰：「爾任國政，致君如此，何以生爲？」塔喇台不能答。明日，帝怒，并其子茂薩原作麼撒逐之。尋爲耶律高善努原作山奴執送金師，得脱歸，復爲耶律糾堅原作九斤所得，送之燕王。適王僭號，託以不事僭竊，不食，數日死。〔攷異〕續綱目云，奉先爲左右所殺，塔喇台自知不免，亦絶食死。與史異。子茂薩爲金兵所殺。

遼史紀事本末卷三十五

耶律伊都之叛

天祚帝天慶九年（己亥一一一九）春二月，帝至鴛鴦濼。賊張薩巴原作撒八誘中京射糧軍，僭號，南面軍帥伊都討擒之。伊都，一名伊都古，原作余覩，亦作余都。〔攷異〕蔡條北征紀實作俞覩，邵伯溫同。通鑑輯覽作伊都古楚。國族之近者也。慷慨尚氣義。歷官副都統。其妻爲帝文妃之妹。文妃生晉王，最賢，國人皆屬望。時蕭奉先之妹爲帝元妃，生秦王。奉先恐其不得立，深忌伊都，將潛圖之。

保大元年（辛丑一一二一）春正月，蕭奉先使人誣告耶律伊都結駙馬蕭昱及耶律達哈拉原作撻葛里謀立晉王，尊帝爲太上皇。時達哈拉之妻會伊都之妻於軍中，奉先聞之，因使誣告，殺昱及達哈拉與其妻，文妃賜死。伊都在軍中，〔攷異〕契丹國志云，時怨軍隊長羅青漢等作亂，攻錦州，月餘不下，賴都統余覩援兵至始懼。尋郭藥師殺青漢，就招安。史未載。懼不能自明被誅，即引兵千餘，并骨肉軍帳叛歸金。會大霖雨，道途阻滯，帝遣知奚王府事蕭錫默原作遐買等追捕甚急。及諸閭山縣，地理志云，本漢且慮縣，開泰二年以羅家軍置，隸興中府。故城在今土默特右翼。諸將議曰：「蕭奉先恃寵，視吾輩蔑如也。伊都乃宗室雄才，（常）〔素〕（據遼史卷一〇二耶律余覩傳改）不肯爲奉先下。若擒之，則吾輩他日皆然，不如縱〔之〕（同上書補）。」還，紿云：「追襲不及。」奉先反勸加爵賞，以結衆心。帝從之。〔攷異〕宏簡録云，余睹，宗室近族子。金兵起，屢請自効，遷金吾衛大將軍，爲東路都統。軍渾河，與金銀朮可、希尹遇，即遁，被議。會龍化州人張應古降金，余睹復取之；尋又陷。金遺余睹書勸降，遂密送欵於咸州路都統，以所部降。賫書入謝，金主撫慰，賜坐，班同宰相，命以舊官領所部。自是，益知遼之虛實矣。史未書遺書勸降事，今從天祚紀。

二年（壬寅一一二二）春正月，帝至鴛鴦濼。耶律伊都引金將羅索原作婁室貝勒原作孛堇奄至，蕭奉先曰：「伊都乃王子班之苗裔，此來欲立甥晉王耳。若爲社稷計，不惜一子，明其罪誅之，可不戰而自迴矣。」遂賜王死。伊都引金兵逼行宮，帝幸雲中。伊都將前鋒，攻陷州郡，不測而至。帝聞之，大驚，率衛兵入夾山。〔攷異〕宏簡録云，金師取中京，命爲鄉導，與希尹等招撫奚部，後降奉聖州，署置官吏，招集居民，還業者三千餘家。所載較詳。

伊都在金後爲監軍，久不調，意不自安，〔攷異〕宏簡録云，久之，耶律麻吉告其謀叛，杖鐸剌七十，釋余睹不問。金史麻吉作瑪展，鐸剌作道拉。乃假游獵，遁入西夏。夏人問曰：「汝有兵幾何？」對以二三百。夏人不納，卒。〔攷異〕宏簡録云，金大舉侵宋，以爲右都監，擒宋將郝仲連等。宗翰留之西京，復謀反，爲耶律奴哥等所告，遂亡去。其黨燕京統軍蕭高六伏誅，蔚州節度使蕭特謀自殺，邊部斬余睹及諸子，函其首以獻。契丹國志云，余睹入金，爲西軍大監軍。尋謀反，爲悟室所覺，誅燕京統軍。余睹父子亡入夏，不納；投韃靼，爲所圍，父子皆死，黨與俱伏誅。契丹之黠、漢兒之有聲者，皆不免。紀載各異。

遼史紀事本末卷三十六

北遼魏王之變　雅里附

天祚帝乾統元年（辛巳一一〇一）夏六月乙巳，進封北平郡王爲鄭王，名淳，小字聶哷。原作涅里 興宗第四孫，南京留守宋魏王和嚕噶原作和魯斡，字阿尼雅，興宗第二子。〔攷異〕契丹國志云，燕王洪道，番名叱地好，道宗同母弟也。頗有武畧。庫莫奚侵擾，詔洪道討之。洪道伏兵林中，佯敗走，奚掠輜重，洪道與伏兵合擊之，盡殪。後渤海高顏樂反，又命洪道討之。終燕京留守，封燕王。按，皇子表無洪道名，疑即和嚕噶也。見楊復吉遼史拾遺補。興宗三子，皆仁懿蕭后生。道宗第一，和嚕噶第二，子阿尼雅，原作阿輦。攷本紀重熙十年十月，皇子胡盧斡里生，今改庫魯噶里，或係一人。阿林第三，原作阿速，字額勒本，原作訛里本。均見皇子表。又，重熙四年六月，皇子寶信努生，表無其名。之子。〔攷異〕續通考云，和魯斡三子：一，漆水郡王石篤；二，匡義節度使遠；三，即魏王。道宗清甯初，太后鞠養之。既長，篤好文學。昭懷太子遇害，道宗欲以爲儲副，用蕭兀納亦作烏納等諫而止。嗣與耶律拜薩巴原作白斯（本）〔不〕（據遼史卷三〇天祚紀附耶律淳傳改）善，道宗怒，出爲彰聖節度使，至是封鄭王。〔攷異〕東都事畧云，王守燕十二年，人號燕王。又謂之覃湘大王。蔡絛北征紀實稱爲九大王。

三年（癸未一一〇三）冬十一月丙申，以鄭王爲東京留守，進封越國王。〔攷異〕北遼紀作乾統二年。

六年（丙戌一一〇六）冬十月庚辰，以越國王爲南府宰相。進封魏國王（按，據遼史卷二七天祚紀，耶律淳封魏國王在是年十一月）。首議制兩府禮儀。父薨，即令襲職，守南京。冬夏入朝，寵冠諸王。

天慶五年（乙未一一一五）秋九月乙巳，東征，都監耶律章努原作章奴濟鴨子河，與魏王子阿薩爾原作阿撒等三百餘人亡歸。已而反，奔上京，謀立魏王。帝遣駙馬蕭昱領兵詣廣平淀〔攷異〕營衞志云，冬巳納曰廣平淀，在永州東南，舊作捺鉢，行獵之所。地理志云，永州永昌軍，東潢河，南土河，二水合流，故號永州，隸彰愍宮。縣三：長甯、義豐、慈仁。土河即今老河，發源喀喇沁，經敖漢、翁牛特諸部落，會於錫訥穆稜，即所謂潢河也。宋綬上契丹事云，木葉山在中京微北，本阿保機葬處，又爲祭天之所，東向設氊，屋署曰省方殿，後有二大帳。次北氊，屋曰慶壽殿，國主帳在氊屋西北。契丹國志云，契丹有二水：一，土河，本名北乜里沒里，又名陶猥思沒里，源出中京西馬盂山，東北流；一，潢河，本名褭羅箇沒里，又名女古沒里，源出饒州西南平地松林，直東流至木葉山，合流爲一，謂之廣平淀，一名白馬淀。昔有男女至此，相與爲夫婦，即契丹始祖也。後立廟於山上，祭之，必刑白馬殺灰牛，用其始來之物也。彭汝礪鄱陽集云，廣平甸，廣大平易。初至單于行在，左曰紫府洞，右曰桃源洞，總謂之蓬萊宮，殿曰省方殿。其左金冠紫袍而立者數百人，皆酋豪；其右青紫而立數十人。山棚前作花檻，有桃杏楊柳之類，前爲丹墀，又十步爲龍墀殿，皆設青花氊。其階高二三尺，闊三尋，縱殺其半。由階而登謂之御座。明一統志云，木葉山在遼東，廣甯中屯衛東三十里。所載各異。護后妃，行宮實達爾原作小底。遼著帳户司有承應小底，局官。伊遜原作乙信持書馳報魏王。適章努遣王妃親弟蕭諦里〔攷異〕章努傳及北遼紀作敵里外，尚有蕭雅魯，共二人。雅魯原作延留。卷十八，興宗景福元年六月，詳衮，棄市，另一人。以所謀來説，密令左右拘之。有頃，伊遜等持御札至，立斬諦里等首以獻。單騎間道詣廣平淀待罪，帝遇之如初。章努尋伏誅。

六年（丙申一一一六）夏六月庚辰，進封魏王爲秦晉國王、都元帥，賜金券，免漢拜禮，不名。許自擇將士，乃募燕、雲精兵。東至錦州，隊長武朝彦作亂，收斬之。會金兵至，戰於阿爾展圖，原作阿里軫斗敗績，收亡卒數千人拒之。尋入朝，釋其罪。詔南京刻石紀功。〔攷異〕契丹國志云，自張琳敗後，國人皆謂王賢而忠，付以東征，士必樂爲用，招遼人爲兵，可報怨。乃授都元帥，聽辟官屬，募饑民二萬餘，謂之怨軍。科派支遣，境内騷然。未幾，太常少卿武朝彦叛，謀殺燕王，獲免。朝彦南奔，爲張關羽所殺。所載較詳。

七年（丁酉一一一七）秋八月丙寅，命都元帥秦晉王赴沿邊，會四路兵馬防秋。

冬十二月丙寅，與金軍戰於蒺藜山，敗績。〔攷異〕契丹國志云，天慶八年正月，燕王將討怨軍而遇女真於徽州之東，未陣而潰。是夕，有赤氣若火光，軍中以爲凶兆，皆無鬭志。王與麾下五百騎退保長泊魚務。於是女真入新州，節度王從輔出降。女真將闍母又大敗怨軍於顯州。紀載各異。

保大二年（壬寅一一二二）春三月，秦晉國王自立於南京，號天錫皇帝，改元建福。降封天祚帝爲湘陰王。〔攷異〕北盟會編載詔曰：「大道既隱，不行揖遜之風；皇天無私，自有廢興之數。事易德劾，人難力爲。朕幼保青宮，長(编)〔歸〕(據三朝北盟會編卷五改)宋邸，雖爲人情之久係，誰云神器之可求？欲避周公之嫌，未忘季札之節。奈何一旦之無主，至使兆民之求君！推戴四從，謳歌百和。不敢負祖宗之業，勉與攬帝王之權；尚慮纂圖之爲難，庶期復辟之有待。近得羣臣之奏，概陳前主之非。所謂愎諫矜能，比頑棄德，躁動靡常節，平居無話言，室家之杼柚成空，更滋淫費；陵廟之衣冠見毁，不輟常(田)〔畋〕(據契丹國志卷一一天祚紀改)。漢嫡之戮，實出無名；伋妻之亂，尤不可紀。迄無悛改，以至播遷，伊戚自貽，大勢已去。是謂絶四海之望，安得冒一人之稱，宜削徽名，用昭丕德。方朕心之牽愛，尚不忍從；奈羣議之爲公，正復見請。是以勉稽故事，用降新封。嗚乎！進退惟公，廢興有義，豈予小子，欲專位號之崇；蓋徇衆情，以爲社稷之計。凡在聞聽，體朕意焉！

先是，帝出奔，詔留宰相張琳、瀋州人。李處温與王守燕。處温聞帝入夾山，數日，命令不通，卽與弟處能、子奭，外假淵原作怨軍，內結都統蕭幹原作幹謀立王，遂率諸大臣耶律達實、原作大石左企弓、虞仲文、曹勇義、康公弼，集蕃、漢百官、諸軍及父老數萬人詣王府，處温邀張琳白其事，琳不可。處温等請王受禮；王方出，奭卽以赭袍被之，令百官拜舞山呼。王辭不獲，已而從之。〔攷異〕北遼紀云，奚王和勒博、林牙耶律達實等引唐靈武故事，議立王。王不從，官屬勸進曰：「主上蒙塵，中原擾擾，若不立王，百姓何歸？宜熟計之！」遂卽位。似非專出處温父子謀，與天祚紀、處温傳均異。以處温守太尉，琳守太師，十日一朝，平章軍國大事。〔陽以元老尊之，實則〕(據遼史卷一〇二張琳傳補)不復與政。〔攷異〕琳傳，處温召琳，琳辭曰：「王雖帝胄，初無上命，攝政則可，卽真則不可。」處温曰：「今日之事，天人所與，不可易也。」琳雖有難色，亦勉從之。宏簡録云，琳心懷鬱悒，時年已高，令子弟上降表於金，詔燕京以琳田宅財物並給還之。則是琳降金，而本傳但載鬱悒而卒。所紀各異。左企弓守司徒；曹勇義知樞密院事；虞仲文參知政事；〔李奭爲少府少監〕、（據遼史卷二九天祚紀補）提舉翰林醫官；李爽、陳祕等十餘人曾與大計，並賜進士及第，授官有差。以蕭幹爲北院樞密使。軍旅之事，悉委達實。〔攷異〕畢沅續通鑑云，時患兵少，幹建議籍東、西奚及嶺外南北大王諸部，得萬餘户，户選一人爲軍，謂之「瘦軍」，散處涿、易間，肆爲侵掠，民甚苦之。史未載。駙馬都尉蕭旦知樞密院事。放進士李寶信等一十九人。改淵軍爲常勝軍。肆赦。〔攷異〕畢沅續通鑑云，時將肆赦，燕京父老俱言內庫都點檢劉彥良姦佞，導引天祚爲失德之事；其妻倡也，出入禁中，並爲國害。乃梟其夫婦首於市，然後大赦。北盟會編云，時下詔諭國中，曰：「自我烈祖，肇創造之功，至於太宗，恢廓清之業，故得奄有區夏，全付子孫。邇後纂承，罔不祗肅。傳二百祀之逾遠，得億兆人之底甯。蓋太平或弛於細娛，而內治多遺於外患，以是邊鄙生茲寇讎，漸爲蔓草之難圖，公肆長蛇之薦食，敢來問鼎，直欲爭衡。敵壘尚遥，王師自潰。兵非不鋭，事止失和，故使乘輿，越在草莽。地隔不果，相赴旬餘，莫知所歸；三邊蕩摇，百姓震懾，懼不相保，謂將疇依？咸云六合爲家，不可一日無主。共戴眇質，用登至尊；皆出素衷，尚慙丕德。又念與其長天下之亂，曷若復我家之功，苟其宗社不移，亦曰神靈所望。勢不克避，理當共知。嗚乎！朕以久處王藩，歷更政務，凡民疾苦，與事便宜，靡所不知，亦曾熟慮。自今以後，革弊爲先，所期俾四海用甯，不敢以萬乘爲樂。敢告遐邇，予不食言！」史未載。據有燕、（營）〔雲〕（據遼史卷二九天祚紀改）、平及上京、遼西六路。是爲北遼。封其妻蕭氏爲德妃，普賢女也。

夏六月，王寢疾，聞帝傳檄致討，與處温等議，不合。遣使報宋，免歲幣，結好。宋人發兵問罪，擊敗之。〔攷異〕契丹國志云，四月，燕王遣蕭撻教也、王居元充告謝使詣宋，不納。宋遣童貫等勒兵巡邊，貫使張寶、趙忠賫書諭燕王，使舉國內附，書畧曰：「吳越錢俶，西蜀孟昶等歸朝以來，世世子孫，不失富貴。況遼之與宋，歡好百年，誠能舉國內附，則恩數有加；苟懷執迷，後時失機，恐有彭寵之禍起於帳中。」王斬其二使。又，眉山集載唐庚諭幽、燕，檄云：「我國家運啟漢符，疆包禹跡，際天所覆，無不統臨；盡海以還，悉皆臣妾。措函生於壽域，躋寰宇於聖涯。惟燕督亢之圖，得古幽州之域，鼓刀屠肆，俱懷義烈之風；擊筑行歌，咸有英雄之氣。向因石晉割陷於遼，爰整弔民之旅，不違傒后之期，復千里之河山，拯一方之塗炭。儻能舍逆取順，信賞當倍常科，錄可用之耕甿，蠲無名之暴斂，應令陷溺，復覩太平。」又令趙翊遣使說諭易州土豪史成，使起兵獻城，爲史成執送燕京斬之。五月，復遣馬擴持徽宗手詔，諭王納土。王雖不從，心亦懷懼。擴過白溝，漢兒劉宗吉出見，許獻涿州，付以二旗。續綱目云，五月，貫至高陽關，用知雄州和詵計，降黃榜及旗，述弔民伐罪意，有豪傑以燕京獻者，除節度。及兵敗，班師。遼使來言曰：「女真之叛本朝，亦南朝之所甚惡也。今射一時之利，棄百年之好，結强大之隣，基他日之禍，謂爲得計，可乎？」貫不能對。師道復請許和，貫密劾之，黼怒，責致仕。陸游老學菴筆記云，宣和末，婦人鞋底尖以二色合成，名錯到底。竹骨扇以木爲柄，舊矣，忽變爲短柄，止插至扇半，名不徹頭。皆服妖也。尋遣使奉表於金，乞爲附庸。事未決，俄薨，年六十。僞謚曰孝章皇帝，廟號宣宗，葬燕京西香山永安陵。〔攷異〕祝穆輿地要覽云，宛平，本幽都縣，香山在其西。徐善冷然志云，香山寺址，遼中丞阿里吉所捨。殿前二碑載捨宅始末，光潤如玉，白質素章。寺僧目爲鷹爪石。又云，寺卽金之會景樓。按，阿里吉，今譯改「阿勒彌」，滿州語聲譽也。宋啟明長安可遊記云，香山有乳峯石，時時嘘雲霧，類匡廬香爐峯，故名。北盟會編云，宣和六年四月戊申，知燕山府王安中奏，府西香山寺，在府〔昊〕天府壽觀、（據三朝北盟會編卷一九補）昊天延壽寺甘露降，奉旨，許拜表稱賀。劉侗帝京景物畧，香山卧佛樹，大三圍，花九房，葉七開，實三稜，西域種也。

遺命，遥立天祚帝子秦王定爲帝，蕭德妃爲皇太后，稱制，改元德興，放進士李球等百八人。時宋兵來攻，戰敗之。由是人心大悦，兵勢日振。宰相李純等潛納宋兵，〔攷異〕天祚紀、通宋者李處温父子，事覺，被誅。朱勝非秀水閒居録，約降者遼相李儼，均與北遼紀異。民爲内應，抱關者被殺甚衆。翼日，攻内東門，衛兵力戰，宋軍大潰，踰城走，死者相藉。〔攷異〕續綱目云，七月，王黼聞魏王死，遣貫、攸再舉，以劉延慶爲都統制，朝散郎宋昭上書諫，且請誅黼、貫及良嗣。除名，竄海州。九月，遼將郭藥師以涿、易二州降，授恩州觀察使。十月，延慶襲燕京，子光世爲後繼，遣大將高世宣、楊可世與藥師倍道進，甄五臣奪迎春門以入，蕭幹巷戰，藥師與可世敗，遁，光世踰約不至，世宣戰死。延慶燒營遁，士卒蹂踐死者百餘里。北盟會編云，藥師，鐵州人。契丹以爲裨將，領常勝軍，本謂之怨軍。天祚惡其反覆，與羣下謀殺怨軍，故藥師等反，殺其首領而降。都統蕭幹拜爲金吾大將軍，守涿州。其下有四將，號彪官，每彪五百人，共只二千人，後增至五萬人。趙良嗣燕雲奉使録云，藥師初聞易州降，有意歸宋，會蕭幹來涿，藥師疑其圖己，因謀叛。說幹，幹不從而出，遂因蕭餘慶，追趙鶴壽等，奉表降。表曰：「臣生幽昧之鄉，未被文明之化，常思戴日，何啻望霓？邇者，天祚皇帝，忽棄鑾輿，越在草莽；萬姓無依棲之地，五都有板蕩之危。雖宣宗嗣國，旋致奄忽；女后攝政，尤難撫綏；誠天命之有歸，非人力所能致。臣等縱屬多難，莫生異心，蓋所居父母之邦，不可廢臣子之節。今契丹自爲戎首，竊稔姦謀，燔燒我里廬，虔劉我士女，報之以德，撫乃以仇，以是思戴舜以同心，恥助桀而爲虐。今將所管押馬步軍，用伸懇悃，伏願皇帝，特開天地之恩，許入風雲之會。實所願也，非敢望焉！」宣和四年九月十日。按，封有功編年云，時知易州高鳳與通守王琮以易州降，涿州留守郭藥師以涿州降。會編謂均在九月，陳均九朝編年備要同。而東都事畧與宋史連爲一事。事畧又作八月。所載各異。封氏又云，藥師於宣和四年十月，以常勝軍入燕，時燕人馬賢良獻詩曰：「聞道將軍曉入燕，滿城和氣接堯天，油然靉靆三千士，雨洗兵戈二百年。」

秋九月，太后使蕭容、韓昉如宋，奉表稱藩；宋不納。〔攷異〕北盟會編載蕭后表云：「蓋聞溟海納汙，緊衆流而畢會；太陽升照，豈爝火以猶飛。方天下之大同，故聖人之有作，拊心悼往，飲泣陳辭。伏念妾先世乘唐、晉之季年，割燕、雲之外地。暨逢聖運，已受齊盟；義篤一家，誓傳百禩。孰謂天心改卜，國步多艱，先王遇板蕩之餘，勵興復之志，始歷推戴，奄致淪殂。爰屬惸嫠，俾續禴祀。常欲引干戈而自衛，與社稷以偕亡。伏念生靈重罹塗炭，與其蹈執迷之咎，曷若爲奉上之勤！伏遇皇帝陛下，四海宅心，兆人爲命，敷文德以柔遠，奮武烈以訓時，必將拯救黎元，混一區宇。仰承嚴命，敢稽歸欵之誠；庶保餘生，猶荷永綏之惠。今差永昌宫使蕭容、乾文閣直學士韓昉等，詣闕奉表，陳奏以聞。」史未載。　曾敏行獨醒雜志云，韓昉來見童貫、蔡攸於軍中，願除歲幣，復結和親，且言女真蠶食各國，今若大遼不存，則必爲南朝憂，唇亡齒寒，不可不慮。（與）〔貫〕（據獨醒雜志卷八改）與攸叱出之，昉大言於庭曰：「遼、宋結好百年，誓書具存，汝能欺國，獨能欺天耶？」昉去，貫亦不以聞。所載又異。　周密浩然齋雅談云，韓子蒼挽中山韓帥詩曰：「金絮盟猶在，灰釘事已新。」後村以爲語妙而意婉，蓋宣、靖之禍，自滅遼取燕始。上句指韓，下句指童、蔡也。

冬十一月，太后五奉表於金，求立秦王，不許。以兵守居庸關。〔攷異〕封氏編年云，時奉表使金者爲平章事張炎、都官員外郎張僅。　方輿紀要云，關在昌平州西北二十四里。詳見卷一。　及金兵至關上，崖石自崩，戍卒多壓死，不戰而潰。〔攷異〕薛應旂通鑑云，金兵度關而南，遼統軍都監高六等納欵於金。金主至燕京，自南門入，宰相左企弓等奉表請罪。釋之，命還舊職，而遣企弓等撫定各州縣。於是五京皆爲金有。畢沅續通鑑高六作皋陸，通鑑輯覽作高陸。　史愿亡遼録云，金兵逼城，左企弓集百官議，未定，統軍副使蕭一信開啟夏門，放金兵人，金遣北樞密韓昉傳旨，不殺，僅文武官僚出丹鳳門投降。所載各異。太后乃出古北口，趨天德軍。見天祚帝，帝殺之。〔攷異〕契丹國志云，蕭后議所往，大石欲歸天祚，有宣宗駙馬蕭敎迭曰：「今日固合歸天祚，然而有何面目相見？」大石命左右牽出斬之。傳令軍中：有異議者斬。所載較詳。降王爲庶人，除其屬籍。〔攷異〕北盟會編云，天祚聞淳卒，下詔曰：「天命至大，不可以力回；神器至公，未聞以智取。古今定論，歷數難移，是以聖人戒於盜竊。故秦、晉國王淳，九族之內，推爲仲叔之尊；百官之中，未有人臣之重。趨朝不拜，文印不名；嘗降璽書，別頒金券；日隆恩禮，朕實推崇，衆所共知，無負於爾！比因寇亂，遂肆窺覦，外徒有周公之儀，內實稔子帶之惡。不顧大義，欲償初心，任用小人，謀危大寶，僭稱帝號，私授天官；指斥乘輿，僞造符寶；輕發文字，肆赦改元；以屠沽商賈爲翼戴之臣，以佞媚狙詐處清密之任，不踰累月，便至台階；刑獄濫寃，紀綱紊亂；縱恣將士，剽掠州城，致我燕人陷於塗炭。天方悔禍，神不助姦，視息偷存，未及百日。一身殄滅，絕嗣覆家，人鬼所讎，取笑天下。而又輒申遺令，擅建長秋；妄委婦人，專行僞命。罪誠難貸，令在必行。假其餘生，庸示寬大。據淳大爲不道，棄義背恩，壞戾祖宗，朕不敢赦！所授官封，盡行削奪。蕭氏降爲庶人，改姓虺氏。嗚呼！仰觀天意，俯順輿情，勉而行之，朕亦不忍。且仲尼作春秋而亂臣賊子懼，後之爲臣子者，可不愼歟！」史未載。

同時，梁王雅里者，天祚帝第二子也，字薩蘭。原作撒鸞七歲，欲立爲太子，弗果。別置禁衞，封梁王。

保大三年（癸卯一一二三），金入圍靑塚（硬）寨（據遼史卷三〇天祚紀附耶律雅里傳刪），雅里在軍中，太保特默格原作特母哥挾之出走，間行至陰山。聞天祚失利趨雲內，雅里馳赴。時扈從者千餘人，多於天祚。天祚慮特默格生變，但詰責而已。

天祚渡河，欲奔夏。隊帥耶律迪里原作敵烈，亦作敵列。〔攷異〕王宗沐續通鑑作特列。等復刼之北走。至沙嶺，見蛇横道而過，識者以爲不祥。〔攷異〕續通考云，興宗時，蕭柳從伐高麗，遇大蛇當路，前驅者請避。柳曰：「壯士安懼此！」拔劍斷蛇，而卒破敵。聖宗時，蕭蒲奴幼孤，傭醫家牧牛，傷人稼，屢被笞。醫者每見蒲奴熟寢，有蛇繞身，異之。教以讀書，不數年，涉獵經、史，善騎射，仕終奚六部大王。蓋龍種也。後三日，羣僚共立爲帝，〔攷異〕食貨志云，時迪里等逼立雅里爲帝，令羣牧人户運鹽濼粟，人户侵耗，議籍其産以償。雅里自定其直：粟一車一羊，三車一牛，五車一馬，八車一駝。從者曰：「今一羊易粟二斗尚不可得，此直太輕。」雅里曰：「民有則我有，如令盡償，衆何以堪？」事雖無及，然使天未絶遼，斯言亦足以收人心矣。紀未載。金史太宗紀云，時遼官多囉、約索等刼其子雅里立之。繫年要録云，遼亡林牙達錫以殘衆奉天祚子梁王北奔。洪皓松漠紀聞云，國亡，達錫降金，後懼禍，遁歸，深入商安（按，據松漠紀聞上，「商安」原作「沙子」，此蓋清人改譯），立梁王爲帝。按，達錫卽達實。所載各異。改元神歷。命士庶上便宜。以迪里爲樞密使，特默格副之。

性寬大，惡誅殺。每取唐貞觀政要及林牙資忠所作治國詩，令侍從讀之。諸部相繼來附。迪里劾西北招討使蕭扎里原作糺里。〔攷異〕汪輝祖遼史同名録云，卷二十五，道宗大安十年積慶宮使；卷六十五公主表，道宗女，三人同名糺里。熒惑衆心，志有不臣，與其子瑪尼原作麻涅並誅之。以約蘇原作遥設爲招討使，與諸蕃戰，數敗，杖免官。已而荒怠好擊鞠，特默格切諫，乃不復出。後獵扎拉原作查剌山，一日而射黃羊四十、狼二十一，因致疾，卒，年三十。

耶律珠拉原作朮烈。〔攷異〕皇族表作述烈，係一人。通鑑輯覽作珠爾。薛應旂通鑑云，係興宗孫。繼立，亦敗。〔攷異〕蕭圖烈傳，原作〔突〕〔特〕烈，（據遼史卷一一四蕭特烈傳改）字訛都椀。天祚與金戰於石輦驛，圖烈伺間急攻。及天祚潰遁，圖烈收集散亡，後爲中軍都統。天祚奔夏，圖烈與烏哲刼雅里立爲帝，自爲樞密使。雅里卒，復立珠拉，并爲亂兵所殺。按圖烈亦作特烈，疑卽迪里也。卷一百十四有傳。又卷二十九，保大三年十一月突烈，爲衆所殺，與傳合，係一人。畢沅續通鑑迪里作蕭迪里，云爲亂兵所殺，特默格附於金。紀載各異。

遼史紀事本末卷三十七

李處温父子稔禍

天祚帝保大二年（壬寅一一二二）春正月，帝幸雲中，詔留宰相李處温等與秦晉國王守燕。處温，析津人。祖仲禧，值姦臣伊遜原作乙辛誣陷太子，附會其獄，得官南院樞密使，賜國姓，封韓國公。伯父儼，字若思，登咸雍進士第。太康初爲將作少監，累擢參知政事。道宗晚年倦勤，各令擲骰，官之，儼得勝采，遷知樞密院事，封越國公，亦賜國姓。〔攷異〕續通考云，此外，賜國姓者尚有：韓德讓、北院宣徽使劉霖、樞密副使王觀、都承旨楊興工。其後述律氏因國亡，改姓石抹氏。又，王易燕北録有光禄大夫乙逸，姓名同音。見名疑。其妻邢氏有美色，嘗出入禁中，儼教之曰：「慎勿失上意。」由是權寵益固。〔攷異〕陸游老學菴筆記云，宋紹聖中，蔡京館遼使李儼，因留久，方飲，忽持盤中杏曰：「來未（開）花〔開〕（據老學庵筆記卷四乙正），如今多幸。」京即舉棃謂之曰：「去雖葉落，未可輕離。」又儼嘗作菊花賦獻道宗，主作詩題其後曰：「昨日得卿黄菊賦，碎剪金英填作句；袖中猶覺有餘香，冷落西風吹不去。」侯延慶退齋閑雅録云，宣和初，劉遠守祁州，嘗接遼使李處能，儼子，號李狀元家，燕人之最以學著者，聞其自述亦如此。元張繼孟隱括遼主辭，寄蝶戀花云：「昨日得卿黄菊賦，細剪金英題作多情句；冷落西風吹不去，袖中猶有餘香度。滄海塵生秋日暮，玉砌雕闌，落葉鳴疎雨；江總白頭心更苦，索琴猶寫幽蘭譜。」繼孟手書於卷。予嘗見之錢芳標蒓敂詞話。道宗大漸，儼與阿蘇原作阿思同受顧命。尋封漆水郡王。嘗修皇朝實録七十卷。〔攷異〕續通考云，大安元年十一月，史臣進太祖以下七帝實録，疑即儼所進也。又，大安四年四月，召樞密直學士耶律儼講尚書洪範。儼傳未載。雅與北院樞密使蕭奉先有舊，執政十餘年，善逢迎取媚，天祚帝又寵任之，卒，贈尚父，謚忠懿。〔攷異〕契丹國志云，儼柄國政凡十五年。女真之禍，與奉先蒙蔽，以至亡國。性巧善諛，與牛温有隙，各競朋黨，温不能勝。子處貞，太常少卿；處（兼）〔廉〕（據遼史卷九八耶律儼傳改）同知中京留守，處能少府少監。宏簡録處兼作處廉，餘同。按，史列傳祇有牛温舒，並無牛温。所載又異。奉先薦其姪處温爲相，處温因奉先有援己力，傾心阿附，以固權位，而貪汚尤甚，所接引皆小人。

三月，帝入夾山，數日，命令不通。處温與族弟處能、〔攷異〕天祚紀云，與弟處能。據儼傳，則係從父弟，而處温本傳乃稱爲族弟。所載各異，今從本傳。子奭，外假淵原作怨軍聲援，結都統蕭幹原作斡。〔攷異〕通鑑輯覽謂與和勒博係一人。辨見下卷。謀立魏王，召蕃、漢官屬詣王府勸進。王出，奭即持赭袍衣之，遂稱天錫皇帝。以處温守太尉，處能直樞密院，奭爲少府少監。左企弓以下，授官有差。

夏六月，王寢疾，聞帝傳檄雲內、朔、武、應、蔚諸州，合諸蕃精兵五萬騎，約以八月入燕，并遣使問勞，索衣裘、茗（菓）〔藥〕（據遼史卷二九天祚紀改）。王甚驚，命南、北面大臣議。而處温與蕭幹等有迎秦拒湘之説，從其議者東立，惟都部署耶律甯西立，且曰：「天祚果能以諸蕃兵大舉奪燕，則是天數未盡，豈能拒之？否則，秦、湘，父子也，拒則皆拒。自古安有迎子而拒其父者？」處温等欲殺之。王嘆曰：「忠臣也，安可殺？天祚果來，吾有死耳，復何面目相見耶！」已而王薨，遺命立秦王定爲帝。德妃爲太后，稱制。

先是，王自知不起，密授處温蕃、漢馬步〔軍〕（據遼史卷一〇二李處温傳補）都元帥，意將屬以後事。及病亟，蕭幹等矯詔，召南面宰執入議。獨處温稱疾不至，陰聚勇士爲備。王薨，蕭幹擁兵立蕭后，〔攷異〕契丹國志云，蕭后兄弟坐章努誅，天祚囚后於上京。女真破，得出，又囚於中京。王立始歸，至是德蕭幹，封爲越王。史未載。召處温至，時方多難，未欲卽誅，但追毁元帥劄子。處能懼禍及，落髮爲僧。〔攷異〕東都事畧云，處温聚武勇二千人，從間道乞王師爲援。王卒，祕不發喪。幹會百官於毬場，宣言立蕭后，迎秦王。羣臣無敢異。幹召處温，欲斬之；處温來，后以時方多艱，不欲誅大臣，毁元帥宣劄。未言處能爲僧事。史又無間道乞援事。

時有（武）〔永〕清（同上書改）人傅遵説隨郭藥師入燕，被擒，具言處温嘗遣易州富民趙履仁書，〔攷異〕北盟會編，履仁外，尚有劉耀。履仁授朝散大夫，耀授均州宣撫使，準備差使。所載更詳。達宋帥童貫，欲挾蕭后納土歸宋。后執處温詰之，對曰：「臣父子於宣宗有定策功，宜世蒙宥，豈可使因讒獲罪？」后曰：「向使魏王如周公，則終享親賢之名於後世。誤王者皆汝父子，何功之有？」〔攷異〕天祚紀云，處溫父子懼禍，南通童貫，欲挾蕭后納土於宋；北通於金，欲爲内應。按，本傳未言通金事，而北遼紀又以潛納宋兵作宰相李純。所載各異，今從本傳。悉數其罪數十，賜死；臠其子奭而磔之。籍其家，得錢七萬緡，〔攷異〕契丹國志云，得見錢十餘萬貫。宏簡録云，得錢七十萬緡。今從天祚紀。金玉寶器稱是。皆爲相數月所取也。〔攷異〕契丹國志云，處溫以其子奭嘗與趙良嗣善，因與貫通，潛以帛書相贈答。及宋得燕山，追封處溫爲廣陽郡王，子奭爲保甯節度使，以其家爲廟，録其孫一人。北盟會編云，馬擴自燕歸，良嗣聞首臺爲處溫，喜謂貫曰：「某與處溫嘗結莫逆交，同約南奔，於北極廟拈香爲盟，欲共圖契丹。」貫遂令募諜者投書，得馬柔吉等，令結義士，開門迎降，處溫因令子奭答以帛書。宋史良嗣傳言，頃在北朝，與燕中豪士劉範、李奭及族兄柔吉三人，約拔燕、薊歸朝。所載各異。

遼史紀事本末卷三十八

奚酋僭號

天祚帝天慶八年（戊戌一一一八）夏六月丁卯，賊霍六格原作霍六哥陷海北州，趣義州，軍帥和勒博擊敗之。和勒博，一名翰，原作回离保。卷一百十四有傳。〔攷異〕卷二十六，道宗壽隆元年知奚六部大王事回里不，爲本部大王，疑係一人；卷二十三，太康三年東京留守同知和勒博，亦作回里不，另一人。國語解，「和勒博」，滿州語聯絡也，又，被唬住也。舊作回离保，今譯改。字綏蘭，原作揆懶。〔攷異〕通鑑輯覽作紐掄。奚王忒隣〔攷異〕通鑑輯覽作特哩。之後。善騎射，與其兄必埒里原作鼈里剌。〔攷異〕卷二十三，道宗太康二年，封皇后父必哷哩爲趙王；卷六十七外戚表作別里剌，均另一人。齊名。天慶初，官北女直詳袞，原作詳穩兼知咸州路兵馬事，改東京統軍。卽而諸蕃入寇，悉破之，遷知奚六部大王，兼總知東路兵馬事。〔攷異〕蔡條北征紀實稱爲四軍大王。續綱目云，鐵驪王奚和勒博叛，降女真，已而逃歸。時宋政和四年，卽遼天慶四年也。金史亦云，甲午歲，太祖破耶律色錫諸將，連戰皆捷，奚鐵驪王和勒博以所部降，未幾遁歸於遼。據此，則和勒博嘗有降金之事。史未載。

保大三年（癸卯一一二三）春正月丁巳，知北樞密院事奚王和勒博卽箭笴山在撫甯縣東北百里，今亦名茶盆山。〔攷異〕方輿紀要云，石門之北峯，高萬仞，陵巒杳深。遼史謂遷州有箭笴山，是也。奚回离保於此稱夷帝，金人擊平之。稍異。自立，僭號奚國皇帝，稱天復元年。〔攷異〕奚和勒博傳，明年，金兵由居庸關入，和勒博自立。按，明年，原作是年。攷續通鑑，金兵至居庸關及和勒博僭立，並保大三年事，而天祚紀，金兵至居庸作保大二年，和勒博僭立作保大三年。傳上文云保大二年，今改是年爲明年。又，宏簡錄，和勒博爲契丹漢人行宮都部署。傳未載。設奚、漢、渤海三樞密院，改東、西節度使爲二王，分司建官。命都統瑪格原作馬哥討之。

夏五月，和勒博爲衆所殺。時奚人巴札、原作巴輒罕嘉努原作韓家奴等引兵擊附近契丹部落，刼掠人畜，羣情大駭。會和勒博爲郭藥師所敗，一軍離心。〔攷異〕方輿紀要云，宣和五年，蕭幹出盧龍嶺，攻破景州。景州，今薊州遵化縣。盧龍嶺在永平府西一百九里，即古盧龍寨。又敗宋兵於石門鎮，遂陷薊州，寇掠燕城，爲藥師敗，幹走死。地理志，景州清安軍，本薊州遵化縣，重熙中置。遵化縣本唐平州買馬監，爲縣。唐書地理志云，景州，貞元三年析滄州置，長慶元年廢，二年復置，太和四年又廢。是景州之名，亦沿前代之舊。張杰遵化縣志云，松亭山，邑東北百二十里，多古松。其峯下削，腰有洞，高二丈餘，深倍之。禪林寺，邑東北二十五里。姚秦宏始中僧至道建，稱雲昌寺，遼重熙間僧志紀重修，改今名。曹學佺名勝志云，獨固門，一名龍門，在遵化縣南十里，上合下開。開處高六丈許，水自懸崖傾瀉而下，觸石成井，聲轟如雷。高士奇松亭行紀云，石門峽在遵化西五十里，有「石將軍」在峽西，高三丈。王存元豐九域志云，遵化縣福泉山下水沸出，溫可燖雞，旁引爲池，方平如鑑。其黨耶律阿古齊原作阿古哲。〔攷異〕東都事畧作白得哥，契丹國志作得哥，畢沅續通鑑作裕古澤。與其甥伊實原作乙室巴沁原作八斤

〔攷異〕金史作巴錦。尚有家奴伯特赫。等殺之。〔攷異〕金史本傳云，初，太祖破遼兵於達嚕噶城，九百奚營來降。至是，和勒博死，奚人以次附屬。各置明安、穆昆領之。契丹國志云，保大二年二月，李處温結都統蕭幹立魏王，宋師來侵，遣幹將兵擊敗之。王卒，幹矯詔立蕭后。十月，宋兵攻燕，幹復還擊，大敗之。三年正月，幹與后出奔至松亭關。議所往，太后欲歸天祚，遼軍從之。幹，奚人也，欲就奚王府立國。奚渤海軍從之，乃稱神聖皇帝，改元天興。六月，克薊、景二州。七月，爲藥師擊敗於腰鋪，被執，其黨夔离不在峯山，亦敗，生擒阿骨魯太師。宏簡録所載與史本傳畧同，惟峯山作蜂山。被擒者阿魯太師，其妻阿古自剄死。葉夢得避暑録話云，澶淵未修好以前，志在取燕，未嘗不經營。故流俗言甚喜而不可致者，皆曰如獲燕王頭。宣和末，北方用師，其大酋夔离不嘗王燕，爲邊害，朝論必欲取之。未幾，大將斬夔离不，函其首以獻，詔藏之大社頭庫，天下皆上表賀，其實非也。士大夫傳以爲笑曰，遂獲燕王頭耶。所載各異。僞立凡八月。〔攷異〕續綱目云，宣和五年正月，和勒博自稱奚帝，爲藥師敗，阿古齊殺之。與史同。而八月又載都統蕭幹稱帝改元天嗣，破景、薊州，遂攻燕，藥師敗之，幹走死，又另一人。按，通鑑輯覽云，遼史天祚紀：都統蕭幹謀立淳。而紀北遼事則作和勒博。又和勒博傳所載皆幹事，而宋史徽宗紀復作庫里布，所載詔書，乃皆言蕭幹事。蓋蕭幹卽和勒博，一人而兩名互見，史家未經刊定。及攷金史和勒博傳云，奚有五世族，世與遼婚，因附姓舒嚕氏。舒嚕，遼后族，後改蕭氏，而和勒博一名翰，翰卽幹之轉音，故從其本族則稱和勒博，從其附姓則稱蕭幹。續綱目誤分爲二。又一正月，一八月，皆稱奚帝，皆爲藥師敗。歷觀三史，并無二人同稱奚帝，藥師傳亦無兩敗奚人之事，今從天祚紀作和勒博，而附攷證於後，較爲明晰。又，庫里布舊作夔离不，見契丹國志。輯覽似尚有誤。

遼史紀事本末卷三十九

張瑴歸宋

天祚帝保大二年（壬寅一一二二）夏六月，蕭德妃稱制於南京，遣錫凌阿原作時立愛，字昌壽，涿州新城人。知平州，地理志云：本秦、漢遼西、右北平二郡地。隋改平州。太祖天贊二年取之，號遼興府，統營、灤二州，爲平州路。平州，遼興軍。統縣三：盧龍、安喜、望都。州二：灤州，領縣三：義豐、馬城、石城；營州，領縣一：廣甯，均屬平州，與卷一所載畧異。〔攷異〕宋琬永平府志染莊社記云：契丹時，遼興軍風尭者行貨，路收一卵於篋，歸置錦囊繫臍下，月餘，出蛇如簪。飼之以肉，每出便飼，漸長盈丈，圍將尺許，尭雖傾篋居之，而力不能任矣。乃縱於野，任其自食。嘗命以名曰雅撫，首似不能忍別，雅知人戀戀然，但不能言而去。數歲益大，始食野禽，繼而噬人，有司制之無策，聞於契丹，榜募能捕者。尭知其必雅，乃應募而抵放處，呼其名而至，敍故舊而數其罪，蛇遂俯首伏誅，其血流及近村，土石悉染紅，而莊以名。莊老以尭能施恩除害而祀之，雅能知恩服罪而配焉。是歲，里人修祠落成，紀其歲月。金至甯元年仲秋辛卯，興平路猛安蒲察孟里記。周春曰：余輯遼詩話，遍閱十六州志乘，無足采者，即遼時事迹寥寥，惟永平府志所載染莊社記最爲奇異，堪入齊諧之志，幾同海棗之談。因作絕句詠之曰：「國士酬知己，由來未足誇；報恩拚一死，不見染莊蛇」按，遼興軍即今永平府。風尭，姓名甚奇，雖大昊苗裔，而堪入夏氏奇姓通也。風，疑即風，古風字；尭，疑即光字之訛。以代張瑴。〔攷異〕金、宋二史瑴作覺。賈子莊陷燕記作㱿，曹勛北狩見聞録作珏。

轂，平州義豐人。初爲遼興軍節度副使，民推轂領州事。轂知國必亡，練丁蓄馬，籍丁壯爲備。至是錫凌阿至，拒弗納。〔攷異〕金史時立愛傳，時官遼興節度，金遣韓詢入平州招降，立愛請先下詔撫諭，許之，并命沃赫阿里爲之副。至張覺爲留守，乃去平州歸鄉里。是立愛先已官平州，不得云轂拒而不納也。二史未知孰是？金帥尼雅滿原作粘罕入燕，首問平州事於康公弼，曰：「轂狂妄寡謀，雖有鄉兵，何能爲？示以不疑，圖之未晚。」金人乃招錫凌阿赴軍前，加轂臨海節度使，仍知平州。尋又欲遣兵取平州擒轂。公弼曰：「若加兵，是趣之叛也。」請往覘之。轂曰：「遼之八路，七路已降，獨平州未解甲者，防蕭斡原作幹耳！」厚賂公弼而還。事遂寢。金復改平州爲南京，加轂〔試〕（據遼史卷二九天祚紀補）平章事兼留守。〔攷異〕續綱目云，平州軍亂，節度使蕭迪里遇害，轂領州事，集兵得五萬人，馬千匹。契丹國志云，轂登進士第，因鄉兵經過，殺節度使蕭諦里，轂招安息亂，以功權知平州事。餘均同。

四年（甲辰一一二四）夏五月，金歸燕京及薊、景六州於宋。燕之大家及左企弓、康公弼、曹勇義、虞仲文皆東遷。燕民流離，不勝其苦。入平州，言於留守轂曰：「宰相左企弓不謀守燕，使吾民流亡失所。公今臨巨鎮，握强兵，盡忠於遼，必能使我等復歸鄉土，惟公是望。」轂召諸將領議，皆曰：「聞天祚兵勢復振，出没漠南。公若仗義勤王，奉迎天祚，以圖中興，先責左企弓等叛降之罪而誅之，盡歸燕民，使復其業，而以平州歸宋，則宋無不接納，平州遂爲藩鎮矣。卽後日金人加兵，內用平（州）〔山〕（同上書并金史卷一三三張覺傳改）之軍，外得宋爲之援，又何懼焉！」時翰林學士李石智而多謀，與之議，亦合。乃遣張謙率五百餘騎，召宰相左企弓、字君材，薊人。讀書通左氏春秋。曹勇義、廣甯人。樞密使虞仲文、字質夫，甯遠人。四歲作詩，賦煎餅有「魚目蟬聲」之句。其雪花詩曰：「瓊英與玉蘂，片片落前池；問著花來處，東風也不知。」仕金至平章政事，封濮國公。詩載中州集中。見元好問續夷堅志。又善畫人、馬、墨竹，學文湖州。見夏文彥圖繪寶鑑。參知政事康公弼字伯起，宛平人。至灤河西岸，使趙秘校〔攷異〕契丹國志作趙能。往數十罪，曰：「天祚播遷夾山，不卽奉迎，一也；勸皇叔秦晉王僭號，二也；詆訐君父，降封湘陰，三也；天祚遣知閤王有慶來議事而殺之，四也；檄至，有迎秦拒湘之說，五也；不議守燕而遽降，六也；不顧大義，臣事於金，七也；根括燕財，取悅於金，八也；使燕人遷徙失業，九也；教金人發兵先下平州，十也。爾有十罪，所不容誅。」左企弓等無以對，皆縊殺之。〔攷異〕金史列傳，惟左企弓被殺，餘均令終，與史異。今從天祚紀。仍稱保大三年，畫天祚像，朝夕謁，事必告而後行，稱遼官秩。

六月，榜諭燕人復業，恆產爲常勝軍所占者悉還之。燕民大悅。

是月，翰林學士李石更名安弼，偕故三司使高黨〔攷異〕畢沅續通鑑云，原名履。往燕山，說宋帥臣王安中曰：「平州帶甲百萬，瑴有文武材，可用爲屏翰；不然，將爲肘腋患。」安中深然之，令安弼、黨詣宋。宋詔安中與詹度厚加安撫，〔攷異〕續綱目云，帝初令詹度第羈縻之，而度促其內附，瑴請降，王黼勸帝納之，趙良嗣諫不聽，坐削五階。北盟會編云，張覺欲通韓慶民，結四軍窺燕，徽宗密諭詹度招諭，覺遂遣張鈞、張敦固來納土。又，安弼作汝弼。史愿亡遼録，時學士趙敏修，遼相李儼子處能自海島赴闕，出入王黼、蔡攸第，勸納覺。按宋史，瑴歸宋載在宣和五年，卽保大三年也，天祚紀繫於四年，恐誤。見畢沅續通鑑。宏簡録云，金遣劉彥宗及斜鉢往諭平州，一郡勿扇動，下詔諭南京官吏，止坐首惡，餘釋之。陸游老學菴筆記云，宣和中，保和殿下種荔支成實，徽廟手摘以賜燕帥王安中，并賜詩曰：「保和殿下荔支丹，文武衣冠被百蠻。思與廷臣同此味，紅塵飛鞚過燕山。」免常賦三年。復建平州爲泰甯軍，拜瑴節度使。令宣撫司出銀絹數萬犒賞，并加安弼、黨爲徽猷閣待制。〔攷異〕畢沅續通鑑，此外尚有衛甫、趙仁彥。

時金將棟摩原作闍母。〔攷異〕通鑑輯覽作多昂摩。屯來州，聞之，卽率兵先入營州，瑴以精兵萬騎擊敗之。尋諜知瑴出迎宋使，舉兵來襲，瑴不得歸，奔燕。金克三州，始來索瑴。王安中取貌類者斬之，使持去。金察其僞，以兵來取，安中乃殺瑴，函其首送金。〔攷異〕續綱目云，瑴奔燕，張敦固等出降金；金遣還諭城中。城中人殺其使者，立張敦固爲都統，閉門拒守。及安中函瑴首并二子送金，於是燕降。將及常勝軍皆泣下，郭藥師曰：「金人欲瑴卽與，若求藥師，亦將與之乎？」安中懼，請罷，以蔡靖代知府事。契丹國志云，瑴初納欵，仍通好蕭幹，遣迎天祚，圖興復。燕人李汝弼、高黨先被擄，後瑴放歸，說宋納降，瑴被襲出走，爲藥師所獲。餘同。史愿亡遼録云，覺爲藥師獲，藏常勝軍中。金來索，帝不欲與；安中與藥師再三執奏，乃縊殺之。東都事畧云，童貫、蔡攸還京，盛稱張覺材武，可捍金人。乃以金華紙賜詔書，使擊金人。金邏得之，遂襲破平州，殺張敦固。畢沅續通鑑云，金克平州，得宋所賜詔旨。其弟懷御筆將奔燕山，以其母爲金人所得，復往投之，而瑴及妻已爲金戮，并得瑴弟所懷御筆，金人大怒，旋舉兵攻燕山矣。所載較詳。

遼史紀事本末卷四十

耶律達實之立

天祚帝保大二年（壬寅一一二二）春三月，耶律達實原作大石。〔攷異〕契丹國志作大實，繫年要錄作達錫，通鑑輯覽作達什。與宰相張琳、李處温等立秦晉國王爲帝。達實，字（秉）〔重〕德（據遼史卷三〇天祚紀附耶律大石傳改），太祖八代孫也。通遼、漢文字，善騎射，登天慶（八）〔五〕（同上書改）年進士第，擢翰林應奉，陞承旨。國俗以翰林爲林牙，故稱達實林牙。歷泰、祥二州刺史，遼興節度使。至是，因金兵日逼，天祚播越，與諸大臣謀立王爲帝以守燕。達實專掌軍旅事。王薨，尊其妻蕭德妃爲太后，稱制決事。及金兵至，后歸天祚，被殺，而責達實曰：「我在，汝何敢立王？」對曰：「陛下以全國之勢，不能拒敵，棄國遠遁，卽立十王何害？」帝無以答。賜酒食，赦其罪。

三年（癸卯一一二三）夏四月，金兵至居庸關，達實被擒。

秋九月，達實歸自金。〔攷異〕天祚紀，金兵臨居庸關載在是年十一月，而四月內未書（按，考遼史卷二九天祚紀，明載夏四月「丙申，金兵至居庸關，擒耶律大石」。則此處未曾詳察耳）。契丹國志云，大實降女真，與粘罕爲雙陸戲，争道，粘罕欲殺之，大實卽棄妻攜五子宵遁。粘罕怒，以其妻配部落之最賤者，不屈，射殺之。史未言雙陸争道事。畢沅續通鑑云，時達實壁龍門東，金都統鄂囉遣洛索等攻之，生擒達實。亦載在金克南京之後。與史畧同。惟宏簡録云，金兵入居庸關，大石自古北口亡去，以其衆襲奉聖州，爲婁室所獲，并降其衆。斡离不襲天祚，以爲鄉導。既而亡歸，預謀立魏王；王卒，復立其妻。據此，則大石預謀立王，乃係被擒亡歸之後，與史異，恐是傳聞之誤。

四年（甲辰一一二四）秋七月，帝欲出兵復燕、雲，達實力諫曰：「自金人初陷長春、遼陽，則車駕不幸廣平淀，而都中京；及陷上京，則都燕山；及陷中京，則幸雲中；自雲中而播遷夾山。向以全師不謀戰備，使舉國漢地皆爲金有。國勢至此，而方求戰，非計也。當養兵待時而動，不可輕舉。」不從。遂殺蕭伊實原作乙薛。〔攷異〕通鑑輯覽作伊錫。及博勒和，原作坡里括。〔攷異〕畢沅續通鑑作博勒果。置北、南面官屬，自立爲王，〔攷異〕西遼紀云，達實預謀立魏王，後歸，天祚責之，達實不自安，遂殺伊實等而自立，非因諫復燕、雲事。今從天祚紀。率所部西去。過黑水，見白達達〔攷異〕卷六十九，部族表作白達旦。詳衮崇烏嚕，原作牀古兒〔崇烏嚕〕（據遼史卷三〇天祚紀附耶律大石傳補）獻馬駝。西至哈屯城，原作哈吞。舊作可敦。駐北庭都護府，會威武、崇德、會蕃、新、大林、紫河、駞等七州及大黄室韋、德哷、原作敵剌。〔攷異〕部族表作敵烈，係一部。昂吉爾、原作王紀剌 察察哩、原作茶赤剌 約喜、原作也喜 布古德、原作鼻古德。〔攷異〕部族表作鼻骨德，係一部。納喇、原作尼剌 達爾干、原作達剌乖 塔密里、原作達密里 默爾吉、原作密兒紀 和卓、原作合(住)〔主〕（同上書改）烏庫哩、原作烏古里 準布、原作阻卜博克碩寬、原作普速完唐古、呼穆蘇、原作忽母思希達、原作奚的濟勒貝原作糺而畢。〔攷異〕部族表作紀而畢，係一部。十八部王衆，諭曰：「我祖宗艱難創業，歷世九主，歷年二百。金以臣屬，逼我國家，殘我黎庶，屠翦我州邑，使我天祚皇帝蒙塵於外，日夜痛心疾首。我今仗義而西，欲借力諸蕃，翦我仇敵，復我疆宇。惟爾衆亦有軫我國家，憂我社稷，思共救君父、濟生民於難者乎？」遂得精兵萬餘，器仗具備。〔攷異〕洪皓松漠紀聞云，大實深入沙子，立天祚子梁王而相之。金遣余都姑追之不及。沙子者，不毛之地，風起揚塵，不能辨色，或高數丈，絶無水草，人多渴死。大實走，凡三晝夜始得度，故不能窮追。遼馬數十萬牧於磧外，金未之取，悉爲達實所得。今遼王、大實皆亡，遼餘黨猶居其地。趙子砥燕雲録云，沙子裏者，在沙院西北，去金國四千里，廣有羊馬，南接天德、雲内，北連党項國南關口。天祚子趙王見在金門御寨。許王者，元妃所生，年十八九，今在沙子。天祚之弟大石林牙已立爲主，稱天輔皇帝。兵馬數十萬，待時興舉。按，二書所紀，全與遼史不合。史本紀載雅里爲敵烈所立，非大石也。皇子表載天祚六子趙王從天祚至白水濼，爲金獲；許王至青冢濼，爲金獲。大石宵遁，入西域，至起兒漫，立爲天祐皇帝，安所得許王而立之乎？此皆傳聞之誤。見厲鶚遼史拾遺。劉壎隱居通義云，沙子在契丹後，彌數千里。往者，女真既滅契丹，其臣大石林牙擕其子三晝夜踰沙子，立之。數十年，粘罕不能近。續通考云，敵烈，遼太宗與穆、景之世，歲來貢。後遼主爲金所逼，歸於其部，耶律大石乃有其地。

五年（乙巳一一二五）春二月甲午，達實以青牛白馬祭天地、祖宗，整旅而西。先以書諭回鶻王必里克原作畢勒哥。〔攷異〕畢沅續通鑑作必勒哈，通鑑輯覽作伯勒格。曰：「昔我太祖北征，過巴噶罕原作卜古罕城，卽遣使至甘州，招爾祖烏穆珠，原作烏母主爾祖卽表謝，是與爾國非一日之好也。

今我將西至大食，假道爾國，其勿致疑。」王得書，即迎至邸，宴餞加禮。由是兵行萬里，歸者數國，獲馬、駝、牛、羊、財物不可勝計，軍勢日盛。

至塔什干，原作尋思干。〔攷異〕通鑑輯覽作塔什罕。李志常長春真人西遊記云，西南至尋思干城，萬里外回紇國最佳處，契丹都焉，歷七帝。盛如梓庶齋老學叢談云，訛打剌西千餘里，有大城曰尋思干。尋思干者，西人曰肥也。耶律楚材湛然居士集有河中府詩十首。尋思干地，西遼稱河中府。劉郁西使記云，二月二十四日，過赤、堵兩山間，土平民夥，溝洫映帶，多故壘壞垣，蓋契丹故居也。計其地，去和林萬五千里而遥。三月八日，過尋思干，城大而民繁。所載較詳。西域諸國舉兵十萬，號呼喇繖，原作忽兒珊。〔攷異〕畢沅續通鑑作呼拉沙。來拒戰。率師分三道迎擊，遣六院司大王蕭額哩埒、原作斡里剌。〔攷異〕通鑑輯覽作鄂囉洛。招討副使耶律松山等攻其右；樞密副使蕭扎倫布、原作剌阿不，又作查剌阿不，係一人。〔攷異〕畢沅續通鑑作蘇拉布。招討使耶律穆蘇原作朮薛等攻其左；自以衆攻其中。呼喇繖大敗，僵屍相望。駐軍凡九十日，回回國王來降，貢方物。

西至奇爾瑪勒，原作起兒漫。〔攷異〕通鑑輯覽作克埒木，畢沅續通鑑作奇爾愛雅。方輿紀要云，地在唐庭州西南。庭州舊車師後王庭也。輿地廣記，庭州在流沙西北，漢爲烏孫故地，東漢爲車師後王庭，歷代爲胡虜居。唐滅高昌，突厥以其地來降，置庭州，改曰北庭大都護府。後陷吐蕃。領縣四：金滿、輪臺、後庭、西海。稱帝。時甲辰歲二月五日也。年三十八，號格爾干，原作葛兒罕。〔攷異〕畢沅續通鑑作噶爾汗曰天祐皇帝，改元延慶。追謚祖父爲嗣元皇帝，祖母爲宣義皇后，册其妃蕭氏爲昭德皇后。自蕭額哩埒等四十九人祖、父，封爵有差。

延慶三年(丙午一一二六)班師東歸，馬行二十日，得善地，遂建都城，號呼遜鄂爾多。原作虎思斡耳朶。〔攷異〕盛如梓庶齋老學叢談云，湛然居士國初扈從西征，有西遊記，述其事曰，出陰山有阿里馬城，西有大河曰亦列，其西城曰虎思窩魯朶，卽西遼之都。附庸城數十。金史粘割韓奴傳云，大定中，回紇移習覽三人至西南招討司貿易，自言：「本國回紇鄒括番部，所居城名骨斯訛魯朶。先時契丹至，不能拒，因臣之。近歲，契丹使其女壻阿本斯領兵五萬，北攻葉不輦等部族，不克而還。」是歲，粘拔恩君長撒里雅(宣)〔寅〕特斯(據金史卷一二一粘割韓奴傳改)率(屬)〔康〕里(同上書改)部長孛古及户三萬餘求内附，乞納前大石所降牌印，受朝庭牌印。詔遣使慰問。楊復吉云，按西域聞見録云，伊犂之北有青可斯察漢，疑卽骨斯訛魯朶也。錢大昕云，天祚出軍夾山在保大四年七月，達實西去卽甲辰歲。其明年二月甲午整旅而西，兵行萬里，駐軍塔什干凡九十日。又西至奇爾愛雅，而後受册卽位，其所歷日月久矣，不特非甲辰二月，恐亦非乙巳二月也。

延慶十一年(甲寅一一三四)，改元康國。

是年三月，以蕭額哩埒爲兵馬都元帥，前同知樞密院蕭札倫布副之；耶律燕山爲都部署，耶律特爾格原作鐵哥爲都監，率七萬騎東征。諭曰：「今汝其往，信賞必罰，與士卒同甘苦，擇善水草立營壘，量敵而進，毋自取禍敗也！」行萬餘里無所得，牛馬多死，勒兵而還。以康國十年殂，在位二十年，廟號德宗。〔攷異〕耶律楚材湛然居士集云，大石林牙，遼宗臣，挈衆而亡。不滿二十年，克西域數十國，幅員數萬里。傳數主，凡百年。頗尚文教，西域至今思之。劉祁北使記云，大石者，在回紇中，昔大石林厤，遼族也，太祖愛其俊辨，賜之妻，而陰蓄異志，因從西征，挈其孥亡入山後；鳩集舉乣，經西北逐水草居，行數載抵陰山，雪石不得前，乃屏車，以駞負輜重入回鶻，攘其地而國焉。日益强，僭號德宗，立三十餘年。金史粘割韓奴傳云，天會八年，遣耶律余睹、石家奴、拔离速追討大石，徵兵諸部，不從，石家奴至兀納水而還，余睹聞大石在和州北，恐與夏合，遣使索之。報曰：小國與和州壤地不相接，且不知大石所在也。皇統四年，回紇遣使入貢，言大石與其國爲隣，今已死。詔遣韓奴與其使俱往，遇大石，被執，大駡不屈，乃殺之。此時大石已死，疑係仁宗夷列也。長春真人西遊記云，晚至南山下，卽大石林牙其國，亡遼後也。林牙領衆數千走西北，移徙十餘年，方至此地。經夏秋無雨，流河灌溉，百穀用成。左山右川，延袤萬里，傳國凡百年。所載甚詳。遺命昭德蕭后稱制。名塔布布延，原作塔不煙號感天皇后，改元咸清，攝政七年。

子伊里原作夷列。〔攷異〕通鑑輯覽作伊哷。立，改元紹興。籍民十八歲以上得八萬四千五百户。在位十三年，殂，廟號仁宗。

子幼，遺命其妹博克碩寬原作普速完。〔攷異〕畢沅續通鑑作布沙堪。劉祁北使記云女弟甘氏。稱制，改元崇福，號承天太后。後與駙馬蕭圖嚕卜原作朶魯不。〔攷異〕畢沅續通鑑作都爾木。弟巴噶濟蘇爾原作朴古只沙里。〔攷異〕畢沅續通鑑作博果濟薩里。通，出駙馬爲東平王，殺之。駙馬父額哩埒以兵圍其宮，并射殺之。在位十四年。

仁宗次子珠勒呼原作直魯古。〔攷異〕通鑑輯覽作卓勒古，卷一百八，太宗時太醫直魯古，另一人。立，改元天禧，在位三十四年。奈曼原作乃蠻王庫楚勒何其出獵，伏兵擒之，而據其位。庫楚勒，原作屈出律。〔攷異〕通鑑輯覽作楚察里。畢沅續通鑑作庫楚類，云據元史。庫楚類卽迪延汗子。元太祖本紀，三年戊辰，征庫楚類汗，汗奔契丹。按，珠勒呼之被擒，在癸酉年，去戊辰僅六年。既云庫楚類據其位，所稱契丹，又是何國？元聖武親征録云，庫楚類以數人奔契丹王菊爾可汗，豈襲衣冠而據位爲菊爾可汗，而非庫楚類耶？元史云，太祖元年丙寅，征乃蠻大陽罕子屈出律罕，與脱脱奔也兒的石河上。三年戊辰冬，再征脱脱及屈出律罕，時斡亦剌部等遇我前鋒，不戰而降，因用爲鄉導。至也兒的石河討蔑里乞部，滅之，脱脱中流矢，死，屈出律奔契丹。聖武親征録作曲出律可汗，云以數人脱走，奔契丹王菊而可汗。己巳春，畏吾兒國王亦都護聞上威名，遂殺契丹主所置監國少監，欲求議和。錢大昕十駕齋養新録云，聖武親征記所稱契丹王菊兒汗，卽直魯古也。遼史，大石以甲辰歲卽位，號葛兒汗子孫，蓋世襲其號。元史曷思麥里傳，初爲西遼濶兒汗，近侍曰濶，曰菊，曰葛，音皆相近。曷思麥里亦直魯古舊臣，降元，從哲伯爲先鋒，克乃蠻，斬其主曲出律，蓋爲直魯古報仇，尚在太祖庚辰歲，與戊辰屈出律奔契丹，相去十三年矣。紀載各異。尊珠勒呼爲太上皇，朝夕問起居，以侍終焉。遼絶。前後凡九十年，號爲西遼。〔攷異〕沈炳震廿一史四譜，西遼起德宗大石延慶元年甲辰，卽徽宗宣和六年，盡直魯古天禧三十四年壬戌。五主，合七十八年。謂大石在位止十二年，延慶二年，康國十年。與史異。元史太祖紀，太祖稱帝之八年癸酉春，耶律瑠格自立爲遼王，改元元統。十年十一月來朝，以其子實沙入侍。實沙，一作斜闍。十三年戊寅伐西夏，夏主李遵頊出走西涼。契丹六哥據高麗江東城，命哈真、札剌率師平之，高麗王瞰遂降。王宗沐續通鑑云，瑠格爲金北邊千户。金疑遼遺民有他志，瑠格不自安，遁至龍安，衆至十萬，稱王，大敗金將和碩兵，盡有遼東州縣，遂都咸平。後降蒙古爲元帥，居廣甯。歐陽元高昌偰氏家傳云，仳理伽，年十六襲國相，答剌罕時，西契丹方强，威制高昌，命太師僧少監來圄其國，恣睢淫侈，王患之，謀於仳理伽，對曰：「能殺少監，挈衆歸蒙古，彼且震駭矣。」遂率兵圍少監。少監避兵於樓，升樓斬之。元朝祕史云，鼠兒年，太祖起兵征乃蠻。牛兒年，屈出魯、脱脱阿相合於額兒的失不都兒麻，太祖追及之，殺脱脱阿，屈出魯奔合賴乞塔部。又命者别追屈出魯，至撒里崑而止。元史曷思麥里傳云，初爲西遼闊兒罕近侍，後爲谷則斡兒朵所屬可散八思哈長官。太祖西征，曷思麥里率可散等城酋長迎降，大將哲伯以聞。帝命曷思麥里從哲伯爲先鋒，攻乃蠻，克之，斬其王曲出律。哲伯命曷思麥里持曲出律首往徇其地，若可失哈兒、押兒、斡端諸城，皆望風歸附。錢大昕十駕齋養新録云，尋思干，本回回故地，亦作邪米思干。太祖紀，十五年五月，克尋思干城。又曰，十六年春，帝攻卜哈兒、薛迷思干等城，似乎重出。攷西遊記，言乃滿卽乃蠻，失國，依大石，士馬復振。盜據其土，繼而算端西削其地。天兵至，乃滿尋滅，算端亦亡。然則十五年所克者，乃蠻主屈出律，篡西遼而據其地者也。既克之後，復背蒙古而附算端，故次年再攻之。算端，卽算灘，回回部長之號，亦作遜丹。若元遺山劉氏碑所稱契丹餘族，是爲西遼。蓋屈出律雖篡奪，猶襲遼衣冠，不改國號，故有西遼之稱。其云古續兒國，殆以西遼主世襲菊兒汗之號。「續」「菊」音相近而訛。夷朶，卽遼史之斡耳朶。斜迷思，卽西遊記之邪米思干乎？按，此數則與遼史無涉，因厲鶚遼史拾遺有屈出律出奔，元史不詳所終，故録補於此。見楊復吉遼史拾遺補。元好問遺山集大丞相劉氏先塋神道碑云，車駕征契丹餘族，是爲西遼，歷古續兒國，訛夷朶等城，戰合只，破之，遂征遜丹之斜迷思於普花，見拒，印度嗔木連破其軍二十餘萬。元史云，十四年己卯夏六月，西域殺使者，帝親征。十八年癸未夏，避暑八魯灣川，皇子朮赤、察合台、窩濶台及八剌之兵來會，遂定西域諸城。十九年甲申，帝至東印度國，角端見，班師。厲鶚云，按屈出律出奔，元史不詳所終，至耶律留哥爲遼人之苗裔，西域諸國爲契丹之餘族，故備述其事，以終遼紀焉。六哥，疑卽留哥之訛音也。十駕齋養新録又云，西遼世次紀年，唯見於遼史天祚紀末，它書皆無之，今當以遼史爲正。紀曰，大石以甲辰歲自立，改元延慶，卽宋宣和六年，在位二十年殂，則宋紹興十三年癸亥也。其妻稱制，號感天皇后，當是紹興十四年甲子，稱制七年而卒，則宋紹興二十年庚午也。大石子夷列嗣位，在紹興二十一年辛未，立十三年而殂，則宋隆興元年癸未也。其妹稱制，號承天太后，當在宋隆興二年甲申，稱制十四年而被殺，則宋淳熙四年丁酉也。夷列子直魯古嗣位，在宋淳熙五年戊戌，立三十四年而爲乃蠻滅，則宋嘉定四年辛未也。遼史稱西遼更迭相承，凡九十年，以大石在位二十年，合之二后三主，恰八十八年。然則延慶當有十年，并康國十年，乃合在位二十年之數。惟遼史於延慶三年建都之後，卽云改延慶爲康國元年，又云康國十年歿，似大石在位止十二年，未免自相矛盾。明人續綱目、續通鑑者，大率因此致悞。商氏續綱目、薛氏、王氏續通鑑，所載歲月，俱未足信。又，遼史於直魯古死，祇云遼絶，未言其年係何干支也。諸家編年書皆繫以辛酉，當宋嘉泰元年，不知何據？予謂大石官爲林牙，頗通今古，其改元也，假興復之名以號召諸部，必不遽稱帝也。延慶改年，當在甲辰之春，其時猶未至西域，若稱帝，則當於延慶三年，蓋用漢、晉故事，俟天祚凶問至而後百官勸進耳。若建都，改元康國，則必在延慶十一年，西遊記所謂移徙十餘年，方至此地者也。如是，則大石在位二十年之說定，而直魯古之亡，必在辛未，而不在辛酉，決然可信矣。

遼史紀事本末卷末

引用書目

欽定大清一統志
欽定滿洲源流考
欽定日下舊聞考
欽定遼金元三史國語解
欽定八旗姓譜
欽定全唐詩
御批通鑑輯覽
史記司馬遷
史記正義張守節
史記索隱司馬貞
山木篇莊周
淮南鴻烈解劉安
別録劉向
尚書集注孔安國
周禮全解
周孔總義宋昌紱
爾雅翼羅願
爾雅疏郭璞
山海經注郭璞
前漢書班固

漢書注 應劭
漢書注 顏師古
後漢書 范曄
漢官儀 劉攽
帝王世紀 皇甫謐
世史類編
水經 桑欽
水經注 酈道元
搜神記 干寶
博物志 張華
鴻雪録
辰象考
百川書志
上林彙考
五德運補
大象列星圖
羣書彙考
正閏考
廣雅 張揖
魏書 魏收
魏臺訪議
後魏諸州地記
北周書 令狐德棻
隋書 魏徵
隋圖經 郎蔚之
十六國春秋 崔鴻
舊唐書 劉昫
新唐書 歐陽修、宋祁
新唐書音訓 竇苹
元和郡縣志 李吉甫

唐會要王溥
酉陽雜俎段成式
朝野僉載張鷟
經典釋文陸德明
大唐西域記釋辨機
舊五代史薛居正
法苑珠林釋道世
新五代史歐陽修
五代史糾謬劉羲仲
五代史纂誤吴縝
五代史闕文王禹偁
五代會要王溥
五代通録范質
五代史補陶岳
五朝春秋王軫
五代春秋尹洙
五代紀孫冲
後唐太祖紀年録
莊宗實録趙鳳
明宗實録姚顗
廢帝實録張昭
晉少帝實録竇正固
後漢高祖實録蘇逢吉
隱帝實録張昭
後周太祖實録張昭遠
世宗實録王溥
五代史補編陳桱
十國紀年劉恕
九國志路振
玉堂閒話王仁裕

唐餘紀事陳霆
唐餘録王皥
唐年補録賈緯
唐末見聞録閻自若
備史賈緯
幽懿録王淑之
初學記徐堅
北夢瑣言孫光憲
南唐書馬令
南唐書陸游
南唐逸事鄭文寶
江表志鄭文寶
傳國璽語鄭文寶
南唐烈祖實録高遠
元宗實録
江南野史龍袞
江南別録陳彭年
江南録湯悦
稽神録徐鉉
吴録徐鉉
江淮異人録吴淑
吴越備史錢儼
晉陽見聞要録王保衡
洛中紀異録秦再思
十國春秋吴任臣
遼史脱脱等
契丹國志葉隆禮
北廷雜記趙志忠
陰山雜録趙志忠
虜廷須知陳昉

燕山叢録徐昌祚
燕北録王易
契丹録
燕北雜記武珪
北庭事實文惟簡
晉朝陷蕃記范質
陷北記胡嶠
入邊録
契丹官儀余靖
慶曆正旦國信語録余靖
奉使行程録富弼
奉使別録富弼
上契丹事王曾
沂公筆録
北邊備對程大昌
熙甯正旦國信録竇卞
演繁露程大昌
攷古編程大昌
松漠紀聞洪皓
續松漠紀聞洪皓
奉使行程録許亢宗
北狩見聞録曹勛
奉使録陶悦
使遼見聞録李罕
紀使遼事薛映
使遼圖抄沈括
行程録鍾邦直
使燕語録富軾
使北語録劉敞
入蕃録宋敏求

使北録范鎮
東齋紀事范鎮
戴斗奉使録王曙
上契丹事宋綬
奉使録寇瑊
戴斗懷柔録趙安仁
使遼録張舜民
畫墁録張舜民
乘軺録路振
接伴送語録沈季長
攬轡録范成大
桂海虞衡志范成大
燕雲奉使録趙良嗣
燕雲録趙子砥
茅齋自叙馬擴

封氏編年封有功
裔夷謀夏録汪藻
金人背盟録
陷燕記賈子莊
亡遼録史愿
出塞記錢良擇
冀越集記熊大古
使範王晉
北行日録樓鑰
乾道奉使録姚憲
遼載林本裕
焚椒録王鼎
星命祕訣耶律純
北記范仲熊
記張元吴昊事田晝

全遼志薛延寵
遼東志
北遼通書
北遼遺事
中邊圖制考
亡遼遺録
北邊紀事
北邊紀略
華夷考
契丹事迹
契丹疆宇圖
契丹實録
契丹會要均見尤袤遂初堂書目
大遼登科記
大遼對鏡録
契丹地理圖均見鄭樵通志
遼四京記見陳振孫書録解題
北蕃地理志
諸蕃樞要李季興
青唐録李遠
隴右日録高永年
諸史夷語、灤志陳士元
遼史同名録汪輝祖
遼史攷證陳浩
遼小史楊循吉
遼史拾遺厲鶚
遼史拾遺補楊復吉
遼詩話周春
宋使臣年表錢大昕
宣和奉使高麗圖經徐兢

雞林雜事孫穆
雞林志王雲
高麗史鄭麟趾
朝鮮志
東國通鑑
東國史略
金史脱脱等
大金國志宇文懋昭
金誌張棣
金節要張滙
海陵外集周麟之
北使記劉祁
歸潛志劉祁
金國生辰語録韓元吉
宋史脱脱等
宋會要王珪等
東都事略王偁
南宋書錢士升
宋史紀事本末陳邦瞻
太平廣記李昉等
太平御覽李昉等
册府元龜王欽若
玉海王應麟
困學紀聞王應麟
通典杜佑
續通典宋白
通志鄭樵
文獻通考馬端臨
續文獻通考王圻
資治通鑑司馬光

通鑑考異　司馬光
通鑑目録　司馬光
稽古録　司馬光
通鑑釋文　司馬康
通鑑地理通釋　王應麟
通鑑地理通釋糾謬　張庚
通鑑注　胡三省
通鑑外紀　劉恕
續通鑑長編　李燾
宋元通鑑　薛應旂
甲子會紀　薛應旂
續通鑑　王宗沐
續宋通鑑　劉時舉
通鑑續編　陳桱
通鑑後編　徐乾學

續資治通鑑　畢沅
紫陽綱目　朱熹
名臣言行録　朱熹
綱鑑會編　葉澐
紀年通譜　宋庠
編年通載　章衡
續綱目　商輅
宋元史質　王洙
建炎以來繫年要録　李心傳
朝野雜記　李心傳
路史　羅泌
清異録　陶穀
東齋録
山堂考索　章俊卿
山堂肆考　彭大翼

太平寰宇記樂史
輿地廣記歐陽忞
輿地紀勝王象之
括異志張師正
四蕃十道志梁載言
四鎮三關志劉效祖
郡縣釋名郭子章
雍録程大昌
道山清話朝奉大夫暐
儒林公議田況
宏簡録邵經邦
兩朝綱目備要
建隆編陳傅良
三朝國史、王氏談録王欽若
宋仁宗實録王珪
宋欽宗實録洪邁
宋高、孝宗實録傅伯壽
兩朝國史吴充
九朝通略熊克
十朝綱要李埴
九朝編年備要陳均
四朝國史陳康伯
三朝北盟會編徐夢莘
北盟集補
太平治迹統類彭百川
南部新書錢易
大事記呂祖謙
大事記呂中
思陵大事記
洛陽搢紳見聞記張齊賢

續翰林志 蘇易簡
歸田録 歐陽修
集古録跋尾 歐陽修
文忠事迹 歐陽發
嘉祐雜誌 江休復
晉公談録 潘汝士
王文正筆録
聖宋掇遺 歐靖
元豐九域志 王存
合璧事類及後集 謝維新
政要 張商英
職官分紀 孫逢吉
西征記 李繼隆
大宋登科記 洪适
宋事類苑 江少虞
文昌雜録 龐元英
宋稗類抄 潘(汝)〔永〕因（據販書偶紀續編卷一一改）
朝野僉言 夏少曾
宣政雜録 江萬里
麟臺故事 程俱
國老談苑 王君玉
元祐分疆録 游師雄
青箱雜記 吳處厚
熙甯日録 王安石
涑水紀聞 司馬光
温公日記 司馬光
叢苑
玉壺清話、玉壺野史、湘山野録 釋文瑩
揮麈前録、後録、三録、餘話、投轄録 王明清
後山談叢 陳師道

金石録趙明誠
東坡志林蘇軾
蘇氏題跋蘇軾
龍川别志蘇轍
古史蘇轍
曾氏日録曾布
賈黄中談録張洎
夢溪筆談、補筆談、清夜録沈括
聞見近録、隨手雜録、甲申雜記王鞏
錢氏私誌錢世昭
百一編王皡
聚米圖經趙珣
郡齋讀書志晁公武
桐陰舊話韓元吉
聞見録邵伯温
聞見後録邵博
辨欺録韓忠彦
中山詩話劉攽
後村詩話劉克莊
孫升談圃劉延世
長安圖記吕大臨
珩璜新論孔平仲
談苑孔平仲
游宦紀聞張世南
楊文公談苑
金陀粹編、愧郯録、桯史岳珂
東京夢華録孟元老
大定録王皥
能改齋漫録吴曾
丁未録李丙

雲麓漫鈔趙彦衛
博雅
石林燕語、石林詩話、避暑録話葉夢得
東觀餘論黄伯思
麈史王得臣
泉志洪遵
墨莊漫録張邦基
錢譜董逌
梁溪漫志費衮
甕牖閒評袁文
厚德録李元綱
蒙齋叢談鄭景望
閒牕括異志魯應龍
昨夢録康譽之
讀書敏求記錢曾

默記王銍
螢雪叢説俞元德
諱名録
神仙通鑑薛大訓
名山秘録
楓牕小牘袁氏
神仙傳
會海菁華
畫史
春明退朝録宋敏求
畫品李廌
悦生隨抄賈似道
圖畫見聞志郭若虚
宣和書畫譜米芾
畫繼鄧椿

五代名畫補遺劉道醕
玉堂雜記、二老堂雜記、詩話周必大
老學菴筆記、避暑漫鈔、家世舊聞、清尊録
陸游
秘閣閒談吴淑
畫述孫暢之
蘭亭考桑世昌
籀史翟耆年
續清夜録王銍
畫鑑湯垕
羅氏識遺羅璧
畫評牛戩
繪事備要王毓賢
域塚記皇甫鑒
建炎筆録趙鼎
蓬窗日記陳全之
蒓敏詞話錢芳標
苕溪漁隱叢話胡仔
西溪叢話姚寬
澠水燕談録王闢之
春渚紀聞何薳
冷然志徐善
湘素雜記黄朝英
四朝聞見録葉紹翁
釣磯立談史虛白子
臨漢隱居詩話魏泰
東軒筆録魏泰
詩話總龜阮閲
辛齋詩話陸嘉淑
詩史蔡寬夫

梅磵詩話韋居安
歲寒堂詩話張戒
記纂淵海潘自牧
默記張戒
萍洲可談朱彧
蘇詩注施元之
西清詩話、鐵圍山叢談、北征紀實、國史後補蔡絛
容齋四筆、夷堅志、續夷堅志洪邁
西行録劉涣
冷齋夜話釋惠洪
小字録陳思
清（煇）〔波〕雜誌（據四庫全書總目卷一四一子部雜家類改）周煇
北轅録周煇

獨醒雜誌曾敏行
五總志吴炯
曲洧舊聞朱弁
賓退録趙與時
步里客談陳長方
侯鯖録趙德麟
野客叢書王楙
野獲編沈德符
耆舊閒談陳鵠
泊宅編方勺
墨客揮犀彭乘
雞肋編莊綽
遂昌雜録鄭元祐
睽車志郭（篆）〔彖〕（據同上書卷一四二子部雜家類改）

隨隱漫録陳世崇
毗陵志鄒補之
退齋閑雅録侯延慶
盤山志釋智朴
猗覺寮雜記朱翌
羣書會元、截江網
蒙達備録孟珙
遂初堂書目尤袤
直齋書録解題陳振孫
莆田鄭氏書目
連江世善堂書目陳第
金陵黄氏書目黄虞稷
圖繪寶鑑夏文彦
宋遼金正統論謝端
宋遼金正統辯楊維楨
敬齋古今黈李冶
墨史陸友
西使記劉郁
西域聞見録
元一統志
述征記
元朝秘史
魯齋遺書許衡
歸田類稿張養浩
皇元聖武親征録
隱居通義劉壎
長春真人西遊記邱處機
癸辛雜識、齊東野語、志雅堂雜鈔、浩然齋雅談周密
雲煙過眼録周密

庶齋老學叢談 盛如梓

玉堂嘉話 王惲

高昌偰氏家傳 歐陽元

草木春秋 葉世奇

禁扁 王士點

元文類 (張)〔蘇〕天爵(據元文類改)

永樂大典

名勝志 曹學佺

珍珠船 陳繼儒

古今詩話 陳繼儒

穀城山房筆塵 于慎行

丹鉛録 楊慎

郊游記 楊士奇

韓門綴學 汪紹韓

霏雪録 劉績

玉芝堂談薈 徐應秋

通雅 方以智

國史經籍志 焦竑

大事記續編 王褘

浮溪文粹 胡堯臣

六研齋筆記 李日華

石墨鐫華 趙崡

古今碑帖考 胡文煥

書史會要 陶宗儀

圖繪寶鑑補遺 韓幹

蓉塘詩話 姜南

草木子 葉子奇

長安客話 蔣一葵

堯山堂外紀 蔣一葵

明一統志 李賢

詩藪胡應麟
武功志康海
圖書編章潢
京東考古録、昌平山水記、日知録顧炎武
水道提綱齊召南
北平古今記孫承澤
水經注釋趙一清
春明夢餘録孫承澤
漠北日記張鵬翮
讀史方輿紀要顧祖禹
盤山紀游集查爲仁
人海記查慎行
歸田後録朱定國
義門讀書記何焯
析津日記周篔
元混一方輿勝覽祝穆
筠廊偶筆宋犖
宸垣識畧吴長元
格致鏡原陳元龍
五城坊巷衚衕集張樹
吉金貞石志、日下舊聞朱彝尊
日下舊聞補朱昆田
西神脞説嚴繩孫
諸史拾遺、十駕齋養新録、金石文跋尾錢大昕
廿二史攷異、宋遼金元朔閏考錢大昕
扈從東西巡日録、松亭行紀、天禄識餘高士奇
塞北小鈔、金鼇退食筆記高士奇
十七史商榷王鳴盛
潛邱劄記閻若璩

廿一史四譜沈炳震
西河詩話毛奇齡
廿二史劄記、陔餘叢攷趙翼
紀元彙攷萬斯同
補歷代史表萬斯同
宋詩紀事厲鶚
姑妄聽之紀昀
三餘贅筆都卬
香祖筆記、居易録王士禎
碣石叢談郭造卿
考古圖吴鴻
倚晴閣雜鈔魏坤
臆乘楊伯嵒
塞外橐中集夏之璜
黔書田雯
天下金石志于奕正
鴻書劉仲達
帝京景物畧劉侗
麟書汪若海
華夷鳥獸考慎懋官
暇日記劉跂
燕都游覽志孫國枚
柳邊紀略楊賓
淥水亭雜識成德
棗林雜俎談遷
長安可游記宋啓明
湛園雜記姜宸英
鴨江行部誌
太平老人袖中錦
圖經志書

清類天文分野之書
潞沙筆綴
畿輔山川志
負暄野録陳櫄
幽州土地記
黄圖雜誌
陝西通志劉於義
江南通志趙宏恩
山西通志石麟
順天府志
十三州志
大同府志汪承霈
里道記
永平府志宋琬
括地志
延安府志
葭州志
昌平州志崔學履
蔚州志劉生和
隆慶州志謝庭珪
冀州志熊相
宣府鎮志孫世芳
朔州志許爾忠
遷安縣志白夏
涿州志唐舜卿
密雲縣志劉效祖
易水志林炷章
樂亭縣志潘敦復
恒岳志王濬初
易州志戴銑

保安縣志黄榜
霸州志錢達道
大同縣志孫體元
大同志張欽
順義縣志楊霆
漷縣志張祥
玉田縣志王大智
三河縣志王自謹
良鄉縣志牛象坤
懷柔縣志張仲士
豐潤縣志石邦政
固安縣志蘇志皐
東安縣志張文舉
武清縣志許鋌
新城縣志何濟
寶坻縣志
遵化縣志張述
涿鹿志史恒德
中山志
析津志
雍大記何景明
安陽集韓琦
臨川集王安石
文忠全集歐陽修
東坡全集蘇軾
欒城集蘇轍
鄱陽集彭汝礪
公是集劉敞
彭城集劉攽
武溪集余靖

嵩山集晁説之
隆平集曾鞏
魏公集蘇頌
梁溪集李綱
蠡海集王逵
貴耳集張端義
田承君集田晝
丁年集李澥
省齋文稿周必大
古靈集陳襄
白石道人集姜夔
畫墁集張舜民
樂靜集記殘經李昭玘
石湖集范成大
拙軒集王寂
金門集李琪
牧菴集姚燧
蛻菴集張翥
金臺集納新
遺山集元好問
陵川集郝經
秋澗集王惲
湛然居士集耶律楚材
呆齋集劉定之
梓溪集舒芬
禮部集吳師道
曝書亭集朱彝尊
吳文恪集吳士玉
潛研堂集錢大昕
問次齋稿

稼堂雜鈔均見日下舊聞考
遼王正燕山雲居寺碑
遼非覺大師塔記
遼駐蹕寺沙門奉航幢記
遼沙門志光重修雲居寺記
遼白川州石幢記
遼僧西河續高僧傳
遼金臺僧法均藏骨塔記
遼趙遵仁涿鹿山雲居寺續鐫石經記
遼沙門志才雲居寺續祕藏石經塔記
遼幽州僧行均龍龕手鑑
遼駐蹕寺沙門奉航塔記
遼御史大夫李內貞墓誌銘
遼燕京歸義寺天王殿前碑
遼會同九年奉福寺王公石幢記
遼會同中佛頂尊勝陀羅尼幢記二篇
遼興中府古釋迦佛舍利記
遼沙門方偁易州興國寺太子誕聖邑碑
遼沙門善製燕京大憫忠寺觀音地宮舍利函記
遼僧志願京師仙露寺藏舍利佛牙石匣記
遼李仲宣盤山祐唐寺千佛像講堂碑記
遼宋璋寶坻廣濟寺佛殿記略
遼順天府衍德寺尊勝陀羅石幢記
又大同節度李翊建施食幢神像記
遼僧志延暘臺山清水院藏經記
遼僧真延奉福寺佛頂尊勝陀羅尼幢記
遼僧慈智慈悲菴佛頂尊勝大悲陀羅尼幢記
遼栲栳山雲巖寺沙門圓撥塔記
遼蒲察孟里遼興軍染莊社記

元元遺山大丞相劉氏先塋神道碑

北漢李惲天龍寺千佛樓碑記

元張昺灤州石城姜將軍斬蛟廟碑

附録

有關遼、金史紀事本末的兩個奏摺

其一

光緒二十九年十月十七日，江西學政臣吳士鑑奏：儒臣潛心經籍，懇恩嘉獎片再。

我朝稽古右文，士多樸學，其有著述賅博、卓然成家者，歷經臣工進呈乙覽，如山東之郝懿行、江南之汪士鐸等，迭蒙諭旨嘉獎，海內士林傳爲盛事。茲查有前任江西峽江縣訓導李有棠，係萍鄉縣優貢，潛心經籍，富有述作，獨於史學尤爲專門，著遼、金二史紀事本末九十二卷，於兩朝政治、掌故區別條流，窮源竟委。其體例悉仿宋袁樞通鑑紀事本末、明陳邦瞻宋、元史紀事本末，而於他書互有異同者，詳加質證，註於其下，名曰「攷異」。臣細讀其書，紀述淹賅，考訂完密。且治遼、金二史，較之他史尤爲繁難，蓋以元初史臣率爾撰述，採摭未廣，譯語多歧。今得此書，博考羣編，蔚爲鉅製，實爲乙部中不朽之作。

該教官年逾六旬，淡於榮利，養親事畢，卽不在仕。其胞弟有棻，官至布政使。該教官尤不肯輕入城市，與聞公事，實爲敦品積學之儒。臣謹將原書裝潢成帙，恭呈御覽。可否飭下南書房翰林閱看？如蒙諭旨，量予嘉奬，洵足以振樸學而勵真儒。臣愚昧之見是否有當，伏乞聖鑒訓示。謹奏奉。

硃批：另有旨，欽此！

本日内閣奉上諭：江西學政吴士鑑，呈進前峽江縣訓導李有棠所著遼、金二史紀事本末一書，據稱「考訂完密」，請「量予嘉奬」等語，着發交南書房閱。看後再行請旨，欽此！

其二

光緒二十九年十月二十三日，禮部尚書、協辦大學士、南書房行走臣徐郙等，爲遵旨閱看覆奏事。

竊臣等奉旨，發下江西學政吴士鑑奏進前峽江縣訓導李有棠所著遼、金二史紀事本末一函，臣等公同閱看。謹按史家之例，炎漢以來，不過紀傳、編年二體，自宋袁樞創爲紀事本末，遂使紀傳、編年貫通爲一。其後如陳邦瞻、谷應泰等，沿其條例，各有纂述，列諸四庫，燦乎有文。惟遼、金二史，異同互見，疏漏滋多，錢大昕考異、趙翼劄記等書曾枚舉之，誠以鉤稽蒐輯，從事良難，故紀事之作久付闕如。今該員以類排纂，成書九十二卷，用力甚勤，而於政治得失之間尤多深意，足備幾餘乙覽。其應如何嘉奬之處，臣等未敢擅擬。伏候聖裁，謹奏。

本日内閣奉上諭：前據江西學政吴士鑑奏進前江西峽江縣訓導李有棠所著遼、金二史紀事本末一書，發交南書房閲看，兹據奏稱，該員排纂成書，「用力甚勤」等語，李有棠著賞給内閣中書銜，以示嘉奬。欽此！

遼史人名
清元異譯對照表

幾點説明

一，本表係根據清道光四年刊刻的殿本《遼史》編製，凡經改譯的人名(包括字、異稱等)皆錄。

二，《遼史》人名，有的繫姓，有的不繫姓，爲了查核方便，兩種情況皆立目。如耶律驢糞，改譯成了耶律富埒，由於《遼史》有省姓逕稱驢糞的地方，故驢糞亦列爲一目。

三，凡多人同名，如這些同名改譯時沒有歧譯，則只列其中一個，如撻不也，改譯成了托卜嘉，因其他同名皆如此改譯，就不再一一開列了。

四，凡一人多名，改譯時有的作了統一，有的未作統一，如達不也、撻不也、塔不也，皆改譯作托卜嘉，爲了便於核查，皆一一列目。

五，改譯時還出現了不少新的多人同名現象，如王八改譯成了旺布，而注普亦改譯成了旺布，這些都分別立目。

六，本表按人名第一個字的四角號碼排列，每一個相同號碼下的排列順序，暗取人名第二字的前兩個數碼，如前兩個數碼相同，卽暗取後兩個數碼，如又相同，則暗取人名第三字的前兩個數碼，依次類推。

七，《遼史紀事本末》人名，特别是注改譯前原作某，時有錯亂，本表則皆以《遼史》爲準。

崔文印　一九八一年七月

0022_3 齊

清譯名	元譯名
齊蘇	楚思
齊蘇	屈戌

0025_2 摩

清譯名	元譯名
摩綽	末綴
摩多	磨朵
摩多	没答
摩多	默啜
摩約	買友
摩歡	摩會
摩哩	牟里

0025_6 庫

清譯名	元譯名
庫德	古迭
庫魯噶哩	胡盧斡里
庫濟	骨只
庫克	魁可
庫克	窟哥
庫克克齊	庫古只
庫楚埒	屈出律
庫春	坤長
庫哩	屈列
庫眷	渾敞

0026_7 唐

清譯名	元譯名
唐古	唐果
唐古	唐筈
唐古	棠古
唐古特	唐骨德
唐古里	塔古里

0040_0 文

清譯名	元譯名
文殊努	文殊奴

0040_6 章

清譯名	元譯名
章嘉努	張家奴
章吉特	張九
章努	章奴
章努	張奴

0060_1 音

清譯名	元譯名
音德爾	意德里
音濟	因吉

0066_1 諳

清譯名	元譯名
諳達	按答

0460_0 謝

清譯名	元譯名
謝嘉努	謝家奴

0462_7 訥

清譯名	元譯名
訥木錦	耨斤
訥呼庫	涅里括
訥呼台	涅里底
訥默庫	涅木古
訥默庫	粘睦姑

0466_4 諾

清譯名	元譯名
諾木袞	粘袞

清譯名	元譯名
諾木歡	涅木袞
諾木歡	粘木袞
諾木歡	粘米袞
諾蘇	糯思
諾觀	褭袞
諾觀	奴瓜

0662_7 諤

清譯名	元譯名
諤尼	魏寧

0669_4 課

清譯名	元譯名
課努	課奴

1010_4 王

清譯名	元譯名
王嘉努	王家奴
王門努	王門努

1010_9 丕

清譯名	元譯名
丕紳	擘失
丕勒	婆兒
丕勒布密	僕里鼈米

1014_1 聶

清譯名	元譯名
聶赫	涅合
聶呼	涅勒
聶呼	涅里
聶呼	泥禮
聶呼	泥里

1021_4 霍

清譯名	元譯名
霍六格	霍六哥
霍實	霍石
霍實	赫石
霍實	回室

1022_7 霄

清譯名	元譯名
霄格	小哥

1040_0 于

清譯名	元譯名
于固靈	于骨鄰

1060_2 可

清譯名	元譯名
可汗努	可汗奴

1080_6 頁

清譯名	元譯名
頁頁	押雅
頁卜肯根	巖母根
頁刺該	耶刺改

1112_7 瑪

清譯名	元譯名
瑪	謀注
瑪摩約	摩敏欲
瑪諾勒	馬奴
瑪魯	麻魯
瑪魯	馬六
瑪克實	謨葛失
瑪古納	弭姑乃
瑪格	馬哥

清譯名	元譯名
瑪尼	麻湼
1122_{7} 彌	
彌勒努	彌勒奴
1123_{2} 張	
張薩巴	張撒八
1161_{1} 礲	
礲丕勒汗	闊遏可汗
1168_{6} 碩	
碩格	槊古
碩羅	室羅
1313_{2} 球	
球格	求哥
1314_{0} 武	
武雅淑	烏雅束
1318_{6} 璸	
璸都	盆都
1419_{0} 琳	
琳沁	剌乾
琳沁	陵青
琳巴	林八
1519_{0} 珠	
珠爾	朮里
珠克	招古
珠克	昭古
珠奇	據曲
珠埒哩	朮魯列
珠埒哩	只剌里
珠勒格	只里姑
珠勒呼	直魯古
珠勒呼	直里古
珠勒呼	直里姑
珠勒呼	姪里古
珠勒呼	只里古
珠勒呼	只里姑
珠格爾	著骨里
珠拉	朮烈
珠嚕	只魯
珠嚕準	朮里者
珠展	朮者
珠展	朮哲
珠巴克	朮不姑
1611_{1} 琨	
琨	控温
1710_{7} 孟	
孟古公主	萌古公主
1712_{0} 瑚	
瑚實	胡舍
瑚嚕古	胡魯古

清譯名	元譯名
1712_7 耶	
耶律高嘉努	耶律高家奴
耶律高善努	耶律高山奴
耶律摩綽	耶律末掇
耶律摩哩	耶律末里
耶律庫魯噶里	耶律胡盧斡里
耶律唐古(富僧額)	耶律棠古(蒲速宛)
耶律章烏克	耶律章瓦
耶律章嘉努	耶律張家奴
耶律章奴(塔瑪雅)	耶律章奴(特末衍)
耶律章努	耶律張奴
耶律音濟	耶律引吉
耶律謝嘉努	耶律謝家奴
耶律諾木歡	耶律涅木衮
耶律諾木歡	耶律粘米衮
耶律諾覲	耶律奴瓜
耶律王嘉努	耶律王家奴
耶律丕紳	耶律擘失
耶律聶哷	耶律聶里
耶律聶哷	耶律涅里
耶律聶哷	耶律泥禮
耶律聶哷	耶律泥里
耶律聶哷	耶律雅里
耶律可汗努	耶律可汗奴
耶律頁	耶律野
耶律瑪魯	耶律麻魯
耶律瑪魯	耶律馬六
耶律瑪古	耶律馬五
耶律瑪格(額特埒)	耶律馬哥(訛特懶)
耶律碩格(穆克德)	耶律朔古(彌骨頂)
耶律碩格	耶律槊古
耶律瑞努	耶律蘂奴
耶律璸都	耶律盆都
耶律珠勒呼	耶律直魯古
耶律珠拉	耶律朮烈
耶律珠展(能登)	耶律朮者(能典)
耶律珊蘇庫	耶律神速
耶律瑠嘉努	耶律劉家奴
耶律瑠格	耶律劉哥
耶律瑠格	耶律留哥
耶律玖格	耶律九哥
耶律鼐爾琨(實默克)	耶律涅剌昆(霞馬葛)
耶律愛實	耶律安十
耶律愛努	耶律愛奴
耶律雙寬	耶律雙古
耶律仁努	耶律王奴
耶律卓克算	耶律趙三
耶律卓巴勒	耶律朮不魯
耶律拜薩巴	耶律白斯不
耶律綽哈	耶律酬斡
耶律綽哈	耶律嘲瑰
耶律糾堅	耶律九斤
耶律纅古	耶律掃古

清譯名	元譯名
耶律允古	耶律匀骨
耶律德布	耶律敵不
耶律德哷(蘇蘭)	耶律牒蠟(述蘭)
耶律德哷	耶律牒蠣
耶律德哷(伊勒都堪、特爾格)	耶律迭剌(雲獨昆、迭烈哥)
耶律休格	耶律休哥
耶律特爾格	耶律迭刺
耶律特爾格	耶律鐵哥
耶律特烈(尼嚕古)	耶律撻烈(涅魯袞)
耶律特布	耶律貼不
耶律特默	耶律特麽
耶律特默	耶律特末
耶律特默	耶律特抹
耶律特哩袞	耶律提離古
耶律科科里	耶律化葛里
耶律科里	耶律課里
耶律納延(伊實年)	耶律那也(移斯輦)
耶律納喇蘇	耶律涅里思
耶律佛德(薩巴)	耶律頗的(撒版)
耶律佛寶努	耶律佛寶奴
耶律佛哩	耶律佛留
耶律佛騰	耶律佛頂
耶律伯(錫納)	耶律白(習撚)
耶律伯	耶律良
耶律和爾郭勒濟	耶律胡古只
耶律和卓	耶律合朮
耶律和卓	耶律合住
耶律和克(海蘭)	耶律虎古(海鄰)
耶律和克	耶律忽古
耶律和克丹(胡古典、和古典)	耶律和古典(胡骨典、胡古典)
耶律和勒博(實訥、噶勒畢)	耶律何魯不(斜寧、曷里必)
耶律和勒博	耶律回里不
耶律和囉木薩噶(烏庫哩)	耶律何魯掃古(烏古鄰)
耶律和囉木薩噶	耶律阿魯掃古
耶律和囉噶(阿尼雅)	耶律和魯斡(阿輦)
耶律穆爾古	耶律磨魯古
耶律穆爾古	耶律謀魯姑
耶律穆濟	耶律末只
耶律穆濟	耶律抹只
耶律穆蘇	耶律朮薛
耶律釋紳努	耶律釋身奴
耶律伊德實(愛新)	耶律寅底石(阿親)
耶律伊伯格勒(錫納)	耶律乙不哥(習撚)
耶律伊濟(烏	耶律羽之(兀

清譯名	元譯名
里、伊德森)	里、寅底哂)
耶律伊實揚	耶律乙辛隱
耶律伊遜(胡圖克琨)	耶律乙辛(胡覩袞)
耶律伊遜	耶律宜新
耶律伊木沁	耶律巖木堇
耶律伊勒都堪(托音)	耶律雲獨昆(鐸穩)
耶律伊勒給(蘇色)	耶律夷臘葛(蘇散)
耶律伊都(伊都姑)	耶律余覩(余都姑)
耶律伊里	耶律夷列
耶律烏庫哩	耶律兀古鄰
耶律烏爾古	耶律烏骨
耶律烏爾古巴	耶律烏不吕
耶律烏爾古巴	耶律烏古不
耶律烏頁	耶律吾也
耶律烏延(札拉、珠埒哩)	耶律沃衍(札剌、只剌里)
耶律烏魯斯	耶律漚里思
耶律烏魯斯	耶律歐里斯
耶律烏魯斯	耶律歐里思
耶律烏津	耶律吳九
耶律烏克	耶律温
耶律烏蘇	耶律綰思
耶律烏蘇	耶律偶思
耶律烏格	耶律吳哥
耶律烏拉臺	耶律斡里太
耶律烏拉噶	耶律吾剌葛

清譯名	元譯名
耶律烏拉噶	耶律烏魯斡
耶律烏哲	耶律屋只
耶律烏哲	耶律屋質
耶律烏里	耶律兀里
耶律烏展	耶律吾展
耶律烏舍	耶律吳士
耶律魯庫	耶律樂姑
耶律色珍	耶律斜軫
耶律色實	耶律謝十
耶律色勒迪	耶律斜里底
耶律紐斡哩	耶律褭里
耶律紐斡哩(海蘭)	耶律褭履(海隣)
耶律約蘇	耶律遥設
耶律約尼	耶律燕奴
耶律徹珍	耶律查只
耶律濟色古勒	耶律只撒古
耶律濟古爾	耶律質古
耶律完	耶律宛
耶律安圖	耶律安端
耶律安圖	耶律安摶
耶律安巴薩哈勒	耶律阿鉢撒葛里
耶律安巴堅	耶律阿保機
耶律富魯(努展)	耶律蒲魯(乃展)
耶律官努	耶律官奴
耶律實訥埒	耶律習泥烈
耶律實納齊(薩剌、堆音)	耶律斜涅赤(撒剌、鐸盌)

清譯名	元譯名
耶律實迪	耶律斜的
耶律實神努	耶律十神奴
耶律實埒	耶律碩老
耶律實都	耶律石篤
耶律實格	耶律十哥
耶律實喇	耶律石剌
耶律實默克	耶律匣馬葛
耶律實嚕(楚旺)	耶律石柳(酬宛)
耶律實嚕(蘇呼)	耶律釋魯(述瀾)
耶律實嚕(伊實揚)	耶律室魯(乙辛隱)
耶律實公	耶律十公
耶律賽格	耶律賽哥
耶律寶信努	耶律寶信奴
耶律察克(烏紳、額哩森王)	耶律察割(歐辛、漚里僧王)
耶律察克	耶律查哥
耶律察克	耶律查割
耶律察克	耶律查葛
耶律察喇	耶律查剌
耶律馮嘉努	耶律馮家奴
耶律額特埒(伊實揚)	耶律斡特剌(乙辛隱)
耶律額伯哩	耶律阿不里
耶律額哩音	耶律余里衍
耶律額嚕温	耶律敖盧斡
耶律必徹	耶律苾扇

清譯名	元譯名
耶律必埒哩	耶律闢離剌
耶律必舒	耶律鼻舍
耶律必舒(珍戩)	耶律必攝(箴堇)
耶律浩善(托紐)	耶律侯哂(禿寧)
耶律達爾丹	耶律特里典
耶律達魯	耶律敵祿
耶律達魯(繖布斡)	耶律敵魯(撒不椀)
耶律達魯(伊聶)	耶律的琭(耶寧)
耶律達魯	耶律的魯
耶律達實	耶律大石
耶律達勒達	耶律迭栗底
耶律達勒達(海蘭)	耶律迭里特(海鄰)
耶律達喇(和掄)	耶律敵剌(合魯隱)
耶律達嚕噶	耶律敵古
耶律達嚕噶	耶律滌魯
耶律達哈拉	耶律撻葛里
耶律達哈拉	耶律撻曷里
耶律達年	耶律迪輦
耶律迪里(博斯齊)	耶律敵烈(巴速堇)
耶律迪里(烏納)	耶律敵烈(烏輦)
耶律迪里	耶律低烈
耶律迪里	耶律的烈

清譯名	元譯名
耶律迪里	耶律迭里
耶律迪里	耶律滌洌
耶律迪里（裕勒沁）	耶律覿烈（兀里軫）
耶律泥格	耶律涅哥
耶律鴻觀（和爾沁、呼圖克琨）	耶律弘古（胡篤堇、胡覩袞）
耶律鴻觀（巴爾諾延）	耶律弘古（盆納隱）
耶律淑格	耶律淑哥
耶律罕齊	耶律韓七
耶律罕扎	耶律痕只
耶律罕巴（藥師努）	耶律韓八（藥師奴）
耶律朗德	耶律狼德
耶律朗布	耶律狼不
耶律海古勒（額勒本）	耶律侯古（訛里本）
耶律裕勒沁	耶律汙里軫
耶律道士努	耶律道士奴
耶律道拉	耶律鐸刺
耶律大悲努（糾堅）	耶律大悲奴（休堅）
耶律大師努	耶律大師奴
耶律克酬	耶律曷主
耶律布庫	耶律普古
耶律布琳	耶律蒲寧
耶律布達	耶律補得
耶律布古德（薩蘭）	耶律別古特（撒懶）
耶律布勒圖	耶律僕里篤
耶律希達	耶律奚低
耶律希達（納爾琿）	耶律轄底（涅烈袞、涅里袞）
耶律希斯	耶律奚蹇
耶律希斯	耶律晒斯
耶律嘉哩（布當）	耶律解里（潑單）
耶律古齊（和爾沁）	耶律高七（胡都堇）
耶律古爾錦	耶律胡離軫
耶律古雲（穆喇齊）	耶律古昱（磨魯堇）
耶律古雲	耶律骨欲
耶律古雲（糾堅）	耶律谷欲（休堅）
耶律吉遜	耶律喜孫
耶律索紐	耶律速寧
耶律彭嘉	耶律平甲
耶律埒富	耶律驢糞
耶律埒克（綏蘭、薩喇、巴爾）	耶律刺葛（率懶、撒刺、暴里）
耶律博齊希	耶律勃己只
耶律博諾	耶律蒲古
耶律博諾	耶律蒲奴
耶律博諾（和爾沁）	耶律盆奴（胡獨堇）
耶律博克碩寬	耶律普速完

清譯名	元譯名	清譯名	元譯名
耶律博希齊	耶律孛吉只	耶律蘇色	耶律速撒
耶律塔納	耶律錮匿	耶律蘇色	耶律蘇撒
耶律塔魯	耶律撻魯	耶律蘇克	耶律遂哥
耶律塔拉	耶律帖剌	耶律蘇克濟	耶律撒葛只
耶律塔剌	耶律帖剌	耶律蘇蘭	耶律述蘭
耶律塔剌	耶律惕剌	耶律蘇葉	耶律綏也
耶律塔喇臺	耶律特里底	耶律蘇葉	耶律遂英
耶律塔雅克	耶律臺押	耶律蘇拉	耶律叔剌
耶律薩爾珠	耶律撒剌竹	耶律韓福努	耶律韓福奴
耶律薩結	耶律撒給	耶律韓格	耶律韓哥
耶律薩布(薩布巴哩岱)	耶律賽保(賽保里)	耶律華格	耶律化哥
		耶律華格	耶律化葛
耶律薩木	耶律撒鉢	耶律華格	耶律滑哥
耶律薩蘭	耶律撒鸞	耶律華喇	耶律畫里
耶律薩蘭	耶律撒懶	耶律華喇	耶律劃里
耶律薩喇	耶律撒剌	耶律楚	耶律寔
耶律薩哈勒(綏蘭)	耶律撒哈(率懶)	耶律觀音努	耶律觀音奴
		耶律楊珠(達年)	耶律巖木(敵輦)
耶律薩巴	耶律撒八		
耶律赫德	耶律痕德	耶律努	耶律奴
耶律赫特	耶律恒特	耶律努克	耶律奴哥
耶律赫伯	耶律痕孛	耶律努克特	耶律奴古達
耶律赫魯(琨)	耶律曷魯(控温)	耶律努呼克特	耶律涅離骨德
		耶律都沁	耶律鐸臻
耶律赫嘉努	耶律郝家奴	耶律都沁	耶律鐸軫
耶律赫勒納	耶律曷魯寧	耶律都木達	耶律獨迭
耶律赫嚕(和爾沁)	耶律合魯(胡都堇)	耶律都勒斡(伊實揚)	耶律鐸魯斡(乙辛隱)
耶律赫嚕	耶律合禄	耶律都勒斡	耶律鐸斡
耶律恭噶	耶律孔阿	耶律超	耶律巢

清譯名	元譯名	清譯名	元譯名
耶律超格	耶律巢哥	耶律轄哩（達年）	耶律洽礼（敵輦）
耶律格爾（圖嚕琨）	耶律狗兒（屠魯昆）	耶律威烏克	耶律隗洼
耶律斡（達年）	耶律洼（迪輦）	耶律威烏克	耶律隈洼
耶律斡格	耶律蛙哥	耶律農古	耶律女古
耶律斡格	耶律哇哥	耶律揚珠（布爾錦）	耶律瑶質（拔里堇）
耶律斡拉	耶律斡臘	耶律揚魯	耶律楊六
耶律泰格	耶律泰哥	耶律揚鄂特	耶律楊五
耶律春博里	耶律楚不魯	耶律畢老	耶律匹魯
耶律貴音	耶律瑰引	耶律昌珠（諾木袞）	耶律昌朮（粘袞）
耶律扎穆（呼喇濟）	耶律只没（和魯堇）	耶律圖烈	耶律朮烈
耶律扎林	耶律糺鄰	耶律圖魯卜	耶律突吕不
耶律扎里	耶律糺里	耶律圖勒錦（額哩音）	耶律圖魯窘（阿魯隱）
耶律托雲（托紐）	耶律頹昱（團寧）	耶律圖丹（和爾沁）	耶律獨攧（胡獨堇）
耶律托卜嘉	耶律塔不也	耶律果玖	耶律郭九
耶律托卜嘉（和爾沁）	耶律撻不也（胡獨堇）	耶律果實	耶律高十
耶律托多	耶律禿朵	耶律果囉	耶律國留
耶律托多	耶律吐朵	耶律果巴	耶律高八
耶律托色	耶律迪子	耶律果桑	耶律郭三
耶律托色	耶律題子	耶律羅卜科	耶律魯不古
耶律托實	耶律團石	耶律羅卜科	耶律吕不古
耶律托里	耶律特里	耶律羅漢努	耶律羅漢奴
耶律挼蘭	耶律綏蘭	耶律旺玖	耶律王九
耶律哲魯	耶律鄭留	耶律旺禄	耶律王六
耶律轄魯	耶律興老	耶律題木	耶律汀
耶律轄哩（烏庫哩）	耶律諧理（烏古鄰）	耶律呼魯蘇	耶律豁里斯

清譯名	元譯名	清譯名	元譯名
耶律呼圖克	耶律胡覩	耶律阿穆爾(布琳)	耶律阿没里(蒲鄰、蒲寧)
耶律呼圖克	耶律胡都古	耶律阿克展	耶律阿古真
耶律呼圖克琨	耶律胡覩袞	耶律阿古齊	耶律罨古只
耶律呼哩(蘇色)	耶律胡呂(蘇撒)	耶律阿古齊	耶律阿古哲
耶律呼哩	耶律胡劣	耶律阿古齊	耶律阿古只
耶律默勒濟	耶律迷離己	耶律阿古質	耶律阿固質
耶律噶濟	耶律高九	耶律阿薩爾	耶律阿撒
耶律噶勒畢	耶律曷里必	耶律阿蘇	耶律阿思
耶律噶老	耶律可老	耶律阿蘇	耶律阿斯
耶律噶拉(扣肯)	耶律葛剌(古昆)	耶律阿勒扎	耶律阿里只
耶律吹巴勒	耶律崔八	耶律阿林(額勒本)	耶律阿璉(訛里本)
耶律鄂摩	耶律兀没	耶律阿里	耶律阿列
耶律哈爾吉(特門)	耶律合里只(特滿)	耶律辰祿	耶律陳六
耶律哈密喀	耶律嚴麥哥	耶律辰嘉努	耶律陳家奴
耶律哈斯	耶律海思	耶律辰賚	耶律陳留
耶律哈勒布	耶律吼阿不	耶律辰格	耶律陳哥
耶律哈里(鼐爾琨)	耶律海里(湼剌混)	耶律辰甫	耶律陳甫
耶律哈喇托輝	耶律曷魯突娩	耶律辰圖努	耶律陳圖奴
耶律哈噶	耶律合葛	耶律尼古察(頁卜肯根)	耶律褭古直(巖母根)
耶律哈雅	耶律河陽	耶律尼古呼	耶律褭古里
耶律雅爾噶(達年)	耶律牙里果(敵輦)	耶律尼嚕古(伊囉斡)	耶律湼魯古(耶魯綰)
耶律雅魯	耶律耶魯	耶律尼嚕古	耶律湼里姑
耶律雅克	耶律燕哥	耶律隆科(薩蘭)	耶律老古(撒懶)
耶律雅斯哈	耶律罨撒葛	耶律隆科(密遜)	耶律婁國(勉辛)
耶律雅里	耶律爻里		

清譯名	元譯名
耶律陶格	耶律陶哥
耶律學順（雅遜）	耶律洽昚（牙新）
耶律巴延	耶律泮泱
耶律巴戩	耶律跋芹
耶律巴拜	耶律把八
耶律巴古濟（塔拉、赫德、實默克）	耶律蒲古只（帖剌、痕德、匣馬葛）
耶律巴古濟（保諾延）	耶律勃古哲（蒲奴隱）
耶律巴格（烏庫哩）	耶律八哥（烏古鄰）
耶律巴哩岱	耶律拔里
耶律巴哩岱（海蘭）	耶律拔里得（孩鄰）
耶律興格	耶律興哥
耶律賢格	耶律賢哥
耶律普努寧	耶律蒲奴寧
耶律普賢努	耶律普賢奴
耶律錫里雅	耶律轄剌干
耶律錫哷	耶律喜羅
耶律錫默	耶律霞抹
耶律朔格	耶律朔刮
耶律舒	耶律稍
耶律舒庫爾	耶律朔骨里
耶律舒蘇	耶律屬思
耶律常格	耶律常哥
耶律帕克戩	耶律雱金

清譯名	元譯名
1714_0 珊	
珊蘇庫	神速姑
1716_4 瑠	
瑠嘉努	劉家奴
瑠格	劉哥
瑠格	留哥
瑠智格	留只哥
1718_0 玖	
玖格	九哥
1722_1 鼐	
鼐爾琨	湼剌昆
1812_2 珍	
珍戩	箴堇
2010_4 重	
重格	重哥
2024_7 愛	
愛新	阿辛
2040_7 雙	
雙庫赫	稍古葛
雙寬	雙古
2043_0 奚	
奚瑪魯	奚馬六

清譯名	元譯名
奚和碩鼐	奚和朔奴
奚和勒博（綏蘭）	奚四離保（挼懶）
奚烏頁	奚烏也
奚斡里	奚瓦里

2121$_1$ 能

清譯名	元譯名
能登	能典

2140$_6$ 卓

清譯名	元譯名
卓庫	酌古
卓琳	啜里
卓沁	卓真
卓克算	趙三
卓巴勒	朮不魯

2194$_6$ 綽

清譯名	元譯名
綽卜鄂博	楚阿不
綽奇	抄只
綽呼	楚古
綽哈	酬斡
綽哈	嘲瑰

2290$_0$ 糾

清譯名	元譯名
糾堅	休堅

2290$_1$ 崇

清譯名	元譯名
崇烏嚕	牀古兒
崇烏魯	春古里

2294$_4$ 綏

清譯名	元譯名
綏蘭	率懶
綏蘭	桵懶

2299$_4$ 繅

清譯名	元譯名
繅古	娑固
繅古	掃古
繅古	掃姑
繅古	慥古

2300$_0$ 卜

清譯名	元譯名
卜克	勃葛
卜威	桃委
卜威	桃畏
卜威	桃隈

2371$_1$ 崆

清譯名	元譯名
崆郭囉	控骨離

2423$_1$ 德

清譯名	元譯名
德埒哩	敵里剌
德埒哩	鐵剌里
德勒賓	迪離畢
德哷	牒蠣
德哷	迭烈
德哷	迭剌

2429$_0$ 休

清譯名	元譯名
休格	休哥

清譯名	元譯名
休格	朽哥

2454_1 特

清譯名	元譯名
特爾格	迭烈哥
特爾格	迭剌哥
特烈	撻列
特烈	撻烈
特依順	臺哂
特卜庫	敵不古
特穆爾	特末里
特徹布	鐵剌不
特布	貼不
特古斯	禿古斯
特古斯	圖古斯
特古斯	吐古斯
特默	特麽
特默	特免
特默	特末
特默	特抹
特默格	特母哥
特哩袞	迪里姑
特哩袞	提離古
特哩袞	題里姑

2490_0 科

清譯名	元譯名
科爾羅	窟魯里
科科里	化葛里
科里	課里
科里	括里
科里	闊里

2492_7 納

清譯名	元譯名
納望舒克	乃方十
納爾琿	涅烈袞
納爾琿	涅里袞
納爾琿	泥離袞
納爾琿阿巴	涅里袞阿鉢
納琳	涅鄰
納穆爾	粘米里
納蘇	那沙
納喇蘇	涅里思
納默庫	那母古
納哩	涅離

2522_7 佛

清譯名	元譯名
佛德	頗的
佛寧	蒲撚
佛寧	蒲輦
佛古寧公主	蒲割額公主
佛努	佛奴
佛哩	佛留
佛門	蒲馬

2620_0 伯

清譯名	元譯名
伯克齊	白可久
伯埒	白縷
伯埒	欸烈
伯勒格	拔剌哥
伯勒格	跋剌哥
伯哩	怕里

清譯名	元譯名
2629_4 保	
保諸延	蒲奴隱
2690_0 和	
和爾郭勒濟	忽古質
和爾郭勒濟	胡古只
和爾沁	忽突堇
和爾沁	胡突堇
和爾沁	胡獨堇
和爾沁	胡都堇
和爾沁	胡篤堇
和琳	回璉
和珍	還金
和卓	劃者
和卓	合住
和卓	合朮
和克	虎骨
和克	忽古
和克台	觳國底
和克岱	活骨德
和古典	胡古典
和古典	胡骨典
和索哩	胡思里
和斯	護思
和塔拉	鶻得剌
和塔拉	胡撻剌
和勒敦	和盧覩
和勒博	何魯不
和勒博	回離不
和勒博	回離保
和勒博	曷魯泊
和費延	虎骴
和拉汗	胡剌可汗
和掄	曷魯恩
和掄	合魯隱
和囉木薩噶	何魯掃古
2692_2 穆	
穆爾	彌里
穆爾古	謀魯古
穆爾古	謀魯姑
穆色克	猛撒葛
穆濟	抹只
穆克德	彌骨頂
穆里	胡母里
穆喇斡	謨魯斡
穆喇斡	謀盧瓦
穆喇斡	謀魯斡
2720_7 多	
多爾濟	啜里只
多科	鐸括
多和	鐸遏
多囉	多里
多囉	咄囉
多囉囉	奪里懶
2725_7 伊	
伊聶	耶寧

清譯名	元譯名
伊聶濟	寅底吉
伊聶濟	寅尼吉
伊爾岱	夷離底
伊德實	寅底石
伊德森	寅底哂
伊特湊結	乙靈紀
伊濟	要只
伊實	乙實
伊實揚	乙辛隱
伊實巴沁	乙室八斤
伊賓年	移斯輦
伊遜	乙辛
伊遜	乙信
伊木沁	巖母堇
伊木沁	巖母斤
伊埒	移烈
伊埒	雅里
伊埒達袞	餘盧覩姑
伊蘭	夷懶
伊蘭	牙懶
伊蘭汗（齊蘇）	耶瀾可汗（屈戌）
伊勒必	榆烈比
伊勒希	牙里辛
伊勒希	牙里斯
伊勒都齊	匀德恝
伊勒都堪	雲獨昆
伊勒呼	益古
伊勒哈	夷朧葛
伊林	乙凜
伊楞古	易魯姑
伊楞古	俞魯古
伊都	余覩
伊都姑	余都姑
伊拉齊	亞里只
伊里	謁里
伊喇	夷列
伊喇	益剌
伊囉斡	耶魯綰
伊囉斡	耶魯斡
伊囉勒（伊蘭）	耶剌里（牙懶）

2732_7 烏

清譯名	元譯名
烏庫哩	兀古鄰
烏庫哩	烏骨里
烏爾古	烏骨
烏爾古綽	烏古者
烏爾古納	兀古匿
烏雲	兀欲
烏雲	勿于
烏頁	吾也
烏延	沃衍
烏延	隈引
烏珠	兀朮
烏納	烏輦
烏納哈喇	温納何剌
烏紳	歐辛
烏穆珠汗	烏母主可汗
烏魯斯	歐里思
烏達	兀迭

清譯名	元譯名
烏古察	烏古札
烏勒呼	烏魯古
烏蘇	綰思
烏林達贊謨	烏林達贊謨
烏格	五哥
烏拉台	斡里太
烏拉丹	斡里端
烏哲	屋只
烏哲	屋質
烏哲圖	烏昭度
烏里	兀里
烏呼濟	烏里只
烏魯	骨里
烏展	吾展
烏巴	烏八

2760$_3$ 魯

清譯名	元譯名
魯庫	略姑
魯庫	勞古
魯克都	老古得
魯塔王	勒得王
魯呼	李胡

2771$_7$ 色

清譯名	元譯名
色珍	斜軫
色佛呼	謝佛留
色色	瑟瑟
色實	謝十
色克	撒割
色勒迪	沙刺迭
色勒迪	撒剌的

2791$_5$ 紐

清譯名	元譯名
紐紐	拏女
紐勒琿	裊里曷
紐歡	女瓌
紐斡哩	褭里

2792$_0$ 約

清譯名	元譯名
約蘇	遥設
約羅岱	禿里底
約囉	肴里
約尼色佛呼	遥輦謝佛留
約尼汗	遥輦可汗

2792$_0$ 綳

清譯名	元譯名
綳果	勃括

2824$_0$ 徹

清譯名	元譯名
徹珍	查只

2826$_6$ 僧

清譯名	元譯名
僧庫埒	雙骨里
僧額	僧遏
僧嘉努	僧家奴

2894$_0$ 繖

清譯名	元譯名
繖察	三嫭
繖布斡	撒不椀

清譯名	元譯名
3012_3 濟	
濟魯古	直魯袞
濟色古勒	只撒古
濟古爾	只骨
濟古爾	質古
濟勒台	解里德
濟喇	直刺
濟嚕克	急里哥
3020_1 寧	
寧古	念古
寧古齊	尼古只
3021_1 完	
完顏羅索	完顏婁室
3040_1 準	
準布大王	阻卜大王
準格爾	壯骨里
3040_4 安	
安格	安哥
安扎	安只
安圖	安端
安圖	安摶
安巴達	阿不底
安巴薩哈勒	阿鉢撒葛里
安巴堅	阿保機
3060_6 富	
富魯	蒲魯
富僧額	蒲速宛
3080_6 實	
實訥	斜寧
實德努	拾得奴
實納齊	斜涅赤
實倫	石魯隱
實神努	十神奴
實古	師姑
實埒	石老
實埒	習爾
實都	石篤
實格	十哥
實喇	實婁
實喇	匣列
實喇堅安巴	轄刺僅阿鉢
實默克	霞馬葛
實默克	匣馬葛
實嚕	石柳
實嚕	室魯
實嚕	實魯
實公	十公
3080_6 賽	
賽音巴寧	撒八寧
賽格	賽哥

3080_6 賓

清譯名	元譯名
賓信努	賓信奴
賓神努	賓神奴

3090_1 察

清譯名	元譯名
察爾吉	抄里只
察賓	常思
察賓	常思
察克	查哥
察克	查葛
察克	册割
察布	雛保
察喇	察鄰
察喇	查喇
察喇	茶剌
察噶扎	查割折

3112_7 馮

清譯名	元譯名
馮嘉努	馮家奴

3168_6 額

清譯名	元譯名
額爾克	訛哥
額爾古濟	葛魯只
額特埒	訛特懶
額特埒	斡特剌
額特埒	斡特懶
額伯哩	阿不里
額布勒	阿不呂
額布勒	牙不里
額古德	斡古得
額勒格	二哥
額勒本	訛里本
額圖琿	訛都斡
額圖琿	訛篤斡
額哷	訛里
額哷頁	訛里野
額哩音	阿魯隱
額哩音	余里衍
額哩頁	余里也
額哩森王	漚里僧王
額哩埒	斡里剌
額哩埒	阿里懶
額嚕温	敖盧斡

3210_0 淵

清譯名	元譯名
淵(巴噶、庸安)	月椀(婆姑、容我)

3211_3 兆

清譯名	元譯名
兆古汗	嘲古可汗
兆古汗	昭古可汗

3300_0 必

清譯名	元譯名
必繖	苾扇
必埒哩	闢離剌
必埒哩	鼈里剌
必塔	毗牒
必塔	匹敵
必里克	畢離遏

清譯名	元譯名
必里克	畢勒哥

3412_7 滿

清譯名	元譯名
滿達	麻答
滿圖古爾	麻都骨

3416_1 浩

清譯名	元譯名
浩善	侯哂

3430_4 達

清譯名	元譯名
達庫濟	達骨只
達爾罕	達剌干
達爾罕	達剌干
達爾丹	特里典
達納	大奴
達魯	敵魯
達魯	敵禄
達魯	的魯
達魯	迪里古
達魯	滌魯
達實	大石
達達哩	達打里
達罕	大漢
達勒達	敵答
達勒達	迭栗底
達勒達	迭里特
達林	達凜
達里庫	的烈古
達里塔	達里底
達里塔	達里迭
達呼布	狄故保
達嚕噶	敵魯古
達哈	撻紇
達巴噶	敵八哥
達年	敵輦
達年扎里	迪輦祖里
達年扎里	迪輦俎里

3530_6 迪

清譯名	元譯名
迪輦伊囉斡	迪輦乙里婉
迪里	敵烈
迪里	低烈
迪里	的烈
迪里	迭里
迪里	滌洌

3611_7 温

清譯名	元譯名
温	限恩
温可汗（約尼汗）	洼可汗（遙輦可汗）

3712_0 潤

清譯名	元譯名
潤諾	乳奴

3712_0 鴻

清譯名	元譯名
鴻觀	弘古

3714_0 淑

清譯名	元譯名
淑格	淑哥

清譯名	元譯名
3721$_4$ 冠	
冠格	冠哥
3730$_2$ 通	
通特古斯	屯禿古斯
通特古斯	屯禿古廝
通古	同葛
通古	銅刮
通果	同括
3740$_1$ 罕	
罕齊	韓七
罕嘉努	韓家奴
罕都	痕篤
罕扎	痕只
罕巴	韓八
3815$_7$ 海	
海古勒	侯古
海蘭	頦領
海蘭	孩鄰
海蘭	海鄰
3826$_8$ 裕	
裕允	鬱于
裕勒沁	兀里軫
裕勒沁	汙里軫
3830$_6$ 道	
道士努	道士奴
道拉	奪剌
道拉	鐸剌
4003$_0$ 大	
大悲努	大悲奴
4010$_0$ 土	
土默特	禿没
4010$_1$ 臺	
臺吉	臺札
4010$_4$ 奎	
奎瑪里	枯莫離
4010$_7$ 直	
直格	直哥
4011$_4$ 堆	
堆音	鐸盌
4021$_6$ 克	
克酬	可醜
克酬	曷主
克特	肯德
4022$_7$ 布	
布庫	普古
布庫	鋪姑
布庫王	普古王

清譯名	元譯名
布爾古	蒲骨
布爾錦	拔里堇
布雷	婆丹
布延	伯陰
布琳	僕里
布琳	蒲寧
布琳	蒲領
布琳	蒲鄰
布琳	別勒隱
布琳	普寧
布琳	普領
布魁	布猥
布色	蒲蘇
布倫	渤魯恩
布達	普達
布達拉	婆底里
布克達哩	蒲打里
布古德	鼻姑得
布古德	別古特
布格	不葛一
布格	僕果
布拉	撥剌
布威氏	僕隗氏
布掄	勃魯恩
布喇	撲里
布呼	怖胡
布哈	陪阿
布當	不擷
布當	潑單

4022_7 希

清譯名	元譯名
希卜蘇	奚叔
希達	奚底
希達	轄底
希達	轄德
希沙	時瑟
希斯	遏搭

4040_7 李

清譯名	元譯名
李庫克	李窟哥

4046_5 嘉

清譯名	元譯名
嘉們	戞陌
嘉哩	解里

4060_0 古

清譯名	元譯名
古	涸
古齊	高七
古爾	懷里
古雲	古昱
古雲	骨欲
古格	古哥

4060_1 吉

清譯名	元譯名
吉琳	解領
吉遜	盈隱
吉遜	喜孫

4060_5 喜

清譯名	元譯名
喜格	喜哥

清譯名	元譯名
4062_1 奇	
奇善汗	奇首可汗
4064_1 壽	
壽格	壽哥
4090_3 索	
索諾木	僧奴
索紐	速寧
索紐	粹你
4091_7 杭	
杭愛	航斡
4099_4 森	
森濟汗	鮮質可汗
4212_2 彭	
彭嘉	平甲
4214_3 埒	
埒富	旅墳
埒富	驢糞
埒克	剌哥
埒克	剌葛
埒克	臈哥
埒哩	別里剌
4291_0 札	
札拉	札剌

清譯名	元譯名
4304_2 博	
博齊希	勃己只
博諾	蒲古
博諾	蒲姑
博諾	蒲奴
博諾	盆奴
博碩和	拍撒葛
博克碩寬	普速完
博斯齊	補疎只
博斯齊	巴速堇
博勒岱	勃勒底
博勒和	坡里括
博羅哩	勃魯里
4416_1 塔	
塔瑪噶	圖木葛
塔納	鋼匿
塔魯	撻魯
塔布布延	塔不煙
塔斯	坦思
塔勒滿	特離敏
塔拉	鐵剌
塔拉	帖剌
塔剌	惕剌
塔剌噶	搭烈葛
塔喇噶	迭烈割
塔喇噶	塔列葛
塔剌噶	撻烈哥
塔剌噶	踏剌葛

清譯名	元譯名
塔哩濟	塔里直
塔雅克	臺押

4421_4 薩

清譯名	元譯名
薩該	撒改
薩爾珠	撒剌竹
薩納噶	思奴古
薩結	撒給
薩滿	撒抹
薩滿嘉哩	薩敏觧里
薩布	賽保
薩布巴哩岱	賽保里
薩古	撒古
薩木	撒磨
薩木	撒鉢
薩木實	轄麥室
薩蘭	撒鸞
薩蘭	撒懶
薩里布	撒里卜
薩里布	撒里本
薩喇	賽剌
薩剌	撒剌
薩喇達	薩剌德
薩喇勒	實魯里
薩喇勒	速魯里
薩喇勒	斯魯里
薩喇圖	撒剌都
薩哈勒	撒葛里
薩哈勒	撒合
薩巴	撒版
薩巴	撒板
薩巴	撒本
薩巴	撒撥
薩巴	撒把
薩巴	撒跋
薩巴	撒八

4422_7 蕭

清譯名	元譯名
蕭庫克克齊	蕭酷古只
蕭章吉特	蕭張九
蕭音濟	蕭因吉
蕭郭囉	蕭高六
蕭頁嚕（和爾沁）	蕭迂魯（胡突堇）
蕭瑪尼	蕭麻涅
蕭珠克	蕭昭古
蕭珠埒哩	蕭朮魯列
蕭珠埒哩	蕭朮魯烈
蕭珠嚕	蕭只魯
蕭珠展	蕭朮者
蕭珠展（實倫）	蕭朮哲（石魯隱）
蕭瑚嚕古	蕭胡魯古
蕭瑠實	蕭柳氏
蕭瑠格	蕭留哥
蕭玖格	蕭九哥
蕭雙寬	蕭雙古
蕭卓琳	蕭啜里
蕭拜甡	蕭拜石
蕭綽班	蕭啜不

清譯名	元譯名
蕭綽哈	蕭酬斡
蕭糾堅	蕭休堅
蕭崇	蕭春
蕭繅古	蕭掃古
蕭繅古	蕭慥古
蕭岱爾	蕭鶻里
蕭休格	蕭朽哥
蕭特爾特	蕭特裏特
蕭特爾特	蕭得裏特
蕭特爾特	蕭得里特
蕭特爾格	蕭塔葛
蕭特烈	蕭撻列
蕭特依順	蕭臺哂
蕭特們	蕭特末隱
蕭特古斯（和寧）	蕭圖古辭（何寧）
蕭特默	蕭特免
蕭特默（和寧）	蕭特末（何寧）
蕭佛德	蕭頗得
蕭佛努	蕭佛奴
蕭紳圖	蕭神覩
蕭伯	蕭白
蕭伯哩	蕭袍里
蕭和爾沁	蕭胡獨堇
蕭和卓（和掄）	蕭合卓（合魯隱）
蕭和克（阿爾斯蘭）	蕭忽古（阿斯憐）
蕭和斯	蕭護思
蕭和尚努	蕭和尚奴
蕭穆喇斡（和琳）	蕭謀魯斡（回璉）
蕭穆里	蕭胡母里
蕭穆嚕	蕭謨魯
蕭伊庫	蕭寅古
蕭伊聶	蕭耶寧
蕭伊德濟	蕭移敵蹇
蕭伊濟	蕭要只
蕭伊實	蕭乙薛
蕭伊遜	蕭乙辛
蕭烏爾古	蕭烏古
蕭烏爾古納	蕭兀古匿
蕭烏頁	蕭烏野
蕭烏延	蕭隗因
蕭烏埒濟	蕭烏里只
蕭烏里	蕭吳留
蕭魯庫	蕭勞古
蕭色佛哷	蕭謝佛留
蕭色哷	蕭辭剌
蕭約音努（布雷）	蕭樂音奴（婆丹）
蕭約噶	蕭爻括
蕭約噶	蕭友括
蕭僧孝努	蕭僧孝奴
蕭額特埒	蕭斡特剌
蕭圖魯卜	蕭突呂不
蕭安圖	蕭安博
蕭安巴達	蕭阿不底
蕭實訥	蕭神奴
蕭實訥埒	蕭習泥烈

清譯名	元譯名	清譯名	元譯名
蕭實刺	蕭轄刺	蕭罕都（裕勒沁）	蕭痕篤（兀里軫）
蕭實喇	蕭夏喇	蕭道拉（綏蘭）	蕭奪刺（挼懶）
蕭實喇	蕭虛列	蕭道拉	蕭鐸刺
蕭實嚕	蕭室魯	蕭布庫	蕭普古
蕭實嚕	蕭實魯	蕭布倫	蕭渤魯恩
蕭賽音巴寧	蕭撒八寧	蕭布達	蕭普達
蕭賚神努	蕭寶神奴	蕭布希	蕭婆項
蕭察喇	蕭查刺	蕭希達	蕭霞的
蕭額特埒	蕭斡特懶	蕭嘉哩	蕭解里
蕭額魯哩	蕭阿刺里	蕭埒哩（必埒哩）	蕭別里刺（鼈里刺）
蕭額圖琿	蕭訛都斡	蕭博	蕭寶
蕭額圖琿	蕭訛篤斡	蕭博諾	蕭蒲奴
蕭額埒	蕭訛里	蕭塔布布延	蕭塔不煙
蕭額哩頁	蕭余里也	蕭塔布布延	蕭撻不衍
蕭額哩埒	蕭斡里刺	蕭塔坦	蕭撻得
蕭沃聶	蕭窩匿	蕭塔喇台（扎林）	蕭得里底（糺鄰）
蕭必塔	蕭匹敵	蕭塔喇台（和爾沁）	蕭迭里特（胡都堇）
蕭達爾罕	蕭達干	蕭塔喇噶	蕭塔列葛
蕭達魯	蕭敵魯	蕭塔喇噶	蕭塔烈葛
蕭達魯	蕭敵祿	蕭塔哩濟	蕭塔里直
蕭達魯	蕭迪里古	蕭薩滿	蕭撒抹
蕭達林	蕭撻凜	蕭薩古	蕭撒古
蕭達哩	蕭打里	蕭薩木	蕭撒磨
蕭達囉克	蕭達魯古	蕭薩木	蕭撒鉢
蕭達哈	蕭搭紇	蕭薩巴	蕭撒板
蕭迪里（哈準）	蕭敵烈（寒真）	蕭薩巴	蕭撒八
蕭迪里（尼嚕古）	蕭敵烈（涅魯袞）		
蕭罕嘉努（固寧）	蕭韓家奴（括寧）		

清譯名	元譯名	清譯名	元譯名
蕭茂薩	蕭麼撒	蕭托多	蕭圖獨
蕭茂薩	蕭磨撒	蕭托紐	蕭圖寧
蕭赫嚕	蕭合魯	蕭托斯和（伊實揚）	蕭陶蘇斡（乙辛隱）
蕭蘇色	蕭速撒	蕭托歡	蕭吐渾
蕭蘇色	蕭素撒	蕭托里	蕭特里
蕭蘇克濟	蕭撒葛只	蕭托果（固寧）	蕭討古（括寧）
蕭楚布	蕭涅卜	蕭托果斯（固寧）	蕭脱古思（貫寧）
蕭楚布	蕭鉏不	蕭托輝（烏庫哩）	蕭陶隗（烏古鄰）
蕭楚布	蕭鉏不里	蕭哲庫	蕭只古
蕭黄巴	蕭黄八	蕭轄達	蕭轄特
蕭藥師努	蕭藥師奴	蕭轄哩	蕭轄里
蕭觀音努（伊聶）	蕭觀音奴（耶寧）	蕭威烏克	蕭隗洼
蕭都勒斡（薩巴）	蕭鐸盧斡（撒板）	蕭威烏克	蕭隈洼
蕭都勒斡	蕭鐸魯斡	蕭農古	蕭女古
蕭格（華格、和爾沁）	蕭革（滑哥、胡突堇）	蕭揚珠	蕭約直
蕭斡（博迪、轄哩）	蕭幹（婆典、項烈）	蕭揚結	蕭楊九
蕭扎倫布	蕭刺阿不	蕭揚魯	蕭楊六
蕭扎倫布	蕭查刺阿不	蕭揚格	蕭楊哥
蕭扎拉納	蕭查刺寧	蕭揚阿克	蕭陽河
蕭扎刺	蕭札刺	蕭圖烈	蕭特烈
蕭扎里	蕭紇里	蕭圖們	蕭徒門
蕭托雲	蕭圖玉	蕭圖們	蕭圖木
蕭托卜嘉（特默）	蕭撻不也（特免）	蕭圖古斯	蕭特古斯
蕭托卜嘉（烏拉丹）	蕭撻不也（斡里端）	蕭圖格	蕭徒骨
		蕭圖嚕卜	蕭朵魯不
		蕭貝勒	蕭孛堇
		蕭果巴	蕭高八

清譯名	元譯名
蕭旺禄	蕭王六
蕭呼敦(哈準)	蕭胡篤（合木隱）
蕭呼塔噶	蕭胡覩姑
蕭呼都克（伊遜）	蕭胡覩(乙辛)
蕭呼哩	蕭呼列
蕭呼哩	蕭呼烈
蕭呼哩木(瑚穆里)	蕭忽没里(胡母里)
蕭默色	蕭緬思
蕭默赫特	蕭眉古得
蕭噶濟	蕭高九
蕭噶克實	蕭葛十
蕭哩巴	蕭里拔
蕭哈濟	蕭海只
蕭哈里（伊德森）	蕭海瓈（寅的哂）
蕭哈里	蕭海里
蕭哈噶	蕭何葛
蕭雅嚕	蕭延留
蕭雅嚕	蕭燕六
蕭阿克展	蕭阿姑軫
蕭阿古齊	蕭遏古只
蕭阿古齊（薩巴）	蕭阿古只（撒本）
蕭阿古齊	蕭阿骨只
蕭阿蘇	蕭阿速
蕭阿拉（額哩埒）	蕭阿剌（阿里懶）

清譯名	元譯名
蕭阿里	蕭阿烈
蕭阿嚕岱	蕭阿魯帶
蕭辰賚	蕭陳留
蕭匹勒	蕭匹里
蕭長格	蕭長哥
蕭尼古	蕭涅袞
蕭尼古爾	蕭年骨烈
蕭尼嚕古	蕭涅魯古
蕭陶罕	蕭陶瑰
蕭留智格	蕭留只哥
蕭巴拉(布琳)	蕭拔剌（別勒隱）
蕭巴噶	蕭把哥
蕭巴噶濟蘇爾	蕭扑古只沙里
蕭巴雅爾(哈納)	蕭排押(韓寧)
蕭年結	蕭念經
蕭慈實努	蕭慈氏奴
蕭普爾布（綏蘭）	蕭蒲離不（桵懶）
蕭錫實	蕭轄式
蕭錫沙	蕭十三
蕭錫蘭	蕭霞賴
蕭錫里岱	蕭斜里得
蕭錫默	蕭霞抹
蕭錫默	蕭遐買
蕭常格（和爾沁）	蕭常哥（胡獨堇）

4425_3 茂

清譯名	元譯名
茂薩	麼撒

清譯名	元譯名
茂巴克實	毛八十

4433_1 赫

清譯名	元譯名
赫德	痕德
赫伯	痕孛
赫伯舍	曷不吕
赫魯	合魯
赫嘉努	郝家奴
赫勒納	曷魯寧
赫嚕	曷魯
赫嚕	合禄
赫辰	何辰

4439_4 蘇

清譯名	元譯名
蘇爾臺	窣離底
蘇爾威汗(達年扎里)	阻午可汗(迪輦俎里)
蘇色	速撒
蘇色	蘇散
蘇色	蘇撒
蘇汗	蘇可汗
蘇克	遂哥
蘇克濟	撒葛只
蘇布特	撒保特
蘇埒	恤烈
蘇蘭	述蘭
蘇葉	綏也
蘇拉	叔剌
蘇扎納	殊只你
蘇埒	述瀾
蘇嚕克	隨魯

4444_3 莽

清譯名	元譯名
莽密	麻門

4445_6 韓

清譯名	元譯名
韓高嘉努	韓高家奴
韓色實	韓謝十
韓布格	韓毗哥
韓吉遜	韓喜孫
韓果實	韓高十
韓果桑	韓郭三
韓簡	韓椅

4450_4 華

清譯名	元譯名
華沙	劃設
華沙	劃沙
華格	化哥
華格	化葛
華格	滑哥
華格	華割
華喇	畫里

4453_0 英

清譯名	元譯名
英格	楊割

4460_1 菩

清譯名	元譯名
菩薩努	菩薩奴
菩薩格	菩薩哥

清譯名	元譯名
4471_1 老	
老君努	老君奴
4480_1 楚	
楚齊格爾巴爾斯	喘只葛拔里斯
楚珠尼	出燭你
楚實勒	除室
楚布	出伏
楚布	鉏不里
楚旺	酬宛
4480_6 黃	
黃巴	黃八
4490_4 藥	
藥師努	藥師奴
4491_0 杜	
杜王門努	杜王門奴
4599_6 楝	
楝摩	闍母
楝爾	東兒
4621_0 觀	
觀音努	觀音奴
4692_7 楊	
楊殊	殿木

清譯名	元譯名
4724_7 轂	
轂登	狗丹
4742_2 努	
努爾蘇	耨里思
努克	奴哥
努克特	奴古達
努展	乃展
4762_7 都	
都沁	鐸軫
都塔濟	突地稽
都勒斡	鐸盧斡
都圖	獨朶
4780_6 超	
超默特	鋤勃德
4793_2 根	
根敦	懇篤
4796_4 格	
格爾干	葛兒罕
格圖肯	可突干
4844_0 斡	
斡	洼
斡格	蛙哥
斡格	哇哥

清譯名	元譯名
斡拉	斡臘
斡尼奇伊	瓦泥乞移

4980_2 趙

清譯名	元譯名
趙鍾格	趙鍾哥

5001_4 推

清譯名	元譯名
推勒	頹剌
推勒伊德	退欲德

5001_8 拉

清譯名	元譯名
拉珠薩哈廉	剌只撒古魯
拉拉	聊了
拉呼	了古
拉呼摩哩	鶻末里

5040_4 婁

清譯名	元譯名
婁	老

5060_3 春

清譯名	元譯名
春博里	楚不魯
春博里	楚補里

5080_6 貴

清譯名	元譯名
貴音	瑰引
貴格	貴哥

5090_6 東

清譯名	元譯名
東巴爾斯	東扒里厮

5201_0 扎

清譯名	元譯名
扎卜庫	札不哥
扎穆	遮母
扎穆	柘母
扎穆	只没
扎穆	質睦
扎古雅	昭古牙
扎林	糺鄰
扎幹	秳幹
扎拉圖	阿覩
扎扎	糺哲
扎里	糺里
扎喀	札葛
扎嚕特	查剌底

5201_4 托

清譯名	元譯名
托音	鐸穩
托諾	秃餒
托諾	屯奴
托雲	頽昱
托雲	圖欲
托卜嘉	達不也
托卜嘉	塔不也
托卜嘉	撻不也
托允	咄于
托多	圖獨
托多囉	陶得里
托多囉	突迭里
托色	迪子

清譯名	元譯名
托紐	禿寧
托紐	團寧
托紐	圖寧
托津	喘引
托迪	突迭
托海	禿開
托斯和	陶蘇斡
托里	禿里
托里	特里
托里	撻里
托果	討古
托果	陀古
托果斯	脫古思
托輝	陶隗

5260_2 哲

清譯名	元譯名
哲琳	哲里
哲伯埒	朮不里
哲伯埒	朮里補

5306_1 轄

清譯名	元譯名
轄魯	小六
轄達	轄特
轄塔哩	轄得里
轄哩	諸理
轄哩	諸里
轄哩	霞里
轄哩	項烈
轄哩	洽礼
轄哩	轄里

5320_0 威

清譯名	元譯名
威烏克	委窊
威赫	猥貨

5404_1 持

清譯名	元譯名
持特	乞得
持特	乞的

5523_2 農

清譯名	元譯名
農古	女古

5600_0 扣

清譯名	元譯名
扣肯	古昆

5602_7 揚

清譯名	元譯名
揚珠	爻直
揚阿克	陽阿

6010_4 星

清譯名	元譯名
星莽	仙們
星哈	尚海

6033_0 恩

清譯名	元譯名
恩克	諳葛

6043_1 吳

清譯名	元譯名
吳嘉努	吳家奴

6060_4 固

清譯名	元譯名
固頁公主	骨浴公主

清譯名	元譯名
固寧	括寧
固寧	貫寧

6060_4 圖

清譯名	元譯名
圖烈	特烈
圖伯特	塗孛特
圖們	圖木
圖們通古	圖木同刮
圖魯卜	突里不
圖魯卜	突吕不
圖魯卜	突吕不也
圖魯木	吐魯没
圖罕	圖趕
圖古勒	禿骨里
圖古勒	圖骨
圖勒琿	徒離骨
圖勒錦	圖魯窘
圖勒錦	陀羅斤
圖圖爾噶	屯禿葛
圖嚕庫	徒魯骨
圖嚕琨	屠魯昆
圖嚕森	吐勒斯
圖丹	獨攧
圖敏	都敏

6080_0 貝

清譯名	元譯名
貝	倍
貝勒	孛堇

6090_4 果

清譯名	元譯名
果珍	過折
果實	高十
果哈	貫海
果巴	高八

6091_4 羅

清譯名	元譯名
羅卜科	盧不姑
羅卜科	盧僕古
羅卜科	魯不古
羅漢努	羅漢奴
羅布爾古	涅剌溥古
羅索	列率
羅索	烈束
羅索	婁室

6101_4 旺

清譯名	元譯名
旺玖	王九
旺禄	王六
旺布	王八
旺布	洼普

6200_0 喇

清譯名	元譯名
喇布	列阿不
喇勒濟	轄剌己
喇呼鼐	勞骨寧

6204_9 呼

清譯名	元譯名
呼敦	胡篤

清譯名	元譯名
呼敦公主	胡獨公主
呼爾察	胡離只
呼魯蘇	豁里斯
呼紐	胡輦
呼紐	鶻碾
呼實布	紇石保
呼遜	胡損
呼遜奚	胡遜奚
呼蘭	胡懶
呼勒布	曷里喜
呼勒希	胡里室
呼都克	胡覩
呼圖克	胡都古
呼圖克琨	胡突袞
呼圖克琨	胡都袞
呼圖哩	胡特魯
呼喇	忽刺
呼喇濟	胡里只
呼喇臺	鶻離底
呼喇巴	忽魯八
呼哩	忽烈
呼哩	胡劣
呼哩木	忽沒里
呼嚕古	胡吕古
6333_4 默	
默克特	瀰古特
默赫特	密骨德
默勒濟	瀰里吉
6402_7 噶	
噶濟	高九
噶老	可老
噶楚噶	斡勤哥
噶拉	葛刺
6404_1 時	
時威	奥隈
6601_4 哩	
哩巴	里拔
6601_4 囉	
囉木薩噶	阿魯掃姑
6708_2 吹	
吹綱大王	鉏窘大王
吹古	春古
吹丹	雛搭
吹巴勒	崔八
6722_7 鄂	
鄂摩	兀没
鄂爾多	月里朵
鄂德	斡得
鄂克沁	奥骨禎
鄂博	阿不
鄂博庫	阿不固
鄂勒博	阿魯勃

清譯名	元譯名
鄂勒歡	阿剌恍
鄂羅木	斡魯母
鄂囉囉	斡里魯

6806$_1$ 哈

清譯名	元譯名
哈爾瑪	轄馬
哈爾吉	合理只
哈爾吉	合里只
哈瑪爾	霞末
哈瑪爾	霞馬
哈瑪爾	胡末里
哈濟	韓九
哈準	寒真
哈準	合术隱
哈達拉	赫底里
哈斯	海思
哈勒布	吼阿不
哈里	海瓈
哈里	海里
哈喇	曷剌
哈喇噶扎爾	曷葛只里
哈陶津汗	痕德堇可汗

7021$_4$ 雅

清譯名	元譯名
雅爾丕勒	燕頗
雅爾噶	押剌葛
雅爾噶	牙里果
雅魯	耶魯
雅遜	牙新
雅克	燕哥
雅克尼爾	延泥里
雅布濟	夷不堇
雅斯哈	撒葛
雅斯哈	罨撒葛
雅里	爻里
雅圖噶	亞達哥
雅嚕	亞剌

7122$_0$ 阿

清譯名	元譯名
阿敦	阿敵音
阿爾嘉	隘離轄
阿爾斯蘭	阿斯憐
阿爾圖	阿里覩
阿不禮	阿不礼
阿穆爾	阿没里
阿寶達樞賓	阿史德樞賓
阿達	愛的
阿克達	阿果達
阿克展	阿古真
阿古	阿聒
阿古齊	遏古只
阿古齊	罨古只
阿古齊	阿古只
阿古齊	阿骨只
阿古齊	阿鶻產
阿古質	阿固質
阿蘇	阿速
阿蘇	阿思
阿蘇	阿疎
阿蘇	阿厮

清譯名	元譯名
阿勒達	阿離底
阿勒達	阿里底
阿勒坦	阿魯敦
阿勒扎	阿里只
阿勒巴	阿剌保
阿林	阿璉
阿拉	阿剌
阿撒爾	阿撒
阿里	阿烈
阿里沙密	阿理撒米
阿固達	阿骨打
阿嚕達蘭	曷魯撻覽
阿雅噶	窊邑改
阿雅翁主	藹因翁主
阿尼雅	阿聱
阿巴	阿鉢
阿巴該	阿不割
阿巴該	阿不葛

7123_2 辰

清譯名	元譯名
辰禄	陳六
辰嘉努	陳家奴
辰賚	陳留
辰格	陳哥

7171_1 匹

清譯名	元譯名
匹勒	匹里

7173_2 長

清譯名	元譯名
長格	長哥
長托迪	禿的
長托果斯	禿骨撒

7220_0 刷

清譯名	元譯名
刷	稍瓦

7529_6 陳

清譯名	元譯名
陳扎袞(旺玖)	陳昭袞(王九)

7710_0 且

清譯名	元譯名
且羅	楷落

7721_1 尼

清譯名	元譯名
尼古察	裹古直
尼古察	裹古只
尼勒堅	泥里吉
尼楚赫	銀术割
尼格	涅哥
尼哩(納爾琿)	女里(涅烈袞)
尼嚕古	涅魯袞
尼嚕古	涅魯古
尼嚕古	涅里姑
尼雅滿	粘罕

7721_4 隆

清譯名	元譯名
隆科	老古
隆科	婁國
隆伊特	隆益答

7722_0 陶

清譯名	元譯名
陶罕	陶瑰

清譯名	元譯名
陶格	陶哥

7740$_{7}$ 學

清譯名	元譯名
學順	洽脊

7771$_{7}$ 巴

清譯名	元譯名
巴爾	拔剌
巴爾	暴里
巴爾諾延	盆訥隱
巴爾蘇	并里尊
巴延	泮浹
巴戩	跋芹
巴寧	班褒
巴罕	霸暗
巴古	拔姑
巴古濟	蒲古只
巴古濟	勃古哲
巴蘭	八剌
巴格	八哥
巴拉	拔剌
巴拉汗	巴剌可汗
巴扎	巴輒
巴圖	勃突
巴噶濟蘇爾	朴古只沙里
巴哩	霸里
巴哩岱	拔里
巴雅爾	排亞
巴雅爾	排押
巴雅爾	排雅

7780$_{1}$ 興

清譯名	元譯名
興格	興哥

7780$_{6}$ 賢

清譯名	元譯名
賢格	賢哥

7790$_{4}$ 桑

清譯名	元譯名
桑古	嗓姑

8011$_{4}$ 鐘

清譯名	元譯名
鐘鼐	术乃

8033$_{1}$ 無

清譯名	元譯名
無上汗	無上可汗

8033$_{3}$ 慈

清譯名	元譯名
慈實努	慈氏奴

8050$_{0}$ 年

清譯名	元譯名
年結	念經

8060$_{1}$ 普

清譯名	元譯名
普爾布	頗白
普爾布	蒲離不
普努寧	普奴寧
普格	蒲哥
普賢努	普賢奴

8060$_{4}$ 舍

清譯名	元譯名
舍音	世音

清譯名	元譯名
8060₅ 善	
善福	衫福
8090₄ 余	
余古納	余古赧
8612₇ 錫	
錫庫	虛古
錫庫	肖古
錫庫	削古
錫袞	辛古
錫袞	斯奴古
錫爾格	轄剌哥
錫爾丹	斜離底
錫納	習撚
錫倫	新羅
錫實	轄式
錫淩阿	時立愛
錫沙哩	霞實里
錫吉爾	尋吉里
錫蘭	霞賴
錫都	信篤
錫里雅	轄剌干
錫喇伊囉斡	諧領己里婉
錫呼	習羅
錫默	霞抹
8742₀ 朔	
朔格	朔刮
8742₀ 鄭	
鄭嘉努	鄭家奴
8762₂ 舒	
舒僧格	速撒哥
舒古魯	蜀古魯
舒古魯	曷古魯
舒古寧	蘇古湼
舒蘇	屬思
舒蘇	矧斯
舒蘇	矧思
舒嚕	失魯
舒嚕	述吕
舒嚕氏	述律氏
舒舒	慎思
8854₀ 敏	
敏達蘇	萌得斯
敏達蘇	猛達斯
8890₂ 策	
策格	册哥
8912₀ 鈔	
鈔沙	十三
9000₀ 小	
小呼嚕	小斛禄

清譯名	元譯名	清譯名	元譯名
9022_7 常		9721_4 耀	
常格	常哥	耀庫濟	堯骨
9060_6 當		9990_4 榮	
當達里	闥德里	榮格	榮哥
9600_0 怕			
怕克戬	秀金		